RIEMANN
VERLAG

PERE ESTUPINYA

SEX
DIE GANZE WAHRHEIT

Aus dem Spanischen
von Silke Kleemann und Inka Marter

RIEMANN
VERLAG

Die spanische Originalausgabe erschien 2013 unter dem Titel
»S=ex². La ciencia del sexo« bei Random House Mondadori, S. A.

Verlagsgruppe Random House FSC® N001967
Das für dieses Buch verwendete FSC®-zertifizierte Papier
Munken Premium Cream liefert Arctic Paper Munkedals AB, Schweden.

1. Auflage
Deutsche Erstausgabe
© 2014 der deutschsprachigen Ausgabe Riemann Verlag, München,
in der Verlagsgruppe Random House GmbH
© Pere Estupinyà, 2013
© Random House Mondadori, S. A., 2013
Abbildungen Innenteil: © Pere Estupinyà; S. 37 © alademosca
Umschlaggestaltung: Martina Baldauf, herzblut02 GmbH, München
Umschlagmotiv: © DNY59, gettyimages
Grafiken Vorsatzpapier: © gunkaa, Sam, Hutlu Lin, Fotolia
Satz: EDV-Fotosatz Huber/Verlagsservice G. Pfeifer, Germering
Druck und Bindung: GGP Media GmbH, Pößneck
Printed in Germany
ISBN 978-3-570-50170-2
www.riemann-verlag.de

Für Fazia,
weil du meine sämtlichen Hormonspiegel durcheinanderbringst
schon immer und für alle Zeiten

Inhalt

1 Sex in den Zellen 23
Auf der Suche nach den Lust-Hormonen 29
Kein großer Unterschied zwischen Männlein und
Weiblein 33
Die Chemie unseres Sexualverhaltens 43

2 Sex in den Genitalien 51
Sympathikus und Parasympathikus bei der sexuellen
Erregung 55
Die Erregung von Penis und Klitoris 56
Erektionsschwierigkeiten und vorzeitiger Samenerguss unter
Stress 62
Verlangen und Erregung sind nicht dasselbe 67
Der Orgasmus und der Abstand zwischen Klitoris und
Vagina 71

3 Sex im Gehirn 77
Wissenschaft ist spannender als Sex 77
Mein Orgasmus im funktionellen MRT 85
Wanting-Liking-Learning und das Reich der Sinne 93

4 Sex in der Psyche 105
Sex ist irrational 105
Messung der sexuellen Erregung am Kinsey-Institut 110
Die Nicht-Übereinstimmung von Kopf und Genitalien
bei Frauen 114

Umfragen und Statistiken über Sexualität 119
Kurze Geschichte der wissenschaftlichen Forschung über Sex. . 125

5 Sex im Bett.................................... 135
Wissenschaftlern fällt es schwer, den G-Punkt zu finden 136
Die zwei Arten weiblicher Ejakulation................... 142
Die genetische Komponente beim weiblichen multiplen
Orgasmus 146
Ich hatte multiple Orgasmen, ohne es zu wissen 152
Der »Coolidge Effekt« und mein Neid auf Männer ohne
Refraktärphase...................................... 156
Masturbation und ihre Nachteile gegenüber
Geschlechtsverkehr 163
Vibratoren, Gleitmittel und Aphrodisiaka zur Steigerung
der sexuellen Lust 170
Die trügerische Wirkung von Alkohol auf Erregung
und Orgasmus...................................... 175
Motivation für Analsex 180
Die Größe des Penis ist durchaus wichtig,
die der Klitoris nicht.................................. 185

6 Sex in der Arztpraxis 193
Große Erwartungen und andere männliche sexuelle
Dysfunktionen 198
Weibliche Sorgen: Das Problem ist nicht das Verlangen,
sondern die Befriedigung.............................. 204
Mikroorganismen in unseren Genitalien 216
Sexuell übertragbare Krankheiten 222

7 Sex in der Natur............................... 228
Warum haben Erpel einen Penis, Hähne aber nicht? 229
Der Ursprung der Sexualität bei Bakterien, Amöben und
Schwämmen 232
Zwittrige Kartoffeln und Geschlechtsumwandlung bei
Tieren 235

Geschlechtsdimorphismus: Warum wir nur weibliche
Seeteufel essen.. 236

8 Sex in der Evolution 241
Die Falle des versteckten Eisprungs bei den Frauen 243
Monogamie ist natürlich, Treue nicht 245
»Bonobo Way of Life«. Bist du eher Bonobo oder eher
Schimpanse?.. 248

9 Sex in Bars...................................... 255
Die Schönheit des Anderen hängt von der eigenen ab 256
Die Macht des Unbewussten bei der körperlichen
Anziehung... 259
Das Internet revolutioniert die ersten Schritte beim
»Dating«, aber nicht was danach kommt................. 266
Nonverbale Signale der Verführung..................... 270
Die Magie des Kusses 277
Unverbindlicher Sex und »hook-up culture« 280

10 Kraft der Gedanken zum Orgasmus................ 291
Hyperventilieren zur Aktivierung des sympathischen Systems.. 295
Meditation und Yoga steigern die Lust 298

11 Pornografie: Vom Zerrbild zur Bildung 303
Frauen schauen lieber lesbischen als schwulen Porno........ 307
Porno verschärft manche Probleme, verursacht sie aber
nicht... 310

12 Heute Nacht gern, Schatz, ich habe Kopfschmerzen ... 315
Sexus sanus in corpore sano........................... 318
Corpus sanum in sexu sano........................... 322
Sex im Alter... 323

13 Sex aus Lust und Liebe im Rollstuhl................ 331
Neurochirurgie zur Wiedererlangung genitaler Sensibilität ... 336

14 Die Wissenschaft der sexuellen Orientierung 341
Homosexuelle Flexibilität: Verhalten ist nicht das Gleiche
wie Orientierung. 347
Ja, man kann schwul geboren werden 353
Die Beständigkeit der sexuellen Orientierung 361
Homophobie ist schädlich, nicht Homosexualität 363
Gibt es männliche Bisexualität? 365
Von Asexuellen lernen 368

15 Kenntnisse erweitern in Sadomaso-Clubs 375
Wenn der Schmerz Lust bereitet und anderen Schmerz nimmt .. 384
Fetischisten von Kopf bis Fuß 392
Sexuelle Phantasien: Sünden im Denken zu unterdrücken,
erzeugt mehr in Worten und Werken 399

**16 Störungen durch Obsession, Impulsivität und
mangelnde Selbstkontrolle** 409
Hypersexualität ist keine Sucht 411
Paraphilien: wenn wissenschaftliche Artikel merkwürdiger
als Fiktion sind 420
Unwillentliche Orgasmen während einer Vergewaltigung 426

17 Sexuelle Identitäten jenseits von XX und XY 431
Intersexualität: Wenn Chromosomen und Genitalien nicht
übereinstimmen 435
Transsexualität: Die Psyche gibt den Ton an 441
Geschlechtsanpassungsoperationen und das wahre
Phantomglied 449

**18 Soziale Monogamie und sexuelle Abwechslung
in Swinger-Clubs** 462
Polyamorös, aber emotional monogam 466
Paarkonflikte bei schwindendem Verlangen 470
Gene rechtfertigen keine Untreue 477
Süchtig nach Liebe 480

**Epilog. Sex und Wissenschaft hören beim Orgasmus
nicht auf** 485

Danksagung..................................... 499
Bibliografie 501
Anmerkungen 533
Register 535

Einleitung

Als der Neurowissenschaftler Barry Komisaruk mir vorschlug, an einer seiner Studien zur Physiologie der sexuellen Reaktion teilzunehmen, sagte ich sofort zu. Das war im Januar 2012, und ich war mit den Recherchen für dieses Buch über Wissenschaft und Sex beschäftigt. Als Freiwilliger an einem Experiment der renommierten Rutgers University teilzunehmen, schien mir eine großartige Gelegenheit, um diese Art von Forschungen von innen heraus zu verstehen. Also los! Später, als Barry mir erklärte, dass meine Aufgabe darin bestünde, mich in einem fMRT-Scanner manuell bis zum Orgasmus zu stimulieren, sagte ich, ich müsse es mir noch einmal überlegen. Während ich mich erregte und einen Orgasmus hatte, sollte die Aktivität verschiedener Hirnareale gemessen werden. Ups! Das vor meinem geistigen Auge entstehende Bild war irgendwie fürchterlich. Wenige Tage später schickte ich Barry eine E-Mail und entschuldigte mich: »Barry, es tut mir leid, aber es ist mir peinlich. Und ich bin mir ehrlich gesagt gar nicht sicher, ob ich meine Aufgabe unter solchen Bedingungen überhaupt erfüllen kann.« Er wiederholte, meine Privatsphäre würde bei dem Experiment absolut geachtet werden, sein Team würde nichts weiter sehen als mein Gehirn auf dem Computerbildschirm, und wegen meiner Nervosität solle ich mir keine Sorgen machen; selbst wenn das Experiment nicht bis zum Letzten erfolgreich wäre, könnten die Daten dennoch nützlich sein. Er fügte hinzu, dass ich als Aufwandsentschädigung 200 Dollar bekäme – wobei ich mir nicht sicher bin, ob das unter diesen Umständen ein Ansporn war oder die Sache nur noch schlimmer machte.

Im 3. Kapitel werde ich berichten, ob ich zum ersten Mann der Geschichte wurde, der in einem funktionellen MRT zum Orgasmus kam. Doch zuvor möchte ich einen Moment innehalten, um über meine spontane Reaktion nachzudenken: »War es mir peinlich? Wofür schämte ich mich eigentlich?« Schließlich hatte ich während der Recherchen für mein letztes Buch, *El ladrón de cerebros* (dt. Der Gehirndieb), begeistert an einer Harvard-Studie teilgenommen, um herauszufinden, ob genau so ein Hirnscanner wie der von Komisaruk Lügen aufdecken konnte. Ich hatte auch einen Teil meines frontalen Kortex in den National Institutes of Health elektrisch stimulieren lassen, um zu erforschen, ob ich dadurch eine motorische Aufgabe schneller erlernen konnte. Ich hatte mich in einer Zentrifuge mit kurzem Radius im Massachusetts Institute of Technology (MIT) herumdrehen lassen, bis mir schwindelig wurde – ein Test, wie mein Körper auf fehlende Schwerkraft reagierte. Ich war wirklich in allen möglichen Labors gewesen, selbst welchen für militärische Forschung, in denen sehr viel zweifelhaftere Ethik herrschte als bei Barry. Es war immer darum gegangen, die Wissenschaft so weit wie möglich von innen kennenzulernen. Und jedes Mal, wenn sich mir die Gelegenheit bot, Experimenten beizuwohnen oder aktiv daran teilzunehmen, habe ich das getan. Warum zierte ich mich also plötzlich? Ich hatte die Chance, mit einem der führenden Wissenschaftler auf dem Gebiet der Beziehung zwischen Nervensystem und sexueller Reaktion zusammenzuarbeiten, und ließ ihn abblitzen, weil ich mich schämte? Merkwürdig. Vor allem, weil ich mich für offen hielt und glaubte, Sex ganz natürlich zu leben. Als mir einige Wochen zuvor eine Wissenschaftlerin aus Barrys Team erklärt hatte, sie habe verschiedene Bereiche ihrer Genitalien stimuliert, um zu sehen, welche Nerven und Gehirnareale an verschiedenen Arten von Erregung beteiligt sind, war ich überrascht gewesen, dass sie in 15 Sekunden zum Orgasmus kommen konnte, hatte ihre Mitwirkung an der Studie jedoch in keinem Moment für unanständig oder komisch gehalten. Ich fand es völlig richtig und hochinteressant. Bis ich selbst an der Reihe war und feststellen musste, wie weit unsere Vorurteile beim Sex gehen.

Wer weiß, ob meine Scham von einem biologischen Instinkt herrührte oder das Produkt kultureller Einflüsse war. Sex ist ein irrationaler Akt, und daher ist es schwierig und sehr komplex, unsere Reaktionen in neuen und emotional intensiven Situationen vorauszusagen. Für den menschlichen Geist ist es gar nicht so einfach, Verstand und Gefühl in Einklang zu bringen.

In der Familie, mit Freunden, selbst, so absurd es auch scheinen mag, mit unserem Partner oder unserer Partnerin – es fällt uns schwer, über Sexualität zu sprechen, ohne dass uns die Röte ins Gesicht fährt und wir verschämt zur Seite blicken.

Das beschäftigte mich, denn ich hatte vor, ein Buch über die wissenschaftlichen Seiten von Sex zu schreiben, das die Kluft zwischen den Generationen überbrücken und das ein Vater seinem Sohn und ein Enkel seiner Oma empfehlen könnte. Ich bin fest davon überzeugt, dass die Sexualität ein ideales Thema ist, um die Funktionsweise unseres Hormon- und Nervensystems, die Physiologie des Gehirns wie auch die wissenschaftliche Untersuchung unserer Psyche und des Sozialverhaltens zu erklären. Deshalb wollte ich genau so über Sex schreiben, wie ich es sonst über Wissenschaft tue, nämlich für jedes Publikum. Aus diesem Grund habe ich mich bemüht, einen anstößigen oder übertrieben expliziten Sprachgebrauch, der den Lesern unangenehm sein könnte, zu vermeiden. Natürlich werde ich auch nicht auf ausgesuchte Euphemismen zurückgreifen, wenn ich die verschiedenen Nervenfasern beschreibe, die bis zur Klitoris, zur Vagina oder zum Gebärmutterhals reichen. Außerdem gebe ich gerne zu, dass ich auch mal frech bin und mit der Vorstellungskraft des Lesers spiele, dass ich mir Ironie nicht ganz verkneifen kann, wenn ich von den Umständen spreche, die bei Männern, die sich für ganz besonders mannhaft halten, zum vorzeitigen Samenerguss führen, und dass ich, wenn ich selbst vor dem Computer rot werde, auf das Allheilmittel des Humors zurückgreife. Ich bin fest davon überzeugt, dass das Sprechen über Wünsche, Phantasien, Zweifel und Probleme im Bereich der Sexualität eine der anstehenden Aufgaben in den Bereichen der Bildung und der medizinischen Praxis ist, damit wir eine der Aktivitäten, die es uns besonders gut gehen lässt und die wir mit besonderer Befriedigung durchführen, ohne Einschränkung genießen können.

Schauen wir uns nur einmal eine 2010 vom Harvard-Psychologen Daniel Gilbert durchgeführte Studie an: 2250 Männer und Frauen bekamen auf ihren Mobiltelefonen eine App installiert, die sie zu willkürlichen Zeiten fragte, was sie gerade machten und wie glücklich sie sich dabei fühlten. 0 war der niedrigste und 100 der höchste Wert fürs Wohlbefinden. Das subjektive Glücksempfinden, gerade bei der Arbeit zu sein, lag mit 61 auf einem der hintersten Plätze. Lesen, Fernsehen, auf die Kinder aufpassen oder Nachrichten hören lagen alle ungefähr bei 65. Einkaufen war mit 68 auf dem zehnten Platz. Dann kam Spazierengehen, Beten oder Meditieren, dann Essen auf Platz Sieben. Musik hören war auf dem fünften Platz, sich unterhalten auf dem dritten mit 74, Sport mit 77 auf dem zweiten – und auf dem Siegerpodest der Zufriedenheit stand mit einer herausragenden 92 tatsächlich Sex. Die Schlussfolgerung lag auf der Hand: Sex ist die Aktivität, die uns am glücklichsten macht, zumindest zeitweilig.

Natürlich ist diese Studie auf einen bestimmten Bevölkerungssektor begrenzt und eine allgemeine Tendenz gibt nicht die enorme Vielfalt wieder, die es innerhalb des äußerst unterschiedlichen menschlichen Sexualverhaltens und der dazugehörigen Kultur gibt. Doch zu diesem letzten Punkt sei mir ein wichtiger Kommentar erlaubt: Einige von euch meinen vielleicht, Sex sei etwas so Heterogenes und hinge von so vielen Faktoren ab, dass man ihn wissenschaftlich gar nicht untersuchen könne. Einspruch! Es wäre absurd zu behaupten, man könne das Sexualverhalten ausschließlich aus einer wissenschaftlichen Perspektive verstehen. Das nicht. Doch die wissenschaftliche Methode hat sehr wohl viel zur akademischen Untersuchung des Sex beizutragen. Vor allem weil sie das Ganze in einzelne Bestandteile zerlegt, die verschiedenen Faktoren, die unser Verhalten beeinflussen, herausarbeitet, sie systematisch untersucht und solide Information liefert, die gemeinsam mit den Daten anderer Disziplinen dazu beiträgt, eine globale Vision zu schaffen, die zutreffender ist als eine, die auf nicht überprüften Meinungen beruht.

Wir leben im Zeitalter der Multidisziplinarität. Komplette Antworten nur aus einem biologischen oder soziologischen Blickwinkel geben zu wollen, ist ein akademischer Extremismus, der der Vergangenheit angehört. Das aktuell angesagte Paradigma für die Sexualforschung, das auch in diesem Buch Anwendung findet, ist bio-psycho-soziologisch. Und das ist nicht nur ein wohlklingendes Wortungetüm, es wird von vielen Sexualforschern verwendet, um zu definieren, dass Biologie, Psychologie und Soziologie ein eingeschworenes Team bilden müssen, bei dem jeder mit seinen besten Instrumenten seinen Beitrag zum wissenschaftlichen Verständnis der menschlichen Sexualität leistet.

Doch erstmal genug davon! Dieses Buch möchte natürlich exakt informieren, es möchte jedoch auch unterhalten, überraschen und Anregungen geben. Und dafür werde ich besonders sorgfältig die aktuellsten wissenschaftlichen Informationen auswählen und sie dann in Reihenfolge, Sprache und Ton so lebensnah und amüsant wie möglich gestalten. Ich rede weder meinen Vater noch die Wissenschaft mit Sie an. Außerdem ist unter Freunden – und ich betrachte mich als Freund der Wissenschaft – auch Platz für Kritik, man kann Witze machen und sich gegenseitig durch den Kakao ziehen. Ein echter Freund erkennt den Unterschied zwischen einem Witz und einer Beleidigung.

Vielleicht verwende ich nicht immer das Vokabular, das Wissenschaftlern lieber wäre; ich werde ihre Einleitungen erbarmungslos kürzen und mehr von Themen sprechen, von denen ich glaube, dass sie euch interessieren, als von dem, was die Forscher bewegt. Dabei will ich aber immer den tiefsten Respekt wahren und ihre Botschaft nicht trivialisieren.

Mit einem Blick in die Bibliografie könnt ihr sehen, dass ich für die allermeisten Themen mehrere wissenschaftliche Artikel anführe, darunter Expertenstudien, die von Kollegen überprüft (peer-reviewed) und in einflussreichen Zeitschriften veröffentlicht sind.

Gleich zu Beginn muss ich gestehen, dass die Wissenschaft vom Sex gerade erst im Entstehen begriffen ist und viele Lücken aufweist. Über viele theoretische und praktische Aspekte habe ich sehr viel mehr von Therapeuten, Fachleuten und Angehörigen verschiedener Subkulturen gelernt als von der akademischen Welt. Ich habe zwar Laboratorien besucht und Ratten, Hormone und Statistiken analysiert, aber auch an Workshops für tantrischen Sex teilgenommen und Sadomaso- und Swinger-Clubs aufgesucht. Ich war bei Porno-Darstellerinnen und -Darstellern, bei Chirurgen und Ärzten und habe mit Menschen gesprochen, die mir von allen möglichen Erfahrungen berichtet haben, von fetischistisch bis ganz normal. Natürlich aus rein wissenschaftlichem Interesse! Mein eigenes Sexleben ist dank alledem reicher und besser geworden, und hoffentlich geht es euch nach der Lektüre dieses Buchs genauso.

Da ich so viele interessante Erlebnisberichte gesammelt hatte, beschloss ich, sie auch für dieses Buch zu verwenden. Wissenschaftler nennen das *case reports*, Fallstudien – also persönliche Geschichten. Wir lernen Asexuelle kennen, die mit ihrem lust-losen Leben absolut glücklich sind, Frauen, die sich Sorgen machen, weil sie nicht zum Orgasmus kommen, andere, die unaufhörlich gleich mehrere hintereinander haben, Menschen mit körperlichen Behinderungen, die ihren Partnern weiterhin Lust schenken wollen, Intersexuelle, deren Geschlechtsidentität nicht mit ihrem Chromosomengeschlecht übereinstimmt, Bisexuelle, die – entgegen dem, was manche Wissenschaftler behaupten – versichern, keine spezielle Vorliebe für Männer oder Frauen zu haben, und wir schauen uns Sachverhalte wie Erektionsschwierigkeiten oder Orgasmen in unwahrscheinlichen Situationen an. Es sind alles wahre Fälle, die uns neben den Statistiken als Aufhänger dafür dienen, uns mit hochspannenden Themen wie der Beziehung zwischen Schmerz und Lust, den evolutionären Bedingungen unseres Verhaltens, den erregenden Wirkungen der Eifersucht oder den Wohltaten des Yoga zur Lösung sexueller Probleme zu befassen.

Sicher werdet ihr bei einigen dieser Geschichten denken, »aber bei mir ist das ganz anders«. Natürlich ist es das; das gehört ja genau zu der Vielfalt, von der ich sprach. Aber unterschätzt die statistischen Daten nicht. Natürlich ist der Ausdruck »im Allgemeinen« trügerisch, und Normalität existiert lediglich als statistischer Mittelwert. In der Wissenschaft kann man verallgemeinern, man darf nur nicht vom Allgemeinen auf den Einzelfall schließen. Wenn wir hören, »Männer haben stärkeres sexuelles Verlangen als Frauen«, müssen wir das in etwa so verstehen wie die Aussage »Jungen sind größer als Mädchen« oder »wer raucht, erkrankt mit größerer Wahrscheinlichkeit an Lungenkrebs«. Die Wissenschaft sucht diese Muster nicht, um die Vielfalt zu leugnen oder uns in ein Klischee zu pressen, sondern weil es Fährten sind, um Unterschiede festzustellen, möglichst ihren Ursprung zu erforschen und so herauszufinden, wie die Natur im Innersten funktioniert, angefangen bei der Hypophyse, der Sauerstoffversorgung der Zellen oder der Funktion des Testosterons für das sexuelle Verlangen. Niemand streitet Ausnahmen ab, Tendenzen zu kennen ist jedoch sehr nützlich. Daher war Alfred Kinseys Arbeit so revolutionär wovon wir später im Buch natürlich noch sprechen werden.

Ich habe keine festen Vorstellungen, sondern Hypothesen. Natürlich haben wir mehr Vertrauen in wissenschaftliche Daten als in die von persönlichen Erfahrungen abgeleiteten Ahnungen, doch es wäre äußerst naiv zu vergessen, dass auch die Interpretationen der Wissenschaftler von ihrem sozialen Kontext abhängen. Es ist gut, sich eine eigene und unabhängige Meinung zu bilden; idealerweise sollte sie jedoch nicht im luftleeren Raum entstehen, sondern auf der Basis der besten verfügbaren Information. Deshalb findet ihr in diesem Buch keine Lektionen oder Indoktrinierungen, sondern Anregungen und praktische Ratschläge, die immer mit den Therapeuten, Psychologen und Sexologen abgestimmt sind, mit denen ich gesprochen habe, und vollen Respekt für die Vielfalt und das freie Denken walten lassen.

Ich stelle Sex gern als etwas Unterhaltsames dar. Sicherlich ist er in einer Beziehung ein wunderbarer Austausch von Lust und Liebe, doch auch darüber hinaus macht seine Mischung aus Vielfalt und Tabus ihn überaus anregend für Gespräche, intime Spiele oder Provokationen. Gelingt es uns, ihn zu entdramatisieren und ihm das große Gewicht zu nehmen, das die Gesellschaft ihm gibt, verwandelt sich Sex wirklich in eine ganze große Welt voller zu entdeckender Kuriositäten. In Bezug auf unsere eigene Intimität, aber auch in intellektueller Hinsicht.

Ich verehre die Neugier, sie ist der Treibstoff des Wissens. Wahrscheinlich kann man durchaus überleben, ohne den Mechanismus zu kennen, durch den die sexuelle Erregung die Erektion des Glieds und der Klitoris hervorruft. Doch wenn ihr ihn nicht kennt und jemand sich anbietet, ihn euch zu erklären, kann ich mir nicht vorstellen, dass ihr nicht neugierig werdet oder die Erklärung keine weiteren Fragen in euch weckt. Diese Neugier und die Feststellung, dass mir nie jemand etwas Wissenschaftliches oder Medizinisches zu Sex erklärt hat, haben mich motiviert, dieses Buch zu schreiben. Und diese Neugier führt uns zu den unterschiedlichsten Themen: dem Phänomen des Phantomglieds bei Penisamputationen, dem möglichen Zusammenhang zwischen der Position der Klitoris und häufigeren Orgasmen bei Vaginalverkehr, einer historischen Anekdote und der neurophysiologischen Erklärung des Coolidge-Effekts, demzufolge ein Rattenbock nach der Ejakulation schneller wieder eine Erektion bekommt, wenn man ihm ein neues Weibchen statt seiner vorherigen Gespielin vorsetzt.

Ich gestehe, dass dieses Buch eine große Herausforderung birgt: Ich möchte euch Dinge über Sex erklären, von denen ihr noch nie zuvor gehört habt. Sex ist überbewertet; alle Welt spricht davon, bis es so ermüdend und repetitiv wird, dass es manchmal fast scheint, es gäbe nichts Neues mehr hinzuzufügen. Bis man mit Leuten redet, die den interessantesten Beruf der Welt haben und deren Arbeit genau darin besteht, das Unbekannte zu entdecken. Kommt man zu einem Wissenschaftler, egal welcher Fachrichtung, und fragt ihn, wozu er gerade forscht, wird er einem etwas von den Geheimnissen des Universums erzählen, dem Leben, dem Geist, den Zellen, der Vergangenheit oder der Zukunft. Und wirklich, die wissenschaftliche Forschung ist das spannendste Abenteuer, das man sich vorstellen kann. Und dann auch noch in Kombination mit Sex!

Ohne die Wissenschaft wüssten wir nichts von der Existenz der Exoplaneten oder Neutronensternen, und auch nicht, dass es mikroskopisch kleine Viren gibt, die Krankheiten verursachen, oder dass die Erde unter den Bewegungen der tektonischen Platten ächzt. Wir wüssten auch nicht, welches Gen auf welchem Chromosom liegt, was am Anfang der Signalkette steht, die zur Maskulinisierung des Fötus führt, oder ob Pädophile eine höhere Aktivität in einem speziellen Bereich des Gehirns aufweisen. Ihr könnt stundenlang darüber diskutieren, ob die Inhaltsstoffe der weiblichen Ejakulation eher Sperma oder eher Urin ähneln – ein Chromatograph würde das ganz schnell klären.

Im Verlauf des Buchs werden wir etwas ernsthafter, wenn wir die medizinische Seite und die psychosexuellen Störungen untersuchen. Ich habe Kliniken und Therapeuten unterschiedlicher Weltanschauungen besucht und muss in aller Bescheidenheit sagen, dass es zwar fabelhafte Sexologen gibt, bei mir jedoch der Eindruck entstanden ist, dass erst wenige auf diesem Gebiet tätige Personen Sex auf ganzheitliche Weise betrachten. Ich habe Ärzte kennengelernt, die mit erstaunlicher Leichtigkeit Testosteron-Gels verschreiben, und Psychotherapeuten, die hartnäckig davon überzeugt sind, alle Probleme seien rein psychischen Ursprungs. Ein abgeschlossenes Buch ist nicht gerade das beste Format, um immer gleich eine Erwiderung zu haben und auf diesem Treibsand mitzudiskutieren, doch ganz bestimmt werde ich eine bio-psycho-soziologische Sichtweise vertreten, derzufolge die physischen, psychologischen und sozialen Anteile bei jeder Diagnose gemeinsam betrachtet werden müssen. Keinesfalls soll hier der Rat von Ärzten oder Therapeuten ersetzt werden, und ich rate euch, eure Scheu zu überwinden und zu Fachleuten zu gehen, wenn ihr glaubt, mehr Information zu brauchen.

Ähnlich ist es mit den soziologischen Aspekten. Schon hier fordere ich die Gleichstellung von Männern und Frauen und die endgültige Akzeptanz von Homosexualität auf allen Ebenen. Ich spreche mich in voller Überzeugung für die Vielfalt aus, die Förderung eines positiven Blicks auf die Sexualität, und den absoluten Respekt für die Grenzen, die jeder Einzelne gemäß der eigenen Überzeugungen seinem Partner oder seiner Partnerin gegenüber aufstellen mag. Ich bin jedoch nicht auf einem Kreuzzug für irgendeine Sache und habe außerdem nicht viel für »-ismen« übrig. Momentan kann ich nur sagen, dass die evidenzbasierte Wissenschaft eine offenere Auffassung von Sex stützt und manche konservativen und moralistischen Behauptungen über die negativen Wirkungen von Masturbation, Pornokonsum und der Verwendung von Sexspielzeug oder das obsolete Konzept der »Anormalität« lächerlich aussehen lässt. Und letzteres gilt für alle und jeden. Eine weitere wichtige Botschaft ist, dass Verlangen und Befriedigung im Gleichgewicht sein sollen, es geht nicht um »immer mehr Sex« und »je vielfältiger, desto besser«. Bei Asexuellen habe ich manchmal größere Zufriedenheit gesehen als bei konfuser Polyamorie.

Zum Schluss möchte ich noch vorausschicken, dass die ersten Kapitel stärker biologisch ausgerichtet sind und die Lektüre etwas sperriger sein mag. Ich versuche darin, Grundaspekte der Physiologie sowie experimentelle Verfahren zu erklären, die ich für das Verständnis späterer Kapitel für wichtig halte. Wenn ihr bemerkt, dass eure Aufmerksamkeit flöten geht, werft einen Blick ins Inhaltsverzeichnis und blättert zu dem Teil, der euch am meisten interessiert. Unser Rundgang beginnt bei den Hormonen, geht dann weiter übers Nervensystem und das Gehirn bis hin zum Studium des menschlichen Verhaltens. Von dort reisen wir in den Bereich der Medizin und der sexuellen Störungen. Wir erkunden den Sex in der Natur und unserer evolutionsgeschichtlichen Vergangenheit, erhellen uns mit den Ratschlägen fantastischer Therapeuten und erfahren schließlich etwas über sexuelle Erfahrungen in allen möglichen bizarren Milieus. Noch einmal: Ich hoffe, bei euch ist wie bei mir die Neugier stärker als die Scham. Kratzt dort, wo es nicht juckt, und Gehirn und Körper – eure eigenen und die eurer Partnerinnen und Partner – werden den größten Nutzen aus diesem Buch ziehen. Das Abenteuer geht weiter.

1
Sex in den Zellen

Sandra und Jacob sind nackt in einem leeren Raum. Sie wissen nicht so recht, wie sie dorthin gekommen sind, und auch nicht, was nun von ihnen erwartet wird. Sie kennen sich nicht, haben sich noch nie zuvor gesehen, alles ist sehr verworren. Und sie wissen weder, dass ich sie beobachte und genau mitschreibe, wie sie sich verhalten, noch, dass Wissenschaftler der Concordia University in Montréal sichergestellt haben, dass Sandras Hormonspiegel dafür sorgt, dass sie sich erregt und empfänglich für eine »Paarung« fühlt – wie die Wissenschaftler das gerne nennen.

Dennoch wahrt Sandra Distanz. Sie bewegt sich durch das Zimmer, als wollte sie es erkunden, Jacobs Anwesenheit scheint sie zu ignorieren. Beide vermeiden direkten Blickkontakt. Offensichtlich sind sie nervös – bis es nach wenigen Sekunden losgeht. Wortlos ergreift Jacob die Initiative und geht entschlossen auf Sandra zu. Ihre Reaktion: Weglaufen. Jacob hält kurz inne, versucht dann aber sofort wieder, Sandra näherzukommen. Diesmal gelingt es ihm, sich bis auf wenige Schritte zu nähern, und plötzlich bemerkt er einen speziellen Geruch. Sandra riecht nach Mandeln. Ein intensiver Duft, den Jacob noch nie zuvor gerochen hat. Seltsam, aber neutral. Indifferent. Er gefällt ihm weder, noch missfällt er ihm. Jacob konzentriert sich weiter auf Sandras Körper und beginnt, sie in Kreisen durch das Zimmer zu verfolgen. Sandra entfernt sich weiterhin, rennt jedoch nicht mehr. Sie tut nur so, als wolle sie immer dann fliehen, wenn Jacob sie berührt oder ihr mit seinem Gesicht nahekommt. Kaum spürt Sandra den Kontakt, macht sie einen kleinen

Sprung und läuft weg. Jacob bleibt einige Minuten lang hartnäckig, gibt dann jedoch auf und verharrt in einer Ecke.

Sandra beobachtet ihn aus den Augenwinkeln. Sie hält sich abseits, doch ein paar Sekunden später läuft sie unauffällig vor Jacob vorbei. Er wendet sich energisch zu ihr um, und Sandra entfernt sich wieder schlagartig. »Werbungsverhalten«, ruft einer der Wissenschaftler neben mir und schreibt es auf. Alles ist sehr seltsam. Er erklärt mir, dass der Akt, sich zu nähern, um die Aufmerksamkeit zu erheischen, und sich dann schnell wieder wegzudrehen, sehr typisch für das weibliche Sexualverhalten sei. »I know, I know ...«, platzt es unwillkürlich aus mir heraus. Das Experiment geht damit weiter, dass Jacob Sandra verfolgt und Sandras Zurückweisungen immer weniger überzeugend werden. Bei einem seiner Versuche packt Jacob Sandra von hinten, als wollte er sie bespringen. Sie entkommt, aber die Wissenschaftler haben etwas Besonderes bemerkt. »Lordosis!«, schreien sie und notieren es. Als Sandra Jacobs Berührung spürte, hat sie den Rücken durchgebogen und Becken wie auch Hals und Nacken nach hinten gekrümmt. Offensichtlich ist diese Reflexhandlung bei Säugetieren ein evolutionäres Rudiment und weist darauf hin, dass das Weibchen erregt und paarungsbereit ist. Tatsächlich, die Spannung im Raum steigt, und bei einem seiner immer aggressiveren Angriffe gelingt es Jacob, teilweise in Sandra einzudringen. »Penetration!«, ruft ein Wissenschaftler. Ich staune. Vor allem, weil Sandra sich wieder entfernt, ein paar Schritte macht, innehält und Jacob erlaubt, die »Penetration« zu wiederholen. So geht das mehrere Male, dazwischen Zeiträume, in denen sie sich auszuruhen scheinen. Die Wissenschaftler notieren sich die Anzahl der Penetrationen, und ich beobachte die Situation so perplex, wie ihr, liebe Leserinnen und Leser, euch wahrscheinlich auch gerade fühlt. Surreal. Das Experiment muss schon etwa elf oder zwölf Minuten laufen, als Jacob sich bei einem seiner Anläufe plötzlich ganz fest an Sandras Rücken klammern. Eine knappe Sekunde lang verharrt er wie eingefroren, und die beiden Wissenschaftler neben mir schreien gemeinsam: »Ejakulation!« Ich habe nichts mitbekommen. »Echt jetzt?«, frage ich, mehr mich selbst als sie. »Ja, ganz klar«, antworten sie mir. Anschließend löst Jacob sich von Sandra, zieht sich ohne auch nur die geringste weitere Liebkosung zurück, legt sich auf den Boden und schläft ein. Sandra sieht unruhig aus und läuft weiter nervös durch den Raum. Jacob schenkt ihr keinerlei Beachtung. Eine halbe Minute später greift eine riesige Hand durch die Zimmerdecke, packt Sandra am Genick und setzt sie in eine andere Zelle. Ende des Experiments.

Sandra und Jacob sind zwei Ratten im Labor für Biopsychologie an der Concordia University in Kanada, geleitet von Jim Pfaus. So feurig Jacob auch wirkte, es war doch seine erste sexuelle Begegnung. Die Studie bestand darin, Rattenböcken für ihre ersten Paarungen mit Mandelessenz besprühte Rattenweibchen vorzusetzen. Anschließend wurden sie mehrere Male mit brünstigen Weibchen, jedoch ohne Mandelessenz, zusammengebracht, und wieder einige Zeit später wurden die Männchen dann in Zellen mit Rattenweibchen mit und ohne Mandelduft gesetzt, um zu beobachten, in welchem Maß sie die duftenden bevorzugten. Wäre die Präferenz für die eingesprühten Ratten sehr auffällig, würde das bedeuten, dass die ersten sexuellen Erfahrungen das Sexualverhalten von ausgewachsenen Ratten teilweise prägen können.

Dieses kuriose Experiment beobachtete ich bei meinem ersten Besuch im Labor von Jim Pfaus im Juli 2010. Damals wurde mir allmählich bewusst, dass es, in verschiedenen Universitäten versteckt, eine beachtliche Zahl von Forschern gab, die der Ansicht waren, die Wissenschaft habe viel zur multidisziplinären Untersuchung der menschlichen Sexualität beizutragen – und es keine schlechte Idee wäre, ein Buch über diesen wissenschaftlichen Blick auf Sex zu schreiben. Zwei Jahre später, bei meinem zweiten Besuch an der Concordia University im Juni 2012 – ich steckte bereits mitten in der Arbeit an diesem Buch –, erklärte mir Jim, dass die Rattenböcke, deren erste sexuelle Kontakte mit den nach Mandelessenz duftenden Weibchen stattgefunden hatten, als ausgewachsene Tiere tatsächlich eine sehr deutliche Präferenz für Weibchen mit diesem Geruch zeigten. Und nicht nur das: Legte man ihnen einen kleinen Holzball mit Mandelduft in die Zelle, nagten sie daran und rieben sogar ihre Genitalien darüber. Als hätten sie einen sexuellen Fetischismus für diesen speziellen Duft entwickelt. Dasselbe geschah, als man den Debütierenden in Lederjacken gekleidete Weibchen vorsetzte: Wenn besagte Rattenböcke als ausgewachsene Tiere ein in Leder gekleidetes Weibchen und ein unbekleidetes in die Zelle gesetzt bekamen, stürzten sie sich sofort auf das mit Jacke.

Es wurde sogar noch verblüffender: Jacken oder Mandelduft sind ihrer Natur nach neutrale Reize. Doch was würde bei einem negativen Reiz passieren? Das Team von Jim Pfaus führte ähnliche Experimente wie das mit dem Mandelduft durch, nur diesmal besprühen sie Ratten mit Cadaverin. Das ist eine Substanz, die beim Verwesen von Fleisch entsteht und jede Ratte sofort in die Flucht schlägt. Cadaverin ist ein äußerst starkes Signal für ein Infektionsrisiko: riecht eine Ratte das, läuft sie, ohne groß nachzudenken, davon. Steckte man einen Rattenbock in einen Käfig mit brünstigen Rattenweibchen, die teils mit Cadaverin besprüht waren und teils nicht, würde der Rattenbock die übelriechenden nicht anrühren. Doch wenn ein Bock seine ersten sexuellen Erfahrungen mit Weibchen gemacht hatte, die nach Cadaverin rochen[1], zeigte er als ausgewachsenes Tier keine Präferenz mehr für Weibchen mit oder ohne Cadaverin. Und falls man eine Seite seines Käfigs mit der verfaulten Substanz einsprühte, lief das konditionierte Männchen dort einfach so herum, im Gegensatz zu dem entsetzt flüchtenden Männchen aus einer Kontrollgruppe. Sex schafft es, die Abneigung gegenüber einem Reiz aufzuheben, der genetisch als abstoßend programmiert ist und vor tödlichen Infektionen schützen soll.

Es ist klar, dass man diese Schlussfolgerung keinesfalls direkt auf den Menschen übertragen kann. Das soll nicht einmal angedeutet werden. Als ich Jim frage, ob es eine ähnliche Konditionierung bei jungen Frauen geben könnte, deren erste befriedigende sexuelle Erfahrungen mit stark behaarten oder streng unter den Achseln riechenden Männern stattfanden, oder bei Männern, die mit ihren Partnerinnen lieber masturbierten, weil es bei ihren ersten Orgasmen mit frühen Freundinnen keinen Geschlechtsverkehr gegeben hatte, lautet seine Antwort: »Das könnte sein, die Hypothese ist nicht abwegig. Wir wissen, dass die ersten sexuellen Erfahrungen eine Art Prägung hinterlassen. Natürlich spielen bei der Entwicklung des Sexualverhaltens eines Menschen noch sehr viele weitere Faktoren eine Rolle, von biologisch bis kulturell; aber selbstverständlich können die in der Jugend konditionierten Verstärker die Vorlieben im Erwachsenenalter beeinflussen.« Wir wollen versuchen, in diesem Buch all diese Faktoren zu betrachten, und dabei mehr auf Menschen als auf Ratten schauen. Doch auch Tierversuche sollten wir nicht vorschnell abtun. Historisch betrachtet haben sie uns sehr interessante Anhaltspunkte geliefert, und für die Erforschung einiger Variablen im sexuellen Reaktionszyklus sind sie ebenso anwendbar wie bei der Untersuchung von Diabetes, Sucht oder Depression. Vielleicht sogar in noch höherem Maße, wenn wir bedenken, dass wir rein physiologisch nicht so viel anders sind als eine Ratte. Nehmen wir zum Beispiel die Hormone. Der menschliche Menstruationszyklus wird ähnlich wie bei anderen Säugetieren gesteuert. Der Östrogenspiegel steigt, bis die Eizelle reif ist, die Hypophyse löst den Eisprung durch die Abgabe von LH (Luteinisierendes Hormon) aus, allmählich beginnt das Progesteron zu steigen, und es folgen andere chemische Signale, die einen Zyklus regeln, der von grundlegender Bedeutung für die Fortpflanzung der Spezies ist – und zwar so sehr, dass die natürliche Selektion bei seinen ursprünglichsten Mechanismen keine großen Veränderungen bewirkt hat. Die grundlegende Physiologie des Sexualtriebs sowie der Fortpflanzungsfunktion ist durch die Evolution hindurch überwiegend bewahrt geblieben.

Über diese grundlegende Hormonlehre unserer Spezies legt sich der gesamte kulturelle Einfluss, die Erfahrungen während der Entwicklung, was wir lernen, und die Handlungsfreiheit. Ein klares Beispiel dafür ist, dass Frauen – im Unterschied zu den übrigen Säugetierweibchen mit der Ausnahme von Bonobos und Delfinen – während des gesamten Menstruationszyklus Sex aus Lust haben und nicht nur rund um den Eisprung zum Zweck der Fortpflanzung. Bleiben wir einen Moment bei diesem letzten Punkt. Woher weiß eine Laborratte, dass sie zu einem bestimmten Zeitpunkt fruchtbar ist und sich paaren muss? Woher weiß sie, wann sie es nicht ist, und vermeidet dann instinktiv werbendes Verhalten? Bei der Ratte geht es nicht darum, ein besonders attraktives Männchen zu finden, sie unterliegt auch keinem gesellschaftlichen Druck oder fühlt sich an einem Freitag unternehmungslustiger als an einem Montag. Bei ihr ist das Auftauchen von Verlangen eine innere Botschaft, die ausschließlich von ihrem Hormonspiegel gesteuert wird. Wir sollten uns fragen, ob diese innere Chemie als evolutionärer Überrest auch irgendeine Rolle für das menschliche Verhalten spielen könnte und bei manchen sexuellen Funktionsstörungen der Verlust des Verlangens durch einen niedrigen Testosteronspiegel oder vaginale Trockenheit durch einen Mangel an Östrogenen verursacht wird. Oder ob die Progesteronschwankungen im Verlauf des Menstruationszyklus dafür sorgen könnten, dass Frauen an einem Tag einen maskulineren Mann bevorzugen und an einem anderen einen weniger maskulinen. Ich glaube das unbedingt. Und obschon diese Wirkung in den meisten Fällen gegenüber Sozialisierung und Alltagserfahrungen kaum wahrnehmbar sein mag, scheint sie in anderen doch wichtig zu sein. Es lohnt sich, das zu untersuchen. Aber wie? Natürlich können wir die Veränderungen in der sexuellen Reaktion von Frauen nach der Menopause beobachten, oder die Auswirkungen eines reduzierten Testosteronspiegels durch Einnahme der Antibabypille, den Verlust der Libido durch Antidepressiva, die den Serotoninspiegel erhöhen, oder Hypersexualität, die von manchen den Dopaminspiegel regulierenden Medikamenten hervorgerufen wird. Doch wir können keinen Menschen zwingen, seine ersten sexuellen Beziehungen mit Partnern zu haben, die in Leder gekleidet sind oder nach Mandeln riechen, und ihnen auch keine unterschiedlichen Hormonkombinationen spritzen, um im Einzelnen zu untersuchen, wie jede Substanz sich auf die sexuelle Reaktion auswirkt. Und selbst, wenn es zunächst einmal seltsam klingt: Da die körperlichen Abläufe der sexuellen Reaktion so primitiv sind und durch die Evolution hindurch bewahrt wurden, sind Ratten durchaus ein gutes tierisches Modell, um ganz grundlegende Aspekte der sexuellen Hormonlehre zu untersuchen.

Auf der Suche nach den Lust-Hormonen

Mein Interesse an der Wissenschaft vom Sex erwachte plötzlich und auf ziemlich kuriose Art an einem Novembermorgen im Jahr 2008 in Washington DC. Ich schlenderte über einen Megakongress für Neurowissenschaften und suchte unter den über 30.000 Forschern, die ihre Arbeiten vorstellten, nach Neuheiten. Da sah ich ein wissenschaftliches Poster mit dem Titel »Clitoral Stimulation Induces Fos Activation in the Rat Brain«. Davor stand die junge Wissenschaftlerin Mayte Parada. Ich konnte nicht widerstehen, stellte mich zu ihr und fragte sie so ernst wie möglich, wie sie denn die Klitoris der Ratten stimuliere. »Ich benutze einen Pinsel, aber es gibt verschiedene Techniken. Es ist eigentlich ganz einfach, weil Ratten eine sehr große Klitoris haben«, antwortete Mayte und wedelte die Hand mit zusammengedrücktem Zeigefinger und Daumen von oben nach unten. »Mit einem Pinsel ... ich verstehe ... aber Sex geht bei Rattenweibchen doch ziemlich anders als bei Frauen, oder?«, fragte ich und versuchte meinen Unglauben zu mäßigen. »Nun, das kommt darauf an. Was die hormonellen Mechanismen angeht – und die untersuchen wir –, unterscheiden wir uns nicht so sehr«, gab Mayte zur Antwort.

Sie erklärte mir, in ihrem Labor entnehme sie die Eierstöcke von mehreren Rattenweibchen, spritze ihnen gruppenweise verschiedene Kombinationen aus Östrogen, Progesteron und anderen Hormonen und analysiere anschließend ihre sexuelle Reaktion. Dabei stellte sie den Menstruationszyklus nach, veränderte aber jedes Mal einen konkreten Hormonspiegel. Rattenweibchen meiden Sex, wenn sie nicht fruchtbar sind, weil das ein Risiko und einen unnützen Energieverbrauch darstellt, und Mayte wollte herausfinden, welche Hormonkombination genau dafür sorgt, dass ein Rattenweibchen sich innerlich erregt fühlt. Vielleicht könnte das einen Anhaltspunkt für manche Fälle von mangelnder Libido bei Frauen liefern. Sie erklärte, in ihrem Labor an der Concordia University würden Forschungen zu hormonellen Einflüssen bis hin zu durch Erfahrung bedingten Präferenzen bei Ratten und Menschen durchgeführt, und meinte:

»Die wissenschaftliche Untersuchung vom Sex ist faszinierend. Eigentlich ist das noch ganz neu und steckt voller hochinteressanter Forschungsthemen. Du solltest uns mal besuchen kommen.«

Ich setzte meinen Spaziergang über den Kongress fort. Aber der Virus der Neugier hatte mich bereits angesteckt und verbreitete sich in meinem Gehirn. Ich wusste, dieses Gespräch würde mir nicht mehr aus dem Kopf gehen. Monate später stand ich mit Mayte Parada und Jim Pfaus in ihrem neurobiologischen Labor in Montréal. Dort sah ich, wie Mayte eine Ratte in eine Zelle setzte, ihr alle zehn Sekunden den Schwanz hob und drei oder vier Mal schnell mit dem Pinsel über die riesige Klitoris strich (die Größe sollte einen nicht wundern, die Hoden eines Rattenmännchens sind fast so groß wie sein Gehirn). Sie wiederholte den Vorgang mehrfach und ließ die Ratte die Zelle erkunden. Der Clou war, dass jede Zelle eine bestimmte Eigenschaft hatte (zum Beispiel einen Geruch), den die Ratte nach ein paar Tagen mit der sexuellen Stimulierung assoziieren würde. Nach einiger Zeit setzte Mayte die Ratte dann in eine andere Zelle mit demselben Geruch, aber mit einem Türchen, das ihr die Möglichkeit bot zu bleiben oder in einen anderen Raum weiterzugehen. Die Entscheidung der Ratte würde darauf hinweisen, ob die Klitorisstimulation befriedigend oder neutral gewesen war, oder Widerwillen hervorgerufen hatte.

Conditioned Place Preference (dt. konditionierte Platzpräferenz) ist ein häufig angewandtes Verfahren in der Psychologie, mit dem festgestellt wird, ob ein Reiz einer Ratte »gefällt« oder »nicht gefällt«. Nehmen wir einmal an, wir setzen eine Ratte in einen beleuchteten Raum, der durch eine Tür mit einem unbeleuchteten Raum verbunden ist (oder eine Zelle ist weiß und die andere schwarz, oder eine mit Duft und die andere ohne). Aus Instinkt erkundet die Ratte beide Räume und bewegt sich frei darin. Doch wenn wir sie in unserem Experiment immer in dem beleuchteten Raum einem Reiz aussetzen und es gelingt, dass sie diesen Reiz mit dem Raum assoziiert, kann, wenn wir sie nach einigen Tagen wieder dort hineinsetzen, dreierlei passieren: Wenn ihr der Reiz gefallen hat, wird sie in dem beleuchteten Raum bleiben und darauf warten. Wenn er ihr unangenehm war, wird sie augenblicklich durch die Tür laufen und viel mehr Zeit im dunklen Bereich verbringen. Und wenn er ihr gleichgültig war, wird sie unbeeindruckt von einem Raum in den anderen laufen. Auf diese Weise untersuchte Mayte, bei welchem Hormoncocktail die Klitorisstimulation am lustvollsten war.

Ich fand das sehr merkwürdig, und wohl wissend, dass das menschliche Sexualverhalten von sehr viel mehr Faktoren über die Hormone hinaus abhängt, begann ich, mich wirklich für die Biologie, Psychologie und Soziologie unseres Sexualverhaltens zu interessieren.

Mir wurde bewusst, dass, wäre da nicht die Scham, diese bio-psycho-soziologische Perspektive auf die Sexualität ein fabelhaftes Beispiel wäre, um der Öffentlichkeit auf unterhaltsame Art zugänglich zu machen, wie Körper, Geist und Kultur auf verschiedenen Ebenen zusammenwirken: Sex erlaubt uns zu entschlüsseln, wie Gene und Hormone das innere Gleichgewicht unseres Körpers regeln; anhand von Sex erklären sich grundlegende Prinzipien der Anatomie, die Funktionsweise des Nervensystems und des Gehirns; er macht uns den Einfluss des Lernens verständlich wie auch die Wirkung der Psyche auf den Organismus und die kulturellen Konditionierungen unseres Verhaltens, lädt zur Diskussion über die Geschichte unserer Evolution ein und noch vieles mehr. Es könnte sogar eine geniale Möglichkeit sein, Wissenschaft in der Schule zu unterrichten, denn man sieht daran perfekt verschiedene wissenschaftliche Methoden, von den sehr experimentellen mit Tierversuchen bis hin zu soziologischen Umfragen, bei denen nach dem Alter beim ersten intimen Kontakt gefragt wird, nach Stellungen, in denen man am leichtesten zum Orgasmus kommt, oder danach, wie oft man untreu war. Doch es gibt noch mehr. Man kann Bildgebungsverfahren anwenden, um direkt die Hirnaktivität zu beobachten, physiologische Studien, mit denen man die Rolle des peripheren Nervensystems, der Hormone, Gene, Muskeln und des Stoffwechsels erforschen kann, und natürlich eine Unmenge soziologischer Studien um zu untersuchen, wie sich die Sexualität im Lauf der Zeit entwickelt hat oder von Erziehung und Kultur beeinflusst wird. Alle liefern unglaublich nützliche Anhaltspunkte.

Im August 2010 publizierte Mayte ihre Forschungsergebnisse in der Zeitschrift *Hormones and Behavior* mit einer etwas unerwarteten Schlussfolgerung: Den Ratten gefiel es immer, wenn ihre Klitoris stimuliert wurde! Die verschiedenen Kombinationen aus Östrogen und Progesteron hatten keinen Einfluss auf die Zeit, die sie auf jeder Seite der Zelle verbrachten; tatsächlich liefen sie immer an den Ort, von dem sie vermuteten, dass sie dort stimuliert werden würden. Kurios war, dass die Ratten nur dann Lordosis- und sexuelles Werbungsverhalten zeigten, wenn der Hormoncocktail den Zeitpunkt des Eisprungs imitierte. Die Hormone beeinflussen also das Verhalten und sorgen dafür, dass die Rattenweibchen werbende Signale aussenden oder nicht. Doch unabhängig davon und selbst wenn sie gerade nicht empfänglich sind, mögen Ratten es immer, wenn ihre Klitoris stimuliert wird. Was uns aus menschlicher Sicht logisch erscheinen mag, ist für tierisches Verhalten ziemlich neuartig: Es bedeutet, dass die Hormone das Verhalten konditionieren, nicht aber die sexuelle Reaktion. Übertragen wir das spekulativ auf den Menschen, deckt es sich mit anderen Ergebnissen, die zeigen, dass Frauen Sex in allen Phasen des Menstruationszyklus gleichermaßen genießen, wenn sie in den Tagen um den Eisprung auch ein wenig mehr Lust empfinden und mehr unbewusste Verführungssignale aussenden.

Maytes Ergebnisse deuten auch auf eine Unterscheidung zwischen Verlangen und physischer Erregung hin, was in diesem Buch von großer Bedeutung sein wird, wenn wir zwischen Störungen durch mangelnde Libido (*low desire*) oder Erregungsstörungen (*arousal deficit disorder*) differenzieren. Beim Menschen fassen wir das Verlangen als etwas auf, das eine höhere psychologische Komponente besitzt, die Erregung als physische Reaktion auf das Verlangen. Bei Männern wäre das leicht zu unterscheiden: Begierde spüren und dann eine Erektion haben oder nicht. Die Mechanismen von Verlangen und Erregung überschneiden sich, und manchmal kann die Erregung das Verlangen auslösen statt andersherum. Aber alles weist darauf hin, dass man beides hormonell unterscheiden kann, und dass diese innere Chemie sowohl einige Funktionsstörungen und untypische Fälle zu erklären vermag wie auch Teile unserer Vielfalt bezüglich Verlangen, Anziehung und Sexualverhalten in jedem Augenblick.

Natürlich sind die Hormone nur ein Teil der Gleichung, und es hat keinen Sinn, sie ohne Berücksichtigung des soziologischen Kontextes zu untersuchen. Doch wir müssen anerkennen, dass man ohne eine minimale neurobiologische Perspektive nicht behaupten kann, die menschliche Sexualität komplett zu kennen. Deshalb beginnen wir damit und arbeiten uns allmählich durch die ganzen aufregenden Untersuchungsebenen zu der sexuellen Reaktion des Menschen vor – unserer eigenen also.

Kein großer Unterschied zwischen Männlein und dem Weiblein

Vier Jahrhunderte vor Christus stellte der griechische Philosoph Anaxagoras die These auf, die Jungen kämen aus dem rechten und die Mädchen aus dem linken Hoden. Dieser Logik folgend haben sich im Mittelalter einige französische Aristokraten mit überwiegend Töchtern angeblich sogar den linken Hoden wegoperieren lassen, um so männliche Nachkommenschaft hervorzubringen. Aristoteles wiederum glaubte, der Schlüssel, um einen Jungen zu zeugen, liege darin, viel Eifer und Emphase in den Zeugungsakt zu legen, und die Söhne entstünden nur aus dem Samen des Vaters. Die Mutter trage keinerlei Information bei, und ihre Gebärmutter sei lediglich das Behältnis, in dem der Fötus bis zu seiner Geburt heranwächst. Glücklicherweise hat die Wissenschaft ziemlich große Fortschritte gemacht und erklärt uns inzwischen sogar sämtliche genetischen und molekularen Voraussetzungen, die für die sexuelle Differenzierung zwischen Männlein und Weiblein verantwortlich sind. Schauen wir uns das einmal an.

In den Zellkernen fast aller Zellen unseres Körpers befinden sich 46 Chromosomen. Das sind 22 Autosomen genannte Chromosomen-Paare sowie ein weiteres Paar aus Geschlechtschromosomen: XX bei einem Mädchen, und XY bei einem Jungen.[2] Eine Ausnahme bei der Chromosomenzahl stellen Eizellen und Spermien dar, die jeweils nur eine Hälfte der Chromosomenpaare haben. Indem sie mit den entsprechenden Keimzellen unseres Partners oder unserer Partnerin zusammenkommen, ergeben sich dann wieder 46 Chromosomen. Bei den Frauen ist das Geschlechtschromosom in den Eizellen zwangsläufig X, während bei den Männern die Hälfte der Spermien X enthält und die andere Hälfte Y. Daraus ergibt sich, dass je nachdem, welches Spermium die Eizelle befruchtet, ein künftiges Mädchen mit der Kombination XX oder ein Junge mit der Kombination XY gezeugt wird. Doch Vorsicht, denn letztlich wird die sexuelle Differenzierung nicht so sehr von den Genen bestimmt, sondern durch die Hormone. Wenn einem weiblichen Rattenembryo in den ersten Tagen der Entwicklung Testosteron gespritzt wird, kommt es mit uneindeutigen Genitalien und männlichem Verhalten zur Welt. Macht man dies nicht zu Beginn, sondern bei weiter fortgeschrittener Tragezeit, kommt es als Weibchen zur Welt, versucht jedoch, andere Weibchen zu besteigen. Und wenn man einer bereits ausgewachsenen Ratte Testosteron spritzt, wird sie aggressiver, verändert aber ihre sexuellen Vorlieben nicht.

Beginnt eine befruchtete Eizelle sich zu teilen, sind ihre Zellen anfänglich alle identisch. Später differenzieren sie sich allmählich zu Nervenzellen, Blutzellen, Muskelzellen, Knochenzellen, und nach und nach formen sich die verschiedenen Organe, aus denen der menschliche Körper besteht. In der Anogenitalregion ist die erste Struktur, die sich in der vierten Schwangerschaftswoche herausbildet, eine Kloake genannte Öffnung. Sie hat oben eine Art Geschlechtshöcker, innen die Harnröhre und rundherum so etwas wie eine Wulst (Abbildung 1.1). Nach sechs Wochen hat sich die Kloake in der Mitte geschlossen und so in zwei Öffnungen unterteilt, aus denen später Anus und Geschlechtsorgane entstehen. Im Genitalbereich gibt es zwei mit zwei Gonaden (Keimdrüsen) verbundene Leiter, die später zu Hoden oder Eierstöcken werden. Doch bis zu diesem Zeitpunkt ist die Struktur bei künftigen Mädchen oder Jungen exakt dieselbe. Die Geschlechtsdetermination beginnt ab der sechsten Woche; hat der Embryo das SRY-Gen (oder *sex determining region*

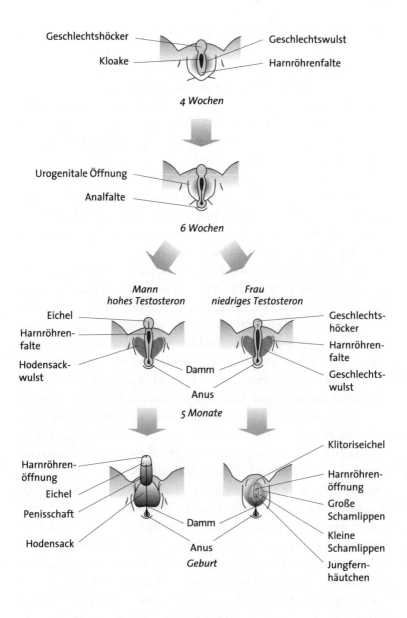

Abbildung 1.1. Embryonale Entwicklung der männlichen und weiblichen Geschlechtsorgane

of Y) auf dem Y-Chromosom, wird das so genannte Anti-Müller-Hormon (AMH) freigesetzt und bewirkt, dass die Gonaden zu Hoden werden. Ist der Embryo XX und kein AMH wird freigesetzt, entwickeln sich dieselben Gonaden zu Eierstöcken und Eileitern. Das ist die erste Phase der sexuellen Differenzierung. Doch der Beginn der umfassenden Maskulinisierung des Embryos liegt in der achten Woche, wenn die noch inwendig liegenden Hoden Testosteron auszuschütten beginnen. Dadurch wachsen sie und wandern hinab bis in die Hautwulst rund um die Kloake, die später zum Hodensack wird. Ohne Testosteron formen sich aus derselben Haut die Schamlippen. Männliche und weibliche Genitalien entstammen genau denselben anatomischen Strukturen, nur dass sie sich auf verschiedene Art entwickeln und anordnen.

Die nächste Wirkung des Testosterons ist, dass der Geschlechtshöcker über der Kloake nach außen zu wachsen beginnt und so die Kloakenöffnung schließt. Dabei nimmt er die Harnröhre mit und wächst zu einem Penis mit einer Eichel und zwei Schwellkörpern, die sich bei einer Erektion mit Blut füllen. Hat der Embryo die Kombination XX und es wird kein Testosteron freigesetzt, geschieht genau dasselbe, jedoch nach innen hin und in geringerer Größe. Die Kloake bleibt offen und bildet Vagina und Gebärmutter, und der Höcker wächst allmählich nach innen. Nur die Eichel, die zur äußeren Klitoris wird, bleibt außerhalb, und die Schwellkörper entwickeln sich als die beiden inneren Schenkel der Klitoris V-förmig entlang der Seitenwände der Vagina. Auch sie füllen sich bei Erregung mit Blut. Penis und Klitoris haben genau denselben embryonalen Ursprung. Tatsächlich entspricht die weibliche Klitoriseichel der männlichen Eichel, nur sind bei ihr dieselben Nervenenden auf viel engerem Raum konzentriert. Wirklich: Wenn wir uns die Abbildungen der weiblichen und männlichen Geschlechtsorgane einmal komplett anschauen, sehen wir, dass die Klitoris fast mit dem Penis identisch ist und Eierstöcke und Hoden ganz klar aus denselben Strukturen stammen, nur dass die einen zunächst durch den Einfluss des Y-Chromosoms und dann durch das Testosteron nach außen statt nach innen gewachsen sind (Abbildung 1.2). Sie ähneln

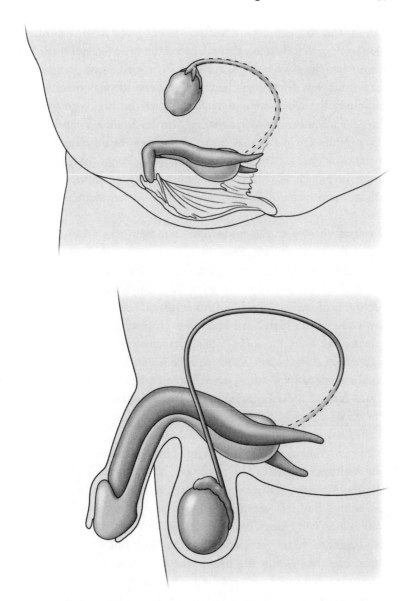

Abbildung 1.2 Struktureller Vergleich der Entwicklung von Penis und Klitoris sowie von Hoden und Eierstöcken.

sich so sehr, dass einige Forscher der Meinung sind, vaginale Orgasmen seien in Wirklichkeit klitoral, da bei der Penetration Druck auf die inneren Strukturen der Klitoris ausgeübt wird. Grob gesagt wäre die Stimulation der Klitoris demnach so, als würde man beim Mann nur die Eichel liebkosen, und die Stimulation der Vagina entspräche der des ganzen Penis. Oder, abhängig von der Stellung beim Liebesakt, stimuliert man alles auf einmal. Auf diesen Aspekt kommen wir später noch einmal zurück, wenn es um den G-Punkt geht. Die Botschaft ist jedoch klar: Was die Geschlechtsorgane anbelangt, sind Männer und Frauen sich sehr viel ähnlicher, als wir meinen.

Letztendlich steuern die Androgene und nicht das Y-Chromosom die Maskulinisierung des Embryos. Einige der berühmtesten Experimente zum Nachweis der größeren Bedeutung von Hormonen gegenüber Genen, wurden in den 1940er Jahren vom französischen Embryonenforscher Alfred Jost durchgeführt. Jost entnahm noch in der Tragezeit die Eierstöcke weiblicher Kaninchenföten und beobachtete, dass sie sich wie Weibchen entwickelten und verhielten. Er wiederholte dasselbe mit Männchen, denen er die Hoden entnahm, und, wie zu erwarten war zu einer Zeit, als man die Rolle des Testosterons bei der Maskulinisierung des Körpers schon kannte, entwickelten sie sich trotz der Chromosomkombination XY ebenfalls wie Weibchen.

Doch dafür muss man keine Kaninchen hernehmen. Menschen mit Androgenresistenz (AIS) sind trotz XY-Chromosomen Frauen. Die von AIS Betroffenen beginnen ihre embryonale Entwicklung als maskuliner Embryo, bei dem die Gene des Y-Chromosoms die Herausbildung von Hoden bewirken. Diese noch innen liegenden Hoden beginnen Testosteron auszuschütten, doch nun geschieht etwas Anormales: Frauen mit AIS haben eine Mutation im Erbgut, die in sämtlichen Zellen ihres Organismus einen Mangel an Androgenrezeptoren hervorruft. Es gibt also Testosteron im Blut, die Zellen erkennen es jedoch nicht. Folglich wachsen die Hoden nicht und wandern auch nicht nach außen. Geschlechtsorgane und Gehirn entwickeln sich weiter weiblich, und die meisten der Betroffenen kommen unerkannt als Mädchen zur Welt, obgleich sie ihren Chromosomen nach XY sind. Bei vielen wird das Syndrom erst spät in der Kindheit entdeckt, weil sie Schmerzen im Genitalbereich haben, oder sogar erst in der Pubertät, weil keine Menstruation einsetzt. AIS-Betroffene sind unfruchtbar, weil sie keine Eierstöcke haben, mit Hormongaben können sie jedoch ein zufriedenstellendes Leben führen. Dieses Beispiel bringt uns zu einem anderen Schlüsselfaktor der embryonalen Entwicklung: die Maskulinisierung des Gehirns durch die Wirkung des Testosterons, oder seine Feminisierung ohne es.

Hat ein Fötus die Kombination XY, kommt es unter normalen Umständen ab der zwölften Schwangerschaftswoche zu einem Testosteron-Höchstwert. Dadurch werden die Strukturen des zentralen Nervensystems, welches sich genau zu diesem Zeitpunkt auszubilden beginnt, maskulinisiert. Die Gene drücken sich unterschiedlich aus, geregelt durch epigenetische Marker; bei den Männern werden mehrere Gene des X-Chromosoms ausgeschaltet, und einige Schaltkreise im Gehirn werden modifiziert und konditionieren so einen Teil des künftigen typisch männlichen oder weiblichen Verhaltens. Es gibt fundierte wissenschaftliche Literatur, die vertritt, dass Transsexualität ihren Ursprung in Störungen während dieser Phase hat, in der ein wichtiger Teil der sexuellen Identität definiert wird. In manchen Fällen könnte die sexuelle Orientierung sogar durch veränderte Hormonspiegel in der Schwangerschaft bedingt sein. Es gibt so viele feine Abstufungen, dass es lohnt, dieses Thema später weiter zu vertiefen. Unstrittig ist jedenfalls, dass diese Phase unter normalen Bedingungen von grundlegender Bedeutung ist, um ein für männliches oder weibliches Verhalten prädeterminiertes Gehirn auszubilden. Analog zu den weiblichen Rattenembryonen, denen Testosteron gespritzt wurde und die sich wie Männchen verhielten und selbst ohne Penis versuchten, andere Weibchen zu besteigen, würde ein männlicher Fötus, wenn man ihm Substanzen spritzte, die das Testosteron inaktivieren, anderen Männchen gegenüber Lordosisverhalten zeigen und den Rücken durchbiegen. Anzumerken ist, dass die Wissenschaftler dies nicht mit der menschlichen Homosexualität gleichsetzen, wie wir sie kennen. Unsere sexuelle Orientierung wird nicht nur von biologischen Faktoren und einem hohen Testosteronspiegel während der Schwangerschaft und in den ersten Lebenswochen festgelegt, sondern, wie wir in späteren Kapiteln noch sehen werden, kommen noch viele andere Aspekte der menschlichen Entwicklung dazu.

Als wirkliche Lektion lässt sich aus alldem ziehen, dass die Sexualität ein Kontinuum ist. Wir haben gesehen, dass es manchmal zu kurz greift, Männer und Frauen einfach nur als XY oder XX zu definieren, weil Männlichkeit und Weiblichkeit auf biologischer Ebene von der hormonellen Umgebung bestimmt werden sowie dadurch, wie sich Schritt für Schritt verschiedene Bereiche des Gehirns ausbilden. Und das tun sie nicht in klar voneinander getrennten Kategorien; zwischen einem völlig männlichen und einem völlig weiblichen Gehirn kann es viele Zwischenstufen geben. Nehmen wir noch sämtliche kulturellen und erzieherischen Einflüsse hinzu, haben wir ein Puzzle, das sich eindimensionalen Erklärungen des Sexualverhaltens widersetzt.

Das ist wichtig in der ewigen Debatte, ob Männer und Frauen nun so verschieden voneinander sind oder nicht, und worin wir uns denn unterscheiden. An dieser Stelle und nach langen Gesprächen mit allen möglichen Fachleuten möchte ich dazu ein paar Ideen formulieren. Zunächst einmal bin ich nur ein einziges Mal auf akademischen Extremismus gestoßen, und zwar in Kreisen, die jedweden biologischen Einfluss verleugnen und behaupten, Geschlecht sei ein rein kulturelles Konstrukt. Diese Position ist bereits überholt und zeugt von einem absurden Dogmatismus. Ganz im Gegenteil, kein anerkannter Wissenschaftler, der Gene, Hormone oder neuronale Schaltkreise untersucht, streitet ab, dass Erziehung und soziales Lernen normalerweise auf alle physiologischen Aspekte unseres Sexualverhaltens einwirken, sei es nun die Anziehung, die Vielfalt der sexuellen Aktivitäten, die Unterdrückung sexueller Instinkte oder die bewusste Entscheidung, Sex zu haben oder nicht. Die Wissenschaftler denken wirklich nicht reduktionistisch, auch wenn sie oft so beschrieben werden.

Wo dies schon einmal gesagt ist, ist es nur fair einzugestehen, dass die biologistische Sichtweise es ebenfalls maßlos übertrieben hat. Es gibt angeborene Unterschiede in den Gehirnen von Männern und Frauen, und die können wir sowohl wahrnehmen, wenn wir das unterschiedliche Verhalten von Jungen und Mädchen vom Kindesalter an beobachten, als auch, wenn wir neuroanatomische Variationen im Hypothalamus beider Geschlechter feststellen. Aber drei Dinge darf man nicht vergessen:

1. Eine streng angewandte Psychologie zeigt uns, dass diese Unterschiede in Wirklichkeit nicht so groß sind, wie eine sensationslüsterne Psychologie nahegelegt hat.
2. Alles, was wir nach und nach über Epigenetik und Gehirnplastizität herausfinden, zwingt uns zu der Annahme, dass die biologischen Determinanten weniger stabil sind, als wir glaubten, und keinesfalls eine nicht mehr durch das Umfeld formbare Diktatur darstellen.
3. Die neurophysiologischen Unterschiede zwischen Männern und Frauen betreffen vor allem die primitiveren Strukturen des Gehirns. Letzteres wird oft nicht bedacht, und ist höchst relevant für das Verständnis des Sexualverhaltens.

Betrachten wir ein Schema des Gehirns (Abbildung 1.3), fällt auf, dass es aus mehreren Schichten zu bestehen scheint. Die innersten, wie die Amygdala oder der Hypothalamus, steuern die Emotionen und Grundfunktionen, sie sind enorm ähnlich bei uns und dem Rest der Tiere. Dennoch weisen einige Teile sehr wohl einen beträchtlichen Dimorphismus zwischen Männchen und Weibchen auf, insbesondere im Hypothalamus. 5 Prozent der Gene, die dort während der Embryonalphase ihre Wirkung entfalten, reagieren unterschiedlich, je nachdem, ob der Fötus Testosteron im Blut hat oder nicht. Diese inneren Schichten sind von zentraler Bedeutung für den Sexualtrieb, sie sind der Sitz unseres »animalischen« Verhaltens, und die Kultur hat nur wenig direkte Macht über sie. Über diesem primitiven Gehirn liegen die äußeren Schichten der Hirnrinde (Kortex), die für alle hö-

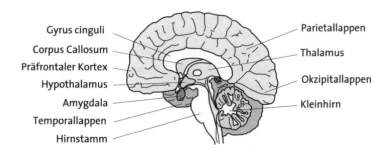

Abbildung 1.3. Anatomischer Aufbau des Gehirns

heren Funktionen und die ausgefeilteren Gedankengänge zuständig sind. Dieser weiter entwickelte Bereich des Gehirns ist plastisch und von Beginn an dafür eingerichtet, durch Erfahrung modellierbar zu sein. Es mag einige wenige geschlechtsspezifische Veranlagungen geben, diese sind jedoch viel durchlässiger für Erziehung und die kulturellen Rollen von Männern und Frauen als für die Biologie.

2005 publizierte die Psychologin Janet Hyde von der Wisconsin University einen provozierenden Aufsatz mit dem Titel »The Gender Similarities Hypothesis«. Es war eine ausführliche Betrachtung von 46 wissenschaftlichen Metaanalysen, die psychologische Unterschiede zwischen Männern und Frauen untersuchten. Bis dato ist es die methodisch strengste dazu veröffentlichte Arbeit, und Hydes Schlussfolgerung war eindeutig: Die Formel »Männer sind vom Mars und Frauen von der Venus« ist in erster Linie ein übermäßig von Medien und Populärkultur geschürter Mythos. Bei den meisten kognitiven Funktionen und psychischen Eigenschaften sind Männer und Frauen sich viel ähnlicher, als isolierte Studien manchmal suggerieren. Hyde legt gewissermaßen nahe, dass es bei den höher entwickelten Fähigkeiten eine größere Vielfalt innerhalb von Gruppen aus nur Männern oder nur Frauen gibt als geschlechtsspezifisch zwischen Männern und Frauen. Wo Hyde jedoch durchaus signifikante Unterschiede fand, war bei einigen emotionalen Reaktionen wie Aggressivität, gewissen motorischen Aspekten und vor allem beim Sexualverhalten.

Im Kontext dieses Buchs ergibt sich daraus, dass unsere Unterschiede bei Trieben und Emotionen biologisch bedingt sind, und bezüglich höher entwickelter Verhaltensweisen kulturell. Dem ist noch ein weiterer fundamentaler Faktor hinzuzufügen: Es stimmt, dass Triebe, Verlangen und primitives Verhalten gelegentlich mit aller Gewalt aus den besonders gefühlsgesteuerten Tiefen unseres Gehirns aufsteigen und einen Konflikt verursachen, wenn unsere Großhirnrinde, Sitz des rationalen Denkens, hemmende Botschaften ausstößt. Falls wir jedoch keine primitiven, unkultivierten Wesen sind oder unter Hirnverletzungen leiden, hat unsere Spezies die Freiheit zur Kontrolle. Soll heißen: Vielleicht können wir nicht entscheiden, was uns gefällt, aber doch, ob wir das, was uns gefällt, tun oder lassen.

Schauen wir uns zunächst an, wie uns die Hormone ständig daran erinnern, wer was ist, und unsere Sex- und Liebesreaktionen als Erwachsene bedingen.

Die Chemie unseres Sexualverhaltens

Wenn unser Blutzuckerspiegel niedrig ist, schickt der Hypothalamus chemische Signale, die unseren Appetit anregen. Und ist der Blutzuckerspiegel wiederhergestellt, vermitteln uns das von der Bauchspeicheldrüse abgegebene Insulin und das Leptin der Fettzellen ein Gefühl der Sättigung. Wenn uns ein Hund anfällt, intensiviert das von den Nebennieren freigesetzte Adrenalin unseren Herzrhythmus und den Muskeltonus, damit wir der Bedrohung die Stirn bieten können. In vielerlei Hinsicht funktioniert unser Organismus, genau wie bei jedem anderen Tier, wie ein Automat, in dem die Hormone des endokrinen Systems als Botenstoffe die Aufgabe haben, das innere Gleichgewicht zu bewahren, die grundlegenden Körperfunktionen zu steuern und bei Veränderungen im Inneren wie im Äußeren Reaktionen in Gang zu setzen. Wichtig: Hormone und Verhalten gehen zusammen. Denken wir gar nicht erst darüber nach, ob die einen Gegenspieler des anderen sein könnten. Die Hormone sind die interne Sprache des Körpers. Woher sollte die Nebennierenrinde sonst wissen, dass sie das Stresshormon Cortisol abgeben muss, wenn ein Auto auf uns zurast? Hormone und Verhalten stehen in einem wahnsinnig engen Verhältnis zueinander, und daher lohnt es sich, sie genauer zu studieren. Die Beziehung ist wechselseitig. Mal steigt der Dopaminspiegel bei Frauen an, wenn sie einen attraktiven Mann zu studieren, und bei anderer Gelegenheit sorgen die Hormonveränderungen während des Eisprungs dafür, dass sie besonders zu einem Flirt aufgelegt sind.

Beginnen wir mit dem Grundlegenden: Die männlichen Sexualhormone oder -steroide sind die Androgene, bei den Frauen sind es die Östrogene und Gestagene (Gelbkörperhormone). In diesen Gruppen ist Testosteron das wichtigste Androgen, während Estradiol und Progesteron die wichtigsten weiblichen Hormone sind. Doch sie sind nicht ausschließlich für die jeweiligen Geschlechter vorgesehen. Männer haben auch einen niedrigen Spiegel von Östrogenen und Frauen von Testosteron. Nun etwas mehr im Detail:

Testosteron: Für dieses Buch könnten wir sagen, Testosteron ist das Hormon des sexuellen Verlangens. Für Männer ist es für die Maskulinisierung von Körper und Gehirn verantwortlich und zwar durch hohe Testosteronspiegel während der Embryonalentwicklung, gleich nach der Geburt und in der Pubertät. Gebildet wird es hauptsächlich in den Hoden und der Nebennierenrinde, und es hat eine anabolische Wirkung, die eine größere Muskelmasse hervorbringt; 5α-Dihydrotestosteron (DHT), ein Testosteronderivat, beeinflusst die Verteilung der Körperbehaarung und die Form der Geschlechtsorgane. Hinsichtlich des Verhaltens ist Testosteron nicht nur dafür verantwortlich, die Aggressivität zu steigern und männliches Verhalten zu bedingen, sondern auch für die sexuelle Libido. Calvin Stones Experimente sind berühmt – er beobachtete in den 1930er Jahren, dass von ihm kastrierte Kaninchen mit der Zeit die sexuelle Reaktion verloren, diese aber nach Injektionen von Testosteron oder Hodenextrakt wieder zurückgewannen. Bei Eunuchen wurde derselbe Verlust des sexuellen Interesses beobachtet, auch wenn dieser aufgrund des Testosterons aus der Nebennierenrinde nicht in allen Fällen vollständig war. Und würde man bei Pädophilie oder anderen Paraphilien einen antiandrogenen Wirkstoff wie Cyproteron verabreichen, der die Androgenrezeptoren in den Zellen blockiert, könnte man auch das sexuelle Verlangen verringern. Testosterongels oder -spritzen geben Männern in der Andropause häufig ihre sexuelle Kraft zurück, es wird aber noch diskutiert, ob sie wirklich wirken, und die möglichen Langzeitfolgen sind noch unbekannt. In sehr viel geringerem Maße wird Testosteron auch in den Eierstöcken und der Nebennierenrinde der Frau produziert, die Verbindung zum weiblichen sexuellen Verlangen ist aber nicht so direkt wie bei den Männern. Studien haben gezeigt, dass manche Frauen sehr gut auf die erregenden Wirkungen des Testosterons ansprechen. Bei ihnen verbessern Testosterontherapien die sexuelle Reaktion signifikant; bei anderen ist die Wirkung jedoch nur minimal. Die Wissenschaftler haben eine große Bandbreite an Reaktionen festgestellt. Manche Menschen haben eine starke Libido, aber niedrige Absolutwerte von Testosteron im Blut, und man vermutet eine Variation bei den Genen, die die Zellrezeptoren für Androgene kodieren. Das würde bedeuten, dass es Frauen mit mehr und mit weniger Testosteronrezeptoren in den Zellen gibt, was die unterschiedlichen Reaktionen erklären würde.

Östrogene: Östrogene sind die Hormone der Weiblichkeit. Sie werden in den Eierstöcken produziert, machen den Körper während der Pubertät weiblich und regeln den Menstruationszyklus. Der Östrogenspiegel steigt allmählich zwischen dem 5. und 14. Tag des Zyklus, was der Follikelphase der Eizellenreifung entspricht. Nach dem Eisprung verringern sich die Werte und halten sich bis auf eine kleine Spitze zwischen dem 18.-20. Tag auf einem Minimalspiegel. Das scheint nicht direkt das sexuelle Verlangen zu beeinflussen, trägt jedoch zur Scheidenlubrikation und zur verstärkten Durchblutung in den Geschlechtsorganen bei, bedingt ein weiblicheres und verführerisches Verhalten und verbessert das Wohlbefinden. Der gesunkene Östrogenspiegel nach der Menopause kann Apathie, Scheidentrockenheit und emotionales Unbehagen verursachen. Bei Männern ist der Östrogenspiegel sehr niedrig, aber wichtig für die Kalziumversorgung der Knochen und die Samenproduktion. Wird Labortieren Östrogen gespritzt, führt das zu weiblichen Verhaltensweisen.

Progesteron: Progesteron ist das Hormon, das die Schwangerschaft aufrechterhält, man könnte es als Hormon der Mutterschaft bezeichnen. Der Progesteronwert erhöht sich in der Gelbkörperphase nach dem Eisprung und fällt zum Ende des Zyklus hin ab, sofern keine Schwangerschaft eingetreten ist. Die physiologischen Wirkungen von Progesteron sind vielfältig; was das Sexualverhalten angeht, vermutet man, es könne das Verlangen fördern. Auf gewisse Weise ist es dem Testosteron stärker entgegengesetzt als die Östrogene. Spritzt man es frisch geborenen Rattenmännchen in hoher Dosis (nach der Geburt wird normalerweise viel Testosteron freigesetzt), verstärkt es die weiblichen Verhaltensweisen, inklusive Lordosis-Verhalten. Die Antibabypille, die Millionen Frauen auf der ganzen Welt nehmen, ist nichts anderes als eine Kombination aus Progestin (einem synthetischen Analogon zu Progesteron) und Östrogenen. Sie wirkt, weil das Progestin die Freisetzung der Gonadotropinen hemmt und somit den Eisprung verhindert. Da das Absinken von Östrogenen und Progesteron den Abstoß der Gebärmutterschleimhaut und somit die Menstruation auslöst, wird die Pille auch von Frauen genommen, die Schmerzen und Intensität ihrer Monatsblutung reduzieren wollen. Umstritten ist noch, ob die Pille den Testosteronspiegel senkt, und manche Wissenschaftler sind der Ansicht, die Antibabypille könnte negative Auswirkungen auf die sexuelle Reaktion mancher Frauen haben.

Das sind die drei Sexualsteroide, die chemisch alle aus dem Cholesterin entstehen. Es mag uns tatsächlich komisch vorkommen, dass das Cholesterinmolekül sich nach vier Enzymreaktionen in Progesteron umwandelt, dass das Progesteron nach drei weiteren Schritten zu Testosteron wird und der einzige Unterschied zwischen Testosteron und Estradiol eine doppelte Kohlenstoffverbindung ist, die durch das Enzym Aromatase katalysiert wird. Doch lassen wir die Chemie einmal beiseite, denn es gibt noch viele weitere Hormone, die am Fortpflanzungszyklus beteiligt sind:

Prolaktin: Prolaktin ist ein lusthemmendes Hormon. Ausgeschüttet von der Hypophyse (Hirnanhangdrüse) im Zentrum des Gehirns, setzt Prolaktin die Milchbildung in den Brüsten in Gang und hat eine leicht hemmende Wirkung auf das sexuelle Verlangen. Tatsächlich wird es beim Orgasmus in großen Mengen ausgeschüttet und man vermutet, dass es das Gefühl der sexuellen Befriedigung und die Refraktärphase beeinflusst. Prolaktin ist ein hochspannendes Hormon, das intensiv erforscht wird. Man hat herausgefunden, dass beim Masturbieren weniger Prolaktin freigesetzt wird als bei Geschlechtsverkehr, und dass dieses Hormon dafür zuständig ist, das Verlangen bei Frauen in bestimmten Momenten der Schwangerschaft und bei Männern, wenn sie Vater werden, zu verringern.

In der Hypophyse wird auch das luteinisierende Hormon (LH) gebildet, das den Eisprung fördert, sowie das follikelstimulierende Hormon (FSH), das zum Wachstum der Eizellen im Eierstock beiträgt. Doch beide würden ohne das Signal vom Hypothalamus in Form von Gonadoliberin (GnRH) nicht ausgeschüttet. Es gibt noch viele weitere Signale, doch da wir uns hier auf die sexuelle Reaktion konzentrieren, wollen wir noch andere Hormone und Neurotransmitter nennen, die von zentraler Bedeutung für den Prozess der sexuellen Erregung und der Lust sind.

Dopamin: Dopamin ist das Hormon des Antriebs. Es hat vielfältige Wirkungen, je nachdem, in welchem Bereich des Gehirns es aktiv wird, und ist der Botenstoff für Begeisterung, Lust und Motivation auf der Suche nach Reizen. Es ist an Suchtprozessen beteiligt und stimuliert die Testosteronproduktion. Dieses Hormon sammelt sich im Vorfeld einer möglichen sexuellen Begegnung an und sorgt dafür, dass wir immer aufgeregter, stürmischer, leidenschaftlicher, fröhlicher und verblendeter sind und zielstrebig auf die Paarung zusteuern. Steigt der Dopaminspiegel durch die Einnahme von Kokain, Methamphetamin oder dopaminhaltigen Medikamenten, schießt das sexuelle Verlangen in die Höhe.

Noradrenalin: das Hormon der physischen Erregung. Wenn wir in den erregten Momenten vor dem Liebesakt plötzlich diese Energie bemerken, die eine bestimmte Art von muskulärem Stress hervorruft und unseren Körper für die Action vorzubereiten scheint, dann liegt das an der Adrenalinausschüttung in den Nebennieren oberhalb der Nieren. Ist dieser Stress jedoch übermäßig und das Noradrenalin erhöht zusätzlich das Cortisol (Stresshormon) zu sehr, kann die gegenteilige Wirkung ausgelöst und unsere sexuelle Reaktion gehemmt werden.

Oxytocin: das Liebeshormon. Wird so genannt aufgrund des Gefühls der Bindung, das es zwischen Mutter und Kind, zwischen Partnern und sogar Freunden schafft. Es wird im Hypothalamus produziert, zur Hypophyse transportiert und dort während des Orgasmus in großen Mengen ins Blut ausgeschüttet. Von diesem Hormon sagt man, es sei für das Wohlbefinden und das Gefühl von Verbundenheit auch zwischen Liebhabern verantwortlich, die vorher nur an beiläufigen Sex gedacht hatten.

Endorphine: Moleküle der Lust. Werden beim Sport oder beim Orgasmus freigesetzt und sind die Neurotransmitter, die am klarsten mit physischer Lust sowie Schmerzreduktion in Verbindung stehen.

Serotonin: Molekül der Stimmungen. Dieser Neurotransmitter beeinflusst die Gefühlszustände. Ein niedriger Serotoninwert ist verbunden mit depressiven Stimmungen, Appetitmangel und Gedächtnisverlust. Hohe Serotoninwerte können problematisch sein, weil sie die Sexualfunktion hemmen. Eine Nebenwirkung von Antidepressiva, die als Serotonin-Wiederaufnahme-Hemmer wirken und seine Konzentration im synaptischen Spalt erhöhen, ist der Verlust der Libido. In einigen Fällen von vorzeitiger Ejakulation werden Antidepressiva in geringer Dosis eingesetzt, um so die Ejakulation möglichst herauszuzögern.

Ich sage es noch einmal: Die Beziehung zwischen Hormonen und Verhalten ist wechselseitig. Unter normalen Umständen ist es im Grunde absurd zu diskutieren, was was bestimmt. Es kommt auf den Zeitpunkt und die Situation an. Doch unübliche Werte bei pathologischen oder atypischen Zuständen können sehr wohl auf schwere Störungen hinweisen, sowohl medizinisch als auch sexuell. Und Wissen ist von vitaler Bedeutung, selbst wenn man anschließend versucht, den Beschwerden mit einer verhaltenstherapeutischen Behandlung statt mit Medikamenten beizukommen.

Zusammenfassend sei gesagt: Wenn eine Frau in der zweiten Woche ihres Zyklus mit einem himmelhohen Östrogenwert auf eine Party geht, könnte das in ihr unbewusst eine höhere Flirtbereitschaft auslösen als in einer Phase mit hohen Progesteronwerten. Wir wissen, dass ein erhöhter Testosteronspiegel bei Männern und bei Frauen das Verlangen steigert. Empfindet man unter diesen Umständen Anziehung zum Partner oder zu einem Unbekannten, werden Dopamin und Noradrenalin die Erregung, das Gefühl von Energie und von Wohlbefinden allmählich steigern und so dafür sorgen, dass man sich auf die sexuelle Begegnung konzentriert. Sollten beide sehr unter Stress stehen, kann ein schöner Kuss sie entspannen, denn der senkt den Cortisolwert. Landen sie schließlich im Bett, steigen die Dopamin- und Adrenalinwerte langsam bis zum Orgasmus – dem Höhepunkt, an dem beide massenweise beruhigende und lustvolle Endorphine freisetzen, begleitet vom Oxytocin, das ihnen ein Gefühl der inneren Verbundenheit mit der Person schenken wird, mit der sie diesen wunderbaren Moment geteilt haben. Später werden wir noch sehen, wie Alkohol, Marihuana, Kokain oder Methamphetamine diese chemischen Empfindungen steigern oder verringern. Keinen Zweifel sollten wir jedoch daran hegen, dass die Anziehungskraft einer Person, die wir gerade erst kennengelernt haben, oder die Wohligkeit beim Umarmen unseres Partners oder unserer Partnerin sich neurochemisch in unserem Organismus ausdrücken. Und das ist es, was die Wissenschaft weiterhin zu begreifen versucht.

2
Sex in den Genitalien

Sind wir ein bisschen angetrunken, kommen wir schwerer zum Orgasmus – aus demselben Grund, aus dem es uns in diesem Zustand auch schwerer fallen würde, schnell zu reagieren, wenn ein Auto auf uns zugerast käme: Unser Nervensystem ist gehemmt und kann den Sympathikus nicht aktivieren, und der ist ebenso dafür zuständig, den Orgasmus auszulösen, wie dafür, dass unser Körper auf plötzlichen Stress reagiert.

Jorge findet Sonia toll. Sie ist eine kluge, attraktive Frau mit Charakter, hat Stil und ist mit ihren 38 Jahren noch topfit. Außerdem hat Sonia sich jedes Mal, wenn die beiden sich zufällig mit gemeinsamen Freunden trafen und nach der Arbeit noch etwas Trinken gingen, beschwert, dass es in der Großstadt immer schwieriger wird, jemanden kennenzulernen. Selbst für ein unverbindliches Abenteuer – und das sucht sie ihren eigenen Worten zufolge gerade. Ihrer Argumentation nach gibt es mehr Frauen als Männer, und die, die es gibt, haben entweder eine Partnerin, sind schwul oder irgendwie komisch, und sie sei vielleicht zu dominant. Und Jorge denkt sich jedes Mal, »Wenn ich keine Freundin hätte, dann würde ich ihr schon zeigen, wer hier dominant ist. Irgendwann einmal ...«

Einige Monate später hielt das Schicksal eine üble Falle für den so sehr von seiner Männlichkeit überzeugten Jorge bereit. Seine Freundin war mit einer Freundin verreist, um in die typische Phase des Überdenkens der Beziehung zu starten, und er war mit ein paar Kollegen in der üblichen Bar. An diesem Abend kam auch Sonia.

Nach ein paar Gläsern verabschiedete sich einer der Anwesenden, und als Jorge sagte: »Ich bleibe heute länger, meine Freundin ist verreist«, meinte er mitzubekommen, dass Sonia zu ihm herüberschaute und mehrdeutig grinste. Eine Ausschüttung des antriebssteigernden Dopamins aktivierte die Aufmerksamkeit in Jorges Gehirn. Gespräch und Lachen flossen in der Gruppe munter hin und her. Jorge begann mit Sonia zu flirten, die stets mit einem offenen Lächeln reagierte. Nach vorn gelehnte Körper, geneigte Köpfe, übertriebenes Gestikulieren, geweitete Pupillen, unruhige Lippen ... die Körpersprache der beiden wurde immer verräterischer. Nach und nach gingen die Freunde, und als der letzte sich verabschiedete, fragte Sonia, ob Jorge noch für ein Glas bleiben wolle. »Das ist dann zwar das fünfte, aber klar doch«, antwortete Jorge mit glänzender Stirn und einem verführerisch gemeinten Blick, der für jeden außenstehenden Beobachter lächerlich gewirkt hätte, außer für Sonia. Nach weiterem Flirten in der Sicherheit des öffentlichen Raumes und Erörterungen darüber, wie wenig natürlich doch diese von der Gesellschaft erdachte Monogamie sei, rückt Sonia plötzlich näher, um ihm ein Gerücht ins Ohr zu flüstern, das sowieso niemand in der Nähe gehört hätte, und legt ihre Hand auf Jorges Knie. Dazu immer intensivere und eindeutigere Blicke, bis Sonia offen und in ganz natürlichem Tonfall sagt: »Darf ich dich zu mir nach Hause einladen?« Damit hatte Jorge nicht gerechnet, zumindest nicht auf so direkte Art. Er zögerte einen Moment, seinem Gefühl nach wich das Blut aus seinem Gesicht und die Tatkraft schwand aus seinem Blick, er antwortete jedoch mit leicht verzerrter Stimme: »Ja ... klar doch ...«

Sie saßen bereits im Taxi, als in Jorges aufgewühltem Hirn eine rührende Unentschlossenheit ausbrach. Er fuhr in das Apartment einer schrecklich attraktiven Frau, die seine Situation genau kannte, es war klar, dass es um ein Abenteuer ging, und da er mit seiner Freundin gerade in einer Überdenkphase war, sollte das auch erlaubt sein ... oder nicht? Verdammte Zweifel! Jorge fühlt sich unwohl. Angespannt. Irgendwas ist nicht in Ordnung. Was für eine merkwürdige Mischung aus Erregung und Nervosität. Beim Aussteigen aus dem Taxi greift Sonia entschlossen nach Jorges Hand und führt ihn zur Haustür. Sie steigen in den Aufzug und beginnen sich zu küssen. Jorge ist erregt, kann die Anspannung aber nicht verscheuchen. Sein Kopf rast. Als würde er zu viel denken und könnte sich nicht mitreißen lassen. Sie treten in die Wohnung und küssen sich dabei immer noch leidenschaftlich, lassen sich aufs Sofa fallen und Sonia beginnt sich zu entkleiden. Jorge starrt sie an, sie ist noch sexyer, als er sich vorgestellt hatte. Sie streicheln sich weiter, dabei beginnt auch Jorge sich unnötig eilig und etwas ungeschickt seiner Kleidung zu entledigen, bis er nur noch Unterwäsche anhat. Er bemerkt etwas Seltsames. Da zwischen seinen Beinen ist etwas nicht so gut aufgelegt, wie es sein sollte. Sonias Liebkosungen wandern allmählich nach unten, bis unter seine Hüfte. Als sie dort auf etwas Schlaffes stößt, hält sie eine Sekunde lang inne und beginnt ihn dann wieder zu küssen, als finge das Vorspiel gerade erst an. Sie weiß genau, was sie tut. Jorge ist ganz gefesselt von Sonia, seine mangelnde Steifheit macht ihm aber Sorgen. Er versteht das nicht. Wie kann das sein? Das war ihm noch nie passiert. Nach einigen Minuten sieht es so aus, als hätte Jorge etwas an Volumen gewonnen. Doch er ist immer noch angespannt und gestresst. Sonia zieht ihm die Unterhose aus, um ihn direkter zu stimulieren, aber sein Glied schrumpft immer mehr zusammen. Sonia lässt sich nicht aus der Ruhe bringen und liebkost Jorges Genitalien weiter. Keine Reaktion, Jorge steht der Schweiß auf der Stirn. Er spannt die Muskeln an, als wollte er das Blut mit Absicht in seinen Penis pumpen. Es nützt nichts. Sonia bittet Jorge, sich zu entspannen, küsst ihm den Hals, dann die Brust, den Bauch, hält aber inne, als sie merkt, dass Jorge völlig erledigt ist. »Geht es dir gut? Du bist ja ganz verschwitzt«, fragt Sonia ihn. Nicht nur das. Jorges Herzrhythmus ist beschleunigt, er hat erweiterte, hyperventilierende Bronchien, Adrenalin im Blut und angespannte Muskeln, der Schließmuskel ist zusammengepresst und der Blutdruck erhöht. Alles Zeichen dafür, dass sein Körper das sympathische Nervensystem aktiviert hat. Und unter diesen Umständen, so erregt Jorge im Kopf auch sein mag, so sehr er sich auch wünschen mag, die Kontrolle über seinen Organismus zu erlangen, ist eine Erektion so gut wie unmöglich.

Das sympathische Nervensystem ist von der Evolution dafür geschaffen worden, uns im Falle plötzlichen Stresses reaktionsfähig zu machen. Es ist derselbe Mechanismus, der es uns erlaubt, innerhalb von Sekundenbruchteilen wie verrückt loszurennen, wenn wir ruhig durch den Wald spazieren und plötzlich ein Bär auf uns zukommt, oder blitzschnell zur Seite zu springen, wenn ein Auto auf den Bürgersteig rast. Das Herz beschleunigt sich innerhalb von Millisekunden, die Lungen nehmen allen nur möglichen Sauerstoff auf, die Nebennieren schütten nach Belieben Adrenalin aus, der Blutzuckerstoffwechsel wird maximiert, Testosteron und Cortisol steigen hoch in den Himmel, die Pupillen weiten sich, um besser sehen zu können, die Haut schwitzt und alles Blut fließt in die Muskeln. Es ist nicht der Augenblick, um zu verdauen, und auch nicht für die Ausscheidung und die Fortpflanzung. Die inneren Organe blockieren, die Schließmuskeln machen dicht und der Penis wird so bleich wie das Gesicht. Es fließt zwar Blut hinein, jedoch alles sofort auch wieder ab. Wenn die Bedrohung vorüber ist und nach einigen Minuten wieder das parasympathische Nervensystem die Kontrolle über unseren Körper übernimmt, sind die normalen physiologischen Funktionen wieder da. Gesetzt den Fall, dass die Situation uns nicht traumatisiert – was Jorge durchaus passieren könnte – und der Stress jedes Mal wieder auftaucht, wenn wir uns in einer ähnlichen Situation befinden.

Jorge versichert Sonia, dass er das nicht versteht, und sucht die Erklärung darin, zu viel Alkohol getrunken zu haben. Aber nein, wer ihm da einen Strich durch die Rechnung gemacht hat, war sein eigenes sympathisches Nervensystem. Sonia kuschelt sich an Jorge, lügt ihm ein »macht doch nichts« vor und überlegt sich, ob sie ihm noch eine zweite Chance geben soll. Das wird sie, und wir werden sehen, was für neue Überraschungen der Sympathikus Jorge bei dieser Gelegenheit bereiten wird.

Sympathikus und Parasympathikus bei der sexuellen Erregung

Zwei Systeme lenken die innere Kommunikation und die Funktionsweise unseres Körpers: das von den Hormonen gesteuerte endokrine System, und das Nervensystem, bei dem die Steuerung durch elektrische Signale und Neurotransmitter geschieht.

Das Nervensystem kann man auf zwei verschiedene Arten einteilen. Der Struktur nach können wir zwischen dem *Zentralen Nervensystem* und dem *Peripheren Nervensystem* unterscheiden. Das zentrale Nervensystem besteht aus dem Rückenmark und dem Gehirn (Hirn, Medulla oblongata und Kleinhirn). Das periphere Nervensystem wird aus allen Nervenfasern gebildet, die die inneren Organe, die Muskeln und die Haut mit dem Rückenmark verbinden. Diese Kommunikation funktioniert in zwei Richtungen: das periphere Nervensystem hat *afferente* Nervenfasern (auch »sensorisch« oder »sensibel« genannt), die Information von der Haut und den inneren Organen zum Rückenmark und zum Gehirn schicken, und *efferente Nervenfasern* (auch »motorisch« genannt), die den Muskeln die Anweisungen des zentralen Nervensystems übermitteln. Der Nervus pudendus (Schamnerv) und der Nervus pelvicus (Beckennerv) gehören zum Beispiel zu diesem peripheren Nervensystem.

Das Nervensystem kann auch unterteilt werden in: *a.) somatisches oder willkürliches Nervensystem*, welches wir bewusst kontrollieren und lenken (Arm bewegen), und *b.) autonomes oder vegetatives Nervensystem*, das automatisch die nicht willensbestimmten Reaktionen und Prozesse unseres Organismus reguliert. Letzterem wollen wir uns nun zuwenden, denn es hat zwei klar voneinander unterschiedene Systeme: das *parasympathische autonome Nervensystem* und das *sympathische autonome Nervensystem* (Abbildung 2.1).

Denken wir nur einmal an die unterschiedlichen Bedürfnisse unseres Körpers, je nachdem ob wir gerade mit der Verdauung beschäftigt sind oder uns in der Steppe ein Löwe attackiert. Unter normalen Umständen ist der Körper entspannt und funktioniert entsprechend den Befehlen des parasympathischen Nervensystems: aktivierte Verdauungstätigkeit, entspannte Schließmuskeln, Blutversorgung der inneren Organe, Bereitschaft zur sexuellen Betätigung ... Doch wenn plötzlich eine Stresssituation auftritt und unser gesamter Organismus sofort reagieren muss, wird das sympathische System aktiviert, mit den Auswirkungen wie vorhin schon anhand von Jorges Beispiel beschrieben.

Was die sexuelle Reaktion anbelangt, werden der Schamnerv und der Beckennerv von den parasympathischen Ganglien reguliert. Damit diese Nerven richtig funktionieren, müssen wir also unter Kontrolle des parasympathischen Nervensystems und entspannt sein. Sind wir aber aus Angst oder durch irgendeine andere Art von Druck gestresst, wird das sympathische System aktiviert und alles wird anders. Aus dem Brustwirbelbereich in der Mitte der Wirbelsäule kommt das Signal, die Muskelzellen um die Arterien, welche den Eintritt des Bluts in die Schwellkörper von Penis und Klitoris erlauben, zusammenzuziehen, wodurch die physische Erregung erschwert wird.

Die Erregung von Penis und Klitoris

Der Mechanismus, durch den eine Erektion entsteht und aufrechterhalten wird, ist denkbar einfach. Ich könnte eine schematische Darstellung zeigen, wie sie in Schulbüchern zu sehen ist. Doch ich glaube ganz ehrlich, dass es besser ist, wenn ihr euch das anhand eures eigenen Körpers oder dem eures Partners vorstellt.

Lassen wir einen Moment lang mal den Teil der mentalen Erregung und Hemmung beiseite. Natürlich ist er von grundlegender Bedeutung, und wir werden uns später noch darum kümmern, wie er mit dem physischen Teil zusammenwirkt. Aber für den Augenblick konzentrieren wir uns auf Muskeln, Nerven, chemische Signale und Blutfluss.

Letztendlich kann auch unter Betäubung eine reflexartige Ejakulation erfolgen,[3] und Querschnittsgelähmte mit einer hoch gelegenen Rückenmarksverletzung können eine Erektion oder einen

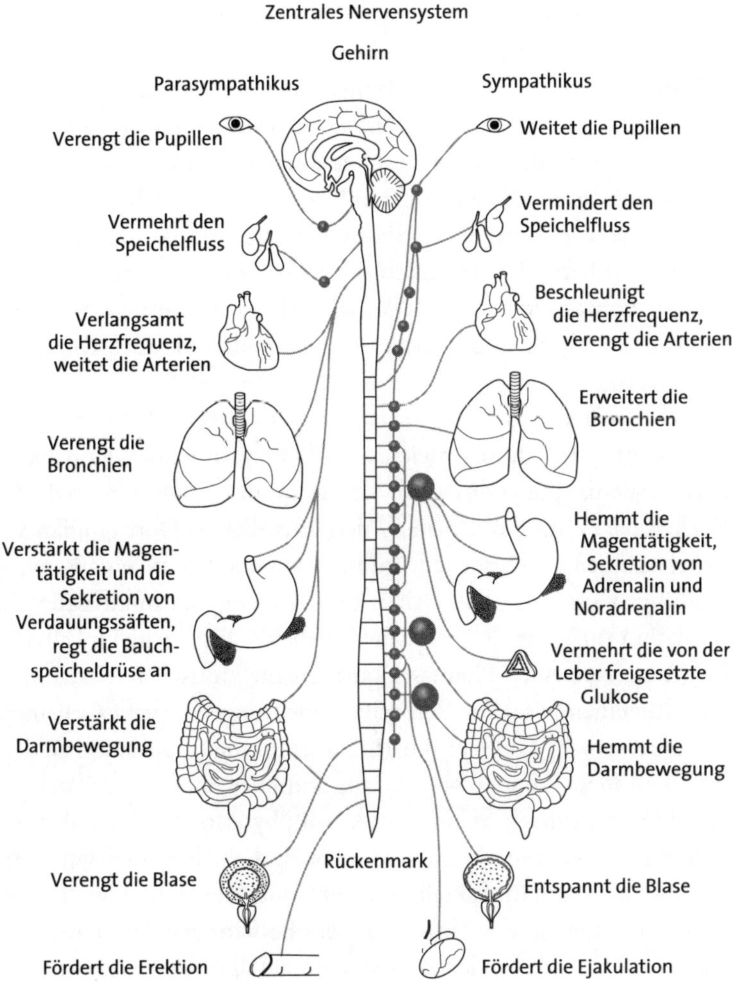

Abbildung 2.1. Das sympathische und das parasympathische autonome Nervensystem

Orgasmus haben, ohne dass irgendeine Information von den Geschlechtsorganen zum Gehirn oder andersherum gelangt.

Direkt unter der Haut des Penis – und ebenso bei der Klitoris, die, wie wir bereits gesehen haben, nicht so viel anders ist – verlaufen einige sehr spezielle Nerven. Sie enden in einer Art Körperchen oder Knötchen, das aus dicht gepackten Nervenfasern besteht und an der Oberfläche von Penis und Klitoris eine enorme Berührungsempfindlichkeit herstellt. Sie heißen *genital end-bulb* oder Krause-Endkolben, konzentrieren sich hauptsächlich an Spitze und Vorhautbändchen der Eichel und machen sowohl Eichel wie auch Kitzler so empfindsam.

Stellen wir uns vor, es geht langsam zur Sache. Reibt man den Penis kontinuierlich in ausreichender Intensität, sendet der Schamnerv (Nervus pudendus) ein Signal in den untersten Teil des Rückenmarks, im Sakralbereich der Wirbelsäule. Dort empfangen Interneuronen die sensorische Information und bilden Synapsenverbindungen zum Nervus Pelvicus (Beckennerv) der motorische Information zurück in die erektilen Gewebe des Penis schickt. Falls die Erregung von einer Phantasie oder einem erotischen Gedanken, oder von einem visuellen Reiz oder Andeutungen unserer Geliebten herrührt, schickt das Gehirn natürlich selbst die Information zu den Interneuronen, die auch ohne taktile Stimulierung mit dem Beckennerv kommunizieren.[4] Und bringen wir physische mit mentaler Stimulierung zusammen, werden sogar noch mehr Eingangssignale an die Interneuronen im Sakralbereich gesandt. Die physiologische Reaktion beginnt mit der Aktivierung des Beckennervs und seinen Signalen an das erektile Gewebe (Abbildung 2.2).

Das erektile Gewebe besteht aus zwei Schwellkörpern, die rechts und links innerhalb des Penis liegen. Die Schwellkörper sind wie ein Schwamm; wenn sie die Information des Beckennervs empfangen, füllen sich die Hohlräume mit Blut. Doch wie wandelt der Beckennerv das aus der Wirbelsäule kommende elektrische Signal in einen erhöhten Blutzufluss in den Penis um? Dies geschieht durch die Freisetzung verschiedener Neurotransmitter. Besonders bedeutsam ist dabei das Gas Stickstoffmonoxid, das wiederum zur Ausschüt-

Die Erregung von Penis und Klitoris 59

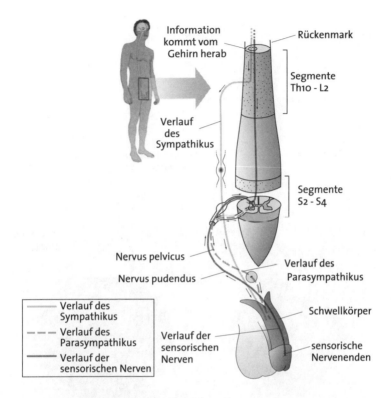

Abbildung 2.2. An der Erektion beteiligte Nerven.

tung von cGMP und cAMP-Nukleotiden führt (bitte merken für später, wenn wir von Viagra sprechen). Die Funktion von cGMP (Cyclisches Guanosinmonophosphat) und cAMP (Cyclisches Adenosinmonophosphat) besteht darin, die Muskelzellen um die Arterien herum zu entspannen, damit so mehr Blut in den Schwellkörper fließen kann. Und strömt das Blut schneller in die Arterien ein, als es durch die Venen abfließen kann, fängt der Penis an zu wachsen. Geht die Stimulierung weiter, wird er so groß, dass in einem bestimmten Moment die Venen abgedrückt werden, durch die im schlaffen Zustand das Blut wieder aus dem Penis abfließt (Abbildung 2.3). Ist die Erektion komplett, werden diese Venen geschlos-

60　Sex in den Genitalien

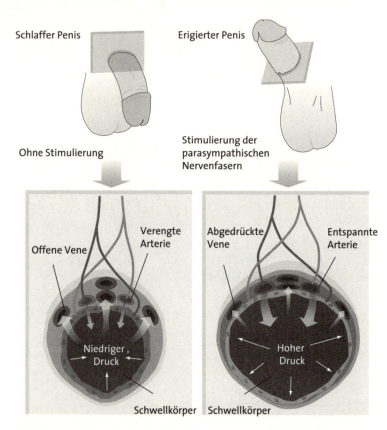

Abbildung 2.3. Schematische Darstellung des Penisquerschnitts in nicht erigiertem und erigiertem Zustand mit blockierten Venen.

sen und das Blut kann nicht mehr entweichen. Es ist praktisch ein hydraulisches System: Eingangsrohre, die sich bei hohem Druck verbreitern und die Abflussrohre blockieren. Bis neue chemische Anordnung erfolgt.

Wenn wir nach ein paar Minuten beobachten, wie sich die Eichel dunkel verfärbt, liegt das genau an diesem aufgestauten Blutfluss, bei dem das Blut allmählich an Sauerstoff verliert. Es ist derselbe Effekt wie beim Ersticken: Die Haut läuft blau an, weil kein Sauerstoff mehr ankommt.

Vielleicht fragt ihr euch, warum das Blut nicht hinaus kann, denn der Samen wird ja schließlich auch abgespritzt. Stellt euch den erigierten Penis von oben gesehen vor, rechts und links zwei harte Schwellkörper, und darunter ein etwas weicherer unterer Mittelteil, der dem Schwammkörper (oder Harnröhrenschwellkörper) entspricht, einem weiteren Hohlraum, durch den die Samenleiter verlaufen, ohne eingedrückt zu werden.

In diesem erigierten Zustand kann man mit der Stimulierung des Schamnervs bis zu Orgasmus und Ejakulation fortfahren (das fällt bei Männern oft, aber nicht immer, zusammen). Dann werden eine Reihe anderer Nerven aktiviert, die das erektile Gewebe wieder entspannen und den Abfluss des Bluts erlauben, so sehr man dies auch zu vermeiden sucht. Kurioserweise sind dies dieselben sympathischen Nerven, die Jorge geärgert haben. Sehen wir einmal, wie das funktioniert.

Während des gesamten Liebesakts wird unser Körper vom parasympathischen Nervensystem gesteuert. Möglicherweise schwitzen wir und unser Herzschlag beschleunigt sich, wenn es sehr sportlich zugeht, doch das ist immer noch eine normale körperliche Betätigung. Es ist nicht, als würden wir gestresst so schnell wir können vor einem Feuer fliehen müssen, eher wie entspanntes Joggen zu unserem eigenen Vergnügen. Wenn wir Männer uns beim Sex wohlfühlen, fließt das Blut gut durch die inneren Organe und wir bewegen uns nach unserem eigenen Willen. Doch mit zunehmender Erregung rückt ein ganz spezieller Punkt näher, an dem plötzlich die Fasern des sympathischen Nervensystems aktiviert werden: der Orgasmus. Während des Orgasmus steigt der Blutdruck plötzlich auf mehr als 200 mm Hg, die Muskeln spannen sich sekundenlang an, die Pupillen weiten sich schlagartig, das Gesicht zeigt diese seltsame Mischung aus Schmerz und Lust, und der die Ejakulation auslösende PC-Muskel wird aktiviert. Einige einzigartige Momente lang sind die Nerven des sympathischen und des parasympathischen Nervensystems gleichzeitig aktiviert, doch nach wenigen Sekunden übernimmt das sympathische System die Kontrolle. Scham- und Beckennerv sind parasympathisch und reagieren nun nicht mehr. Ganz im Gegenteil, von den höchsten Brustwirbelsegmenten der Wirbelsäule aus erteilen die sympathischen Nerven den Befehl, die Muskelzellen rund um die Arterien, durch die das Blut in die Schwellkörper gelangte, zusammenzuziehen, und das Blut beginnt den Penis ungehindert zu verlassen.[5]

Das war Jorge passiert, lange bevor die Erregung einsetzte. Durch den Stress der Situation wurde sein sympathisches Nervensystem aktiviert, der Schamnerv hatte keine Chance, Botschaften ans Rückenmark zu übertragen, und auch der Beckennerv konnte nicht das Signal aussenden, um den massiven Blutzufluss in den Penis zu ermöglichen. Die physische Reaktion war so ähnlich wie die Situation nach einem Orgamus, wenn man sofort wieder eine Erektion haben möchte.

Erektionsschwierigkeiten und vorzeitiger Samenerguss unter Stress

Jorge verließ Sonias Apartment niedergeschlagen und fühlte sich in seiner Männlichkeit bedroht. Wenige Tage später und wieder besserer Stimmung verspürte er das absurde Bedürfnis, sich noch einmal mit Sonia zu verabreden. Er war sich sicher, dass der Alkohol ihm einen üblen Streich gespielt hatte, wollte Sonia seine Mannhaftigkeit beweisen und den peinlichen Zwischenfall ein für alle Mal aus dem Gedächtnis streichen. Aus seinem eigenen, vor allem aber aus dem von Sonia.

Sonia mochte Jorge. Er war ziemlich witzig und sah nicht übel aus. Sie nahm seine Einladung zum Abendessen an. Der Abend verlief wirklich angenehm: nette Umgebung, leckeres Essen, gute Gespräche, Wein für Sonia und Wasser für Jorge, der sich damit entschuldigte, er sei am Vorabend aus gewesen und habe zu viel getrunken. Sonia schmunzelte innerlich, weil Jorge so leicht zu durchschauen war. Erst ein Restaurant in ihrem Viertel vorschlagen, »damit du kein Taxi nehmen musst«, aber klar doch! Und dann Wasser bestellen ... Sonia wusste ganz genau, was Jorge durch seinen männlichen Kopf ging. Und sie spielte mit. Als Jorge nach dem Essen vorschlug, noch etwas trinken zu gehen, bot Sonia ihm großzügig an, dafür in ihre Wohnung zu gehen. So würde das Ganze langsam in Schwung kommen. Beide schlenderten gemütlich zu Sonias Wohnung, doch schon nach kurzer Zeit spürte Jorge leichten Druck im Magen. Er war ein bisschen nervös.

Als sie auf dem Sofa saßen, schenkte Sonia zwei Gläser Wein ein. Jorge nippte nur und bat um ein Glas Wasser. Ihm war heiß und er war angespannt. Nicht ganz so sehr wie beim ersten Mal, doch er fühlte sich missmutig und unsicher. Er konnte nicht vergessen, was passiert war, und machte sich Sorgen, ob sein kleiner Freund wohl diesmal richtig reagieren würde. Bald küssten sie sich. Doch in Jorges Kopf war immer noch zu viel los. Er war nicht entspannt und kam sich ungeschickt vor, als würde er nachdenken, ob er das Bein so oder so halten sollte, statt sich einfach mitreißen zu lassen. Trotzdem war es diesmal anders. Sonia gab sich viel verführerischer, ihre Liebkosungen waren sanfter und die Bewegungen langsamer, dazu zartes Stöhnen und indirekte Kontakte. Sie umschlang Jorge und presste ihre Oberschenkel an sein Geschlecht, dabei half sie ihm, sich in seinem Tempo zu entkleiden. Beide waren sehr erregt. Und Jorge schaffte trotz seiner Zweifel und obwohl sein Herz schneller schlug eine Erektion. Das gab beiden noch mehr Sicherheit. Jorge war im siebten Himmel, und Sonia wünschte sich nichts sehnlicher, als dass er in sie eindringen würde. Die Zärtlichkeiten wurden intensiver und plötzlich warf Jorge sich auf sie. Sonia war feucht, heiß, und als sie Jorges kraftvolles Eindringen spürte, bewegte sie sofort energisch ihr Becken. Jorge stieß entsprechend weiter, doch wenige Sekunden später spürte er eine höchste Erregung an seiner Eichel und ... »Nein! Warte ... noch nicht ...« Jorge kam. Er traute sich nicht einmal, seine Lust auszudrücken, und einige Sekunden lang versuchte er, für Sonia einfach so weiterzumachen. Doch es ging nicht. Sein Penis schrumpfte, und er musste klein beigeben. Er traute sich kaum, Sonia ins Gesicht zu sehen. Die lag wie versteinert da, die Augen weit aufgerissen.

Was war geschehen? Jorge verstand das nicht. Er war sich nicht bewusst, dass sein sympathisches Nervensystem ihn abermals verraten hatte, doch diesmal genau andersherum als beim letzten Mal. Durch den Stress vor dem Liebesakt war das sympathische Nervensystem die ganze Zeit kurz vor der Aktivierung gewesen, und löste deshalb so schnell nach der intensiven Stimulierung beim Eindringen den Orgasmus aus.

Das Kuriose: Hätte Jorge die Wirkungen von Alkohol auf die sexuelle Reaktion gekannt, dann hätte er vielleicht doch ein bisschen was getrunken. Große Mengen Alkohol können die Erektion verhindern, hat man jedoch erst einmal eine, zögert Alkohol den Orgasmus heraus. Tatsächlich wirkt Alkohol sehr speziell. Laut dem Dualen Kontrollmodell erfolgt die sexuelle Reaktion im Gleichgewicht zwischen Erregung und Hemmung. In diesem Gleichgewicht ist der Alkohol ein mächtiger Enthemmer, der dafür sorgt, dass wir uns viel entspannter und mental erregt fühlen. Im Übermaß dämpft er jedoch auch das zentrale Nervensystem, was die physische Erregung mindert und die Aktivierung des sympathischen Systems erschwert. Im Kopf spürt man also sogar mehr Verlangen, der Körper reagiert jedoch nicht entsprechend. Deshalb kommen wir, wenn wir zu viel getrunken haben, nur schwer zum Höhepunkt.

Der Schlüssel für die Auslösung des Orgasmus liegt bei Männern und bei Frauen in der Aktivierung des sympathischen Systems, bei Frauen jedoch in noch stärkerem Maße. Viele Frauen, denen es schwerfällt, zum Höhepunkt zu kommen, wenden unterschiedliche Methoden an, um sich körperlich vorzubereiten und im Augenblick der Lust Stress zu erzeugen. Manche Menschen benötigen zusätzliche Stimulierung und schreien obszöne Worte, suchen risikobehaftete Situationen oder verfallen in eine gewisse Aggressivität. Sie müssen die Spannung erhöhen, um das sympathische System zu aktivieren und so zum Orgasmus zu kommen.[6] Das Paradox liegt auf der Hand: Nervosität und Stress *vor* der sexuellen Erregung können diese blockieren, *danach* sind sie jedoch förderlich für den Orgasmus. Sicher habt ihr schon einmal eine entsprechende Situation erlebt.

Wie funktioniert Viagra?

Jorge braucht kein Viagra. Und auch die meisten anderen jüngeren Patienten, die wegen Erektionsstörungen in Dr. Michael Werners Praxis für die Sexualität von Männern mitten in Manhattan kommen, brauchen das nicht. In seiner Praxis erklärt er mir, dass Viagra sehr wohl eine Lösung ist, wenn die Erektion bei Männern fortgeschrittenen Alters durch körperliche Probleme erschwert wird sofern die Patienten keine chirurgischen Eingriffe hatten oder an Krankheiten leiden, die die sexuelle Funktion unmöglich machen. Aber bei den meisten Patienten unter 40 Jahren hat das Problem einen klar psychosomatischen Ursprung. Oft kommen sie, weil sie von einer negativen Erfahrung traumatisiert sind, und üblicherweise beruhigt Dr. Werner sie dann und empfiehlt ihnen, ein paar Mal Viagra zu nehmen, bis sie ihr Selbstvertrauen zurückgewonnen haben. Wenn jedoch Zweifel daran bestehen, ob die Ursachen der Blockade rein mental sind, bekommen die Patienten einen merkwürdigen Apparat mit nach Hause.

Der RigiScan ist nichts anderes als ein Messgerät für nächtliche Erektionen. Er besteht aus einer elastischen Schlaufe, die man sich vor dem Schlafengehen um den Penis legt. Durch ein Kabel ist sie mit einem kleinen, am Bein zu befestigenden Apparat verbunden. Der RigiScan registriert die Veränderungen der Penisdicke im Schlaf. Ist der Patient gesund, hat er jedes Mal bei Eintritt in die REM-Phase für einige Minuten eine Erektion. Normal sind drei pro Nacht. Um mehr Daten zu haben, macht der Patient die Untersuchung vier oder fünf Nächte hintereinander, dann bringt er den RigiScan wieder zurück in die Klinik, und dort werden die gesammelten Daten analysiert. Gab es überhaupt keine Erektion, liegt ein physisches Problem vor, um das man sich kümmern sollte, denn es könnte das erste Anzeichen für eine kardiovaskuläre Erkrankung sein. Treten die nächtlichen Erektionen jedoch auf, ist das Problem psychologisch und nicht körperlich. Besonders typisch ist das bei einem Stimmungstief oder wenn die übergroße Sorge aufgrund von *performance anxiety* oder Versagensangst nach einer Pleite wie der von Jorge verhindert, wieder Geschlechtsverkehr zu haben. In solchen Fällen ist eine Verhaltenstherapie erforderlich, Dr. Werner gibt aber zu, dass er gesunden Patienten erst einmal Viagra empfiehlt, um das Vertrauen in die eigene Sexualität zurückzugewinnen. Aber wie funktioniert Viagra?

Zunächst einmal ist Viagra der Markenname und der Wirkstoff heißt Sildenafil. Kommerzialisiert wurde er von dem Pharmakonzern Pfizer und 1998 von der US-amerikanischen FDA (Food and Drug Administration) zugelassen. Später kamen analog wirkende Mittel wie Cialis (Wirkstoff Tadalafil), Levitra (Vardenafil) oder Generika hinzu, die man im Internet kaufen kann.[7] Der üblichste Name, den ihr vielleicht schon einmal gehört habt, ist PDE-5-Hemmer oder Phosphodiesterase-V-Hemmer. Dieser Begriff kommt vom Wirkmechanismus: Hauptziel ist, den Blutfluss durch die Freisetzung von Stickstoffmonoxid zu erhöhen.

Die Phosphodiesterase-V-Hemmer wirken auf den intrazellulären Botenstoff cGMP, den wir schon zuvor erwähnt haben. Rufen wir uns noch einmal den Vorgang ins Gedächtnis: Stimulierung findet statt und der Beckennerv setzt Stickstoffmonoxid im Penis frei, was wiederum zur Absonderung von cAMP und cGMP führt. Das sorgt für arterielle Relaxation und lässt mehr Blut in den Schwellkörper fließen. Doch dieser Vorgang muss gesteuert werden, um eine zu lang anhaltende Erektion zu vermeiden. Darum kümmert sich ein Enzym namens Phosphodiesterase-V, das ständig die intrazellulären Botenstoffe cAMP und cGMP abbaut. Solange weitere physische oder mentale Stimulierung erfolgt, wird auch weiter cAMP und cGMP freigesetzt und das Glied bleibt steif. Endet jedoch die Stimulierung, schwächt die Phosphodiesterase-V die Botenstoffe immer mehr ab, der Bluteinfluss wird gestoppt und der Penis beginnt zu erschlaffen. An dieser Stelle setzen die oralen Medikamente auf der Basis von PDE-5-Hemmern an: Sie blockieren die Wirkung der Phosphodiesterase-V und erlauben ständige hohe Werte an cAMP und cGMP und folglich ständig entspannte Sperrarterien. Wichtig zu sagen ist noch, dass der Beckennerv nur bei sexueller Erregung die ganze Kaskade an Signalen aktiviert, und ohne die kommt es auch nicht zu einer Erektion, egal wie viel Viagra man genommen hat. Doch bei Verlangen und hoher Libido ist der Blutzufluss in der Tat viel höher und die Erektion kräftiger und dauerhafter. Eines ist nämlich das Verlangen, und etwas anderes die Erregung.

Verlangen und Erregung sind nicht dasselbe

Der Themenbereich der Störungen von Verlangen und Erregung ist – pharmazeutische Interessen inbegriffen – derart komplex, dass wir ihm im Verlauf dieses Buchs immer weiter aufschlüsseln werden. Doch ein paar Grundbegriffe möchte ich jetzt schon festhalten. Nachdem ich mit Therapeuten, Urologen, Gynäkologen, Psychologen und Wissenschaftlern gesprochen und auf weibliche und männliche Sexualität spezialisierte Institutionen besucht habe, kann ich trotz einiger Diskrepanzen Folgendes zusammenfassend sagen: Als Verlangen bezeichnen wir die Motivation zu oder das Interesse an Sex, und als Erregung die körperliche Reaktion, die mit der sexuellen Betätigung verbunden ist. Ganz offensichtlich steht beides in enger Beziehung zueinander, diese Unterscheidung zu kennen ist jedoch sehr nützlich, wenn einmal etwas nicht so funktioniert.

Bei Männern ist es einfach, man sieht sofort, ob die mentale Erregung von genitaler Erregung begleitet wird oder nicht. Doch bei Frauen ist es manchmal komplizierter herauszufinden, ob die Schwierigkeiten mit der Erregung von mangelndem Verlangen kommen oder Störungen der physischen Reaktion verbergen, die zum Beispiel mit der Lubrikation, der Empfindungsfähigkeit oder der Durchblutung der Geschlechtsorgane zu tun haben.

Fangen wir bei den Männern an. Mangelndes Verlangen wird bei Männern oft durch psychische Faktoren hervorgerufen, wie Probleme mit der Partnerin, Unsicherheiten, depressive Stimmungen oder Stress. Es kann aber auch physische Ursachen haben wie einen verringerten Wert der Androgene, also der an der sexuellen Reaktion beteiligten Hormone. Diese Schwankungen sind nicht für alle gleichermaßen spürbar, und für viele ist der mit einer geringeren Testosteronproduktion der Hoden einhergehende fortschreitende Verlust des Verlangens ein normaler Prozess, der zum Altern dazugehört. Doch für diejenigen, die diese Rhythmen der Natur nicht akzeptieren wollen, kann eine Testosteronersatztherapie eine Hilfe darstellen, um den ersehnten sexuellen Antrieb und die Kraft zurückzugewinnen. Auf dem Treffen der International Society for Sexual Medicine (ISSM) in Chicago, an dem ich im August 2012 teilnahm, sagte Irwin Goldstein, Herausgeber des *Journal of Sexual Medicine*, rundheraus: »Sie leben, Sie altern, Ihre Androgenspiegel sinken und Ihr sexuelles Verlangen nimmt ab. Wenn Sie wollen, können Sie in diesen Prozess eingreifen.« In den USA sind Testosteronersatzpräparate ganz üblich, ob in Form von Pflastern, Gels oder Spritzen, und die Steigerung des männlichen Verlangens ist empirisch nachgewiesen. Wegen der möglichen Nebenwirkungen und Risiken sollte man sich aber immer ärztlich beraten lassen.

Etwas anderes ist es, wenn Verlangen vorhanden ist und die Erektion nicht klappt (Erregung). Darüber, und inwiefern es ein mögliches Anzeichen für kardiovaskuläre Störungen sein kann, spreche ich später noch genauer. Doch wenn die Erektionsschwierigkeiten mit Diabetes, einer Reaktion auf Medikamente oder Verletzungen zusammenhängen oder einfach altersgemäß sind, empfiehlt es sich – stets unter ärztlicher Kontrolle – nach Lösungen zu suchen (Abbildung 2.4). Üblicherweise nimmt man zuerst Medikamente in Tablettenform wie Viagra, Levitra oder Cialis, und wenn die keine Wirkung zeigen, probiert man Spritzen mit Papaverin oder anderen gefäßerweiternden Substanzen, die sehr gute Resultate liefern. Ist die erektile Dysfunktion permanent, kann man auch auf Implantate zurückgreifen: Dabei wird eine Art länglicher Plastikballon in den Penis eingeführt, der mit einem Wasserdepot und einem Schalter im Hodensack verbunden ist. Betätigt man den Schalter, fließt das Wasser in den Ballon und voilà, schon hat man eine Erektion, bis man den Knopf erneut drückt und das Glied abschwillt. Eine andere Möglichkeit sind Penispumpen, die Unterdruck erzeugen und so Blut in den Penis bringen. Man steckt das Glied fest in eine oben geschlossene Röhre und pumpt die Luft ab – das Blut fließt in den

Penis und sorgt für eine Erektion. Bevor man die Pumpe abzieht, legt man dann einen Ring unten um den Penis, der ein Abfließen des Bluts verhindert. Praktisch und preisgünstig, sofern man eine feste Partnerin hat, denn bei Gelegenheitssex kann das ganze Prozedere ziemlich lusttötend sein.

Bei Frauen ist die Lage aus verschiedenen Gründen strittiger, und im 6. Kapitel werden wir uns noch eingehend mit den Unterschieden zwischen mangelndem Verlangen (*hypoactive sexual desire disorder*, HSDD) und Störung der sexuellen Erregung (*female sexual arousal disorder*, FSAD) befassen, die im neuesten Handbuch Psychischer Störungen (DSM-5, *Diagnostic and Statistical Manual of Mental Disorders*) der Amerikanischen Psychiatrischen Vereinigung als eine Störung zusammengeführt wurden. Wichtig ist, dass der Mangel an sexuellem Verlangen nur dann als Problem gesehen werden sollte, wenn die Frau selbst es als solches wahrnimmt. Es gab eine scharfe Auseinandersetzung darüber, und viele Gruppen waren der Ansicht, diese Dysfunktion sei von den Pharmaunternehmen erfunden worden, weil es ein lukrativer Markt sein könnte. In diesem Sinn hat die FDA ein Medikament von Boehringer Ingelheim namens Flibanserin gegen mangelndes weibliches Verlangen bisher nicht zugelassen, wobei im Frühjahr 2014 eine neue Version die Zulassung bekommen könnte.

Hinsichtlich des Mangels an sexuellem Verlangen sagen alle von mir befragten Fachleute einhellig, die Ursache dafür liege in den meisten Fällen bei Problemen in Partnerschaft oder Beruf, oder bei mangelhafter Sexualerziehung, Blockaden, familiären Sorgen, Stress oder diversen anderen Unannehmlichkeiten, die einen daran hindern, sich ganz auf Sex zu konzentrieren. Erfahrene Sexologen können mit Anweisungen und Übungen dabei helfen, Libido und Sexualleben neu anzufachen, allein und mit Partner oder Partnerin. Doch sie sagen auch, man solle die möglichen physiologischen und hormonellen Ursachen nicht außer Acht lassen, und diesbezüglich erinnere ich mich, wie Frau Dr. Bat S. Marcus, Leiterin des Medical Center for Female Sexuality in New York, bei meinem Besuch dort sagte: »Ich habe Patientinnen, die nach jahrelanger Psychotherapie

70 Sex in den Genitalien

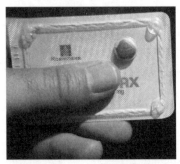

Oral einzunehmendes Medikament

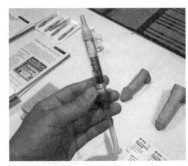

Spritze

Implantat

Penispumpe

Abbildung 2.4. Behandlungsmöglichkeiten.

in meine Praxis kommen, und wenn ich ihr Blut untersuche, stelle ich fest, dass sie die Hormonwerte eines zehnjährigen Mädchens haben.« Also, wieder einmal ein Plädoyer für den ganzheitlichen bio-psycho-soziologischen Ansatz.

Mangelndes Verlangen ist aber nur ein Aspekt der sexuellen Störungen. Später sprechen wir noch von Vaginismus und anderen Störungen, die beim Sex Schmerzen verursachen.

Obwohl angenommen wird, dass Störungen der physischen Erregung in klarem Zusammenhang mit mangelndem Verlangen stehen, gibt es doch sehr viele Frauen, die sehr wohl sexuelles Verlangen empfinden, jedoch nicht ausreichend physische Erregung und Lust erleben. Das kann mit Problemen bei der Lubrikation oder der Durchblutung von Vulva und Klitoris zusammenhängen, aber auch mit ausbleibendem Orgasmus oder nicht ausgeprägter Empfindsamkeit. Als käme es zu keiner physischen Reaktion. Hier sorgen Einzel- und Partnerübungen wie die *Sensate-Focus*-Übungen von Masters und Johnson für eine bessere Kenntnis des eigenen Körpers; Gleitmittel und Vibratoren sind eine große Hilfe, man muss aber auch hormonelle und physiologische Faktoren untersuchen. Der Östrogenrückgang nach der Menopause verringert die Lubrikation, und wie bei den Männern können verschiedene Krankheiten die Durchblutung in den Geschlechtsorganen verschlechtern. Die vielfältige weibliche sexuelle Reaktion hängt von sehr viel mehr Faktoren ab als die männliche. Folglich ist die Frage, die auch die erfahrensten Sexologen nicht beantworten können, und auf die die Wissenschaft vielleicht eines Tages eine Antwort haben wird: Was verursacht diese Vielfalt?

Der Orgasmus und der Abstand zwischen Klitoris und Vagina

Nach einem unschuldigen und absolut scherzhaft gemeinten Kommentar über die Position ihrer Klitoris wollte eine Freundin fast nicht mehr mit mir sprechen. Da ich während der Recherche für dieses Buch alles mit den kühlen und neugierigen Augen eines Wissenschaftlers sah, vergaß ich häufiger mal jedes Schamgefühl und trat in einige Fettnäpfchen. Irgendwann war Sex für mich einfach eine faszinierende Welt, die es aus akademischer Perspektive zu entdecken und zu erkunden galt, ohne irgendwelche Hintergedanken. Es war spannend, sich für eine Weile von der übertriebenen Bedeutung zu lösen, die wir Sex beimessen, und Tabus, Beschränkungen oder Vorurteile links liegen zu lassen und ihn aus der Distanz und mit der Objektivität eines wissenschaftlichen Beobachters zu analysieren. Mir hat das geholfen, um freier darüber nachdenken zu können, und ich glaube, ich habe viel gelernt. Doch zurück zum Anfang. Meine Freundin erklärte mir gerade, dass sie allein durch Penetration fast nie zum Höhepunkt käme. Sie erinnerte sich an einige Orgasmen mit einem Exfreund, den sie mit etwa 20 hatte, und andere aus der jüngeren Vergangenheit, wenn sie sich selbst mit der Hand stimulierte, während ihr Partner in sie eindrang. Beim Masturbieren kam sie normalerweise zum Höhepunkt, aber nie beim Geschlechtsverkehr. Als würde einfach noch ein Quäntchen Erregung fehlen, damit sie kommen könnte. »Pah! Das kommt doch häufig vor«, sagte ich zu ihr. »Es gibt ganz kleine Vibratoren, die super geeignet sind, um dich selbst beim Sex zu stimulieren. Vielleicht liegt deine Klitoris sehr weit entfernt von der Vagina und es entsteht nicht genug Kontakt.« Uff, war die wütend! Es fehlte nicht viel und sie wäre aufgesprungen und gegangen. »Meine Klitoris weit weg von der Vagina? Was fällt dir ein!« Meine Freundin dachte, ich wollte mich über etwas lustig machen, das für sie Anlass zu ernsthafter Sorge war. Zum Glück ließ sie mich erklären, dass ich das – wenn es sich auch wie ein unpassender Witz anhörte – auf der Grundlage einer wissenschaftlichen Studie gesagt hatte, die ich gerade gelesen hatte.

Die kuriose Geschichte stammt von einer Großnichte von Kaiser Napoleon Bonaparte, der Psychoanalytikerin Marie Bonaparte, der es genauso ging wie meiner Freundin. Marie war mit einem Prinz aus Griechenland verheiratet und hatte beim Geschlechtsverkehr nie einen Orgasmus, wohl aber bei der Selbstbefriedigung. Das war im zweiten Jahrzehnt des 20. Jahrhunderts und bisher hatte sich noch niemand damit befasst. Fast besessen von einer Sache, die ihr schrecklich unnormal erschien, kam sie auf den Gedanken, dass ihre Klitoris vielleicht zu weit weg von ihrer Vagina war und es ihr deshalb mit ihrem Mann nicht gelang, dieselbe Reibung zu erzeugen wie bei der Masturbation. Wenn wir einmal genauer darüber nachdenken, ist das keine völlig abwegige Hypothese. Die Klitoris ist ein Organ, das ausschließlich der Erzeugung von Lust dient, es ist jedoch nicht perfekt platziert, um durch Vaginalverkehr zum Orgasmus zu kommen. Evolutionsbiologen interpretieren diese Tatsache dahingehend, dass die Lust fundamental für die Motivation sei, Sex haben und sich fortpflanzen zu wollen, der weibliche Orgasmus jedoch im Unterschied zur männlichen Ejakulation nicht wirklich notwendig für die Evolution sei, sondern sogar kontraproduktiv sein könne, falls danach eine gewisse Sättigung einsetzt. Das könnte erklären, warum die natürliche Selektion die Klitoris in ausreichender Distanz platziert hat, um während des Geschlechtsverkehrs stimuliert zu werden, jedoch nicht so nah, dass der Orgasmus zu sehr befördert würde.[8]

Marie Bonaparte fackelte nicht lange und suchte schließlich die Unterstützung eines Arztes, mit dem sie eine der eigenartigsten wissenschaftlichen Studien überhaupt durchführte. Hätte es den satirischen Anti-Nobelpreis zu Beginn des 20. Jahrhunderts schon gegeben, sie hätte ihn bekommen. Bonaparte maß den Abstand zwischen Klitoris und Vagina bei 243 Frauen und fragte sie, wie oft sie beim Sex einen Orgasmus hatten. Auf der Grundlage dieser Studie teilte sie die Frauen in drei Gruppen ein: 10 Prozent der Untersuchten waren *mesoklitoral*, bei ihnen lag die Klitoris etwa 2,5 cm vom Harnröhrenausgang entfernt, bei den *teleklitoralen* war der Abstand zwischen Klitoris und Harnröhrenausgang signifikativ größer als 2,5 cm, und bei den *paraklitoralen* lag die Klitoris am nächsten am Harnröhrenausgang. 1924 publizierte Marie Bonaparte ihre Ergebnisse unter dem Pseudonym A. E. Narjani in der wissenschaftlichen Zeitschrift *Bruxelles Médical* und kam zu dem Schluss, dass es tatsächlich eine inverse Beziehung zwischen der Häufigkeit der Orgasmen beim Geschlechtsverkehr und dem Abstand der Klitoris gab. Der US-amerikanische Psychologe Carney Landis wiederholte den Versuch 1940 mit einer Reihe seiner Patientinnen und stieß auf dasselbe Verhältnis: je weiter die Klitoris von der Vagina entfernt war, desto weniger Orgasmen gab es bei Vaginalverkehr. Beide Studien sind alt und in der Methodik sehr begrenzt, 2011 überprüften Kim Wallen von der Emory University und Elisabeth Lloyd vom Kinsey-Institut[9] die Daten von Bonaparte und Landis mit aktuellen statistischen Methoden und publizierten ihre Ergebnisse in der Zeitschrift *Hormones and Behavior*. Sie kamen zu dem Schluss, dass der Abstand zwischen Klitoris und Vagina tatsächlich einer der vielen Faktoren sein kann, die bei der Häufigkeit der Orgasmen beim Geschlechtsverkehr eine Rolle spielen. 2012 hatte ich auf dem Kongress der International Academy of Sex Research in Estoril (Portugal) Gelegenheit, persönlich mit Kim Wallen zu sprechen. Wallen wollte nicht spekulieren, ob dies damit zu tun haben könnte, dass eine näherliegende Klitoris größeren Kontakt mit dem Penis erlaubte, oder ob andere physiologische Aspekte daran beteiligt wären, und gab zu, dass der Zusammenhang nichts bedeuten könnte. Sie schien aber eigentlich zuversichtlich, dass dem unter den vielen weiteren ebenfalls wichtigen Faktoren ein gewisses Gewicht beizumessen wäre und bedauerte, dass diese Möglichkeit von der medizinischen Wissenschaft noch nicht besser untersucht worden sei. Das ist eins der vielen Beispiele dafür, dass Sex selbst für die wissenschaftliche Forschung ein Tabu ist.

Noch einmal: Natürlich gibt es viele weitere Einflussfaktoren beim Orgasmus, wie die Geschicklichkeit des Liebhabers, das emotionale Befinden, Stress, der Grad an Erregung, die Harmonie mit dem Partner, Müdigkeit, Sorgen oder unsere gegenwärtige Situation. Wir wissen, dass Orgasmen manchmal durch die Stimulation anderer Körperteile ausgelöst werden können, und später werden wir Frauen kennenlernen, die Tantra praktizieren und nur durch Atmen und Meditation Ekstase erlangen. Doch es stimmt auch, dass man die Erklärung »alles spielt sich nur im Kopf ab« überstrapaziert hat. Nein, nicht alles spielt sich nur im Kopf ab. Die Geschlechtsorgane einer Person mit einer hoch gelegenen Rückenmarksverletzung können bei Stimulation reflexartig in Erregung geraten, und diese Person kann einen Orgasmus erleben, ohne dass irgendeine Information ins Gehirn gelangt. Die Geschlechtsorgane können sich auch verselbständigen und uns unter wirklich unerwarteten Umständen mit Erregung überraschen. Das Körperliche spielt durchaus eine Rolle. Schließen wir also damit, dass Frauen physisch dafür ausgelegt sind, eher die eine oder andere Art des Orgasmus zu erleben – eine Kontroverse, die sich noch verschärft, wenn wir von der Dichotomie zwischen vaginalem und klitoralem Orgasmus sprechen. Doch dafür müssen wir uns die weibliche Physiognomie genauer anschauen.

Vaginaler Orgasmus, mit und ohne Klitorisstimulation

Zunächst einmal ist die Klitoris als Organ sehr viel größer als die kleine äußere allgemein bekannte Eichel, und ihre inneren Teile breiten sich wie zwei Schenkel zu beiden Seiten der Vagina aus (Abbildung 2.5).

Sobald man das weiß, ist die große Frage nicht mehr, ob es allein durch Vaginalverkehr Orgasmen gibt, also ohne direkten Kontakt mit der Klitoris. Natürlich kann die ausschließliche Stimulation des Scheideninneren Orgasmen auslösen. Die Frage ist nur, ob diese Erregung von den Nerven herrührt, die die Vagina selbst versorgen, oder ob beim Verkehr auch indirekt die inneren Teile der Klitoris stimuliert werden. Diese Polemik scheint unendlich. Schon in den 1960ern trat das Forscherpaar William Masters und Virginia Johnson mit seinen Experimenten zur Physiologie von Sex dafür ein, die Klitoris sei das einzige für die Lust zuständige Organ und die Vagina relativ unempfindsam. Das müsse auch so sein, wie sie sagten, um gebären zu können. Die Frauenbewegung griff die Idee freudig auf, denn daraus folgte, dass für eine intensivere Stimulierung keine Penetration erforderlich war, und es warf Freuds absurde Behauptung über den Haufen, der klitorale Orgasmus sei infantil und der vaginale reif. Aber nicht alle waren damit einverstanden, und der Streit entbrannte erneut bei der Entdeckung des G-Punkts. Das ist ein überaus empfindsamer Bereich an der inneren Vorderwand der Vagina, der bei einigen Frauen Orgasmen auslöst, die sich von den klitoralen unterscheiden. Darauf kommen wir später noch. Doch

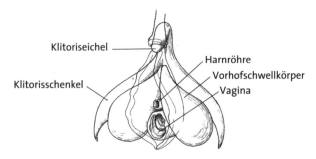

Abbildung 2.5. Kompletter Aufbau der Klitoris.

der Streit geht darum, dass einige Studien, wie die Ultraschallaufnahmen der Französin Odile Buisson, nahelegen, bei der Penetration würden im Grunde die inneren Teile der Klitoris (die Schenkel) stimuliert statt der Eichel und es gebe gar keinen rein vaginalen Orgasmus. Andere Wissenschaftler leugnen zwar nicht, dass eine solche indirekte Stimulierung vorkommen kann, behaupten aber, die Vagina sei empfindsam genug, um vaginale Orgasmen hervorzubringen. Diese beschreiben viele Frauen als weniger lokalisiert bzw. als »ganzkörperlich«. Die Klitoris wird tatsächlich nur vom Schamnerv innerviert, während zur Vagina auch der Becken- und der Unterbauchnerv reichen. Und bei Studien mit Gehirnaufnahmen von Frauen, die ihr Scheideninneres stimulieren, kann man beobachten, dass andere Bereiche des somatosensorischen Kortex aktiviert werden als bei der Klitorisstimulation. Nehmen wir noch hinzu, dass Orgasmen auch durch Liebkosungen an den Brüsten, am Hals, am Anus oder den Ohren ausgelöst werden, und dass so viele Frauen vaginale und klitorale Orgasmen sehr wohl unterschiedlich beschreiben, besteht gegenwärtig mehrheitlich Konsens darüber, dass Masters und Johnson falsch lagen und es tatsächlich einen gesonderten vaginalen Orgasmus geben kann. Das Gehirn wird uns im nächsten Kapitel weitere Anhaltspunkte dafür liefern.

3
Sex im Gehirn

Der Stand der Wissenschaft verbessert sich mithilfe präziser Forschung und neuer Technologien, durch die wir Dinge beobachten können, die vorher noch unsichtbar für uns waren. Doch auch Intuition, unverhoffte Entdeckungen und die Bereitschaft, anders zu denken als die Menschen vor uns, bringen uns voran. Wissenschaft ist ein wunderbares Abenteuer voller intellektueller Heldentaten, kollektiv wie individuell – als Beispiel möge der Neurowissenschaftler Barry Komisaruk dienen, der mich wirklich begeistert hat. Er vereint außerordentliche Genauigkeit, die Nutzung neuer Technologien, Intuition, unerwartete Entdeckungen und provokative Ideen, alles in einer einzigartigen und faszinierenden wissenschaftlichen Laufbahn.

Wissenschaft ist spannender als Sex

Bei einer der ersten Studien in Barry Komisaruks Laufbahn ging es um Pseudogravidität, also Scheinschwangerschaften: Eine Frau glaubt, schwanger zu sein, und obgleich keine Eizelle befruchtet worden und keinerlei hormonelles Signal von der Gebärmutter zum Gehirn gewandert ist, kann die Geistesaktivität den Zustand des Organismus verändern und Anzeichen einer Schwangerschaft hervorrufen. Zum Beispiel die ununterbrochene Ausschüttung von Progesteron, dem Hormon, das für die Aufrechterhaltung der Schwangerschaft zuständig ist. Das war in den 1960er Jahren, und der junge Barry Komisaruk erforschte gerade an der University of California in Los Angeles, wie ein sensorischer Reiz die Hirnaktivität modifizierte und dies zu einer Hormonausschüttung führte, die damit ein spezifisches Verhaltensmuster auslöste. Scheinschwangerschaften waren ein hochinteressantes Beispiel, um die Zusammenhänge von sensorischer, neuronaler und hormoneller Aktivität aufzuschlüsseln. Komisaruk wusste, dass auch Laborratten nach der Paarung gelegentlich die ersten Phasen einer Scheinschwangerschaft durchliefen, und hielt sie deshalb für ein gutes Modell.

Barry stimulierte Rattenweibchen vaginal, um zu untersuchen, welche Hormone sie rein aufgrund der Penetration ausschütteten, auch unabhängig von einer Paarung. Er maß zudem die Neuronenaktivität in Bereichen wie dem Hippocampus oder dem Hypothalamus, immer mit dem Ziel, im Gehirn die spezifischen Wirkungen des Vaginalkontakts zu erkennen. Doch während der Experimente beobachtete er etwas höchst Verblüffendes: Ausnahmslos alle Ratten zeigten bei der Stimulation Lordosis-Verhalten, das ist das reflexartige Durchbiegen des Rückens, um die Paarung zu erleichtern. Theoretisch sollten die Rattenweibchen dies nur tun, wenn sie ovulieren (oder so stand es zumindest in der wissenschaftlichen Literatur). Dennoch zeigten Barrys Ratten alle bei der Penetration Lordosis, ob sie nun gerade einen Eisprung hatten oder nicht. Neugierig geworden entnahm Barry einigen Rattenweibchen die Eierstöcke, um so die Absonderung von Östrogenen zu verhindern, die für dieses Verhalten verantwortlich waren. Zu seiner Überraschung zeigten die Ratten weiter Lordosis. Und nicht nur das. Barry fiel auch auf, dass die Rattenweibchen während der Penetration starr und unbeweglich stehen blieben, wie eingefroren. Er konnte sie anstupsen oder ärgern, aber keine Reaktion. Selbst wenn er sie leicht ins Bein piekste, rührten sie sich nicht. Das warf eine noch größere Frage in Barrys Wissenschaftlergeist auf: Reagierten sie nicht auf das Pieksen, weil die vaginale Stimulation sie lähmte, oder milderte sie vielleicht den Schmerz? Zweifellos hatte die Berührung in der Vagina eine Wirkung auf das Verhalten der Rattenweibchen, doch welche genau – Muskelblockade oder Aufhebung der Schmerzempfindlichkeit?

Barry maß weiterhin die neuronale Aktivität und sah, dass die Neuronen im somatosensorischen Kortex mit oder ohne vaginale Stimulation genau gleich auf die Berührung reagierten, dass jedoch die mit Schmerz zusammenhängenden Hirnareale ihre Aktivität zu verringern schienen. Das könnte bedeuten, dass die vaginale Penetration eine große schmerzmindernde Kraft hatte, und entdeckte man den Wirkmechanismus, könnte man womöglich eine neue Möglichkeit für die Behandlung von Schmerzen finden. Zu dieser Zeit, es war schon Ende der 1970er Jahre, war Barrys Frau an Krebs erkrankt, und da er ihr Leiden mit ansehen musste, richtete er alle seine Forschungen auf die Untersuchung der möglichen schmerzstillenden Kraft der vaginalen Stimulation aus.

Doch zuvor musste er die Möglichkeit ausschließen, dass die Ratten nur aufgrund einer Lähmungserscheinung stillhielten, und da er sie nicht fragen konnte, ließ er die Nager für den Moment beiseite und begann Studien mit Frauen.

Inzwischen in seinem Labor an der Rutgers University in New York bat Barry Frauen, sich vaginal zu stimulieren, während mit einer Klemme in unterschiedlichen Intensitätsgraden Druck auf einen ihrer Finger ausgeübt wurde. Die Ergebnisse waren sehr aufschlussreich: Die Schwelle, ab der sie aussagten, Schmerz zu empfinden, lag signifikant höher, wenn die Frauen erregt waren. Sie experimentierten mit unterschiedlichen Graden der Stimulierung, von ziemlich neutral bis kurz vorm Orgasmus, und je größer die Erregung war, desto widerstandsfähiger waren die Frauen gegen Schmerz. Durch weitere Experimente wurde festgestellt, dass die Berührungsempfindlichkeit nicht im Geringsten abnahm. Die Haut unterschied weiterhin jede einzelne Berührung oder Temperaturschwankungen, nur die Intensität der Schmerzempfindung veränderte sich. Das war sehr wichtig, denn es bedeutete, dass die vaginale Stimulation wirklich wie ein spezifisches Analgetikum auf den Schmerz wirkte, und nicht wie ein Anästhetikum, das die gesamte Empfindungsfähigkeit betäubte. Doch wie ging das? Durch welchen Mechanismus? Das war die Frage, von deren Antwort so viel abhing. Barry wollte dann die Unterschiede bei Neurotransmittern und den Wirkungen der verschiedenen Nerven untersuchen, die Informationen von der Vagina zum Rückenmark und zum Gehirn übermittelten, und kehrte zu den Versuchen mit Ratten zurück. Er durchtrennte einzelne Nerven wie den Becken- oder den Schamnerv, um alle Veränderungen zu betrachten, die sich bezüglich Erregung und Schmerz zeigen würden. Er publizierte mehrere Hypothesen über die spezifische Beteiligung des Beckennervs an der Schmerzminderung, doch wieder stellten die Ratten kein ausreichend gültiges Modell dar. Die Interaktion zwischen sexueller Lust und Schmerz ist bei ihnen ganz anders als bei uns.

Komisaruk begann neue Studien mit Frauen und untersuchte eine Gruppe mit einer ganz besonderen Eigenschaft: Frauen mit Rückenmarksverletzungen. Barry und sein Team suchten Frauen mit Läsionen in unterschiedlichen Bereichen der Wirbelsäule, die spezielle Nerven betrafen. Diese Frauen brachten zwei große Vorteile für die Studie mit: einerseits hatten sie keine bewusste Empfindungsfähigkeit in der Vagina und somit war die Möglichkeit der Schmerzminderung durch Lust oder psychosomatische Wirkungen nicht gegeben; und andererseits konnte man so die konkrete Beteiligung jedes einzelnen Nervs an der Schmerzreduzierung als Reflex auf das Berühren der Vagina erforschen. Unter den Frauen waren auch einige mit Verletzungen in einem sehr hohen Bereich des Rückenmarks, die als Kontrollgruppe dienten, da bei ihnen keine Nervenfaser vom Gehirn bis zu den äußeren oder inneren Geschlechtsorganen reichte. Doch mit diesen Frauen erlebte Barry neuerlich eine unerwartete Überraschung in seiner wissenschaftlichen Laufbahn. Einige der Frauen merkten nämlich, dass sie bei sehr tiefer Penetration doch eine leichte Reaktion spürten; tatsächlich war ihre Widerstandsfähigkeit gegen Schmerz auch signifikant höher. Das ergab keinen Sinn. Unmöglich konnten Frauen mit einer so hohen Rückenmarksverletzung etwas in der Vagina empfinden. Barry zog Ärzte und Experten für Rückenmarksverletzungen zu Rate und keiner konnte ihm eine Erklärung liefern; die Position der Verletzung müsste jede aus dem Beckenraum stammende Empfindung blockieren. Die einzige Möglichkeit – entgegen dem, was in den medizinischen Handbüchern steht – war eine Beteiligung des Vagusnervs. Obgleich der Vagus nicht durch die Wirbelsäule, sondern durch das Körperinnere verläuft und dort von den verschiedenen inneren Organen wie Lungen, oder Darm Information ans Gehirn übermittelt, wurde prinzipiell davon ausgegangen, dass er weder zur Gebärmutter noch zur Zervix (Gebärmutterhals) reichte. Das konnte etwas völlig Neues sein. Als Erstes musste Barry mögliche psychosomatische Wirkungen ausschließen, oder dass bei den untersuchten Fällen die Verletzungen nicht vollständig und einige Rückenmarksfasern doch noch intakt waren. Um diese Hypothese zu bestätigen oder zu widerlegen, fügte Barry Laborratten Läsionen zu, indem er ganze Abschnitte des Rückenmarks entnahm. Er beobachtete, dass die tiefe Penetration eine Pupillenerweiterung hervorrief, eine mit dem sexuellen Reiz zusammenhängende Reaktion. Und nicht nur das: Als er chirurgisch den Vagus durchtrennte, verschwand diese Erweiterung der Pupillen. Die Entdeckung, dass der Vagusnerv bis zum Gebärmutterhals reichen könnte, war so neu, dass Barry beschloss, seine Experimente mit Frauen mit kompletten Rückenmarksverletzungen fortzusetzen. Die am wenigsten invasive Vorgehensweise dafür war unter Verwendung von funktionellen Magnetresonanztomographien (fMRT), welche die Aktivität der verschiedenen Bereiche des somatosensorischen Kortex im Gehirn während der Stimulation zeigten. In Barrys Erinnerung sind es diese Studien, die ihn in seiner Laufbahn am meisten beeindruckt haben. Nicht nur, weil sie tatsächlich bestätigten, dass der Vagus Information vom Gebärmutterhals zum Gehirn übermittelt, sondern auch, weil mehrere Frauen mit einer kompletten Rückenmarksverletzung zum ersten Mal seit ihrem Unfall wieder sexuelle Erregung spürten, und einige hatten sogar wieder orgastische Gefühle. Natürlich war das auf persönlicher Ebene berührend, Barry wurde so aber auch darauf aufmerksam, dass, so überraschend das auch scheinen mochte, zuvor niemand die Gehirnaktivität während der sexuellen Reaktion und des Orgasmus untersucht hatte. Und das im 21. Jahrhundert! Die Lücke in der Forschung war enorm, und Barry setzte seine wissenschaftliche Pionierarbeit fort und untersuchte jetzt auch die sexuelle Erregung von Frauen ohne Verletzungen in einem fMRT. Eine seiner Studien konzentrierte sich darauf, zu bestimmen, ob die Stimulation von Klitoris, Vagina und Gebärmutterhals Signale in dieselben oder in unterschiedliche Bereiche des somatosensorischen Kortex aussandte. Die Ergebnisse zeigten eine Überlappung, jedoch auch, dass Klitoris, Vagina und Gebärmutterhals jeweils spezifische Bereiche des Gehirns aktivieren, die außerdem den Signalen von Scham-, Becken-, Unterbauch- und Vagusnerv entsprechen. So fand Barry heraus, dass die Klitoris allein durch den Schamnerv Information übermittelt, Schamlippen und Vaginalöffnung durch den Scham- und den Beckennerv, der zentrale Bereich der Vagina nur durch den Beckennerv, und der tiefste Bereich der Vagina und der Gebärmutterhals durch den Becken-, den Unterbauch- und den Vagusnerv. Das war ein eindeutiger Beweis dafür, dass die Stimulation der Klitoris und der Vagina über unterschiedliche Nervenbahnen erfolgt, und das verriet einiges über die Vielfalt der weiblichen sexuellen Reaktion. Tatsächlich forscht Barry noch mit Frauen, die Erregung spüren, jedoch nie zum Orgasmus kommen, weil er herausfinden möchte, inwiefern sich ihre Gehirnaktivität im Vergleich mit anderen Frauen, die den Höhepunkt erreichen, unterscheidet. Dafür hat er als Erster die Aktivität des weiblichen Gehirns von der anfänglichen Ruhephase bis hin zum Orgasmus aufgezeichnet und gesehen, wie von Beginn der Stimulation an allmählich erst einige Gehirnbereiche und später andere aufleuchteten, bis zur allgemeinen Explosion zerebraler Aktivität während des Orgasmus.

Barry gibt zu, dass allein die Beobachtung der Hirnaktivität noch nichts über die Funktion verrät, die ein bestimmtes Gehirnareal ausübt. Wenn man jedoch eine Abfolge oder Sequenz von Gehirnaktivitäten festlegt und sie dann bei mehreren Frauen und Stimulationsarten vergleicht, könnte man beispielsweise erahnen, welchen Unterschied es zwischen einer normalen Reibung und einer Reibung derselben Intensität gibt, die als lustvoll empfunden wird, oder wann eine Handlung als erotisch eingeordnet wird. Vor allem jedoch könnte man sehen, welcher Teil der Sequenz in der Gehirnaktivität von Frauen fehlt, die keine Lubrikation haben oder nicht zum Orgasmus kommen.

Ein anderes neuartiges Projekt, an dem Barry arbeitet, ist das *Neurofeedback*. *Biofeedback* ist schon seit geraumer Zeit bekannt und bezeichnet die Fähigkeit, auf einige unserer körperlichen Regulationsvorgänge einzuwirken, wenn man uns ihre Werte auf einem Bildschirm zeigt. Diese Werte zu sehen gibt uns eine Rückmeldung und hilft uns dabei, unsere Aufmerksamkeit auf unseren Körper zu richten. Dann können wir unterschiedliche Techniken ausprobieren, wie zum Beispiel den Atem anzuhalten oder uns auf bestimmte Gedanken zu konzentrieren, und gewahr werden, wie das den Herzrhythmus, den Blutdruck oder die physiologische Reaktion beeinflusst, die wir gerade untersuchen. Es ist eine Art Training, um Körperfunktionen mithilfe der ständigen Rückmeldung zu kontrollieren. Das hat Grenzen, funktioniert aber, und es gibt Hinweise, dass man Ähnliches durch die Beobachtung der eigenen fMRT-Aufnahmen in Echtzeit für die Gehirnaktivität erreichen könnte. Barry hält einen Bereich wie den der Sexualität, wo der mentale Aspekt so wichtig ist, für ein ideales Modell zur Erprobung des Neurofeedbacks. Und wer weiß, vielleicht könnten Frauen, die keinen Orgasmus oder Probleme mit der Erregung haben, unterschiedliche Phantasien oder Handlungen ausprobieren, dabei ihre Gehirnaktivität beobachten, feststellen, worauf sie reagieren und worauf nicht, und so ihre sexuelle Reaktion trainieren.

Das alles ist noch sehr spekulativ, aber anhand seiner Sequenz von Bildern des Gehirns beobachtete Barry, dass zuerst das genitale Feld im somatosensorischen Kortex aufleuchtet. Der Thalamus scheint das Signal für physische Erregung zu geben, die Amygdala erhöht durch ihre Aktivierung das Verlangen und physiologische Reaktionen wie Herzrasen und Bluthochdruck, der Hippocampus könnte an Phantasien beteiligt sein, und der Nucleus accumbens ist verantwortlich dafür, dass die Lust in die Höhe getrieben wird. Beim Orgasmus wird dann unvermittelt der Hypothalamus aktiviert und schüttet Oxytocin aus, und das Kleinhirn reagiert auf die Muskelspannung wie auch bestimmte Bereiche des präfrontalen Kortex.

Diese Zusammenhänge sind noch nicht vollständig nachgewiesen. Andere Wissenschaftler, wie Janniko Georgiadis von der Universität Groningen, haben einen spezifischen Rückgang der Aktivität des orbitofrontalen Kortex genau vor dem Orgasmus beobachtet. Bei ein paar Bierchen meinte Janniko auf dem Kongress der European Federation of Sexology im September 2012 in Madrid: »Das ist, als würde im Gehirn genau vor dem Orgasmus ein Bereich ausgeschaltet, der mit dem Körperbewusstsein (*awareness*) und der rationalen Selbstkontrolle zu tun hat.« Ich fragte ihn, ob dieses neuroanatomische Signal für das zeitweise Gefühl der Selbstvergessenheit, das »sich mitreißen lassen« und die anschließende Benommenheit verantwortlich sei, und ob die ausbleibende Inaktivierung dieses Bereichs das Gefühl vieler Frauen erklären könnte, die manchmal kurz vor dem Höhepunkt stehen und dort doch nie ankommen. Widerwillig, wie gewissenhafte Wissenschaftler eben sind, antwortete Janniko: »Vielleicht könnte das eine Rolle bei dem Kontrollverlust spielen, den du meinst. Aber wir brauchen mehr Experimente. Und in jedem Fall sollten wir nicht versuchen, das sexuelle Erleben allein auf die Gehirnaktivität zu reduzieren.« Das hat auch niemand vor. Wir wissen, dass eine veränderte Gehirnaktivität die Folge einer Verhaltensänderung sein kann und nicht ihre Ursache sein muss. Doch es ist faszinierend, und all diese Puzzleteilchen aus verschiedenen Erfahrungen und akademischen Disziplinen zusammenzuführen zeigt wunderbar den Fortschritt der Wissenschaft.

In der Forschung weiß jeder, dass er nur eine funzelige Taschenlampe in der Hand hält und lediglich einen Teil des riesigen dunklen Raums erhellen kann. Der eine leuchtet in die eine, der andere in die andere Richtung. Allein würden sie ganz verschiedene Ecken beleuchten und zu völlig disparaten Schlüssen kommen. Und dann sind da noch die, die dem Unbekannten ganz ohne Lampe mit ihrer Vorstellungskraft beizukommen versuchen. Doch nach und nach, wenn die Lichter der Wissenschaft heller werden und sich miteinander vereinen, beginnt der Raum sein Inneres zu enthüllen. Und nur wer nicht sehen möchte, weigert sich, seine vorgefassten Meinungen zu ändern. Oft stößt man auf ein Fenster zum nächsten, noch größeren dunklen Raum, der paradoxerweise unsere Unkenntnis der Realität noch vergrößert. Es bleibt einem nichts anderes übrig, als dieses Fenster aufzustoßen, wieder bei Null anzufangen und auch diesen geheimnisvollen, dort verborgen liegenden Raum auszuleuchten. Das ist der langsame Prozess, dem wir bei der Entdeckung der Natur, des Universums und des menschlichen Gehirns folgen, in der Hoffnung, dass das Licht der Wissenschaft eines Tages an die Stelle von Dunkelheit und sinnloser Grübelei treten möge.

Mein Orgasmus im funktionellen MRT

Als ich endlich einwilligte, an Barry Komisaruks Studie teilzunehmen, war meine größte Sorge, ob es mir gelingen würde, mich manuell bis zum Orgasmus zu stimulieren, während eine funktionelle Magnetresonanztomographie (fMRT) von der Aktivität in den verschiedenen Bereichen meines Gehirns gemacht wurde. Lampenfieber und natürlich die Angst, keine Erektion zustande zu bringen. Noch schlimmer wurde es, als mich am Donnerstag vor dem Experiment die Wissenschaftlerin Nan Wise aus Barrys Labor an der Rutgers University anrief und mir erklärte, wie die Untersuchung ablaufen würde. Das Wichtigste sei, den Kopf so wenig wie möglich zu bewegen. »Am besten übst du«, fügte sie noch hinzu. Es war elf Uhr vormittags, als ich Nans Anruf bekam. Ich arbeitete gerade in meiner Wohnung in New York und war nicht das geringste bisschen sexuell erregt. Da beschloss ich, es einfach auszuprobieren. Mir fiel nichts besseres ein als ein Döschen mit Vitamintabletten. Damit legte ich mich ins Bett, stellte es mir auf die Stirn und probierte, ob ich eine Erektion hinbekam, ohne das Döschen runterfallen zu lassen. Nach ein paar Minuten Balancieren gab ich auf und lachte über mich selbst und die wahnwitzige Situation, in die ich mich gebracht hatte. »Darüber schreibe ich auf keinen Fall in dem Buch!«, sagte ich zu einem Freund. Egal.

Am folgenden Montag nahm ich den Zug nach New Jersey zur Rutgers University. Die Fahrt nutzte ich, um mir endgültig die Gedanken zurechtzulegen, die ich in dem Scanner heraufbeschwören wollte. Aber das bleibt wirklich Privatsache. Ich war zum dritten Mal in dem von Barry Komisaruk geleiteten Fachbereich für Psychologie, doch diesmal sah ich ihn etwas ängstlich an. »Ich weiß nicht, ob ich das schaffe, Barry«, sagte ich. »Ganz ruhig«, gab er zurück. »Wenn's nicht klappt, macht das auch nichts.« Er stellte mich den Technikern und Mitarbeitern des Fachbereichs vor, und ich malte mir aus, was alle dachten: »Das ist der, der gleich ...« Um das Maß vollzumachen, war auch noch ein koreanisches Fernsehteam da, das einen Dokumentarfilm drehte und mich um Erlaubnis bat, Aufnahmen machen zu dürfen – »Nur vorher und nachher, und die Computerbilder«. Uff... Noch mehr Druck: Jetzt fehlte bloß noch, dass ich vor laufender Kamera versagte! Aber was soll's, da sie schon mal da waren, willigte ich ein.

Ein MRT-Scanner (ein Magnetresonanz- oder Kernspintomograph) ist ein riesiges Gerät mit einer Öffnung in der Mitte, in welche die obere Körperhälfte im Liegen hineingeschoben wird. Der Scanner steht in einem isolierten Raum, und im Nebenzimmer überwachen die Wissenschaftler ihn per Computer und geben durch Mikrofone Informationen. Barry und Nan hatten die Fenster zu dem Zimmer mit Pappe abgeklebt, damit meine Intimität gewahrt blieb und ich mir sicher sein konnte, dass mir niemand zusah. »Das wäre ja auch noch schöner«, dachte ich bei mir.

Bevor wir anfingen, gingen die beiden die Experimente noch einmal mit mir durch – es ging nämlich um zwei Versuche. Dann begleiteten sie mich in ein Zimmer, wo ich mich umziehen konnte. Umziehen war gut gesagt: ich zog mich bis aufs Unterhemd aus und war untenrum nur in ein Handtuch gewickelt. Ich fühlte mich lächerlich, als ich aus der Umkleide direkt zum Scanner ging. Ich legte mich auf die Liege, legte meinen Kopf in eine Art gepolsterte Mulde, zur besseren Fixierung positionierten sie noch Styroporstopfen darum, die Arme hatte ich ausgestreckt. Dann kam die rhetorische Frage, ob ich es bequem habe, und das »Bett« wurde in den Scanner gefahren. Der Versuch ging los.

Vor meinen Augen hing ein Bildschirm, auf dem ich Anweisungen empfangen würde, und durch einen kleinen Lautsprecher konnte ich Barrys Kommentare hören. Während das Programm vorbereitet wurde, lief auf dem Bildschirm eine Folge der Simpsons ohne Ton. Alles war völlig surreal: das koreanische Filmteam, ich schaute in einem MRT die Simpsons, und mein Job war es, mich manuell zu stimulieren bis ... wie zum Teufel hatte ich mich in ein solches Schlamassel gebracht? »Alles fertig?«, hörte ich Barry fragen. »Ja, kann losgehen«, antwortete ich. »Denk daran, wenn du aufhören willst, musst du nur den Knopf in deiner linken Hand drücken«, sagte Barry. »O.k., auf geht's!« Die Mission hatte begonnen.

Die erste Untersuchung war sehr einfach: Alle 20 Sekunden würden verschiedene Anweisungen auf dem Bildschirm auftauchen. Wenn ich »Air« (Luft) las, sollte ich fünf Mal nacheinander Zeige-, Mittel- und Ringfinger meiner rechten Hand an den Daumen legen. So würde der Bereich des somatosensorischen Kortex sichtbar werden, der für diese Finger stand. Wenn »Gland-easy« (Eichel-leicht) auftauchte, sollte ich mit eben diesen Fingern sanft den obersten Teil meiner Eichel berühren. Diese Sequenz von zuerst »Air« und dann »Easy« wiederholten wir fünf komplette Zyklen lang, der Scanner zeichnete derweil den Bereich des Gehirns auf, in den der Schamnerv die Information sandte. Anschließend gingen wir dazu über, denselben Vorgang mit »Air« und »Midshaft-easy« (Mittlerer Schaft-leicht) zu wiederholen: fünf Mal nur Finger, dann fünf Mal sanft den Mittelteil des Glieds berühren, und alles fünf Zyklen lang wiederholt. Der Scanner zeichnete erneut auf, wohin der Schamnerv die Information schickte. Die dritte Sequenz war identisch, nur für »Scrotum-easy«: Dieses Mal sollte ich mir ganz sanft in die Haut an meinem Hodensack zwicken, und die vierte war für »Testicle-easy«, wobei ich behutsam meine Hoden liebkoste.

Anschließend wiederholten wir den ganzen Vorgang noch einmal, aber mit »deep« (fest) statt »easy« (leicht). Ich sollte meine Eichel intensiv drücken, aber nicht so fest, dass es schmerzte; beim Mittelteil des Penis sollte ich darauf achten, dass ich nicht nur die Haut, sondern auch die inneren Schwellkörper berührte; den Hodensack kräftiger zwicken und die Hoden drücken, bis es sich etwas unangenehm anfühlte. Bei dem Experiment ging es um Folgendes:

bis in die Eichel reicht nur der Schamnerv, außen und innen. Und obwohl die restliche Oberfläche des Penis ebenfalls nur vom Schamnerv innerviert wird, könnte der festere Druck auch den Beckennerv aktivieren, von dem nicht ganz klar war, welche Art von Information er zum Gehirn übertrug. Ähnlich war es mit den Hoden, in die sowohl der Beckennerv als auch Fasern des sympathischen Nervensystems reichen. Tatsächlich sollte ich als gesunde Kontrollperson dienen, man würde meine Aufnahmen mit denen von Patienten vergleichen, die an der Prostata operiert worden waren und Nervenschädigungen, insbesondere am Beckennerv, erlitten hatten, mit unterschiedlichen Graden von Erektionsverlust. Das Experiment würde dazu dienen, die Erektionsmechanismen besser zu erklären und herauszufinden, welche Verletzungen bei Prostataoperationen vorkommen. Und vielleicht einen Beitrag dazu leisten, diese zu minimieren.

Nachdem wir dieses erste Experiment abgeschlossen hatten, fragte Barry mich, ob ich mich ausruhen oder gleich mit dem zweiten weitermachen wolle. Ganz ehrlich, wo ich mich schon so ausgiebig sanft und kräftiger betätschelt hatte, fühlte ich mich körperlich – wenn schon nicht mental – gut vorbereitet. Das sollten wir nutzen. »Weiter, ruhig weitermachen«, sagte ich überzeugt. »Perfekt! Dann warte ein paar Sekunden, und wenn du auf dem Bildschirm ein grünes Licht auftauchen siehst, kannst du anfangen, dich zu stimulieren. In deinem Tempo, es gibt keine Eile. Lass dir Zeit, und wenn du fertig bist, drückst du den Knopf in deiner linken Hand. Und versuch, den Kopf stillzuhalten ...« Der Kopf saß perfekt zwischen den Stopfen, und es war wirklich sehr viel bequemer, mich so auf meinen Job zu konzentrieren als mit dem wegrutschenden Vitamindöschen auf der Stirn. Und zu meiner Überraschung, ob nun wegen der vorherigen Stimulation oder durch die Situation, die ich im Geiste heraufbeschwor, bekam ich ziemlich schnell eine Erektion. Mit den Bewegungen war es schwieriger, vor allem wenn ich manchmal das Gefühl hatte, mehr Kraft zu brauchen, als ich ausüben konnte, ohne den ganzen Körper zu bewegen. Aber trotzdem, nach neun Minuten hatte ich mein Soll getan. Die schlüpfrigen Details lasse ich beiseite – nachdem ich fertig war, baten sie mich, noch ein Weilchen länger im Scanner zu bleiben. Ich glaube, ich schlief fast ein. Deshalb oder wegen der Magnetfelder, denen mein Gehirn ausgesetzt gewesen war, wankte ich ziemlich benommen aus dem Raum. Ich ging mich waschen, zog mich an, holte den Scheck über 200 Dollar für die Teilnahme an dem Experiment ab, verabschiedete mich von den koreanischen Kameramännern, von Barry und seinem Team, und fuhr mit einem schwer beschreibbaren Gefühl nach Manhattan zurück. Ich war der erste Mann der Welt, der einen Orgasmus in einem funktionellen MRT gehabt hatte (Abbildung 3.1). Ich wusste nicht, ob ich stolz oder verwirrt sein sollte, auf jeden Fall aber war ich sehr neugierig auf die Ergebnisse. Das würde ein paar Monate dauern. Unterdessen erzählte ich die Geschichte mehr als einmal und erhielt alle möglichen Reaktionen. Sehr, sehr aufschlussreich ...

Die Studie war rein anatomisch. Barry hatte schon Untersuchungen mit Frauen durchgeführt, die Orgasmen durch Stimulation nur der Klitoris, der Vagina oder des Gebärmutterhalses erzielt hatten. Damit hatte er nachgewiesen, dass die Stimulation unterschiedliche Bereiche des somatosensorischen Kortex aktivierte und dass der Becken-, der Scham-, der Unterbauch- und sogar der Vagusnerv daran beteiligt waren. Mit einem Experiment hatte er auch gezeigt, dass zuerst einige und dann andere Bereiche des Gehirns aktiviert wurden, bis es beim Orgasmus zu einer massiven Aktivierung kam. Doch noch nie hatte er eine ähnliche Studie mit einem Mann durchgeführt. Nicht er und auch sonst niemand. Einerseits wollte Barry sehen, welche Felder des somatosensorischen Kortex entsprechend bei welchen Nerven aktiviert wurden, und andererseits eine Abfolge der aktivierten Gehirnbereiche vom Beginn der Erregung bis zum Orgasmus bestimmen, ähnlich wie er es bei den Frauen gemacht hatte. Wieder wäre ich die gesunde Kontrollperson zum Vergleich mit Männern mit verschiedenen Problemen, wie vorzeitigem Samenerguss, Anorgasmie oder Schwierigkeiten beim Aufrechterhalten der Erektion. Zu sehen, was im Gehirn eines Mannes, der zu schnell kommt, anders abläuft als in meinem, könnte viele Informationen

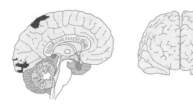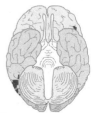

Zu Beginn der körperlichen Stimulierung.

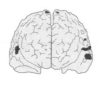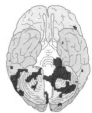

Nach drei Minuten Stimulierung.

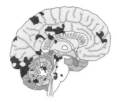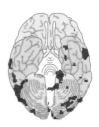

Beim Orgasmus.

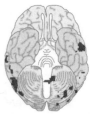

Eine Minute nach dem Orgasmus.

Abbildung 3.1. fMRT des Gehirns.

liefern. Oder vielleicht auch nicht, aber jedenfalls muss die Wissenschaft es versuchen.

Nach ein paar Wochen schrieb ich Barry eine E-Mail und fragte, ob er schon Ergebnisse habe. Er antwortete mir, Nan habe schon begonnen die Daten auszuwerten und sie würden sie sich Anfang der nächsten Woche zusammen anschauen. Er werde mich anrufen. Und das tat er auch. Ich schwöre euch, als Barry mich wenige Tage später anrief, war er völlig aus dem Häuschen. Er hatte die Ergebnisse in diesem Augenblick vor sich liegen, und sagte mir, die Qualität sei hervorragend. Offensichtlich hatte ich meine Aufgabe, den Kopf still zu halten, sehr gut erfüllt, und man konnte klar erkennen, wie zuerst nach und nach verschiedene Gehirnbereiche aufleuchteten, bis zum Orgasmus, und danach direkt wieder erloschen. Barry war begeistert. Er erklärte, das Kleinhirn sei die ganze Zeit über sehr aktiv gewesen und die Inselrinde wiese ein äußerst interessantes Muster auf, ebenso die Amygdala; er sprach von den Veränderungen im präfrontalen und posterioren Kortex, im Hippocampus, dem Nucleus accumbens und den mit Juckreiz zusammenhängenden Bereichen, und auch wenn er es noch im Detail analysieren musste, sah es wie hervorragendes Material für eine Publikation aus. Sogar für einen Film wie den mit den Frauen, der Monate zuvor in vielen Medien erschienen war und den weltweit Millionen von Menschen gesehen hatten. Das war im Mai 2012.

Die Wissenschaft forscht langsam, und als ich Wochen vor Abschluss dieses Buchs Barry Komisaruks Labor noch einmal besuchte, waren die Ergebnisse immer noch nicht vollständig ausgewertet. Trotzdem sagte Barry, sie hätten interessante Muster gefunden. Es war ein Freitag Ende Oktober 2012, und wir sahen uns den ganzen Nachmittag lang die Aktivität der spezifischen Bereiche meines Gehirns zu verschiedenen Zeitpunkten während der Stimulation, beim Orgasmus und in der anschließenden Entspannung an und sprachen darüber. Barrys erste Schlussfolgerung war: »Ich hatte mir das ja schon gedacht, aber es sieht ganz ähnlich aus wie die Bilder von Erregung und Orgasmus bei Frauen.« Nur dass wir das nicht vergessen: Zum ersten Mal war die komplette und durchgängige Gehirnaktivität eines männlichen Gehirns von Beginn der Stimulation bis zum Orgasmus aufgezeichnet worden. Eins von Barrys Zielen war es, dies mit den vorherigen Studien mit Frauen zu vergleichen. Was die Hirnaktivität anbelangte, sagte er: »Die Ähnlichkeiten sind sehr viel größer als die Unterschiede. Der einzige Unterschied – aber das müssen wir noch mit weiteren Freiwilligen überprüfen – ist, dass sich beim Orgasmus dein Hypothalamus nicht aktiviert hat. Das war bei allen Frauen der Fall.«

Der Hypothalamus ist der Bereich, in dem Oxytocin ausgeschüttet wird, das sogenannte Liebeshormon, von dem bereits bekannt war, dass es bei Frauen in größeren Mengen ausgeschüttet wird als bei Männern, und auch in höherem Maß beim Geschlechtsverkehr als bei der Masturbation. Barry wagte nicht, ausgehend von einem einzigen gescannten Männerhirn Schlüsse zu ziehen, bekräftigte aber, »falls sich bestätigen sollte, dass der Hypothalamus bei Männern durch einen selbstinduzierten Orgasmus (so nennt die Wissenschaft das) nicht aktiviert wird, dann wäre das ein auffälliger Unterschied«. Mehrere Bereiche reagierten auf vorhersehbare Weise: das ventrale Tegmentum, das Dopamin im Mittelhirn produziert, der direkt mit der Lust zusammenhängende Nucleus accumbens, die Inselrinde, wo Lust und Schmerz verarbeitet werden, der Frontallappen, ein sekundärer Bereich des sensorialen Kortex namens Operculum, die Amygdala, Sitz der Emotionen, und ein Bereich namens Retikulärformation – alle erhöhten im Verlauf des Experiments allmählich ihre Aktivität. Das mit Bewegungen verbundene Kleinhirn und der genitale somatosensorische Kortex im Parazentrallappen waren von Beginn an aktiv; der anteriore cinguläre Kortex zeigte wenig, jedoch konstante Aktivität, und der Hippocampus leuchtete erst im Moment des Orgasmus auf. Ich wusste, dass der Hippocampus an der Erinnerung beteiligt ist, und fragte Barry, ob das bedeuten könnte, dass er aktiviert wird, um uns alle den Orgasmus begleitenden Umstände behalten zu lassen, und wir daher so lebendige Erinnerungen daran haben. Er gab zurück: »Das ist eine folgerichtige Interpretation, man kann es im Moment aber noch nicht sicher schließen.«

Es war wirklich faszinierend anzusehen, wie mein ganzes Gehirn sich allmählich verfärbte, auch wenn es dem erwartbaren Verlauf folgte. Die einzige Überraschung für Barry war die Inaktivität des Oxytocin produzierenden Hypothalamus und ein besonders interessantes Muster in einem bestimmten Teil des hinteren Abschnitts des Gyrus cinguli, der in anderen Studien mit Juckreiz in Verbindung gebracht worden war. »Das ist ein konkreter Bereich, der ganz deutlich aktiviert wird, wenn irgendein Körperteil juckt. Auf deinen Bildern sehen wir, dass die Aktivität von der dritten Minute an konstant ansteigt. Das ist wirklich interessant, das müssen wir mit anderen Freiwilligen überprüfen«, erklärte mir der begeisterte Barry.

Zuletzt erwähnte er noch ein weiteres unerwartetes Ergebnis, dem er nicht allzu viel Bedeutung beimaß: »Es ist sehr seltsam, dass dein visueller Kortex von Anfang an eine hohe Aktivität aufweist. Auf den Aufnahmen ist das von der ersten Minute an mit Abstand der aktivste Bereich. Das ist nicht so unmittelbar verständlich, denn im Prinzip hast du ja gar nichts gesehen ...« Ich glaube, ich bin rot geworden. Plötzlich fielen mir Studien ein, die zeigen, dass die visuellen Bereiche aktiviert werden, wenn man sich lebhaft etwas vorstellt, selbst bei geschlossenen Augen. Ich fragte Barry: »Hm ... aber wenn ich zum Beispiel ... nur mal angenommen ... von Anfang an ganz intensiv an eine Szene gedacht hätte, die ich zum Beispiel in der Nacht zuvor erlebt hatte – könnte der visuelle Kortex nicht dadurch aktiviert werden, dass ich diese Bilder wiederaufleben lasse?« »Aber natürlich, klar!«, erwiderte Barry mit einem leisen Lächeln. Ups ... diesen Hirnscannern entgeht wirklich gar nichts.

Wanting-Liking-Learning und das Reich der Sinne

Eigentlich habe ich schon ziemlich viel über das gesagt, was über die Biopsychologie des menschlichen Sexualverhaltens bekannt ist, und so viel ist das auch gar nicht. Psychologie und Soziologie, über die wir in den nächsten Kapiteln sprechen wollen, haben noch viel Vorsprung vor der physiologischen Untersuchung des Gehirns. Doch genau deshalb ist die Neurowissenschaft so anregend: Sie wird in den nächsten Jahren viel beisteuern und hat schon damit begonnen.

Die chemischen Aspekte der Aufgaben von Neurotransmittern und Hormonen sind bereits ziemlich gut dargelegt, großteils durch Tierversuche. In den vorangehenden Kapiteln haben wir über diese sexuelle Chemie gesprochen, und in noch folgenden werden wir sie auf konkrete Fälle anwenden.

Eins der aktuellsten Forschungsgebiete in der Neurowissenschaft ist die zerebrale Konnektivität. Man betrachtet nicht nur die einzelnen Neuronen oder die Aktivität in bestimmten Gehirnarealen, sondern will verstehen, wie sich die verschiedenen neuronalen Netze miteinander verknüpfen und die besagten Areale untereinander kommunizieren. Dieses neue Gebiet erweist sich bereits als höchst bedeutsam zum Beispiel für das Lernen oder für Entwicklungsstörungen wie Autismus oder Schizophrenie. Das Sexualverhalten ist jedoch noch nicht so ausführlich beleuchtet worden.

Die Methode, die vielleicht die interessantesten Informationen liefert und mit der man noch viel erforschen kann, ist die beschriebene Untersuchung der Gehirnaktivität im fMRT. Ich weiß noch, wie ich einen Artikel von Roy Levin über die Refraktärphase nach dem Orgasmus las und sofort Barry Komisaruk anrief. Ich fragte ihn, warum wir das Experiment nicht nach dem Orgasmus noch fortgeführt hätten. Ich hätte versuchen können, meinen Penis erneut zu stimulieren, um dann zu sehen, was sich in meinem Gehirn im Vergleich zu den Aktivitäten bei der ersten Stimulation veränderte. Barry erwiderte: »Na klar! Dass ich nicht selbst darauf gekommen bin! An ein und derselben Person könnten wir sehen, wie ein identischer Kontakt vor und nach dem Orgasmus im Gehirn auf unterschiedliche Weise interpretiert wird, und das wieder mit Personen mit Erektionsstörungen vergleichen. Das könnte interessante Daten liefern und noch keiner hat es gemacht!« Ich war überrascht, doch zugleich wurde mir klar, dass das keine Ausnahme war. Es hatte ja auch noch nie jemand die Gehirnaktivität von Hypersexuellen und Asexuellen verglichen, obwohl man weiß, dass es in ihrem Hormonspiegel keine signifikanten Unterschiede gibt. Normalerweise ist es nicht so leicht, in der Wissenschaft derart simple Aspekte der menschlichen Physiologie zu finden, die noch niemand vorher erforscht hat, noch dazu solche, die hochinteressante Informationen nicht nur über Sex, sondern über die neurobiologischen Grundlagen unseres Verhaltens liefern könnten. Und das ist nicht nur so dahingesagt.

Unterschiedliche Typen pädophiler Gehirne

Nehmen wir als Beispiel einmal die vielversprechenden Studien mit Pädophilen, die der Deutsch-Spanier Jorge Ponseti an der Universität zu Kiel durchgeführt hat. Jorge war einer der ersten Neurowissenschaftler, der konkrete Unterschiede in der Gehirnaktivität von Pädophilen aufgedeckt hat. Dazu zeigte er ihnen Bilder von Kindern und verglich ihre Daten mit denen von Männern, die sich nicht von Minderjährigen angezogen fühlen. Als wir uns in Portugal trafen, erklärte Jorge mir, diese Technik könne in manchen Fällen eingesetzt werden, um Risiken aufzudecken, vielleicht auch um die Wirksamkeit von Therapien zu überprüfen, vor allem jedoch, um den Ursprung der unterschiedlichen Typen von Pädophilie besser zu verstehen.

Als wir uns im Oktober 2012 erneut unterhielten, hatte Ponseti gemeinsam mit vier weiteren deutschen Forscherteams gerade die Arbeit an dem größten bis dato geplanten multidisziplinären Forschungsprojekt über Pädophilie aufgenommen, mit 2 Millionen Euro vom Bundesministerium für Bildung und Forschung finanziert. Bei 250 Pädophilen sollten Gene, Hormone, Neurotransmitter, die Psyche und (von Ponseti) die Hirnaktivität untersucht werden. Jorge erklärte mir, darüber gebe es, so seltsam das auch sei, »nur sehr geringes wissenschaftliches Vorwissen«.

Laut Jorge Ponseti gibt es in Deutschland 0,7 Prozent Pädophile, also Menschen, die sexuelle Anziehung für Minderjährige empfinden. Stellen wir uns nur einmal vor, man vergliche die Gehirnaktivität von Pädophilen, die trotz der empfundenen sexuellen Anziehung nie ein Kind missbraucht haben, weil sie genau wissen, dass das falsch ist, mit Pädophilen, die dies zwar auch wissen, sich jedoch nicht kontrollieren können und straffällig werden. Erforscht man diese Unterschiede und differenziert dabei zwischen Impuls und Kontrollfähigkeit, vermag das sehr wertvolle Information über die Neurobiologie des menschlichen Verhaltens zu liefern. Das Gleiche gilt für den Vergleich der beiden Haupttypen von Pädophilen: diejenigen, die Jugendliche missbrauchen, die bereits in der Pubertät sind, und die, die sich nur von Vorpubertären erregt fühlen. Es gibt Hypothesen, die davon ausgehen, dass die mit dem Verlangen zusammenhängenden Hirnareale der ersten Gruppe gar nicht so anders sind als die von gesunden Kontrollpersonen; bei der zweiten Gruppe gäbe es jedoch sehr wohl einen spezifischen Unterschied. Dann gibt es noch eine weitere große Gruppe: Männer, die sich von Kindern angezogen fühlen und immer mit Kindern zusammen sein möchten, sie jedoch nie missbrauchen und auch sonst nichts tun, was ihnen schaden könnte. Ponseti zeigt den Testpersonen unter dem Hirnscanner Bilder von Kindern und Jugendlichen und auch von jungen Tieren. Eine Hypothese legt nahe, dass die Elternliebe im Menschen entwicklungsgeschichtlich betrachtet noch etwas sehr Neues sei, daher einer größeren Variabilität unterliege und problemanfällig sei. Vielleicht könnte in manchen Fällen die Obsession für Kinder von einer Faszination für diese Altersgruppe herrühren und dem zwanghaftem Bedürfnis, sie zu schützen. Sollten die Betroffenen sowohl auf Babys wie auf Tierjunge reagieren, würde diese Hypothese an Gewicht gewinnen.

Und zuletzt wird untersucht, ob Pädophilie von Geburt an angelegt ist oder nicht. Es gibt dreimal so viel Linkshänder unter den Pädophilen wie bei Nicht-Pädophilen, teilweise sind sie weniger intelligent, 20 Prozent von ihnen sind homopädophil, und es gibt Hinweise, dass Hormonspiegel in der Schwangerschaft die für die sexuelle Anziehung und Ausrichtung zuständigen Schaltkreise verändern könnten. Ponseti untersucht auch die Gehirnaktivität von Pädophilen beim Ruhen, um zu sehen, ob sie sich von der anderer Menschen unterscheidet. Bei Patienten mit einer Depressionsneigung oder anderen Störungen hat man schon einige Unterschiede entdeckt, und man vermutet, bei Pädophilie könne das auch der Fall sein. Letztlich besteht dieser Deutsche mit einem Vater aus Sevilla und einer Mutter aus Barcelona darauf, dass es vor allem darauf ankommt zu verstehen und einschätzen zu lernen, für wen mehr die eine oder andere Art von Psychotherapie in Frage kommt und wer vielleicht eine medikamentöse Behandlung zur Reduktion des Verlangens braucht. Das Thema ist hochinteressant, und in Anbetracht der Tatsache, dass Missbrauchsfälle den letzten Umfragen zufolge sehr häufig vorkommen und bei den Betroffenen – besonders wenn sie älter und bewusster sind – schwere Störungen hervorrufen, überrascht es, dass die medizinische Wissenschaft so lange gezögert hat, bis sie größere Summen für seine Erforschung einsetzte. Nun ja, das US-amerikanische National Institute of Mental Health, Teil des National Institutes of Health, macht das immer noch nicht, wie dessen Direktor Thomas Insel im Gespräch mit mir zugab. Ein weiterer Beweis dafür, dass Sex auch in der Wissenschaft ein Tabu ist.

Das duale Kontrollmodell: Erregung versus Hemmung

Wissenschaftler brauchen theoretische Modelle, anhand derer sie Teilchen zusammensetzen und ihre Hypothesen überprüfen können. Eins der in der Sexualforschung am häufigsten verwendeten ist das *Duale Kontrollmodell der sexuellen Reaktion*, ursprünglich von Helen Singer Kaplan entwickelt und später von John Bancroft und Erick Janssen vom Kinsey-Institut – mit denen wir noch sprechen werden – weiter ausgearbeitet. Dem Dualen Kontrollmodell zufolge reagiert unser Sexualverhalten auf eine Balance zwischen den beiden Systemen der Erregung (excitation) und der Hemmung (inhibition), die ihrerseits durch physiologische und psychologische Faktoren bedingt sind. Unter dieser Prämisse untersuchen die Wissenschaftler sämtliche Einflüsse – hormonell, im Verhalten, paar- oder umweltbedingt –, bis sie beispielsweise unterscheiden können, ob der Verlust der sexuellen Aktivität einer größeren Hemmung oder einem geringeren Verlangen zuzuschreiben ist, oder ob die Tatsache, dass ein Pädophiler bis zum Missbrauch geht, an übermäßiger Erregung oder Aussetzern in seiner Hemmung liegt. Das Modell ist ein bisschen vereinfachend, doch wie wir sehen werden, erweist es sich für die Untersuchung konkreter Fälle als sehr nützlich.

Ein anderes Modell besteht darin, die sexuelle Reaktion in drei Phasen zu unterteilen, die wir »wanting, liking und learning« nennen könnten. Unter »wanting« (wollen) wird die Anziehung und der Ursprung der Verlangens aufgefasst, unter »liking« (mögen) die Lust und die physische Reaktion während des Geschlechtsverkehrs bis zum Orgasmus, und unter »learning« (lernen) die kognitive Fähigkeit, die analysiert, wie die die Erfahrung begleitenden Reize verstärkt oder gehemmt werden können, je nachdem wie befriedigend es war. Das klingt ein bisschen theoretisch, die Forscher nehmen jedoch an, dass bei jeder dieser Phasen unterschiedliche Gehirnmechanismen zum Zuge kommen.

Eine der interessantesten Arbeiten stammt von Janniko Georgiadis, der die Mechanismen von Verlangen und Lust bei Sex und beim Essen vergleicht. Janniko ist einer der größten Experten für die neurophysiologische Erforschung der Sexualität weltweit. Als wir von der Phase des Interesses bzw. dem »wanting« sprachen, beschrieb er mir eine hochinteressante, 2010 im *Journal of Neuroscience* veröffentlichte Studie, für die französische Forscher die Gehirnreaktion auf visuelle Reize verglichen, die mit Sex oder Geld zu tun hatten. Da Geld erst vor relativ kurzem von unserer Spezies eingeführt wurde, vermuteten sie, auf wichtige Unterschiede dabei zu stoßen, wie das Gehirn die jeweiligen Informationen verarbeitet. Und sie fanden tatsächlich etwas. Die Amygdala zum Beispiel, Sitz irrationaler Impulse, leuchtete nur bei den Reizen auf, die eine erotische Begegnung ankündigen, und das mit sehr großer Intensität. Es gab auch Unterschiede bei der Aktivierung des orbitofrontalen Kortex (OFC), der mit dem Bewusstsein für innere Zustände und Handlungskontrolle zusammenhängt: der posteriolaterale Bereich des OFC war bei erotischen Reizen aktiv und der anteriore Bereich bei den monetären. Überraschend war jedoch, dass alles andere fast identisch war. Das Striatum, das Mittelhirn, die Inselrinde, der anteriore Gyrus Cinguli und die übrigen mit Antrieb und Belohnungsschaltkreisen verbundenen Hirnbereiche verhielten sich bei beiden Reizen gleich. Das brachte Janniko auf den Gedanken, dass Sex im Grunde anderen Reizen ähnelte, zum Beispiel dem Essen.

In einem im Jahr 2012 veröffentlichten Überblick über die wissenschaftliche Literatur zum Thema kommt Janniko zu dem Schluss, dass die funktionale Neuroanatomie des Sexualverhaltens und die Phasen von »wanting, liking und learning« mit anderen Schaltkreisen von Lust und Belohnung, wie beispielsweise dem des Essens, vergleichbar sind – abgesehen von offensichtlichen Eigenheiten, wie dass Essen überlebensnotwendig ist und Sex nicht, oder dass Hunger das ganze Leben lang auftritt, der Sexualtrieb aber erst ab der Pubertät.

Das klingt vielleicht irrelevant, die Schlussüberlegung ist das jedoch ganz und gar nicht: Es gibt keine physiologischen Mechanismen oder Neuronennetze, die ausschließlich für Sex oder andere Belohnungen zuständig sind. Für Antrieb und Befriedigung werden immer dieselben Schaltkreise verwendet. Das heißt, die Neuronen wissen nicht, ob sie durch einen erotischen, einen nährenden oder anders belohnenden Reiz aktiviert werden, und das könnte Verbindungen zwischen dem Anschein nach ganz unterschiedlichen Störungen herstellen. Bisher wurden da nur Hypothesen aufgestellt, doch die Untersuchung der sexuellen Reaktion wird zweifellos wichtige Informationen liefern.

Pheromone, Streicheleinheiten und durch Pornos aktivierte Spiegelneuronen

Bei unserer Betrachtung des Nervensystems dürfen wir die Sinne und die Wahrnehmung nicht vergessen. Das ist eine unerschöpfliche Thematik, aber ich möchte einige interessante und neue Ergebnisse anführen. Zum Tastsinn könnte eine ganz grundlegende Frage sein, warum wir eine sanfte Liebkosung so anders empfinden als eine schnellere oder kräftigere Berührung. Natürlich kommt dem Kontext und der eigenen Interpretation eine bedeutende Rolle zu, und wir werden noch sehen, wie wir unter bestimmten Umständen sogar

Schmerz erotisch finden können. Doch 2009 veröffentlichte *Nature Neuroscience* eine spannende Arbeit von schwedischen und englischen Forschern, die dokumentierten, dass spezifische Nervenfasern an dieser Unterscheidung beteiligt sind. Unsere Nervenenden haben verschiedene Arten von Mechano- oder Berührungsrezeptoren, und offensichtlich aktivieren die sanften Liebkosungen nur die »nicht-myelinisierten« (Nervenfasern ohne umhüllende Myelinscheide, auch »marklos« oder C-Fasern genannt), während intensivere oder schnelle Berührungen diese und zusätzlich die myelinisierten Fasern aktivieren. Und es gab eine totale Übereinstimmung: Die Teilnehmer an der Studie beschrieben die Berührung immer dann als angenehm, wenn die Geräte aufzeichneten, dass lediglich die nicht-myelinisierten Nervenrezeptoren beteiligt waren. Die Forscher schreiben in ihrem Artikel: »Diese Resultate sind der erste Beweis für eine positive hedonistische Kodierung in den peripheren afferenten Nerven, was darauf hinweist, dass die C-Fasern (ohne Myelinscheide) entscheidend zu angenehm empfundenen Berührungen beitragen.« In anderen Worten: Wenn wir die Haut unseres Partners oder unserer Partnerin sanft und langsam liebkosen, aktivieren wir nur bestimmte, an der Lust beteiligte Fasern.

In der Sinnesforschung gibt es eine große Diskussion um die mögliche Rolle der Pheromone beim sexuellen Verlangen. Anatomische Studien haben ausgeschlossen, dass wir Menschen – wie viele andere Säugetiere – ein vomeronasales Organ (Jacobson-Organ) haben, das für das Erkennen von ausschließlich mit dem Werben und sexueller Information zusammenhängenden Geruchssignalen zuständig ist. Das brachte manche Wissenschaftler zu der Überzeugung, Pheromone spielten beim Menschen gar keine Rolle. Andere hingegen waren der Meinung, dass man das vomeronasale Organ nicht unbedingt bräuchte und Pheromone sowie andere am Sozialverhalten beteiligte chemische Signale auch über die Riechschleimhaut wahrnehmen könnte, wie es zum Beispiel bei Nagetieren der Fall ist. In den letzten Jahren ist die Bedeutung der Pheromone durch eine spezielle Entdeckung in den Brennpunkt des Interesses gerückt: Riecht man sie, kann sich das nämlich auf die Aktivität von

Hypothalamus und Amygdala auswirken, und die Reaktionen sind je nach Geschlecht und sexueller Orientierung verschieden. Daraus lässt sich schließen, dass der Körpergeruch auch ohne Parfum die sexuelle Reaktion einleiten kann.

In jedem Fall ist bei unserer Spezies der mit Abstand am stärksten an der sexuellen Anziehung beteiligte Sinn der Gesichtssinn. Vögel flöten ausgeklügelte Melodien, ein Insekt sondert Pheromone ab, um seinen künftigen Partner anzuziehen, und bei manchen brünstigen Primaten schwellen die Genitalien an und dazu bewegen und zeigen sie sich ostentativ, um zur Fortpflanzung aufzufordern. Wir sind visuelle Wesen und haben stets ein wachsames Auge für sexuelle Reize. Vielleicht der beste Beweis dafür sind jüngste Studien, die zeigen, dass wir sogar auf erotische Information reagieren, die wir nur unbewusst wahrnehmen. Wenn wir uns unterhalten und plötzlich, ohne zu wissen warum, nach rechts schauen und dort jemanden entdecken, den wir attraktiv finden, dann machen wir das wirklich nicht absichtlich – es ist unser Unbewusstes, das diese Person schon wahrgenommen hatte. Diese Entschuldigung steht uns dank einer Studie zur Verfügung, die in dem Wissenschaftsmagazin *PNAS* (*Proceedings of the National Academy of Sciences of the United States of America*) veröffentlicht wurde.

Sämtliche von unseren Sinnen wahrgenommene Information erreicht das Gehirn, doch wir sind uns nur eines Bruchteils davon bewusst. Wir haben eine selektive Aufmerksamkeit, und die erlaubt uns, zwischen verschiedenen visuellen Reizen zu unterscheiden und diejenigen zu ignorieren, die uns irrelevant scheinen. Das Unbewusste empfängt sie aber sehr wohl, und gelegentlich zwingt es uns zum Handeln. Forscher führten ein einfaches Experiment durch: Sie spielten vor hetero- und homosexuellen Männern sowie Frauen unterhalb der Wahrnehmungsschwelle Bilder nackter Personen beiderlei Geschlechts ab. Stellen wir uns einmal vor, wir blicken auf das Zentrum eines Bildschirms, auf dem rechts und links identische Bilder gezeigt werden, und nur ab und zu stattdessen ein Nacktbild. Wir bekommen das gar nicht mit, aber durch die Analyse der Kopfbewegungen und leichter Aufmerksamkeitsverschiebungen beobachteten die Forscher, dass die heterosexuellen Männer positiv auf die nackten Frauen reagierten und die Bilder nackter Männer ignorierten, während es bei den Homosexuellen und den Frauen genau umgekehrt war. Selbst bei einigen heterosexuellen Männern änderte sich die Blickrichtung, wenn sie unbewusst nackte Männer wahrnahmen. Wenn also jemand zu uns sagt: »Dein Blick geht spazieren«, und das kurioserweise immer nur hin zur Schönheit eines bestimmten Geschlechts, können wir guten Gewissens antworten: »Genau! Das passiert ganz von allein. Das ist mein Unbewusstes. Ich kann nichts dafür. Das steht in einem Artikel im *PNAS*.«

Provokant und sehr viel spekulativer ist die Idee, die große Macht der Pornografie – speziell über Männer – könne an einer möglichen Aktivierung der für Nachahmung zuständigen Schaltkreise liegen, unter Beteiligung von Spiegelneuronen. Diese Neuronen, die an Lernen und Nachahmung beteiligt sind, kommen bei vielen Primaten vor. Die dazugehörigen Schaltkreise werden aktiviert, wenn ein Tier sieht, wie ein anderes eine bestimmte Handlung ausführt. Ihren realen Einfluss beim Menschen kennt man noch nicht, aber einige Autoren legen nahe, dass sie mit Empathie zu tun haben könnten. Und dass wir wegen ihnen zurücklächeln, wenn wir jemand anders lächeln sehen, und uns dabei irgendwie wohlfühlen. Teils erleben wir die Erfahrung des anderen als unsere eigene. Sollte diese Logik korrekt sein, wäre das Betrachten von Pornos kein rein visueller Reiz, sondern auch ein Mechanismus, der die Schaltkreise der Lust aktiviert und uns in gewissem Maß das Gefühl gibt, selbst an der Handlung beteiligt zu sein. Das ist wirklich noch Spekulation, aber eine 2006 von Jorge Ponseti in der Zeitschrift *Neuroimage* veröffentlichte Studie ergab, dass pornografische Bilder den prämotorischen frontalen Kortex aktivieren, den Bereich, in dem – wenn es sie denn gibt – die Spiegelneuronen sitzen. Sollte das der Fall sein, würden Pornos uns nicht nur durch das erregen, was wir sehen, sondern weil sie Teile des Gehirns aktivieren, die mit der Nachahmung zusammenhängen und uns glauben machen, wir wären selbst am Liebesakt beteiligt. Angesichts der so deutlichen Reaktion auf Pornos überrascht es mich, dass die Neurowissenschaftler das nicht nutzen, um die Existenz und Rolle der Spiegelneuronen beziehungsweise der Schaltkreise für Empathie zu erforschen.

Es ist zwar abzusehen, dass die Beiträge der Neurowissenschaft zur Sexualforschung noch sehr viel Eindruck machen werden – doch momentan stecken sie erst in den Kinderschuhen und bieten nicht annähernd eine umfassende Erklärung des menschlichen Sexualverhaltens. Deshalb machen wir nun einen Sprung zur experimentellen Psychologie, die unseren Kopf und unser Verhalten von außen statt von innen untersucht.

4
Sex in der Psyche

Sex ist keine rationale Handlung. Stellen wir uns einmal vor, wir wären gerade solo: Würden wir mit jemandem ins Bett gehen, den wir attraktiv finden, wenn wir wüssten, dass er oder sie in den letzten zwei Monaten mit zehn verschiedenen Personen ungeschützten Sex hatte? Mit kühlem Kopf und so allgemein gefragt, wäre die Antwort vermutlich Nein. Wozu ein Risiko eingehen. Doch wenn man uns diese Frage stellte und uns zugleich das lächelnde Gesicht eines wahnsinnig interessanten Typs oder einer tollen Frau zeigte? Auch dann nicht, oder?

Sex ist irrational

Kathryn Macapagal vom Kinsey-Institut an der Indiana University erklärte mir das Experiment, das sie mit mir vorhatte: Sie würde mir die Gesichter verschiedener Frauen zeigen und dazu die Anzahl der Männer einblenden, mit denen sie in den letzten zwei Monaten ungeschützten Sex gehabt hatten. Als Antwort sollte ich eine Zahl zwischen 1 und 4 eingeben, je nach meiner Bereitschaft, mit den Frauen ins Bett zu gehen. Kathryn bat mich, mir vorzustellen, ich sei an einem Freitagabend unterwegs und hätte Lust auf spontanen Sex. Der Test hörte sich einfach an: So attraktiv die Frau auch wäre, nicht im Traum würde ich mit einer Unbekannten ins Bett gehen, wenn ich wüsste, dass sie in weniger als zwei Monaten mit sieben oder acht verschiedenen Männern ohne Kondom Sex gehabt hatte! Das wäre ja noch schöner, so nötig hatte ich es auch wieder nicht.

Das Experiment beginnt und auf dem Bildschirm taucht eine ernst blickende Frau auf, daneben blinkt eine 6. Ohne groß darüber nachzudenken, drücke ich die 4: »Ich würde nicht mit ihr schlafen«. Dann erscheint eine ziemlich attraktive junge Frau mit einer 2, und ich drücke ebenfalls die 2 und sage mir selbst, dass ich schließlich ein Kondom benutzen würde. Und so folgen mehrere Fotos aufeinander, bis ich plötzlich bei dem Bild einer bildhübschen jungen Frau mit strahlendem Lächeln und offenem Blick hängenbleibe – und am unteren linken Bildrand blinkt eine 10. Schon kommt eine Aufforderung: »Bitte antworten Sie schneller.« Mein Kopf sucht noch nach irgendeiner rationalen Rechtfertigung für meinen Wunsch, die 1 zu drücken: »Ich würde auf jeden Fall mit ihr schlafen«. Schließlich reagiere ich und drücke eine höchst unerwartete 2.

Natürlich weiß ich nicht, wie ich handeln würde, wenn ich wirklich in dieser Situation wäre. Aber anscheinend wusste ich das genauso wenig vor ein paar Minuten, als ich es mit kühlem Kopf beurteilte, und ich wette, den meisten von euch ginge es ebenso. Das ist eine Botschaft, die ich häufiger in diesem Buch wiederholen werde, wenn es um Sexualverhalten geht: Sex ist eine irrationale Handlung, die normalerweise von sehr intensiven Gefühlszuständen begleitet wird. Und unser Gehirn ist überhaupt nicht gut darin, vorauszusagen, wie wir in zukünftigen Situationen handeln, die emotional neu für uns sind. Beschreibt man uns eine Situation, stellen wir uns vor, wie wir uns fühlen und wie wir handeln würden, doch die Wirklichkeit überrascht uns oft. Zum Guten oder zum Schlechten.

Das lehren uns alle Psychologen und Neurowissenschaftler, die über Verhaltensökonomie (*behavioral economics*) arbeiten, oder in den gerade erst entstehenden Bereichen der Neuroökonomie und des Neuromarketings. Ziel all dieser Disziplinen ist zu verstehen, wie wir in verschiedenen Bereichen unseres Lebens Entscheidungen treffen und welche Faktoren wirklich den größten Einfluss haben. Zwei der Hauptergebnisse sind:

1.) Unser innerer emotionaler Zustand bedingt ganz enorm unser rationales Denken;

2.) der erste Eindruck ist normalerweise wichtiger als alle späteren Beurteilungen.

Zur Vereinfachung könnten wir einen Entscheidungsfindungsprozess in die folgenden Phasen unterteilen: an erster Stelle steht die Wahrnehmung der zu meisternden Situation (eine attraktive Frau, von der ich weiß, dass sie häufig Gelegenheitssex hat, flirtet mich an); als Zweites folgt eine Analyse der verschiedenen Möglichkeiten (versuchen, mit ihr ins Bett zu gehen, es sein lassen, sich eine andere suchen …); als Drittes kommt die begründete Abwägung der Vor- und Nachteile dieser Möglichkeiten (Infektionsrisiko, möglicher Schutz durch ein Kondom, wie toll das wäre …) und am Ende die Entscheidung selbst. Bei dieser Abfolge halten wir den dritten Schritt für ausschlaggebend, bei dem wir unsere ganze Intelligenz und Gehirnkapazität in den Dienst des momentanen und künftigen Wohls des rationalen Wesens stellen, das wir nun einmal sind. Aber nein, das kommt vielleicht bei Geld- oder Arbeitsangelegenheiten ungefähr hin, aber bei grundlegenderen Dingen wie Essen, Sex oder Angst, die die primitivsten und besonders gefühlsgesteuerten Teile unseres Gehirns aktivieren, feuern die Urinstinkte machtvolle erste Botschaften ab, die häufig das Kalkül unseres präfrontalen Kortex ausstechen. Und erst recht, wenn wir getrunken haben oder unsere rationale »Bremse« aus irgendeinem anderen Grund gehemmt ist. Zweifellos ist die entscheidende Phase die erste: die Wahrnehmung und das anfängliche Verlangen. Deshalb fällt es uns in einer Diskussion so schwer, unsere Meinung zu ändern, wenn wir bereits von etwas überzeugt sind. Und so gut die angeführten Argumente auch sind, verdrehen wir sie doch, um sie unserer ersten Überzeugung anzupassen. Wie wir eine Situation wahrnehmen, bedingt die rationalen Überlegungen der späteren Phase. Ich sah diese junge Frau, die ich unglaublich attraktiv fand, und überlegte mir, dass sie diese zehn Mal Sex in zwei Monaten sicher mit vertrauenswürdigen Bekannten gehabt hatte, dass sie, hübsch wie sie war, sicher wählen konnte, mit wem sie ins Bett ging und nicht jeden Erstbesten nahm, dass das Risiko für mich quasi gleich null war, wenn ich mich von Anfang an schützte, und ich suchte jede andere nur mögliche Entschuldigung, um meinen Impuls und die Entscheidung, die 2 zu drücken, rational zu rechtfertigen. Vielleicht würde ich genau andersherum argumentieren, wenn ich dieselbe Frau mit einem anderen Gesichtsausdruck gesehen hätte. Wer weiß, wir tappen diesbezüglich ein bisschen im Dunkeln. Wir glauben, dass wir zuerst auf rationale Art abwägen und dann entscheiden, aber eigentlich entscheiden wir emotional und rechtfertigen uns anschließend rational. Um nur ein Beispiel zu nennen: Denkt einmal an einen Seitensprung, und wie anders es sich anfühlt, einen begangen zu haben, oder betrogen worden zu sein.

Stellen wir uns zwei verheiratete Paare vor, bei denen es gerade kriselt. Der eine Mann (nennen wir ihn Joe) lernt die Frau des anderen kennen (Maria), und sie entwickeln Zuneigung zueinander. Joe schlägt Maria vor, miteinander zu schlafen, er sagt das mehrere Male, aber obwohl sie in Versuchung ist, widersteht sie. Zur gleichen Zeit fühlt sich Marias Mann (nennen wir ihn Pablo) von einer Arbeitskollegin angezogen, mit der er schließlich auch eine kurze Affäre hat. Es vergehen einige Wochen und Pablo gesteht Maria seine Untreue. Sie ist stocksauer, schimpft ihn einen Schuft und verlässt ihn. Einige Wochen später trennt Joe sich von seiner Frau und kommt mit Maria zusammen. Alles ganz normal. Aber ... Moment mal ... nur der Gerechtigkeit halber ... Joe ist ebenso untreu wie Pablo, oder? Wenn Maria ihn gelassen hätte, hätte er mit ihr geschlafen, während er noch mit seiner Frau verheiratet war. Ist es nicht dasselbe wie das, was Pablo getan hat? Warum denkt Maria, dass Pablo ein verlogener Egoist ist und Joe der Mann ihrer Träume? Maria würde antworten, dass zwischen ihr und Joe in Wirklichkeit nichts passiert ist, dass Joe eben verliebt war, und tausend weitere Entschuldigungen vorbringen, um eine ganz simple und nachweisbare Tatsache zu verbergen: Wir schätzen eine Situation subjektiv ein, je nachdem, ob sie uns ge- oder missfällt und inwiefern sie uns direkt betrifft. Wahrnehmung und Emotion gegen Verstand.

Der Test, bei dem mir Fotos mehr oder minder attraktiver Frauen gezeigt und Informationen über ihre sexuelle Vergangenheit geliefert wurden, ist nur ein Teil der von Julia Heiman, der damaligen

Leiterin des Kinsey-Instituts, durchgeführten Experimente. Der Versuch, an dem ich teilgenommen hatte, wird mit Männern und Frauen mit unterschiedlichen Eigenschaften und in verschiedenen Zuständen wiederholt: Homosexuelle und Heterosexuelle, Jugendliche und Heranwachsende, betrunken oder nüchtern. Manchmal zeigt man vor dem Text erotische Bilder, um Erregung zu provozieren, manchmal zeigt man Botschaften zur Prävention und Sexualerziehung, die das Risikoverhalten reduzieren sollen. Neben der Antwort der Probanden wird auch die Reaktionszeit gemessen. Es können verschiedene Variablen untersucht werden, und in diesem konkreten Fall wollte man herausfinden, wie man am wirkunsvollsten Risikoverhalten verhindert, es ging vor allem um die HIV-Übertragung.

Dank HIV erhalten viele Wissenschaftler in den USA Gelder aus öffentlichen Mitteln zur Erforschung des Sexualverhaltens. Wir kommen später noch auf einige Gelegenheiten, bei denen der US-amerikanische Kongress aufgrund konservativen Drucks die Rücknahme von Finanzierungen für Studien über homosexuelle Anziehung oder Sex im Alter erzwang. Genau wie viele Umweltprojekte sich in einen Zusammenhang mit dem Klimawandel stellen, um leichter an Finanzierung zu kommen, geschieht beim Sexualverhalten etwas Ähnliches mit Aids. Als die Aids-Epidemie Anfang der 1980er Jahre ausbrach, wurden große Geldsummen für die vorbeugende Untersuchung sexuellen Risikoverhaltens zur Verfügung gestellt. Das Team der äußerst erfahrenen Sexualforscherin Anke Ehrhardt an der Columbia University in New York hat bis dato die höchste Förderung für die wissenschaftliche Untersuchung von Verhalten und Aids-Übertragung erhalten. In ihrem Büro im HIV Center for Clinical and Behavioral Studies erzählt Dr. Ehrhardt mir: »Als Aids Anfang der 1980er ausbrach, kam das Gesundheitsministerium mit Fragen zu Anteilen von Homosexuellen, Statistiken, Gewohnheiten von jungen Leuten, Zahlen zur Verwendung von Kondomen ... und sie merkten, dass es nur wenige genaue Studien und verlässliche Daten gab.« Wie die meisten Wissenschaftler, die ich kennengelernt habe, weist Dr. Ehrhardt darauf hin, dass die Psychologie erst sehr spät angefangen hat, das Sexualverhalten zu erforschen, das zudem einige interessante Herausforderungen bereithält: »Es ist äußerst schwierig vorauszuahnen, wie wir in sexuellen Situationen reagieren. Wir können nicht allein auf die Logik und unsere Vermutungen zurückgreifen, dazu ist das Ganze zu komplex und irrational.«

Auch Julia Heiman legte sehr viel Wert auf diesen Punkt: Eins ist es, Befragungen zu vergangenen Erfahrungen durchzuführen, aber etwas ganz anderes die Frage, wie wir in bestimmten zukünftigen Situationen reagieren würden. Das lässt sich nicht verlässlich ableiten, und die meisten Leute geben ihre Antwort ohne zu wissen, dass Erregung unsere Entscheidungsfindung durcheinanderbringt. Oft lügen sie oder machen sich selbst etwas vor, indem sie antworten, was sie gern empfinden würden, statt das, was sie wirklich empfinden. Julia Heiman fordert: »Als Wissenschaftler müssen wir eher experimentell und objektiv an die Untersuchung von Sex herangehen, und wir müssen in der Lage sein, Erregungsgrade zu messen, ohne dass sie der persönlichen Einschätzung unterliegen.« Dafür gibt es verschiedene Vorgehensweisen.

Messung der sexuellen Erregung am Kinsey-Institut

Kathryn Macapagal zeigte mir ein weiteres Gerät im Sexuallabor des Kinsey-Instituts: einen vaginalen Photoplethysmographen (Abbildung 4.1). Das ist ein etwa tampongroßes Röhrchen, das die Durchblutung in der Vagina messen kann. Dies geschieht durch die Aussendung kleiner Lichtpunkte, die dann mit einem ebenfalls in dem Röhrchen installierten Messgerät wieder aufgenommen werden. Je mehr Blut durch das Scheidengewebe fließt, desto mehr Licht wird reflektiert, und so werden die Veränderungen in Volumen und Durchblutung der Vagina festgestellt, die der Photoplethysmograph durch ein kleines Kabel nach außen sendet. Mit diesem Gerät können die Labors für Sexualphysiologie den Grad der genitalen Erregung messen, den ein Reiz hervorruft. Das klingt wie ein Witz und

Messung der sexuellen Erregung am Kinsey-Institut

Abbildung 4.1. Vaginaler Plethysmograph.

Abbildung 4.2. Thermographie.

Abbildung 4.3. Penisplethysmograph.

stößt oft auf Unglauben, doch alle Forscher haben mir versichert, dass es zur Zeit das gängigste Verfahren ist, um die nicht immer bewussten Reaktionen in den weiblichen Geschlechtsorganen zu messen. Natürlich ist die Methode sehr beschränkt. Im Kinsey-Institut selbst wird gerade ein ähnliches Gerät erprobt, das die Erektion der Klitoris direkt misst, und manche suchen nach völlig anderen Alternativen. Ich saß selbst mit leicht gespreizten Beinen auf einem Liegesessel in Irving Biniks Labor an der kanadischen McGill University, und eine Infrarotkamera zielte auf meinen Schritt, während in einer Brille erotische Bilder gezeigt wurden (Abbildung 4.2). Irving versichert, dieses Gerät, das Temperaturveränderungen im Genitalbereich misst, sei zwar teurer, jedoch präziser als der vaginale Photoplethysmograph für Frauen oder der Penisplethysmograph für Männer (Abbildung 4.3). Denn auch bei uns Männern kann man ganz genau die feinen Größenveränderungen des Penis messen, während uns eine konventionelle Sexszene gezeigt wird, oder eine homosexuelle, eine mit Transsexuellen, eine Gewaltszene oder Sex mit Minderjährigen. Dazu wird eine flexible Schlaufe von ca. 5 cm Durchmesser um den Penis gelegt und mit einem Messgerät verkabelt, das kleine Veränderungen in der Dicke registriert. All das geschieht im Labor für männliche Sexualität am Kinsey-Institut, in einem düsteren Zimmer, in dem mittendrin ein alter brauner Sessel vor einem Fernseher steht, links daneben ein Regal voller Pornos auf DVD und VHS-Kassetten. Eigentlich lässt man nur die Hosen runter, legt sich die Schlaufe um den Penis, entspannt sich bei einem Natur-Dokumentarfilm und sieht dann, was geschieht, wenn andere Bilder auftauchen. Fast ein wenig rückständig, aber Erick Janssen, der Leiter des Labors, versichert mir, der Penisplethysmograph und die vaginale Photoplethysmographie würden schon seit langer Zeit verwendet und ergäben verlässliche Messungen der physischen Erregung bei Männern und Frauen.

Es mag einfacher und verlässlicher scheinen, direkt zu fragen, ob uns das, was wir sehen, mehr oder weniger erregt. Das ist es jedoch nicht, und genau da liegt der Knackpunkt: Erstens können unser Mund und unser Gehirn besser lügen als unser Penis, und zweitens stimmt die Reaktion der Geschlechtsorgane nicht immer mit unserer subjektiven Wahrnehmung der Erregung überein. Bei uns Männern ist das einfacher, weil wir sehen, wann eine Erektion entsteht, doch bei den Frauen gibt es einen solchen Bezugspunkt nicht, und es ist nicht so offensichtlich, wann die Scheide feucht zu werden beginnt oder durch stärkere Durchblutung anschwillt. Der Kopf entscheidet, dass diese brutale Sexszene vollkommen widerlich ist, aber die Genitalien reagieren, oft unbemerkt. Vorsicht! Das heißt auf gar keinen Fall, dass die Frau die Szene gutheißt oder sie nachahmen möchte. Wohl aber, dass ihr Kopf eine Sache sagt und ihre Vagina etwas anderes. Tatsächlich ist dies eine der wichtigsten empirischen Feststellungen der letzten Jahre in der Sexualforschung: Bei nicht wenigen Frauen ist die Übereinstimmung zwischen Genitalien und subjektiver Erregung sehr gering, und das kann vieles erklären.

Die Nicht-Übereinstimmung von Kopf und Genitalien bei Frauen

Nennt mich einen Gauner, aber ich habe es ausprobiert: Ich bat eine Freundin, für ein »Experiment« zu mir nach Hause zu kommen, und erklärte ihr erst, worum es ging, als sie entspannt auf meinem Sofa saß. Ich fragte sie, ob sie Pornos möge, und sie sagte, gelegentlich habe sie schon mal welche gesehen, im Allgemeinen ließe sie das aber relativ kalt. Perfekt, genau das hatte ich aufgrund eines früheren Gesprächs auch erwartet. Als Nächstes fragte ich sie: »Glaubst du, es würde dich erregen, wenn du lesbische Sexszenen siehst?« Sie runzelte die Stirn, sah mich überrascht an und antwortete rundheraus mit »Nein«.

Daraufhin schaltete ich meinen Computer an und bat sie, vier Minuten lang ein Video auf pornotube.com anzuschauen, in dem sich zwei nackte Frauen auf einem Bett liegend liebkosen, küssen und explizit masturbieren. Nicht zu heftig, der Film enthielt jedoch Großaufnahmen, Stöhnen und laszive Körperhaltungen.

Als das Video fertig war, fragte ich meine Freundin, ob es sie erregt habe. »Nein ...«, lautete ihre Antwort. »Kein bisschen?«, bohrte ich nach. »Nein, wirklich nicht. Ich fand es ganz interessant, was sie machten, aber sexuell erregt fühlte ich mich in keinem Moment.« Dann sagte ich, ich würde rausgehen, und bat sie, ganz in Ruhe ihre Genitalien zu untersuchen, ob sie irgendeine Reaktion bemerkte.

Ich kam zurück und meine Freundin war knallrot. »Das verstehe ich nicht ...«, sagte sie ruhig. Ihre Scheide war feucht geworden, die Schamlippen waren ein wenig stärker geschwollen als normal, und als sie ihre Klitoris berührt hatte, sei die »sehr empfindsam« gewesen, was direkt für eine gewisse körperliche Erregtheit gesorgt habe. Mehr darf ich nicht sagen.

Natürlich lässt das als Experiment viel zu wünschen übrig, doch es ähnelte den Versuchen, die Meredith Chivers in ihrem Sexuality and Gender Laboratory an der Queen's University in Kanada durchgeführt hatte, und ich würde Chivers am nächsten Morgen interviewen.

Chivers ist eine der wichtigsten Expertinnen weltweit für die Untersuchung der »sexuellen Übereinstimmung«. Dabei wird der Grad der Entsprechung zwischen der körperlichen Reaktion der Genitalien und der subjektiven Erfahrung gemessen, ob wir uns also erregt fühlen oder nicht. Lassen wir einmal für einen Moment beiseite, dass ich Bilder von lesbischem Sex verwendete. Die wirklich wichtige Botschaft ist, dass die Genitalien auf Reize reagieren, die der Verstand nicht als erregend interpretiert oder erlebt, und dass man das nicht mal bewusst merkt. Das kann man sich kaum vorstellen, aber glaubt mir, das ist in der Community der Sexualforscher bereits weitgehend akzeptiert.

Meredith Chivers Versuch sieht so aus: Sie zeigt Männern und Frauen verschiedene erotische und neutrale Reize, misst die Reaktionen in den Genitalien mit Penisplethysmographie und vaginaler Photoplethysmographie, und fragt nach dem Experiment, wie erregt die Teilnehmer sich gefühlt haben. Bei den Männern stimmen Antworten und Veränderungen der Penisdicke normalerweise recht gut überein, aber bei den Frauen gibt es große Unterschiede. Bei manchen ist die sexuelle Übereinstimmung genau wie bei den Männern, aber bei vielen anderen ist sie äußerst niedrig.

Chivers gibt zu, dass die Methode nicht unfehlbar ist. Sie testet gerade andere Geräte, die Veränderungen der Durchblutung direkt in der Klitoris messen, oder Infrarotsensoren, die Temperaturunterschiede im Genitalbereich analysieren. Doch sie versichert mir, der »Mangel an sexueller Übereinstimmung bei Frauen wurde schon Ende der 1970er Jahre beobachtet und, unabhängig von der Art der verwendeten erotischen Reize, vielfach bestätigt.« Und sie hat Daten, die das unterstreichen: 2010 veröffentlichte Meredith Chivers eine sehr umfassende Metaanalyse, in der sie 132 von Kollegen begutachtete wissenschaftliche Artikel mit Daten über physische Erregung und subjektive Wahrnehmung von insgesamt 2505 Frauen und 1928 Männern prüfte. Das ist eine enorm große Stichprobe, und Chivers kam zu dem Schluss, dass die sexuelle Übereinstimmung von Kopf und Genitalien bei Frauen tatsächlich viel beschränkter ist, als wir uns vorstellen.

Anscheinend lag das nicht nur daran, dass Männer eine beginnende Erektion leichter identifizieren und mit einem Gefühl der Erregung assoziieren, während manche Frauen erst wissen, ob sie feucht sind, wenn sie sich anfassen. Dieser Faktor hat sicher Einfluss, ist jedoch nicht die einzige Erklärung. In einer 2012 veröffentlichten Studie spielten kanadische Forscher 20 Männern und 20 Frauen 90-sekündige erotische Clips vor und maßen dabei ihre sexuelle Reaktion wie auch die Veränderungen von Puls und Atmung. Sie baten sie, ihre psychische Erregung einzuschätzen, stellten beides gegenüber und kamen zu dem Schluss, dass das unterschiedliche Muster der sexuellen Übereinstimmung bezüglich der Genitalien Bestand hatte, jedoch auch für andere an der sexuellen Reaktion beteiligten physiologischen Veränderungen galt. Die geringere Übereinstimmung von sexueller Erregung und subjektiver Wahrnehmung bei Frauen war von anderen physischen Prozessen unterscheidbar und von ihnen unabhängig; den Autoren zufolge könnte sie auf irgendeinen Selektionsdruck in unserer entwicklungsgeschichtlichen Vergangenheit zurückgehen.

Jedenfalls bekräftigt Chivers: »Die Vielfalt der Reaktionen ist enorm. Im Labor treffen wir auf Frauen, die sich des Zustands ihrer Genitalien absolut bewusst sind, und andere nehmen wirklich keine Veränderungen wahr. Momentan erforschen wir, welche Faktoren dies bedingen können.« Chivers sagt, dass Alter und Familienstand scheinbar keinen Einfluss haben. Bisher noch unveröffentlichte Ergebnisse weisen jedoch darauf hin, dass die sexuelle Übereinstimmung mit einem höheren Bildungsstand und der Häufigkeit des Masturbierens zusammenhängt. Sie beobachtet auch, dass Frauen, die Meditation oder Entspannungstechniken praktizieren, normalerweise eine bessere Übereinstimmung entwickeln. Das ist wichtig, weil es heißt, dass man das trainieren kann. Aber wozu? In der Wissenschaft bedeutet Korrelation nicht gleich Kausalität, aber »wir beobachten auch, dass Frauen mit höherer Übereinstimmung aussagen, zufriedener mit ihrem Sexualleben zu sein.« Das ist spekulativ, erlaubt jedoch den Gedanken, die Wahrnehmung der genitalen Reaktion könne nützliche Information über Phantasien oder Praktiken liefern, die uns anziehen, ohne dass wir uns dessen ganz bewusst sind.

Chivers' Team führt gerade außerdem noch eine weitere sehr interessante Studie durch, mit der herausgefunden werden soll, welche spezifischen Aspekte des Sadomasochismus die erotische Reaktion hervorrufen. Das Experiment basiert darauf, sadomasochistischen Frauen und Männern wie auch Kontrollpersonen zwei Arten von Bildern zu zeigen: die einen zeigen Szenen mit Schmerz, Dominanz und Unterwerfung ohne irgendeine erotische Aufladung; die anderen enthalten neben der sadomasochistischen Komponente Nacktaufnahmen oder aufreizende Kleidung, oder die Darsteller sind sehr attraktiv. Heraus kam, dass die meisten Sadomasochisten – nicht alle – in beiden Fällen genital erregt wurden. Die Nicht-Sadomasochisten hingegen reagierten nur – und auch nicht immer – bei den Bildern, die erotische Reize enthielten. Interessant daran ist, dass einige der weiblichen Testpersonen, die auf die erotischen Bilder von Sadomasochisten reagierten, aussagten, dass ihnen weder gefallen noch sie erregen würde, was sie da sähen. Chivers versichert mir, dass sie nicht lügen, sondern subjektiv keinerlei Erregung spüren, obwohl ihre Genitalien reagieren. Und es wurde beobachtet, dass manche Frauen physisch sogar noch stärker erregt wurden als bei ähnlichen erotischen Szenen ohne die Komponente von Dominanz und Unterwerfung. Wenn man offen dafür ist, könnte man in einem solchen Fall mit seinem Partner einmal spielerisch mit Dominanz und Unterwerfung experimentieren und so vielleicht eine interessante neue Facette entdecken. Doch an dieser Stelle müssen wir noch ein unentbehrliches Detail nennen.

Die weiblichen Genitalien können bisexuell sein, auch wenn die Frauen es nicht sind

Diktiert werden die Vorlieben vom Kopf, nicht von den verwirrten Genitalien. Meine verblüffte Freundin stellte mir zwei sehr wichtige Fragen: »War ich denn dann erregt, wenn meine Scheide feucht war?« und »Soll das heißen, dass mir Frauen in Wirklichkeit ein bisschen gefallen?« Die zweite Frage ist leicht zu beantworten: Nein. Oftmals machen die Genitalien, was sie wollen, und das letzte Wort hat immer unsere Überzeugung.

Als ich Meredith Chivers auf dem Kongress der International Academy of Sex Research in Portugal endlich persönlich kennenlernte, erzählte sie mir von einer weiteren Beobachtung, nun nicht mehr im Bereich der Übereinstimmung: Frauen reagieren genital auf ein sehr viel breiteres Spektrum sexueller Reize als Männer. Und einer davon sind erotische Bilder desselben Geschlechts. Als sie Frauen, die von ihrer Heterosexualität überzeugt waren, Bilder von lesbischem Sex zeigte, wurden die Vaginas vieler von ihnen stärker durchblutet, ganz unabhängig davon, was ihr Verstand meinte.

Meredith ist sich sicher, dass ein Kalenderbild von einem markigen Mann mit muskulösem Oberkörper eine viel geringere genitale Reaktion bei Frauen auslöst als der Anblick zweier nackter Frauen, die sich liebkosen. Vielleicht liegt das am empathischen Mitfühlen mit einer anderen erregten Frau – man könnte das auch selbst sein –, an der größeren erotischen Aufladung oder auch daran, dass es wirklich eine gewisse Anziehung für Frauen gibt, Chivers' Ergebnisse jedenfalls sind eindeutig: »Heterosexuellen Frauen kommt es auf die Sinnlichkeit an, nicht auf das Geschlecht des Menschen, dem sie gerade zugucken.« Und sie hebt sofort hervor, dass das auf keinen Fall mit einer versteckten Bisexualität gleichzusetzen sei: »Dass einen etwas physisch erregt, bedeutet nicht, dass es einem gefällt. Es kann miteinander zusammenhängen, muss jedoch nicht«, erklärt sie, führt unbewusste Auslöser an und wiederholt, dass es hauptsächlich auf Sinnlichkeit und Empathie ankommt. Sie besteht darauf: Wenn sich jemand seiner sexuellen Orientierung sicher ist, sollte ihn eine genitale Reaktion nicht ins Zweifeln bringen. Die Genitalien machen gelegentlich, was sie wollen – wirklich ankommen tut es jedoch auf unseren eigenen Willen.

Das erinnerte mich an eine Freundin, die bei ihrem ersten Besuch in einem Swinger-Club für Paare, nachdem sie mehrere Minuten lang in einer Ecke gesessen und rund um sich herum alle möglichen sexuellen Aktivitäten gesehen hatte, zu ihrem Begleiter sagte, sie fühle sich nicht wohl, das mache sie nicht im Geringsten an und sie wolle gehen. Ihre Überraschung war riesig, als sie sich dann berührte und feststellte, dass ihre Vagina feucht war und sowohl Schamlippen wie Klitoris enorm empfindlich. »Bilderbuchbeispiel für einen Mangel an sexueller Übereinstimmung«, sagte Chivers, als ich ihr das erzählte.

Umfragen und Statistiken über Sexualität

Noch mal zur Wiederholung: Wir haben von Hormonen, dem Nervensystem, Muskeln, Gehirnaktivität, Rattenkitzlern, Dysfunktionen und Durchblutungsmessungen in den Genitalien gesprochen. Was noch fehlt, ist der entwicklungsgeschichtliche Blick auf unser Sexualverhalten, und dann dieses gesammelte Wissen aus der begrenzten, jedoch stets neugierigen und informativen Perspektive der Wissenschaft auf konkrete Situationen anzuwenden. Doch nichts davon ergäbe einen Sinn ohne die soziologische Untersuchung der Sexualität und einen multidisziplinären Ansatz, der sämtliche Sichtweisen zu integrieren versucht und die enorme Vielfalt der sexuellen Ausdrucksformen in unserer Intimität und in der Gesellschaft dokumentiert.

Auch wenn wir dieses Kapitel mit den eher physiologisch angelegten Studien von Heiman und Janssen am Kinsey-Institut begonnen haben, kann man in den Räumen dieses international renommierten Zentrums noch viele weitere Spezialisten antreffen, die die Sexualität von anderen Disziplinen her erforschen. Der Evolutionsbiologe Justin Garcia forscht über Online Dating, das Umsichgreifen der *hookup culture* bei jungen Leuten (der wachsenden kulturellen Akzeptanz von Gelegenheitssex) und die Muster von Untreue. Stephanie Sanders fragt sich, warum in Risikosituationen nicht immer Schutz verwendet wird, und versucht herauszufinden, welche Techniken sie Männern empfehlen kann, deren Erektion beim Überstreifen des Kondoms flöten geht, und welche Art von Botschaften für verschiedene gesellschaftliche Sektoren am überzeugendsten sind. Der kroatische Soziologe Aleksandar (Sasha) Štulhofer analysiert die Prostitution in seinem Land, die Beziehungen unter Jugendlichen, die Zunahme von Analverkehr bei Heterosexuellen, die Auswirkungen des Internets und den Anstieg von Risikoverhalten. Bryant Paul erforscht objektiv, ob Pornos negative Auswirkungen auf ihre Konsumenten haben, und Liana Zhou leitet eine eindrucksvolle Sammlung aller Arten von Druckerzeugnissen, Tonaufnahmen und Videos, für die Alfred Kinsey in den 1940er Jahren den Grundstein legte. Heute ist es eins der größten Archive weltweit für alles mögliche Material, das mit Sex zu tun hat. Beim Schlendern durch die verborgensten Räume der Institutsbibliothek, wo man Bücher und Veröffentlichungen aus vergangenen Jahrzehnten durchblättern kann, fühlt man sich wahrhaftig wie in einem akademischen Sex-Museum.

Nachdem wir ein paar Wasserläufe mitten auf dem Campus der Indiana University überquert haben, kommen wir ins Center for Sexual Health, wo Debby Herbenick die Untersuchungen leitet, die Alfred Kinseys ursprünglicher Arbeit am nächsten kommen: Umfragen, mit denen man herausfinden will, wie wir wirklich im sexuellen Bereich denken und handeln. Diese Art von Studie schafft es am häufigsten in die Medien: Statistiken, die zeigen, dass Oralsex unter Jugendlichen zunimmt oder wie hoch die Prozentzahl von Männern und Frauen ist, die Sadomasochismus praktizieren. Existierende Unterschiede zwischen Kulturen oder Bevölkerungsschichten werden offengelegt, oder der Prozentsatz von Menschen über 70, die ein aktives Sexualleben führen. Zwei Dinge überraschen mich: Zunächst, dass bis zu Kinseys Studien Mitte des 20. Jahrhunderts niemand eine systematische Analyse durchgeführt hatte, um die Vielfalt des menschlichen Sexualverhaltens zu dokumentieren; zweitens, dass Kinseys Arbeit 60 Jahre später noch immer eine der ausführlichsten ist, die je veröffentlicht wurden. Man treibt leichter Mittel für die Erforschung des Verhaltens von Primaten auf als für die des menschlichen Sexualverhaltens.

Als ich das Büro der jungen, lächelnden Debby Herbenick betrat, blieb mein Blick an einem Plastikpenis auf ihrem Schreibtisch hängen. Bei genauerem Hinsehen entdeckte ich eine kleine Metallplatte am oberen Teil des Schafts, etwa ein Drittel von der Basis entfernt. Ich wurde noch neugieriger. »Und das hier?«, fragte ich einfach, denn sie sah nett aus und wir waren ungefähr gleich alt. »Ach, das hat uns ein Unternehmen für Erotikspielzeug zum Ausprobieren geschickt. Diese Metallfläche gibt kleine elektrische Entladungen ab, und sie wollen wissen, ob das die Stimulation des G-Punkts erhöht«, antwortete Debby. »Wirklich? Und, was glaubst du?« »Ich weiß nicht, wir haben es noch nicht ausprobiert. Ich habe meine Zweifel, aber ihrer Meinung nach könnte es in Momenten großer Erregung vielleicht helfen, zum Orgasmus zu kommen. Mal sehen.«

Solche Studien führt Debby normalerweise nicht durch, es ist jedoch ein gutes Beispiel für die vielfältigen Anfragen, die das Kinsey-Institut erreichen. Eigentlich ist Debby Herbenicks Hauptaufgabe, gemeinsam mit einem Team den National Survey of Sexual Health and Behaviour (NSSHB) zu leiten. Diese vom Kondomhersteller Trojan finanzierte Befragung veröffentlichte 2010 Daten über das Sexualverhalten von fast 6000 US-Amerikanern zwischen 14 und 90 Jahren. Es ist keine der Umfragen mit der größten Anzahl von Befragten, aber die Strenge der Auswahlkriterien, die sorgfältige Überwachung und die Bandbreite der gestellten Fragen machte sie zu einer der wichtigsten bislang durchgeführten. Die Umfrage fand online statt, und auch wenn das weniger wissenschaftlich erscheinen mag, erklärt Debby, sie haben sich für diese Methode entschieden, weil die Leute am Telefon oder einem Interviewpartner gegenüber häufiger lügen, selbst wenn sie sich völlig sicher sind, dass ihre Antworten anonym behandelt werden. Man muss allerdings die Teilnehmer gut auswählen. Es ist nicht dasselbe, einen Fragebogen online zu stellen und darauf zu warten, dass Tausende Freiwillige ihn ausfüllen, wie schon im Vorfeld genau definierte Gruppen festzulegen.

Wo wir schon einmal dabei sind: Statistiken bieten nicht immer relevante Informationen, vor allem in einem Bereich wie der Sexualität, wo das Konzept der »Normalität« derart verschwommen ist. Wenn es beispielsweise heißt, die US-amerikanischen Männer zwischen 30 und 44 Jahren hätten im Durchschnitt im Lauf ihres Lebens sieben Sexualpartner gehabt, kann das unsere Neugier anstacheln, es heißt aber nicht, dass es unüblich wäre, nur einen oder 50 gehabt zu haben. Und sowieso beschleicht einen das Gefühl, es könne etwas nicht stimmen, wenn dieselbe Studie für Frauen derselben Altersgruppe ergibt, sie haben nur vier verschiedene Sexualpartner gehabt.

Statistiken sind besonders nützlich, wenn sie sich auf eine konkrete Bevölkerungsgruppe konzentrieren, die mit einer anderen verglichen werden kann, die sich bezüglich Kultur, Altersschnitt oder sozialer Zugehörigkeit unterscheidet, und insbesondere, wenn sie Aspekte offenlegen, die vorher noch nicht gut dokumentiert waren und uns überraschen können. Dass die von Debby mitgeleitete NSSHB-Umfrage beispielsweise belegt, dass 71,5 Prozent der US-amerikanischen Frauen zwischen 25 und 29 Jahren im vergangenen Jahr masturbiert haben, liefert uns keine brandheiße Information, dass jedoch auch 46,5 Prozent der Frauen zwischen 60 und 69 Jahren und 32,8 Prozent der über 70-Jährigen es getan haben, weist darauf hin, dass sexuelle Aktivität im fortgeschrittenen Alter sehr viel häufiger ist, als in manchen Kreisen angenommen wird, und die Medizin die sexuelle Gesundheit viel stärker im Blick haben sollte, als sie das bislang tut.

Noch einmal, ganz abgesehen von Kuriositäten, ob Untreue mehr oder weniger häufig ist, dass bei höherem Bildungsstand Masturbation öfter vorkommt oder dass einer von vier Männern und eine von 25 Frauen im letzten Monat Pornografie im Internet angeschaut hat, ist es doch sehr nützlich zu erfahren, dass 28,1 Prozent der Männer bei einem der letzten drei Male beim Überstreifen des Kondoms die Erektion verloren. Diese weniger offensichtliche Angabe spricht klar dafür, dass hier ein wichtiger und zu bedenkender Aspekt vorliegt. Auch die Angabe, dass 10 Prozent der Frauen im letzten Monat nach dem Geschlechtsverkehr eine tiefe, unerklärliche Traurigkeit empfunden haben, ist relevant. Erfährt man durch die NSSHB, dass mehr junge Frauen unter 25 irgendwann schon einmal Oralsex praktiziert haben als Frauen über 70, weist das darauf hin, dass Oralsex in den letzten Jahrzehnten zu einer sehr viel häufigeren Praktik geworden ist. Dass die prozentuale Verteilung der Sexualpraktiken bei jungen Männern und Frauen zwischen 25 und 29 Jahren nicht sehr unterschiedlich ausfällt, ist ein Hinweis, dass die Rollen sich verwischen. Und dass 85 Prozent der Männer behaupten, ihre Partnerinnen seien bei ihrer letzten sexuellen Begegnung zum Höhepunkt gekommen, aber nur 64 Prozent der Frauen aussagen, einen gehabt zu haben, sollte uns nun wirklich Sorgen machen ...

In den entsprechenden Kapiteln des Buchs werde ich noch weitere Daten zu Phantasien, Analsex, Gebrauch von Vibratoren, Paraphilien oder der Größe der Geschlechtsorgane bringen, doch es lohnt sich, schon hier einige der wichtigsten je durchgeführten Umfragen über menschliches Sexualverhalten noch einmal anzuschauen. Alfred Kinseys Forschungsarbeit aus den 1940er Jahren mit fast 18.000 persönlichen Gesprächen hat einige Lücken, wie das Nichtvorkommen von Afroamerikanern und bestimmten gesellschaftlichen Klassen, und ist auch sonst manchmal voreingenommen. Aus diesem Grund sind seine Daten nicht ausreichend verlässlich, als dass man Vergleiche mit aktuellen Erhebungen anstellen könnte. Diese Unkenntnis der Vergangenheit ist eins der Handicaps bei der Untersuchung der Sexualität. Doch zweifellos waren Kinseys Daten revolutionär und seine Arbeit enthüllte ein neues Bild des Sexuallebens der US-Amerikaner. Besonders merkwürdig ist, dass es Jahrzehnte dauerte, bis dieses Wissen weiter ausgebaut wurde. Erst in den 1980er Jahren analysierte das Forscherpaar Samuel und Cynthia Janus im Detail fast 3000 Fragebögen über Sexualität und veröffentlichte schließlich den *Janus Report*. Darin zeigten sie, dass nach der sexuellen Revolution der 1960er das Alter für den ersten Geschlechtsverkehr beträchtlich gesunken war, auch hatten sich die Sexualität im Erwachsenenalter sowie außerehelicher Sex weiter ausgedehnt, und Praktiken wie Fetischismus oder Sadomasochismus wurde mehr Toleranz entgegengebracht. Manche halten nicht viel vom *Janus Report*, er wird jedoch immer noch als die umfassendste Studie nach Kinsey betrachtet.

Natürlich sind nicht nur in den USA Umfragen gemacht worden. Ende der 1960er Jahre führten schwedische Forscher die erste umfassende Umfrage über Sexualität in Europa durch, die sie 1996 für einen Vergleich der Ergebnisse wiederholten. Finnland begann 1971 ebenfalls, regelmäßige Umfragen durchzuführen, und lieferte so gute Hinweise für die Veränderungen der sexuellen Muster in den letzten Jahrzehnten. So zeigte sich zum Beispiel, dass 1971 nur sehr wenige Frauen im Verlauf ihres ganzen Lebens mehr als zehn Liebhaber gehabt hatten, Anfang der 1990er Jahre lag dieser Schnitt jedoch bei 20 Prozent. Ein anderer unerlässlicher Bezugspunkt ist eine 1990 durchgeführte britische Umfrage unter fast 20.000 Personen, die mit geringerer Teilnehmerzahl 2000 und 2010 wiederholt wurde. Neben vielem anderem hat diese Umfrage eine stetige Zunahme von Oral- und Analverkehr bei Heterosexuellen gezeigt. 2003 veröffentlichen Richter und Rissel in Australien eine ausführliche Arbeit auf der Grundlage von 19.307 Telefonbefragungen über Sexualfunktion und -verhalten. Daraus sind 18 Fachartikel über spezifische Themen entstanden, und auch in vielen anderen Regionen wurden kleinere und speziellere Studien über konkrete Themen durchgeführt. Beispielsweise hat sich gezeigt, dass in Lateinamerika die Zahlen für sexuelle Dysfunktionen nicht viel anders aussehen als in den USA oder in Europa, und dass Anorgasmie bei Frauen in Südostasien (Indonesien, Malaysia, Philippinen, Singapur und Thailand) bei 41 Prozent liegt, während in Südeuropa (Frankreich, Israel, Italien und Spanien) 24 Prozent betroffen sind.

Diese letzte Angabe entstammt der *Global Study of Sexual Attitudes and Behaviors*, unter Leitung des Soziologen Edward O. Laumann von der University of Chicago. Es war einer der seltenen Versuche, verschiedene Umfragen zusammenzubringen und eine globale Perspektive auf die Sexualität zu bieten. Laumann sammelte die Daten von 13.882 Frauen und 13.618 Männern zwischen 40 und 80 Jahren aus 29 Ländern und führte unendlich viele Vergleiche durch, die den Rahmen dieses Buchs sprengen würden. Am interessantesten war vielleicht, dass er zwischen den untersuchten Kulturen keine großen Unterschiede bezüglich der sexuellen Störungen feststellte. War auch bei Männern in Mexiko und Brasilien (den beiden einzigen vertretenen lateinamerikanischen Ländern) ein leicht höherer Prozentsatz an vorzeitigem Samenerguss zu beobachten, und in Südostasien hohe Werte für sexuelle Unzufriedenheit und Erektionsstörungen, hatten, zumindest was die physischen Dysfunktionen bei Männern anging, Alter und Gesundheitszustand doch sehr viel größeren Einfluss als die Nationalität. Bei den Frauen schienen die soziokulturellen Aspekte eine sehr viel wichtigere Rolle zu spielen, denn schaut man sich die Tabellen im Detail an, sieht man, dass der Mangel an sexuellem Verlangen bei Frauen in Südostasien oder im Mittleren Osten (43,4 und 43,3 Prozent) praktisch doppelt so hoch liegt wie in Nordeuropa (25,6 Prozent).

Es gibt unendlich viele Umfragen, die wir im Laufe des Buchs jeweils an passender Stelle zitieren werden. Die globaler angelegten Umfragen vergleichen Tendenzen, und die konkreteren untersuchen spezielle Bevölkerungsgruppen. Doch wenn es eine Arbeit zur Dokumentation menschlichen Sexualverhaltens gibt, die wir auf keinen Fall auslassen dürfen, so ist es die von Alfred Kinsey, eine der Säulen der modernen Sexologie, anhand derer wir einen kurzen Ausflug in die Geschichte der wissenschaftlichen Forschung über Sex unternehmen.

Kurze Geschichte der wissenschaftlichen Forschung über Sex

Von den ersten Höhlenmalereien bis zur Kunst der antiken Zivilisationen und Werken wie dem *Kamasutra* ist die Erotik in jeder intellektuellen Betätigung des Menschen gegenwärtig gewesen. Und von Platon bis Foucault gibt es unermesslich viele nicht streng wissenschaftliche Beiträge zum Verständnis des menschlichen Sexualverhaltens. Die griechischen Philosophen spekulierten bereits über die Ethik sexueller Verhaltensweisen, über Ursachen von Störungen oder die Mechanismen der Fortpflanzung. Aristoteles beobachtete ganz richtig, dass manche Tiere sich geschlechtlich und andere ungeschlechtlich fortpflanzen, irrte sich jedoch mit seiner Einschätzung, alle für die Zeugung eines Kindes nötige Information stamme aus dem männlichen Samen und die Mutter sei einfach nur ein Nahrung beisteuerndes Behältnis. Vielleicht lag es an diesem aristotelischen Einfluss, dass, als im 17. Jahrhundert die ersten Mikroskope die Beobachtung von Spermien erlaubten, diese mit winzigen Menschen darin dargestellt wurden, die nur noch wachsen mussten, sobald sie in der Gebärmutter abgelegt worden waren.

Nun steht Aristoteles für eine enorme Revolution in der Geschichte des menschlichen Denkens, denn er versuchte, die Welt durch Beobachtung und die rationale Interpretation der Natur zu verstehen, ohne auf Götter oder übernatürliche Kräfte zurückzugreifen. Aber Aristoteles ist erst der Anfang auf dem Weg zur Wissenschaft, nicht ihre Vervollkommnung. Zur Entwicklung der wissenschaftlichen Methodik fehlte noch die Fragestellung und die experimentelle Überprüfung der Hypothesen.

In der Frührenaissance sezierte Leonardo da Vinci in der Geburtsstunde der modernen Anatomie menschliche Leichen und fertigte Zeichnungen der Sexualorgane an, z.B. der berühmte Längsschnitt eines Paars mitten beim Geschlechtsakt. Der englische Name der Eileiter (»Fallopian tube«) oder die Bezeichnung der Cowperschen Drüse stammen von Anatomen wie Falloppio und Cowper. Und kurioserweise wurde erst im 16. Jahrhundert die Klitoris als Lustorgan anatomisch beschrieben. Im stärker physiologischen Bereich (Anatomie ist Struktur, Physiologie ist Funktion) gab es Pioniere wie den italienischen Arzt und Anthropologen Paolo Mantegazza, der mitten im repressiven viktorianischen Zeitalter experimentelle Studien durchführte, bei denen er den Blutfluss und die Temperatur bei der Erektion maß, Keimdrüsen-Transplantationen bei Fröschen vornahm und medizinische Aufsätze über Masturbation, Unfruchtbarkeit und männliche und weibliche sexuelle Dysfunktionen schrieb. Einzigartig ist auch, dass er als einer der Väter der modernen Sexualmedizin niemals den Begriff *Sexualität* verwendete, sondern sich immer mit dem Wort *amore* auf den Sexualakt bezog.

Die psychologische Untersuchung von Sex trat Mitte des 19. Jahrhunderts in Deutschland in eine neue Ära, teils als Reaktion auf die prüde Zeit, in der die Frauenärzte ihre Patientinnen bei der

Anamnese nicht einmal wirklich anschauen. Ein unumgängliches Werk jener Zeit ist die *Psychopathia Sexualis* des Arztes und Psychiaters Richard Freiherr von Krafft-Ebing. 1886 zuerst veröffentlicht, versammelt das Buch 237 Fälle von Pädophilie, Sadismus, Exhibitionismus, Transvestitismus, Nekrophilie, Koprophilie und anderen sexuellen Abweichungen, die mit eindrucksvollem Detailreichtum beschrieben werden: Blättert man durch das Buch, stößt man zum Beispiel im Kapitel über »Stofffetischismus« auf das Zeugnis eines 37-jährigen Fetischisten, der aussagt: »Von frühester Jugend an ist mir eine tiefgewurzelte Schwärmerei für Pelzwerk und Samt eigen in dem Sinne, dass diese Stoffe bei mir geschlechtliche Erregung bewirken, ihr Anblick und ihre Berührung mir ein wollüstiges Vergnügen bereiten. Irgendein Ereignis, das diese seltsame Neigung veranlasst hätte, überhaupt den ersten Anfang dieser Schwärmerei, vermag ich nicht zu erinnern.« Später wird ein Exhibitionist beschrieben, der Mädchen beim Verlassen der Schule entführte, sie fesselte und zwang, seine Genitalien anzuschauen. Er kam mehrfach ins Gefängnis, wurde wieder freigelassen und dann immer wieder straffällig. Ein weiterer Fall erzählt von einem Mann, der dabei ertappt wurde, wie er ein Huhn penetrierte; zu seiner Verteidigung sagte er vor dem Richter, sein Geschlecht sei so klein, dass Verkehr mit Frauen ihm unmöglich sei. Ein 16-jähriger Junge beging an der Gans eines Nachbars »Akte der Bestialität« und argumentierte, der Gans schade das doch nicht, und kurioserweise wird an einer Stelle eine 35-jährige Frau als hypersexuell kategorisiert, nur weil sie nach einer Enttäuschung in der Liebe häufig masturbierte und sich wünschte, von einer anderen Frau dominiert zu werden. Die allermeisten Paraphilen sind Männer, darunter Mörder und Vergewaltiger.

Umstritten an Krafft-Ebings Arbeit war, dass er Homosexualität zunächst als sexuelle Psychopathie mit aufgenommen hatte. Später wies er jedoch entgegen den Überzeugungen seiner Zeit darauf hin, dass Homosexuelle nicht krank seien. Vergewaltiger betrachtete er hingegen sehr wohl als krank, und er war einer der ersten, der von klitoralen Orgasmen und weiblicher Lust sprach.

Die Sexualforschung als unabhängige Disziplin wurde erst vor wenig mehr als einem Jahrhundert aus der Wiege gehoben, und zwar in Deutschland. Einer der großen Pioniere war Magnus Hirschfeld (1868-1935), der nicht nur die erste Organisation für die Rechte von Homosexuellen gründete (Homosexualität war zu jener Zeit verboten), sondern im Jahr 1897 auch das Wissenschaftlich-humanitäre Komitee zur Untersuchung der Homosexualität, und 1908 die *Zeitschrift für Sexualwissenschaft* ins Leben rief, die erste wissenschaftliche Publikation, die sich ausschließlich der Erforschung des Sex widmete. Tatsächlich hatte ein anderer Deutscher, Iwan Bloch, den Begriff *Sexualwissenschaft* geprägt, ein Jahr bevor er 1907 die Monografie *Das Sexualleben unserer Zeit* veröffentlichte, in der er eine interdisziplinäre Untersuchung der Sexualität vorschlug. 1913 sollte Bloch gemeinsam mit Hirschfeld und Albert Eulenburg die Ärztliche Gesellschaft für Sexualwissenschaft und Eugenik in Berlin gründen. Es waren die ersten Schritte hin zur Herausbildung der Sexualforschung als akademische Disziplin, die 1921 mit der Durchführung des ersten internationalen Kongresses für Sexualwissenschaft in der deutschen Hauptstadt großes Gewicht gewann.

Deutschland beheimatete eine große Gemeinschaft der ersten Sexualforscher, doch dann kam die Zeit des Nationalsozialismus. Hirschfeld und die meisten seiner Mitarbeiter waren Juden, und ihre ganzen Arbeiten wurden nach Hitlers Machtergreifung 1933 zerstört. Viele Forscher gingen ins Exil, und das bedeutete das Ende dieser ersten Sexualforschung in Deutschland.

Wir können nicht weitergehen, ohne den wichtigen Beitrag des Österreichers Sigmund Freud (1856-1939) zu nennen. So sehr seine Unwissenschaftlichkeit und seine wahnwitzigen Übertreibungen auch kritisiert worden sind, Freud lag mit seiner subjektiven Interpretation der Funktionsweise der menschlichen Psyche manchmal richtig – und manchmal auch nicht. Im Grunde liegt das Problem nicht so sehr bei seinen Irrtümern oder der fehlenden Methode, sondern in dem verallgemeinernden Rückschluss, der später viele dazu brachte, die Freudschen Thesen rein aus Autoritätsgläubigkeit zu verteidigen. Mit seinen Vorstellungen über den Kastrationskomplex der Frauen, der Interpretation der Frigidität und den Einschätzungen zur Reife des vaginalen und der Infantilität des klitoralen Orgasmus scheiterte Freud mit Pauken und Trompeten. Er schoss ganz ohne Zweifel übers Ziel hinaus mit der maßlosen Bedeutung, die er der Libido und dem Eros für jedwede unserer Verhaltensweisen zuwies. Aber man kann nicht abstreiten, dass er die Bedeutung der unbewussten Vorgänge in der Psyche enthüllt und eine psychosexuelle Theorie entwickelte, die sexuelle Erfahrungen in der Kindheit mit einschloss. Er lag richtig damit, die Traumata aus der Kindheit wichtig zu nehmen, täuschte sich aber, indem er ihre Bedeutung übertrieb und meinte, man könne alles lösen, wenn man nur nach unterdrückten Erinnerungen der Vergangenheit suchte. Wird die psychoanalytische Therapie auch von der aktuellen Medizinwissenschaft offen kritisiert, so hat sie sich doch weiterentwickelt und wird bei der Behandlung von mit der Sexualität zusammenhängenden Störungen noch immer häufig eingesetzt.

Eine weitere wichtige Persönlichkeit jener Zeit war der Brite Henry Havelock Ellis (1859-1939). 1897 veröffentlichte Havelock Ellis gemeinsam mit J.A. Symonds *Sexual Inversion* und argumentierte in seinem Buch, Homosexualität sei nichts Anormales, und stellte sie sogar mit künstlerischem und intellektuellem Erfolg in Zusammenhang. Nach einem der Erforschung der Sexualität gewidmeten Leben wurden schließlich seine sieben – anfänglich verbotenen – Bände der *Studies in the Psychology of Sex* veröffentlicht, in denen er von Sex als einem natürlichen und gesunden Akt der Liebe sprach. Vergessen wir nicht, dass die Ärzteschaft jener Zeit Masturbation noch als gefährlich ansah und sogar Vasektomien bei »Patienten« vornahm, die übermäßig onanierten, oder die Klitoris bei Frauen mit zu großem sexuellen Verlangen operativ entfernte.[10]

Zur gleichen Zeit ging es mit den eher biologischen Forschungen über die Rolle der Sexualhormone voran,[11] und Mitte des 20. Jahrhunderts führte Harry Benjamin den Begriff »Transsexualität« ein und machte die ersten Hormonbehandlungen bei Personen, die sich trotz eines männlichen Körpers wie Frauen fühlen und sich auch mit solchen identifizieren. Ernst Gräfenberg beschrieb Bereiche besonders intensiver Lust an der Vaginalwand sowie die weibliche Ejakulation und entwickelte die erste Spirale. Der Urologe James Semans untersuchte das Phänomen des vorzeitigen Samenergusses und Giuseppe Conti den Aufbau der Erektion und die Arterien in den Schwellkörpern. John Money machte die Unterscheidung zwischen Geschlecht und Gender und befasste sich eingehend mit den Aspekten der sexuellen Identität und Orientierung. Die Zahl der Sexologen überall auf der Welt ist gestiegen – aber der Einstein der Sexualwissenschaft, zumindest was das Medienecho und die gesellschaftliche Wirkung anbelangt, war der umstrittene Forscher Alfred Charles Kinsey.

Die Kinsey-Revolution

Stellt euch vor, ihr lebt in den 40er Jahren des 20. Jahrhunderts, leidet unter einer sexuellen Fixierung auf Frauenschuhe und glaubt, ihr seid die einzigen Wesen auf der Welt mit dieser Perversion – und dann erscheint 1948 das Buch *Sexual Behavior in the Human Male* (dt. Das sexuelle Verhalten des Mannes) und erklärt, dass ihr kein Einzelfall seid, sondern dass es viele andere mit dieser Obsession gibt. Für viele Menschen mit »ungehörigen« Verhaltensweisen oder Phantasien bedeutete das eine Befreiung. Doch stellt euch auch den Aufruhr vor, wenn ein Wissenschaftler die konservative Gesellschaft seiner Zeit damit konfrontiert, dass viele verheiratete Männer homosexuelle Sehnsüchte haben, dass manche Frauen multiple Orgasmen erleben können und Untreue absolut an der Tagesordnung ist. Das war Alfred Kinseys revolutionärer Beitrag zur Sex-Wissenschaft: So wie Astrophysiker enthüllten, dass es im Weltall neben den Sternen, die wir mit bloßem Auge erkennen können, noch sehr viel mehr Himmelskörper gibt, entdeckte Kinsey, dass die Realität des Sexualverhaltens der Durchschnittsbürger sehr viel vielfältiger aussieht als angenommen.

Alfred Kinsey kam 1894 in New Jersey zur Welt. Er machte 1919 in Harvard seinen Doktor, und in seinen ersten Jahren als Insektenforscher an der Indiana University reiste er über 50.000 Kilometer und sammelte Hunderttausende von Insekten. Er war ein zwanghafter Forscher und richtete all seine Studien auf Phylogenie und Verhalten einer speziellen Wespenart aus. Doch 1938 nahm seine wissenschaftliche Laufbahn eine radikale Wende, als der Präsident der Indiana University, Herman Wells, ihn beauftragte, einen Kurs über Sexualität und Verhalten in der Ehe zu geben.

Als Kinsey für diesen Kurs nach Literatur suchte, wunderte er sich über das fast völlige Fehlen von wissenschaftlicher Information über Sex. Er selbst und unzählige weitere Zoologen führten haufenweise Studien über das Verhalten von Tieren durch, und doch herrschte über das menschliche Sexualverhalten völlige Unwissenheit. Unfassbar. Kinsey begann seinen Studenten anonyme Fragebogen mitzugeben, und zu seiner Überraschung stellte er fest, dass die Zahlen für homosexuelles Verlangen, weibliche Selbstbefriedigung oder eine traumatische Vergangenheit sehr viel höher waren, als in den akademischen Texten stand. Es gab eine immense Informationslücke, und irgendwer musste den Anfang machen und einen Versuch starten, das menschliche Sexualverhalten wissenschaftlich zu dokumentieren.

Mit Finanzierung durch die Rockefeller-Stiftung berief Alfred Kinsey ein Team von Forschern ein, die Paare und Einzelpersonen zu verschiedenen Aspekten im Zusammenhang mit Sexualpraktiken, Erfahrungen, Überzeugungen und Phantasien befragten. Die Vielfalt war überwältigend. Kinsey und sein Team reisten durch die ganze USA, bis sie über 18.000 Gespräche gesammelt hatten. Sie wurden zur Grundlage für seine revolutionären und kontroversen Veröffentlichungen *Sexual Behavior in the Human Male* (1949, dt. *Das sexuelle Verhalten des Mannes*) und *Sexual Behavior in the Human Female* (1953, dt. *Das sexuelle Verhalten der Frau*).

Kinsey stellte fest, dass homosexuelle Praktiken sogar bei verheirateten Männern häufig auftraten, er war der Erste, der Zahlen zu Frauen nannte, die nie zum Orgasmus kamen, und beschrieb eine große Vielfalt an Paraphilien, physischen Problemen, außerehelichem Sex, weiblichen Masturbationstechniken und vielen anderen Aspekten, die uns heute nicht überraschen, bis vor 60 Jahren aber noch von niemandem wissenschaftlich dokumentiert worden waren.

Der vielleicht bekannteste Teil von Kinseys Arbeit war die »Kinsey-Skala« zur Bewertung der sexuellen Orientierung. Er war selbst verheiratet, fühlte sich aber auch von Männern angezogen. Er war heterosexuell, aber nicht zu 100 Prozent. Das veranlasste ihn, eine Skala zu entwickeln, auf der die sexuelle Ausrichtung als ein Kontinuum gemessen wurde, und nicht als eine fixe Gegenüberstellung zweier völlig voneinander getrennter Kategorien. Eine 0 auf der Kinsey-Skala bedeutet für einen Mann, dass er sich nur von Frauen angezogen fühlt, und eine 6 steht für jemanden, der sich als völlig homosexuell bezeichnet. Aber ein Mann kann auch eine 2 oder eine 3 angeben, wenn er sich heterosexuell definiert, aber ein gewisses Verlangen nach Männern verspürt, oder eine 4 oder 5 im umgekehrten Fall. Auch wenn die Kinsey-Skala heute als zu vereinfachend angesehen wird und nicht alle verschiedenen Identitäten widerspiegeln kann, war sie doch auf konzeptueller Ebene ein äußerst wichtiger Markstein. Tatsächlich wurde beobachtet, dass bei vielen soziologischen Umfragen, bei denen die Teilnehmer sich als heterosexuell, homosexuell oder bisexuell einstufen sollten, viele der Antworten auf die Definitionen »fast immer homosexuell« oder »fast immer heterosexuell« fielen, wenn sie angeboten wurden.

Nachdem Kinsey seine umstrittenen Arbeiten veröffentlicht hatte, richtete er eine Art Geheimlabor auf dem Dachboden seines Hauses ein. Dort beobachteten er und seine Mitarbeiter Paare beim Sex und bei der Masturbation und maßen physiologische Werte wie die Farbveränderung der Schamlippen bei Erregung, die Pupillenerweiterung beim Orgasmus oder wie weit der Samen beim Ejakulieren spritzte. Kinseys Biographen beschreiben, dass er damals fast am Rande einer Obsession stand. Genau zu diesem Zeitpunkt wurde seine Arbeit unterbrochen, da die Rockefeller-Stiftung ihre gesamte finanzielle Unterstützung auf Druck von außen hin einstellte. Kinseys Werk, das zum ersten Mal das menschliche Sexualverhalten normaler Leute derart ausführlich und präzise beschrieb, provozierte in seiner Zeit. Doch sein Vermächtnis ist in der Gesellschaft angekommen.

Masters und Johnson

Der Traum aus Kinseys letzter Phase wurde in den 1960er und 1970er Jahren von dem Gynäkologen William Masters und seiner Frau Virginia Johnson umgesetzt. Masters und Johnson bauten in St. Louis (Missouri) ein wahres Sexuallaboratorium auf, das elf Jahre lang von freiwilligen Homosexuellen und Heterosexuellen – 328 Frauen und 312 Männern – aufgesucht wurde, die dort fast 11.000 Mal Sex miteinander hatten. Oft wurden die Freiwilligen für den Geschlechtsakt anderen, ihnen unbekannten Freiwilligen zugeteilt. Masters und Johnson verwendeten transparente Vibratoren bis hin zu allen möglichen medizinischen Gerätschaften, um unendlich viele anatomische und physiologische Aspekte der sexuellen Reaktion zu messen, und veröffentlichten schließlich ihre Bücher *Human Sexual Response* (dt. *Die sexuelle Reaktion*) und *Human Sexual Inadecuacy* (dt. *Impotenz und Anorgasmie. Zur Therapie funktioneller Sexualstörungen*). War Kinseys Arbeit aufgrund seiner Entdeckungen über das menschliche Sexualverhalten revolutionär gewesen, so war es die von Masters und Johnson aufgrund der Daten über die Physiologie und Pathologie der Sexualfunktion. Neben vielen anderen Dingen dokumentierten sie, dass die vaginale Lubrikation von der Scheide und nicht vom Gebärmutterhals kommt; dass die sexuelle Reaktion aus vier Phasen besteht: Erregungsphase, Plateauphase, Orgasmusphase und Rückbildungsphase; dass Frauen multiorgasmisch sind, weil sie keine Refraktärperiode haben; dass die ersten Muskelkontraktionen während des Orgasmus sekündlich auftreten und sich dann allmählich verlangsamen; dass es kein Alter gibt, in dem die Fähigkeit zum Sex zwangsläufig verschwindet; und dass das einzige Organ für sexuelle Lust die Klitoris ist. Masters und Johnson argumentierten fälschlich, die Vagina sei nur wenig empfindsam, außerdem sorgten sie mit ihrem Entwurf für ein Programm zur Umkehrung von Homosexualität für polemische Reaktionen. Waren ihre Methoden auch begrenzt und sind einige ihrer Angaben aktuell auch korrigiert worden, so markierten ihre Forschungen aufgrund der medizinischen Sicht auf sexuelle Probleme doch zweifellos einen

Wendepunkt. Es gibt Irrtümer in ihrer Arbeit, aber die moderne Sexualtherapie hat dem Werk von Masters und Johnson viel zu verdanken.

Andere Sexualforscher haben ebenfalls viel beigetragen. Helen Singer Kaplan unterschied zwischen physischer und psychischer Erregung und ergänzte das Vier-Phasen-Schema von Masters und Johnson um eine Phase des anfänglichen Verlangens, und sie wird als eine der Verantwortlichen dafür genannt, dass Psychiatrie und Medizin bei der Behandlung sexueller Probleme zusammenarbeiteten. Es gibt noch viele weitere Namen, aber Alfred Kinsey, William Masters und Virginia Johnson sind mit den ersten modernen Sexologen aus Deutschland Ende des 19. Jahrhunderts ganz klar die Pioniere der erstaunlicherweise noch jungen Wissenschaft von der menschlichen Sexualität.

5
Sex im Bett

Ich erinnere mich an den Abschlussabend des Kongresses der International Society for Sexual Medicine (ISSM), der im August 2012 in Chicago stattfand. Ich sprach mit einem sehr erfahrenen Psychiater, der eine lange Liste wissenschaftlicher Publikationen und breite therapeutische Erfahrung aus seiner eigenen Praxis in New York vorzuweisen hatte und wirklich alles über die Geschichte der Sexologie wusste. Er hatte sogar persönlich mit Helen Singer Kaplan zusammengearbeitet und war einer der großen Namen auf dem Kongress. Im Gespräch mit ihm gestand ich, dass die Veranstaltung mich nicht wirklich anmachte. Ich hatte ohne Ende Diskussionen über sexuelle Dysfunktionen, Hormone, psychologische Probleme und medizinische Behandlungen gehört, aber kaum jemand sprach über Lust, Befriedigung, die Vielfalt der sexuellen Ausdrucksformen oder die Möglichkeiten, das Intimleben eines Paars zu verbessern. Er lachte. »Klar. Frag mal meine Frau – die wird dir sagen, dass ich von Sex keine Ahnung habe!«

Tatsächlich war mein Eindruck, dass die Ärzte und Wissenschaftler, die an dem Kongress teilnahmen, nur eine beschränkte Vorstellung von Sexualität hatten, und man sich zumindest in den USA auf rein physiologische Aspekte konzentrierte. Als ich einen Urologen fragte, ob es Methoden gebe, um im Fall einer irreversiblen sexuellen Dysfunktion Lust zu empfinden, antwortete er schlicht und einfach: »Oh, das weiß ich nicht, das ist Sache der Sexologen.« Die phallozentrischen Urologen kümmern sich nur darum, dass der Apparat funktioniert, und das ist ja wirklich nicht wenig. Der anerkannte argentinische Urologe Edgardo Becher, damals Präsident der ISSM, erzählte, ein Patient habe ihm vor Jahren, als Viagra aufkam, gesagt: »Ehrlich, Herr Doktor! Wie kann es angehen, dass Sie mein Problem nach sechs Jahren auf der Couch einfach mit einer Pille lösen?« Edgardo sagt, dass die Patienten seiner Klinik in Buenos Aires immer auch einen Psychologen konsultieren, und eine venezolanische Sexologin, die ebenfalls am Kongress teilnahm, meinte: »Hier in den USA wissen sie alles über Sexualität, aber von Sinnlichkeit haben sie keine Ahnung.«

Den besten Beweis dafür fand man an den Ständen der kommerziellen Firmen auf dem Kongress. Dort gab es Testosteron-Ersatz für die Andropause, chirurgische Instrumente, Injektionen und Implantate gegen Erektionsstörungen, der meistbesuchte Stand vertrieb jedoch Vibratoren der Marke Lelo. Der großen Aufmerksamkeit nach zu urteilen, schien das für die Ärzte noch am ehesten eine Neuheit zu sein, obwohl an dem Stand nur die üblichen Modelle in schönerer Aufmachung angeboten wurden. Deshalb, und ohne die Wissenschaft zu vernachlässigen, möchte ich in diesem Kapitel zuerst auf weniger orthodoxe Studien eingehen, die ihre Bemühungen darauf richten, Lust und sexuelle Erfahrung zu verstehen und zu verbessern, bevor ich über sexuelle Funktionsstörungen oder Probleme rede. Und was wäre ein besserer Anfang, als zu überprüfen, ob die Wissenschaft vielleicht erklären kann, was dieser mysteriöse G-Punkt ist, von dem alle reden, den aber kaum ein Mensch je zu Gesicht bekommt.

Wissenschaftlern fällt es schwer, den G-Punkt zu finden

Pilar weiß nicht, ob sie einen G-Punkt hat oder nicht. Aber sie weiß, dass der empfindlichste Bereich ihrer Vagina vorn liegt, etwa 3-4 cm vom Eingang entfernt. Sie liebt es, wenn ihr Freund den Penis im Augenblick der höchsten Erregung etwas zurückzieht, und mit der Eichel genau diese Stelle massiert. Manchmal kommt sie so zu ihren schönsten Orgasmen. Außerdem stößt sie dabei gelegentlich ein wenig Flüssigkeit aus, im Unterschied zu einem Orgasmus, den sie nur durch Stimulierung der Klitoris hat. Sie hat mit Freundinnen darüber gesprochen, aber es ist nicht bei allen so. Die sexuelle Reaktion ist bei Frauen unglaublich vielfältig.

Pilar hat also das, was wir – wenn wir terminologische und akademische Diskussionen außer Acht lassen – unter einem G-Punkt verstehen: Ein Bereich der Vaginalwand ist deutlich erogener als der Rest. Manche behaupten immer noch, das sei nur ein Mythos, aber ob wir dem nun einen Namen geben oder nicht, einer US-amerikanischen Umfrage zufolge glauben 84 Prozent der Frauen, im Inneren der Vagina einen mehr oder weniger deutlich verorteten Bereich zu haben, bei dessen Berührung sie mehr Lust empfinden. Die Wissenschaftler sind allerdings verwirrt, denn sie führen seit Jahren Untersuchungen durch, finden aber nicht die geringste Spur für ein anatomisch unterscheidbares Areal (z.B. eine höhere Konzentration von Nervenenden, irgendein körperliches Merkmal oder ein kleines Organ in der Vaginalwand), das diese höhere Empfindlichkeit erklären könnte. Das hat die gewissenhaftesten Forscher dahin geführt zu behaupten, dass der G-Punkt eine von den Medien verbreitete Erfindung ist.

Beverly Whipple,[12] die Sexologin, die Anfang der 1980er den Begriff G-Punkt prägte, ist anderer Meinung: »Natürlich gibt es ihn!«, sagt sie, als ich ihr gegenüber diese Skepsis erwähne. »Vielleicht haben ihn nicht alle Frauen, aber die meisten schon.« Beverly Whipple ist emeritiert, aber immer noch sehr aktiv bei Kampagnen für die Gesundheit und sexuelle Befriedigung der Frauen. »Wir haben nie behauptet, der G-Punkt wäre eine Art Organ oder ein anatomisch differenzierter Bereich. Es ist einfach ein Punkt mit höchstmöglicher Empfindsamkeit, dessen richtige Stimulierung leichter zu einem Orgasmus führt. Und das gibt es auf jeden Fall.«

Bei einer der ersten physiologischen Studien, die Whipple und ihr Kollege John Perry Ende der 1970er durchführten, fiel ihnen auf, dass viele Frauen behaupteten, eine derartige stärker erogene Zone an der vorderen Wand der Vagina zu haben. Sie suchten medizinische Literatur zu dem Thema und fanden heraus, dass der deutsche Arzt Ernst Gräfenberg schon 1950 eine solche etwa 1-2 cm breite Zone erwähnt hatte, die, wie er schrieb, »bei direkter mechanischer Stimulation zum Orgasmus führt«. Whipple gab dieser Zone den Namen G-Punkt, nach Dr. Gräfenberg, und veröffentlichte 1982 gemeinsam mit Alice Kahn Ladas und John Perry den Bestseller *Der G-Punkt. Das stärkste erotische Zentrum der Frauen.*

Schon das Kamasutra und andere indische Texte des 11. Jahrhunderts erwähnen sensiblere Zonen im Inneren der Vagina, aber erst mit Whipples Buch wurde der G-Punkt in der westlichen Welt populär. Die anfänglichen Reaktionen reichten dabei von totaler Verblüffung über breites Medienecho bis hin zu neuen Vibratordesigns.

Die anfängliche Skepsis unter Sexologen war teilweise der Tatsache geschuldet, dass die Existenz dieses G-Punkts zwei ihrer großen Vorreiter zu widersprechen schien: Masters und Johnson. Mittels detaillierter physiologischer Studien hatten William Masters und Virginia Johnson etabliert, dass für weibliche Orgasmen immer die Klitoris stimuliert werden muss, und die Vagina in Wirklichkeit kein besonders sensibles Organ ist. Das wurde von der feministischen Bewegung begrüßt, weil es unter anderem die seit Freud verbreitete unsinnige Idee umstieß, dass es sexuelle Unreife bedeutete, wenn der Orgasmus nicht durch vaginale Penetration erreicht wurde. Mit Masters und Johnson hatte sich die Klitoris in das fast ausschließliche Zentrum der weiblichen Lust verwandelt, die Entdeckung des G-Punkts jedoch ließ die Debatte um den vaginalen und klitoralen Orgasmus mit Macht wiederaufleben. Und so unglaublich es Frauen erscheinen mag, die deutlich zwischen beiden Arten des Orgasmus unterscheiden: drei Jahrzehnte und unzählige wissenschaftliche Untersuchungen später ist sich die wissenschaftliche Community immer noch nicht einig.

2012 veröffentlichte die Zeitschrift *Journal of Sexual Medicine* einen Überblicksartikel über die gesamte wissenschaftliche Literatur, die bis dato über weibliche Ejakulation, vaginalen Orgasmus, G-Punkt und die Physiologie der weiblichen Geschlechtsorgane erschienen war, und nachdem die Autoren 96 wissenschaftliche Publikationen analysiert hatten, schlossen sie Folgendes:

> Den Umfragen zufolge glauben die meisten Frauen, dass der G-Punkt existiert (…) objektive Messungen haben jedoch bisher keine konsistenten und schlagkräftigen Beweise für die Existenz eines anatomischen Ortes zu liefern vermocht, den man mit dem G-Punkt in Verbindung bringen könnte.

Sie fügen hinzu:

> Individuelle Berichte und zuverlässige Studien zur Existenz einer hochsensiblen Zone im vorderen Teil der Vaginalwand lassen die Frage aufkommen, ob die Suche nach dem G-Punkt korrekt durchgeführt wurde.

Mit anderen Worten: Die Wissenschaftler könnten den Punkt an der falschen Stelle gesucht haben. Es ist ja nicht so, dass sie es nicht versucht hätten …

Masters und Johnson haben sich geirrt. Der vaginale Orgasmus existiert doch

Das mit dem G-Punkt ist fast ein bisschen zum Lachen. Vielleicht kommt das Durcheinander von dem Wort Punkt, das uns an eine Art Zauberknopf denken lässt und die Physiologen an einen Bereich in der Vagina, der »anders« ist als der Rest. Dieses »Andere« suchen sie seit Jahren.

Zuerst kamen anatomische Untersuchungen. Man wollte feststellen, ob es eine Art unabhängiges Organ gibt, eine Drüse oder Struktur, die man als G-Punkt identifizieren könnte. Aber nichts. In der Vaginalwand existierte kein spezifisches Organ, das für besondere Lust verantwortlich sein könnte, jedenfalls nicht in der Art von Prostata, Geschmacksknospen oder Trommelfell. Dann folgten histologische Untersuchungen, um festzustellen, ob ein Bereich der Vorderwand der Vagina mehr Nervenenden hat. Wieder nichts, es schien dort keinen Punkt wie die Eichel oder die Klitoris zu geben, die ja durchaus eine größere Konzentration von Sinnesnerven aufweisen. Dann schlugen einige Autoren vor, die Paraurethraldrüsen, die denselben Ursprung wie die männliche Prostata haben und bei der weiblichen Ejakulation eine Rolle spielen, würden vielleicht vom Inneren der Vagina aus stimuliert und seien für die höhere Sensibilität verantwortlich. Aber physiologische Studien haben auch das ausgeschlossen, weil sie nicht genügend Sinnesrezeptoren besitzen. 2008 wurde schließlich eine Hypothese aufgestellt, die bis heute am plausibelsten erscheint. Die Französin Odile Buisson veröffentlichte mehrere Studien mit Ultraschallaufnahmen, in denen sie bei Frauen, die durch Berührung des G-Punkts zum Orgasmus kamen, und Frauen, bei denen das nicht der Fall war, Unterschiede in der Dicke des Gewebes zwischen Vagina und Harnröhre dokumentierte. Buissons Interpretation zufolge können die Frauen, bei denen dieses Gewebe dicker ist, bei intensivem Druck auf die vordere Wand der Vagina innere Teile der Klitoris berühren, und dieser indirekte Kontakt mit der inneren Klitoris erzeugt die große Lust.

Diese Hypothese ist wirklich interessant. Einerseits würde sie erklären, dass es wirklich einen empfindlicheren Bereich in der Vagina gibt, auf der anderen Seite hieße das, dass es den G-Punkt strenggenommen nicht gibt. Es ist nicht so, dass einige Frauen »ihn haben« und andere nicht, es wäre einfach ein Bereich, von dem aus die inneren Teile der Klitoris erreicht werden können. Und das hängt vom Gewebe zwischen Vagina und Harnröhre ab, von der Geschicklichkeit des Liebhabers und anderen Faktoren. Und eigentlich bedeuten die Ergebnisse von Odile Buisson, dass ein wirklich vaginaler Orgasmus nicht existiert, und alle Orgasmen klitoral sind, ob sie nun durch externe oder interne Stimulation entstehen.

Wenn man bedenkt, dass die Klitoris sehr viel größer ist, als von außen sichtbar, ist das gar kein so dummer Gedanke. Penis und Klitoris entwickeln sich beim Embryo aus dem gleichen Gewebe, nur dass der Penis größer wird und nach außen wächst, und die Klitoris sich innen entwickelt. Der externe Teil der Klitoris entspricht quasi der Eichel und der interne den Schwellkörpern, die sich in diesem Fall beidseitig um die Vagina legen und sich bei Erregung ebenfalls mit Blut füllen. Dadurch ist es möglich, den G-Punkt, also eigentlich den inneren Teil der Klitoris, zu erreichen.

Natürlich fühlt sich die direkte Stimulierung der Klitoris-Eichel anders an als Genitalverkehr, aber auch Männer merken Unterschiede, wenn nur ein Teil der Eichel liebkost oder weiter unten stärkerer Druck ausgeübt wird. Für viele Kritiker des G-Punkts und Befürworterinnen der Klitoris als alleiniges Organ der Ekstase würde dies das Ende des Mythos vom vaginalen Orgasmus bedeuten und somit der Klitoris die Hauptrolle zurückgeben, die Masters und Johnson ihr durch ihre physiologischen Studien zugesprochen hatten. Das hat seine Logik, das Problem ist jedoch, dass aufgrund vieler anderer Erkenntnisse durchaus zwischen vaginalem und klitoralem Orgasmus unterschieden werden muss.

Die meisten Umfragen bestätigen, dass ein sehr hoher Prozentsatz von Frauen meint, einen G-Punkt zu haben, und den vaginalen Orgasmus ganz anders wahrnimmt als den klitoralen. Das macht Buissons Hypothese nicht ungültig, aber bei Studien, bei denen Temperatursensoren in der Vagina platziert wurden, maß man an der vorderen Vaginalwand eine höhere Sensibilität als an der hinteren, und zwar ohne irgendwelchen Druck auszuüben, um die Klitoris zu erreichen. Eine weitere Theorie stammt von dem Italiener Emmanuele Jannini, der anscheinend einen dickeren und mit mehr Nervenenden ausgestatteten Bereich in der vorderen Vaginalwand identifizieren konnte. Statt G-Punkt nennt er ihn lieber Klito-Uretro-Vaginalen Komplex (CUV), meint jedoch, dass es sich um ein unabhängiges Gefüge handeln könnte, das dann also zum neuen physiologischen Kandidaten für den G-Punkt wird. Die überzeugendsten Daten zugunsten eines ausschließlich vaginalen Orgasmus stammen von Barry Komisaruks Team und wurden durch funktionelle Magnetresonanztomographien gewonnen. Dabei wird deutlich, dass bei Stimulierung der äußeren Klitoris oder des Vaginalinneren im somatosensorischen Kortex des Gehirns zwei verschiedene Gebiete aktiviert werden. Wie in vorangegangenen Kapiteln bereits erklärt wurde, liegt das daran, dass es verschiedene Nerven gibt – Scham-, Becken-, Unterbauch- und Vagusnerv –, die von der Klitoris oder der Vagina aus unterschiedliche Signale ans Gehirn senden, und es würde erklären, warum einige Frauen den Orgasmus allein durch die Stimulierung der Vaginalnerven erreichen. Der deutlichste Beweis dafür sind Frauen mit Rückenmarksverletzungen, bei denen der Schamnerv (der Nerv der Klitoris) beschädigt ist, und die trotzdem einen reflexartigen Orgasmus erleben.

Ich kann mich noch genau daran erinnern, dass Barry mir erzählte, wie berührt er war, als eine Frau mit einer Rückenmarksverletzung nach einem Experiment vor Freude weinte. Drei Jahre nach ihrem Unfall hatte sie entdeckt, dass sie noch immer einen Orgasmus haben konnte, wenn sie sich tief im Inneren ihrer Vagina, nah am Gebärmutterhals stimulierte. Wenn man dazu nimmt, dass es Frauen gibt, die schon bei Liebkosung der Brustwarzen, des Halses oder einfach nur mittels der Vorstellungskraft einen Orgasmus haben, dann glaubt wirklich niemand mehr, dass die Klitoris das einzige dafür vorgesehene Organ ist. In letzter Instanz entsteht der Orgasmus im Gehirn, nicht in den Genitalien.

Die zwei Arten weiblicher Ejakulation

Ich lerne Micky im Stripclub Bagdad in Barcelona kennen. Micky ist Experte fürs *squirting*, d.h. er sorgt dafür, dass Frauen im Moment des Orgasmus ziemlich viel Flüssigkeit ejakulieren. Er versichert mir, das sei eigentlich ganz einfach und fast alle Frauen könnten das, und er habe vielen Pornodarstellern die Technik gezeigt. Man müsse kräftig und konstant mit zwei Fingern auf den Bereich des G-Punkts pressen, was beim Geschlechtsverkehr mit dem Penis sehr schwierig sei. Vor allem sei es wichtig, nicht aufzuhören, wenn die Frau kommt, und es würde helfen, oberhalb des Schambeins Gegendruck auszuüben, dann würde sich diese Explosion von Lust und Flüssigkeiten ereignen. Micky meint, dass Frauen bei der Masturbation weniger Flüssigkeit ausstoßen, weil sie im Augenblick des Orgasmus meist mit der Stimulierung aufhören. »Das glaube ich erst, wenn ich es sehe«, sage ich, worauf er antwortet: »Wenn du willst, können wir es mit einer Freundin von dir ausprobieren.« Als sonderbarerweise keine an dem Experiment teilnehmen möchte, beschleicht mich eine Ahnung. Hätte ich umgekehrt männliche Freiwillige gesucht, um mit einer Expertin aus dem erotischen Kino eine neue Sex-Technik auszuprobieren, wäre ich wahrscheinlich erfolgreicher gewesen.

Aber lassen wir das. Am Tag, nachdem ich Micky kennengelernt hatte, verabredete ich mich mit einer Freundin und kam ganz unauffällig auf das Thema der weiblichen Ejakulation zu sprechen. Die meisten Leute reden sehr viel offener über ihre Sexualität, als man annimmt, und sie erzählte ohne Umschweife, dass ihr das zwei Mal im Leben passiert sei. Einmal mit einem Exfreund, mit dem sie über ein Jahr zusammen war, und mit dem sie einmal und ohne zu wissen warum ejakulierte. Sie dachte damals, das sei Urin, und es war ihr peinlich, aber der Orgasmus war wirklich viel intensiver gewesen. Das zweite Mal war ebenfalls vollkommen überraschend und geschah mit jemandem, mit dem sie Gelegenheitssex hatte. Meine Stichprobe ist natürlich nicht verlässlich, die Angaben decken sich aber mit dem, was gut ausgearbeitete Umfragen ergeben: Die meisten Frauen haben in ihrem Leben noch nie ejakuliert, viele ein paar vereinzelte Male und einige wenige häufig. Zuverlässige Prozentzahlen habe ich keine gefunden.

Micky und andere Experten für weibliche Ejakulation, mit denen ich gesprochen habe, wie zum Beispiel die Frauenpornoregisseurin Tristan Taormino oder José Luis, alias Ninja Squirt, aus Barcelona, sagen, es sei eine Frage der Technik.

Aber erst einmal ein kleiner Exkurs: Unabhängig von der vaginalen Lubrikation gibt es zwei unterschiedliche Arten der weiblichen Ejakulation beim Orgasmus. Beide Ejakulationen werden durch die Harnröhre ausgestoßen, aber die eine ist eine Art weißliche und dickere Flüssigkeit, die kurz vor dem Höhepunkt hervorquillt, die zweite, das sogenannte *squirting*, ist eine sehr viel klarere Flüssigkeit, die kräftiger und in größerer Menge genau im Moment des Orgasmus ausgestoßen wird.

Die erste Art der Ejakulation kann man leichter bei der Masturbation beobachten, da sie beim Koitus oft für Lubrikation gehalten und nicht wahrgenommen wird. Manche behaupten, dass beim Orgasmus immer zumindest ein wenig Flüssigkeit austrete, diese jedoch durch die Kontraktionen beim Orgasmus häufig in die Blase oder den inneren Teil der Vagina aufsteige. *Squirting* ist etwas ganz anderes. Es ist seltener und wurde – real oder vorgetäuscht – durch Pornofilme populär. Dabei wird plötzlich und in großer Menge eine transparente Flüssigkeit ausgestoßen, die an Urin erinnert. Die Pornodarstellerinnen behaupten, dass es kein Pipi sei, wohingegen Physiologen kein anderes Gefäß als die Blase sehen, in dem so viel Flüssigkeit gespeichert werden könnte.

Der Streit, ob es sich um Urin handelt oder nicht, kommt ständig wieder auf. Und ein paar Wissenschaftler haben sich vorgenommen herauszufinden, ob die beiden Ejakulationsarten wirklich voneinander getrennte Phänomene sind, ob eine davon einer vorübergehenden Urininkontinenz entspricht, oder ob es nur eine Frage von Menge und Verdünnung ist. Das ist schließlich auch einfacher zu messen als der G-Punkt.

Ende der 1990er führte der Sexologe Gary Schubach folgendes Experiment durch: Er rekrutierte mehrere Frauen, die aussagten, beim Orgasmus große Mengen an Flüssigkeit auszustoßen, legte ihnen durch die Harnröhre einen schmalen Katheter in die Blase und bat sie zu masturbieren. Falls die Flüssigkeit Urin wäre, würde sie durch den Katheter abfließen, andernfalls außerhalb davon. Schubach beobachtete, dass die Flüssigkeit bei großen Mengen wirklich durch den Katheter kam, dass aber gleichzeitig außen eine Flüssigkeit erschien, die eine andere Konsistenz aufwies. Die Analyse dieser zweiten Flüssigkeit ergab, dass sie viele der Substanzen enthielt, die auch in der männlichen Samenflüssigkeit vorkommen, zum Beispiel von der männlichen Prostata abgesonderte Enzyme wie Prostataspezifische saure Phosphatase (PAP). Die Flüssigkeit schien aus Drüsen seitlich der Harnröhre zu kommen, den Paraurethral- oder Skene-Drüsen, die Schubach »weibliche Prostata« taufte, weil sie ihrem Ursprung nach der männlichen Prostata entsprechen.

In einer anderen, 2011 veröffentlichten Untersuchung analysierten der Italiener E. Jannini und der Mexikaner A. Rubio die Sekretionen einer einzigen 43-jährigen Frau, die beide Flüssigkeiten produzierte. Die Autoren verglichen die klare und reichhaltige, beim *squirting* ausgestoßene Flüssigkeit mit dem Morgenurin der Frau und bestätigten, dass sie Harnstoff, Harnsäure und Kreatinin enthielt und somit zum größten Teil verdünnter Urin aus der Blase war. Die weißlichere und dickere Substanz war chemisch anders zusammengesetzt.

Seit damals unterscheidet man in den wenigen Studien über die Natur der weiblichen Ejakulation übereinstimmend zwischen der Ejakulation der Skene-Drüsen und dem *squirting*, der durch Muskelentspannung verursachten Freisetzung von extrem verdünntem Urin.

Emmanuele Jannini traf ich sowohl auf dem Internationalen Kongress für Sexualmedizin in Chicago wie auch auf dem europäischen Sexologenkongress im September 2012 in Madrid. Und ich stellte ihm die große Frage: Wenn alle wissen, dass das *squirting* eine Freisetzung von Urin ist, warum sagen so viele Frauen (darunter viele Pornodarstellerinnen), dass es weder wie Urin riecht noch aussieht oder schmeckt? Während des Geschlechtsakts verändert sich manchmal der Spiegel von Vasopressin, eines antidiuretischen Hormons, das unter anderem dafür zuständig ist, Urin in den Nieren zu sammeln. Aus diesem Grund haben wir nach dem Geschlechtsverkehr Durst und müssen zur Toilette. Jannini zufolge kann bei starken Schwankungen des Vasopressinspiegels, vielleicht abhängig von der Intensität der Lust oder der Dauer des Akts, ein vorübergehender und mit der Diabetes insipidus vergleichbarer Zustand entstehen, bei dem die Urinproduktion in den Nieren stark ansteigt. Dabei könnte die Blase eine große Menge stark verdünnten Urins sammeln, der durch die Muskelanspannung beim Orgasmus unkontrolliert ausgestoßen wird. Durch die starke Verdünnung könnten wir ihn nicht identifizieren, trotzdem wäre es aber eine Flüssigkeit aus der Blase, die durch die Harnröhre ausgestoßen wird. Das sollte die Frauen nicht beunruhigen. Bei den meisten Männern wird es keinen

Ekel hervorrufen, sondern Faszination und die Erinnerung an manche erotische Bilder aus dem Internet. Einen Grund muss es ja haben, dass die Darstellerinnen vor ihren Szenen große Mengen Wasser trinken ...

Die genetische Komponente beim weiblichen multiplen Orgasmus

Ich gehe mit drei Freundinnen etwas trinken, die sich angeboten haben, mit mir über verschiedene Aspekte ihrer Sexualität zu sprechen. Patricia erzählt, dass sie multiple Orgasmen hat: Wenn sie sich nach einem ersten Orgasmus weiter stimuliert, hat sie nach kurzer Zeit einen zweiten, und muss nur manchmal nach einem sehr intensiven aufhören. Eva hat selten mehr als einen Orgasmus. Bei der Masturbation hat sie nicht das Bedürfnis sich weiter zu stimulieren, wenn sie einmal befriedigt ist, und mit ihrem Partner kann sie zwar weitermachen, wenn er noch nicht gekommen ist, ist dann jedoch sehr viel weniger erregt und weit davon entfernt, schnell wieder einen Orgasmus zu haben. Es ist eher, als würde sie wieder von vorn anfangen.

Megan hingegen hat niemals einen Orgasmus nur durch Vaginalverkehr. Sie meint, manchmal kriege sie es bei Stellungen hin, bei denen sie ihre Klitoris am Becken ihres Partners reiben könne, oder wenn sie sich während des Geschlechtsakts selbst mit einem kleinen Vibrator stimuliere, aber es sei wahnsinnig anstrengend zum Orgasmus zu kommen, und einen »vaginalen« habe sie natürlich nie erlebt.

Woher kommen die Unterschiede zwischen Patricia, Eva und Megan? Megan ist wütend, wenn man ihr sagt, dass sich »alles nur im Kopf abspielt« und sie sich entspannen und mitreißen lassen soll. Sie fühlt sich nicht weniger frei als Patricia, hat mehrere Partner gehabt und ihre Einstellung Sex gegenüber ist vollkommen offen. Megan ist davon überzeugt, dass es sich um etwas Anatomisches handelt. Als ich erwähne, dass es Meditationstherapien gibt und

Übungen, um die Aufmerksamkeit auf die Genitalien zu konzentrieren und die Sensibilität zu erhöhen, findet sie das interessant und will sich darüber informieren. Aber als ich ihr von Marie Bonapartes, später von Kim Wallen überprüften Untersuchungen erzähle, die darauf hinweisen, dass der Abstand zwischen Klitoris und Scheidenöffnung für das Erreichen von Orgasmen durch Vaginalverkehr eine Rolle spielt, ist sie ganz sicher: »So etwas muss es sein.«

Es soll hier auf keinen Fall darum gehen, sexuelle Empfindungen auf Hormonspiegel oder den Abstand zwischen Klitoris und Vagina zu reduzieren. Zweifellos sind Vertrauen, Entspannung, die Zufriedenheit mit dem eigenen Körper, die Stärke des Begehrens, das harmonische Miteinander mit dem Partner und viele andere Faktoren von Bedeutung für sexuelle Lust. Das neue bio-psycho-soziologische Paradigma betrachtet die menschliche Sexualität als ein Zusammenwirken von vielen Faktoren wie Verhalten, Kultur, Erziehung, Psychologie und Entwicklung, aber auch Physiologie, Neurobiologie, Anatomie und Hormonen. Und selbst wenn sich das komisch anhört, auch den Genen.

Eineiige Zwillingsschwestern sind sich ähnlicher als zweieiige. Auch beim Orgasmus.

Zwillingsforschung ist seit einiger Zeit ein verbreitetes Instrument, um festzustellen, ob ein bestimmtes Merkmal mehr oder weniger genetisch determiniert ist. Die Grundidee ist folgende: Wenn zum Beispiel eine Aufmerksamkeitsdefizit- oder Hyperaktivitätsstörung bei genetisch zu 100 Prozent identischen eineiigen Zwillingen häufiger bei beiden auftritt als bei zweieiigen Zwillingen, die nur 50 Prozent des Genmaterials gemeinsam haben, dann hat die Störung eine genetische Komponente. Wenn jedoch Musikalität bei eineiigen Zwillingen genauso häufig bei beiden auftritt wie bei zweieiigen Zwillingen, dann handelt es sich um etwas Kulturelles oder Anerzogenes.

Die Wissenschaftler können sich auf riesige Zwillingsdatenbanken berufen, wie z.B. TwinsUK, in denen von der Anfälligkeit für grauen Star oder Bluthochdruck bis zu Phobien oder Ernährungspräferenzen alles analysiert wurde. Es wurden schon so viele Merkmale untersucht, dass die britischen Wissenschaftler Kate Dunn und Tim Spector geradezu überrascht waren, dass bisher niemand die genetischen Aspekte oder die familiäre Vorgeschichte von Orgasmen untersucht hat. Und das, obwohl allgemein bekannt ist, dass es so große Unterschiede bei der Orgasmushäufigkeit von Frauen gibt.

Das Prozedere war ganz einfach. Dunn und Spector schickten 3654 weiblichen Zwillingspaaren zwischen 19 und 83 Jahren einen Fragebogen zu und fragten, wie häufig sie nur durch Penetration einen Orgasmus hätten, wie häufig mit dem Partner durch eine andere Form körperlicher Stimulierung und wie häufig durch Masturbation. Es antworteten nicht alle, aber es konnten Daten von 683 eineiigen, also identischen, und 713 zweieiigen Zwillingspaaren gesammelt werden. Die Ergebnisse bestätigten, dass die Fähigkeit zum Orgasmus, sowohl während des Geschlechtsakts als auch durch Masturbation, ganz klar eine genetische Komponente hat. Konkret meinten sie, die Unterschiede in der Bevölkerung wären zu 34 bis 45 Prozent genetisch erklärbar. Was genau wird durch diese Gene bestimmt? Bisher wurde es noch nicht detailliert untersucht, aber anscheinend könnten sie mit einer Prädisposition für Depression oder Angstzustände zusammenhängen, mit anatomischen Unterschieden und sogar dem Prolaktinspiegel (Prolaktin wird nach dem Orgasmus ausgestoßen und hängt mit der sexuellen Befriedigung zusammen).

In der Wissenschaft werden isolierte Studien immer mit Vorsicht genossen, aber eine unabhängige, in Australien durchgeführte Studie mit 3080 Zwillingsschwestern lieferte ähnliche Ergebnisse: Die Orgasmushäufigkeit war bei eineiigen Zwillingsschwestern signifikant ähnlicher als bei zweieiigen, selbst wenn Faktoren wie die Anzahl der Partner, Scheidungen und sozioökonomische und kulturelle Aspekte miteinbezogen wurden. Die Autoren spekulierten, dass dieses genetische Merkmal mit Charakterzügen wie Extravertiertheit oder Enthemmung verknüpft ist, und zur Zeit werden Untersuchungen dazu durchgeführt, welche Gene am Stoffwechsel von Serotonin, Vasopressin, Östrogen und anderen Hormonen beteiligt sind. Niemand behauptet, dass die Rolle der Genetik entscheidend ist, aber die Schlussfolgerung ist klar: Eine Frau kann aus Angst, Stress, kulturell bedingten Hemmungen oder Problemen mit dem Partner während des Geschlechtsakts nicht zum Orgasmus kommen, es kann jedoch auch daran liegen, dass sie sich physiologisch von einer anderen Frau unterscheidet, die ganz leicht einen Orgasmus bekommt. Schließlich und endlich sind die Sexualberatungen überlaufen mit Frauen, die trotz wunderbarer Beziehungen und ohne offensichtliche psychologische Probleme wegen ihrer mangelnden Libido besorgt sind, oder weil sie nur schwer zum Höhepunkt kommen.

Andere Faktoren für Orgasmushäufigkeit: Persönlichkeit, sozioökonomischer Status und die sexuelle Vorgeschichte

Wenn man die biologische Anlage beiseitelässt, gibt es eine Unmenge von Studien, die soziokulturelle Faktoren und persönliche Erfahrungen mit der Entwicklung der weiblichen Sexualität in Verbindung gebracht haben. Eine Studie stellte zum Beispiel die Orgasmushäufigkeit im Erwachsenenalter in einen Zusammenhang mit dem Alter beim ersten sexuellen Kontakt und schloss, dass die Orgasmen beim Geschlechtsverkehr häufiger waren, desto jünger die Frau beim ersten Vaginalverkehr war. Die Studie war methodisch gut gemacht, die Zahl der Teilnehmerinnen repräsentativ und die Ergebnisse waren signifikant – doch wenn zwei Variablen statistisch miteinander assoziiert werden, heißt das in der Wissenschaft noch lange nicht, dass eine die andere bedingt. Es kann immer noch eine dritte Variable geben, die beide beeinflusst. Der Zusammenhang zwischen dem Alter beim ersten Geschlechtsverkehr und der Orgasmushäufigkeit als Erwachsene kann auf verschiedene Arten interpretiert werden: Man könnte annehmen, dass die frühe sexuelle Aktivität in Jugend oder Adoleszenz die Entwicklung der Sexualität begünstigt, aber vielleicht spiegelt die Tatsache, als Erwachsene weniger Orgasmen zu haben, auch geringeres sexuelles Verlangen in früheren Phasen wider, und es könnte auch eine Ursache aus den

Bereichen Religion und Erziehung geben, die beide Variablen beeinflusst. Es ist interessant, Verbindungen zu schaffen und neue Hypothesen aufzustellen, vor allem in der Medizin, aber um diese Hypothesen zu bestätigen, braucht es sorgfältige epidemiologische Studien mit großen, repräsentativen Stichproben, die sich bei sexuellen Themen offensichtlich nicht so einfach realisieren lassen.

2011 veröffentlichte allerdings ein multidisziplinäres Forscherteam eine breit angelegte Studie, bei der 2914 australische Frauen angaben, wie häufig sie beim Vaginalverkehr oder bei der Masturbation zum Orgasmus kamen. Diese Daten wurden abgeglichen mit sozioökonomischen Merkmalen wie Ausbildungsniveau oder sozialem Status, mit Persönlichkeitsmerkmalen wie Impulsivität und Extravertiertheit, mit politischen Ideen, ob die Frauen mehr oder weniger neurotisch waren, sowie mit Charakteristika der sexuellen Entwicklung wie dem Alter beim ersten Geschlechtsverkehr, der Libido, der Anzahl der bisherigen Sexualpartner, der Bereitschaft zu Gelegenheitssex, ob sie verheiratet waren oder nicht oder ob sie Sex gegenüber restriktiv eingestellt waren. Es wurden sogar Faktoren wie in der Kindheit aufgetretene Krankheiten oder sexuelle Phantasien mit jemand anderem als dem Partner mit einbezogen.

Die meisten Ergebnisse passten in das erwartete Bild: Die politischen Ansichten hatten nicht den geringsten Einfluss auf die Orgasmushäufigkeit, und eine stärkere Libido ließ die Orgasmen sowohl beim Koitus als auch bei der Masturbation zunehmen. Frauen, die häufiger Phantasien mit anderen als dem Partner hatten, hatten signifikant weniger Orgasmen beim Geschlechtsverkehr, aber sehr viel mehr bei der Masturbation, und restriktive Einstellungen gegenüber Sex hatten keine Auswirkungen auf die Orgasmen mit dem Partner, verringerten aber die bei Masturbation. Wenn ich »signifikant« sage, meine ich, dass die Resultate auf wichtige statistische Unterschiede hinwiesen, die einen Zusammenhang zwischen zwei Merkmalen belegen konnten. Der soziale Status hatte keinen Einfluss auf die Orgasmen während des Geschlechtsakts, aber je höher er war, desto größer war die Häufigkeit der Orgasmen während der Masturbation. Und die größten Unterschiede fand man doch tatsächlich beim

Ausbildungsniveau. Bei höherer Bildung gab es eine unterdurchschnittliche Anzahl von Orgasmen während des Koitus, aber mehr bei der Masturbation. Eine neurotische oder psychotische Persönlichkeit spielte keine Rolle, und Extravertiertheit und Impulsivität erhöhten leicht die Orgasmushäufigkeit beim Geschlechtsakt. Verheiratete Frauen hatten mehr Orgasmen mit ihren Partnern und lagen bei Masturbation nur leicht unter dem Durchschnitt. Die Anzahl der Sexualpartner in der Vergangenheit hatte keinen Einfluss auf den Sex mit dem aktuellen Partner, war aber mit sehr viel mehr Orgasmen bei Masturbation verknüpft. Und, wie schon am Anfang gesagt, erst spät Vaginalverkehr zu haben, stand mit weniger Orgasmen im Erwachsenenalter in Zusammenhang, sowohl während des Koitus, als auch masturbierend. Viele dieser Faktoren hängen zweifellos miteinander zusammen, aber die Autoren heben in ihren Schlussfolgerungen hervor, dass sie unabhängiger voneinander sind, als sie im Vorfeld angenommen hatten.

In anderen Studien wurden spezifische Faktoren einzeln untersucht und verschiedene Krankheiten, einige psychische Störungen, Unzufriedenheit, Hormonschwankungen und fortgeschrittenes Alter mit einer verminderten Orgasmusfunktion assoziiert. Und bei Gesunden bedeuten Faktoren wie emotionale Intelligenz, eine positive Einstellung Sex gegenüber, eine facettenreiche Sexualpraxis oder der Gebrauch von Vibratoren und Gleitmitteln ganz klar eine Verbesserung. Das erklärt allerdings noch längst nicht das Rätsel der 25 bis 30 Prozent der Frauen, die wie Megan Probleme haben, beim Vaginalverkehr einen Orgasmus zu haben, oder der 10 Prozent, die fast nie einen bekommen, nicht einmal durch Masturbation. Eine individuelle Therapie ist immer noch die effektivste Methode, Einzelfälle zu behandeln, die Wissenschaft findet jedoch ständig neue Informationen, die in den Händen von Experten zweifellos zu einer verbesserten Beschreibung und Diagnostik der sexuellen Vielfalt beitragen, wobei von Kultur bis zu Genetik alles mit berücksichtigt wird.

Ich hatte multiple Orgasmen, ohne es zu wissen

Bevor ich dieses Buch schrieb, war ich immer ziemlich skeptisch, wenn ich Leute hörte, die tantrischen Sex praktizierten und behaupteten, dass alle Männer den Musculus pubococcygeus, den PC-Muskel, kontrollieren und multiple Orgasmen haben könnten. Ich stellte mir vor, wie jemand Sex hatte, ejakulierte und einfach weitermachte, und ehrlich gesagt hatte ich kein wirklich genaues Bild davon. Als ich die Tantralehrer Mark Michaels und Patricia Johnson interviewte, wollte ich unter anderem unbedingt über das Rätsel des männlichen multiplen Orgasmus reden.

Ich sprach das Thema ganz vorsichtig an, denn Tantrapraktizierende reagieren manchmal ziemlich allergisch darauf, dass alle Welt sich für diesen konkreten Aspekt ihrer Sexualität interessiert, den sie selbst eigentlich für sekundär halten. Im Prinzip ist Sex nur ein kleiner Teil dieser im Indien des 5. Jahrhunderts entstandenen Philosophie, die eng mit Taoismus, Hinduismus, Buddhismus und Praktiken wie Meditation und Yoga verbunden ist. Ein Paar hat in diesem Rahmen das Ziel, an seiner emotionalen, körperlichen und spirituellen Verbindung zu arbeiten. Und wenn man konkret den sexuellen Aspekt betrachtet, dann steht hinter den langen Sitzungen voller Liebkosungen und körperlicher Intimität gar nicht die Absicht, viele Orgasmen zu haben, sondern eine große Menge sexueller Energie anzusammeln, die dem Tantra zufolge Körper und Geist stärkt. Die Tantriker erreichen diese hohe Konzentration sexueller Energie, indem sie so lange wie möglich in dem intensiven Zustand der Erregung und der extremen Sensibilität unmittelbar vor dem Orgasmus ausharren, von wo es kein Zurück mehr zu geben scheint. Die Tantriker können diesen Moment jedoch kontrollieren und so lange ausdehnen, dass sich der Energieausstoß beim schließlich erreichten Höhepunkt wie eine Befreiung anfühlt. Und selbst wenn man beschließt, den Orgasmus zu vermeiden, bleibt die sexuelle Energie im Körper, sodass man sich viel vitaler fühlt. Interessant, wirklich interessant. Aber ich will mir nichts vormachen: Was ich wirklich wissen wollte, war, wie man multiple Orgasmen bekommt.

Die Überraschung war groß. Ich hatte bereits multiple Orgasmen! Das war wirklich eine der großen Offenbarungen während der Vorbereitungen für dieses Buch. Ich hatte multiple Orgasmen gehabt, sie nur nicht als solche wahrgenommen. Das erkläre ich wohl besser mal.

Der Schlüssel liegt an diesem Punkt ohne Wiederkehr, dem Augenblick, in dem bei uns Männern die genitale Empfindlichkeit extrem zunimmt, wir den nahenden Orgasmus spüren und wissen, dass wir in wenigen Sekunden automatisch ejakulieren, selbst wenn wir jede Stimulierung stoppen. Es ist genau dieser Punkt, der manchmal früher kommt als geplant, was ziemlich nervt. Das ist fast jedem schon mal passiert.

Mit der Zeit lernt man, den Rhythmus zu kontrollieren, man weiß, in welcher Stellung die Reibung zu erregend ist und welche Mittel man dagegen einsetzen kann, wie zum Beispiel an den Kühlschrank oder den Chef oder irgendein anderes die Erregung abschwächendes Bild zu denken (ja, Frauen, es klingt albern, aber viele Männer greifen wirklich auf solche Gedanken zurück, um meist erfolglos den Samenerguss hinauszuzögern). Wenn alles versagt, und wir merken, dass der Punkt ohne Wiederkehr sich nähert, gibt es immer noch die Möglichkeit, unter dem Vorwand eines Stellungswechsels den Penis herauszuziehen, ein paar Sekunden zu pausieren und die Beckenbodenmuskeln anzuspannen. Dabei spürt man ein ziemlich angenehmes Pulsieren im Penis, das vom Austreten einiger Tropfen Flüssigkeit begleitet sein kann. Danach ist man etwas entspannter und kann, ohne dass die Erektion nachlässt, zum Geschlechtsakt zurückkehren, als würde man von Neuem beginnen.

Tja, und genau das ist ein multipler Orgasmus. Der große Unterschied zwischen meinem pseudoorgasmischen Pulsieren und dem der Tantrapraktizierenden war lediglich, dass die es erkannten, schätzten und den Moment genossen. Ich kämpfte während meiner verdeckten Orgasmen, um die Lust zu unterdrücken und die Ejakulation zu vermeiden. Sie hingegen hatten gelernt, diesen Prozess und die für die Ejakulation zuständige Beckenbodenmuskulatur zu kontrollieren, und den Moment auf intensive Weise auszukosten, indem sie die sexuelle Anspannung in einem sogenannten »Ganzkörper-Orgasmus« über den gesamten Körper verteilten. Und natürlich weiterzumachen, wenn sie wollten. Der Unterschied zwischen beiden Erfahrungen ist abgrundtief, und genau deshalb ist es nur mit langem Training zu erreichen. Denn eigentlich ist das Schwierige gar nicht, einen multiplen Orgasmus zu haben, sondern diesen lustvoll zu erleben, ohne dass die Ejakulation ausgelöst wird. Ich will eigentlich nicht von mir reden, aber ich glaube, an dem Tag, an dem ich nach vielen Versuchen plötzlich dieses Pulsieren bemerkte, das aus meinen Genitalien in den Körper aufstieg und selbst auf den Armen eine wohlige Gänsehaut verursachte, spürte ich etwas, das mir schon von Frauen beschrieben worden war.

Die Tantriker sprechen davon, die sexuelle Energie ins Innere des Organismus zu leiten, sie über alle Chakren des Körpers zu verteilen und den Geist damit zu tränken. Meinetwegen, jeder spricht in seiner Sprache, und am Ende meinen wir doch alle das Gleiche. Was wir auf jeden Fall brauchen, ist mentale Kontrolle, um unsere Aufmerksamkeit und Sensibilität auf andere Bereiche des Körpers zu lenken, weg von den Genitalien. Das kann man trainieren, und daran ist nichts Geheimnisvolles. Orgasmen ohne Ejakulation sind deutlich weniger intensiv, aber der Körper bleibt wirklich in einem Zustand größerer Empfindsamkeit, die Erektion verliert kein bisschen an Kraft, man kann mit neuer Energie weitermachen und den letzten Orgasmus, bei dem wir endlich loslassen, sehr viel lustvoller erleben. Man kann das natürlich nicht vergleichen, aber ich habe nicht den Eindruck, dass es sich groß von den weiblichen multiplen Orgasmen unterscheidet.

Ich habe Forscher befragt und nach wissenschaftlicher Literatur recherchiert, aber niemand konnte mir den physiologischen Grund dafür nennen, warum man einen Orgasmus nach einer erotischen Marathonsitzung so viel intensiver erlebt als nach einer kurzen Nummer von vier Minuten. Das stärkere Gefühl sexueller Befriedigung könnte an einer höheren Prolaktinausschüttung nach dem Orgasmus liegen, und die intensivere Lust vielleicht an einer größeren Menge Dopamin, einer extremeren Aktivierung des sympathischen

Nervensystems oder auch an einem psychologischen Effekt wie Suggestion. Bisher ist kein Wissenschaftler auf den Gedanken gekommen zu untersuchen, was bei einer zweistündigen tantrischen sexuellen Begegnung passiert, oder Tantriker dafür heranzuziehen, um Orgasmus und Ejakulation getrennt zu analysieren. Zweifellos böte das interessante Daten, und es erstaunte mich, dass die Forschung es nicht einmal in Betracht gezogen hatte. Aber die Wissenschaft vom Sex ist ziemlich konservativ und – auch wenn sie das abstreitet – denkt zu sehr in obsoleten Begriffen von »Normalität«. Die Mitglieder der verschiedenen sexuellen Communitys sind mehr an der Wissenschaft interessiert als umgekehrt.

Mark und Patricia traf ich noch einige Male im Pleasure Salon, den sie jeden letzten Donnerstag des Monats in der Happy Ending Lounge in New Yorks Lower East Side abhielten. Dort versammelten sich alle möglichen Leute aus der »sex-positive«-Bewegung, um Erfahrungen auszutauschen und sich nett zu unterhalten. Es kamen polyamoröse Paare, Sadomasochisten, Burlesque-Tänzerinnen, Autoren erotischer Kolumnen, Menschen mit unterschiedlichen sexuellen Orientierungen und andere, die sich für Tantra oder weitere sexuelle Ausdrucksformen interessierten. Es kam zum Beispiel der sehr witzige pensionierte Pornodarsteller Big Joe. Er ging am Stock und erzählte mit brüchiger Stimme äußerst komische Anekdoten im Stil von »Porno ist auch nicht mehr das, was es mal war«, da man früher weder Tabletten hatte noch Bilder bearbeiten konnte, und die Interaktion mit den Darstellerinnen sehr viel realer war. Er war wirklich lustig. Aber außerdem waren alle sehr daran interessiert, was ich an wissenschaftlichen Informationen beitragen konnte. Zugegeben, ich hatte mehr negative Reaktionen erwartet, wie »Was sollte die Wissenschaft schon davon wissen!«, aber ganz im Gegenteil. Besonders Mark fand die Neurowissenschaften spannend, und wirklich alle hatten das Gefühl, dass die wissenschaftlichen Informationen ihre Erfahrungen ergänzten. Die Vielfalt zu verstehen kann ein Weg sein, sie zu akzeptieren und den beschränkten und normativen Blick auf Sexualität abzulegen.

Der »Coolidge-Effekt« und mein Neid auf Männer ohne Refraktärphase

Man erzählt sich, dass die Ehefrau des Präsidenten der Vereinigten Staaten Calvin Coolidge Ende der 1920er Jahre einmal einen Musterhof besichtigte und plötzlich einen Hahn und eine Henne in voller Aktion sah. Sie fragte den Farmer, der sie begleitete: »Wie oft am Tag paaren sie sich denn?« »Dutzende Male!«, antwortete der Farmer, woraufhin Mrs. Coolidge ausrief: »Oh, wirklich? Sagen Sie das bitte Mr. Coolidge.« Als der Farmer dem Präsidenten das mitteilte, fragte dieser: »Kopulieren sie immer mit der gleichen Henne?« »Nein, Herr Präsident, immer mit einer anderen«, antwortete der Farmer, woraufhin der Präsident zurückgab: »Oh, wirklich? Sagen Sie das bitte Mrs. Coolidge.«

Nach dieser Anekdote nannte man es »Coolidge-Effekt«, dass sich die Refraktärphase (die Ruhezeit nach der Ejakulation, die notwendig ist, um erneut sexuelles Interesse und eine Erektion zu haben) bei einigen Männchen durch den Reiz einer neuen Sexualpartnerin beträchtlich verkürzt. Der Coolidge-Effekt ist bei verschiedenen Tierarten gründlich belegt. Wenn ein Rattenbock mit vier paarungsbereiten Weibchen in einen Käfig gesperrt wird, hat er sie nach einer Weile alle vernascht, sitzt in einer Ecke und vermeidet jeden Körperkontakt, trotz der Annäherungsversuche der Weibchen. Für eine gewisse Zeit wird er keine von neuem besteigen. Wird ihm aber eine neue paarungsbereite Ratte vor die Nase gesetzt, könnt ihr sicher sein, dass er sich sofort auf sie stürzt. Natürlich gibt es solche Untersuchungen nicht mit Menschen (Wissenschaftler fänden das unethisch), und es gibt nicht viele Männer, die aufgrund persönlicher Erfahrungen etwas dazu sagen können. Mark allerdings schon. Ich lernte ihn auf einer Swingerparty kennen, und er erzählte mir, dass er normalerweise mit neugierigen Frauen kam und vorher klar sagte, dass er selbst täte, wozu er Lust hätte. Ich erklärte ihm den Coolidge-Effekt, und als ich ihn fragte, ob ihm das auch so ginge, meinte er nach kurzem Nachdenken, dass er sich an Situationen erinnern könnte, in denen er mit einer sehr schönen Frau Sex gehabt hatte, als sie mehr wollte, hätte er ihr jedoch sagen müssen, er bräuchte Zeit, bis er wieder eine Erektion haben könnte. Sobald sich ihm aber eine andere, sogar weniger attraktive Frau genähert hätte, wäre er sofort wieder erregt gewesen.

Um die Existenz des Coolidge-Effekts bei Menschen zu belegen, gehen die Wissenschaftler indirekt vor. Zum Beispiel zeigen sie Männern Bilder von Frauengesichtern und stellen fest, dass diese das Neue bevorzugen, sie berufen sich auf den Verlust des sexuellen Interesses im Verlauf einer Ehe und beobachten, dass Gewohnheit bei Männern eine stärkere inhibitorische Wirkung hat als bei Frauen. Diese Argumente sind anfechtbar, aber insgesamt betrachtet scheint es den Coolidge-Effekt beim Menschen zu geben, auch wenn er nicht wissenschaftlich bewiesen ist.

Evolutionspsychologen zufolge haben außerdem sowohl die Refraktärphase als auch der Coolidge-Effekt ihre evolutionäre Logik. Das eigentliche Ziel von Sex ist nicht der Spaß dabei, sondern die Fortpflanzung, und unter dieser Voraussetzung braucht eine Ratte nicht direkt wieder mit derselben Ratte Sex zu haben. Es ergibt Sinn, dass die natürliche Selektion eine Refraktärphase begünstigt hat, die das Männchen daran hindert, sinnlos Energie und Sperma zu verschwenden – aber gleichzeitig erregbar zu sein, sobald sich ein anderes paarungsbereites Weibchen nähert. Wenn wir jetzt – wie es die Evolutionspsychologen so gerne tun – einen nicht experimentell bewiesenen Analogieschluss ziehen, dann wäre der Coolidge-Effekt durchaus ein Beweis für eine angeborene männliche Tendenz zur sexuellen Promiskuität.

Und außerdem scheint er neurochemisch verschlüsselt zu sein. Da sich die grundlegende Physiologie der sexuellen Reaktion bei Menschen und Ratten nicht groß unterscheidet, ist es durchaus eine Möglichkeit, mit Ratten zu experimentieren und ihnen verschiedene Hormone zu injizieren, um zu beobachten, wie sich dadurch die Dauer der Refraktärphase verändert. Einer der ersten Hypothesen zufolge hat Serotonin etwas damit zu tun. Es ist bekannt, dass Antidepressiva, die den Serotoninspiegel erhöhen, Erektionsprobleme verursachen, den Orgasmus hinauszögern und die Zeit verlängern, die erforderlich ist, um nach der Ejakulation erneut eine Erektion haben zu können. Daher wurden Studien mit Ratten durchgeführt, in denen sich bestätigte, dass die Senkung des Serotoninspiegels die Refraktärphase verkürzen kann und umgekehrt. Aber das ist nicht alles. Man hatte auch Dopamin und die adrenergen Hormone im Verdacht. Adrenalin aktiviert den Stoffwechsel und die Lebensfunktionen unseres Körpers, Dopamin macht das Gleiche mit dem Geist. Dopamin ist das Hormon für Motivation und Euphorie, das ausgestoßen wird, wenn wir etwas sehen oder uns vorstellen, das wir haben wollen. Es könnte ohne weiteres beim Anblick eines neuen Weibchens freigesetzt werden und so dazu beitragen, die Refraktärphase zu verkürzen. Experimente mit Ratten bestätigen auch hier, dass die Steigerung der Dopamin- und Noradrenalinspiegel die Zeit bis zu einer neuen Erektion verkürzt. Gut. Aber das erklärt noch nicht die Existenz der nervigen Refraktärphase und den rätselhaften, plötzlichen Verlust von sexuellem Interesse nach dem männlichen (und wie wir gleich sehen werden auch manchmal dem weiblichen) Orgasmus.

Hier kommt das Prolaktin ins Spiel. Da Hyperprolaktinämie (ein erhöhter Prolaktinspiegel) einen signifikanten Verlust sexuellen Verlangens verursacht, und Prolaktin in großen Mengen nach dem männlichen und weiblichen Orgasmus ausgestoßen wird, glauben mehrere Wissenschaftler, dass dieses Hormon eine entscheidende Rolle bei der Regulierung der Refraktärphase spielen könnte. Und wirklich bewiesen deutsche Forscher experimentell, dass Männer und Frauen eine Stunde nach der sexuellen Aktivität nur dann einen hohen Prolaktinspiegel aufwiesen, wenn sie zum Orgasmus gekommen waren. Ohne Höhepunkt blieb der Wert unverändert. Um diese Hypothese zu bestätigen, baten die von Dr. Tillmann Krüger geleiteten Wissenschaftler einen 25-jährigen Mann, der keine Refraktärphase hatte, mehrmals hintereinander zu masturbieren, damit sie die Veränderungen seines Prolaktinspiegels messen konnten.

Denn es gibt Männer ohne Refraktärphase. Erlaubt mir einen kurzen Exkurs. Während der Arbeit an diesem Buch habe ich mich manchmal fast wie Kinsey oder Pomeroy gefühlt und meine Entdeckungen über Sex mit Freunden, Freundinnen und sogar neuen Bekanntschaften verglichen und mir genaue Notizen zu ihren Erfahrungen gemacht. Ich war überrascht, wie viele Frauen schon einmal einen Mikropenis gesehen hatten, wie viele von irgendeiner Freundin erzählten, die niemals zum Orgasmus kam, und ich staunte über die geringe Anzahl von Menschen, die nie untreu gewesen waren. Aber die größte Überraschung erlebte ich an einem Vormittag mit guten Freunden – richtigen Freunden, denen ich voll vertraute und von denen ich alles zu wissen glaubte. Ich erzählte von dem Artikel über den Deutschen, dessen Erektion nach der Ejakulation bestehen blieb, und einer meiner Freunde verblüffte uns bis zur Sprachlosigkeit, als er gestand, dass es ihm genauso ginge. Wenn er wollte, konnte er den Penis nach der Ejakulation herausziehen, in aller Ruhe ein neues Kondom überstreifen und bis zur nächsten Ejakulation weitermachen, und wieder und wieder, als wäre nichts gewesen. Wenn er nach der Ejakulation nichts weiter unternahm, schrumpfte sein Glied wie bei allen anderen auch, aber solange er wollte, konnte er die Erektion problemlos erhalten. Manchmal ejakulierte er, machte dann weiter, bis seine Partnerin ebenfalls zum Orgasmus kam, und beschloss dann in der Regel aufzuhören. Wir waren alle beeindruckt, und vergötterten ihn fast ein wenig. Er versicherte uns, das sei halb so wild. Lange Zeit habe er geglaubt, es sei normal. Erst eine Exfreundin erklärte ihm, dass er eine Art »Gabe« besäße. Den Neid des zweitrangigen Männchens einmal beiseite, bei späteren Gesprächen hörte ich noch öfters, jemand habe Männer mit dieser besonderen multiplen Orgasmusfähigkeit gekannt. Es gibt keine Statistiken, aber anscheinend ist es gar nicht so selten.

Zurück zu der Studie von 2001 über jenen deutschen Mann. Er brauchte nach dem Orgasmus gerade mal drei Minuten, bis sein Penis wieder komplett erigiert war, und sagte aus, den sexuellen Appetit normalerweise nicht zu verlieren. Wissenschaftler der Universität Essen wollten herausfinden, was an seinem Organismus anders war, und untersuchten vergleichend neun Freiwillige im selben Alter und ähnlicher körperlicher Verfassung, die jedoch im Durchschnitt

19 Minuten brauchten, bis sie nach einem Orgasmus die nächste Erektion haben konnten.

Das Prozedere war ganz einfach. Mit der Unterstützung von erotischen Filmen masturbierten die zehn Teilnehmer mehrmals in unterschiedlichen Zeitabständen, während kontinuierlich der Prolaktinspiegel im Blut gemessen wurde. Die Ergebnisse waren eindeutig. Der junge Mann ohne Refraktärphase masturbierte häufiger (einmal lagen nur zwei Minuten zwischen zwei seiner Orgasmen mit Ejakulation), und sein Prolaktinspiegel blieb unverändert. Bei den anderen Freiwilligen stiegen die Prolaktinwerte nach dem ersten Orgasmus deutlich, sanken nach etwa 20 Minuten ein wenig ab und stiegen wieder nach dem zweiten Orgasmus. Die Wissenschaftler folgerten daraus, dass die orgasmusindizierte Prolaktinausschüttung zu den an der Refraktärphase beteiligten Mechanismen gehörte. Aber es gab Gründe dafür anzunehmen, dass es noch komplizierter war.

In einem ausführlichen Artikel über die wissenschaftliche Literatur zur Refraktärphase, der 2009 in *The Journal of Sexual Medicine* erschien, argumentierte der unglaublich nette Roy Levin, dass Hyperprolaktinämie nicht immer zu einem Mangel an sexuellem Verlangen führe, und dass Berichte über individuelle Fälle zwar informativ seien, man auf dieser Grundlage jedoch besser keine Schlussfolgerungen zöge. Levin glaubt, die Rolle des Oxytocins sei nicht ausreichend untersucht worden, und auch der Aktivitätsverlust in einigen Gehirnarealen, z.B. der Amygdala, müsse geklärt werden. In seinem Überblicksartikel drückt er Erstaunen darüber aus, dass die Refraktärphase bisher nicht mit funktioneller Magnetresonanztomographie untersucht worden sei und niemand verglichen habe, welche konkreten Gehirnareale während der anfänglichen Stimulierung, nicht aber bei einer identischen Stimulierung nach dem Orgasmus aktiviert werden. Ich schickte Levins Artikel an Barry Komisaruk von der Rutgers University, und während ihr diese Zeilen lest, arbeite ich vielleicht selbst an so einer Untersuchung mit.

Es gibt auch bei Frauen eine Refraktärphase

Was Levin am meisten erstaunte, war jedoch das absolute Fehlen von Untersuchungen der Refraktärphase bei Frauen. Natürlich gibt es Frauen mit multiplen Orgasmen, deren Erregung sich auch nach einem Höhepunkt nur minimal abschwächt, und die bei weiterer Stimulierung schnell einen weiteren Orgasmus erleben können. Aber es gibt auch viele Frauen, die nach dem Orgasmus eine unangenehme Überempfindlichkeit der Klitoris wahrnehmen, ähnlich wie bei der männlichen Eichel, und ihre Partner daher bitten, mit der Simulation aufzuhören.

Für eine 2009 erschienene Studie von kanadischen Forschern sollten 174 Studentinnen mit einem durchschnittlichen Alter von 25 einen Fragebogen über ihr Sexualverhalten ausfüllen und unter anderem die beiden folgenden Fragen beantworten: 1. »Wird Ihre Klitoris bei einem Orgasmus empfindlicher? (a: Ja, im Augenblick des Orgasmus; b: Ja, aber erst nach dem Orgasmus; c: Nein.)« und 2.) »Möchten Sie nach einem Orgasmus Ihre Klitoris weiter direkt stimulieren? (a: Ja, sofort; b: Ja, aber ich konzentriere mich auf meinen Partner; c: Ja, aber ich brauche etwas Zeit; und d: Nein.)« Auf die erste Frage antworteten 96 Prozent der Frauen mit »b: Ja, aber erst nach dem Orgasmus« und 4 Prozent mit »c: Nein.« Auf die zweite Frage antworteten 86,2 Prozent der Frauen mit »d: Nein«, 11,5 Prozent mit »c: Ja, aber ich brauche etwas Zeit«, 1,7 Prozent mit »b: Ja, aber ich konzentriere mich auf meinen Partner«, und nur 0,6 Prozent mit »a: Ja, sofort«. Aus diesen Ergebnissen lässt sich schließen, dass eine Überempfindlichkeit der Klitoris nach dem Orgasmus bei Frauen sehr häufig vorkommt.

Einschränkend möchte ich sagen, dass wir hier nur von der direkten Stimulierung der Klitoris sprechen, nicht von einer sanfteren Form der Stimulierung oder davon, den Geschlechtsakt fortzuführen. Eine andere Frage war: »Wie oft haben Sie multiple Orgasmen?«, und 6,9 Prozent der Befragten antworteten »immer«, 10,3 Prozent antworteten »nur bei Masturbation«, 8,6 Prozent sagten »nur beim Koitus«, 25,3 Prozent »gelegentlich«, 21,8 Prozent

»selten« und 27 Prozent »nie«. Auf die Frage, »Wie viele Orgasmen haben Sie beim Geschlechtsverkehr?«, antworteten 50,6 Prozent »einen«, 13,8 Prozent »mehr als einen« und 29,9 Prozent »keinen«. Zumindest unter kanadischen Studentinnen kommt es häufiger vor, beim Geschlechtsverkehr keinen Orgasmus zu haben als mehrere.

Unter allen Teilnehmerinnen wählten die Wissenschaftlerinnen eine Gruppe von elf Freiwilligen aus, um die Überempfindlichkeit der Klitoris genauer zu untersuchen. Sie stellten fest, dass diese Hypersensibilität von wenigen Sekunden bis zu einigen Minuten andauern kann, dass meistens die Spitze der Klitoris am empfindlichsten ist, und dass es bei der Masturbation weniger stört als beim Sex mit Partner, weil die Frauen selbst die Stimulierung besser steuern können als der Liebhaber. Die Studie zeigt nicht, dass die weibliche Refraktärphase mit der männlichen identisch ist, aber durchaus, dass sie, anders als von Masters und Johnson behauptet, auch bei Frauen existiert.

Und das ergibt Sinn. Es wurde bereits erklärt, dass sich Penis und Klitoris physiologisch gesehen gar nicht so sehr voneinander unterscheiden, und dass sich viele der sexuellen Funktionen gleichen. Wir wissen auch, dass die Orgasmen bei Frauen vielfältiger sind, dass sie manchmal eine Flüssigkeit ejakulieren, die dem Sekret der Prostata ähnelt, und dass viele dieser Ejakulationen nicht bemerkt werden, weil sie ins Innere der Vagina zurückfließen. Da scheint es nur logisch zu sein, dass Frauen nach einem intensiven, von einer Ejakulation begleiteten Orgasmus eine Art Refraktärphase haben. Im Moment sind das nur Hypothesen, die man zwar nicht anhand von Ratten untersuchen kann, die jedoch zu einem anderen wichtigen Aspekt der Sexualität passen: Die Refraktärphase und das Ausbleiben des Verlangens treten nach der Ejakulation ein, nicht nach dem Orgasmus. Zwei Prozesse, die eng miteinander verknüpft, aber doch unabhängig sind.

Masturbation und ihre Nachteile gegenüber Geschlechtsverkehr

Eine umfassende britische Studie mit dem Titel »Prevalence of Masturbation and Associated Factors« stellt bezüglich der Masturbation einen merkwürdigen Unterschied zwischen Frauen und Männern fest. Bei einer Umfrage nach Sexualpraktiken in den letzten vier Wochen wurde festgestellt, dass Männer je häufiger masturbierten, desto weniger häufig sie Geschlechtsverkehr hatten. Bei Frauen war es umgekehrt. Natürlich sind das nur allgemeine Tendenzen, die nicht auf jeden Einzelnen zutreffen, aber die Autoren meinen, dass Masturbation für Männer als eine Art Ersatz dient, während sie bei Frauen Ausdruck eines viel breiteren Repertoires an sexuellen Verhaltensweisen ist. Aber wer weiß das schon, es könnte auch noch andere Interpretationen geben.

Aufgrund ihrer enormen Vielfalt ist es schwierig, Masturbation wissenschaftlich zu analysieren, aber es gibt durchaus ein paar interessante Studien. Bei Umfragen nach den Gründen für Masturbation wird Lust immer am häufigsten genannt, bei Männern kamen jedoch auch Langeweile oder Spannungsabbau dazu. Bei einer Studie mit fast 1900 Frauen gaben 10 Prozent an, Menstruationsschmerzen lindern zu wollen, 39 Prozent, sich zu entspannen, und 32 Prozent masturbierten, um einschlafen zu können.

Manche sagen, Frauen in den westlichen Gesellschaften würden heute häufiger masturbieren als zu früheren Zeiten, das lässt sich jedoch unmöglich empirisch belegen. Die ersten allgemeinen Umfragen über Masturbationshäufigkeit wurden erst Ende der 1940er durchgeführt, damals von Alfred Kinsey, der eröffnete, dass 95 Prozent der Männer und 40 Prozent der Frauen mindestens einmal im Leben masturbiert hätten. In einer breiten Umfrage Anfang unseres Jahrhunderts lagen die entsprechenden Zahlen bei 95 und 71 Prozent, was darauf hinzuweisen scheint, dass weibliche Masturbation heute häufiger ist. Bei der gleichen Studie kam heraus, dass 73 Prozent der Männer und 37 Prozent der Frauen in den letzten vier Wochen masturbiert hatten, und dass 27 Prozent der Männer und

8 Prozent der Frauen angaben, es mindestens einmal in der Woche zu tun. Das Alter spielte dabei eine große Rolle und die US-amerikanische *National Survey of Sexual Health and Behavior* (NSSH) von 2010 enthüllte, dass bei den Frauen fast 50 Prozent der 20- bis 29-Jährigen einmal im vergangenen Monat masturbiert hatten, während es bei den 30- bis 39-Jährigen 38 Prozent waren, bei den 40- bis 49-Jährigen ebenfalls 38 Prozent, bei den 50- bis 59-Jährigen 28 Prozent, bei den 60- bis 69-Jährigen 21 Prozent, und bei den über 70-Jährigen 11 Prozent. Die Männer lagen in allen Altersgruppen von zwanzig bis fünfzig bei über 60 Prozent, das sank in der Gruppe von 50- bis 59-Jährigen auf 55 Prozent, bei 60- bis 69-Jährigen auf 42 und bei über 70-Jährigen auf 28 Prozent. Aber selbst wenn man die Ergebnisse bezüglich des Alters differenziert, haben so allgemeine Statistiken kaum Aussagekraft und dienen eher als Kuriosität oder um Tendenzen abzuschätzen und zwischen unterschiedlichen Gesellschaften zu vergleichen.

Individuell gibt es natürlich äußerliche und psychosoziale, aber auch endogene Einflüsse. Ein Heranwachsender masturbiert häufiger, weil sein hoher Testosteronspiegel ihn ständig an Sex denken lässt, und es wurde gezeigt, dass partnerlose Frauen häufiger während des Eisprungs masturbieren und vor allem am Ende der Follikelphase, wenige Tage vor dem Eisprung. Die Tatsache, dass viele Mädchen sich schon vor der Pubertät reiben und genitale Lust verspüren, was sie später als eine Art kindliche Masturbation interpretieren, könnte an einer *Adrenarche* genannten Entwicklungsphase etwa zwischen dem 6. und 8. Lebensjahr liegen, in der der Androgenspiegel ansteigt.

Das spannende Thema der kindlichen Sexualität wird in diesem Buch nicht behandelt, auch weil nur wenige Wissenschaftler es wagen, dazu zu arbeiten oder eine Meinung darüber zu äußern. Aber jeder Kinderarzt kann von erschrockenen Müttern berichten, die ihre Töchter (bei Mädchen ist es verbreiteter als bei Jungen) dabei erwischen, wie sie sich an Gegenständen oder die Beine aneinander reiben und erröten, sobald sie sich wieder entspannen. Als Beispiel zitiere ich einen Fall von zwei Zwillingsschwestern, der 2012 in *The Journal of Sexual Medicine* beschrieben wurde:

Zwei elf Monate alte Zwillingsschwestern zeigten ein Verhalten, das ihren Eltern Sorgen bereitete. Mehrere Wochen lang zogen sie die Beine im Sitzen an den Unterleib, rieben die zusammengepressten Beine aneinander, stöhnten, ihre Gesichter röteten sich, sie schwitzten und dann entspannten sie sich wieder. Die körperliche Untersuchung war normal. Bei den Zwillingen wurde kindliche Masturbation diagnostiziert. Es handelt sich nicht um eine Krankheit, sondern um eine Eigenart des Verhaltens, trotzdem wurden Therapiemöglichkeiten empfohlen.

Elf Monate kommt uns wahrscheinlich früh vor, aber ein 2005 in der Zeitschrift *Pediatrics* erschienener Überblicksartikel legte fest, dass die »lustvollen Bewegungen« bereits im Alter von zwei Monaten auftreten können, am häufigsten jedoch bei Vierjährigen sind. Natürlich entspricht das nicht dem, was wir Erwachsenen unter Masturbation verstehen, und vielleicht sollten wir es nicht einmal so nennen – aber, und das muss ich einfach noch einmal sagen: Alle tun so, als würde die Sexualität erst in der Pubertät beginnen, dabei wäre es wahnsinnig spannend, ihren wahren Ursprung, ihre Entwicklung und die Einflüsse während der Kindheit zu erforschen.

Masters und Johnson dokumentierten zum Beispiel eine enorme Vielfalt von Masturbationsmethoden, vor allem bei Frauen, und einige davon brachten sie mit den ersten Erfahrungen bei der Entdeckung der Sexualität in Zusammenhang. Sie beschrieben Männer, die als Kinder gelernt hatten, sich am Boden zu reiben, um sich Lust zu verschaffen, und die das sooft wie möglich wiederholten. Es gab Frauen, die die Klitoris mit ihrem Lieblingskissen oder der Armlehne ihres Lieblingssessels stimulierten, da sie als Mädchen auf diese Weise begonnen hatten, sexuelle Lust zu empfinden und es auch im Erwachsenenalter noch der effektivste Weg zum Orgasmus war. Abgesehen von der Tatsache, dass manche Frauen bei der Masturbation auch die Vagina von innen stimulieren und manche nicht, gibt es eine unendliche Vielfalt von Techniken, die ich unmöglich alle aufnehmen kann, z.B. im Schneidersitz die Beckenbodenmuskulatur anzuspannen oder sich im Stehen an der Türkante zu reiben.

Vielleicht erinnern die unbewussten lustvollen Bewegungen in der Kindheit an instinktive Verhaltensweisen aus der Tierwelt. Da sind nicht nur die typischen Bilder von masturbierenden Primaten oder rolligen Katzen und läufigen Hündinnen, die ihre Genitalien an allem reiben, was ihnen in den Weg kommt – wenn ich erst einmal von der Natur anfange, kann ich kaum aufhören, von den unzähligen Kuriositäten zu erzählen. Besonders merkwürdig ist das promiskuitive Eichhörnchen aus Namibia. Viele Biologen glauben, dass manche Tiere masturbieren, um die Qualität ihres Samens vor einem Reproduktionsversuch zu verbessern, aber US-amerikanische Forscher haben das Verhalten dieses afrikanischen Eichhörnchens beobachtet und festgestellt, dass die Männchen direkt nach dem Geschlechtsverkehr masturbieren. Die Hypothese der Autoren lautet, dass dieser Masturbationsreflex gewissermaßen der Hygiene dient, um Infektionen zu vermeiden, da die paarungsbereiten Weibchen innerhalb von drei Stunden Sex mit zehn unterschiedlichen Männchen haben. Sie stellten es in einen Zusammenhang mit der Tatsache, dass Männer bei einer leichten genitalen Infektion ein Jucken verspüren, dass dem Verlangen nach Masturbation nicht unähnlich ist.

Hat Masturbation wirklich einen Einfluss auf die Qualität des Spermas? Die etwas abgedroschene Frage, ob das Sperma »verbraucht« oder im Gegenteil »aufgefrischt« wird, kommt uns vielleicht ziemlich blödsinnig vor, das ist von Kliniken mit Samenbanken jedoch sorgfältig untersucht worden. Eine retrospektive Studie mit Daten von über 6000 Spendern hat das Gesamtvolumen, die Konzentration, die Beweglichkeit und die Morphologie des Samens analysiert und festgestellt, dass man am besten einen Tag nach der letzten Ejakulation spendet. Einerseits reduziert das Masturbieren deutlich die Konzentration der Spermatozoiden in der Samenflüssigkeit, aber andererseits werden so diejenigen Samenzellen eliminiert, die mit der Zeit an Qualität verlieren. Da in Kliniken Spermien mit besserer Beweglichkeit ausgewählt werden können, wird üblicherweise um eine dreitägige Abstinenz gebeten.

Es mag anachronistisch erscheinen, kann jedoch nicht schaden, noch einmal zu betonen, dass Masturbation keine der angeblichen gesundheitlichen Probleme hervorruft, mit denen einige religiöse Orden Heranwachsenden absichtlich Angst eingejagt haben. Dieser Mythos geht auf das Jahr 1758 zurück, als der Schweizer Arzt Simon Auguste David Tissot (1728-1797) *L'Onanisme, Dissertation sur les Maladies produites par la Masturbation* veröffentlichte (*Die Onanie, oder Abhandlung über die Krankheiten, die von der Selbstbefleckung entstehen*). Tissot zählte dort mehrere körperliche Probleme auf, die angeblich mit Masturbation in Zusammenhang standen. Inzwischen wurden diese Behauptungen wissenschaftlich widerlegt, meist aufgrund religiösen Drucks jedoch leider immer wieder hervorgeholt. Interessanterweise ist das kontraproduktiv. Es gibt Indizien dafür, dass die Unterdrückung zu mehr psychischen Obsessionen, Phantasien und Frustrationen führt als die Akzeptanz der Masturbation als natürliche Handlung.

Ich möchte natürlich auch nicht, dass dieser Text als eine Ode an die Masturbation verstanden wird. Ich erinnere mich sehr gut an den auf Hypersexualität spezialisierten Therapeuten Richard Krueger, der von Patienten erzählte, die häufiger als zehn Mal täglich masturbierten und deutliche Anzeichen einer Zwangsstörung aufwiesen. Er meinte jedoch auch, dass Männer bedrückt in seine Praxis kämen, weil sie den Drang verspürten, mehrmals pro Woche zu masturbieren, und er ihnen helfen musste zu akzeptieren, dass das absolut normal sei.

Vielleicht hat Masturbation ja doch leichte beeinträchtigende Wirkungen auf die Psyche. Eine der originellsten Thesen, die ich gelesen habe, stammt von dem umstrittenen schottischen Soziologen Stuart Brody, der in zahlreichen Untersuchungen verschiedene Aspekte von Masturbation und Koitus verglich und feststellte, dass der Koitus auf Körper und Geist viel positivere Auswirkungen hat als Masturbation.

Stuart Brody ist ein ziemlich spezieller Fall unter den Wissenschaftlern, die über die menschliche Sexualität forschen. Er ist sehr produktiv und hat einflussreiche Studien über kulturelle Faktoren und das Risiko einer HIV-Infektion veröffentlicht, gleichzeitig betreibt er jedoch auch Forschungen zu Aspekten der Sexualität, die nicht besonders seriös wirken. In einigen seiner Arbeiten behauptet Brody, dass man am Gang einer Frau erkennen könne, ob sie vaginale Orgasmen habe, dass Frauen mit nach oben gewölbten Oberlippen mehr Orgasmen hätten, dass Sex ohne Kondom förderlicher für die psychische Gesundheit sei, und dass der vaginale Orgasmus positivere Auswirkungen habe als der klitorale. Diese Artikel haben in den Medien sehr viel Aufmerksamkeit bekommen, die meisten der von mir konsultierten Sexualwissenschaftler kritisieren die Arbeiten jedoch scharf. Sie werfen Brody vor, dass seine Methoden zu wünschen übrig ließen, seine Schlussfolgerungen übertrieben seien und er nur Aufmerksamkeit erregen wolle. Trotzdem werden seine Artikel sämtlichst in Zeitschriften mit Peer-Review veröffentlicht, d.h. erst nach einer Prüfung durch unabhängige Gutachter, und zwar meist in *The Journal of Sexual Medicine*, der einflussreichsten Zeitschrift über menschliche Sexualität. Ich erwähne das, weil ich sogar Irwin Goldstein, den Herausgeber des *JSM*, gefragt habe, warum er so umstrittene Arbeiten veröffentlichen würde. Seine Antwort war einfach: »Ich weiß ja, aber als Herausgeber habe ich keinen Einfluss darauf. Brodys Artikel werden von anderen Wissenschaftlern geprüft und angenommen.« Heikle Sache. Ich denke, die Sexualmedizin hat noch einen weiten Weg vor sich, bis sie als seriöse Wissenschaft anerkannt wird. Noch sind Vorurteile und Vetternwirtschaft manchmal wichtiger als experimentelle Daten.

Aber abgesehen von diesem Vorbehalt, den ich für notwendig halte, bietet Brodys Arbeit viele interessante Ansätze zum Vergleich von Masturbation und Vaginalverkehr, und er bezieht den Kontext und die subjektive Erfahrung beim (vaginalen oder allein herbeigeführten) Orgasmus mit ein. In einer ersten Studie von 2006 stellte Brody fest, dass die Freisetzung von Prolaktin (das Hormon, das mit Sättigung und Befriedigung assoziiert wird) nach dem Geschlechtsverkehr bis zu vier Mal so hoch war wie nach der Masturbation, sowohl bei Männern als auch bei Frauen. Das erkläre die größere körperliche Befriedigung nach dem Sex mit einem Partner. Aber Brody meint, dass es nicht nur um eine chemische Größe ginge. Bei Umfragen mit der *orgasmic rating scale*, einer Skala zur Bewertung von Orgasmen, beobachtete er, dass vaginale Orgasmen immer höher bewertet wurden als durch Masturbation herbeigeführte. Brody argumentiert, die Sexualforschung habe nicht genügend beachtet, in welchem Kontext sich der Orgasmus ereigne. Erinnern wir uns an die Statistiken zu Beginn dieses Abschnitts. Brody meint, wenn er nach den Gründen für Masturbation frage, erhalte er von Personen mit festem Partner häufig die Antwort, dass sie es tun, weil sie Lust haben oder um ihren Partner zu befriedigen, während alleinstehende Personen häufig antworten, dass sie Spannungen abbauen wollen, oder sich langweilen.

In seinen umstrittensten Arbeiten hat Brody eine höhere Frequenz von Vaginalverkehr (bei ihm PVI, *penile vaginal intercourse*) mit besserer psychischer Gesundheit verknüpft, was nicht für häufige Masturbation oder Analverkehr gilt. In einem 2010 veröffentlichten Überblicksartikel, mit dem Titel »The Relative Health Benefits of Different Sexual Activities«, argumentiert Brody, dass häufiges Masturbieren mit höheren Depressionsraten, weniger Zufriedenheit und weniger Liebe in der Beziehung korreliert. Und »Frauen, die vaginale Orgasmen erleben – definiert als Orgasmen, die nur durch die Bewegung des Penis in der Vagina entstehen –, sind zufriedener mit ihrer psychischen Gesundheit als Frauen, die Orgasmen nur durch die direkte Stimulierung der Klitoris erfahren.« In einem gefährlichen Abschnitt spricht Brody von häufigerem Auftreten unreifer psychologischer Abwehrmechanismen bei seltenerem Vaginalverkehr, meint, dass die vaginale Stimulierung mehr analgetische Eigenschaften habe als die klitorale und dass sie dabei helfe, die Beckenmuskulatur in Form zu halten. Außerdem schreibt er, das Gewebshormon »Prostaglandin E1, ein Bestandteil der Samenflüssigkeit, erhält nach der Ejakulation in der Vagina die Durchblutung und die vaginale Sauerstoffversorgung und verbessert so die sexuelle Reaktion, die vaginale Gesundheit und vielleicht die allgemeine Gesundheit. Kondome zu benutzen beraubt die Frau dieser positiven Auswirkungen.« Brody behauptet ebenfalls, dass Qualität und Menge des Ejakulats nach dem Geschlechtsverkehr höher seien als nach der Masturbation, und dass Vaginalverkehr besser für die kardiovaskuläre Gesundheit sei.

Diese letzte Schlussfolgerung wird von einer 2012 von Brody selbst veröffentlichten Studie gestützt. Dafür maß er fünf Minuten lang die Ruheherzfrequenz von 143 Männern und Frauen, und befragte sie dann zur Häufigkeit verschiedener sexueller Aktivitäten im letzten Monat. Anhand der Herzfrequenzvariabilität kann man Gesundheit und Langlebigkeit ablesen, und die einzigen Verbesserungen wurden bei Männern im Zusammenhang mit der Häufigkeit von Geschlechtsverkehr (nicht von Masturbation) beobachtet, und bei Frauen mit vaginalen Orgasmen, sei es beim Geschlechtsverkehr oder bei Masturbation, aber nicht durch die exklusive Stimulierung der Klitoris. Brody behauptet, dass der Vaginalverkehr die einzige mit positiven physischen und psychischen Wirkungen verbundene Sexualpraxis sei, während Masturbation und Analverkehr zwischen neutral und problematisch variieren.

Wer weiß, vielleicht unterscheiden sich Geschlechtsverkehr und Masturbation wirklich mehr, als es uns zunächst erscheint. Brodys Ideen sind umstritten, ansatzweise jedoch experimentell gedeckt. Aber in der Wissenschaft werden Hypothesen erst akzeptiert, wenn sie in unabhängigen Studien überprüft und die Ergebnisse reproduziert werden können. Darauf müssen wir in diesem Fall anscheinend noch warten.

Vibratoren, Gleitmittel und Aphrodisiaka zur Steigerung der sexuellen Lust

Eines Morgens war Pablo gerade mitten beim Sex mit einer Freundin, als plötzlich neben ihm auf dem Bett sein Handy vibrierte. »Don't worry about it«, sagt Helen. Aber Pablo hält inne und grinst. »What's up?«, fragt Helen. »Nothing«, antwortet Pablo. »Tell me!«, fordert Helen lächelnd.

Kurze Pause – und Pablo nimmt das vibrierende Telefon und hält es an Helens Klitoris, während er wieder in sie eindringen will. Helen windet sich und lacht so sehr, dass sie ein paar Minuten unterbrechen müssen. Danach hat Helen ziemlich schnell einen Orgasmus und zwar, soweit Pablo sich erinnern kann, intensiver als je zuvor. Leider war es das letzte Mal.

Mit dieser kleinen Geschichte möchte ich zwei Dinge erläutern: Lachen macht Sex leichter, da es Muskeln, Nerven und auch Emotionen entspannt und uns außerdem mental darauf einstimmt, etwas zu genießen. Und beim Geschlechtsverkehr einen kleinen Vibrator zu benutzen, kann für Frauen, die nur mit direkter Stimulierung der Klitoris zum Orgasmus kommen, sehr nützlich sein. Gewisse Stellungen können natürlich die gleiche Funktion erfüllen, aber ein vibrierender Penisring oder ein kleines Gerät in Händen der Frau können die Lust enorm steigern. In einer 2009 von Wissenschaftlern der University of Indiana und dem Kinsey-Institut veröffentlichte Studie wurden 3800 Frauen zwischen 18 und 60 befragt und es wurde festgestellt, dass 52,5 Prozent der Frauen schon Vibratoren benutzt hatten, die Mehrheit von ihnen sowohl bei der Masturbation als auch beim Sex mit dem Partner. Die Studie belegte, dass die Nutzung von Vibratoren deutlich zunimmt, und stellte das in einen Zusammenhang mit höheren Raten von Erregung, Lubrikation, Verlangen und Orgasmen. Falls ihr sowieso schon Vibratoren benutzt, ist das für euch natürlich nichts Neues, aber falls ihr zu den 47,5 Prozent der übrigen Frauen gehört, könnte es ganz lustig sein, es einmal auszuprobieren.

Doch auch wenn viele Frauen sie magisch finden und behaupten, dass sie »im Gegensatz zu Männern niemals versagen«, sind Vibratoren eigentlich denkbar einfach gemacht, und es steckt weder viel Zauberei noch Wissenschaft dahinter. Auf dem Kongress für Sexualmedizin fragte ich die Expertinnen von Lelo, ob das Design physischen Anforderungen entspräche, sie meinten aber, dass die Geräte einfach ästhetisch sein sollten.

Kurios an Vibratoren ist vor allem, dass sie als medizinisches Instrument zur Behandlung von Hysterie entwickelt wurden. Aus einer ziemlich sexistischen Perspektive nahmen Ärzte Ende des 19. Jahrhunderts an, dass Frauen nicht masturbierten und, sofern sie nicht verheiratet waren, sexuelle Spannung nicht wie Männer abbauen könnten. Diese durch Sexmangel entstandene Anspannung konnte sich ansammeln und Hysterie verursachen, und daher wurden Maschinen entworfen, die Orgasmen herbeiführen und die Anspannung lösen sollten. Das waren die ersten Vibratoren.

Danach kamen Utensilien, die eigentlich gar nicht zu diesem Zweck gedacht waren. Ein klassisches Beispiel ist das Rückenmassagegerät Hitachi Magic Wand, ein längliches Gerät mit einer vibrierenden Kugel am Ende, mit dem man sich selbst den Rücken massieren kann. Sobald sie die Wirkung einmal kennengelernt hatten, beschlossen viele Frauen freudig überrascht, es auch auf andere Bereiche des Körpers anzuwenden. Noch Jahrzehnte später wird das klassische Modell des Hitachi Magic Wand immer noch in Sexshops und Spezialgeschäften verkauft. Geht ruhig mal in so einen Laden oder recherchiert online. Ihr werdet feststellen, dass es bei Vibratoren und Sextoys eine große Vielfalt an Formen, Oberflächen, Materialien und Intensitätsstufen gibt, für Männer und Frauen, Hetero- und Homosexuelle, zum alleinigen Gebrauch oder mit dem Partner.

Vielleicht eins der berühmtesten Modelle ist der »Rabbit«, der durch die Serie *Sex and the City* bekannt wurde. Er besteht aus einem Dildo, der sich in der Vagina mit unterschiedlichen Geschwindigkeiten dreht, und zwei Hasenöhrchen, die außerdem die Klitoris kitzeln. Tatsächlich kann man damit den G-Punkt so intensiv massieren, wie es eine Frau allein oder mittels der Penetration des Partners kaum schafft. Die Stimulation des G-Punkts, der im Allgemeinen etwa 3-4 cm oberhalb der Vaginalöffnung an der vorderen Wand liegt, muss sanft wie eine Liebkosung beginnen, aber um die Lust zu steigern, muss langsam immer stärkerer Druck ausgeübt werden. Das ist mit Dildos einfacher als mit Fingern oder dem Penis. Sexologen argumentieren, dass eine der Funktionen von Sex-Spielzeug und Masturbation ist, die Reaktionen des eigenen Körpers kennenzulernen. Zu wissen, was einem Lust bereitet, ist fundamental, um ein gesundes Sexualleben zu führen und in einer Paarbeziehung die Initiative zu ergreifen.

Für viele Frauen ist es beim Geschlechtsverkehr wichtig, dass Bewegungen und Intensität sehr genau abgestimmt sind, damit sie den

Orgasmus erreichen, und es ist gut, wenn sie in diesem Moment die Kontrolle über den Rhythmus und die Körperposition übernehmen. Dafür müssen sie ihre genitalen Reaktionen gut kennen. Für eine breite Studie von 2009 gaben 55 Prozent neben anderen Gründen an, aus Neugierde begonnen zu haben, Vibratoren zu benutzen, ein Drittel, um leichter zum Orgasmus zu kommen, und 27 Prozent auf Bitten ihrer Partner. Die große Mehrheit meinte jedenfalls, dass sie zur Verbesserung ihres Sexuallebens beigetragen hätten.

Ähnlich ist es mit Gleitmitteln. In einer 2011 veröffentlichten Studie der Indiana University unter Leitung von Debby Herbenick wurden 2453 freiwilligen Frauen sechs unterschiedliche Gleitmittel zugewiesen, die sie fünf Wochen lang bei der Masturbation sowie (analem und vaginalem) Geschlechtsverkehr ausprobieren sollten. Das war die größte bis heute durchgeführte Studie über Gleitmittel, und es stellte sich heraus, dass sie die sexuellen Erfahrungen nicht nur bei Frauen verbesserte, die unter Vaginaltrockenheit und Dyspareunie (Schmerzen beim Geschlechtsverkehr) litten, sondern bei fast allen, deren Lubrikation nicht ganz so reichlich war. Ebenfalls wurde festgestellt, dass wasserbasierte Gleitmittel weniger Nebenwirkungen haben als silikonbasierte, auch wenn es insgesamt kaum Nebenwirkungen gab. Silikonbasierte Gleitmittel werden weniger leicht absorbiert und bleiben länger an den Genitalien haften als die anderen, aber die Autoren der Studie rieten, mit Art, Menge und dem richtigen Zeitpunkt für ein externes Gleitmittel zu experimentieren. Es gibt auch Mittel, die Hitze in den Genitalien hervorrufen, und andere, die Durchblutung, Erregung und Empfindlichkeit steigern sollen. Experten zufolge ist das Anwenden von Gleitmitteln die einfachste Möglichkeit, um das sexuelle Erleben zu verbessern.

Der Begriff »Aphrodisiakum« ist sehr allgemein und meint viel mehr als nur Erektionsmittel. Und es ist wirklich logisch, dass natürliche Substanzen eine positive Wirkung auf die sexuelle Reaktion haben können. Natürlich gibt es Lebensmittel und natürliche Verbindungen, die zu einer Gefäßerweiterung führen, die Durchblutung steigern und die genitale Erregung erleichtern. Yohimbe, zum Beispiel, und die Aminosäure L-Arginin haben den Test klinischer Studien, bei denen man sie mit Placebos verglich, bestanden. Es ist auch denkbar, dass einige Substanzen den Testosteron- oder Dopaminspiegel erhöhen und das Verlangen steigern, während andere dafür sorgen, dass wir uns kurzzeitig vitaler und energiegeladener fühlen und aus diesem Grund sexuell empfänglicher sind. Im Prinzip kann man selbst Alkohol oder Marihuana als Aphrodisiaka bezeichnen, da sie enthemmend wirken und Gras außerdem die Sensibilität steigert.

Natürlich kann sich gute Gesellschaft und das Gespräch bei einem romantischen Abendessen sehr viel deutlicher auf den sexuellen Reiz auswirken als das Essen selbst, aber es spricht nichts dagegen, dass einige spezifische Nahrungsmittel oder traditionelle Arzneien chemisch auf unseren Körper einwirken und die Gefäße erweitern, unseren Gemütszustand verbessern und die Erregung steigern. In Drogerien und im Internet gibt es haufenweise Produkte, die mit großen Worten angepriesen werden, aber nur wenige wissenschaftliche Studien untersuchen die Nebenwirkungen oder bestätigen ihre Wirksamkeit. Um das Maß vollzumachen, analysierte eine im April 2012 veröffentlichte Studie neun Nahrungsergänzungsmittel auf Kräuterbasis, die zur Behandlung von Erektionsstörungen angeboten wurden, und stellte fest, dass vier von ihnen mit Analoga von Sildenafil (Viagra) versetzt waren und drei mit anderen Medikamenten gegen Erektionsstörungen. Natürliche Produkte funktionieren also, aber die synthetischen vielleicht noch besser.

In einer der wenigen klinischen Studien stellte die renommierte Wissenschaftlerin Cindy Meston fest, dass das Alkaloid Yohimbin – der Extrakt aus Blättern und Rinde des Yohimbe-Baums *Pausinystalia yohimbe* – den Vaginalfluss bei Frauen, die erotischen Bildern ausgesetzt sind, im Vergleich zu Placebos signifikant erhöht. Der Extrakt des Gingkobaums, der ebenfalls als starkes Aphrodisiakum angepriesen wird, verbesserte die sexuellen Reaktionen der Frauen hingegen nicht mehr als ein Placebo. Der Placeboeffekt ist dabei allerdings durchaus interessant. Cindy Meston hat festgestellt, dass die Einnahme von Placebos ohne aktive Substanz ebenfalls Verlangen und Erregung steigert, und bei bestimmten Fällen von sexueller Dysfunktion sehr positive Auswirkungen hat. Zweifellos wirkt die Psyche auf das Nervensystem, die Entspannung und den Gemütszustand. In konkreten Situationen können daher viele natürliche Produkte funktionieren, auch wenn das nur an der Suggestion des Placeboeffekts liegt. Ein Risiko besteht darin, dass zum Beispiel Yohimbin in großen Mengen giftig ist und die meisten natürlichen Produkte nicht daraufhin überprüft werden, um Nebenwirkungen bei höherer Dosierung abschätzen zu können.

Man sollte nicht vergessen, dass Frauen meist über den Mangel an sexuellem Verlangen klagen – und nicht über Lubrikationsprobleme, die man leicht mit Gleitmitteln lösen kann, oder über Probleme der genitalen Durchblutung, die nicht so entscheidend ist wie bei Männern. Beim männlichen Geschlecht geschieht das Gegenteil: Das größte Problem ist nicht mangelndes Begehren, sondern ungenügende Erregung und Erektion. In diesen Fällen können gefäßerweiternde Mittel wie Arginin, Ginseng oder Yohimbin, die die Produktion von Stickstoffmonoxid im Körper anregen, wirklich funktionieren (wenn auch weniger effektiv als Viagra oder analoge Medikamente), ihre Wirkung auf die weibliche sexuelle Reaktion ist aber deutlich weniger relevant. Aphrodisiaka sind sicher nicht nur ein Mythos – aber die klassische Schokolade oder das Glas Wein, das unsere Laune bessert und zu unserem Wohlbefinden beiträgt, sind neben Placebos unterschiedlicher Herkunft definitiv die beste Option, um eine sexuelle Begegnung zu erleichtern. Und ich möchte das nicht banalisieren. Anstatt über die aphrodisierende Wirkung mancher Nahrungsmittel zu grübeln, sollten wir uns eher über die antiaphrodisierende Wirkung eines vollen Magens oder zu vieler Sorgen Gedanken machen.

Die trügerische Wirkung von Alkohol auf Erregung und Orgasmus

Das ist schon vielen Frauen passiert. Ihr trinkt ein Glas, zwei, drei oder sogar vier und seid euphorisch, enthemmt, übermütig und erregt und fühlt euch wahnsinnig von diesem süßen Typen angezogen, der euch verführen will. Ein Glas später geht ihr mit ihm ins Bett, und – sei es euer Verlobter, Ehemann, Liebhaber, Freund oder eine neue Bekanntschaft –, obwohl ihr wirklich entspannt seid, sensibel, erregt und total motiviert, es fällt euch richtig schwer, zum Orgasmus zu kommen. Manchmal habt ihr gar keinen. Das ist der trügerische Effekt des Alkohols.

Alkohol wirkt stark hemmend auf das zentrale Nervensystem, und zwar auf die Rezeptoren des Neurotransmitters GABA (Gamma-Aminobuttersäure), was zu einer allgemeinen Hemmung der Reizübertragung führt. Anders gesagt führt Alkohol dazu, dass das Gehirn »viel langsamer funktioniert«. Wenn ihr etwas über den Durst getrunken habt und ein stärkeres Bedürfnis nach Intimkontakt verspürt, dann liegt es nicht daran, dass ihr genital oder neurochemisch erregt seid. Ihr seid einfach psychisch enthemmt. Die Verringerung der Gehirnaktivität reduziert die Selbstkontrolle und, obwohl es nicht so scheint, auch die physiologische Erregungsreaktion. Subjektiv kommt es einer Frau vielleicht so vor, als wäre sie nach ein paar Gläsern erregter, aber wenn die Durchblutung der Vagina gemessen wurde – und in Experimenten hat man das gemacht –, stellte sich heraus, dass die Erregung deutlich geringer ist als ohne Alkoholkonsum. Die körperliche Erregung ist reduziert, und neben der Schwierigkeit, bei Trunkenheit das sympathische Nervensystem zu aktivieren, ist es auch schwerer, einen Orgasmus zu haben. Bei Männern ist es nicht anders.

In moderaten Mengen ist Alkohol ein verlässliches Aphrodisiakum. Ein paar Gläser Bier enthemmen, erzeugen Euphorie, lösen körperliche und emotionale Spannungen und erleichtern den Genuss am Sex. Aber kaum dass wir es ein bisschen übertreiben, gelangen wir zu diesem Paradox, das darin besteht, sich extrem erregt zu fühlen und trotzdem Schwierigkeiten zu haben, den Höhepunkt zu erreichen.

Wichtig ist der Kontext, in dem getrunken wird, und nicht jeder reagiert identisch; diese Wirkung ist aber hinreichend belegt. Im 2011 erschienenen Überblicksartikel »Women's Sexual Arousal: Effects of High Alcohol Dosages and Self-control Instructions« schreiben Wissenschaftler von der University of Washington und dem Kinsey-Institut, dass in fünf der acht methodisch besten Studien zur Wirkung von Alkohol auf die weibliche sexuelle Reaktion festgestellt wird, dass sich schon nach dem Konsum mäßiger Mengen Alkohol die Durchblutung und Lubrikation der Vagina verringern. Von den 15 Studien jedoch, die die subjektive Wahrnehmung der Erregung analysieren, kommen 13 zu dem Schluss, dass Alkohol diese steigert. Die Frauen sind mental erregt, körperlich jedoch nicht.

Zusätzlich zu diesem Überblick über die Forschungsliteratur haben dieselben Wissenschaftler auch eigene Studien durchgeführt. Für die ersten wählten sie 78 Universitätsstudentinnen zwischen 21 und 35 Jahren aus, die gelegentlich tranken, weder körperliche noch psychische Probleme und keinen Partner hatten, jedoch an Männern interessiert waren, und machten mit ihnen ein merkwürdiges Experiment: Die Frauen mussten ins Labor kommen, ohne in den letzten 24 Stunden Alkohol getrunken und in den letzten drei Stunden etwas gegessen zu haben. Nachdem zuerst festgestellt wurde, dass sie weder schwanger waren noch menstruierten (in diesem letzten Fall wurde das Experiment auf einen anderen Tag verschoben), teilte man sie in zwei Gruppen. Die erste sollte langsam eine Kombination aus einem Teil Wodka und vier Teilen Orangensaft trinken, bis ihre Blutalkoholkonzentration (BAK) bei 0,8 Promille lag. Das entspricht einer Menge von 0,82 ml Alkohol pro Kilo oder einfacher gesagt einem leichten Schwips. Die zweite Gruppe sollte die gleiche Menge Orangensaft ohne »Zusätze« trinken. Dann wurden die Frauen in einen Raum gebracht, in dem sie sich mit hochgelegten Beinen vor einen Fernseher setzten, und ihnen wurde ein Photoplethysmograph in die Vagina eingeführt. Dieses tamponförmige Gerät kann Schwankungen der genitalen Durchblutung feststellen, indem es die Intensität der von der Vaginalwand reflektierten Infrarotlichtstrahlen misst. Sobald die Frauen es bequem hatten, erschien auf dem Bildschirm ein zweieinhalbminütiger Dokumentarfilm über Vögel und danach ein sechsminütiger erotischer Film, der, wie in vorangegangenen Studien bereits festgestellt worden war, auf Frauen erregend wirkte. Beide Gruppen, die, die Alkohol getrunken hatte, sowie die andere, wurden jetzt noch einmal in zwei Untergruppen aufgeteilt. Davon sollte je eine sich bemühen, ihre Erregung während der Projektion der erotischen Bilder zu drosseln, die andere, sie zu steigern. Frühere Studien hatten bewiesen, dass Frauen mehr mentale Kontrolle über ihre sexuelle Reaktion haben als Männer, und die Forscher wollten wissen, ob Alkohol diese Fähigkeit beeinträchtigte. Nach dem Experiment ruhten die Frauen sich aus, bis der Blutalkohol auf 0,3 Promille abgesunken war, bekamen 15 Dollar die Stunde und wurden zu ihrem subjektiven Eindruck befragt, also ob sie sich mehr oder weniger erregt hätten. Damit sollte der Zusammenhang von Wahrnehmung und physiologischer Reaktion abgedeckt werden.

Die Forscher wiederholten das Experiment mit weiteren 74 Frauen, mit dem einzigen Unterschied, dass eine Gruppe eine sehr viel größere Menge Alkohol einnahm, und zwar bis zu 1,25 ml Alkohol pro Kilo Körpermasse. Diese Menge hemmt bereits einige Funktionen des zentralen Nervensystems.

Aus den Studien wurden verschiedene Schlussfolgerungen gezogen. Die Frauen, die wenig Alkohol zu sich genommen hatten, konnten ihre sexuelle Reaktion auf die erotischen Bilder noch fast genauso gut steuern wie die, die nur Orangensaft getrunken hatten. Doch diejenigen, die große Mengen Alkohol konsumierten, verloren diese Fähigkeit. Bei den betrunkenen Frauen des zweiten Experiments gab es tatsächlich kaum einen messbaren Unterschied zwischen denen, die ihre Erregung steigern, und denen, die sie drosseln sollten. Was den Grad der körperlichen Erregung insgesamt angeht, stellte man fest, dass die Frauen der ersten Studie, die etwas Alkohol getrunken hatten und instruiert wurden, ihre Erregung zu steigern, den höchsten Grad der Erregung schneller erreichten als die nüchterne Kontrollgruppe. Geringe Mengen Alkohol verbesserten also die genitale Reaktion. Bei der Gruppe mit der höheren Alkoholdosis verschwand dieser Effekt jedoch, und es wurde eine generelle Abnahme der körperlichen Erregung beobachtet. Unterschiede zwischen subjektiver Wahrnehmung und genitaler Reaktion gab es bei den meisten Frauen egal welcher Gruppe, aber anders als oben behauptet, schien Alkoholkonsum nicht dazu zu führen, dass die Frauen sich viel erregter fühlten, als sie körperlich wirklich waren. Die Autoren der Studie gaben an, dass dafür der nicht-repräsentative Laborkontext fern jeder Lebensrealität verantwortlich sein könnte. Wohlgemerkt, »könnte« ...

Ein paar Jahre zuvor hatten dieselben Wissenschaftler ein ähnliches Experiment mit Männern durchgeführt. Sie wählten 125 Studenten aus und gaben der Hälfte Alkohol, bis die Konzentration des Blutalkohols bei 1 Promille lag (in Spanien darf man bis 0,5 Promille noch Autofahren, in Deutschland liegt der Wert bei 0,3 Promille, für Fahranfänger sogar bei 0,0 Promille), und der anderen Hälfte Orangensaft. Dann befestigten sie am Penis der Teilnehmer Plethysmographen (die mittels einer elastischen Schlaufe Veränderungen des Volumens messen), zeigten ihnen zweieinhalb Minuten lang die Doku mit den Vögeln und dann erotische Filme. Wieder wurde die Hälfte der Männer beider Gruppen gebeten, ihre Erregung zu steigern, die andere Hälfte, sie zu bremsen.

Ausnahmsweise waren die Ergebnisse interessanter als bei den Frauen: Wie vorauszusehen, brauchte die nüchterne Kontrollgruppe weniger Zeit als die Betrunkenen, um vom Grundzustand zu einem fünfprozentigen Wachstum des Penis zu kommen (dem Erektionsbeginn). Die Zeit, um danach eine volle Erektion zu erreichen, war bei beiden Gruppen allerdings fast gleich, die Männer, die sich im Labor einen Drink genehmigt hatten, brauchten nur geringfügig länger. Bei den Nüchternen gab es jedoch außerdem einen signifikanten Unterschied zwischen denen, die ihre Erregung zu bremsen, und denen, die sie zu steigern versuchten, sie hatten also große Kontrolle über die Reaktion ihres Penis. Unter den Angetrunkenen hingegen gab es praktisch keinen Unterschied. Denen, die ihre Erektion zu unterdrücken versuchten, gelang dies tatsächlich sehr viel weniger gut als ihren Kollegen aus der nüchternen Kontrollgruppe. Interessante Ergebnisse.

Die andere Schlussfolgerung der Autoren der Studie war, dass eine gemäßigte Dosis Alkohol bei gesunden Männern keinen Einfluss auf die Erektion hat. Erektionsprobleme bei großen Mengen

Alkohol und bei Gewohnheitstrinkern durch kardiovaskuläre Ursachen sind hinreichend bewiesen. Aber wenn jemand nach mäßigem Alkoholkonsum keinen hochkriegt, dann hat das andere Gründe als diesen konkreten physiologischen Effekt und kann nicht als Rechtfertigung herhalten.

Motivation für Analsex

Beim Sexualmedizinischen Kongress in Chicago erwischte mich ein weiterer Eimer eiskaltes Wasser in folgender Situation: Als ich mich zu einer Gruppe von Wissenschaftlern stellte und sagte: »Ich komme gerade von einem hochinteressanten Vortrag über anale Dyspareunie, Schmerzen beim Analverkehr«, fiel einem der Anwesenden nichts besseres ein, als zu antworten: »Natürlich tut das weh, der Anus ist ja auch nicht dafür gedacht.« Die anderen grinsten, und ich konnte mich nach dem ganzen Phallozentrismus auf der doch sehr konservativen Veranstaltung nicht mehr zurückhalten und erwiderte: »Analsex ist für die meisten schwulen Männer eine übliche Praxis, in der heterosexuellen Bevölkerung breitet sie sich aus, und fast die Hälfte der Frauen zwischen 25 und 30 hatte schon einmal Analverkehr. Ich glaube, das sollte die Sexualmedizin berücksichtigen, auch wenn es einigen Leuten unpassend erscheint.« »Aber sicher ...«, kam die wenig überzeugte Antwort eines US-Amerikaners, in dessen Land Analverkehr bis 2002 noch in zehn Staaten für alle gesetzlich verboten war, in dreien (Kansas, Oklahoma und Texas) nur für homosexuelle Paare. Natürlich wurden diese Gesetze am Schluss nicht mehr angewendet, aber in den 1990er Jahren gab es noch ein paar aufsehenerregende Fälle, bei denen schwule Paare wegen »Sodomie« angezeigt wurden.

Aber zurück zum Thema. Die Studie, die auf dem Kongress vorgestellt wurde, untersuchte die Häufigkeit von Schmerzen beim Analverkehr bei 1190 belgischen Homosexuellen. Sie ergab folgende Ergebnisse: 41 Prozent spürten überhaupt keine Schmerzen, aber 32,7 Prozent spürten leichten Schmerz, 17,2 Prozent leichten bis mäßigen Schmerz, 4 Prozent mäßigen und 1,8 Prozent starken Schmerz. Bei weiteren Untersuchungen wurde festgestellt, dass weniger Schmerzen auftraten, je mehr Erfahrung jemand hatte, es gab jedoch einen Rest von Teilnehmern, die immer Schmerzen hatten und aus diesem Grund keinen befriedigenden Sex haben konnten. Es wurde auch dokumentiert, dass 28,2 Prozent üblicherweise *barebacking* betrieben, d.h. ungeschützten Analsex, obwohl das Infektionsrisiko für HIV bei Analsex zwanzig Mal höher ist als bei Vaginalsex.

Dieses Risikoverhalten und andere Aspekte wie die Zunahme von Analkrebs durch humane Papillomviren ist beunruhigend für die Wissenschaftler, die diese Praktik von »Männern, die mit Männern Sex haben«, untersuchen – ein Ausdruck, der verwendet wird, um sich nicht nur auf den Teil der Bevölkerung zu beziehen, der sich als homosexuell definiert.

Nur wenige Forscher untersuchen auch Aspekte von Analsex bei heterosexuellen Paaren. Und das ist erstaunlich, die Zahlen sind nämlich eindeutig. Daten des Kinsey-Instituts zufolge haben 46 Prozent der US-amerikanischen Frauen zwischen 25 und 29 mindestens einmal Analverkehr gehabt. Wenn wir die Zahlen nach Alter differenzieren, können wir etwas sehr Interessantes beobachten: Die Prozentzahl der Frauen, die mindestens einmal Analverkehr hatten, sinkt bei den 50- bis 59-Jährigen auf 35 Prozent, bei den 60- bis 69-Jährigen auf 30 Prozent und bei den über 70-Jährigen auf 21 Prozent. Die Bedeutung ist offensichtlich: Heterosexueller Analverkehr wird normaler und kommt heute viel häufiger vor als noch vor ein paar Jahrzehnten. Zumindest, wenn wir den Ergebnissen vertrauen, denn eine 1999 veröffentlichte Studie untersuchte, in welchem Ausmaß Menschen bei Befragungen zu heiklen Themen logen, und zeigte, dass der Anteil der erwachsenen Frauen, die verheimlichten, Analverkehr zu haben, höher war als der Anteil derer, die verheimlichten, abgetrieben zu haben. Es ist zweifellos ein Tabuthema, zu dem es jedoch interessante Informationen gibt.

Von den Personen, die in den letzten zwölf Monaten Analsex praktizierten, taten 69 Prozent der Männer und 73 Prozent der

Frauen das im Rahmen einer festen Beziehung, und eine Umfrage von 2003 ergab, dass 58 Prozent der Frauen es zum ersten Mal auf Bitten ihrer Partner taten. Eine weitere Studie mit 2357 heterosexuellen Teilnehmern, die in den letzten drei Monaten Analverkehr praktiziert hatten, enthüllte, dass nur 27 Prozent immer ein Kondom benutzt hatten und 63 Prozent nie. Das macht den Forschern wirklich Sorgen, denn anderen Studien zufolge hielt fast die Hälfte der männlichen und weiblichen Studenten Analverkehr bezüglich sexuell übertragbarer Krankheiten für weniger gefährlich als Vaginalverkehr. Und dabei ist es umgekehrt. Durch die Art des Epithelgewebes, das häufigere Auftreten von Läsionen und entzündlichen Reaktionen ist Analsex sehr viel risikoreicher.

Warum praktizieren Heteropaare überhaupt Analverkehr, und warum tun sie das heute häufiger als vor ein paar Jahrzehnten? Was letzteres angeht, hat die Pornographie zweifellos eine wichtige Rolle gespielt. Auch wenn es keine Daten gibt, die das sicher bestätigen, sind wir heute häufiger Bildern von Analsex ausgesetzt, und das führt dazu, dass mehr Menschen Lust haben, es auszuprobieren. Aber neben der Neugierde zählen bei Jugendlichen teilweise auch noch die klassischen Gründe, die Jungfräulichkeit zu erhalten und eine Schwangerschaft zu vermeiden. In einer 1999 veröffentlichten US-amerikanischen Studie waren 19 Prozent der Universitätsstudenten der Ansicht, dass Analverkehr nicht wirklich Sex sei und man dadurch nicht die Jungfräulichkeit verlöre.

Zweifellos ist der zweite wichtige Grund, aus dem viele Paare Analsex haben, dass es ihnen gefällt. Inwiefern? Es gibt nicht viel Forschungsliteratur zu dem Thema, aber Kim McBride von der University of Indiana hat mehrere Studien zusammengefasst und sechs große Gruppen von Gründen festgelegt, aus denen Leute Analsex mochten. Die waren: 1) Intimität und Vertrauen (viele würden Analverkehr nur mit jemandem praktizieren, dem sie sehr vertrauen), 2) Suche nach Vielfalt und neuen Empfindungen, 3) Zusammenhang mit Spielen von Kontrolle und Domination, 4) gesteigerte Erotik durch Tabubruch, 5) Schmerz kann Lust erzeugen (viele Menschen im Zustand hochgradiger sexueller Erregung empfinden leichten Schmerz als angenehm) und 6) es ist eine weitere Praktik in der sexuellen Paarbeziehung.

Ein konservativer Blick auf heterosexuellen Analverkehr sieht einfach eine atypische und mit größerem Risiko verbundene Variante des Vaginalverkehrs, aber für viele Menschen ist er psychologisch aufregend, und verbunden mit dem dafür notwendigen Vertrauen und guter Vorbereitung kann er für besonders intim gehalten werden und eine andere Art der Lust erzeugen. Der Anus ist eine erogene Zone mit unabhängigen Nervenenden, deren Stimulierung als angenehm empfunden werden kann und bei Männern außerdem Zugang zur Prostata erlaubt.

Einer der wenigen Forscher, der sich auf Analverkehr bei der heterosexuellen Bevölkerung spezialisiert hat, ist der kroatische Soziologe Aleksandar Štulhofer. Ich lernte ihn beim Treffen der Internationalen Akademie für Sexualforschung in Portugal kennen, wo er seine sehr interessanten Studien über die Wahrnehmung von Analsex bei Frauen vorstellte. In einer ersten Studie befragte Sasha über 2000 Frauen zwischen 18 und 30 und stellte fest, dass 63 Prozent mindestens eine Erfahrung mit Analverkehr hatten. Aber er fand etwas sehr Merkwürdiges heraus: Obwohl die Hälfte von ihnen zugab, dass sie das erste Mal wegen heftiger Schmerzen abbrechen mussten, versuchten die meisten von ihnen es erneut. Von den 505 Frauen, die angaben, im Laufe des letzten Jahres zweimal oder häufiger Analverkehr gehabt zu haben, taten 9 Prozent das, obwohl sie starke Schmerzen verspürten, die man als anale Dyspareunie bezeichnen könnte. Warum? Sasha wollte dieses Thema vertiefen und realisierte eine weitere Studie, bei der er vor allem nach den Schmerzen beim Analverkehr fragte. Bei den Frauen, die Analsex ausprobiert hatten, gab es drei große Gruppen: Etwa ein Viertel von ihnen spürt überhaupt keine Schmerzen und praktiziert ihn ohne Probleme. 40 Prozent spüren intensive Schmerzen und vermeiden ihn, und etwa ein Drittel spürt Schmerzen, aber es gefällt ihnen, weil sie die Schmerzen erotisieren. Sasha zufolge ist diese letzte Gruppe am interessantesten und ein klares Beispiel dafür, dass sexuelle Lust nicht nur von der körperlichen Wahrnehmung abhängt, sondern auch vom Kontext, in dem wir sie erleben. Ein heterosexueller Mann will mit seiner Partnerin vielleicht Analverkehr ausprobieren, weil es ihn anmacht oder weil er bei der Penetration einen anderen Druck spüren möchte, und eine Frau genießt es vielleicht wegen des körperlichen Lustgefühls oder wegen der erotischen Aufladung. Es ist nicht einfach nur eine andere Variante des Vaginalverkehrs.

Körperliches Lustgefühl ist dabei ein interessanter Faktor. Bei Männern ist die anale Penetration mit Penis, Fingern oder Dildos wegen der internen Stimulation der Prostata angenehm, und das gilt für Schwule genauso wie für Heterosexuelle (ein Mann kann anale Penetration genießen, ohne dass Männer ihn im Geringsten anziehen). Für einige Männer ist die Stimulation der Prostata extrem lustvoll und kann zu Orgasmus und Ejakulation führen. Aber warum ist Analverkehr auch für manche Frauen körperlich so angenehm, dass sie sogar zum Orgasmus kommen? Ein Faktor ist die erotische Aufladung, die Nervenfasern um den Anus ein anderer. Das Neueste sind jedoch Studien mit Ultraschallaufnahmen, bei denen man herausfinden will, ob man bei analer Penetration innere Teile der Klitoris erreicht. Diese Untersuchungen sind noch nicht beendet, aber das würde natürlich erklären, warum nur einige Frauen beim Analverkehr Lust empfinden.

Man sollte auf jeden Fall einiges beachten: die unverzichtbare Lubrikation (lieber ein Gleitmittel auf Wasserbasis als ein silikonbasiertes), Entspannung (es gibt mehrere Muskeln im Anus, manche können wir bewusst entspannen, andere sind nur entspannt, wenn der Rest des Körpers das auch ist, also tief durchatmen), die vorangehende Stimulation mit Fingern oder Spielzeugen (mit Gleitmittel und Kondom), die sehr wichtige Hygiene (ja, es ist ein Anus), die obligatorische Verwendung eines Kondoms (wie ich schon erklärt habe, ist die Ansteckung mit HIV, humanen Papillomviren und anderen Krankheiten aufgrund der Gewebeeigenschaften und möglicher Mikroläsionen häufiger) und der absolute Verzicht auf jede Art von Druck oder Krafteinsatz. Zudem könnte die individuelle Körperlichkeit einige Stellungen und Praktiken nahelegen, die die Befriedigung beim Analverkehr begünstigen. Es ist auf jeden Fall eine der

Sexualpraktiken, die in der Bevölkerung deutlich zunimmt und über die es an Informationen mangelt – vor allem bei Jugendlichen, die sich von irrealen pornographischen Darstellungen leiten lassen.

Ich beschließe dieses Kapitel mit einer weiteren Mutmaßung, Hypothese oder Herausforderung für die Wissenschaft, und bisher hat niemand mir darauf eine Antwort geben können: Becken- und Schamnerv versorgen den Penis, die Klitoris und den äußeren Teil der Vagina. Nun bekommen manche Frauen jedoch einen als tiefer und weniger klar verorteten beschriebenen Orgasmus durch die Stimulation der inneren Teile der Vagina, die durch den Unterbauchnerv innerviert sind, und manche Männer empfinden den Orgasmus durch Prostatastimulierung ebenfalls »ganzkörperlicher«. Wenn wir zudem bedenken, dass die Physiologie von Männern und Frauen eigentlich viel ähnlicher ist als angenommen, dann ist der männliche Orgasmus durch Prostatastimulierung vielleicht ganz ähnlich wie der »vaginale« Orgasmus der Frau.

Die Größe des Penis ist durchaus wichtig, die der Klitoris nicht

Woher kommt nur die Obsession mit der Penisgröße, wo es doch bei der Klitoris viel größere Unterschiede gibt? Eine 2005 von britischen Gynäkologen veröffentlichte Studie für die 50 Frauen vor der Menopause, die sich weder einem chirurgischen Eingriff noch Hormonbehandlungen unterzogen hatten untersucht wurden, und ergab, dass die Länge der Klitoris zwischen 0,5 und 3,5 cm schwankte (die Längsten waren also sieben Mal länger als die Kürzesten, und das bei einer Stichprobe von nur 50 Frauen, und ohne die in der medizinischen Fachliteratur beschriebenen Ausnahmefälle von 6 und 7 cm zu beachten). Durchschnitt waren 1,9 cm Länge und 0,5 cm Breite, die Breite variierte zwischen 3 mm bis 1 cm. Diese Arbeit bestätigte einige wenige frühere Untersuchungen, die zeigten, dass die Größe der Klitoris sehr viel variabler ist als die des Penis. Und ein wesentlicher Unterschied zum Penis ist, dass sich die Größe der Klitoris im Erwachsenenleben signifikant verändern kann. Das liegt daran, dass sie Testosteronrezeptoren hat, und Schwankungen dieses Hormons können dazu führen, dass sie wächst oder schrumpft. Diese Wirkung zeigt sich besonders deutlich bei Transsexuellen, die Androgene einnehmen, oder bei Frauen, die Testosterongels als Mittel gegen mangelndes Verlangen nutzen; bei ihnen wächst die Klitoris in relativ kurzer Zeit beachtlich. Sogar die Antibabypille kann angeblich zu einer leichten Verkleinerung der Klitoris führen, da ihre Einnahme den Testosteronspiegel senkt, auch wenn das ziemlich spekulativ ist und bisher nicht durch eine Studie belegt wurde. Da das nun geklärt ist, scheint es wohl wichtig, noch einmal darauf hinzuweisen, dass die Größe weder die Empfindlichkeit noch die Sexualfunktion in der geringsten Weise beeinflusst. Die Anzahl der Nervenenden ist bei einer kleinen oder großen Klitoris identisch, es gibt wirklich keinen Unterschied.

Die britische Studie fand auch signifikante Unterschiede beim Abstand zwischen Klitoris und Harnröhre (mind. 1,6 cm, max. 4,5 cm), in der Farbe der äußeren weiblichen Genitalien (die meist dunkler war als die Haut der Umgebung, bei 18 Prozent der Frauen hatte sie den gleichen Ton), und in der Größe der Schamlippen: Die äußeren Schamlippen variierten nicht sehr, aber die inneren schwankten von 2 bis 10 cm Länge und 0,7 bis 5 cm Breite.

Das verdient Aufmerksamkeit, denn sehr große innere Schamlippen können körperliche Beschwerden oder Unbehagen hervorrufen, und eine chirurgische Verkleinerung ist sehr einfach und wird immer häufiger durchgeführt. In einem 2011 in *The Journal of Sexual Medicine* erschienenen Überblicksartikel über wissenschaftliche Literatur zu kosmetischer Genitalchirurgie wurde festgestellt, dass die Zufriedenheitsrate der Patientinnen nach der Operation bei 90-95 Prozent liegt und dass 80-85 Prozent eine Verbesserung ihrer sexuellen Beziehungen wahrnahmen. Die Labioplastik ist der häufigste Eingriff, aber man macht auch Verkleinerungen der Klitorisvorhaut und perineoplastische Eingriffe, um die Vaginalmuskeln zu kräftigen, die mit Alter und Geburten schlaff geworden sind. Wenn man außerdem die unterschiedliche Schambehaarung und ihre Gestaltung dazuzählt (eine Studie des Kinsey-Instituts von 2010 ergab, dass 21 Prozent der US-Amerikanerinnen zwischen 18 und 24 das Schamhaar komplett entfernen, dass diese Prozentzahl mit dem Alter abnimmt, und dass die totale Haarentfernung – ohne hier einen Kausalzusammenhang feststellen zu wollen – mit höheren Raten von sexueller Befriedigung korreliert), dann wird deutlich, dass es bei weiblichen Genitalien sehr viel mehr Unterschiede gibt als beim männlichen Penis. Aber da noch immer die phallozentrischen Themen die Gespräche beherrschen, sehen wir uns einmal an, welche Mythen und Realitäten bezüglich der Penisgröße und seiner Bedeutung für den Geschlechtsverkehr existieren.

Umfang ist wichtiger als Länge

Wenn ihr zu den 45 Prozent der Männer gehört, die nicht mit der Größe ihres Schwanzes zufrieden sind, seht es einfach nicht so dramatisch und vergleicht euch mit einem Gorilla. Trotz 200 Kilo Muskeln und einem furchterregenden Äußeren hat das Gorillamännchen einen lächerlichen Stöpsel von 3-4 cm Länge. Und da er ihn kaum für etwas benötigt, ist das in Ordnung. Weil Gorillaweibchen nicht wählen, sondern die Männchen durch Prügeleien entscheiden, wer der Herr des Harems ist, und gewaltsam verhindern, dass andere mit ihren Konkubinen kopulieren, ist es evolutionstechnisch gesehen klüger, Muskeln zu entwickeln und nicht unnötig Ressourcen zu verschwenden: Die Hoden des Gorillas sind zwei Erdnüsschen, die man praktisch nicht erkennt.

Bonobos und Schimpansen, die sehr viel näher mit uns verwandt sind, haben Penisse und vor allem sehr viel größere Hoden, der menschliche Phallus ist jedoch im Vergleich mit allen anderen Primaten am größten. Warum? Es gibt mehrere Gründe: Beim aufrechten Gang wird er deutlich ausgestellt und verwandelte sich dadurch in ein Merkmal sexueller Attraktivität, ähnlich den weiblichen Brüsten (menschliche Frauen sind die einzigen Primaten, bei denen die Brüste auch außerhalb der Stillperiode prall sind, und der Evolutionsbiologie zufolge fungieren sie als sexuelles Lockmittel). In der promiskuitiven Vergangenheit unserer Spezies waren die großen Penisse und diese besondere pilzartige Form der Eichel sehr viel nützlicher, um aus der Vagina der Frau den Samen des vorherigen Sexualpartners zu entfernen. Es wird spekuliert, dass unser Geschlechtsverkehr relativ lange dauert und bis zum Auslösen des Ejakulationsreflexes häufigeres Eindringen und Zurückziehen nötig ist als bei den traurigen paar Sekunden der Gorillas, weil das die Funktion erfüllt, fremdes Sperma zu entfernen. Deswegen ist auch die Zusammensetzung des Samens nicht gleichförmig: Die ersten Tropfen des Ejakulats enthalten spermizide Substanzen, die die Spermazellen aus früheren Begegnungen angreifen.

Wenn man wirklich gründlich überlegen würde, fände man vielleicht eine evolutionäre Erklärung dafür, dass Männer sich viel mehr Gedanken um die Größe ihres Penis machen als Frauen. Aber so wichtig ist es dann doch wieder nicht. Die oben genannte Zahl der 45 Prozent, die gerne einen größeren Penis hätten, stammt aus einer Online-Umfrage mit über 52.000 heterosexuellen Frauen und Männern, die ebenfalls ergab, dass 85 Prozent der Frauen vollkommen zufrieden mit dem Penis ihres Partners waren. Eine interessante Unstimmigkeit.

Individuelle Meinungen gibt es unendlich viele. Verabredet euch mit ein paar Freundinnen in einer Bar und fragt sie nach der Bedeutung des männlichen Glieds. Für einige ist es wichtiger und für andere unwichtiger, aber alle sind sich sicher einig, dass es nicht zu den wirklich bedeutenden Umständen bei einer sexuellen Begegnung gehört. Aber lassen wir die Einzelfälle beiseite und betrachten Untersuchungen mit breiteren Stichproben. Eine holländische Studie befragte 375 Frauen, die nach einer Geburt im Krankenhaus lagen, zu Aspekten ihrer Sexualität. Nur 1 Prozent hielt die Länge des Penis für sehr wichtig, 20 Prozent für wichtig, 55 Prozent für unwichtig und 22 Prozent für absolut unwichtig. Die Antworten zur Dicke waren ähnlich, im Allgemeinen wurde die Dicke jedoch für wichtiger gehalten als die Länge.

Ähnliche Resultate ergab eine Umfrage unter US-amerikanischen Studenten, bei der 45 Prozent der Frauen die Dicke wichtiger fanden als die Länge und nur 5 Prozent andersherum. Für die übrigen war es egal. Masters und Johnson erschufen den Mythos, dass die Größe keine Bedeutung hätte, da sich die Vagina an den Penis anpassen würde, aber physiologisch gesehen scheint ein dicker Penis die äußeren Bereiche der Vagina und die Klitoris besser zu stimulieren. Der springende Punkt sind aber natürlich geschickte Bewegungen und ein Bewusstsein dafür, welche Positionen die Genitalien der Liebhaberin besser erregen. Die Größe hat eine Bedeutung, aber keine gar so große.

Was ist eine »normale« Penisgröße?

Historisch haben die Urologen immer drei Maße genommen: schlaff, erigiert und langgezogen (dabei wird der Penis in schlaffem Zustand an der Spitze langgezogen). Falls es euch interessiert: Die erigierte und die langgezogene Länge sind beinahe identisch, der schlaffe Zustand kann jedoch einige Überraschungen bereithalten, da er wirklich rein gar nichts mit der Größe bei Erregung zu tun hat. Auf Englisch nennt man einen Penis, der bei der Erektion signifikant wächst, »grower« (von *to grow*, dt. wachsen), es sind acht von zehn. Zwei von zehn haben einen »shower« (von *to show*, dt. zeigen), bzw. einen Penis der immer relativ prall ist und bei der Erektion nicht unbedingt viel größer wird. Die entsprechenden deutschen Begriffe dafür sind Blut- und Fleischpenis.

Die erste dokumentierte Studie über die durchschnittliche Penisgröße wurde 1899 von dem Deutschen Heinrich Loeb veröffentlicht. Er maß 50 Individuen aus und stellte fest, dass der Durchschnitt in schlaffem Zustand bei 9,4 cm lag. 1942 legte Schonfeld den Markierungspunkt auf 13 langgezogene Zentimeter und stellte bei einem Altersvergleich fest, dass die Länge sich beim Altern nicht veränderte. 1948 untersuchte Alfred Kinsey eine sehr große Gruppe von Männern und legte 9,7 cm als Durchschnitt für den schlaffen Penis fest, und großzügige 16,47 cm in langgezogenem Zustand.

Maße erigierter Penisse wurden überraschenderweise nicht vor 1992 veröffentlicht. 150 europäische Männer ließen sich Papaverin und Prostaglandin injizieren, um eine Erektion zu erzeugen, und es ergab sich ein Durchschnitt von 14,5 cm Länge und im Mittelteil ein Umfang von 11,92 cm. Die breiteste Studie stammt aus dem Jahre 2001, als italienische Forscher die Penisse von 3300 Landsmännern zwischen 17 und 19 ausmaßen und eine langgezogene Länge von 12,5 cm, 9 cm in schlaffem Zustand und einen Umfang von 10 cm feststellten. Ein Ergebnis der italienischen Studie war, dass die Penisgröße tendenziell mit Größe und Gewicht des Trägers zusammenhing. Schwerer und größer zu sein ergibt einen etwas größeren Penis. Das heißt, dass diese kleine Bewegung von Daumen und Zeigefinger, die auf ein umgekehrt proportionales Verhältnis zwischen Körpergröße und Penislänge hinweist, leider nicht wissenschaftlich belegt ist, tut mir leid.

Man misst den Penis von der Spitze bis zum Ansatz an der Bauchdecke, bei den Messmethoden gibt es jedoch große Unregelmäßigkeiten. Eine 2011 veröffentlichte Studie mit 2276 Türken legte für den langgezogenen Penis eine Durchschnittslänge von 13,98 cm fest, und ein Überblicksartikel über sämtliche wissenschaftliche Literatur zum Thema, der von US-amerikanischen Urologen verfasst wurde, ergab für einen normalen Penis in erigiertem Zustand eine durchschnittliche Länge zwischen 12,8 und 14,5 cm und einen Umfang von 10-10,2 cm.

Es gibt noch andere merkwürdige Ideen dazu. In den 1980er Jahren wurde in einer kleinen Studie mit wenig Teilnehmern unterstellt, die Größe der Füße hinge mit der Länge des Penis zusammen, und obwohl englische Wissenschaftler das 2002 widerlegten, wurde der Zusammenhang zwischen irgendeinem Körperteil und der Penislänge zu einer populären Vorstellung. Keine Studie hat das bestätigen können, mit Ausnahme des Verhältnisses von Ring- und Zeigefinger, das ein Indiz für den Testosteronspiegel während der Schwangerschaft ist.[13] Koreanische Forscher maßen Penis und Finger von 144 20-Jährigen Männern und schrieben, dass der Penis umso länger war, desto länger der Ringfinger im Verhältnis zum Zeigefinger war. Bisher wurden diese Messungen nicht wiederholt und bestätigt.

Es gibt auch Zweifel an der Ehrlichkeit von 935 Homosexuellen, die 1999 an einer Umfrage teilnahmen und im Vergleich mit 4187 Heterosexuellen mit 16,4 gegen 15,6 cm gewannen. Sie behaupteten auch, dickere Penisse zu haben. Die Studie machte ziemlichen Eindruck und wird ständig zitiert, die Methode wurde jedoch auch stark kritisiert, da die Maße, die jeder Einzelne für sich von seinem Penis nimmt, nicht sehr objektiv seien.

Eine Studie mit 6200 jungen Bulgaren behauptete, dass Männer aus ländlichen Gegenden besser bestückt seien als Stadtbewohner, angeblich wegen der höheren Testosteronproduktion in der Pubertät. 2009 gab es eine ägyptische Studie mit 1027 Teilnehmern, bei der beobachtet wurde, dass Männer mit Erektionsstörungen einen etwas kleineren Penis hatten (langgezogen 11,2 cm verglichen mit durchschnittlichen 12,5 cm), und es wurde vermutet, der Zusammenhang könnte durch Unsicherheit entstehen. Insgesamt gibt es jedenfalls mehr Mythen als experimentelle Daten über die Penisgröße. Vielleicht haben italienische Urologen deshalb einen Artikel mit folgendem Titel verfasst: »Bei den meisten Männern, die ihren Penis verlängern lassen wollen, ist die Penislänge normal.«

Sicher gewinnt man ein paar Zentimeter, wenn man Bänder am Penisansatz durchtrennt, und es gibt noch andere Möglichkeiten der Verlängerung und auch der Verdickung, aber sämtliche Urologen und Sexologen, die ich gefragt habe, meinten, dass sie immer davon abrieten, selbst bei Mikropenissen. Sie versicherten, dass die meisten Patienten, die mit diesem Anliegen in ihre Praxis kämen, normale Penisse hätten. Und ehrlich gesagt, nachdem ich in der Literatur von all den Problemen gelesen habe, die solche Eingriffe nach sich ziehen können, scheint eine Psychotherapie die bessere Behandlung für zu klein befundene Penisse.

Das Problem der Mikropenisse verdient jedoch besondere Beachtung: Es sind Penisse, die in erigiertem Zustand weniger als 7 cm messen. Man kalkuliert, dass es einen von 1000 Männern betrifft, und es ist nicht Teil der normalen Vielfalt, sondern hat ererbte Ursachen, die eine normale Entwicklung des Penis behindern. Es kann an einer mangelnden Produktion von Gonadotropinhormonen im

Hypothalamus liegen, oder an Fehlfunktionen bei der Hormonabsonderung der Hoden während der Embryonalentwicklung. Ich sage Problem, denn obwohl Aussehen und Funktion eines Mikropenis normal sind und viele Männer die Situation akzeptieren, verursacht es ihnen und ihren jeweiligen Liebespartnern doch manchmal Schwierigkeiten.

Ein anderer Mythos, den immer alle bei diesem Thema hervorholen, besagt, dass die Hautfarbe etwas mit der Penisgröße zu tun hat. Aber: Für die Farbe an sich trifft das nicht zu. Trotzdem ist der Satz, »Man kann das nicht verallgemeinern«, einfach nicht richtig. Denn man kann. Das statistische Ermitteln von Korrelationen innerhalb der Bevölkerung ist ein wichtiges Instrument in der Epidemiologie. Man kann damit zum Beispiel Zusammenhänge zwischen einer bestimmten Art der Ernährung und Diabetes feststellen, zwischen Rauchen und Krebs oder Kindesmissbrauch und dem Vorkommen von sexueller Gewalt im Erwachsenenalter. Diese Zusammenhänge dienen dem Zweck, Therapien oder Präventivmaßnahmen zu erarbeiten und die Ursache für bestimmte Abweichungen herauszufinden. Man kann durchaus verallgemeinern. Was man nicht kann, ist den Umkehrschluss ziehen und behaupten, ein Mensch wäre gewalttätig, weil er als Kind unter Missbrauch zu leiden hatte. Das geht nicht. Aber die Zusammenhänge zu kennen ist nützlich, um Hypothesen zu bestätigen oder mit Mythen aufzuräumen. Das muss man allerdings gut machen.

Als ich bei den National Institutes of Health (NIH) der Vereinigten Staaten arbeitete, nahm ich einmal an einem internen Seminar über genetische Studien und Minderheiten in der US-amerikanischen Bevölkerung teil. Man diskutierte eine erhöhte Veranlagung bei Hispanics für Diabetes, bei Juden für das Tay-Sachs-Syndrom, bei Afroamerikanern für Glaukome, als sich plötzlich ein kleiner schlanker und schwarzer Wissenschaftler erhob und etwa folgenden Satz ausstieß: »Ich sage das intern schon seit langem, aber niemand hört mir zu: Meine Familie kommt aus einer Region in Afrika, die nichts mit den Nachkommen der Afrikaner zu tun hat, die während der Zeit der Sklaverei hergebracht wurden. In den Studien zähle ich trotzdem einfach als Schwarzer. Das ist ein schwerer Fehler.«

Ich erzähle diese Anekdote, um den derzeitigen Stand der Wissenschaft wiederzugeben: Da man eine Korrelation zwischen Körpergröße, Körpergewicht und Penisgröße festgestellt hat, wird ganz offensichtlich ein 1,90 m großer Afroamerikaner einen größeren Penis haben als ein Asiate, der nur die Hälfte wiegt. Das liegt aber nicht an seiner Hautfarbe oder seiner ethnischen Herkunft. Meine Freundin Laure, die acht Jahre ohne festen Partner in China gelebt hat, ist damit nicht einverstanden und sagt, dass durchaus etwas an dem dran sei, was so erzählt werde ... Und Anne erklärt mir, sie bevorzuge schwarze Männer, und wirft mir dabei einen Blick zu, als wäre ich neidisch. Auf meine Frage, ob ihre schwarzen Partner eher kräftig oder eher dürr waren, bestätigt sie mir aber, dass es eher große Männer waren.

Trotzdem muss man einräumen, dass es bisher keine wissenschaftliche Untersuchung gibt, die eine große Stichprobe von Penisgrößen bei unterschiedlichen Nationalitäten oder Ethnien statistisch vergleicht – wahrscheinlich, weil das kaum einen Nutzen hätte. Eine Studie mit indischen Teilnehmern ergab jedoch, dass der Durchschnitt bei 13 cm lag, signifikant kleiner als in anderen Ländern, eine nigerianische Studie besagte, dass die dunkelhäutige Bevölkerung einen etwas längeren Penis hatte als die hellhäutige. Aber beide geben nur absolute Maße an, ohne die Daten anhand von Körpergröße oder -bau zu differenzieren. Die Penisgröße wird auch weiterhin nicht von der Wissenschaft geklärt werden, und zwar, weil es keinen vernünftigen Grund dafür gibt, sie zu untersuchen. Die Sexualmedizin hat sehr viel wichtigere Probleme.

6
Sex in der Arztpraxis

Es war 1983, und der Wissenschaftler Giles Brindley hielt auf einer Tagung der American Urology Association in Las Vegas einen Vortrag über erektile Dysfunktion. Dr. Brindley hatte bereits mehrere Aufsätze veröffentlicht und vertrat die These, dass direkt in den Penis injizierte gefäßerweiternde Substanzen die Durchblutung anregen und innerhalb von Sekunden eine feste und dauerhafte Erektion erzeugen könnten, aber seine Arbeit war scharf kritisiert worden, und es gab Gerüchte, dass an die Fotos von mehr oder weniger erigierten Penissen in seinen Artikeln jemand Hand angelegt hätte. Hand angelegt also, aha …

Mitten in seinem Vortrag stieg Professor Brindley plötzlich vom Podium herunter, rief den Anwesenden ins Gedächtnis, dass es keineswegs eine sexuell anregende Tätigkeit sei, einen Vortrag zu halten, und ließ die Hosen runter. Unter seinen weiten Unterhosen zeichnete sich unverwechselbar eine Erektion ab. Brindley erklärte, er habe sich kurz vor dem Vortrag in seinem Hotelzimmer Papaverin injiziert, und dies wäre der definitive Beweis dafür, dass der gefäßerweiternde Wirkstoff bei erektiler Dysfunktion perfekt funktionierte. Damit nicht genug, wie einige der Anwesenden erinnern und auch der Artikel »How (not) to Communicate New Scientific Information« erwähnt, ließ er auch die Unterhose herunter und ging bis zur ersten Reihe vor, wo er allen anbot, die Härte der Erektion zu überprüfen. Er wollte das Publikum davon überzeugen, dass es sich nicht um ein Implantat handelte, die Aufschreie und die fassungslosen Blicke konnten ihn jedoch dazu bewegen, sich wieder anzuziehen und mit dem Vortrag fortzufahren.

Diese wahre Begebenheit führte zu mehr als nur zu einer lustigen Geschichte. Injektionen mit Papaverin und anderen von Dr. Brindley getesteten Substanzen waren die ersten pharmakologischen Behandlungen erektiler Dysfunktionen, und einige davon werden immer noch eingesetzt, wenn Viagra oder andere Phosphodiesterase-5-Hemmer nicht funktionieren.

29 Jahre nach Brindleys berühmtem Vortrag nahm ich am Kongress der International Society for Sex Medicine in Chicago teil und stellte fest, dass die männliche Erektion noch immer die Hauptsorge von Urologen und einer Sexualmedizin ist, die sich historisch stets nur auf den Mann konzentriert hat. Aber ich habe ebenfalls festgestellt, dass sich in den letzten Jahren vieles und schnell verändert hat. Bei der Eröffnung des Kongresses bat Irwin Goldstein, Herausgeber von *The Journal of Sexual Medicine*, die Therapeuten oder Gynäkologen, die sich hauptsächlich mit weiblicher Sexualität beschäftigten, die Hand zu heben. Etwa 20-25 Prozent der Anwesenden kamen dieser Aufforderung nach, und Goldstein ließ ein »wow« hören. Er meinte, das seien im Verhältnis zu vor ein paar Jahren sehr viele, und das Interesse der Ärzteschaft an weiblichen sexuellen Dysfunktionen stiege sehr viel schneller als an den männlichen. In der Wissenschaft steht es längst an erster Stelle. Wenn man in der Datenbank Pubmed, die alle im Bereich von Biomedizin und Gesundheit veröffentlichten wissenschaftlichen Artikel sammelt, die Begriffe »female sexual dysfunction« bzw. »male sexual dysfunction« eingibt und bei einer erweiterten Suche auch das Erscheinungsdatum mit einbezieht, dann zeigt sich, dass 2012 der historische Moment ist, ab dem mehr Artikel über weibliche sexuelle Dysfunktionen erscheinen. Diese Entwicklung ist signifikant, denn vor ein paar Jahrzehnten lag das Interesse noch extrem viel stärker auf den Männern, gleichzeitig ist das aus verschiedenen Gründen aber auch logisch. Einmal bedeutet die Entwicklung der oral einnehmbaren Erektionshilfen eine enorme Besserung für die meistverbreitete männliche sexuelle Störung, außerdem verändert sich die Gesellschaft, und sexuelle Lust ist inzwischen für Frauen ebenso wichtig wie für Männer. Drittens ist die Prozentzahl von Frauen, die das Gefühl haben, mit ihrer Sexua-

lität irgendein Problem zu haben (meist mangelndes Verlangen), signifikant höher als bei Männern (Umfragen von Edward Laumann von der University of Chicago zufolge gaben 43 Prozent der erwachsenen Frauen und 31 Prozent der Männer an, in den letzten zwölf Monaten irgendeine sexuelle Störung gehabt zu haben).

Aber hinter der wissenschaftlichen Interessensverlagerung hin zur weiblichen Sexualität liegt auch die unstrittige Tatsache, dass sie sehr viel komplexer ist als die männliche. Und das sage ich weder, um mich bei den Leserinnen dieses Buches beliebt zu machen, noch, um die verschiedenen Probleme der Männer herunterzuspielen, sondern weil es der Mehrheitsmeinung der Sexologen entspricht und in evolutionärer Hinsicht wirklich Sinn ergibt. Bei unserer Spezies, genau wie bei den anderen Primaten, ist der Reproduktionszyklus bei den Weibchen sehr viel komplexer als bei den Männchen, und sexuelles Verlangen hängt aus evolutionärer Notwendigkeit von viel mehr physischen und psychischen Faktoren ab. Bei Frauen müssen sehr viel mehr interne Variablen untersucht werden, und daher sind sowohl Diagnostik als auch Therapie schwieriger als bei Männern.

Wirklich, ich möchte den männlichen sexuellen Dysfunktionen kein bisschen Bedeutung absprechen. Auch Männer leiden unter unzähligen Störungen psychischen Ursprungs, auf die ich später noch zu sprechen komme, aber im Allgemeinen sind die häufigeren medizinischen Probleme besser erforscht und haben meist eine physiologische Ursache. In der aktuellen Sexualwissenschaft und -medizin geht es bei den heißesten Themen um weibliche Sexualität.

In diesem Kapitel soll es also um die meistverbreiteten sexuellen Dysfunktionen bei Männern und Frauen gehen, und zwar aus einer medizinischen und nicht sexologischen Perspektive (letztere ist breiter, multidisziplinärer und kommt in allen anderen Kapiteln dieses Buches zum Zuge). Vorher möchte ich jedoch auf zwei wichtige Punkte zu sprechen kommen. Erstens ist dieses Buch kein Ratgeber zur Sexualmedizin, und eine meiner wichtigsten Botschaften ist, dass man es niemals verheimlichen sollte, wenn die Sexualität einem irgendwie Sorgen bereitet, und auf jeden Fall einen spezialisierten Arzt oder Therapeuten konsultieren. Zweitens möchte ich die Notwendigkeit einer bio-psycho-soziologischen Perspektive betonen, die bei Diagnostik und Behandlung medizinische, psychologische, soziokulturelle und paarbezogene Aspekte integriert. Die Sexologen der Zukunft werden nichts davon ignorieren können, und es wird eine große Herausforderung, die pharmakologische Behandlung (wie zum Beispiel mit Hormonersatz) mit kognitiver Therapie (Ängste und negative Gefühle in und außerhalb der Paarbeziehung) und Verhaltenstherapie (Verhaltensmuster verändern oder Erregungsübungen machen, allein oder mit Partner) für jeden Einzelfall korrekt zu kombinieren.

Keineswegs möchte ich den intuitiven, auf Erfahrung basierenden Anteil gering schätzen, den viele Therapeuten besitzen, aber während der Arbeit an diesem Buch habe ich wirklich ständig gehört, dass es leider viele sogenannte »Sexologen« gibt, die sexuelle Probleme mit erfundenen, unwissenschaftlichen und manchmal abwegigen Pseudotherapien behandeln wollen. Ich trete nicht für eine mechanistische Vorstellung von Sex ein, sondern gehe immer davon aus, dass Sexologie neben der Wissenschaft auch zu einem Teil aus Kunst besteht und Therapien individuell entworfen werden müssen. Außerdem glaube ich aber, dass die Wissenschaft immer mehr zum Entstehen einer Sexualmedizin und -psychologie beiträgt, die auf Beweisen beruht, nicht auf Glauben und Einzelfallsammlungen.

Große Erwartungen und andere männliche sexuelle Dysfunktionen

Wenn wir die medizinische Literatur durchforsten, finden wir Fotografien von Männern mit zwei Penissen, Fälle von Paraphilien, die wir uns niemals hätten vorstellen können, und Beschreibungen von allen möglichen seltenen körperlichen und seelischen Störungen. Es gibt rege Diskussionen über Hypersexualität und Obsessionen, die in anderen Kapiteln besprochen werden, viele Aufsätze zu Nebenwirkungen von Medikamenten und verschiedenen Beeinträchtigungen der Sexualfunktion bei bestimmten Krankheiten wie Krebs oder

Diabetes. Die Vielfalt ist grenzenlos, aber wenn man systematisch vorgeht, sind die häufigsten Probleme der männlichen Sexualität die Folgenden:

Erektile Dysfunktion

Erektionsprobleme können physische oder psychische Ursachen haben, und wie schon im 2. Kapitel gezeigt, verfügen die Spezialisten über verschiedene Instrumente, um in jedem Einzelfall den Ursprung der Fehlfunktion herauszufinden.

Die meistverbreiteten seelischen Ursachen sind Depressionen, Stress, Beziehungsprobleme und eine durch Versagensangst, bzw. *performance anxiety* hervorgerufene Blockade. Letzteres kommt sowohl bei Erwachsenen als auch bei jungen Menschen vor, wenn trotz mentaler Erregtheit Unsicherheit, Nervosität oder Ängste auftreten, die durch frühere traumatische Erfahrungen ausgelöst werden und die Erektion beim Geschlechtsakt verhindern. Wenn eine psychisch motivierte erektile Dysfunktion im Rahmen einer Paarbeziehung auftaucht, sollten die Ratschläge eines Spezialisten und eine Verhaltenstherapie genügen, um das Problem zu lösen. Bei jemandem ohne festen Partner ist die Behandlung etwas schwieriger. Sie beruht darauf, Ängste abzubauen, ein mögliches Verhalten für sexuelle Begegnungen einzustudieren, und manchmal auch, eine Erektion durch Medikamente herbeizuführen, um das Vertrauen zurückzugewinnen. Die Behandlung ist unter anderem wichtig, weil Männer mit Erektionsstörungen häufiger versuchen Kondome wegzulassen, damit der Penis beim Aufziehen nicht an Steife verliert. Infolgedessen wurden erektile Dysfunktionen durch mehrere Studien mit höheren Raten von Infektionen und sexuell übertragbaren Krankheiten in Verbindung gebracht.

Bezüglich der körperlichen Ursachen haben wir bereits gesehen, dass in den letzten Jahren eine sehr wichtige Information bekannt wurde: Erektionsprobleme können ein erstes Symptom von Herz- und Gefäßkrankheiten sein und so zu einem nützlichen Früherkennungsinstrument werden. Arteriosklerose ist zum Beispiel eine Arterienverhärtung, die in schweren Fällen zu Herzproblemen führt, in ihren Anfangsstadien jedoch die kleinen Arterien im Penis befallen und zu erektiler Dysfunktion führen kann. Diabetes oder hoher Blutdruck haben ähnliche Folgen. Wenn also scheinbar ohne psychische Ursachen Erektionsprobleme auftauchen, sollte man das dem Arzt mitteilen, da es ein erstes und wertvolles Anzeichen dafür sein kann, dass irgendetwas in unserem Organismus nicht mehr richtig funktioniert.

Davon abgesehen kann alles, was den Blutkreislauf beeinträchtigt, wie Übergewicht, Rauchen oder übermäßiger Alkoholkonsum, ebenfalls zu erektiler Dysfunktion beitragen. Und auch wenn das durch Nachlässigkeit der Ärzte kaum bekannt ist, sind Erektionsprobleme eine Nebenwirkung vieler Medikamente (zum Beispiel gegen Bluthochdruck), und es lohnt sich unbedingt, sich vom Arzt informieren zu lassen und ihn nach Alternativen zu fragen. Schließlich ist da noch das Altern an sich. Irgendwann im Leben bekommt jeder einmal ein Erektionsproblem, und es ist gut zu wissen, dass es Lösungen dafür gibt. Die Medikamente, die auf Phosphodiesterase-5-Hemmern beruhen, wie Sildenafil (Viagra) oder Tadalafil (Cialis), verstärken die Durchblutung der Genitalien und sind – immer unter ärztlicher Beobachtung – das einfachste Mittel gegen Erektionsstörungen. Bei Gegenanzeigen kann man auf Injektionen gefäßerweiternder Substanzen zurückgreifen, auf Vakuumpumpen oder bei permanenter Dysfunktion auf Implantate. Ein Urologe wird im Einzelfall Rat wissen. Aber es ist trotzdem wichtig, auf eine multidisziplinäre Perspektive zu achten, denn in vielen Situationen verstärken sich physische und psychische Faktoren gegenseitig. Einem Mann mittleren Alters fällt plötzlich auf, dass seine Erektionen nicht mehr so unmittelbar sind wie in seiner Jugend. Das ist eine normale Entwicklung, die nur Selbstvertrauen und längere und bessere Stimulierung erfordert, möglicherweise jedoch zu Versagensangst führt, was das Problem verschärft.

Vorzeitiger Samenerguss

Ich kann mich noch sehr lebhaft daran erinnern, wie der deutsche Sexologe und Historiker Erwin Haeberle mir die Unsinnigkeit der Bezeichnung »vorzeitiger Samenerguss« und der damit verbundenen Bewertung als Dysfunktion erklärte. »Man müsste es unbefriedigenden Orgasmuszeitpunkt nennen«, sagte der weise Erwin und argumentierte, dass es in der Natur nicht ungewöhnlich wäre, in ein oder zwei Minuten zum Klimax zu kommen. Das Problem ist, dass manche Männer nicht einmal diese erste Minute schaffen und andere gar völlig unkontrolliert gleich beim Eindringen ejakulieren. Zusammen mit der notwendigen Refraktärphase, bevor eine neue Erektion möglich wird, kann dieses Problem das Selbstvertrauen eines Mannes und das Sexualleben mit seiner Partnerin ernstlich beeinträchtigen. Wenn sich Schnelligkeit, Kontrollverlust und Kummer darüber miteinander verketten, ist der vorzeitige Samenerguss deutlich eine Funktionsstörung. Bei Männern unter 40 ist er die am häufigsten auftretende Störung.

Viele Studien haben versucht, die durchschnittliche Zeitspanne zwischen dem ersten Eindringen und dem männlichen Orgasmus zu berechnen. Aber selbst wenn es durchschnittlich fünf Minuten dauert, ist das Problem nicht die Zeit, sondern der Mangel an Kontrolle, und dass es immer wieder vorkommt. Es ist absolut nicht pathologisch, bei starker Erregung und einer leichten Anspannung wegen einer neuen Partnerin die Reibung oder Wärme an der Eichel anders wahrzunehmen und dadurch früher eine Ejakulation zu haben als gewünscht. Ein Problem entsteht nur, wenn es immer so ist. Bei vorzeitigem Samenerguss sind situations- und verhaltensbedingte Ursachen häufiger als körperliche, aber zweifellos gibt es manchmal auch eine physiologische Komponente. Das Phänomen ist noch nicht ganz ergründet worden, es wurde jedoch mit einem niedrigen Serotoninspiegel und einer genetischen Variation bei den Rezeptoren dieses Neurotransmitters in Zusammenhang gebracht.

Es gibt verschiedene Behandlungsmethoden, und sie reichen von kognitiver Therapie, um Ängste abzubauen und zu lernen, die Erregung zu steuern, sowie Verhaltenstherapie, bei der man allein oder mit Partner Desensibilisierungsübungen durchführt, über betäubende Cremes für die Eichel, die man nur mit Kondom benutzen kann, um den Partner oder die Partnerin nicht zu beeinträchtigen, bis hin zur Behandlung mit Medikamenten, die bei klinischen Studien deutlich effektiver waren als Placebos. Wie bereits in voranstehenden Kapiteln erklärt, stammen diese Mittel ursprünglich von Antidepressiva ab, die auf Serotonin-Wiederaufnahmehemmern (SSRI) basieren, denn man hatte als Nebenwirkung beobachtet, dass diese Mittel die Ejakulation hinauszögern und sogar Anorgasmie verursachen. In geringeren Dosen hat man sie erfolgreich zur Behandlung bei vorzeitigem Samenerguss eingesetzt, und inzwischen wurden zu diesem Zweck spezifische SSRI entwickelt.

Ich möchte noch hervorheben, dass bestimmte Rhythmen oder Positionen während des Geschlechtsverkehrs die Zeitspanne bis zur Ejakulation durchaus beeinflussen können – die klassischen Tricks, vorher zu masturbieren oder sich während des Geschlechtsverkehrs mental abzulenken, sind jedoch nicht besonders wirksam. Außerdem sollte man beachten, dass erektile Dysfunktion und vorzeitiger Samenerguss häufig parallel auftreten, verbunden durch die ihnen gemeinsame Angst und ähnliche psychosomatische Effekte. Sobald das Erektionsproblem gelöst ist, hilft das häufig sehr, das Selbstvertrauen zu stärken und die Zeit bis zur Ejakulation auszudehnen.

Ejaculatio retarda oder Anorgasmie

Schätzungsweise kommt es bei etwa 3 bis 5 Prozent der Männer vor, dass sie eine Zeitlang Schwierigkeiten haben, zum Orgasmus zu kommen. Diese Störung kann durch Läsionen des Nervensystems entstehen, durch Konsum von Drogen oder Medikamenten wie Antidepressiva oder Beruhigungsmitteln oder durch psychologische Ursachen von der Beziehungskrise bis hin dazu, dass man sich angewöhnt hat, auf sehr bestimmte Art und Weise und zu kräftig – auch wenn es hierzu viele verschiedene Meinungen gibt – zu masturbieren. Wenn Medikamente der Grund sind, ist es möglich, eine Alternative zu suchen oder mit einem anderen Medikament gegenzusteuern (zum Beispiel Viagra, aber immer unter ärztlicher Aufsicht). In anderen Fällen können Vibratoren oder Gleitmittel helfen, das Beste ist aber, sich an einen erfahrenen Therapeuten zu wenden.

Mangelnde Libido

Mangelnde Libido betrifft häufiger Frauen als Männer, aber durch gesellschaftliche Veränderungen und eine höhere Lebenserwartung tritt das auch bei Männern auf, die sich oft dagegen wehren, dass ihre Libido mit dem Alter abnimmt. Bei mangelndem Begehren wirken offensichtlich viele psychische Aspekte, der Gemütszustand und Beziehungsprobleme zusammen, es ist jedoch auch eine normale Folge des altersbedingten Hypogonadismus, bzw. des sinkenden Androgenspiegels (man nennt es auch Andropause). Manche Menschen nehmen das Altern als eine Gesundheitsverschlechterung wahr, die reversibel ist, und meinen, Testosteronpflaster, -gels und -injektionen könnten dazu beitragen, Körper und Geist in vielerlei Hinsicht jung zu erhalten, sexuelles Verlangen inbegriffen. Testosteron hat nicht auf alle Menschen den gleichen Effekt und noch dazu bedeutende Nebenwirkungen, es ist bei einem hohen Krebsrisiko kontraindiziert und sein Gebrauch muss von einem Arzt überwacht werden. Die absoluten Werte lassen kaum Rückschlüsse zu, und bei Vergleichen sieht man Männer mit niedrigem Testosteron und guter Libido und umgekehrt. Die Forscher glauben, dass der Schlüssel eher in der Menge und der Art der zellulären Androgenrezeptoren liegt als im Gehalt im Blut, aber klinische Studien haben bestätigt, dass die Testosterongabe bei Erwachsenen mit mangelnder Libido eine positive Wirkung auf die Sexualfunktion hat und in einigen Fällen die allgemeine Gesundheit verbessert. Andere Studien sind eher zurückhaltend, was den Einsatz von Testosteron betrifft. Sie halten es für überbewertet – vor allem in den USA –, da Übergewicht, Diabetes, Alkoholkonsum, Ernährung und Sport viel wichtigere Faktoren sind.

Weitere Dysfunktionen bei Männern

Schmerzen beim Geschlechtsverkehr sind bei Männern viel seltener als bei Frauen, aber es gibt Fälle, die auf Infektionen, Probleme des Nervensystems, Entzündungen oder Verletzungen des Penis, oder auf die Peyronie-Krankheit zurückgehen, bei der »Plaque« genannte Verhärtungen im Penis zu einer merkwürdigen und manchmal schmerzhaften Krümmung desselben führen. Priapismus (schmerzhafte Dauererektion) entsteht, wenn es durch die Verstopfung des Blutkreislaufs im Penis zu einer unfreiwilligen Erektion kommt, die länger als zwei Stunden anhält. Es ist ein wenig verbreitetes Phänomen, das wegen der Hypoxie, d.h. dem Sauerstoffmangel und dem anschließend drohenden Zelltod, sofortiger ärztlicher Behandlung bedarf. Es gibt auch Fälle von Mikropenissen, Penissen, die nach innen wachsen (*buried penis*), spezifischen Schmerzen bei der Ejakulation und natürlich eine unendliche Reihe psychischer Probleme, von denen einige weiter unten besprochen werden.

Weibliche Sorgen: Das Problem ist nicht das Verlangen, sondern die Befriedigung

Die weiblichen sexuellen Probleme können in vier große Kategorien eingeteilt werden, und zwar anhand ihrer Ursachen: a) soziokulturelle Faktoren wie mangelnde Information über Sexualität, Überarbeitung und religiös motivierter Druck; b) Beziehungsprobleme wie Konflikte, unterschiedliche Interessen, Gesundheit des Partners oder mangelnde Kommunikation; c) psychische Faktoren wie Ängste, Unruhe, geringes Selbstwertgefühl oder Traumata in der Vergangenheit; d) medizinische Probleme wie Schmerzen beim Geschlechtsverkehr, Infektionen oder Hormonschwankungen, die zu mangelnder Libido oder mangelnder genitaler Erregung führen können. All diese Kategorien sind miteinander verbunden, und ein guter Sexologe sollte herausfinden können, was in einem Fall jeweils die Ursache und was die Folgen sind, ohne sich von vorgefassten Meinungen leiten zu lassen, die entweder die physiologische oder die psychosoziale Komponente vernachlässigen.

Bevor ich einige spezifische Dysfunktionen beschreibe, möchte ich einen Streit kommentieren, der zunächst noch akademischer Natur war, im Laufe des Jahres 2013 jedoch von den Medien aufgegriffen und bekannt gemacht wurde.

Verlangen ist nicht gleich Erregung

Die größere Komplexität der weiblichen sexuellen Reaktion zeigt sich in einer intensiven Debatte, die während des sexualmedizinischen Kongresses in Chicago geführt wurde, und der sogar eine Plenumssitzung mit dem Titel »Sind psychisches Verlangen und körperliche Erregung bei Frauen zwei unterschiedliche psychophysiologische Funktionen, die getrennt behandelt werden müssen?« gewidmet war.

Das ist durchaus von Belang. Wie im 2. Kapitel erklärt, wurde im DSM (*Diagnostisches und Statistisches Handbuch Psychischer Störungen* der Amerikanischen Psychiatrischen Vereinigung) bis zur Neuauflage von 2013 durchaus zwischen zwei unterschiedlichen Störungen unterschieden, der »hypoaktiven sexuellen Verlangensstörung« (*Hypoactive Sexual Desire Disorder* oder HSDD) und der »weiblichen sexuellen Erregungsstörung« (*Female Sexual Arousal Disorder* oder FSAD). Die erste bezieht sich auf das andauernde Fehlen von sexuellem Verlangen und entsprechenden Phantasien, die zweite auf Probleme der Lubrikation, der Durchblutung der Vagina und der Klitoriserektion. Obwohl beides miteinander zu tun hat, fanden die meisten Experten die Trennung zwischen körperlicher Erregung und psychischem Verlangen nützlich für ihre therapeutische Praxis, und sie dokumentierten Fälle, bei denen nur eine der beiden Komponenten nicht funktionierte.

Trotzdem wurden beide Störungen in der fünften Version des DSM als eine einzige Störung unter der Bezeichnung »Störung des sexuellen Interesses und der Erregung« zusammengeführt (*Sexual Interest/Arousal Disorder* oder SIAD). Warum? Für viele ist es ein

Fehler, der eher durch akademische als medizinische Argumente vorangetrieben wurde, vielleicht auch durch die Interessen der Pharmaindustrie.

Rekapitulieren wir: 1966 veröffentlichten Masters und Johnson ihr berühmtes lineares Modell der menschlichen sexuellen Reaktion (*Human Sexual Response*), das aus Erregungs- und Plateauphase, Orgasmus und Rückbildungsphase besteht. 1979 fügte Helen S. Kaplan die Phase des psychischen Verlangens als Anfangspunkt der sexuellen Reaktion hinzu, und 2001 beschrieb Rosemary Basson ein zirkuläres Modell, in dem psychisches Verlangen manchmal der körperlichen Erregung vorausgeht, Körperkontakt und körperliche Erregung aber auch psychisches Verlangen erzeugen können. Seitdem haben mehrere Studien gezeigt, dass sich genauso viele Frauen mit den linearen Modellen von Masters und Johnson sowie Kaplan identifizieren wie mit dem zirkulären von Basson, dass die Unterscheidung zwischen psychischem Verlangen und körperlicher Erregung jedoch auf praktischer Ebene noch gültig war.

Diejenigen, die dafür plädierten, es im DSM-5 unter dem Dach einer einzigen Dysfunktion zu vereinen, argumentierten, dass es keine soliden wissenschaftlichen Belege dafür gäbe, HSDD und FSAD zu unterscheiden, dass beides aufgrund von Expertenmeinungen gebildete Konstrukte seien, und dass die Tatsache, dass Viagra bei Frauen nicht funktioniert, impliziere, dass Verlangen und Erregung nicht so deutlich getrennt sind wie bei Männern. Diejenigen, die beide Störungen weiterhin trennen wollten, argumentierten, dass Verlangen und Erregung von unterschiedlichen Hormonen reguliert werden, dass es auf praktischer Ebene sinnvoll sei, beide zu unterscheiden, und dass Viagra in manchen Fällen durchaus funktioniere, z.B. bei Frauen, die durch die Einnahme von Antidepressiva Erregungsprobleme haben.

Letztendlich wurden HSDD und FSAD im DSM-5 unter der neuen »Störung von sexuellem Interesse und sexueller Erregung« (SIAD) zusammengefasst und SIAD wie folgt definiert: »A. Fehlen oder signifikant verringertes sexuelles Interesse/Verlangen, was sich durch mindestens drei der sechs folgenden Kriterien zeigt: 1. Fehlendes/verringertes Interesse an sexueller Aktivität; 2. Fehlende/weniger häufige sexuelle/erotische Gedanken oder Phantasien; 3. Fehlende/seltenere Initiative zu sexueller Aktivität und Unempfänglichkeit für Initiativen des Partners; 4. Fehlen/Verringerung von sexueller Erregung/Lust während sexueller Aktivitäten bei beinahe allen (ca. 75-100 Prozent) sexuellen Begegnungen (in bestimmten oder, wenn es immer vorkommt, allen Situationen); 5. Fehlen/Verringerung des sexuellen Interesses/der Erregung als Reaktion auf sämtliche innerliche oder äußerliche sexuelle/erotische Reize (z.B. schriftlich, verbal, visuell); 6. Fehlen/Verringerung genitaler oder nicht-genitaler Empfindungen während der sexuellen Aktivität in fast allen (ca. 75-100 Prozent) der sexuellen Begegnungen (in bestimmten oder, wenn es immer vorkommt, allen Situationen).« Wichtig: die Symptome müssen mindestens sechs Monate lang anhalten und »eine klinisch signifikante Beeinträchtigung bedeuten«. Dieser letzte Punkt ist fundamental.

Fehlendes sexuelles Verlangen muss nicht unbedingt ein Problem sein

Das medizinische Interesse an fehlendem Verlangen explodierte 1999, als Laumann und Rosen in der Zeitschrift *JAMA* Daten aus der nationalen Gesundheitsumfrage in den USA (NHSLS) veröffentlichten. Ihnen zufolge litten 43 Prozent der erwachsenen Frauen zwischen 18 und 59 unter irgendeiner sexuellen Dysfunktion, am häufigsten unter dem Fehlen sexuellen Verlangens, was 33 Prozent der Frauen dieser Altersgruppe betraf.

Diese Daten erregten großes Aufsehen in der Sexologenwelt und dienten als Begründung, dass die Medizin das fehlende sexuelle Verlangen bei Frauen endlich als ernsthaftes gesundheitliches Problem betrachten müsse. Die Wissenschaft sollte sich intensiver damit beschäftigen, die biopsychologischen Ursachen dieses von da an Dysfunktion genannten Sachverhalts zu untersuchen, und die Pharmakologie sollte nach möglichen Behandlungsmethoden forschen.

Während der nächsten Jahre wurde das Thema ausgiebig diskutiert, aber 2008 wurde das Problem durch eine neue Studie als doch nicht so schwerwiegend eingeordnet. Für die PRESIDE (*Prevalence of Female Sexual Problems Associated with Distress and Determinants*) genannte Studie wurde eine breite Umfrage mit 31.581 Frauen gemacht, in der die Teilnehmerinnen einerseits nach mangelnder Libido, Lubrikationsproblemen, Anorgasmie etc. befragt wurden, andererseits aber auch, ob diese Störungen sie beeinträchtigten. Die Ergebnisse waren beeindruckend: Durch das Hinzufügen der Frage nach Beeinträchtigung (*distress*) wurden die Prozentzahlen enorm gesenkt. Die Menge der Frauen, die Mangel an Verlangen oder Erregung spürten, war also immer noch sehr hoch, aber viele von ihnen litten überhaupt nicht darunter. Die Quoten der Frauen mit einer sexuellen Dysfunktion, die sie als leidvoll erlebten, lag bei 10,8 Prozent bei den 18- bis 44-Jährigen, bei 14,8 Prozent bei den 45- bis 64-Jährigen und bei 8,9 Prozent bei den über 65-Jährigen. Konkret für fehlendes Verlangen lagen die Zahlen bei 8,9 Prozent, 12,3 Prozent und 7,4 Prozent.

Die Schlussfolgerungen waren klar: Fehlendes Verlangen ist weiterhin ein wichtiges Problem der weiblichen sexuellen Gesundheit, das niemals als »normal« betrachtet werden darf und das Psychotherapeuten, Ärzte und Wissenschaftler aufmerksam beobachten sollten. Aber trotzdem sind viele Frauen durch das fehlende Verlangen nicht in ihrem Wohlbefinden beeinträchtigt. Aktivistinnen wie Leonore Tiefer vertreten diese Ansicht in extremer Weise. Sie meinen, dass diese weibliche sexuelle Dysfunktion ein künstliches Konstrukt der pharmazeutischen Industrie und der sexistischen Gesellschaft sei, denen zufolge Frauen mehr Verlangen empfinden sollten, als natürlich ist. Auch wenn Tiefers Gedankengänge in einiger Hinsicht übertrieben scheinen mögen, hat sie in anderen Aspekten wirklich recht.

Hauptsächliche Zielscheibe von Tiefers Angriffen und ihrer *New Viewing Campaign* ist die Suche nach einem »weiblichen Viagra«, einem Medikament, das Verlangen und Erregung bei Frauen steigern soll und vielleicht sogar bald gefunden wird. Im 2. Kapitel wurde bereits erwähnt, dass das Medikament Flibanserin der deutschen Firma Boehringer Ingelheim 2010 in den Vereinigten Staaten von der entsprechenden Behörde (FDA) nicht zugelassen wurde, mit dem Argument, dass es noch nicht genügend Studien zur Wirkung und Sicherheit des Mittels gäbe. Die Firma Sprout kaufte dann das Patent und führte die Studien mit offensichtlich guten Ergebnissen weiter. Das neue Mittel funktioniert nicht wie Viagra, indem es die Durchblutung anregt, sondern wirkt auf die Dopamin-, Serotonin- und Norepinephrinspiegel, die für das Entstehen des Verlangens mitverantwortlich sind. Es wäre voreilig, seine Wirkung, Risiken und die Fälle, bei denen es helfen kann, zu beurteilen, aber wahrscheinlich wird es im Frühjahr 2014 erneut vor der FDA präsentiert werden.

Obwohl dieses Mittel für Frauen eigentlich nicht angezeigt ist, verschreiben viele Kliniken in den Vereinigten Staaten Testosteronersatz, um die weibliche Libido zu steigern. Ich habe sowohl mit Ärzten gesprochen, die behaupten, sehr positive Ergebnisse zu erzielen, wie auch mit Experten, die aufgrund der möglichen Langzeitwirkungen wie Brustkrebs, Insulinresistenz und einem höheren Risiko für Herz- und Gefäßkrankheiten eher zurückhaltend sind. In jedem Fall sinken die Androgenspiegel bei Frauen mit dem Alter, und einige Studien zeigen, dass Testosteron – allerdings mit großen individuellen Schwankungen – die weibliche Libido sanft aber signifikant erhöht. Das gilt vor allem bei Androgenmangel. 2008 zum Beispiel veröffentlichte das *New England Journal of Medicine,* eine im biosanitären Bereich einflussreiche Zeitschrift, eine klinische Doppelblindstudie, an der 814 Frauen nach der Menopause mit hypoaktiver sexueller Verlangensstörung (HSDD) teilnahmen, die keine Östrogenersatztherapie erhielten und die nach dem Zufallsprinzip drei Gruppen zugeordnet wurden: einer, die während 52 Wochen mittels eines Pflasters 150 µg Testosteron täglich erhielten, einer anderen, die 300 µg Testosteron erhielten, und einer dritten, die ein Placebo bekamen. Bei den Frauen, die 300 µg täglich erhielten, verbesserte sich die Sexualfunktion leicht.

Die Wirkungen von Testosteron auf Brustkrebs und Herz- und Gefäßkrankheiten müssen offensichtlich immer noch abgeklärt werden, aber Befürworter der Hormonersatztherapien argumentieren im Gegenzug, ein Androgendefizit sei mit dem Abbau der Knochendichte und der Muskelmasse verbunden, zusätzlich zu einer Verschlechterung von Gemütszustand und körperlichem Wohlbefinden. Eine der hitzigsten Debatten auf dem Kongress war übrigens, ob die Antibabypille aufgrund der Senkung des Testosteronspiegels negative Auswirkungen haben könnte.

Die Antibabypille kann das sexuelle Verlangen mindern

Bei Einnahme einer Antibabypille wird der Testosteronspiegel gesenkt. Das ist bei allen Frauen so, es ist eine chemische Angelegenheit. Zum einen reduzieren orale Verhütungsmittel die Produktion von Steroiden in den Eierstöcken, und zum anderen wird der Spiegel des SHBG-Proteins (Sexualhormon-bindendes Globulin) erhöht, an das sich Testosteron und Estradiol binden, wodurch ihre Bioverfügbarkeit verringert wird. Wenn der SHBG-Spiegel dank oraler Antikonzeptiva im Blut ansteigt, sinkt durchweg der Testosteronwert.

Das ist nicht weiter beunruhigend und hat meistens auch überhaupt keine Auswirkungen. Einem Überblicksartikel zufolge, den Andrew Goldstein im September 2012 veröffentlichte, gibt es einen kleinen Prozentsatz von Frauen, deren sexuelles Verlangen sich verringerte, nachdem sie die Pille einnahmen. Bisher gibt es keine Studien mit verlässlichen Daten, aber auf dem Kongress in Chicago hieß es, es sind vielleicht 10 Prozent. Einerseits ist es wirklich schockierend, dass das nicht längst untersucht und den Nutzerinnen mitgeteilt wurde, und zeigt einmal mehr, dass Beeinträchtigungen der Sexualfunktion selten als eine Nebenwirkung von Medikamenten betrachtet werden. Andererseits, und das ist eigentlich viel interessanter, frage ich mich, warum das nur einige Frauen betrifft.

Francisco Cabello ist einer der wenigen spanischen Sexologen, der eine exzellente wissenschaftliche Arbeit mit einer ausgedehnten klinischen Praxis verbindet. Er behauptet, er schaffe das nur, weil er wenig schläft. Auf dem europäischen Kongress für Sexologie, der im September 2012 in Madrid stattfand, gestand er mir, dass man bei dieser Testosteron-Sache keine Ahnung hätte. Francisco kennt die Studien, die das Ansteigen von Androgenen unmissverständlich mit einer Steigerung des sexuellen Verlangens in Verbindung bringen. In seiner praktischen Arbeit trifft er aber unendlich viele Patientinnen, bei denen das überhaupt keine Rolle spielt. Selbst Pädophile oder Hypersexuelle, bei denen medikamentös der Testosteronspiegel gesenkt wird, büßen kein Stückchen ihres Verlangens ein. Francisco Cabello zufolge gibt es einen Zusammenhang zwischen Testosteron und Libido, der ist jedoch gespickt mit Ausnahmen.

Diese große Differenz zwischen einzelnen Personen bringt die Wissenschaftler auf den Gedanken, dass aus biologischer Perspektive nicht unbedingt der Spiegel des ungebundenen Testosterons im Blut entscheidend ist. Sie hegen den Verdacht, dass der Schlüssel in den zellulären Androgenrezeptoren liegen könnte, durch die die Zellen mehr oder weniger empfindlich für die Testosteronschwankungen sind. Andrew Goldstein kündigte an, dass sie zur Zeit genetische Varianten im Zusammenhang mit Androgenrezeptoren untersuchten, um dort einen Hinweis darauf zu finden, warum ein erhöhter Testosteronspiegel manchmal, aber nicht immer, zu einem gesteigerten Verlangen führt. In der Zukunft gibt es vielleicht eine personalisierte Sexualmedizin, die herausfinden kann, welchen Frauen Androgene in welchen Mengen gut tun, und welchen nicht. Mit dieser genetischen Information im Hinterkopf könnte man einigen Frauen die Antibabypille schon zusammen mit Testosteronersatz verschreiben.

Wir haben viel von Chemie gesprochen, dabei sind bei fehlendem Verlangen die soziokulturellen, paarbezogenen und psychischen Faktoren sehr viel ausschlaggebender. Zur Rechtfertigung möchte ich sagen, dass dieses Gebiet vom wissenschaftlichen Standpunkt aus am neuesten ist und bald eine große und polemische Debatte um die Medikalisierung der weiblichen sexuellen Gesundheit losbrechen wird. Dann wird es Stimmen brauchen, die daran erinnern, dass in Wahrheit nicht das Verlangen, sondern die Befriedigung zählt.

Dysfunktionen aufgrund von mangelnder Erregung und Lubrikation

Wenn eine Frau erregt ist, steigert sich die Durchblutung in der Vulva und den Vaginalwänden, sie wird feucht und die Klitoris größer. Geschieht das nicht, ist der Geschlechtsverkehr weniger angenehm und kann sogar schmerzhaft sein. Es gibt viele physiologische Faktoren, die bei der körperlichen Erregung und dem Gefühl geringerer genitaler Sensibilität mitwirken. Der Abbau von Östrogenen nach der Menopause verringert beispielsweise signifikant die Lubrikation, und Medikamente oder kardiovaskuläre Probleme, die die männliche sexuelle Reaktion erschweren, können auch die weibliche genitale Erregung beeinträchtigen. Das war der Grund, weshalb man zuerst glaubte, dass Viagra auch bei weiblichen Erregungsstörungen helfen könnte, aber mehrere Studien zu Beginn der 2000er Jahre bestätigen, dass das nur in sehr speziellen Fällen funktionierte und meist keinerlei Wirkung hatte. Östrogenersatztherapien verbessern ebenfalls die sexuelle Reaktion, und wenn die Lubrikation das einzige Problem ist, dann genügt ein gutes, das Vaginalgewebe nicht reizendes Gleitmittel. Manche dieser Produkte enthalten Substanzen, die die Durchblutung steigern. Eine der zur Zeit besten Strategien für die Verbesserung der körperlichen Erregung ist jedoch eine kognitive oder Verhaltenstherapie, die Entspannungstechniken und allein oder mit dem Partner durchführbare sexuelle Übungen beinhaltet.

In diesem Sinne ist eine der Konsequenzen aus dem von Rosemary Basson entworfenen zyklischen Modell der sexuellen Reaktion, dass sexuelles Verlangen nicht unbedingt der erste Schritt sein muss, um intimen Kontakt aufzunehmen. Viele Therapien setzen sanfte Massagen oder Liebkosungen der Genitalien ein, die Erregung hervorbringen und Verlangen und noch stärkere körperliche Erregung nach sich ziehen, auch wenn anfänglich kein Verlangen vorhanden war. Der zyklische Prozess funktioniert gut in den Fällen, bei denen das Fehlen von Verlangen und Erregung deutlich zusammengehört, und weniger bei spezifischeren Problemen.

Einige Fälle von Anorgasmie könnten mit Erregungsstörungen zusammenhängen und auch durch ähnliche therapeutische Strategien behandelbar sein. Den Statistiken zufolge hatten etwa 10 Prozent aller Frauen noch nie einen Orgasmus, und einem sehr hohen Prozentsatz fällt es schwer, beim Geschlechtsverkehr zum Höhepunkt zu gelangen. Einige Frauen erleben das als problematischer als andere, aber sobald eine Frau sich Sorgen macht, sollte auf jeden Fall überprüft werden, ob Medikamente (vor allem Antidepressiva) die sexuelle Reaktion beeinflussen könnten, und die Hilfe einer Sexologin gesucht werden, die meist erfolgreiche Masturbationstechniken oder sexuelle Übungen empfehlen kann.

Syndrom der sexuellen Dauererregung

Ein ganz anderer Fall ist der von Frauen, die ohne jedes Verlangen ständig fast bis an die Schwelle zum Höhepunkt körperlich erregt sind. Einige müssen sich ständig zum Orgasmus bringen, damit sie danach ein paar Minuten entspannen können. Es ist eine wirklich unangenehme Situation, die nichts mit Lust zu tun hat und sogar schon zu Selbstmordversuchen geführt hat. Interessanterweise hat man versucht, die Nerven zur Klitoris zu blockieren und sogar zu durchtrennen, ohne dass die Erregung aufgehört hätte. Das Syndrom der sexuellen Dauererregung (*persistent genital arousal disorder*, PGAD) ist eine merkwürdige Störung, über deren Ätiologie man nicht viel weiß. Ich erwähne sie trotzdem, da Barry Komisaruk 2012 eine mögliche Erklärung veröffentlicht hat.

Nachdem er von einer Frau erfuhr, die unter PGAD und Tarlov-Zysten an der Abzweigung des Schamnervs an der Wirbelsäule litt, kontaktierte Barry eine Vereinigung von PGAD-Kranken und bat, ihm MRT-Aufnahmen des Sakralbereichs der Wirbelsäule zuzuschicken. 18 Betroffene taten das, und davon hatten zwölf zwischen einer und drei Tarlov-Zysten, die auf Nervenenden drückten. Wenn man dies mit einer größeren Anzahl von Patientinnen wiederholte, könnte sich bestätigen, dass PGAD durch die ständige Nervenreizung an der Wirbelsäule hervorgerufen wird und das Blockieren an der Klitoris überhaupt keine Besserung bringen kann. Man könnte eine Behandlung entwickeln, die mittels einer lokalen Anästhesie um die Tarlov-Zysten herum funktioniert, und es wäre ein wunderbares Beispiel dafür, wie die Wissenschaft zu unserer Gesundheit und unserem Wohlbefinden beiträgt.

Vaginismus und Schmerzen beim Geschlechtsverkehr

Schmerz beim Geschlechtsverkehr oder Dyspareunie kann durch angeborene Missbildungen hervorgerufen werden, durch Infektionen, mangelnde Erregung, Entzündungen, ungenügende Lubrikation, allergische Reaktionen, Vaginalatrophie oder ein sehr spezielles Krankheitsbild namens Vaginismus.

Beim Vaginismus zieht sich die Beckenbodenmuskulatur unwillkürlich zusammen, verschließt die Vagina und verhindert, dass irgendetwas in die Vagina eingeführt wird, sei es bei einer sexuellen Begegnung oder einfach nur ein Tampon.

Die übliche Meinung lautet, dass Vaginismus psychologische Ursachen habe und aus nervöser Unruhe und Angst vor dem Geschlechtsakt entstehe. Möglicherweise aufgrund einer unbewussten Reaktion auf traumatische Erfahrungen in der Vergangenheit oder durch die Vorwegnahme des möglichen Schmerzes beim Koitus. Manchmal wird es als eine Penetrationsphobie aufgefasst, aber viele Wissenschaftler glauben, dass Vaginismus in einigen Fällen auch mit Läsionen der Muskeln oder Nerven zusammenhängen könnte oder der Reaktion darauf entspricht, wenn man versucht, »jemandem einen Kugelschreiber ins Auge zu stecken«. Demnach ist die körperliche Untersuchung genauso wichtig für eine Diagnose wie die psychologische. Auf diesem Gebiet wird sehr aktiv geforscht, und es gibt weit auseinandergehende Meinungen, was durch folgenden Wortwechsel zwischen einem Gynäkologen und einem Therapeuten auf dem Kongress für Sexualmedizin bestens illustriert wird. Der Therapeut versicherte, Vaginismus sei immer psychisch, und der Gynäkologe gab zurück: »Du solltest Dyspareunie nicht nur auf

Angst oder Depressionen zurückführen, weil du keine Ahnung hast, was in der Vagina deiner Patientin passiert.«

Aber ehrlich gesagt funktioniert die Psychotherapie, die Blockaden und Aversionen löst, in vielen Fällen ganz gut. Es wurden auch positive Ergebnisse mit Botoxinjektionen erzielt, was die Muskelkrämpfe verhindert, und eine der am häufigsten durchgeführten Behandlungen bedient sich einer Reihe von Dildos verschiedener Größen, die die Patientin regelmäßig in die Vagina einführen soll, bis sie die Muskulatur daran gewöhnt hat und mit der Penetration ihres Partners weitermachen kann (oder, wie der schockierende wissenschaftliche Artikel »Surrogate versus couple therapy in Vaginismus« meint, ihres Therapeuten, der als *surrogate partner*, als Ersatzpartner fungiert).

Dyspareunie kann die unterschiedlichsten Ursachen haben, die Botschaft bleibt immer die gleiche: Wenn eine Frau häufig Schmerzen beim Koitus verspürt, sollte sie es ihrer Gynäkologin erzählen. Es gibt Lösungen.

Die Kunst der Sexualtherapie

Am Anfang dieses Kapitels habe ich gesagt, dass bei sexuellen Problemen soziokulturelle, psychologische und partnerbezogene Faktoren involviert sind, und zugegebenermaßen habe ich mich bis jetzt fast ausschließlich auf die medizinischen konzentriert. Dieses Buch geht davon aus, dass Wissenschaft als eine Verbindung zwischen den unterschiedlichen theoretischen Vorstellungen über Sexualität funktioniert, erkennt jedoch auch schon mit dem Inhaltsverzeichnis an, dass der wissenschaftliche Blick auf das menschliche Sexualverhalten beschränkt und unvollständig ist. Nehmen wir Johan und Darlane, ein in New York lebendes Paar im Alter von 43 und 39, die eine exzellente physische und psychische Gesundheit, einen großartigen Sohn, eine entspannte sozioökonomische Position, echtes Gefühl gegenseitiger Wertschätzung und ein allem Anschein nach glückliches Leben haben. Mir ist klar, dass es weder medizinische noch physiologische Gründe dafür gibt, dass sie seit einem halben Jahr keinen Sex mehr hatten und auch kein Verlangen nacheinander verspüren. Wer glaubte, dass Testosteron das Verlangen von Darlane oder Johan steigern könnte, der wäre ein Idiot. Und wirklich, Johan hat keine Erektionsprobleme, wenn er im Internet Pornos schaut und dabei masturbiert, und sie hat auch keine Probleme mit ihrer Libido, wenn sie Phantasien von anderen Männern hat. Die Sexologie wird niemals eine exakte Wissenschaft sein und die besondere Kunstfertigkeit, Intuition und Erfahrung des individuellen Therapeuten benötigen. Auf den folgenden Seiten werde ich mehr auf psychologische und soziokulturelle Aspekte eingehen, vorher möchte ich in diesem der sexuellen Gesundheit gewidmeten Kapitel jedoch unbedingt noch auf die schützenden und krankheitserregenden Mikroorganismen kommen, die unsere Genitalien bewohnen.

Mikroorganismen in unseren Genitalien

Selbst in gesundem Zustand leben nicht bei allen Frauen die gleichen Bakterien in der Vagina. 2012 fanden Wissenschaftler vom Human Microbiome Project heraus, dass es fünf unterschiedliche Typen gesunder Vaginalflora gibt. Einige Bakterienstämme schaffen ein saureres Milieu als andere, einige verursachen im Gegensatz zu anderen Geruch, aber alle bilden ein unerlässliches Gleichgewicht, um das Geschlechtsorgan vor krankheitserregenden Mikroorganismen zu schützen.

Auch beschnittene Männer haben andere Mikroorganismen auf ihrem Penis als unbeschnittene. Wenn man einmal darüber nachdenkt, ist das mikrobiologisch gesehen vollkommen logisch: Bei einem beschnittenen Penis ist die Eichel einem sauerstoffreichen Milieu ausgesetzt, auf dem vorwiegend aerobe Bakterien gedeihen. Bei nicht beschnittener Vorhaut ist die Eichel fast immer bedeckt und das unterstützt das Wachstum von anaeroben Mikroorganismen, deren Stoffwechsel ein sauerstoffarmes Milieu bevorzugt.

Unterschiedliche Bakterien auf beschnittenen und unbeschnittenen Penissen

Ich weiß schon, was ihr denkt: Wenn man reinlich ist, sind da weder die einen noch die anderen. Aber das ist falsch, es sei denn, ein extremer Sauberkeitsfimmel führt dazu, dass man kratzt und sogar die inneren Hautschichten perforiert. Doch nicht einmal dann. Wie in Augen, Mund, Darm und Nasenlöchern sind auch die tieferen Hautschichten unseres Körpers voller Bakterien, die grundlegende Funktionen erfüllen, ohne die wir nicht überleben könnten.

Auf einem Quadratzentimeter Haut unseres Arms leben 10.000 Bakterien. Die meisten von ihnen eliminieren wir für kurze Zeit beim Waschen, aber gebt euch nicht allzu viel Mühe, denn sie tauchen rasch wieder auf. Würden wir auf dem gleichen Quadratzentimeter ein wenig graben, fänden wir in den oberen Hautschichten auf der gleichen Fläche 50.000 Bakterien, und wenn wir eine Biopsie durchführen und bis zu den Haarwurzeln gehen, kommen wir auf 1 Million. Aber es ist gar nicht die Menge, die uns beeindrucken sollte. Seit Mikrobiologen die Möglichkeit der genetischen Sequenzierung haben und die mikrobiellen Ökosysteme auf ganz neue Art analysieren können, haben sie beobachtet, dass es allein auf der Haut hundert Mal mehr Vielfalt an Bakterien gibt, als zuvor bekannt war. Das bedeutet klar einen Paradigmenwechsel für manche Bereiche der Medizin, wie die gynäkologische Praxis und die Mikrobiologie selbst.

Man bedenke: Wollte ein Mikrobiologe vor nicht allzu langer Zeit herausfinden, was für Mikroorganismen einen Tümpel, unseren Mund oder die Vagina bevölkern, nahm er eine Probe, verteilte sie auf verschiedene Kulturmedien, wartete ein paar Tage, bis die Bakterien- oder Pilzkulturen gewachsen waren, und analysierte dann ihre Eigenschaften. Dieses Verfahren war langsam, aber wirklich verzwickt wurde es erst, als man durch genetische Analysen feststellte, dass sich in den Petrischalen nur ein geringer Teil der Bakterien vermehrte, die im ursprünglichen Milieu existierten. In den National Health Institutes der USA war man bestürzt und gründete 2008 das

Human Mikrobiome Projekt, das zum Ziel hatte, die gesamte Vielfalt der Eigenschaften und Funktionen der Mikroorganismen unseres Körpers zu untersuchen. Dafür wurden Proben von 18 Zonen des weiblichen und 15 des männlichen Körpers von 242 gesunden Freiwilligen zwischen 18 und 40 genommen und mit den neuen und leistungsstarken Verfahren der Metagenomik analysiert: Probe wird entnommen, darin enthaltene Gene direkt sequenziert und danach mit Techniken der computergestützten Biologie die Bakterienspezies unterschieden. Einerseits sieht man durch diese Methode die große, zuvor verborgen gebliebene Vielfalt der Organismen, die nicht in den Petrischalen gedieh. Andererseits, da es schneller geht und eine direkte und nicht aus einer Kultur stammende Probe analysiert wird, ist es möglich, häufigere Analysen durchzuführen und dadurch Entwicklungen zu beobachten und mehr Funktionen zu verstehen. Die Metagenomik ist für die Mikrobiologie so wie die funktionelle Magnetresonanztomographie für die Neurowissenschaften oder ein Teilchenbeschleuniger für die Elementarteilchenphysik. Und es liegen bereits wichtige Ergebnisse vor.

Um mit dem Penis abzuschließen, bevor wir uns noch einmal vertiefend der Vaginalflora zuwenden, möchte ich Jaques Ravel von der School of Medicine an der University of Maryland zitieren. Er sagt: »Die Bakterien der unbeschnittenen Penisse ähneln den anaeroben Bakterien aus dem geschlossenen Inneren der Vagina, und das verändert die Vaginalflora in geringerem Maße und eine Vaginose ist weniger wahrscheinlich.« Aber er spricht auch von zwei sehr wichtigen Einschränkungen. Erstens werden die Mikroorganismen bei Partnern in monogamen Beziehungen ohnehin mit der Zeit sehr ähnlich, ob nun eine Beschneidung vorliegt oder nicht, daher ist das bei festen Beziehungen nicht so wichtig. Zweitens ist der Austausch von Bakterien über die Eichel bei Gelegenheitsbeziehungen zu vernachlässigen, da man sowieso ein Kondom benutzen sollte, und er somit nicht stattfindet.

Bei ungeschütztem Sex mit neuen Partnern könnte eine Beschneidung, die in Zeiten schlechterer Hygiene als angeblicher Schutz angepriesen und häufiger durchgeführt wurde, sich jetzt bei manchen

Kategorien der Vaginalflora problematisch auswirken, vor allem, wenn eine Ejakulation erfolgt und der pH-Wert der Vagina durch den Samen von 3,5 auf 7 erhöht wird, die bakterielle Flora dadurch Invasoren gegenüber kurzzeitig schutzlos ist und diese ungezügelt wachsen können.

Es gibt viele Faktoren, die geklärt werden müssen. 2010 wurde in einer US-amerikanischen Studie die mikrobielle Flora von zwölf Ugandern vor und nach der Beschneidung untersucht, wobei festgestellt wurde, dass zwei Familien anaerober Bakterien (Clostridiales und Prevotellaceae) praktisch verschwanden. Das war sehr bedeutsam, da einige Bakterien dieser Familien mit Entzündungsprozessen in Zusammenhang stehen, die die Langerhanszellen aktivieren, welche wiederum die Funktion haben, den Lymphozyten CD4 den HI-Virus zu präsentieren. Einfach gesagt meinten die Forscher, eine Beschneidung könne durch die mit ihr einhergehende Veränderung der mikrobiellen Flora einen gewissen Schutz vor einer HIV-Übertragung darstellen. Das genau zu klären hätte eine große Bedeutung für die öffentliche Gesundheit und auch für die Pflege des vaginalen Ökosystems.

Geruch und übertriebene Hygiene bei den fünf Typen der Vaginalflora

Jaques Ravel ist eine der führenden Kapazitäten auf dem Gebiet der Vaginalflora. Er erklärt mir: »Natürlich verändert sich die bakterielle Flora während des Zyklus, im Alter oder durch Hormonspiegel, aber das wissen wir schon. Neu ist, dass wir fünf Typen von Vaginalflora differenzieren konnten, alle gesund, aber mit unterschiedlichen Eigenschaften. Das heißt, Behandlungen und Empfehlungen müssen, abhängig von ihrer Vaginalflora, für jede Frau unterschiedlich sein.«

Man muss sich die Vaginalflora wirklich wie ein Ökosystem vorstellen. Genau wie das Ökosystem eines Waldes, das aus unterschiedlichen Spezies ein Gleichgewicht bildet und zerstört werden kann, wenn Invasoren eindringen und jagen, roden oder neue Spezies einführen, funktioniert auch die bakterielle Flora der Vagina. Die verschiedenen Arten des Laktobazillus versuchen, das Gleichgewicht zu bewahren und durch einen pH-Wert von 3,5 vor Invasoren zu schützen. Aber so wie ein Wald in den Alpen nicht aus den gleichen Bäumen und Pflanzen wie ein Wald am Mittelmeer besteht, so ist auch nicht jede gesunde Vagina mit den gleichen Mikroorganismen bevölkert und reagiert nicht gleich empfindlich auf unterschiedlichen Angriffe. »Es gibt zum Beispiel Vaginalfloren, die nach der Veränderung durch Geschlechtsverkehr oder eine Scheidenspülung länger brauchen, bis sie ihr Gleichgewicht wiederfinden.«

Eine Frau, die aus übertriebener Reinlichkeit ihre Vagina spült, bevor sie mit einem möglichen neuen Liebhaber ausgeht, eliminiert damit also einen Teil ihrer Bakterienflora und ist den Bakterien des Mannes schutzlos ausgeliefert. Das hängt allerdings von der Kategorie der Vaginalflora ab, und diese kann sich außerdem mit der Zeit verändern.

Die folgenden Daten stammen aus dem Jahr 2012 und werden sicherlich mit der Zeit erweitert und modifiziert, aber Jaques Ravel zufolge werden die Kategorien I, II und III jeweils vom *Lactobacillus crispatus, gasseri* und *iners* dominiert. Diese drei Bakterien produzieren alle Milchsäure, aber jedes von ihnen erlaubt anderen Spezies, neben sich zu existieren. Die Kategorien IV-A und IV-B sind heterogener. Sie enthalten weniger Milchsäurebakterien und haben einen höheren pH-Wert. In der Kategorie IV-A findet man mehr streng anaerobe Bakterien wie *Anaerococcus, Corynebacterium, Finegoldia* oder *Streptococcus* und in der IV-B große Mengen der Art *Atopobium*, neben den Spezies der *Prevotella, Parvimonas, Sneathia, Gardnerella, Mobiluncus* oder *Peptoniphilus*. Alle fünf Kategorien sind gesunde und stabile Bakteriengemeinschaften, die letzten beiden jedoch bergen mehr Risiken, und in einer promiskuitiven Phase sollte man sehr vorsichtig sein. Natürlich verwendet man eigentlich ein Kondom, aber selbst das Empfangen von Oralsex könnte, je nach momentanem Zustand der Vaginalflora, heikel sein.

Jacques Ravel hat die Entwicklung der bakteriellen Floren bei einer großen Anzahl von Frauen in den USA genetisch untersucht und dabei beobachtet, dass Afroamerikanerinnen häufiger eine Vaginalflora einer der IVer-Kategorien haben als weiße Frauen, dass Frauen mit Typ II seltener zu einem anderen Typ wechseln, und dass die Typen III und IV-B häufig alternieren. Er hat noch keine abschließenden Daten gesammelt, aber es gibt Hinweise darauf, dass die unterschiedlichen Kategorien auch Einfluss auf die Fruchtbarkeit haben oder die Wahrscheinlichkeit von bakteriellen Infektionen wie Chlamydien oder viralen wie HIV höher bzw. niedriger ist. »Im Moment werden alle Frauen beim Gynäkologen gleich behandelt, wenn es um ihre Vaginalflora geht. Unsere Aufgabe ist es nun, die Ärzteschaft zu erreichen, damit die Behandlung individualisiert wird«, erklärt mir Ravel, der in einem im März 2012 in *Science* veröffentlichten Aufsatz Folgendes schreibt: »Heute betrachten die klinischen Untersuchungen den pH-Wert, das Vorhandensein von Geruch und die Beschaffenheit des Fluidums, um eine Vaginalflora als normal oder unnormal zu bestimmen. Aber das ist sehr beschränkt, da sich diese Eigenschaften mit der Zeit verändern und nicht alle gesunden Frauen gleich sind.« Ein kurioses Beispiel ist eine Untersuchung von Wissenschaftlern aus Houston, bei der die bakterielle Flora von 25 schwangeren und 60 nicht schwangeren Frauen verglichen wurde. Man stellte fest, dass sich die Vaginalflora unmittelbar vor der Geburt dramatisch veränderte und sich die Vielfalt der Spezies plötzlich einschränkte. Wahrscheinlich, damit das Neugeborene – das Bakterien wie ein Schwamm aufsaugt – ein weniger aggressives Milieu vorfindet.

Geruch ist auch ein wichtiger Punkt. Oft wird er mit Infektionen in Verbindung gebracht, bei einigen Frauen ist er jedoch immer da und normal. Warum haben einige Frauen diesen charakteristischen Geruch und andere nicht? Das ist nicht unbedingt eine Frage der Hygiene, sondern ob die Vaginalflora einem Typ angehört, der das Wachstum von Bakterien fördert, die Aminverbindungen produzieren. Für viele Frauen ist das ein Problem, es ist ihnen oder ihren Partnern unangenehm, und es kann gynäkologisch behandelt werden. Ravel zufolge wird man in der Zukunft sogar Probiotika einsetzen, um die gesamte bakterielle Flora der Vagina zu verändern. Es sollte uns nicht wundern, wenn Frauen in ein paar Jahren zwei Wochen vor der gynäkologischen Untersuchung ein Kit mit mehreren Behältern bekommen, um Proben des Vaginalfluidums zu nehmen. Die bringen sie dann mit zum Termin, und innerhalb von Minuten wird eine Analyse gemacht, um den Typ ihrer Vaginalflora zu bestimmen, entsprechend der sie eine Behandlung verschrieben und konkrete Empfehlungen zum Sexualverhalten bekommen, die bei der nächsten Patientin vielleicht schon ganz anders aussehen.

Sexuell übertragbare Krankheiten

Ich möchte ungern, dass die Informationen über sexuell übertragbare Krankheiten zu kurz kommen. Wenn ihr glaubt, dass ihr einem Risiko ausgesetzt wart, oder irgendeine Unregelmäßigkeit bemerkt, konsultiert einen Arzt oder sucht Informationen auf vertrauenswürdigen Seiten. Es gibt online gute Quellen, unter anderem die Wikipedia. Aber seid vorsichtig, die Symptome genitaler Infektionen überschneiden sich manchmal, und ihr könntet euch irren. Nehmt Kontrolluntersuchungen ernst, denn die meisten Infektionen sind leicht zu kurieren, können jedoch zu Unfruchtbarkeit und anderen Problemen führen, wenn man sie nicht behandelt. Und jetzt möchte ich euch einen kleinen Überblick über die meistverbreiteten Mikroorganismen geben, von denen einige nur vorübergehende Beschwerden, andere jedoch schwere Krankheiten verursachen.

Bakterien

Die Chlamydiose gehört zu den meistverbreiteten bakteriellen Infektionen. Sie wird von verschiedenen Stämmen der Bakterie *Chlamydia trachomatis* verursacht und durch Vaginal-, Oral- und Analsex, sowie den Kontakt mit Hautzonen übertragen, die das Bakterium enthalten. In den USA gibt es schätzungsweise 3 Millionen Infektionen pro Jahr, von denen jedoch nur etwas über eine Million von einem Arzt diagnostiziert werden. Das liegt daran, dass Chlamydien bei 75 Prozent der Frauen und bei 50 Prozent der Männer keine oder nur sehr leichte und mit der Zeit wieder verschwindende Symptome verursachen. Aber darauf sollte man sich nicht verlassen, denn sie sind leicht zu behandeln und können auch latent vorhanden sein und erst nach ein paar sexuellen Begegnungen ausbrechen, die den bakteriellen Schutz destabilisieren. Die üblichen Symptome zeigen sich fünf Tage nach der Infektion und beinhalten ein Brennen in den Genitalien, Schmerzen beim Geschlechtsverkehr, einen gelblichen Ausfluss bei Frauen und eine Art Eiter bei Männern. Es können auch Pickel oder kleine Geschwüre auftreten. Wenn ihr diese Symptome bemerkt, nachdem ihr mit jemandem ins Bett gegangen seid, heißt das nicht unbedingt, dass ihr euch bei dieser Person angesteckt habt. Vielleicht steckte es schon in eurem Körper, und die sexuelle Aktivität hat den Ausbruch begünstigt. Und wie bei allem, was ich hier erkläre: Geht für eine Diagnose zum Arzt!

Die *Neisseria gonorrhoeae* ist eine Bakterie, die in den feuchten Gebieten des Reproduktionsapparats, in Mund, Anus und selbst Augen oder Kehle wachsen kann. Wenn sie sich in den Genitalien festsetzt und dort unkontrolliert vermehrt, ist sie die Ursache für Gonorrhoe, einer für 80 Prozent der Frauen und 10 Prozent der Männer symptomfreien Krankheit. Schmerzen beim Urinieren – eher bei Männern als bei Frauen – sind ein deutliches Symptom, zusammen mit ungewöhnlichem Ausfluss und sogar vaginaler Blutung.

Syphilis wird durch das Bakterium *Treponema pallidum* hervorgerufen. Es wächst in Genitalien, Mund und Anus und wird durch direkten Kontakt mit offenen Verletzungen oder den typischen, durch die Krankheit selbst verursachten Wunden übertragen. Heutzutage ist sie viel seltener geworden. Das Auftreten der Wunden ist ein deutliches Warnzeichen dafür, dass es ein Problem gibt. Wird Syphilis nicht behandelt, führt sie zu Fieber, schweren neurologischen Problemen und sogar zum Tod.

Die bakterielle Vaginose ist eine weit verbreitete Infektion, auch wenn diskutiert wird, ob man sie überhaupt als sexuell übertragbare Krankheit einordnen soll. Ihre Ursache ist ein Ungleichgewicht der Vaginalflora, bei dem die Anzahl der säureproduzierenden Bakterien reduziert wird. Der pH-Wert steigt und es vermehren sich andere Mikroorganismen wie z.B Mykoplasmen, die ungewöhnlichen Ausfluss von weißlicher oder gräulicher Farbe sowie einen kräftigen, fischigen Geruch verursachen. Vaginose entsteht normalerweise nach häufigen sexuellen Kontakten, vor allem mit neuen Partnern, oder nach exzessiven Scheidenspülungen. Die Ursachen sind jedoch noch nicht gut bekannt. Der Gebrauch von Kondomen trägt nicht zur Vermeidung bei, und sie kann sogar ohne sexuellen Kontakt auftreten. Manchmal helfen Antibiotika, aber es gibt auch natürliche Heilmittel, und das System kann von selbst wieder ins Gleichgewicht gelangen. Reinfektionen sind häufig.

Pilze

75 Prozent der Frauen haben wenigstens einmal im Leben eine Pilzinfektion. Die durch den Pilz *Candida albicans* hervorgerufene Kandidose ist dabei am häufigsten. Die Symptome sind heftiges Jucken – in der Vagina intensiver als am Penis – und eine Rötung und Reizung der Genitalien. Die Eichel des Mannes kann eine Art meist geruchlosen, festen weißen Eiter von quarkähnlicher Konsistenz absondern. Die persönliche Hygiene ist grundlegend zur Vorbeugung. Cremes und andere Antimykotika helfen, aber die ärztliche Untersuchung ist wichtig, um andere Krankheiten auszuschließen, die eine Pilzinfektion manchmal begleiten. Obwohl Sex die Genitalien reizt und die Ansteckung beim Partner begünstigen kann, ist eine Kandidose eigentlich keine sexuell übertragbare Krankheit, sondern beruht eher auf einem Ungleichgewicht unserer Bakteriengemeinschaft.

Viren

Weder über HIV noch über den Virus, der Hepatitis B überträgt, werde ich hier etwas Neues sagen. Mit beiden kann man sich über den Austausch von Flüssigkeiten anstecken, es gibt Praktiken, die sehr viel risikoreicher sind als andere, und in einem promiskuitiven

Sexualleben ist es immer schwer, sich zu schützen. Die meisten Menschen sind gegen Hepatitis geimpft, für Aids ist das leider bisher nicht möglich.

Herpes ist ein weniger schlimmer Virus, er kann uns aber latent ein ganzes Leben lang begleiten und immer wieder mit störendem Juckreiz und Hautläsionen erwachen. Seine Symptome sind sehr vielfältig, und der Arzt informiert uns bei den regelmäßigen Untersuchungen, die ihr – und das gilt vor allem für die Männer – wirklich machen solltet.

Das humane Papillomvirus (HPV) verdient wohl aufgrund des in letzter Zeit festgestellten Zusammenhangs mit Gebärmutterhalskrebs und der relativ neuen Impfung dagegen etwas mehr Aufmerksamkeit. Es gibt mehr als 150 verschiedene Untertypen, von denen 40 leicht durch Haut- und Schleimhautkontakt übertragen werden können. Tatsächlich hält man diesen Virus zur Zeit für die häufigste sexuell übertragbare Infektion in den westlichen Gesellschaften. Die meisten mit HPV infizierten Personen wissen es nicht und haben keine Symptome, und bei einigen zeigt sich die Krankheit nur durch kleine Warzen an Genitalien und Anus, aber sie steht in deutlichem Zusammenhang mit Gebärmutterhalskrebs und in geringerem Maße auch mit Peniskrebs. Er ist die Hauptursache des seltenen, aber immer häufiger vorkommenden Analkrebses und hängt auch mit der ständigen Zunahme von Mund- und Rachenkrebs zusammen. Die Impfung schützt nicht gegen alle Untertypen von HPV, aber gegen die häufigsten, und sie wird heranwachsenden und jungen Frauen empfohlen.

Und wo wir schon bei den Mikroorganismen sind, soll es jetzt damit weitergehen, wie eben diese Organismen den Sex in der Natur erfunden haben. Wir entdecken die spannende Entwicklung der sexuellen Reproduktion bei Bakterien, Amöben und Pflanzen über Gliederfüßer, Reptilien, Vögel und Säugetiere, bis hin zu den Primaten. Vielleicht hilft die Evolution, ein paar der irrationalen Verhaltensweisen unserer merkwürdigen Spezies des *Homo sapiens* zu verstehen.

7
Sex in der Natur

Wer glaubt, das menschliche Sexualverhalten wäre unglaublich vielfältig, der sollte einmal einen Blick in die Natur werfen und das dann ganz schnell wieder vergessen. Denn es gibt kein merkwürdigeres und komplizierteres erotisches Ritual als das Penisfechten (*penisfencing*) der zwittrigen Plattwürmer.

Plattwürmer sind platte, nur wenige Zentimeter lange Würmer, die sich geschlechtlich oder ungeschlechtlich fortpflanzen können. Die ungeschlechtliche Form ist einfach: wie Seesterne oder Geranien trennen sie ein Stück von ihrem Körper ab, und daraus entsteht ein neuer, genetisch identischer Organismus. Plattwürmer haben dabei eine außergewöhnliche Regenerationsfähigkeit. Selbst wenn wir nur ein Stückchen vom Schwanz abschneiden, wächst ein ganzer Körper mitsamt Kopf daraus. Aus diesem Grund werden sie seit über hundert Jahren von Biologen untersucht.

Einige Plattwurmarten pflanzen sich auch ungeschlechtlich durch Knospung fort, wie Hefen oder sehr einfache Meerestiere: Eine Zelle des Körpers entwickelt ein Eigenleben und vermehrt sich, während sie noch an der Haut des Plattwurms hängt. Der Zellklumpen wächst, differenziert sich zu einem neuen Organismus heraus und löst sich von seinem identischen Erzeuger, sobald der Prozess abgeschlossen ist.

Die ungeschlechtliche Fortpflanzung ist praktisch, hat allerdings den Nachteil, dass sie nicht gerade zur genetischen Vielfalt einer Spezies führt. Den Bakterien ist das egal, da sie andere Möglichkeiten haben, untereinander Gene auszutauschen, aber für ein Tier bedeutet mangelnde Vielfalt ein hohes Risiko angesichts einer möglichen Umweltveränderung. Unter günstigen Bedingungen ziehen die Plattwürmer es daher vor, männliche und weibliche Keimzellen zu entwickeln und sich geschlechtlich fortzupflanzen. So können sie das Genmaterial zweier Individuen kombinieren, damit ein vollkommen neues entsteht.

Plattwürmer sind jedoch Zwitter (d.h. jedes Individuum produziert sowohl Eizellen als auch Sperma), wer also soll Mutter und wer Vater werden? Tatsächlich wollen alle Plattwürmer lieber Vater werden. Und wenn man recht überlegt, ist das auch viel bequemer: Der Wurm, der die männliche Rolle übernimmt, lässt einfach nur seine Keimzellen im Körper des Wurms, der als Weibchen fungiert. Das Weibchen hingegen muss ganz allein die Gestation bestreiten, obwohl beide genau 50 Prozent des Genmaterials beisteuern dürfen. Ungerecht, aber so ist die Natur. Und wie lösen einige Arten der Plattwürmer diesen Konflikt? Natürlich mit roher Gewalt: Sie kämpfen darum, wer dem anderen seinen Penis reinstecken darf.

Die Bilder sind spektakulär. Zwei braune Plattwürmer bäumen sich voreinander auf, sie heben ihren Körper und bedrohen sich gegenseitig mit einer Art weißem Kegel an ihrer Unterseite. Das ist der Penis, an dessen Spitze sich eine feine Nadel befindet, mit der der Wurm das Sperma in den Körper seines Widersachers injiziert. Der Kampf beginnt: Die Plattwürmer nehmen ihre Positionen ein, sie bewegen sich aufeinander zu, taxieren einander, und plötzlich stürzt einer sich auf den anderen. Dieser kann jedoch ausweichen. Er geht zum Gegenangriff über, wird jedoch ebenfalls abgewehrt. Schon bald liegen ihre Körper dicht beieinander, winden und krümmen sich im Kampf, bis einer es schafft, die Haut des anderen mit seinem Penis zu durchbohren. Dann ist es vorbei. Das Sperma wandert unter der Haut durch den Körper des besiegten Plattwurms, bis es die weiblichen Keimzellen erreicht und der Gestationsprozess beginnt.

Es gibt viele merkwürdige Beispiele für Sex in der Natur, man muss gar nicht bei so ungewöhnlichen Tieren suchen. Der siebte Arm des männlichen Kraken ist so konstruiert, dass er den Samen von seinem Körper zum Reproduktionsorgan des Weibchens transportieren kann. Wenn ihr zufällig einmal einen Kraken seht, der einen Arm ausstreckt, um den Unterleib eines anderen zu liebkosen, wisst ihr jetzt, dass er ihn nicht kitzelt.

Und die Wissenschaftler finden immer wieder etwas Neues. Seht euch zum Beispiel den Titel des 2009 von chinesischen und englischen Wissenschaftlern in der *Public Library of Science* publizierten Artikels an: »Fellatio bei Flughunden verlängert die Dauer der Kopulation.« Oralsex ist in der Tierwelt wahrlich nicht verbreitet. Nur Menschen und Bonobos praktizieren ihn zur sexuellen Stimulierung, andere Arten lecken ohne erotische Absichten. Aber im Artikel über die Flughunde steht: »Zum ersten Mal wurden regelmäßige Fellationes bei erwachsenen, nicht-menschlichen Tieren beobachtet.« Das wird wie folgt beschrieben: »Die Weibchen senken den Kopf, um die Basis oder den Schaft des Penis zu lecken, nicht jedoch die Eichel, die bereits die Vagina penetriert hat. Wenn das geschieht, ziehen die Männchen den Penis während der Kopulation nicht heraus, und man hat beobachtet, dass die Kopulation länger dauert.« In dem Artikel wird sogar behauptet, dass jede Sekunde Fellatio die Dauer der Kopulation um sechs Sekunden verlängert. Man spekuliert, dass diese spezielle Form der Verrenkung zu mehr Erfolg bei der Fortpflanzung führen könnte oder Krankheiten vermeidet. Die Entwicklungsgeschichte von Sex ist wirklich faszinierend.

Warum haben Erpel einen Penis, Hähne aber nicht?

Auf den ersten Blick scheinen sich Enten und Hühner gar nicht sehr voneinander zu unterscheiden. Es sind Vögel von ähnlicher Größe, sie legen Eier, die Küken laufen der Mutter hinterher ... wenn jemand behaupten würde, dass sie sich entwicklungsgeschichtlich nahestehen, würde euch das absolut nicht wundern. Aber sie tun es nicht, und es gibt vor allem einen ganz besonderen Unterschied zwischen beiden Spezies: Erpel haben einen Penis, Hähne nicht.

Tatsächlich haben nur 3 Prozent der Vogelarten einen Penis. Warum? Welches Rätsel der Evolution hat dafür gesorgt, dass Erpel einen Penis haben und Hähne nicht? Diese große Frage ging mir mehrere Monate lang durch den Kopf. Im Netz war nichts zu finden, und auch die Evolutionsbiologen, mit denen ich sprach, konnten es nicht erklären. Es blieb ein Rätsel, bis ich Patricia Brennan traf, eine kolumbianische Biologin, die an der University of Massachusetts arbeitet. Sie untersuchte, wie der sexuelle Konflikt zwischen den Geschlechtern Penis und Vagina bei den Enten geformt hatte und der Penis schließlich die Form eines Korkenziehers bekam. Kurz gesagt versuchen die Weibchen den Männchen die Penetration zu erschweren, damit nicht jeder dahergelaufene Erpel sie ohne ihr Einverständnis begatten kann. Aus diesem Grund hat die natürliche Selektion Penisformen begünstigt, die das Weibchen an der Flucht hindern, sobald der Penis einmal eingeführt ist. Daher der Korkenzieherpenis des Erpels. Aber der ist wirklich eine Ausnahme. Die ersten Vorfahren der Vögel, die von den Dinosauriern abstammten, hatten zwar noch einen Penis, aber irgendetwas geschah, damit die Evolution das männliche Glied bei den meisten Vogelarten nach und nach abschaffte. Warum?

Falls ihr nicht gerade auf dem Land aufgewachsen seid, stellt ihr euch wahrscheinlich die Frage, wie ein Hahn sich ohne Penis fortpflanzen kann. Das ist sehr einfach: Sowohl Hähne als auch Hühner haben eine »Kloake« genannte Körperöffnung, die sowohl der Ausscheidung als auch der Fortpflanzung dient. Denkt nur noch einmal an die ersten Kapitel zurück, während einer embryonalen Phase haben auch wir nur eine Körperöffnung, die sich später erst in Anus, Harnröhre und die genitalen Kanäle teilt. Wenn ein Hahn ein Huhn befruchten will, dann muss das Weibchen einverstanden sein und sich so aufstellen, dass die Kloake exponiert ist und sich öffnet. Dann positioniert der Hahn sich auf dem Huhn und lässt innerhalb von zwei Sekunden aus einem Leiter in seiner Kloake den Samen fallen, der in nah an der Öffnung gelegenen Drüsen gesammelt wurde. Das Weibchen schließt seine Kloake und bewahrt den Samen in den Eileitern. Dort wird er in den folgenden Tagen mehrere Eier befruchten.

Aber die Frage bleibt: Wenn die Evolution den Penis als ein nützliches Organ für die Zusammenführung von Keimzellen hervorgebracht hat, warum haben 97 Prozent der Vogelarten dann keinen mehr? Ein Zufall mag in der Naturkunde vielleicht isolierte Fälle erklären, wie zum Beispiel die Tatsache, dass einige wenige Schlangenarten zwei Penisse haben, aber hinter dem konstanten Fehlen eines Penis bei den Vögeln muss sich eine wichtige Ursache verbergen. Patricia weist mich darauf hin, dass man den Grund zwar nicht mit Sicherheit kennt, es jedoch mehrere Hypothesen gibt, die das Verschwinden des Penis bei den Vögeln zu erklären versuchen.

Die erste Hypothese beruht auf der Annahme, dass es darum ging, das Gewicht beim Fliegen zu reduzieren. Wenn man ein Stück Fleisch nicht unbedingt braucht, ist es immer besser, leichter unterwegs zu sein. Patricia glaubt nicht an diese Erklärung, da gerade Enten, die als Zugvögel sehr lange Strecken zurücklegen, diese langen und gewundenen Penisse haben. Eine zweite Hypothese lautet, der Penis sei bereits beim gemeinsamen Vorfahren aller Vogelarten verschwunden, und nur einige Wasservögel, darunter die Enten, haben ihn bewahrt, damit der Samen im Wasser nicht verlorenging. Diese Hypothese hält einer Überprüfung auch nicht stand, da der auf dem Land lebende Strauß ebenfalls einen Penis hat. Patricia hält die dritte Hypothese für glaubwürdiger: Da die Kloake gleichzeitig als Fortpflanzungsorgan und After dient, wird das Infektionsrisiko reduziert, wenn kein Penis eingeführt wird. Obwohl es an Daten fehlt, um diese Hypothese zu bestätigen, scheint sie durchaus vernünftig. Patricia analysiert zur Zeit, ob es zwischen der Penislänge der verschiedenen Entenarten und der Anzahl der Infektionen bei sexuellen Kontakten einen Zusammenhang gibt.

Die breiteste Zustimmung erhält jedoch die vierte Hypothese: Der Penis ging verloren, um den Weibchen mehr Kontrolle zu ermöglichen, die nun leichter wählen konnten, mit wem sie sich paaren wollten. Ohne Penis kann ein mieser Vogel keinen Geschlechtsverkehr erzwingen, und das Weibchen wird nur von einem Männchen befruchtet, das es selbst aussucht. Und bei Tieren, bei denen das Weibchen so viel Energie in die Aufzucht der Jungen investiert, ist das von großer Bedeutung. Das Problem ist wieder, dass man eine solche Hypothese nicht experimentell bestätigen kann.

Man kann nur durch phylogenetische Studien überprüfen, ob es passt. Patricia erklärt, dass das bereits untersucht wird und dass einige Daten nahelegen, der Verlust des Penis habe sich unabhängig voneinander bei mehreren Vogelordnungen, zum Beispiel den Hühnervögeln, ereignet. Dieses Zusammentreffen deutet darauf hin, dass der fehlende Penis einen evolutionären Vorteil für die Vögel darstellte, und dann wäre die Selektionsmöglichkeit der Weibchen die plausibelste Erklärung. Was für ein Durcheinander im Vergleich mit der einfachen Fortpflanzung der Bakterien ...

Der Ursprung der Sexualität bei Bakterien, Amöben und Schwämmen

Angeblich sind wir Menschen die erste Spezies, die Sex von der Fortpflanzung getrennt hat. Aber strenggenommen haben die Bakterien das schon vor Abermillionen von Jahren erfunden, als sie damit anfingen, auf kontrollierte Weise Erbgut zu teilen. Bakterien reproduzieren sich ungeschlechtlich: Die DNA ist überall im Inneren einer Bakterienzelle verteilt, zu einem bestimmten Moment wird die DNA zu Chromosomen verdichtet, diese Chromosomen duplizieren sich, je eine Kopie wird in beiden Hälften des Zellkörpers abgelegt, und die Bakterie teilt sich in der Mitte. So werden zwei identische Organismen erschaffen, die eigentlich als ein einziger betrachtet werden können. Ehrlich jetzt: Welcher ist echt, der rechte oder der linke? Beide sind es!

Die Fortpflanzung durch Zweiteilung funktionierte recht gut, dann begannen die Bakterien jedoch mit etwas, das Konjugation genannt wird. Dabei wird nur ein kleines Stück DNA kopiert, zu einem ringförmigen Plasmid geformt und mittels einer dünnen, nur für wenige Sekunden bestehenden Verbindung an eine andere Bakterie übermittelt. Bei diesem Vorgang wird genetisches Material neu kombiniert, und obwohl es nicht zur Fortpflanzung im eigentlichen Sinne kommt, kann es doch als die erste Form von Sex auf dem Planeten Erde betrachtet werden.

Das ist natürlich eine Frage der Terminologie, denn eigentlich kommen die ersten Phasen dessen, was wir unter sexueller Fortpflanzung verstehen, erst eine Milliarde Jahre später mit dem Entstehen der eukaryotischen Einzeller.[14]

Stellt euch zum Beispiel eine Amöbe vor. Anfangs haben solche Einzeller ihr genetisches Material dupliziert und sich nicht-geschlechtlich in zwei identische Organismen geteilt. Aber zu einem bestimmten Zeitpunkt in der Evolution, der von den Biologen noch nicht wirklich identifiziert wurde, entwickelten Mikroorganismen die Fähigkeit, ihre DNA in der Mitte zu teilen, sie zu verpacken und dafür zu sorgen, dass sie sich mit der halben DNA eines anderen Individuums zusammentat und dadurch ein neues und einzigartiges Wesen entstand. Das war der Ursprung der Gameten (der Keimzellen) und der sexuellen Fortpflanzung. Heute wechseln viele Protisten, d.h. ursprüngliche mikroskopische Lebewesen, zwischen Phasen der geschlechtlichen und Phasen der ungeschlechtlichen Fortpflanzung. Aber die Frage liegt auf der Hand: Warum macht man sich das Leben kompliziert, wenn man ganz allein unendlich viele Kopien von sich anfertigen kann und sich noch dazu unsterblich fühlt? Die Antwort habe ich schon gegeben: Für die natürliche Selektion ist es gut, sich zu verändern und neue Gene aufzunehmen. Die daraus entstehende Vielfalt führt zu einer größeren Widerstandsfähigkeit gegenüber Umweltveränderungen.

Diese erste Generation von Keimzellen war die evolutionäre Basis, auf der mehrzellige Lebewesen später die sexuelle Fortpflanzung entwickelten, wie wir sie kennen, mit Eizellen und Spermatozoiden. Aber eins nach dem anderen. Zuerst einmal kommt die ungeschlechtliche Fortpflanzung auch bei höheren Tieren und Pflanzen noch immer häufig vor. Wir haben von Seesternen und Plattwürmern gesprochen, die sich individuell teilen können, es gibt aber noch eine andere, sehr eigentümliche Art der asexuellen Reproduktion: die Parthenogenese oder Jungfernzeugung. Ein klassisches Beispiel dafür ist eine Eidechsenart, die nur aus Weibchen besteht. Sie tun etwas ganz Einfaches: Anstatt eine Eizelle mit der Hälfte der Chromosomen zu bestücken und darauf zu warten, dass ein Spermatozoid mit der anderen Hälfte der Chromosomen auftaucht, duplizieren diese Eidechsen das genetische Material der Eizelle und sorgen dafür, dass sie sich entwickelt, als wäre sie befruchtet worden. Mit diesem prinzipiell einfachen Vorgang, den man auch im Labor durchführen kann, wurden Klone verschiedener Säugetiere geschaffen.

Die Parthenogenese hat jedoch ebenfalls das Problem der geringen Vielfalt. Der berühmte Komodowaran und manche Schlangenarten ziehen es daher vor, sich geschlechtlich fortzupflanzen. Die Weibchen greifen nur auf die Jungfernzeugung zurück, wenn keine Männchen verfügbar sind.

So langsam kommen wir der sexuellen Vereinigung von männlichen und weiblichen Keimzellen näher. Die Natur hat dafür drei wichtige Wege eingerichtet. Die erste und elementarste ist die äußere Befruchtung: bei romantischem Vollmond schleudern Schwämme ihr Äquivalent für Ei- und Spermazellen in das sie umgebende Wasser, und schwebend im warmen Wasser vollzieht sich außerkörperlich der Akt der Liebe. Eine Schwangerschaft oder etwas Vergleichbares gibt es nicht.

Auch die meisten männlichen und weiblichen Fische stoßen ihre Keimzellen ins Wasser ab, und die Befruchtung geschieht extern. Eine Variation dieser Technik besteht jedoch darin, dass die Weibchen die Eizellen im Körper behalten, aber das Männchen das Sperma ausstößt, und dieses dann in das Innere des weiblichen Körpers fließt. Selbst außerhalb des Lebensraums Wasser findet man diese interessante Art der Fortpflanzung. Zum Beispiel hinterlassen manche männliche Skorpione ihren Samen in einer Art Behälter auf dem Boden, damit das Weibchen ihn aufnehmen und selbst in den Unterleib einführen kann. Diese zweite Methode ist ein Zwischenschritt hin zur Entwicklung des Penis, eines Organs, mit dem das Männchen seine Keimzellen direkt in den Körper des Weibchens einführt. Und das ist dann die innere Befruchtung. Was wir allerdings auf den ersten Blick für männlich und weiblich halten, ist sehr viel uneindeutiger, als wir denken.

Zwittrige Kartoffeln und Geschlechtsumwandlung bei Tieren

Wie die meisten blühenden Pflanzen und Bäume sind Kartoffeln Zwitter. Vielleicht ist es euch bisher nicht aufgefallen, aber es gibt männliche Blüten mit Staubgefäßen, die Pollen produzieren, und weibliche Blüten mit Stempel, die von den Pollen befruchtet werden und zu Früchten mit Samen heranreifen. Es gibt sogar Blüten, wie zum Beispiel bei Kürbissen und Kartoffeln, die gleichzeitig weibliche und männliche Organe enthalten. Die männlichen Blüten der Kartoffelpflanze geben Pollen ab, ihre weiblichen Blüten lassen sich von Pollen befruchten, die von außen kommen. Können sich diese Pflanzen dann nicht selbst befruchten? Das ist bei einigen Spezies möglich, aber die Natur richtet es lieber anders ein, um den Reichtum zu schützen, der aus der Verbindung von verschiedenen Genomen entsteht. Eine sehr einfache Möglichkeit, die Eigenbefruchtung zu vermeiden, besteht darin, die weiblichen und männlichen Keimzellen zu unterschiedlichen Zeitpunkten auszubilden. Oder es wird dafür gesorgt, dass die Keimzellen der gleichen Pflanze chemisch nicht miteinander kompatibel sind. Und manchmal sind die Fortpflanzungsorgane zwittriger Arten auch zu weit voneinander entfernt, um sich selbst zu befruchten. Das ist bei Würmern und Schnecken der Fall.

Viele Schneckenarten sind Zwitter. Ein und dieselbe Schnecke hat weibliche Geschlechtsorgane, die Eizellen produzieren, und männliche, die Spermatozoiden produzieren, und sie kann sich männlich oder weiblich verhalten. Trotzdem ist es physisch nicht möglich, dass eine Schnecke sich selbst befruchtet. Zwei Individuen müssen sich paaren – was übrigens über vier Stunden dauert.

Ebenso überraschend für unseren menschlichen Blick auf die Natur sind Tiere, deren Geschlecht nicht von den Chromosomen, sondern von der Temperatur abhängt. Bei den allermeisten Schildkrötenarten haben die Männchen kein Y-Chromosom. Ein Schildkrötenei bringt je nach Bruttemperatur ein männliches oder weibliches Individuum hervor. Ist die Temperatur niedrig, schlüpft eine männliche

Schildkröte, ist sie hoch, wird es ein Weibchen. Bei anderen Reptilien ist es genau umgekehrt, und bei Krokodilen entwickeln sich Weibchen, wenn die Temperaturen extrem hoch oder extrem niedrig sind. Bei mittleren Temperaturen schlüpfen Männchen.

Dabei kommt eine Frage auf: Wenn das Geschlecht nicht genetisch festgelegt ist, kann es sich im Laufe des Lebens verändern? Bei Schildkröten und Krokodilen ist das nicht der Fall, bei einigen Fischen jedoch schon. Wie in den vorangegangenen Kapiteln gezeigt wurde, haben die Fortpflanzungsorgane von Männern und Frauen einen gemeinsamen Ursprung, und sie sind sich ähnlicher als man denkt. Einer Keimzelle ist es sozusagen egal, ob sie sich in eine Eizelle oder ein Spermium verwandelt, sie hat für beides die genetischen Informationen. Die Entwicklung hängt vom chemischen Milieu ab, das sich in einem Eierstock und einem Hoden deutlich unterscheidet.

Daher gibt es ziemlich viele Fischarten, die ihr Geschlecht verändern können, wenn Umweltbedingungen, meist das Verhältnis von Männchen und Weibchen in der Gruppe, es erfordern. Clownfische werden zum Beispiel immer als Männchen geboren, einige von ihnen entwickeln sich später jedoch zu Weibchen und stellen sich an die Spitze einer weiblich dominierten Hierarchie. Wenn das Anführerweibchen stirbt, wird ein erwachsenes Männchen zu einem Weibchen und nimmt dessen Platz ein. Das Gegenteil geschieht bei anderen Fischarten, die Harems bilden. Beim Tod des Männchens nimmt ein Weibchen das maskuline Erscheinungsbild an. Aber Moment mal, da fällt mir noch mehr zu ein.

Geschlechtsdimorphismus:
Warum wir nur weibliche Seeteufel essen

Jedes leckere Seeteufelfilet auf unserem Teller stammt von einem weiblichen Exemplar. Das liegt vor allem daran, dass die männlichen Seeteufel unbedeutende kleine Fischchen von höchstens zehn Zentimetern Länge sind. Mit dieser Größe sind sie höchstens für eine

Fischbrühe zu gebrauchen. Und um die Weibchen zu befruchten, klar.

Große, starke und dominante Männchen gibt es eigentlich nur bei Säugetieren. Dort müssen die Körper der Männer ja wirklich wachsen und stark sein, um untereinander konkurrieren zu können und klarzustellen, wer die meisten Weibchen kriegt. Aber die eigentliche Norm im Tierreich ist, dass die Weibchen mächtiger sind als die Männchen, in jeder Hinsicht. Bei Insekten und manchen anderen Tierarten, ist das Weibchen die Große und Starke und trägt die Hauptverantwortung für den Fortbestand der Art. Sie braucht keinen Mann zum Schutz oder für das Beschaffen von Nahrung, und der ist damit nutzlos. Das Spinnenmännchen deponiert nur ein paar Spermien im Körper des Weibchens, auf ihr hingegen lastet die gesamte Brutpflege und Aufzucht, und sie braucht sehr viel mehr Energieressourcen für die Fortpflanzung. Die Spinnenweibchen weben das Netz, sie jagen, legen die Eier, beschützen sie und sammeln Nahrung für die Zeit nach dem Schlüpfen. Daneben sind die Männchen nur nichtiges Ungeziefer. Auch Angst haben wir nur vor weiblichen Spinnen. Wenn uns im Wald eine Tarantel erschreckt, dann ist es mit Sicherheit ein Weibchen. Das liegt am deutlichen Geschlechtsdimorphismus der Art – das heißt, dass männliche und weibliche Individuen sich in Aussehen und Verhalten unterscheiden – und daran, dass die Männchen jung sterben, sobald sie sich gepaart haben. Zu mehr sind sie nicht zu gebrauchen. Das zeigt sich auch an dem ungewöhnlichen Fall von Sexualkannibalismus der Gottesanbeterin: Das Weibchen beginnt noch während der Paarung, das Männchen aufzufressen. Das habt ihr wahrscheinlich gewusst, aber vielleicht ist euch neu, dass das Männchen bei einigen Arten etwas zu Fressen mitbringt, wenn es sich dem Weibchen mit Fortpflanzungsabsichten nähert. Dann ist sie abgelenkt, und er hat die Möglichkeit zu entkommen. Einige Spinnenmännchen, zum Beispiel die der Schwarzen Witwe, versuchen, ihre Partnerin vor der Paarung mit einem Netz bewegungsunfähig zu machen (hier haben wir den evolutionären Ursprung von Bondage!). Die Natur und ihre Instinkte sind wirklich bizarr ...

Besonders interessant ist ein Dimorphismus jedoch nicht auf körperlicher Ebene, sondern beim Verhalten. Die Körpergröße ist bis zu einem gewissen Maße sekundär und das »Überleben des Stärkeren« ein sehr eingeschränktes Verständnis von Darwins natürlicher Selektion. Wirklich wichtig für die Evolution ist nicht das Überleben, sondern die Nachkommenschaft, die Weitergabe der Gene an die nächste Generation. Wie lässt sich sonst erklären, dass einige männliche Fische ihr Leben riskieren, indem sie sich größeren Fischen nähern, die sie fressen könnten? Das sieht auf den ersten Blick völlig sinnlos aus, aber die Wissenschaftler, die dieses Verhalten aufmerksam beobachtet haben, fanden heraus, dass die Fische nur zu solchen Großtaten aufgelegt sind, wenn Weibchen in der Nähe sind. Und die Weibchen wählen später denjenigen aus, der den großen Fischen am nächsten gekommen ist, ohne sich fangen zu lassen. Er hat bewiesen, dass er die besseren Gene besitzt. Und ob es nun ein Überbleibsel der Evolution ist oder nicht, eine Studie von englischen Wissenschaftlern hat gezeigt, dass Männer eher dazu neigen, bei viel Verkehr über die Straße zu gehen, wenn Frauen auf dem Bürgersteig stehen.

Bevor ich näher auf das Verhalten eingehe: Warum sollte das Pfauenmännchen eine schwere Schleppe hinter sich herziehen, die ihn für Raubtiere angreifbarer macht? Doch nur, um Gesundheit zu demonstrieren – und dass er, dank der Kraft seiner Gene, trotz dieses Hindernisses überlebt. Die Fortpflanzung ist in letzter Instanz wichtiger als das Überleben. Das Männchen der Gottesanbeterin würde länger leben, wenn es sich nicht paare, aber dann hätte seine Existenz überhaupt keinen Sinn. Durch lebendige Farben wird ein Frosch oder ein Fisch sichtbarer für Räuber im Wald oder im Korallenriff, aber er ist auch attraktiver für seine Partnerin.

Auch das Elchgeweih ist ein klassisches Beispiel für Geschlechtsdimorphismus. Für die Weibchen wäre es ein sinnloses Gewicht, aber die Männchen haben es, um mit Geweihstößen zu entscheiden, wer im Harem der Boss ist. Das Gleiche gilt für die Fettansammlung und das aggressive Verhalten der Seelöwen, einer Spezies, bei der nur 10 Prozent der Männchen – die mächtigsten Bullen – im Laufe ihres

Lebens Nachkommen zeugen. Die Weibchen hingegen können entspannt sein und müssen nicht miteinander wetteifern, denn in den meisten Fällen werden sie alle von den promiskuitiven, dominanten Männchen befruchtet. Und die gehen von einer Kuh zur anderen, um den Auftrag der Evolution zu erfüllen: je mehr Nachkommen, desto besser.

Ganz anders ist es bei Spezies, bei denen das Männchen sich nicht nur fortpflanzen muss, sondern auch die Pflicht hat, sich um die Aufzucht der Jungen zu kümmern. Hier wird die Sache vertrackt, die Anforderungen sind komplizierter, und es kommen ein starker Wettbewerb zwischen Weibchen und der umstrittene Begriff der Monogamie ins Spiel. Die Grundidee ist, dass die natürliche und sexuelle Selektion nicht nur den Körper der Tiere, sondern auch ihr Gehirn und ihr Verhalten geformt hat. Und Letzteres interessiert uns in diesem Buch am meisten, da es uns Hinweise auf die naturgegebenen Anlagen unserer Sexualität geben kann. Die vielen Gemeinplätze zu den sexuellen Signalen von Frauenkörpern wie volle Lippen, große Brüste oder breite Hüften haben wir oft genug gehört. Lassen wir das hinter uns, und wagen wir es, die evolutionären Voraussetzungen des so einzigartigen Sexualverhaltens und Ehelebens der Hominiden zu interpretieren (wenn nicht zu erklären).

8
Sex in der Evolution

Die Sexualität der Frau birgt zwei große Rätsel – zumindest für Evolutionspsychologen, denn sie glauben, dass unser Verhalten von Instinkten konditioniert wird, die einst die Chancen unserer Vorfahren, zu überleben und Nachkommen zu hinterlassen, verbesserten. Das erste Rätsel ist die Frage, warum Frauen auch über die Phase des Eisprungs hinaus das Verlangen verspüren, sich zu paaren. Natürlich weil es Spaß macht, aber sonst tut das eben kaum eine andere Spezies. Wenn man es recht überlegt, dürfte die natürliche Selektion nicht zulassen, dass Frauen so viel Energie verschwenden und Risiken eingehen, wenn die Möglichkeit der Fortpflanzung nicht gegeben ist. Weiter unten werden die evolutionären Ursachen dargelegt, warum die weiblichen Hominiden zu einer Ausnahme im Tierreich wurden.

Das zweite Rätsel macht einen noch neugieriger: Warum sind Frauen die einzigen weiblichen Primaten, die nicht genau wissen, wann sie fruchtbar sind? Natürlich können sie nachrechnen oder auf bestimmte Signale ihres Körpers oder ihrer Stimmung achten, aber verglichen mit anderen höheren Tieren sind diese Anzeichen kaum ausgeprägt. Die Genitalien der weiblichen Paviane schwellen an, um den Männchen eindeutig zu zeigen, dass sie empfängnisbereit sind. Papageienweibchen werden von einem inneren Impuls dazu getrieben, sehr viel lauter zu schreien, wenn sie brünstig sind. Und Lemurenweibchen sondern einen unverwechselbaren Pheromonduft ab, der jedes Männchen in den Wahnsinn treibt. Die Signale des Eisprungs werden von allen Weibchen offen zur Schau gestellt. Nur bei Menschenfrauen weist kein einziges körperliches Anzeichen eindeutig auf die fruchtbaren Tage hin, den günstigsten Moment, um sich konzentriert der Fortpflanzung zu widmen.

Vom evolutionstechnischen Standpunkt aus scheint das überhaupt keinen Sinn zu ergeben. Eigentlich wäre es vorteilhaft, die fruchtbaren Tage zu kennen und deutlich zu signalisieren, denn dadurch würde vermieden, dass man unnötig Energie verschwendet. Trotzdem, zu irgendeinem früheren Zeitpunkt unserer Entwicklung haben die weiblichen *Homo sapiens* damit angefangen, ihren Eisprung zu verbergen. Und das wurde nicht kulturell beeinflusst. In einer Debatte »Gene gegen Lernen« können wir darüber streiten, ob die Attraktivität großer Brüste auch jenseits der Stillperiode entstanden ist, als unsere Spezies anfing, mit nacktem Oberkörper aufrecht zu gehen, oder ob diese Vorliebe durch kulturelle Einflüsse in den westlichen Gesellschaften verstärkt wurde. Zweifellos missbrauchen viele Evolutionspsychologen und Autoren populärwissenschaftlicher Werke die evolutionäre Logik, wenn es darum geht, unser Verhalten zu deuten. Aber das Signalisieren des Eisprungs ist ein wirklich grundlegendes körperliches Merkmal, und es dient der fundamentalen Funktion der Fortpflanzung. Es kann kein Unfall der Evolution sein, dass unsere Spezies diesen Moment verbirgt.

Während des natürlichen Selektionsprozesses tauchen natürlich immer wieder zufällige Merkmale auf, die gar nicht oder nur unter bestimmten Bedingungen der Anpassung dienen. Wenn sie nicht weiter stören, haben sie auch keinen Grund, wieder zu verschwinden. Aber noch einmal: Es geht hier nicht darum, etwas größer oder kleiner zu sein oder diese oder jene Haarfarbe zu haben, sondern um ein Merkmal, das für das Überleben unseres Erbguts von vitaler Bedeutung ist. Selbst wenn eine Frau während des Eisprungs durch subtile Anzeichen des Körpers attraktiver wirkt und Frauen sich während dieser Zeit unbewusst mehr für Männer mit maskulineren Merkmalen interessieren – der Unterschied zwischen Eisprung und anderen Zyklusphasen ist auch bei genauem Hinsehen viel weniger offensichtlich als bei den übrigen Säugetieren. Und das ist allgemein bei allen Frauen unserer Spezies der Fall. Es muss also wesentlich und von der natürlichen Selektion bevorzugt worden sein. Was könnte der Grund sein?

Die Falle des versteckten Eisprungs bei den Frauen

Gut. Denken wir uns ein paar hundert Millionen Jahre zurück und stellen uns für einen Augenblick vor, dass es anders wäre. Wenn das hominide Männchen im Voraus wüsste, wann das Weibchen in der fruchtbaren Phase ist, und sie außerdem drei Wochen hintereinander keine Lust hätte, mit ihm Sex zu haben – was würde dann geschehen? Genau wie bei den anderen Primaten würde das Männchen sie sitzen lassen und sich auf die Suche nach anderen Weibchen machen, die zu diesem Zeitpunkt sexuelle Bereitschaft signalisieren und potentiell seine Gene weitertragen. Wichtig: Sicher geht man auf die Piste, um seine Nachkommenschaft zu maximieren, aber nur wenn man sicher ist, dass währenddessen kein anderes Männchen daherkommt und die Partnerin schwängert. Wir dürfen nicht vergessen, dass es in Begriffen der natürlichen Selektion für einen Mann wirklich dramatisch ist, im Glauben, es wären die eigenen, die Kinder eines anderen aufzuziehen – und das geschieht häufiger, als man denkt. Das ist das Schlimmste, denn dieses Männchen wendet all seine Ressourcen für das Überleben fremder Gene auf. Das barbarischste Zeugnis dieses egoistischen Instinkts ist der Kindsmord, den die Männchen einiger Arten begehen, wenn sie sich mit einem neuen Weibchen zusammentun. Sie töten alle vorigen Jungen des Weibchens, damit es sich nur auf die Aufzucht der gemeinsamen Nachkommen konzentriert.

Folgt man streng dem Evolutionsgedanken, sind wir Männer dazu prädestiniert, eifersüchtig auf sexuelle Untreue zu reagieren. Wir können eine zufällige Begegnung, bei der unsere Partnerin schwanger werden könnte, nicht tolerieren, weil wir uns dann um fremde Gene kümmern müssten. Wenn eine Frau uns endgültig für einen anderen verlässt, ist das nicht so schlimm, wenigstens investieren wir dann keine vergebliche Arbeit. Für die Frauen hingegen ist es das größte Risiko – wieder streng nach dem Evolutionsgedanken –, dass der Mann eine neue Partnerin findet, während sie selbst schwanger sind oder kleine Kinder haben, die noch der väterlichen Obhut bedürfen. Ihre wahre Sorge ist es, den Vater in der Familie zu halten, dass dieser Vater nun sporadischen Sex mit einem zufällig vorbeikommenden Weibchen hat, ist gar nicht so schlimm, selbst wenn er sie schwängert.

Wenn nur unsere ererbten Instinkte unser Verhalten beeinflussen würden, müssten wir Männer eifersüchtig auf den attraktiven Nebenbuhler sein, der nur Gelegenheitssex sucht, die Frauen aber auf die gute Freundin, in die wir Männer uns verlieben könnten.

Und das hängt mit einer weiteren feinen Unterscheidung zusammen, die uns der Antwort auf die Frage nach dem verborgenen Eisprung näherbringt: das mit unserer entwicklungsgeschichtlichen Verwandtschaft ist Unsinn. In mancher Hinsicht sind wir den Vögeln ähnlicher als den Schimpansen. Und zwar unter anderem, weil unsere Kinder, wie Küken, wehrlos geboren werden und beide Eltern brauchen, um zu überleben. Meist beschützt die Mutter sie, während der Vater auf Nahrungssuche geht. Und daher kommt es, dass sich sowohl Vögel als auch *homo sapiens* instinktiv zu familiären Gruppen zusammentun und sozial monogame Paare bilden.

Soziale Monogamie ist aber nicht das Gleiche wie sexuelle Monogamie. Für eine Studie wurden mehrere männliche Vögel monogamer Spezies sterilisiert, die Weibchen bekamen aber mysteriöserweise weiter Nachkommen. Andere Studien zu Vögeln (apropos, nicht einmal bei ihnen zeigen die Weibchen jenseits des Eisprungs sexuelle Bereitschaft) ergaben, dass Männchen, die sich häufiger von ihrer Partnerin entfernten, sich letzten Endes meist um eine größere Anzahl von genetisch fremden Jungvögeln kümmerten. So glücklich die Paare bei monogamen Vögeln auch wirken, wenn er auf die Jagd geht und eine willige Kandidatin trifft, fackelt er nicht lange vor einem Seitensprung, und seine geliebte Frau tut wahrscheinlich das Gleiche.

Wenn wir all das bedenken, ist der evolutionäre Hintersinn, den Eisprung zu verbergen und während des ganzen Zyklus sexuelle Begierde zu verspüren, ganz offensichtlich: Das Männchen bleibt in der Nähe, weil es fürchtet, dass das Weibchen jeden Moment von einem anderen befruchtet werden könnte, und hilft so gezwungenermaßen bei der Aufzucht der Jungen, die er für seine eigenen hält. Da die Weibchen ständig zum Sex bereit sind und es keine speziellen

Anzeichen für den Eisprung gibt, hat das Männchen einen Anreiz, ständig präsent zu sein, sich um Fortpflanzung zu bemühen und darüber zu wachen, dass kein Nebenbuhler auftaucht. Die natürliche Selektion hat uns definitiv zu einer untreuen und misstrauischen monogamen Spezies gemacht.

Monogamie ist natürlich, Treue nicht

Sicher habt ihr euch schon öfter die folgende Frage gestellt: Ist es natürlich, eine andere Person zu begehren, obwohl man glücklich verliebt ist? Oder ist es unnatürlich, immer nur mit dem gleichen Partner Sex zu haben? Nun, zumindest in der Tierwelt sind Monogamie und Untreue absolut nicht unvereinbar.

Ich erinnere mich an einen Aufenthalt in der Forschungsstation Tiputini, mitten im ecuadorianischen Amazonasurwald. Ich interviewte dort eine Gruppe von Primatologinnen, die täglich 13 Stunden lang das Verhalten unterschiedlicher Affenarten studierten. Es gab in dieser Gegend weder Touristen noch indigene Bevölkerung, das Benehmen der Tiere war also in keinster Weise von Menschen beeinflusst. Die Primatologinnen beobachteten alle möglichen Verhaltensweisen im Bereich des sozialen Zusammenlebens, der Ernährung und sexueller Rollen und Praktiken und verglichen sie mit anderen, im gleichen Habitat lebenden Arten. Sara studierte zum Beispiel die Klammeraffen, die den Schimpansen ziemlich ähnlich sind. Genau wie diese sind sie sehr aggressiv und leben in gemischten Gruppen mit mehreren geschlechtsreifen Männchen und Weibchen zusammen, *multi-male/multi-female* ist ein wissenschaftlicher Begriff dafür, beziehungsweise eigentlich ein Euphemismus für Polygamie und Promiskuität. Jeder mit jedem. Amy dagegen untersuchte kleinere Affenarten, Springaffen und Sakis. Dabei ist das Eigentümliche, dass Springaffen und Sakis monogam sind, obwohl sie in der gleichen Umgebung leben und Gruppen bilden, die denen der Klammeraffen in Art und Größe ähneln. Sie bilden stabile familiäre Gruppen, in denen die Männchen bei der Aufzucht der Jungen helfen. Und das ist kein Zufall. Es ist belegt, dass auch in anderen Urwäldern ansässige Klammeraffen polygam leben, Springaffen und Sakis dagegen monogam. Die Monogamie steckt in ihren Genen. Als ich Amy einmal fragte, ob ihre Springaffen und Sakis auch »außereheliche Beziehungen« pflegten, antwortete sie sofort: »Aber natürlich!« Soziale Monogamie ist eine Sache, sexuelle Monogamie eine andere. Ersteres wird von der Natur als der Instinkt verstanden, eine Familie zu gründen und ein Territorium zu verteidigen, sie kommt bei Arten vor, deren Nachkommen beide Eltern brauchen. Man beobachtet sie bei Vögeln wie Schwänen, Säugetieren wie Fledermäusen und sogar bei einigen Fischen in Korallenriffs. Sexuelle Monogamie heißt dagegen, sexuell treu zu sein und darauf zu verzichten, sich mit einem zugänglichen Weibchen oder einem Männchen mit besserem Erbgut fortzupflanzen. Diese Form der Monogamie hat evolutionstechnisch nicht viel Sinn und ist in der Tierwelt extrem selten. Und außer vom Menschen wird sie von keinem anderen Primaten praktiziert. Wenn ein genetisch gut ausgestattetes Männchen einem Weibchen schöne Augen macht, paart sich das Weibchen ohne zu zögern und geht zu seinem Partner zurück, als wäre nichts geschehen, und umgekehrt genauso. Für die natürliche Selektion ist das gut, denn so nutzt jeder seine Möglichkeiten, die beste und meiste Nachkommenschaft zu hinterlassen. Treue oder sexuelle Monogamie sind evolutionstheoretisch kaum zu rechtfertigen und beschränken sich auf einige Vertreter des *Homo sapiens*.

Der Auftrag der Evolution ist klar: Die Männchen müssen die Anzahl ihrer Nachkommen maximieren, die Weibchen sehr, sehr wählerisch sein und sich das beste verfügbare Erbgut suchen, sei es nun das ihres monogamen Partners oder nicht. Es ist offensichtlich, dass die Instruktionen zur Promiskuität bei Männern und Frauen genetisch angelegt sind, und dass die Natur es zulässt, Liebe und Fortpflanzung voneinander zu trennen. Für unsere grundlegenden Instinkte bedeutet es also keinen Konflikt, wenn wir unserem Partner zugeneigt sind und gleichzeitig das Bedürfnis verspüren, uns mit einem anderen zu paaren. Das sind die primitiven Richtlinien in unserem Gehirn, bei Männern wie bei Frauen.

Aber Vorsicht: Ihr sollt das auf keinen Fall als Rechtfertigung benutzen! Erstens wird etwas nicht besser oder verzeihlicher, nur weil es dem Gesetz der Natur entspricht. Diktatur und Fremdenfeindlichkeit sind auch natürlicher als Demokratie und Integration. Aber als Gesellschaft und als Individuen legen wir moralische Normen unabhängig davon fest, ob sie unseren Instinkten entsprechen oder nicht. In der Philosophie nennt man es einen »Naturalistischen Fehlschluss«, wenn man das Natürliche als besser oder zulässiger verteidigt. Es handelt sich um ein vereinfachendes und trügerisches Argument, das oft gebraucht wird, um zum Beispiel Homophobie oder Sexismus zu rechtfertigen. Aber es ist die kulturelle, nicht die biologische Evolution, die uns diktieren muss, wie wir als Spezies sein wollen. Zweitens spräche es für einen nicht sehr gut erzogenen präfrontalen Kortex, wenn man sich bei einem inneren Konflikt von den Gefühlen leiten ließe. Vor allem, weil unser Verhalten sehr viel flexibler ist als das, was viele Evolutionspsychologen in den letzten Jahrzehnten verbreitet haben, indem sie den genetischen Determinismus unseres Verhaltens übertrieben darstellten. Ich möchte das etwas nuancieren. Natürlich wurden nicht nur unsere Körper, sondern auch unser Verhalten durch die natürliche und sexuelle Selektion geformt, und es gibt keinen Zweifel daran, dass wir mit ererbten Instruktionen auf diese Welt kommen und daher eine Veranlagung für eine bestimmte Art von Verhalten haben. Natürlich können wir für die Untersuchung der menschlichen Sexualität nicht auf die Evolutionsbiologie verzichten, aber Entdeckungen wie die Plastizität des Gehirns, die epigenetischen Veränderungen im Laufe des Lebens, die unermessliche Lernfähigkeit, die wir im Vergleich zu anderen Tieren besitzen, und die Notwendigkeit, uns einer sehr veränderlichen Umwelt anzupassen, bringen uns zwingend auf den Gedanken, dass die Evolution uns auch unglaublich flexibel gemacht hat. Ich glaube bestimmt, dass wir unsere genetische Konditionierung kennen sollten, um zu wissen, welche der angeborenen Neigungen, die sich seit frühester Kindheit in uns manifestieren, wir unterstützen und welche wir aktiv korrigieren und ändern sollten. Aber zu denken, dass unser heutiges Verhalten von den Lebensbedingungen unserer Vorfahren bestimmt wird, scheint mir eher romanhaft als wissenschaftlich, und bei passender Gelegenheit unser Verhalten mit dem von Primaten zu rechtfertigen, ist vollkommen absurd. Seht euch nur Bonobos und Schimpansen an.

»Bonobo Way of Life«.
Bist du eher Bonobo oder eher Schimpanse?

Ihr solltet euch nie wieder gefallen lassen, dass man euch den Ursprung eurer Aggressionen oder eures Sexualverhaltens anhand von Parallelen mit Schimpansen erklärt, denn evolutionstechnisch sind wir mit den Bonobos genauso nah verwandt – und die sind vollkommen anders.

Wenn mal wieder jemand seine Gier mit unseren Vorfahren, den Schimpansen, rechtfertigt, die sich, sobald sie eine große Menge Nahrung finden, darum prügeln, wer mehr bekommt, dann antwortet ihm einfach, dass wir gar nicht von den Schimpansen abstammen. Vor sieben Millionen Jahren haben wir uns von einem gemeinsamen Vorfahren abgespalten, der sich wiederum in Schimpansen und Bonobos differenzierte. Und wenn Bonobos ein Festmahl vorfinden, hüpfen sie vor Freude, kopulieren miteinander und teilen nach der Party die Nahrung auf.

Es ist wirklich interessant, das Verhalten von Schimpansen und Bonobos zu vergleichen. Rein körperlich sind sich beide Arten sehr ähnlich, und sie entwickelten sich erst vor einer Million Jahren auseinander, als der Kongo entstand und zwei Primatengemeinschaften isolierte. Nördlich des Flusses entwickelten sich die Schimpansen, wie wir sie kennen, im Süden die Bonobos. Beide Spezies sind genetisch fast identisch und bewohnen sehr ähnliche Habitate. Ihr Verhalten ist jedoch radikal unterschiedlich.

Bonobos sind die perfekten Vertreter für »make love, not war«, dem Hippie-Motto der sexuellen Revolution der 1960er. Im Unterschied zu Schimpansen geraten sie nie in aggressiven Wettkämpfen aneinander, ihre Gesellschaften weisen einen hohen Grad an Kooperation auf, sie spielen miteinander und haben Sex aus reiner Freude daran. Man kann immer wieder zwei Weibchen beobachten, die sich in Missionarsstellung aufeinander legen und ihre geschwollenen Genitalien mit Seitwärtsbewegungen aneinander reiben. Bei den Bonobos wird Oralsex unter Männchen und unter Weibchen praktiziert, sie kopulieren mit dem Gesicht zueinander und haben ein großes Repertoire an unterschiedlichen Stellungen. Sie haben ständig Sex, ob die Weibchen nun ihren Eisprung haben oder nicht. Sie pausieren nur für die Dauer der Menstruation. Und wenn es in der Gruppe ein Problem gibt, lösen sie es auf eine beneidenswerte Art und Weise: Sie kopulieren, um Spannung abzubauen. »Schimpansen lösen ihre sexuellen Probleme mit Macht, Bonobos lösen ihre Machtprobleme mit Sex.« Dieser Satz illustriert auf perfekte Weise den großen Unterschied zwischen diesen beiden Spezies. Und mit beiden haben wir einen gemeinsamen Vorfahren.

Wichtig ist dabei der folgende Gedanke: Wenn die Unterschiede von Umgebung und Kultur schon nach einer Million Jahren dafür gesorgt haben, dass sich Schimpansen und Bonobos so sehr voneinander unterscheiden, stellt euch vor, wie sehr wir Hominiden uns während all dieser Zeit verändert haben, und wie beschränkt es wäre, uns mit Primaten zu vergleichen. Aber wir wollen unsere evolutionäre Vergangenheit auch nicht verleugnen. Vielleicht haben die grundlegendsten Instinkte durchaus Gewicht, und vielleicht haben sich einige in einer Weise entwickelt, die uns manchen Primaten ähnlicher macht als anderen. Kann die Wissenschaft beantworten, ob der *Homo sapiens* mehr vom Bonobo hat als vom Schimpansen? Das kann sie absolut, und es ist eine schöne Gelegenheit, um verschiedene wissenschaftliche Methoden zu veranschaulichen.

In der Wissenschaft geht es vorrangig darum, Beobachtungen anzustellen und Hypothesen zu konstruieren, die die Natur beschreiben sollen. Und das macht zum Beispiel die chilenische Primatologin Isabel Behncke, die ihre Forschung an der University of Oxford mit langen Aufenthalten im Kongo verbindet, um dort das Verhalten freilebender Bonobos zu beobachten. Zum ersten Mal traf ich Isabel bei der »Ciudad de las Ideas« im mexikanischen Puebla, danach bei »El Ser creativo« in Madrid, beides internationale Tagungen innovativer Denker und Forscher, und ich war von ihrer Arbeit fasziniert. Sie erklärte mir, dass Bonobos matriarchale Gruppen bilden und die Männchen also, anders als bei Schimpansen, nicht dominieren. Dass Schimpansen jagen, anderen Gruppen gegenüber gewalttätig sind und den Kindsmord praktizieren, während Bonobos weder jagen noch andere Formen von Gewalt ausüben. Wenn Bonobos geschlechtsreif werden, behalten sie kindliche Verhaltensweisen wie das Spielen bei und werden ganz selbstverständlich und sehr intensiv sexuell aktiv, was einige Menschen gern nachmachen würden. Isabel beobachtet Bonobos und meint, dass wir aufgrund unseres gesteigerten Geschlechtstriebs den Bonobos ähnlicher seien als den Schimpansen, in der Wissenschaft ist eine Beobachtung jedoch nicht dasselbe wie ein messbares Experiment. Die Beobachtung verschafft uns kohärente Hypothesen, aber erst ein Experiment erlaubt uns, diese Hypothesen zu überprüfen.

Gibt es Wissenschaftler, die genetische, hormonelle oder zerebrale Faktoren untersuchen oder im Labor Verhaltensmuster analysieren, um dem Dilemma des so unterschiedlichen Sexualverhaltens zwischen Bonobos und Schimpansen, den nächsten Verwandten des Menschen, beizukommen? Und ob! Zuallererst müssen wir uns fragen, ob das Sexualverhalten eines Primaten genetisch vorbestimmt ist, oder ob er es entsprechend des gesellschaftlichen Modells lernt. Wissenschaftler der Duke University beobachteten das Verhalten von Schimpansen und Bonobos, die frei im Urwald geboren, aber von illegalen Händlern sehr früh, noch vor dem Einsetzen der natürlichen Sozialisierung, eingefangen wurden. Obwohl sie in Gefangenschaft aufwuchsen, zeigten die Bonobo-Jungen schon bald soziosexuelles Verhalten, wenn sie Essen bekamen. Die Schimpansen wurden unter den gleichen Bedingungen aufgezogen, entwickelten solch ein Verhalten aber nie. In einem Artikel von 2011 wird bestätigt, dass die sexuelle Natur der Bonobos artspezifisch und in ihrer DNA gespeichert ist.

Die Primatologin Victoria Wobber möchte den Pazifismus der Bonobos verstehen. Als ich sie in ihrem Büro in Harvard besuchte, erklärte sie mir eines ihrer Experimente: Bekanntlich verändern sich bei Aggressivität die Testosteron- und Cortisolspiegel (Stresshormon) im Blut. Daher stellten Victoria und ihr Team Nahrung vor den Käfig zweier hungriger Schimpansen und maßen die Testosteron- und Cortisolspiegel im Speichel. Die Schimpansen wussten genau, dass sie um das Essen kämpfen würden, sobald die Käfigtür aufginge – und wirklich, die Testosteronspiegel stiegen schon vor dem Konflikt. Als das gleiche Experiment mit Bonobos wiederholt wurde, deren natürliche Veranlagung es ist zu verhandeln, blieb der Testosteronspiegel unverändert, dafür stieg das Cortisol. Die Situation wurde also von Anfang an ganz anders wahrgenommen. Und auch wenn euch das verwirrt: Beim Menschen steigen in ähnlichen Situationen die Spiegel beider Hormone, Testosteron und Cortisol.

Gibt es Unterschiede im Gehirn der beiden Spezies? 2011 veröffentlichten Wissenschaftler der Emory University in Atlanta die Ergebnisse erster Untersuchungen zu neurobiologischen Unterschieden von Bonobos und Schimpansen. Bei Bonobos gibt es eine stärkere Verbindung zwischen der Amygdala und einer Zone der Großhirnrinde, die für die Aggressivitätskontrolle verantwortlich ist, sowie mehr Aktivität in Gehirnregionen, die für die Wahrnehmung eigenen und fremden Leids zuständig sind. Den Autoren zufolge haben diese Differenzen mit dem im Vergleich zu Schimpansen sozialeren und empathischeren Verhalten der Bonobos zu tun. Und nicht nur das. Anfang 2012 hat ein gemischtes Team aus französischen und amerikanischen Forschern das Hirnwachstum beider Spezies untersucht und gezeigt, dass das Gehirn bei Bonobos langsamer wächst als bei Schimpansen, weshalb die Jungen die Reife später erreichen. Das könnte die ausgeprägte Neigung zum Spiel erklären, dass sie nicht um Essen konkurrieren, und auch andere Aspekte ihres Temperaments. Ach ja, Temperament! Ein Team vom Max-Planck-Institut untersuchte die Reaktion auf neue, unbekannte Reize bei zweieinhalbjährigen Schimpansen, Bonobos, Gorillas und *Homo Sapiens*. Dabei kam heraus, dass Kinder und junge Bonobos Neues eher ablehnten als Schimpansen und Gorillas, was wiederum zu einer anderen Studie passt, die bei Schimpansen risikoreicheres

Verhalten beobachtete als bei Bonobos. Was ist mit genetischen Unterschieden? Bisher gibt es dazu noch nicht viel, aber bei einer Studie wurden bei Schimpansen Variationen auf spezifischen Regionen des Y-Chromosoms entdeckt, nicht so bei Menschen und Bonobos. Den Autoren der Studie zufolge könnte diese Reorganisation auf den notwendigen Wettstreit von Spermien zurückzuführen sein, da Schimpansenweibchen sich mit einer großen Anzahl von Männchen paaren, aber nur, wenn ihre Genitalien zur Zeit des Eisprungs geschwollen sind. Da bei Bonobos die Weibchen wählen, ist dieser Spermienwettstreit nicht unbedingt erforderlich, und auch wenn die Frage noch lange nicht beantwortet ist, glaubt Victoria Wobber, dass wir, wenn man alle Daten auf den Tisch legt, Bonobos ähnlicher sind als Schimpansen. Zum Glück.

Ich finde Primatologen interessanter als Primaten

Als ich die Primatologinnen der Tiputini-Forschungsstation in Ecuador kennenlernte und sah, wie sie 13 Stunden täglich allein im Dschungel verbrachten und sich Notizen über ihre jeweiligen Affengruppen machten, sagte ich halb im Scherz, halb im Ernst: »Man müsste euch beobachten, nicht sie.« Und etwas Ähnliches sagte ich auch zu Isabel Behncke, als sie mir die harten Bedingungen, die Gefahren und die Einsamkeit auf ihren Expeditionen in den Kongo beschrieb. Das war durchaus ernst gemeint, denn im Grunde verbarg sich dahinter die Feststellung, dass die natürliche Selektion auch mit großer Mühe keinen Sinn im Verhalten dieser Primatologinnen erkennen könnte, und indirekt schwächte das viele der Parallelen ab, die sie selbst über das Verhalten von Primaten und Menschen zogen. Das Gleiche geschieht mit der Sexualität. Wenn wir die an ein breites Publikum gerichtete Literatur über Sex und Wissenschaft betrachten, wird schnell deutlich, dass die meisten das Thema aus einer evolutionstheoretischen Perspektive angehen. Das ist in Ordnung, denn natürlich werden wir mit genetischen Instruktionen geboren, aber als ein Autor populärwissenschaftlicher Literatur, der sich schon länger mit diesen Themen beschäftigt, muss ich sagen, dass man es übertrieben hat. Die Logik der Evolution steckt voller Kuriositäten und verschafft den Lesern einige lustige Aha-Momente, aber ihre Behauptungen stehen manchmal der Psychoanalyse näher als der Naturwissenschaft, und um die Vielfalt der sexuellen Verhaltensweisen in entwickelten menschlichen Gesellschaften zu verstehen, taugt sie nur sehr eingeschränkt. Zweifellos kann man manche Instinkte und Begierden mit Evolutionslogik erklären, aber nur die grundlegendsten. Außerdem sagt sie nichts darüber aus, ob wir uns auf die eine oder andere Art verhalten »sollen«, und unsere Moral steht über den Geboten der Natur. In geologischer Zeit gerechnet sind sechs Millionen Jahre überhaupt nichts, aber das ist zugleich auch irreführend. In Wirklichkeit ist seit unserem Urahn, dem Australopithecus, viel passiert. Die Evolutionstheorie ist nützlich als Bezug und konzeptioneller Rahmen, aber wenn wir unser Sexualverhalten wirklich verstehen wollen, sollten wir lieber direkt die Primatologen beobachten, und nicht die Primaten.

9
Sex in Bars

Viren Swami, Sozialpsychologe an der University of Westminster, wählte für sein Experiment zwei homogene Gruppen von jungen Männern aus. Die eine Gruppe bat er, nüchtern im Labor zu erscheinen, die andere, sich vorher richtig satt zu essen. Beiden Gruppen zeigte er getrennt voneinander die gleiche Serie von Fotografien hübscher Frauen, die einander ziemlich ähnlich sahen, jedoch den Unterschied aufwiesen, dass einige ein bisschen fülliger waren. Die Probanden mussten mittels Noten angeben, wie sehr sie sich von den einzelnen Fotografien angezogen fühlten, und die Ergebnisse waren frappant: Die hungrigen Männer zogen eindeutig Frauen mit mehr Körperfülle vor.

Die Schlussfolgerung ist offensichtlich und bestätigt die Ergebnisse vieler anderer Studien: Unser Begriff von Schönheit und wen wir in bestimmten Momenten am attraktivsten finden, ist von unserem eigenen physiologischen Zustand abhängig. Und nicht nur das, auch der Gemütszustand hat Einfluss darauf. David Perrett von der University of St Andrews ist einer der bedeutendsten Experten in der Erforschung von Faktoren, die ein Gesicht attraktiver wirken lassen. In einer seiner zahlreichen Studien wählte er zwei äquivalente Gruppen von Frauen aus und zeigte der ersten Gruppe eine Reihe von Fotografien von ausgesprochen hübschen Frauen, der zweiten Gruppe Fotografien von Frauen, die deutlich weniger attraktiv und elegant als die Probandinnen selbst waren. Mit dieser ersten Phase hatte Perrett vor, die Selbstsicherheit der ersten Gruppe unbewusst zu reduzieren und das Selbstwertgefühl der zweiten Gruppe zu stärken.

Im Folgenden zeigte er allen Frauen eine Reihe Gesichtsaufnahmen von Männern, die einen unterschiedlichen Grad an Männlichkeit aufwiesen, und tatsächlich wählten die Frauen mit der vorübergehend reduzierten Selbstsicherheit Gesichter mit weniger männlichen Zügen als die Frauen mit dem gesteigerten Selbstwertgefühl. Das Unbewusste in Höchstform.

Die Schönheit des Anderen hängt von der eigenen ab

Diese Studien bedeuten vor allem eines: Mit allgemeinen und klischeehaften Behauptungen wie »Männer mögen lieber große Brüste und Frauen breite Schultern, weil sie evolutionär auf Energiereserven und Kraft für den Transport von Nahrungsmitteln hinweisen« kann man nur sehr beschränkt über Attraktivität sprechen. Und außerdem stimmt das so nicht einmal wirklich. In Kulturen, in denen Frauen ihre Brüste nicht bedecken, ist die Größe den Männern ziemlich egal, wie Viren Swami selbst mir erklärte. Swami leitete eine breite Studie, in der das ideale Körpergewicht und ästhetische Vorlieben in zehn unterschiedlichen Kulturen der Welt verglichen wurden, und er sagt kategorisch: »Das ideale Taille-zu-Hüfte-Verhältnis von 0,7 ist ein Mythos. In einer westlichen Gesellschaft kann das natürlich so vorkommen, aber es gibt keinen einzigen empirischen Beweis, dass es sich dabei um ein universelles Merkmal handeln würde.« Die entwicklungsgeschichtliche Logik stellt kohärente Hypothesen auf, kann sie aber aus sich selbst heraus nicht beweisen.

Natürlich gibt es einige wenige Merkmale, die wir generell mit Schönheit assoziieren, wie Symmetrie oder jugendliche Züge. Aber dazu kommen alle möglichen kulturellen Bedingungen, gelebte Erfahrungen, der sozioökonomische Status und physiologische oder seelische Zustände. Asiaten oder Afrikaner ziehen hellere Haut vor, ihr Schönheitsideal unterscheidet sich von dem der westlichen Gesellschaften. Sozioökonomisch höher stehende Schichten ziehen Schlankheit vor, egal, ob das krank aussieht, und eine Frau auf einer Party wird von ihrem Instinkt unbewusst zu einem eher maskulinem

Mann geleitet, je nachdem, wie viele hübsche Frauen außer ihr noch da sind. Wenn es ihr gut geht und sie sich für die tollste Frau des Abends hält, wird sie, wie in sozialen Experimenten festgestellt wurde, ihre Blicke und ihr Lächeln an den attraktivsten und maskulinsten Mann im Raum richten. Wenn sie jedoch auf die Party kommt und von lauter Models umgeben ist, wird sie andere, weniger herausragende Männer beachten und den Macho mit der arroganten Pose nicht einmal für besonders gutaussehend halten.

Attraktivität ist ein extrem komplexes Puzzle. Trotzdem versuchen Wissenschaftler, sämtliche die Schönheitswahrnehmung beeinflussenden Faktoren auseinanderzuklamüsern und zu verstehen – sie wollen zeigen, dass man über Geschmack durchaus streiten kann. Aber eins nach dem anderen.

Wenn es um universelle Schönheitsmerkmale geht, ist die Symmetrie in allen Kulturen am häufigsten vertreten, und das hat durchaus entwicklungsgeschichtliche Relevanz. Eigentlich müsste die äußere Erscheinung von Gesicht und Körper vollkommen symmetrisch sein, aber ein höherer Anteil ererbter genetischer Mutationen, Infektionen während der Embryonalentwicklung, Krankheiten in der Kindheit, oder wenn man Giftstoffen oder großem Stress ausgesetzt ist, können geringe Abweichungen in der Entwicklung hervorrufen, die zu einem leichten Symmetrieverlust führen. Zum Beispiel schädigt Mangelernährung der Mutter während der Schwangerschaft die Mechanismen der DNA-Reparatur beim Fötus. Ein Erwachsener mit perfekt symmetrischem Gesicht lässt also qualitativ hochwertiges Genmaterial erkennen, sowie eine gesunde, nicht durch Krankheiten gestörte Kindheit und Jugend und ein starkes Immunsystem. Natürlich wollen wir, dass seine Gene sich mit unseren eigenen für unsere Nachkommenschaft zusammentun. Verschiedene Studien haben gezeigt, dass Symmetrie ein äußeres Merkmal für gute Gene ist, und fest steht, dass symmetrische Männer intelligenter sind, schneller laufen, sich koordinierter bewegen und sogar mehr Sperma produzieren. Daran besteht kein Zweifel. Perrett erklärt, dass externe Beobachter ein Gesicht attraktiver finden, wenn er leichte Assymmetrien so lange mit Software korrigiert, bis die rechte Seite ein

Spiegelbild der linken darstellt, auch wenn niemand genau definieren kann, was sich eigentlich verändert hat.

Ein weiteres universelles Schönheitsmerkmal ist die Durchschnittlichkeit (*averageness*). Die Proportionen eines Gesichts dürfen nicht zu sehr vom Mittelmaß abweichen. Im Falle von sehr attraktiven Menschen muss man allerdings anmerken, dass sie durch einige besonders ausgeprägte Züge durchaus mehr hervorstechen und ihre Schönheit steigern. Wenn wir aber von konventionelleren Gesichtern sprechen, haben viele Studien, unter anderem eine mit bearbeiteten Fotografien von David Perrett, erwiesen, dass Gesichter attraktiver wirken, wenn man sämtliche Züge dem Mittelmaß annähert. Diese Tendenz ist in verschiedenen Ländern bestätigt worden. Perrett interpretiert diese Tatsache dahingehend, dass wir hinter ungewöhnlichen Gesichtern unbewusst genetische Veränderungen oder Krankheiten vermuten, während der Durchschnitt das repräsentiert, was durch natürliche Selektion als am besten angepasst hervorging. Auch wenn es Ausnahmen gibt, ist Durchschnittlichkeit also ein universelles Schönheitsmerkmal.

Der dritte universelle Faktor für Attraktivität sind typische geschlechtsspezifische Merkmale. Wir Männer achten auf Anzeichen von Jugend und Weiblichkeit, zum Beispiel einen kleinen Kiefer und volle Lippen, während Frauen nach Merkmalen für Testosteron suchen, wie hervorstehende Wangenknochen und wenig Gesichtsfett. Aber hier wird es schon kompliziert. Von einer Reihe modifizierter Fotografien ziehen Männer ausnahmslos das Gesicht mit mehr weiblichen Merkmalen vor, während Frauen nicht immer das männlichste Gesicht für das attraktivste halten.

David Perrett hat die berühmten Experimente entwickelt, die zeigen, dass Frauen zur Zeit des Eisprungs maskulinere Männer und aggressivere Gesichtsausdrücke vorziehen, in denen sich Testosteron, Gesundheit und Fruchtbarkeit offenbaren. Unbewusst sind diese Merkmale aber ebenfalls mit dem größeren Risiko assoziiert, nicht akzeptiert und verlassen zu werden. Das ist nicht so wichtig, sobald gute Gene gesucht werden, aber es ist der Grund, weshalb Frauen in anderen Momenten des Menstruationszyklus weniger ausgeprägte

Merkmale von Männlichkeit vorziehen. Bezieht man das Alter in die Analyse mit ein, hat man auch beobachtet, dass Frauen im fortpflanzungsfähigen Alter maskulinere Gesichter bevorzugen als in der Pubertät oder nach den Wechseljahren. Natürlich gibt es Ausnahmen, und sicher kennt ihr Männer, die sich von weniger femininen Frauen angezogen fühlen, aber die universelle Norm ist, dass Männer Anzeichen von Östrogen und Frauen von Testosteron suchen.

Aber, aufgepasst, jetzt kommt etwas Neues: Perrett sagt, ihm sei erst nach einer ganzen Weile aufgefallen, dass mit den Gesichtern, die er für seine Experimente benutzte, etwas nicht stimmte. Inzwischen gibt es eine Studie, die das Stresshormon Cortisol oder Hydrocortison in die Gleichung mit aufnimmt.

Während einer Stressphase erhöht sich auch der Testosteronspiegel. Das verändert nicht von einen Tag auf den anderen die Größe unseres Kinn, aber doch ganz leicht den Ausdruck und die Verteilung des Gesichtsfetts, so dass wir zunächst maskuliner wirken. Dennoch sollten wir Perrett zufolge nicht glauben, dass ein stressbedingter hoher Testosteronspiegel uns attraktiver macht. Die ebenfalls hohen Cortisolwerte führen zu einer kränklich aussehenden Hautfarbe, einem negativen Gesichtsausdruck und einer wieder anderen Verteilung des Gesichtsfetts, wodurch der Zusammenhang von Testosteron und Schönheit wieder aufgehoben wird.

Die Macht des Unbewussten bei der körperlichen Anziehung

Wir könnten unzählige kulturelle und soziale Einflüsse beschreiben, von denen unsere Wahrnehmung von Schönheit abhängt. Viren Swami hat zum Beispiel gerade eine Reihe von Artikeln über die Faktoren veröffentlicht, die unsere Vorlieben bezüglich der Körpermasse beeinflussen. Wir Männer bevorzugen nicht nur üppigere Frauen, wenn wir hungrig sind: Einem Aufsatz zufolge, der im August 2012 in der wissenschaftlichen Zeitschrift *PLoS One* erschien, fühlen wir uns auch zu rundlicheren Körpern hingezogen, wenn wir unter Stress stehen. Beim Vergleich von unterschiedlichen Kulturen hat Swami beobachtet, dass fülligere Körper in armen Gesellschaften als attraktiver gelten, und dass – selbst im Vergleich von Probanden der gleichen sozialen Gruppe – die weniger Wohlhabenden Partner mit mehr Körpermasse bevorzugen. Die Vorliebe für eine Schlankheit, die weit über das hinausgeht, was unser evolutionär entwickelter Instinkt als gesund interpretiert, ist nur bei Personen mit hohem ökonomischem Status anzutreffen. Swami sagt, eindeutig seien Werbung und Medien dafür verantwortlich, differenziert jedoch: »Männer bleiben näher bei ihrem Instinkt, wenn sie ein Model für zu dünn und daher für sexuell nicht attraktiv halten. Bei Frauen hat der Medieneinfluss die Schönheitsideale sehr viel mehr durcheinandergebracht.«

Wir alle überschätzen normalerweise, was auf das andere Geschlecht attraktiv wirkt. Dazu gibt es ein Experiment. Man nehme das Bild eines Mannes in Badehose, verändere es stufenweise und füge jedes Mal ein bisschen mehr Muskelmasse hinzu. Wenn dann zunächst eine Gruppe von Männern befragt wird, welcher Grad von Bodybuilding zwischen Muskelprotz und Spargeltarzan Frauen ihrer Meinung nach am ehesten gefiele, und man danach eine Gruppe Frauen befragt, welche Fotografie ihnen am attraktivsten erscheint, stellt man fest, dass die Männer eine etwas muskulösere Version ausgewählt haben, als die Frauen wirklich bevorzugen. Macht man das gleiche Experiment jedoch mit einer Frau in Unterwäsche und in unterschiedlichen Abstufungen von Schlankheit, ist die Diskrepanz zwischen den Antworten der Frauen und der Männer sehr viel größer. Die verzerrte Realitätswahrnehmung bezüglich der Frage, welche Körper auf das andere Geschlecht attraktiv wirken, ist bei Frauen ausgeprägter als bei Männern.

Studien über das Gesichtsfett zeigen, dass Männer etwas üppigere Frauen immer noch attraktiver finden, weil wir das als Zeichen für Gesundheit interpretieren. Gesundheit und Attraktivität korrelieren bei Frauen jedoch nicht in der gleichen Weise. Frauen ziehen schlanke Gesichter vor, wenn sie mögliche Partner bewerten, und auch beim Vergleich untereinander glauben sie, besonders schlank sei besonders sexy. In Wirklichkeit ist es gar nicht so. Der Neurowissenschaftler Ogi Ogas hat zwar keine wissenschaftliche Untersuchung angestellt, aber für sein gemeinsam mit Sai Gaddam verfasstes Buch *Klick! Mich! An! Der große Online-Sex-Report* Millionen erotische Suchanfragen im Internet analysiert. Bei einem Interview war er sehr deutlich: »Wenn man sich die Schlüsselworte ansieht, die Männer in die Suchmasken erotischer Seiten eingeben, suchen viele ausdrücklich nach Filmen mit fülligen Frauen, fast niemand schreibt ›schlank‹ als Suchkriterium.« Ogis Arbeit ist methodologisch nicht abgesichert, aber seine Überlegungen sind sehr interessant. Er glaubt, dass die Medien uns weniger konditionieren, als wir glauben, denn sonst hätte er keinen so hohen Anteil an Suchanfragen nach Transsexuellen, älteren Menschen oder Darstellungen von Dominanz und Unterwerfung gefunden. Gewissermaßen greift das die Ergebnisse der methodologisch korrekteren Studien von Swami und Perrett an, denn es könnte bedeuten, dass die Antworten auf Fragen nach der Attraktivität von Körpern und Gesichtern mehr auf Kriterien für potentielle dauerhafte Partner oder auf reiner Ästhetik beruhen, nicht auf dem sexuellen Verlangen im Augenblick der Erregung. Wenn es um Sex geht, sind gegenwärtig in unserer Gesellschaft vielleicht Neugierde und die Anziehungskraft des Neuen wirksamer als die Kriterien, nach denen eine Person uns aus evolutionärer und reproduktionstechnischer Sicht schön erscheint.

Aber kommen wir noch einmal auf David Perretts Forschung zurück. Am meisten fragt er sich, warum es in Afrika und Asien eine Präferenz für Hellhäutige gibt, da dies der Bevorzugung von Ähnlichkeit und *averageness* innerhalb einer festgelegten Gruppe widerspricht. Perrett erklärt, dass dieses Phänomen in Afrika an den Botschaften aus der westlichen Welt liegen könnte, in denen helle Haut mit größerem Reichtum assoziiert wird, aber das trifft nicht für Asien zu. Andererseits gehört es zu seinen merkwürdigsten Entdeckungen, dass der Verzehr von in manchen Pflanzen enthaltenen Carotinoiden den Hautton verändert und die Schönheit steigert. In 2011 publizierten Studien untersucht Perrett, dass ein rötlicherer Hautton, wie er zum Beispiel durch den Verzehr von Tomaten entsteht, einen besseren Gesundheitszustand anzeigt und eine Person attraktiver macht.

Vom wissenschaftlichen Standpunkt aus gesehen ist die wirklich interessante Frage gar nicht, ob wir entwicklungsgeschichtlich konditioniert sind, diese oder andere Merkmale vorzuziehen, sondern inwieweit die Umgebung und unser eigener körperlicher und kognitiver Zustand unsere Partnerwahl beeinflussen. Es könnte ziemlich nützlich sein, das zu wissen. Wenn ihr zum Beispiel auf eine Party geht, um jemanden kennenzulernen, solltet ihr auf jeden Fall eine Freundin mitnehmen – egal ob ihr ein Mann oder eine Frau seid.

Wenn ihr jemanden kennenlernen wollt, nehmt besser eine Freundin mit

Der bekannte Evolutionspsychologe David Buss hat eine breite Studie mit 847 Teilnehmern beiderlei Geschlechts durchgeführt und bestätigt, dass Männer Frauen weniger attraktiv finden, wenn sie von einem Mann begleitet werden, als wenn sie mit einer Frau unterwegs sind. Das mögt ihr logisch finden, das Sonderbare ist jedoch, dass es bei den Frauen genau umgekehrt war. Frauen fanden ebenfalls Männer attraktiver, die von Frauen begleitet wurden, und nicht die, die mit einem Kumpel da waren. Die Schlussfolgerung ist offensichtlich: Wenn wir ausgehen und jemanden kennenlernen wollen, bitten wir am besten eine Freundin, uns zu begleiten, egal ob wir ein Mann sind oder eine Frau.

Eine wichtige Zusatzinformation für Frauen: Um eure Erfolgschancen zu erhöhen, sollte eure Freundin euch ähnlich sehen, aber ein bisschen weniger attraktiv sein, so wird eure Schönheit in einem fremden Unterbewusstsein hervorgehoben. Der Experte in Verhaltensökonomie Dan Ariely hat diese Hypothese überprüft und einer großen Gruppe von Studenten Fotografien von zwei vergleichbar attraktiven Männern jeweils neben einem hässlicher gemachten Bild des ersten gezeigt. Auf die Frage, wer besser aussähe, wählten die meisten die nicht hässlicher gemachte Version des ersten. Als das Experiment mit einer hässlicher gemachten Fotografie des zweiten wiederholt wurde, führte der unbewusste Vergleich dazu, dass sich die Mehrheit für das nicht veränderte Bild des zweiten entschied.

Und noch ein Rat: Versucht nicht, euch interessant zu machen oder übermäßig introvertiert zu sein – besser ist es, Wohlbefinden auszustrahlen. Viren Swami erklärte mir, dass in einer seiner Studien 2157 Studierende in zehn Gruppen aufgeteilt wurden und allen die gleichen Fotografien gezeigt wurden, denen aber andere Informationen zur Persönlichkeit der jeweils abgebildeten Frauen und Männer beigefügt waren. Alle Probanden wurden angewiesen, ausschließlich das Aussehen zu bewerten, trotzdem war bei Bildern, die mit Begriffen wie neurotisch, introvertiert, egoistisch oder traurig verknüpft wurden, der Spielraum der Akzeptanz für Körperfülle sehr viel geringer als bei extrovertierten, emotional stabilen, großzügigen oder fröhlichen Persönlichkeiten. Offensichtlich kann ein roter Lippenstift unser Primatenhirn täuschen, und es interpretiert den höheren Farbkontrast als gute Durchblutung, hohen Östrogenspiegel, sexuelle Erregung, Jugend und Herzgesundheit, aber etwas ähnliches scheint für Informationen über die Persönlichkeit zu gelten. Wenn uns der Charakter einer Person gefällt, finden wir sie auch körperlich attraktiver. Schlussfolgerung: Wir dürfen weder das Lächeln noch den unverzichtbaren Blickkontakt vernachlässigen.

Anscheinend wurde ebenfalls bewiesen, dass unser Gegenüber uns desto hübscher vorkommt, je mehr wir trinken. In einer Studie wurden Studierenden, die ein paar Gläser getrunken hatten, Bilder von Frauen und Männern gezeigt, und es zeigte sich, dass die Sehschärfe der Probanden abnahm, dass sie weniger physische Mängel wahrnahmen und die Bilder als attraktiver bewerteten als eine Kontrollgruppe, die nicht getrunken hatte. Und das Faszinierende daran: Die Wirkung auf unsere Sehschärfe dauert mehrere Stunden an, wenn wir also an einem verkaterten Morgen auf die Straße gehen, kommen uns Menschen des von uns bevorzugten Geschlechts noch immer etwas schöner vor. Unser Unterbewusstes hat uns fest in der Hand.

Blondinen werden beim Trampen öfter mitgenommen

Es gibt noch mehr ungewöhnliche Studien. Der französische Sozialpsychologe Nicolas Guéguen bat fünf Frauen zwischen 20 und 22 auf einer Landstraße im Süden Frankreichs zu trampen. Sie trugen die gleiche Kleidung und hatten einen ähnlichen Körperbau, aber zwei waren blond, zwei hatten dunkel- und eine mittelbraune Haare. Dreimal dürft ihr raten: Von den über 2000 vorbeifahrenden Personen hielten mehr Männer für eine Blondine als für eine Frau mit braunen Haaren. Frauen machten allerdings keinen Unterschied bei der Haarfarbe und hielten bei allen gleich häufig. In einem ähnlichen Experiment bat Guéguen eine 20-jährige Frau zu trampen, diesmal sollte sie einen immer stärker aufgepolsterten BH tragen. Wieder konnte man die Größe der Brüste in einen positiven Zusammenhang mit der Anzahl der anhaltenden Männer bringen, nicht so bei den weiblichen Autofahrerinnen.

Es gibt auch Untersuchungen mit anderen Ergebnissen: Viren Svami führte eine vergleichbare Studie durch und setzte eine Frau mehrere Nächte in einen englischen Pub, die Haare waren abwechselnd blond, braun oder rot gefärbt. Er beobachtete, dass viel mehr Männer sie ansprachen, als sie blond war. Für Swami hieß das nicht zwangsläufig, dass die Männer die Blonde attraktiver fanden, da seinen Informationen nach in Großbritannien blond kein Merkmal für besondere Schönheit ist. Er entwarf also eine weitere Studie und bat Männer, mehrere Bilder von Frauen in einer Bar ausführlicher zu bewerten. In den Antworten wurden die Brünetten als attraktiver und herzlicher klassifiziert, die Blonden als leichter zu haben und bedürftiger. Für Swami passt das zu zwei seiner Ideen: Männer mögen brünette Frauen eigentlich lieber, und die Medien haben sexuelle Stereotypen tief beeinflusst.

Geschwister können Partnervorlieben konditionieren

Eine merkwürdige Sache bei der Partnersuche ist, dass wir uns besonders zu Personen hingezogen fühlen, die wir in etwa für so schön halten wie uns selbst. Verschiedene Experimente haben gezeigt, dass dies bei Männern weniger ausgeprägt ist und sie eine Vorliebe für die hübschesten Frauen zeigen, während Frauen im Allgemeinen nach unterschiedlich attraktiven Männern suchen, abhängig von dem Eindruck, den sie von ihrer eigenen Schönheit haben. In der Folge korreliert schließlich die körperliche Attraktivität beider Partner miteinander.

Bedeutet das nun aber, dass sich eine kognitive Dissonanz ereignet, wenn jemand auf einer Party einen normalen Mann oder eine normale Frau beachtet? Täuscht das Gehirn diesen jemand, indem es ihm vormacht, der oder die andere sei hübscher, als sie es in Wirklichkeit sind?

Einige Autoren haben angedeutet, das Gehirn belüge uns, um uns glücklich zu machen und damit wir mit Personen ausgehen, die objektiv weniger hübsch sind als wir selbst. Die Studie *If I'm Not Hot, Are You Hot or Not?* (Wenn ich nicht heiß bin, bist du dann heiß oder nicht?) der University of Columbia jedoch, in der Mitglieder eines Partnervermittlungsportals interviewt wurden, kommt zu dem Schluss, dass dem nicht so ist, da sowohl Männer als auch Frauen zugeben, ihre Partner seien nicht die Attraktivsten und sie hätten sie entsprechend ihrer eigenen Schönheit ausgesucht.

Aufgrund der vielen Wahlmöglichkeiten sind Partnervermittlungsportale ein interessantes Instrument, um Präferenzen bei der Partnerwahl zu analysieren. Sie zeigen deutlich eine ausgeprägte Vorliebe für Ähnlichkeit bei bestimmten Merkmalen. In der Wissenschaft wird bei der Partnersuche zwischen vertikalen Präferenzen und horizontalen Präferenzen unterschieden. Die vertikalen Präferenzen sind Faktoren wie die Höhe des Einkommens, der Beruf oder die Körperfülle, die statistisch gesehen auch bei großer Differenz unproblematisch sind. Die horizontalen Präferenzen sind jene, bei denen man im Allgemeinen nach Ähnlichkeit sucht, wie religiöser

Glauben, bestimmte kulturelle Aspekte, Alter, ethnische Zugehörigkeit oder Größe. Eine grundlegende Offenbarung der Studien über Internetbekanntschaften ist nun, dass wir, obwohl wir sehr viel mehr potentielle Kandidaten und Suchkriterien zur Verfügung haben, als wenn wir nachts in eine Kneipe gingen, eine sehr viel ausgeprägtere Tendenz zur Ähnlichkeit zeigen, als wir glauben.

Als David Perrett mir versicherte, dass wir Personen vorziehen, die uns körperlich ähnlich sind, weiß ich noch, dass ich auf die übliche unwissenschaftliche Art reagierte und nach einer Ausnahme suchte, um seine Statistiken zu widerlegen. Ich erzähle ihm, dass meine italienische Freundin blond ist, blaue Augen und helle Haut hat, aber immer behauptet habe, braunhaarige Männer mit dunklen Augen zu mögen. David fragte: »Hat sie jüngere Brüder, die ihr ähnlich sehen?« Ich bejahte, und David fuhr fort: »Wir haben festgestellt, dass Frauen – für Männer gilt das nicht – besonders, wenn sie sich gut mit den Eltern verstehen, ähnliche Partner bevorzugen – solange sie keinen jüngeren Bruder haben, der ihnen selbst ähnlich sieht. In diesem Fall entsteht eine gewisse Abneigung und die Frauen suchen jemand ganz anderen, der sie nicht unbewusst an ihren Bruder erinnert.« Danke, Guido, dass es dich gibt.

Das Internet revolutioniert die ersten Schritte beim »Dating«, aber nicht was danach kommt

Wenn wir eines Nachmittags entspannt durch die Stadt schlendern und ohne bestimmte Absicht in ein Schuhgeschäft gehen, an dem wir gerade vorbeigelaufen sind, dann entdecken wir möglicherweise mehrere Schuhe, die uns gefallen. Aber an dem Tag, an dem wir mit dem konkreten Bild eines Schuhs im Kopf aus dem Haus gehen, rennen wir von Geschäft zu Geschäft und finden keinen, der unsere Erwartungen befriedigt. Das Gleiche kann passieren, wenn wir in einem Dating-Portal einen Partner suchen, meinen jedenfalls die Autoren von »Online Dating: A Critical Analysis From the Perspective of Psychological Science«, einer Untersuchung, die 2012 in der

Zeitschrift der *Association for Psychological Science* veröffentlicht wurde. Die Forscher nennen dieses Phänomen *relationshopping*, und es besteht daraus, sich in einem Dating-Portal einzuloggen, Profile anzusehen und zu analysieren, als wären es Produkte, die man kaufen kann, und schließlich das Gefühl zu haben, dass einem keines gefällt. Besonders Frauen passiert es häufig, dass ihnen alle Kandidaten identisch oder merkwürdig vorkommen und keiner ihr Interesse weckt.

Zweifellos sind das Internet und die Partnervermittlungsportale sehr erfolgreich und haben vor allem für Minderheiten und Personen mit atypischen Geschmäckern und Neigungen eine Revolution bedeutet, aber es birgt auch Gefahren, wie dieses Gefühl von Trivialität und eine Blockade, weil man zu viele Möglichkeiten hat. Dazu gehört auch die Homogamie, die die Portale mit sich bringen. Verschiedene Studien haben gezeigt, dass die Benutzer nach Personen suchen, die ihnen in persönlichem Geschmack, Eigenschaften, Neigungen, politischer Orientierung und Lebenszielen ähneln. Das mag ja positiv erscheinen, denn es ermöglicht uns, andere Nutzer zu finden, die theoretisch sehr gut zu uns passen. Die Autoren des Artikels meinen jedoch, dass übertriebene Homogamie dazu führt, den Anreiz der Komplementarität zu blockieren, die Aufregung, in einem zukünftigen Partner Neues zu entdecken. Tatsächlich ist eine der wichtigsten Schlussfolgerungen der Studie, dass die Algorithmen, die von verschiedenen Dating-Portalen genutzt werden, um uns zu unserem Profil passende Personen vorzuschlagen, in Wirklichkeit zu nichts zu gebrauchen sind. Übereinstimmung von Neigungen oder Erwartungen trägt nicht notwendigerweise zum Erfolg einer möglichen Beziehung bei. Noch dazu, weil bei der Untersuchung eine weitere Gefahr entdeckt wurde, und zwar beschreiben sich die Nutzer in ihren Profilen nicht vollkommen ehrlich. Für eine Studie wurden 80 Nutzer von Partnervermittlungsportalen nach dem Zufallsprinzip ausgewählt, und die Angaben zu Alter, Gewicht und Größe mit der Realität verglichen. Es kam heraus, dass acht von zehn Nutzern einige ihrer Werte verändert hatten. 60 Prozent logen bezüglich ihres Gewichts, 48 Prozent bezüglich ihrer Größe, und

19 Prozent veränderten ihr Alter (die Wissenschaftler unterstreichen, dass relativ junge Personen teilnahmen und diese letzte Ziffer bei älteren Probanden höher sein könnte). Eine andere Studie der Duke University verglich die Maße von 21.745 Nutzern mit den nationalen Durchschnittswerten für Menschen mit ähnlichen Charakteristika und entdeckte, dass Frauen zwischen 20 und 29 Jahren, die im Internet einen Partner suchten, 2,5 kg weniger wogen als der Durchschnitt, Frauen zwischen 50 und 59 Jahren sogar 10 kg weniger, während Männer 3,5 cm größer waren als der Durchschnitt. Die Deutung dieser Resultate ist offensichtlich: Die Leute sind nicht ehrlich, wenn sie sich im Internet beschreiben, und das ist den Autoren zufolge kontraproduktiv, denn irgendwann kommt der Moment, in dem man sich von Angesicht zu Angesicht gegenübertritt. Es wäre klüger, genau umgekehrt vorzugehen: Wir sollten auf eine positive Überraschung hinarbeiten, anstatt auf eine Enttäuschung – auch wenn das zunächst weniger Kandidaten bedeutet. Es ist genauso wie nach einem Kinobesuch. Je nachdem, ob wir geringe oder eher überhöhte Erwartungen an den Film hatten, sind wir mehr oder weniger zufrieden. Das Gleiche geschieht mit der Asymmetrie der Informationen im Internet: Im Grunde genommen ist es Zeitverschwendung, das Positive zu übertreiben und das Negative zu verstecken. Sowohl für den Menschen, der sich verabreden möchte, als auch für die Person, die er dann trifft.

Die Autoren haben auch beobachtet, dass es förderlich ist, Nachrichten auszutauschen, zu viel davon lässt jedoch das Interesse geringer werden. Außerdem sollte man die Anzahl der Profile, die man sich ansieht, gering halten, keine zu festen Vorstellungen haben und Kandidaten nicht aufgrund von unbedeutenden Details aussortieren. Bei der Selbstbeschreibung sollte man ehrlich sein, aber etwas hervorheben, das einen vom großen Rest der Kandidaten unterscheidet, sich schnell verabreden, wenn man eine vielversprechende Kommunikation mit jemandem angefangen hat, und die Profile, die das Portal einem vorschlägt, am besten gar nicht beachten.

Aber abgesehen von diesen allgemeinen Empfehlungen, die in konkreten Fällen mehr oder weniger gut passen können, dreht sich die akademische Diskussion im Grunde darum, ob die virtuellen Kontakte für die Art und Weise, Partner zu finden, eine revolutionäre Veränderung darstellen. Die Daten deuten das an. Einer im Jahr 2010 veröffentlichten Studie zufolge haben sich 22 Prozent der heterosexuellen Paare, die sich zwischen 2007 und 2009 in den USA zusammentaten, im Internet kennengelernt. Damit steht das Internet an zweiter Stelle in der Rangliste der üblichsten Formen des Kennenlernens und wird nur von der Möglichkeit übertroffen, sich über Freunde kennenzulernen. Außerdem haben sich die Zweifel, die noch vor einigen Jahren vorherrschten, rasch gelegt, und schon 2006 folgerte eine Studie, dass 44 Prozent der Personen der Ansicht waren, das Internet sei eine gute Möglichkeit, einen Partner zu finden. Die Vermittlungsportale haben sich in eine Multi-Millionen-Industrie verwandelt, allein im April 2011 haben sich in den USA 25 Millionen Menschen in irgendeinem Dating-Portal registriert. Das sind hohe Zahlen, aber trotzdem meint die Anthropologin Helen Fisher, dass der Paradigmenwechsel gar nicht so bedeutend ist, wie wir glauben. Ihr zufolge ist offensichtlich, dass das Internet für Minderheiten oder ältere Menschen einen großen Vorteil darstellt, da sie Zugang zu sehr viel mehr Kandidaten bekommen, als sie in ihrem Umfeld finden könnten. Nach dieser ersten Phase ist jedoch der entscheidende Faktor immer noch die Chemie, die bei einem Treffen von Angesicht zu Angesicht stimmt oder nicht, denn »unsere Gehirne verlieben sich noch immer auf die gleiche Weise wie vor tausenden von Jahren«. Auch macht die Tatsache, schon vor einer Verabredung grundlegende Informationen über einen Kandidaten zu haben, gar keinen so großen Unterschied zu einer Verabredung mit einem Kollegen oder einer Person, die von einer Freundin empfohlen wurde. Helen Fisher meint: »Wirklich außergewöhnlich ist nur, mit einem absolut Unbekannten in einer Bar eine Beziehung zu beginnen, aber bei allen anderen ersten Verabredungen folgt man immer demselben Muster: erst mit jemandem etwas trinken zu gehen, wenn man ein wenig Vorinformation hat, sei es aus dem Internet oder von einem gemeinsamen Bekannten.«

Nonverbale Signale der Verführung

Ihr schickt eine kurze Nachricht an die Frau oder den Mann, die euch bei einer Geburtstagsfeier eines gemeinsamen Freundes ihre Telefonnummer gegeben haben. Ihr schreibt einfach: »Es war nett, sich mit dir zu unterhalten, hier hast du meine Nummer, wir sehen uns«, aber ihr überlegt länger, ob ihr mit »Viele Grüße«, »Alles Liebe« oder »Herzlich« unterschreibt, denn euch ist bewusst, dass dieses letzte Wort Sinn und Absicht des Satzes davor vollkommen verändert. Die Signale für Verführung und Flirt haben sich weiterentwickelt, und wir können sie interpretieren und für uns nutzen, aber nach wie vor verraten sie unsere unbewusstesten Gedanken.

Das Dating in den USA macht wahnsinnigen Spaß, wenigstens in einer Großstadt wie New York, wo die Schwierigkeit, Freundschaften zu vertiefen, mit der ständigen Suche nach sporadischen Beziehungen oder Dates ausgeglichen wird. Die Dates sind keine rein sexuellen Kontakte, sondern stehen irgendwo zwischen einem One-Night-Stand und einfach mit jemandem auszugehen. Singles daten mehrere Personen gleichzeitig, und es wird eher als Geselligkeit wahrgenommen denn als Partnersuche. Das ist natürlich nicht nur in den Vereinigten Staaten so, aber dort ist es ein wirkliches Phänomen und man folgt sehr lustigen Regeln. Es gibt sogar Kurse, in denen man beigebracht bekommt, was man zu tun hat.

Ron ist 32 Jahre alt und vor sechs Monaten nach Manhattan gezogen. Er hat eine gute Stelle als Berater, ist seit drei Monaten von seiner Freundin getrennt und gerade hat er frisch einen Flirtkurs absolviert. Ihm wurde erzählt, dass er selbstsicher auftreten müsse, wie er sich, je nachdem welche Art von Beziehung er suche, kleiden solle, und wie er sich in verschiedenen Situationen zu verhalten habe. Man erklärte ihm jeden einzelnen Schritt, den er bei einer Verabredung mit einer Frau zu befolgen hatte, und – natürlich! –, dass er sich mit nonverbalen Signalen und Körpersprache auskennen müsse. Die nonverbale Sprache der Verführung zu beherrschen heißt, durch kleine Gesten Nachrichten ins Unterbewusste der Person zu schicken, mit der ihr flirten wollt, aber vor allem heißt es, die Signale für Einverständnis,

Ablehnung, Interesse oder Ermüdung zu verstehen, die euer Gegenüber während der Verabredung fast ohne es selbst zu merken von sich gibt. Wenn ihr mitbekommt, dass der andere den Kopf schief hält, läuft es gut und ihr könnt noch ein Glas bestellen. Aber wenn euch auffällt, dass er oder sie sich immer weiter zurücklehnt, solltet ihr schnell reagieren und den Vorschlag machen, die Bar zu wechseln.

Das ist Unfug und auch wieder nicht. Die Psychologin Monica Moore, mit der ich für dieses Kapitel gesprochen habe, forscht seit Anfang der 1980er zu den nonverbalen Grundlagen der Verführung. Falls ihr mal irgendeine Dokumentation über Signale von Einverständnis und Ablehnung gesehen habt, basiert sie höchstwahrscheinlich auf Moores zukunftsweisenden Arbeiten, in denen sie die nonverbalen Ausdrücke der Verführung zwischen Unbekannten in Bars, auf Partys und im öffentlichen Raum methodisch untersucht. 2010 verfasste sie einen Überblicksartikel über die bis dato zum Thema veröffentlichte wissenschaftliche Literatur, in dem sie zwischen anekdotischen Informationen unterscheidet, die eher in Zeitschriften für Jugendliche gehören, und den Verhaltensweisen, die bei Flirts in den westlichen Gesellschaften durchgängig vorkommen. »Natürlich sind Textnachrichten, Facebook und andere soziale Netzwerke in den ersten Phasen des Flirts inzwischen ebenfalls von Bedeutung, aber wenn man sich plötzlich real gegenübersteht, zeigen sich immer noch die gleichen alten Muster, als wären sie ein Teil unserer Natur«, erklärt Moore. Sie betont, dass alle Tiere spezifische Signale für die Partnerwerbung haben und dass wir Menschen da keine Ausnahme bilden. Die Anthropologin Helen Fisher, die ich in ihrem Apartment in New Yorks Upper East Side besuchte, ist der gleichen Meinung: »Zweifellos ist mit dem Internet eine neue Umgebung hinzugekommen, aber unser Gehirn hat sich in Jahrtausenden nicht verändert und der Fortpflanzungstrieb gehört zu den besonders gleichbleibenden Instinkten. In einem Online-Dating-Portal können wir ein Profil finden, das uns rational passend erscheint, aber entscheidend sind immer die Gefühle bei der persönlichen Begegnung.« Sie ist überzeugt davon, dass die Muster der Verführung sich weniger verändert haben, als wir häufig annehmen.

Cynthia hat an einem ähnlichen Kurs teilgenommen wie Ron, aber natürlich hat das keiner von beiden zugegeben, als sie sich auf einem Grillabend bei einem gemeinsamen Freund kennenlernten. Sie mochten sich, tauschten Telefonnummern aus, und beide hatten Lust, das Gelernte auszuprobieren. Den klassischen Schritten des Dating zufolge ist das Ziel, sich bei der ersten Verabredung zu küssen, bei der zweiten Verabredung zu fummeln, bei der dritten ins Bett zu gehen. Mal sehen, was danach passiert. Wenn jemand dem vorauseilt, kann es bedeuten, dass er sexbesessen oder sie leicht zu haben ist, eine Verzögerung kann auf beiden Seiten zu Unsicherheiten führen. Absurd, aber gleichzeitig unglaublich komisch.

Ron machte es so, wie er es gelernt hatte, und um nicht allzu verzweifelt zu wirken, schickte er Cynthia erst nach drei Tagen eine SMS. Sie erhielt die Nachricht, als sie gerade gelangweilt in einem Café herumsaß, antwortete aber ebenfalls erst nach ein paar Stunden, damit Ron nicht glaubte, sie habe nur darauf gewartet, oder dass sie sich zu sehr freute. Sie hatte weder an diesem noch am nächsten Abend etwas vor, um einen vollen Terminkalender vorzutäuschen, sagte sie jedoch, dass sie sich erst am Donnerstag mit ihm treffen könne. Ron ließ sich wieder eine Stunde Zeit, um zu antworten, aber die brauchte er auch, um die verschiedenen Möglichkeiten für ihre erste Verabredung abzuwägen. Essengehen ist nichts für das erste Date, denn es wirkt sehr förmlich und ist zu riskant, außerdem kann es teuer werden (in den USA zahlen immer die Männer, auch wenn sie zehnmal *Sex and the City* gucken). Einen Kaffee zu trinken ist gut, wenn man erstmal gucken möchte, ob einem jemand gefällt, aber wenn man sich sicher ist, sollte man am besten vorschlagen, in einer netten Bar etwas trinken zu gehen. Natürlich nicht zu nah an der eigenen Wohnung, denn das fällt auf, das sollte man sich besser für das zweite oder dritte Date aufheben.

Die Geschichte von Ron und Cynthia mag ja ein bisschen albern und verallgemeinernd klingen, aber wir brauchen sie, um Monica Moores Studien über nonverbale Kommunikation zu illustrieren.

Nehmen wir mal an, dass Ron und Cynthia im East Village einen Cocktail trinken, und interpretieren wir ein paar Zeichen. Ron war klug und hat sich mit Cynthia an die Bar gesetzt. Barhocker bieten die Möglichkeit für mehr Nähe, man hat größere Bewegungsfreiheit und die Gelegenheit, dem anderen die Hand aufs Knie zu legen, ein Standardcode beim US-amerikanischen Dating. Blicke können während eines Dates sehr verwirrend sein, aber wenn einer der beiden in einem angeregten Moment des Gesprächs kurz und unauffällig die Hand auf das Knie des anderen legt, zeigt er ausdrücklich sein Interesse. Üblicherweise macht der Mann diesen ersten Schritt, aber wenn es gut läuft und die Frau merkt, dass er ein bisschen unsicher ist, ist es überhaupt nicht ungewöhnlich, dass sie die Initiative ergreift und mit einem ersten Zeichen Einverständnis signalisiert. Es gibt auch andere Möglichkeiten. Wenn ihr nicht an der Bar, sondern an einem Tisch sitzt, könnt ihr in einem lebhaften Augenblick aufstehen – auch wenn ihr gar nicht zur Toilette müsst – und wenn ihr an ihm oder ihr vorbeigeht, legt ihr einfach so die Hand auf ihre oder seine Schulter. Das wird euer Gegenüber in jedem Fall verstehen.

Danach ist klar, dass man Lust hat, die nächsten Schritte zu gehen, also muss man sich jetzt wirklich an die Deutung der Körperbewegungen und Signale von Einverständnis oder Ablehnung machen. Wenn die Frau einen Blick nicht erwidert und unter dem Vorwand, früh wegzumüssen, ein weiteres Getränk ablehnt, ist das ganz offensichtlich kein gutes Zeichen. Aber es gibt sehr viel mehr Feinheiten, die man interpretieren kann. Die Körpersprache lügt nicht.

Eine Umarmung oder das »Ich freue mich dich zu sehen!«, wenn wir einen alten Freund treffen, kann man vortäuschen, nicht aber den Ausdruck und Glanz der Augen. Und egal, ob wir im Arbeitsumfeld wahrnehmen, dass jemand nervös ist, oder in einer Bar bemerken, dass das Gespräch ins Stocken gerät, die Augen weniger expressiv leuchten, die Körperbewegungen Unbehagen signalisieren und heimlich ein Blick auf die Uhr geworfen wird. Man muss dann sagen: »Also, es ist schon ziemlich spät, oder? Wollen wir los?« Auch wenn ein Übermaß an Höflichkeit unseren Begleiter dazu bringt, verbal zu erwidern: »Wenn du meinst, ich könnte noch bleiben«, wissen wir – oder sollten zumindest wissen –, dass die nonverbale Sprache zählt.

Die erste wichtige Arbeit von Monica Moore über das Flirten wurde 1985 veröffentlicht. Nachdem sie 200 Frauen über 100 Stunden in Bars und anderen Lokalitäten gefolgt war, stellte sie einen Katalog von 52 weiblichen Verhaltensweisen zum Signalisieren von Interesse auf, darunter ein direkter Blick in die Augen, das unbewusste Zurechtmachen des Haars, lächeln, den Kopf schräg legen, sich reflexartig an Hals oder Lippen berühren, um Hilfe bitten und den Körper nach vorn neigen. Dr. Moore stellte fest, dass die Signale durchgängig vorkamen, und bereitete daraufhin ein Experiment vor, für das sie außenstehende Beobachter schulte, um zu sehen, ob diese den Erfolg der Interaktionen zwischen Männern und Frauen in einer Bar voraussagen konnten, wenn sie nur deren Gesten und Körpersprache beobachteten. 1989 veröffentlichte sie den Artikel dazu, in dem sie zeigte, dass die Beobachter eine beachtliche Erfolgsquote erzielten. Es gab jedoch auch ein weiteres, unerwartetes Ergebnis: Es war nicht die Schönheit der Frau, die eine Annäherung des Mannes und einen Erfolg der Begegnung vorhersagbar machte, sondern die Anzahl der von ihr ausgesandten Signale. Monica war in diesem Punkt sehr deutlich: »Wir haben das wiederholt beobachtet. Männer interessieren sich für Frauen, die mehr Signale aussenden, nicht für Frauen, die attraktiver sind.« Um einen Mann dazu zu bringen, sich einer Unbekannten zu nähern, sind ein Lächeln oder ein direkter Blick sehr viel wirkungsvoller als ein tief ausgeschnittenes Kleid oder schönere Gesichtszüge.

Die Frauen beginnen die Liebeswerbung

Wie wir in dem von Dr. Moore veröffentlichten Artikel sehen können, ist es in zwei Dritteln der Fälle eindeutig die Frau, die dem Mann bedeutet, dass er näherkommen und ein Gespräch beginnen kann. Sie ist es, die das Signal dafür gibt. Es wurden Situationen in Clubs, Parks und Forschungslabors aufgenommen, und man kann wiederholt beobachten, dass es fast immer eine nonverbale Einladung der Frau gibt, bevor der Mann einen Schritt macht. Ein Mann beginnt zum Beispiel ein Gespräch, nachdem die Frau ihn angesehen hat, oder er legt ihr den Arm um die Schultern, wenn sie sich genähert und nonverbal um eine Umarmung gebeten hat. Natürlich gibt es Ausnahmen, aber Dr. Moore besteht darauf, dass »die ersten nonverbalen Schritte immer von der Frau ausgehen, auch wenn es so aussieht, als würde der Mann die Initiative ergreifen. Die Männer reagieren erst, wenn sie eine unbewusste Einladung wahrnehmen.«

Das Unbewusste ist aufschlussreich. Wenn du auf einer Party bist und plötzlich jemandem in die Augen siehst, ist es eine normale Reaktion, den Blick sofort wieder abzuwenden. Wenn ihr euch nach zwei Sekunden noch einmal umdreht und die Blicke sich erneut treffen, könnt ihr darauf vertrauen, dass es kein Zufall war, sondern Interesse. Wenn ihr dem Blick ein wenig standhaltet, einer von beiden leicht lächelt und der andere das erwidert, ist die erste Phase des nonverbalen Flirts vollbracht. Der Blick ist noch immer das wichtigste Element bei der nonverbalen Kommunikation, sei es unbewusst oder kontrolliert. In einer holländischen Studie, bei der Frauen und Männer befragt wurden, wie sie ihr Interesse zeigten, wenn sie jemanden attraktiv fänden, tendierten die Männer dazu, hinzugehen und ein Gespräch anzufangen, die Mehrzahl der Frauen sagte jedoch aus, Blickkontakt herzustellen.

Eine ungewöhnliche Studie aus dem Jahr 1992 folgert auf der Grundlage der Beobachtung von 500 Paaren in öffentlichen Räumen, dass in der Flirtphase der Mann Körperkontakt oder Liebkosungen initiiert, während das bei schon verheirateten Paaren die Frau tut.

Aber kommen wir auf die nonverbalen Signale der Verführung zurück. Experten beobachten unendlich viele Feinheiten, das Bäuchlein wird versteckt und der Rücken durchgestreckt, man zupft die Kleidung zurecht, sei es das Hemd oder das Kleid, und vor allem bei Männern wird der Körper so positioniert, dass er das Blickfeld der Frau einschränkt. Wenn ihr einen Mann seht, der sich zu einer Frau vorbeugt, während er mit ihr spricht, wild gestikuliert und fast übertrieben nickt, dann ist er eindeutig interessiert. Und wenn die Frau instinktiv die Lippen befeuchtet oder den Kopf seitlich neigt, während sie den Mann mit erweiterten Pupillen unverwandt ansieht, dann sollte er aufhören zu reden, lächeln und sie küssen. Aber so wichtig wie die Zeichen der Anziehung sind auch die Zeichen der Ablehnung. Ein spontanes Gähnen ist besonders offensichtlich, und ihr solltet auf keinen Fall einen Blick auf euer Smartphone werfen, auch wenn ihr noch so abhängig von E-Mails seid. Das ist nämlich eines der deutlichsten Zeichen für Desinteresse. Wartet, bis der andere auf Toilette geht, wie es instinktiv alle Dates machen. In einer ihrer letzten Studien hat Dr. Moore 17 Verhaltensweisen aufgelistet, die mit Ablehnung assoziiert werden und meist gegenteilige Wirkung auf das Liebeswerben haben. Wenn eine Frau interessiert ist, beugt sie den Körper vor, wenn nicht, lehnt sie sich zurück. Wenn sie die Arme verschränkt, ist das ein schlechtes Zeichen, und wenn sie an den Fingernägeln herumfummelt oder die Zähne aufeinanderbeißt, ist sie nicht nervös, sondern fühlt sich unwohl und möchte fort. Ihr werdet bemerken, dass sie schon bald mit dem Blick ausweicht, unruhig die Beine bewegt und nicht mehr so leicht lächelt. Wenn sie dann bei banalen Themen anfängt, zu widersprechen anstatt zuzustimmen, können wir das ebenfalls als deutliches Signal für Ablehnung interpretieren. Das gilt natürlich nur für den Kontext der ersten Verabredungen.

Es ist ohnehin ziemlich offensichtlich, aber Monica Moore versichert, dass »die erfolgreichsten Männer auch am fähigsten sind, die nonverbalen Zeichen von Anziehung und Ablehnung einer potentiellen Partnerin zu dekodieren«. In einer Studie, in der Freiwillige getestet wurden, die ihre Flirtkünste in Kursen verbessern wollten, zeigte sich nämlich, dass die weniger erfolgreichen Teilnehmer deutlich weniger Signale identifizieren konnten als eine Kontrollgruppe.

Die Magie des Kusses

Cynthia war nervös. Die ersten beiden Treffen mit Ron waren sehr schön gewesen, aber danach war sie für drei Wochen in Urlaub gefahren und fürchtete, dass die anfängliche Neigung abgekühlt sein könnte. In New York geht alles sehr schnell.

Ron kam lächelnd auf sie zu, aber er gab ihr einen Kuss auf die Wange. »Schlechtes Zeichen«, dachte Cynthia. Das Gespräch verlief stockend, drehte sich um unwichtige Themen, und beiden war unbehaglich zumute, da das Café laut war und ihre Blicke immer wieder in den Raum abschweiften. Was bedeutete das? Eigentlich mochten sie sich gegenseitig sehr, aber beide zweifelten an den Gefühlen des anderen und überspielten ihre Unsicherheit so gut sie konnten.

Sie verließen das Café und gingen im Central Park spazieren. Dort waren sie etwas entspannter, der hässlichste Hund, den die Natur je hervorgebracht hatte, entlockte ihnen einige Lacher, und schließlich konnten sie einen direkten, eindeutigen Blickkontakt herstellen. Ron stellte sich vor Cynthia, kam ihr noch näher, legte den Kopf leicht nach rechts (wie es übrigens bei 70 Prozent der Paare der Fall war, die englische Wissenschaftler über Monate hinweg beim Küssen in der Öffentlichkeit beobachteten) und küsste die unbewusst etwas angeschwollenen Lippen von Cynthia. Ganz sanft zuerst, doch für eine unbestimmte und unbestimmbare Zeit ließen sie nicht wieder voneinander ab. Cynthias Cortisolspiegel sank so tief und reduzierte den Stress dermaßen, dass sie weiche Knie bekam. Vielleicht hätte sie sich auch bei einer stimulierenden Umarmung entspannt, aber Neurowissenschaftler des Lafayette College bestätigten, dass ein romantischer Kuss stärkere physiologische Wirkung auf den Organismus hat als Streicheleinheiten.

Die Forscher baten 15 Paare, sich abwechselnd zu küssen und zärtlich Händchen zu halten, und maßen jeweils vor- und nachher die Hormonspiegel. Nach einem Kuss senkt sich der Spiegel des Stresshormons Cortisol sehr viel deutlicher, bei den Männern stieg außerdem das Bindungshormon Oxytocin. Aber die chemische Magie des Kusses schafft mehr als diese Form des Wohlbefindens. Hypothalamus und Zirbeldrüse sondern große Mengen der angenehmen Endorphine ab, das aufregende Adrenalin steigt langsam und erhöht den Blutdruck, erweitert die Pupillen und beschleunigt Puls und Atmung, wodurch der Sauerstoffgehalt im Blut erhöht wird und wir uns energiegeladener fühlen. Der männliche Speichel enthält Testosteron, und es gibt Belege, dass ein langer und leidenschaftlicher Kuss die Begierde einer Frau anfacht, der Schlüsselfaktor ist jedoch die Dopaminausschüttung. Das Ansteigen dieses Hormons, das am Lustempfinden, an der Motivation und der Suche nach Neuem beteiligt ist, erzeugt den Drang und den Wunsch nach immer mehr Küssen. Tatsächlich sind Rons wiederholte Küsse der Grund dafür, dass Cynthia aus einem romantischen Zustand in einen Zustand dopaminergetisch motivierter sexueller Erregung wechselt. Einer interessanten Studie zu »Geschlechterdifferenzen beim postkoitalen Verhalten« zufolge beginnt vor dem Geschlechtsakt meist der Mann mit dem Küssen, hinterher die Frau.

Man ist sich nicht sicher, ob Pheromone für das menschliche Verhalten eine bedeutende Rolle spielen, aber auf jeden Fall ist klar, dass der Geruchssinn durch die Bewegungen des Mundes sensibler wird und sich die Fähigkeit verbessert, Gerüche und chemische Substanzen wahrzunehmen.[15] Das könnte aus entwicklungsgeschichtlicher Perspektive tatsächlich der Ursprung des Kusses sein: einen guten Kandidaten mittels des intensivierten Geruchssinns zu identifizieren.

Eigentlich ist der Kuss in der Natur eine Merkwürdigkeit. Viele Spezies lecken oder riechen aneinander, aber nur wir und die Bonobos praktizieren den Kuss zum Zweck der Liebe. Für einige Anthropologen sind Küsse nur ein kultureller Brauch und relativ modern. Für andere stammen sie daher, dass Mütter ihren Kindern direkt über den Mund Nahrung abgaben, so wie noch einige Tierarten und manche alte Stämme. Aber die Tatsache, dass unsere Lippen außen liegen, dass sie proportional voller sind als bei anderen Tieren, eine der höchsten Konzentrationen von Nervenenden im Körper haben, einen verhältnismäßig großen Bereich im somatosensorischen Kortex des Gehirns besetzen, und schließlich, dass wir Menschen mit volleren Lippen instinktiv als attraktiver wahrnehmen, lässt Rückschlüsse zu, dass der Kuss von entwicklungsgeschichtlicher Bedeutung ist.

Manchen Hypothesen zufolge mögen wir Lippen aufgrund ihrer Ähnlichkeit mit dem weiblichen Genital oder als Erinnerung an die Stillzeit. Aber im Moment ist die plausibelste Hypothese, dass Küsse über das Riechen evolutionär entstanden sind, als hochentwickelte Möglichkeit, um festzustellen, ob alles in Ordnung ist – und um einen guten Kandidaten zu finden, mit dem man Nachkommen zeugen will. Der Kuss ist weniger dazu da, Erregung hervorzurufen, sondern um schlechte, kranke oder uns genetisch zu ähnliche Kandidaten auszusortieren. Deshalb gibt es Menschen und Küsse, bei denen – ohne dass wir wirklich wissen warum – die Chemie nicht stimmt, trotz einer vorher positiven Einstellung. Der Kuss ist wirklich ein entscheidender Moment am Beginn einer Liebesgeschichte.

Andere Untersuchungen schlagen vor, dass wir beim Küssen anhand des Geruchs Partner auswählen, die genetisch potentiell besser zu uns passen. Als Haupthistokompatibilitätskomplex (MHC) bezeichnet man eine Gruppe von Genen, die für das Immunsystem wichtig sind, und mehrere Studien haben gezeigt, dass Frauen instinktiv die Küsse von Personen bevorzugen, deren MHC sich von ihrem eigenen deutlicher unterscheidet, da ihre Nachkommenschaft auf diese Weise ein diversifizierteres und somit stärkeres Immunsystem bekommt. Die ersten Studien zu dieser unglaublichen Hypothese stammen von Claus Wedekind. Er bat eine Gruppe Probandinnen, am Schweiß in den T-Shirts verschiedener Männer zu riechen, und stellte fest, dass ihre Vorlieben mit einem größeren Unterschied des MHC zusammenfielen. Die verschiedenen Kombinationen des MHC äußern sich durch feine Nuancen des Körpergeruchs, die wiederum von den Frauen erkannt werden. Das Thema ist umstritten, denn einige spätere Untersuchungen haben die Ergebnisse gar nicht reproduzieren können, andere nur in sehr spezifischen Fällen. Das definitive Experiment wäre wahrscheinlich, Frauen die Augen zu verbinden, sie verschiedene Freiwillige küssen zu lassen und ohne ihr Wissen ihre Brüder unter die Freiwilligen zu mischen – auch wenn das von den Ethikkommissionen wohl nicht genehmigt werden würde. Mal sehen, ob der Haupthistokompatibilitätskomplex dieser Frauen wirklich so schlau wäre, dass sie kapieren, mit wem sie sich genetisch besser nicht zusammentun sollten.

Chemie beiseite – offensichtlich funktioniert der Kuss als erster grundlegender Filter, um einen späteren Geschlechtsakt entweder auszulösen oder zu hemmen. Und zumindest im Fall von Cynthia hatte das nicht so viel mit der Breite von Rons Schultern oder der Marke seiner Hose zu tun. Es war sehr viel magischer und irrationaler.

Unverbindlicher Sex und »hook-up culture«

1978 führten die Psychologen Russell Clark und Elaine Hatfield an der University of Florida ein eigentümliches Experiment durch. Mit der Absicht, Unterschiede in der Bereitschaft zu Gelegenheitssex bei Männern und Frauen zu analysieren, baten sie einen durchschnittlich attraktiven Studenten über den Universitätscampus zu spazieren und freundlich Frauen anzusprechen, immer mit dem gleichen Satz: »Du bist mir hier auf dem Campus aufgefallen, und ich finde dich sehr attraktiv.« Danach stellte er abwechselnd eine der folgenden Fragen: »Würdest du heute Abend mit mir ausgehen?«, »Würdest du heute Abend mit zu mir kommen?« oder »Würdest du heute Abend mit mir ins Bett gehen?« Etwa die Hälfte der Frauen, die er fragte, ob sie mit ihm ausgehen wollten, erklärte sich einverstanden, aber nicht eine einzige antwortete positiv auf die Frage, mit ihm am selben Abend ins Bett zu gehen. Als die Forscher das gleiche Experiment mit einer Frau wiederholten, die auf dem Campus unbekannte Männer auf die gleiche Weise ansprach, antworteten 75 Prozent der Männer positiv auf die Frage, ob sie mit ihr ins Bett gehen würden, ja, einige schlugen sogar vor, nicht bis zum Abend zu warten. Das Experiment »I noticed you around. I find you very attractive« wurde mehrmals mit ähnlichen Ergebnissen wiederholt und wird häufig zitiert, um zu belegen, dass Frauen weniger geneigt sind, Gelegenheitssex mit Unbekannten zu haben.

Irgendwas kam mir an dem Experiment jedoch komisch vor. Meine Intuition sagte mir, dass sich in drei Jahrzehnten einiges verändert haben musste und dass es auf einem Universitätsgelände anders zugeht als nachts in New Yorker Bars. Also überredete ich eine gute Freundin, und wir nahmen all unseren Mut zusammen und führten meine eigene Version des Experiments »I find you very attractive« durch. Eine Megaparty in Brooklyn bot die ideale Versuchsanordnung. Die Atmosphäre war ungezwungen, es gab gute Musik, Alkohol im Überfluss, und etwa um ein Uhr morgens, als die Party auf ihrem Höhepunkt war, sprachen meine Freundin und ich, jeder auf seiner Seite, eine Stunde lang Unbekannte an, die ohne Partner da waren. Wir lächelten sie an und sagten freundlich: »Du bist mir aufgefallen, und ich finde dich sehr attraktiv (unterschiedlich lange Pause). Gehst du heute Nacht mit mir ins Bett?« Ich muss zugeben, dass ich ein wenig den Überblick verloren habe, dass es sehr viele uneindeutige Antworten gab, dass ich nur Frauen angesprochen habe, die empfänglich wirkten, und erst nach einem ersten Blickkontakt, dass die methodologische Strenge dieser Pseudostudie also nicht existierte, und dass es eitel und wissenschaftlicher Unsinn wäre, Prozentzahlen zu nennen. Aber der Eindruck war klar: Meine Freundin gab an, dass etwa drei von vier Männern mit einem direkten »Ja« antworteten, obwohl sie den Verdacht hatte, dass einige in der Stunde der Wahrheit einen Rückzieher gemacht hätten. Für meinen Teil erntete ich eine bedeutende Sammlung perplexer Blicke und entschiedener »Neins«, aber auch ziemlich viele »Vielleichts«, die trotz ihrer Uneindeutigkeit eine überraschend positive Einstellung verrieten und der totalen Ablehnung aus Clarks und Hatfields Studie widersprachen. Noch einmal: Meine »Studie« versagt in jeder Hinsicht und hat auf keinen Fall die Absicht, die wissenschaftlich auf Universitätsgeländen gesammelten Daten für nichts zu erklären, aber sie stützt die Annahme, dass die Einstellung von Frauen zu Gelegenheitssex oder *hook-ups* sich in den letzten Jahren sehr verändert hat.

Die englische Bezeichnung *hook-up* meint einen klassischen, ungeplanten One-Night-Stand, der zustande kommt, ohne dass einer der Beteiligten auch nur die geringste Absicht hat, eine romantische Beziehung zu beginnen. Er kann im Beischlaf enden oder nicht über ausschweifendes Gefummel hinausgehen, aber generell wird darunter ein relativ spontaner Kontakt verstanden, dessen einziger Zweck flüchtiges, sexuelles Vergnügen ist. Ein etwas überzogenes Bild für diese Art des Kontakts ist, dass wir in einem fremden Bett neben einem Menschen aufwachen, an dessen Namen wir uns nicht erinnern wollen – falls wir es überhaupt tun.

Natürlich ist das kein neues Phänomen, aber der Wissenschaftler Justin Garcia vom Kinsey-Institut versichert mir, dass die wachsende Akzeptanz von Gelegenheitssex unter jungen Leuten eine der auffälligsten neueren Veränderungen im Sexualverhalten der westlichen Gesellschaften ist. Und er hat Zahlen, um das zu belegen. Justin untersucht schon seit ein paar Jahren das Phänomen der *hook-up -culture* unter jungen Leuten im Studentenalter, und gerade ein paar Wochen nach unserem sehr interessanten Treffen im Kinsey-Institut veröffentlichte er den wissenschaftlichen Artikel: »Sexual Hookup Culture: a Review«, bis dato der ausführlichste Literaturüberblick zu sämtlichen soziologischen Arbeiten über Verbreitung, Charakteristika und Auswirkungen von Gelegenheitssex während der Adoleszenz und Jugend.

Wir können uns auch bei unverbindlichem Sex verlieben

Justins Arbeit liefert uns vier klare Aussagen, die wir im Folgenden betrachten wollen: *hook-ups* oder Gelegenheitssex mit halbwegs Unbekannten nehmen zu in der US-amerikanischen Jugend. Das Verhalten von Jungen und Mädchen wird sich immer ähnlicher. Eigentlich wird nicht nur Sex gesucht. Und obwohl die Kontakte im Allgemeinen als etwas Positives erlebt werden, bringen sie Risiken und seelisches Unbehagen mit sich.

Die US-Amerikaner verteilen für alles Namen und lustige Abkürzungen, und bevor wir weitermachen, sollte ich vielleicht ein paar der Begriffe vorstellen, die langsam in die populäre Gegenwartskultur aufgenommen werden. Ein *hook-up* entspricht einem One-Night-Stand, Sex für eine Nacht oder Sex mit einem Unbekannten. Er ist zufällig und ungeplant, und zumindest den akademischen Definitionen zufolge hat er nichts mit Untreue oder mit sexuellen Kontakten im Zusammenhang mit dem Dating zu tun. Oft gebraucht man umgangssprachlich den Begriff NSA oder *no strings attached* (ohne weitere Verpflichtungen), um von vornherein klarzustellen, ob man eine Beziehung oder unverbindlichen Sex sucht. Wenn sich später herausstellt, dass die sexuelle Chemie zwischen beiden stimmt, kann man vereinbaren, die Sache – ohne jegliche auch nur freundschaftliche Beziehung – zu wiederholen. In diesem Fall nennt man den Partner dafür einen *fuck buddy* (einen Kumpel zum Vögeln), mit dem es sogar zu *booty calls* kommen kann (man ruft ohne Umschweife an, wenn man Lust auf Sex hat). Wenn man unter Freunden übereinkommt, unverbindlichen Sex zu haben, nennt man das FWB, *friends with benefits*. Das ist sozusagen eine »Freundschaft mit Extras«, mit klar abgestimmten Regeln. Im Artikel von Justin Garcia wird ausgeführt, dass etwa 60 Prozent der Studentinnen und Studenten einmal im Leben eine FWB-Beziehung gehabt haben, dass 36 Prozent die letzte dieser Beziehungen als normale Freundschaft weiterführten, nachdem sie keinen Sex mehr hatten, und dass 29 Prozent sowohl Sex als auch Freundschaft beendet haben (die Restlichen treffen sich noch immer oder haben eine Liebesbeziehung angefangen). Es gibt noch sehr viel mehr Begriffe in Verbindung mit Gelegenheitssex, aber vielleicht ist einer der komischsten davon der *walk of shame* oder »Gang der Schande«. So nennt man es, wenn jemand an einem Sonntagvormittag im abendlichen Ausgehdress über die Straße geht, was bedeutet, dass er nicht zuhause geschlafen hat. Der Name ist ziemlich gemein, denn manche Menschen erleben es eher als *walk of pride* (Gang des Stolzes).

Kehren wir zu den Hauptanliegen von Justin Garcias Arbeit zurück. Zunächst ging es darum festzustellen, ob die *hook-ups* wirklich zunehmen und unter jungen Leuten üblicher werden. Eine erste Überlegung dazu ist, dass Gelegenheitssex bereits in den 1950er Jahren zunahm, durch die Antibabypille, die fast vollständige Ausrottung der Syphilis dank Penizillin und dem einfachen Zugang zu Kondomen, und dass es in der Folge in den 1960er Jahren zu einer sexuellen Revolution kam, die eine ganze Generation von Ängsten und Heimlichtuerei befreite. Der Ausbruch von Aids in den 1980er Jahren verringerte die Bereitschaft zu Sex mit Unbekannten und begünstigte vorsichtigere Verhaltensweisen, aber Justin zeigt zwei Phänomene auf, die in der jüngeren Generation anscheinend zu einer neuen sexuellen Revolution führen. Erstens hat sich die Zeit zwischen der Pubertät und dem Alter, in dem Frauen und Männer sich für eine längere emotionale Bindung bereit fühlen, extrem ausgedehnt. Aus vielen Gründen, inklusive solche sozioökonomischer Art, wollen heute viel mehr Männer und Frauen für den Aufbau einer stabilen Paarbeziehung auf die ideale Partnerin oder den idealen Partner warten, und trotzdem während der aktivsten Jahre nicht auf Sex verzichten.

Auch wenn das nach hinten verschobene Alter für Elternschaft, Ehe oder eine entsprechende Beziehung zur Verbreitung der *hook-up culture* beiträgt, ist der eigentlich ausschlaggebende Faktor für Justin Garcia die größere gesellschaftliche Akzeptanz von Gelegenheitssex in den Medien und der populären Gegenwartskultur. Es ist nämlich nicht ganz richtig zu behaupten, dass die US-amerikanische Gesellschaft puritanisch sei, nur weil sie absolut keine Nacktheit im Fernsehen duldet. »Widersprüchlich« wäre ein passenderes Adjektiv. Wenn wir nämlich aufmerksam hinsehen, entdeckt man in Serien oder Reality-Shows zwar kaum einmal eine nackte Brust, aber stattdessen eine völlige Akzeptanz von unverbindlichem Gelegenheitssex als etwas Normales, Gutes und Wünschenswertes, und das ist gegenüber früheren Dekaden ein bedeutender Wandel.

Die Botschaften an die jungen Männer sind immer noch recht konventionell, den Frauen jedoch wird heute nahegelegt, dass sie sich frei verhalten können, ohne die früheren sexistischen Restriktionen, und dass Gelegenheitssex durchaus eine gangbare Option ist, derer sie sich nicht zu schämen brauchen. Ohne das moralisch zu bewerten, beobachtet Justin Garcia, dass diese Medienbotschaften eine gewisse Verwirrung erzeugen, sobald sie sich mit anderen, konservativeren überkreuzen. Im Allgemeinen haben sie jedoch dazu geführt, dass Gelegenheitssex heutzutage unter jungen Leuten als absolute Normalität gesehen wird.

In einer kuriosen, im September 2012 veröffentlichten Studie, die nicht in Justins Überblick enthalten ist, wurden 160 Studentinnen ausgewählt, wobei die Hälfte von ihnen explizite Geschichten über sexuelle Beziehungen in der Frauenzeitschrift Cosmopolitan lesen sollte, während die andere Hälfte Artikel zu anderen Themen las. Nach einiger Zeit wurden sie zu ihrer Einstellung zu Sex befragt, und die Frauen, die die Cosmopolitan gelesen hatten, waren eher dafür, dass Frauen ihre sexuelle Befriedigung entsprechend ihren eigenen Bedürfnissen suchen sollten, und sahen weniger Risiken in gelegentlichen sexuellen Kontakten. Die Autorinnen schlossen daraus, dass »die komplexen und manchmal widersprüchlichen Darstellungen weiblicher Sexualität in den Massenmedien und der populären Gegenwartskultur sowohl positive als auch problematische Auswirkungen auf die Entwicklung der Sexualität von Frauen haben.« Neben diesen Auswirkungen geht es bei Justin Garcias Arbeit insbesondere darum, dass die positiven Botschaften zu Gelegenheitssex in den Massenmedien heute sehr viel präsenter sind als vor ein paar Jahrzehnten.

Die absoluten Zahlen sind leider zu allgemein und erfassen keine kulturellen Nuancen, aber den neuesten Erhebungen zufolge haben zwischen 70 und 80 Prozent der Studentinnen und Studenten mindestens einmal Gelegenheitssex gehabt. Einer Studie zufolge passieren 67 Prozent der *hook-ups* auf Universitätspartys und nur 10 Prozent in Bars. Der *Spring Break* (die Ferienwoche zwischen den Semestern im Frühjahr) ist anscheinend nur dafür gemacht, sich sexuell auszuleben. Eine andere Studie zeigte, dass nur bei weniger als der Hälfte der *hook-ups* mit Beischlaf oder Oralsex ein Kondom benutzt wurde, und dass 64 Prozent der Frauen, die Gelegenheitssex hatten, vorher Alkohol konsumierten.

Eigentlich spiegelt die Blüte der *hook-up culture* in den Vereinigten Staaten sehr gut die Oberflächlichkeit, den Individualismus, die

Konsumorientiertheit und die Einsamkeit wider, die in dieser Gesellschaft herrschen. Vielleicht deshalb ist eine weitere interessante Schlussfolgerung aus Justins Artikel, dass im Gelegenheitssex etwas anderes gesucht wird als nur Sex. In einer Studie mit 681 Erwachsenen im Studentenalter erklärten 63 Prozent der Männer und 83 Prozent der Frauen, dass sie im aktuellen Moment ihres Lebens lieber eine traditionelle Liebesbeziehung als unverbindlichen Gelegenheitssex hätten. In einer anderen Studie räumten 65 Prozent der Frauen und 45 Prozent der Männer ein, nach dem letzten *hook-up* erwartet zu haben, dass der Kontakt zu einer festen Bindung führen würde (51 Prozent der Frauen und 42 Prozent der Männer sprachen nach dem *hook-up* sogar über diese Möglichkeit). In einer 2008 veröffentlichten Untersuchung von Justin Garcia antworteten 89 Prozent der Männer und Frauen auf die Frage nach der Motivation für einen *hook-up*, körperliche Befriedigung zu suchen, aber 54 Prozent gaben emotionale Gründe an, und für 51 Prozent der Befragten war der Wunsch nach einer Liebesbeziehung der Beweggrund. Justin Garcia zufolge ist es besonders kurios, dass er hier keine signifikanten Geschlechterdifferenzen gefunden hat. Und es gibt noch sehr viel mehr Umfrageergebnisse, die ebenfalls darauf hinweisen, dass sich die Einstellung von Männern und Frauen zu Gelegenheitssex sehr viel weniger unterscheidet, als wir dachten. Es gibt immer mehr Frauen, die ungeniert unverbindliche sexuelle Befriedigung suchen, während mehr Männer zugeben, dass sie sich auch beim Gelegenheitssex eine emotionale Komponente wünschen.

Auch wenn man die enorme Vielfalt von Individuen und Kulturen beachtet, passen die Zahlen doch zu der Schlussfolgerung aus dem letzten Kapitel. Sowohl Männer als auch Frauen wünschen sich gleichzeitig Romantik und sexuelle Vielfalt. Zu homosexuellem Sex gibt es weniger Datenmaterial, aber Justin weist darauf hin, dass *hook-ups* in der schwulen Community sehr viel üblicher sind, man aber trotzdem auch ein hohes Maß an Verlangen nach Bindung und emotionaler Befriedigung beobachten kann, wodurch das Nebeneinander von romantischen und promiskuitiven Interessen deutlich veranschaulicht wird.

Justin ist Anthropologe und Evolutionsbiologe und seiner Ansicht nach werden unsere sexuellen Instinkte stark durch die natürliche Selektion konditioniert. In seinem Artikel erkennt er jedoch an, dass die Logik der Evolution zu kurz greift, um die Vielfalt und Komplexität des Sexualverhaltens junger Menschen in westlichen Gesellschaften zu erklären. Ihm zufolge ist es eine zunehmende Tendenz, dass Frauen und Männer sich aufgrund kultureller Kräfte immer ähnlicher werden, und da zwischen Sex und Fortpflanzung bereits jetzt deutlich unterschieden wird, hat der soziokulturelle Druck ein höheres Gewicht als die Genetik, wenn es darum geht, die zukünftigen Formen von sexuellen Beziehungen zu gestalten.

Es gibt auch Risiken. Zu den negativen Konsequenzen der *hook-ups* gehören Reue und emotionales Unbehagen, Fälle sexuellen Missbrauchs, Infektionen und ungewollte Schwangerschaften. Es scheint unfassbar, aber einige Studien haben gezeigt, dass das Wissen über sexuell übertragbare Krankheiten selbst unter jungen Leuten noch immer sehr begrenzt ist und alarmierend selten Kondome benutzt werden. In einer Studie mit 1468 Studierenden gaben nur 46 Prozent der Befragten an, bei ihrer letzten spontanen sexuellen Begegnung ein Kondom benutzt zu haben. Wichtig für das Verständnis dieser Zahlen ist der Alkoholgenuss, der mit den *hook-ups* assoziiert wird und vor allem in den Vereinigten Staaten enorm hoch ist. In einer 2005 veröffentlichen Studie wurde passend dazu festgestellt, dass 72 Prozent der Befragten um die zwanzig häufiger als einmal einen *hook-up* bereuten. Eine andere Studie befragte nur Frauen, von denen 74 Prozent erklärten, wenigstens einmal einen *hook-up* bereut zu haben. Bei 23 Prozent kam das niemals vor und bei 3 Prozent häufiger.

Generell scheinen die Auswirkungen eines *hook-ups* eher positiv als negativ zu sein, er steigert das Wohlbefinden und die Zufriedenheit, die Emotionen sind jedoch verwirrend. Einer weiteren Studie von Justin Garcia zufolge fühlen sich 82 Prozent der Männer und 57 Prozent der Frauen am Morgen nach dem *hook-up* vollkommen zufrieden mit ihrem sexuellen Abenteuer. Eine 2010 veröffentlichte Studie von Owen mit 832 Studierenden ergab jedoch, dass 49 Prozent der Frauen und 26 Prozent der Männer von einer negativen emotionalen Reaktion nach ihrem letzten *hook-up* berichteten, gegenüber 26 Prozent der Frauen und 50 Prozent der Männer, deren Gefühle positiv waren. Derselbe Autor wollte die Gründe für diesen Unterschied erforschen. Dafür folgte er 394 Studierenden während eines Semesters und beobachtete etwas sehr Kurioses: Bei Personen mit Einsamkeitsgefühlen und mehr Symptomen einer Depression verbesserte ein *hook-up* den Gemütszustand, im Falle von Personen mit einem reicheren Sozialleben und einem niedrigeren Depressionsgrad wurde die Stimmung dadurch verschlechtert. Dieses Resultat passt nicht ganz zu anderen Studien, die ein geringeres Selbstwertgefühl mit einer größeren Anzahl von *hook-ups* in Verbindung setzen oder eine positive Einstellung zu Gelegenheitssex mit angenehmeren Auswirkungen assoziieren.

Wenn wir sämtliche Zahlen und Studien aus Justins Überblicksartikel betrachten, wird offensichtlich, dass es enorme individuelle Unterschiede gibt. Die Verallgemeinerungen können nur Tendenzen aufzeigen. Gleichzeitig scheint jedoch klar zu sein, dass *hook-ups* üblicher werden und mehr gesellschaftliche Akzeptanz erfahren, dass sie im Allgemeinen befriedigend sind, auch wenn sie häufig Reue mit sich bringen, und dass Männer und Frauen jenseits von Sex eigentlich nach Romantik und einer emotionalen Bindung suchen. Justin Garcia meinte, aus einem von drei oder vier *hook-ups* würde wirklich etwas Ernsteres, selbst wenn das nicht vorgesehen wäre, »die Dating- und *hook-up*-Kultur der jungen Leute heute ist wirklich dramatisch anders«, und es werde noch interessant sein zu beobachten, ob es sich um eine vorübergehende Phase in der Jugend handele oder die Beziehungsmodelle im weiteren Erwachsenenalter irgendwie beeinflussen werde.

Kulturelle Veränderungen gehen nur langsam vonstatten, aber die westlichen Gesellschaften bewegen sich mit der wachsenden sozialen und medialen Akzeptanz sexueller Permissivität wohl deutlich auf eine stärkere Normalisierung der Trennung von Liebe und sexueller Lust zu. Vielleicht kann man durch die Kombination von Sex und Liebe mit Vertrauen und Hingabe die größte magische Erfüllung in einer menschlichen Beziehung erleben, aber jeder ist frei – oder sollte das zumindest sein –, allein oder mit seinem Partner zu entscheiden, wie er die romantischen und sexuellen Gefühle ins Gleichgewicht bringen und ausdrücken möchte.

Information ist besser als Verbote, und mit den heutigen Schutzmöglichkeiten und bei unserem kulturellen Fortschritt sollten wir eine Erziehung anstreben, die eine gesunde Entwicklung der Sexualität auf Grundlage der Kenntnis all ihrer Vielfalt, ihrer Risiken und ihres Reichtums unterstützt.

Für die Recherche zu den ersten Kapiteln dieses Buches habe ich zuerst wissenschaftliche Studien gelesen und Gespräche mit Wissenschaftlern geführt, um dieses Wissen danach mit dem Alltagsleben in Beziehung zu setzen. In den nächsten Kapiteln verfolge ich eine andere Strategie. Ich habe verschiedene Spektren des menschlichen Sexualverhaltens kennengelernt und die Wissenschaft erst im Nachhinein dazu befragt. Zugegebenermaßen habe ich oft mehr von individuellen Aussagen, gelebten Erfahrungen und Gesprächen mit Experten für unterschiedliche sexuelle Ausdrucksformen gelernt als beim Besuch von Akademikern und Labors. Aber mir erscheint es immer noch wunderbar, dass die Wissenschaft mir erklären kann, was in meinem Organismus vorgeht – zum Beispiel als ich in einem Workshop über tantrischen Sex den Versuch anstellte, allein durch die Kraft meiner Gedanken einen Orgasmus zu haben.

10
Kraft der Gedanken zum Orgasmus

Ich sitze mit geradem Rücken im Schneidersitz auf dem Boden des größten Raums im Atmananda-Yogazentrum im Herzen von Manhattan. Barbara Carrellas bittet die fünf Männer und 16 Frauen, die an dem Workshop »Erotische Meditation und sexuelle Ekstase: eine tantrische Annäherung an die Liebe und das Leben« teilnehmen, vier Minuten lang so schnell und so tief zu atmen, wie wir können. Dabei sollen wir uns vorstellen, mit jedem Einatmen würde die Luft bis zu unseren Geschlechtsteilen hinabfließen und sie liebkosen. Wenn wir das mit genügend Überzeugung tun, können wir vielleicht ein leichtes Kribbeln spüren und das Gefühl haben, dass das wirklich geschähe.

Es war drei Uhr nachmittags, und wir näherten uns dem Höhepunkt des Workshops: Dem Versuch, rein durch die Kraft des Geistes zum Orgasmus zu kommen. Den ganzen Vormittag hatten wir Vorstellungen des tantrischen Sex durchgenommen, über verschiedene erotische Praktiken zur Intensivierung von Erregung und Lust gesprochen und Partnerübungen zur sexuellen Kommunikation gemacht. Ich war der einzige Mann, der ohne Begleitung gekommen war. Gleich zu Beginn hatte ich mich unauffällig neben Dana gesetzt, die attraktivste der Frauen, die ohne Partner da waren. Dana musste etwa 45 sein. Sie war groß, schlank, hatte lange blonde Haare und einen durchdringenden Blick und erklärte mir, sie praktiziere seit sechs Monaten tantrischen Sex. Wie sie mir so gegenübersaß, mir fest in die Augen blickte und dabei im Detail berichtete, wie sie gern gestreichelt wurde und welche Phantasien sie am meisten erregten, war das – obwohl ich natürlich genau wusste, dass es nur eine Kommunikationsübung war – für einen Nicht-Tantriker wie mich schon auf ganz gewöhnliche Art erregend. Darum ging es im Grunde. Negative Gefühle gegenüber Sex auflösen, die Vorstellungskraft anregen, unterdrückte Sehnsüchte zeigen und zulassen, dass sich die eigene Sinnlichkeit entfaltet. Sehr empfehlenswert. Auch wenn ihr glaubt, ihr braucht das nicht – ihr solltet es einfach mal mit eurem Partner/eurer Partnerin oder Freunden ausprobieren.

In dem Übungsraum saßen viele Teilnehmer, die aufgrund von gescheiterten Liebesbeziehungen, traumatischen Erfahrungen, Hemmungen oder Angstzuständen diesen Befreiungsschlag brauchten. Darüber sprachen sie ganz offen, als es darum ging, in der Runde zu sagen, was man sich von dem Workshop erwartete: Die meisten wollten eine Blockade überwinden. Die wenigen, die kein Problem hatten, wollten einfach nur neue Wege zur Verbesserung ihres Sexuallebens erkunden. Das war bei drei heterosexuellen Paaren, einem lesbischen Paar, Dana, einer anderen Frau und im Prinzip mir der Fall. Die Übrigen – die Altersspanne ging etwa von 25 bis 60, der ökonomische, soziale und kulturelle Status war bei den meisten offensichtlich mittel bis hoch – hatten das Gefühl, irgendetwas hielte sie innerlich zurück und verhinderte, dass ihr Sexualleben so befriedigend war, wie sie sich das wünschten. Manche kannten die Gründe dafür, andere nicht. In dieser ersten Runde flossen viele Tränen.

Wir saßen im Kreis und atmeten so schnell wir konnten. Nach vier Minuten Hyperventilation bat Barbara Carrellas uns, zu entspannen und uns in dem großen Raum verteilt auf den Boden zu legen. Vor einer halben Stunde hatte sie schon vor uns allen einen Orgasmus gehabt, den sie allein mit ihrer Atmung und ihrer Geisteskraft herbeigeführt hatte. Jetzt waren wir dran. Als ich sie eine Woche zuvor im Vapiano in der 5th Avenue interviewt hatte, hatte Barbara mir die wissenschaftlichen Untersuchungen erklärt, die an der Rutgers University mit ihr durchgeführt worden waren. Es war keine Ente. Wir können stöhnen, wie wir wollen, um einen Orgasmus vorzutäuschen, doch unser Blutdruck schnellt nicht mal eben auf über 200 mmHG, nur weil wir das wollen, und wir können auch die Leitfähigkeit der Haut nicht verändern oder die Pupillen willkürlich weiten. Barbara Carrellas war dafür berühmt, dass sie eine Technik beherrschte, mit der sie allein kraft ihrer Gedanken zum Orgasmus kam. Sie versicherte mir, dass ich das auch schaffen könnte, und lud mich zu dem Workshop in der folgenden Woche ein.

Ich lag auf einer Matte in einer Ecke des Raums und war absolut bereit, mich mitreißen zu lassen. Weg mit den Vorurteilen und meinem rationalen Korsett, und alle Chakras weit auf. Ich war überzeugt, meinen Geist nutzen zu können, um all meine Energie in einen Zustand höchster Empfindsamkeit zu versetzen, der mich zu sexueller Erregung und vielleicht sogar zum Orgasmus zu bringen vermochte.

Barbara bat uns, die Knie leicht geöffnet im 45°-Winkel zu halten, so dass es bequem für uns war, und dann wieder tief zu atmen. Nicht so schnell wie vorher, aber so intensiv wie möglich. Wir sollten uns vorstellen, auch durch unsere Genitalien zu atmen, und dass sich unsere gesamte Energie im ersten Chakra im unteren Beckenbereich sammelte. Kurz darauf spüre ich ein Kribbeln in den Fingerspitzen und eine leichte Veränderung meines Bewusstseinszustands. Im Geschlechtsbereich spüre ich noch keine Reaktion, doch plötzlich, nach wenigen Minuten, klingt ein weibliches Ausatmen durch den Raum, fast ein Stöhnen. Als wäre das eine Erlaubnis, unser Befinden kundzutun, kommen weitere Stöhnlaute hinzu. Erst sanft, doch nach und nach immer heftiger.

Barbara sagt an, dass wir uns darauf vorbereiten sollen, die Energie ins nächste Chakra zu bringen. Ich verliere die Konzentration: Ich habe nichts zum Weiterbringen. Barbara erteilt die Anweisungen und wieder sind Seufzer zu hören. Ich mache in meinem Rhythmus weiter und bemühe mich, mich auf die Übung zu konzentrieren und etwas Energie zu sammeln. Ist ja nicht schlimm, wenn ich etwas länger brauche. Ich stöhne hörbar, um zu schauen, ob das hilft.

Bald seufzen und stöhnen alle, die Energie ist von einem Chakra zum nächsten gestiegen, und ich habe aufgegeben. Unauffällig beobachte ich die Teilnehmer um mich herum. Die Frau neben mir, knapp über 30, weint hemmungslos. Sie bewegt das Becken, kneift die Augen fest zu, halb schluchzt sie und halb stöhnt sie mit verzerrtem Mund, Tränen und Rotz fließen. Man hört auch noch andere weinen. Dana liegt mir mit gewölbtem Rücken gegenüber, sie hebt und senkt das Becken, als stellte sie einen Geschlechtsakt nach. Eine der lesbischen Frauen stöhnt skandalös laut, lauter als alle anderen zusammen. Ein junger Mann scheint keinerlei Reaktion zu zeigen, einen anderen hingegen sehe ich heftig ein- und ausatmen als wäre er mitten im Liebesspiel.

Barbara motiviert uns, immer schneller zu atmen und unsere ganze sexuelle Energie zu konzentrieren. Wir sollen fühlen, wie sich die Energie in all unseren Chakras sammelt. Die Spannung und der Lärmpegel im Raum steigen. Dann, in einem bestimmten Moment, genau wie sie es vorher vorgemacht hat, fordert Barbara uns auf, die Arme fest auf den Boden zu drücken, den Atem anzuhalten, unseren Körper so kräftig wie möglich auf den Boden zu pressen, so fest, wie wir nur können, und dann all unsere Energie nach oben schnellen und uns von der Ekstase mitreißen zu lassen. Wahnsinn. Eine kollektive Explosion. Der Raum beginnt zu schreien, als hätten alle gerade den intensivsten Orgasmus ihres Lebens. Und dann auch noch gleichzeitig. »Dabei ist es sowieso schon schwierig, synchron zu kommen ...«, denke ich bei mir. Ich war ziemlich verblüfft, gebe ich zu. Die Situation kam mir unbegreiflich vor, viel zu übertrieben, aber gleichzeitig merkte ich, dass irgendetwas in diesem Raum passiert war, das ich mit meiner Suggestion nicht hatte erreichen können. Ich wusste, dass es wissenschaftliche Studien über die durch östliche Praktiken hervorgerufenen physiologischen Reaktionen gab. Die würde ich lesen. Doch vorher musste ich nach dem Workshop die Teilnehmer ganz vorsichtig fragen, ob sie wirklich einen Orgasmus gehabt hatten oder nicht.

Nur die Lesbe und eine weitere junge Frau sagten, sie hätten einen genitalen Orgasmus gehabt. »Ich musste meine Unterwäsche wechseln«, sagte erstere, um mich von der Echtheit ihres Orgasmus zu überzeugen. Ich zweifelte keinen Moment daran. Die Frau, die so verzweifelt geweint hatte, erklärte, sie habe zwar dasselbe gefühlt wie bei einem Orgasmus, aber nicht in den Geschlechtsorganen. Noch eine andere Frau und ein Mann argumentierten ähnlich und meinten, es gäbe viele verschiedene Arten von Höhepunkten. Den Mann fragte ich, ob er eine Erektion gehabt habe; hatte er nicht. Ein anderer gab zu, nichts gespürt zu haben, und meinte: »Das ist eher was für Frauen, vor allem wenn sie Probleme haben.« Sechs oder sieben Frauen – darunter Dana – sagten, sie hätten keine sexuelle Erregung gespürt, wohl aber eine große und lustvolle Freisetzung von Energie. Die Japanerin, die teilgenommen hatte, nachdem sie auf Discovery Channel eine Dokumentation mit Barbara Carrellas gesehen hatte, strahlte trotz ihrer tränenverquollenen Augen. Sie hatte keinen Orgasmus gehabt, fühlte sich aber sehr berührt. Die etwa 60-jährige Frau sprach von Ekstase, und eine Peruanerin gab an, sich jetzt für sexuelle Lust besser vorbereitet zu fühlen. Ich sprach auch mit Barbara und sagte mit schuldbewusster Miene: »Barbara, ich habe überhaupt nichts gespürt …« – »Ich habe gesehen, wie abgelenkt du warst. Hast du vorher schon mal Yoga oder Meditation gemacht?«, fragte sie mich. Als ich verneinte, meinte sie, am Anfang sei es ganz normal, nichts zu spüren, man müsse das nach und nach aufbauen. Ich verließ den Raum ein wenig enttäuscht und dachte, die Wissenschaft habe zu dieser Erfahrung nichts Relevantes hinzuzufügen. Doch später entdeckte ich genau das Gegenteil: Sie schien sie zu bestätigen.

Hyperventilieren zur Aktivierung des sympathischen Systems

Genau das, was Barbara Carrellas mit uns machte, als sie uns bat, tief in einem unnatürlich schnellen Rhythmus zu atmen, machen auch die Wissenschaftler im Labor, wenn sie durch einen Sauerstoffüberschuss im Blut das sympathische Nervensystem aktivieren wollen. Und wie wir in vorangehenden Kapiteln gesehen haben, kann dies die sexuelle Reaktion erleichtern.

Im Jahr 2002 führte Professor Boris Gorzalka an der University of British Columbia in Kanada eine Studie mit 71 Frauen vor und nach der Menopause durch, um die Wirkung des aktivierten sympathischen Nervensystems auf die sexuelle Erregung zu untersuchen. Das sympathische Nervensystem wird in plötzlichen Stresssituationen aktiviert, wenn der Körper schnell handlungsfähig sein muss. Und die Wissenschaftler riefen dies mit einer LIH (Laboratory Induced Hyperventilation) genannten Technik, d.h. durch schnelles und häufiges Atmen hervor. Nach dieser unnormalen Hyperventilation beschleunigt der Körper mehrere Minuten lang den Herzschlag, der Muskeltonus steigt und die Fasern des sympathischen Nervensystems werden aktiviert.

Frühere Studien hatten gezeigt, dass die Aktivierung des sympathischen Systems durch Stress das subjektive Gefühl sexuellen Verlangens bei Frauen unterdrücken und ihre genitale Reaktion dennoch erleichtern könnte. Bei Männern war die Wirkung weniger auffällig. Bei zukunftsweisenden Experimenten, die verschiedentlich wiederholt wurden, stellte die Psychophysiologin Cindy Meston von der University of Texas empirisch fest, dass ein hoher Angstpegel das sexuelle Verlangen gewöhnlich hemmt, eine mäßige Erhöhung es jedoch steigern kann. Gorzalkas Team wollte dies überprüfen und die Reaktion bei jungen und älteren Frauen vergleichen. Dafür zeigten sie verschiedenen Gruppen von Frauen vor und nach der Menopause und mit und ohne Hyperventilation erotische Bilder, maßen die vaginale Erregung mit Photoplethysmographen und erfassten die subjektive Wahrnehmung mithilfe eines Fragebogens.

Die Ergebnisse zeigten, dass die Aktivierung des sympathischen Nervensystems bei keiner der Gruppen einen Einfluss auf das subjektive Empfinden, mehr oder weniger erregt zu sein, hatte. Bei den jungen Frauen vor der Menopause trat jedoch im Gegensatz zu den älteren eine signifikante Steigerung der genitalen Erregung auf. 2009 benutzten Boris Gorzalka und die Psychologin Lori Brotto dieselbe Vorgehensweise und verglichen Frauen, die unter Störungen der sexuellen Erregung litten, mit einer Kontrollgruppe ohne sexuelle Schwierigkeiten. Sie stellten fest, dass die Aktivierung des sympathischen Nervensystems durch Hyperventilation bei der Kontrollgruppe die genitale Erregung verstärkte, bei den Frauen mit Störungen jedoch keine Wirkung zeigte. Das könnte natürlich Zufall sein, auf Barbara Carrellas Workshop ist jedoch etwas Ähnliches passiert. Vor allem junge Frauen ohne sexuelle Probleme berichteten, körperliche Erregung gespürt zu haben, während die Wirkung bei den Männern gleich null war und bei den älteren Frauen wenig signifikant. Gorzalkas und Brottos Untersuchung zeigt eindeutig, dass die von Barbara angeleitete Hyperventilation sehr wohl eine physische sexuelle Reaktion auslösen kann – vor allem, wenn man davor den ganzen Tag lang über Erotik und Sinnlichkeit gesprochen hat.

Frauen haben mehr Kontrolle über ihren Körper

Ein relevanter Aspekt des tantrischen Workshops, der durch mehrere Laborstudien belegt ist, zeigt, dass Frauen ihre körperliche Erregung besser zu beherrschen scheinen als Männer. Bei verschiedenen Experimenten wurden Frauen gebeten, angesichts erotischer Reize ihre sexuelle Erregung so stark wie möglich anzuheizen oder sie zu unterbinden. Das ist ein Standardverfahren, um den Grad der Kontrolle festzustellen, den Frauen mit Erregungsstörungen, Krankheiten oder unter Einfluss von Alkohol haben, oder wenn man Risikoverhalten analysieren möchte. Jede Studie ist anders, doch im Allgemeinen werden dafür drei Gruppen von Frauen erotische Reize gezeigt. Die eine Gruppe wird gebeten, lediglich zu beobachten; die nächste soll ihre Erregung intensivieren; und die dritte Gruppe soll sie unterdrücken. Bei allen wird die genitale Reaktion gemessen. Das Verfahren ist natürlich etwas ausgefeilter, doch erwiesenermaßen können die meisten Frauen ihre sexuelle Reaktion durch Geisteskontrolle signifikant steigern oder verringern. Tatsächlich sind die Unterschiede größer, wenn um die Steigerung der Erregung gebeten wird, nicht um Hemmung. Bei Männern hingegen sind die Auswirkungen schwächer, was eine weitere Erklärung dafür sein könnte, dass die Frauen im Workshop sich willentlich so sehr erregen konnten, während ich nichts spürte, so sehr ich mich auch mühte und konzentrierte und atmete.

Meditation und Yoga steigern die Lust

Manchmal ist es überraschend, wie sehr die westliche Medizin über Praktiken jahrtausendealter Kulturen, die unser Wohlbefinden deutlich verbessern können, einfach hinweggeht.

Für die Wissenschaft sind Chakras und Energieflüsse esoterisch und schwer messbar und gehören damit eher zur symbolischen denn zur realen Welt. Doch die Kraft der Suggestion wird von ihr ganz und gar nicht verachtet, und sie streitet auch nicht ab, dass unterschiedliche Geisteszustände auch unterschiedliche physiologische Reaktionen in unserem Organismus hervorrufen können. Ein Wissenschaftler fühlt sich sicher, wenn er experimentell feststellt, dass Cortisol bei Angst ansteigt und bei Entspannung sinkt, denn er kann das objektiv messen und auch eine mögliche Funktionsweise nennen, die mit dem übereinstimmt, was wir über die menschliche Physiologie wissen. Sieht er sich jedoch so unwahrscheinlichen Phänomenen wie Heilungen durch kleine Nadelstiche oder spirituellen Therapieformen gegenüber, macht er gewöhnlich zweierlei: Entweder erklärt er sie für nichtig, da sie nur in Einzelfällen auftreten und empirisch nicht untermauert sind – oder er erforscht sie, in der Hoffnung, dass sie ein interessantes Geheimnis bergen. Kritisches Denken ist sehr ratsam, und wir dürfen nicht leichtgläubig jedem Scharlatan im Weisengewand vertrauen, der uns erzählt, was wir gern hören möchten. Rund um die östlichen Disziplinen und alternativen Therapieformen gibt es viel leeres Gerede, Übertreibungen und Betrug, aber auch eine gewisse Dosis Wahrheit. Geist und Körper sind eng miteinander verbunden – man muss nur eine gute Auswahl treffen.

Lori Brotto ist eine kanadische Psychologin, die seit Jahren die Wirkung von Achtsamkeitsmeditation auf die weibliche Sexualität erforscht. Sie steht damit nicht außerhalb des wissenschaftlichen Systems, sondern ist gewähltes Mitglied der International Academy of Sex Research, gibt mehrere Wissenschaftspublikationen heraus, und alle ihre Artikel werden vor der Veröffentlichung von Kollegen überprüft (peer-reviewed). Als ich das erste Mal mit Lori sprach,

Meditation und Yoga steigern die Lust 299

sagte sie ganz klar: »Die Grundidee ist, dass Meditation und andere Praktiken östlicher Herkunft in bestimmten Fällen weiblicher sexueller Dysfunktion Besserung bringen und in die Therapie mit aufgenommen werden können.« Die Wirkung erklärt sich unter anderem dadurch, dass die Einheit zwischen Körper und Geist gestärkt und die Empfindungsfähigkeit verbessert wird. Das wird Brotto zufolge von der heutigen Sexualmedizin übergangen.

Brotto betont, dass es viele Frauen gibt, deren Genitalien perfekt funktionieren, die es jedoch nicht schaffen, mental abzuschalten und körperliche Erregung zu empfinden. Sie erzählt auch von anderen, die sich, obgleich sie zum Orgasmus kommen, vom Sex nicht befriedigt fühlen. Brotto zufolge fehlt ihnen wohl ein inneres Wissen und Kontrolle über die Reaktionen ihres eigenen Körpers, und ihre Daten belegen, dass die östliche Weisheit in diesen Fällen viel zu bieten hat.

Ein erstes Experiment führte sie mit 26 Frauen zwischen 24 und 55 Jahren durch, die wegen mangelndem sexuellen Verlangen oder unzureichender Erregung Unterstützung gesucht hatten. Die Frauen absolvierten mehrere 90-minütige Meditationssitzungen, und nach wenigen Wochen gab Lori ihnen eine Reihe von Fragebögen und führte verschiedene physiologische Messungen der Erregung durch. In den meisten Fällen beobachtete sie signifikante Verbesserungen bei der Lubrikation und der subjektiven Wahrnehmung des sexuellen Verlangens. Lori Brotto ist sich der Grenzen ihrer Studie bewusst, da sie keine Kontrollgruppe verwendet hatte. Die positiven Ergebnisse animierten sie jedoch weiterzumachen.

Brotto führte eine weitere Studie mit 31 Patientinnen mit Gebärmutterhalskrebs durch, die nach der Operation an sexuellen Schwierigkeiten litten. Die Patientinnen hatten Schmerzen, Schäden an den Nerven oder andere physiologische Probleme, die einen Verlust der sexuellen Reaktion mit sich brachten. Bei sehr schwerwiegenden physischen Problemen oder wenn die sexuelle Funktion völlig verloren gegangen ist, kann Meditation natürlich nicht helfen, aber Brottos Hypothese war, dass in den Fällen, bei denen die sexuelle Reaktion verringert, jedoch nicht verloren war, eine Geistesschulung wie

Meditation sie wieder intensivieren könnte. Sie empfahl den Frauen in der Genesungsphase wieder eine Achtsamkeitsmeditation, und diesmal verglich sie sie mit einer entsprechenden Gruppe von Frauen, die auf der Warteliste für eine Behandlung standen. Sie beobachtete keine Unterschiede in der physiologischen Reaktion, wohl aber signifikante Verbesserungen bei den Befriedigungsquoten. Ähnliches ergab eine 2012 veröffentlichte Studie, bei der sie bestätigen konnte, dass Meditation verschiedene Aspekte der Sexualität bei 20 durch sexuellen Missbrauch in der Vergangenheit traumatisierten Frauen verbesserte.

Dieses Untersuchungsgebiet ist noch sehr neu für die Wissenschaft. Meditation basiert darauf, alle Aufmerksamkeit auf einen Punkt zu richten – das kann ein Gegenstand, ein Bild oder ein Körperteil sein – und die Gedanken ziehen und ausklingen zu lassen. Bei Untersuchungen mit einem funktionellen MRT (fMRT) wurde eine erhöhte Aktivität in Gehirnbereichen beobachtet, die mit Aufmerksamkeit und emotionaler Reaktion zusammenhängen. Und das kann gemeinsam mit der durch die Meditation zweifelsohne erzielten Entspannung dazu beitragen, sich mehr auf die Lust zu konzentrieren.

Brotto ist nicht gegen die moderne Sexualmedizin, ganz im Gegenteil. Sie erkennt große Fortschritte seit der mangelhaften Behandlung von Sexualität in der Psychoanalyse, der Entwicklung hin zu den Verhaltenstherapien und dem großen Beitrag von Medikamenten wie Viagra. Doch sie beharrt darauf, dass die westliche Richtung der Medizin einige Praktiken ignoriert, die sich bei Problemen im Bereich des aktuell so häufig anzutreffenden Mangels an Befriedigung historisch als sehr wirksam erwiesen haben. Sie sucht nach empirischen Beweisen, damit Praktiken wie die Achtsamkeitsmeditation als Therapien anerkannt werden können, und befindet sich dabei auf sehr gutem Weg.

Was Yoga anbelangt – wo neben der Meditation auch Körperübungen ausgeführt werden –, scheint die Beweislage noch solider. 2010 veröffentlichte *The Journal of Sexual Medicine* zwei in Indien durchgeführte Studien mit einer Gruppe von 65 Männern und einer anderen von 40 Frauen. Beide fingen mit Yoga an. Bei der ersten Gruppe zeigte sich, dass die Yogapraxis das männliche sexuelle Verlangen verstärkte, die Erektion und die Kontrolle über die Ejakulation verbesserte und das Vertrauen und die Befriedigung nach dem Geschlechtsverkehr steigerte. Bei den Frauen verbesserten sich den Autoren zufolge sämtliche Bereiche: Verlangen, Erregung, Lubrikation, weniger Schmerz, Erreichen des Orgasmus und Befriedigung. Es liegt auf der Hand, dass man einen Großteil dieser Verbesserungen auch mit jeder anderen Art von Gymnastik erzielen könnte, und wenn ihr normalerweise viel sitzt und dann mit Tanz oder Pilates anfangt, wird auch das sicher euren körperlichen Zustand und die sexuelle Reaktion verbessern. Doch anscheinend trägt die geistige Übung und die Komponente des psychischen Wohlbefindens im Yoga dazu bei, diese Wirkung noch zu verstärken. In der Studie wurde auch sichtbar, dass die langfristigen Verbesserungen vor allem bei Frauen über 45 Jahren beachtlich waren.

Mangels weiterer Forschungen legen diese Ergebnisse nahe, dass bei Menschen ohne sexuelle Probleme die regelmäßige Ausübung von Yoga oder Meditation zweifellos verschiedene Aspekte der Sexualität bereichern könnte, bezüglich der allgemeinen Befriedigung traten die signifikantesten Verbesserungen jedoch bei Personen mit Verletzungen, Traumata oder anderen Schwierigkeiten auf.

In einer 2012 veröffentlichten Untersuchung betont Brotto, dass die Nicht-Übereinstimmung zwischen genitaler und subjektiv empfundener sexueller Erregung bei Frauen sehr gut dokumentiert sei und die östlichen Therapieformen die für die Sexualität grundlegende Einheit zwischen Körper und Geist stärken – während die pharmazeutischen Bemühungen und einige aktuelle Sexualtherapien es nicht beachten. Sie spricht auch von Studien, die darauf hindeuten, dass Akupunktur Schmerzen in der Vagina verringern und das Verlangen bei Frauen mit einer hypoaktiven sexuellen Störung erhöhen kann. All das beweist, dass wir die Wirkungen der Suggestion nicht geringschätzen sollten. Bezüglich der sexuellen Reaktion kann das machtvoller sein als andere Interventionen.

Auch der Placeboeffekt verbessert die sexuelle Reaktion

Für eine 2011 veröffentlichte Studie gab Cindy Meston 50 Frauen, die unter Störungen der sexuellen Erregung (*female sexual arousal disorder, FSAD*) litten, zwölf Wochen lang ein Placebo. Sie maß die Veränderungen bei Parametern der Sexualfunktion nach vier, acht und zwölf Wochen, und stellte fest, dass bei einem Drittel der behandelten Frauen klinisch signifikante Besserungen vorlagen. In der Wissenschaftssprache bedeutet »klinisch signifikant« eine Veränderung, die man wirklich bemerkt und die nicht nur »statistisch signifikant« ist. Die Werte für Lubrikation, Schmerz, Befriedigung, Orgasmus und Verlangen stiegen in ähnlichem Ausmaß, und das korrelierte kurioserweise mit der Anzahl der sexuellen Begegnungen, die die Frauen in dieser Zeit mit ihren Partnern hatten. In der Diskussion der Ergebnisse wertet Meston diese Zunahme von Intimkontakten sehr hoch. Sie sagt, das könne die Schlussfolgerungen verfälschen: Mittels Suggestion könne man erreichen, dass eine Person eher bereit ist, Sex zu genießen und gerät dadurch in eine Dynamik der fortwährenden Verbesserung, die durch die Häufigkeit der sexuellen Begegnungen noch verstärkt wird. Meston weist darauf hin, dass man diesen Faktor bei der Prüfung medikamentöser Behandlungen bedenken sollte. Es bestätigt aber auch, dass Verhaltensänderungen äußerst wirkungsvoll sind – und wie wir schon bezüglich des von Rosemary Basson publizierten zirkulären Modells der sexuellen Reaktion sagten, kann es in einigen Fällen zu einer Besserung führen, wenn man sich um Sex bemüht, obwohl man kein Verlangen verspürt. Körper und Geist sind eng miteinander verbunden, in beide Richtungen – das scheint mir auch der Workshop für tantrischen Sex und mentale Orgasmen gezeigt zu haben.

11
Pornografie:
Vom Zerrbild zur Bildung

Es ist ein Uhr nachts, und ich trinke einen Kaffee mit der Pornodarstellerin Sophie Evans. Wir sitzen in einer Bar neben dem Club Bagdad in Barcelona, in dem ich wenige Minuten zuvor zugeschaut habe, wie sie sich auf der Bühne auszieht. Ich habe auch gesehen, wie eine ihrer Kolleginnen versucht hat, einem jungen Mann aus dem Publikum für eine Fellatio ein Kondom über seinen schrumpeligen Penis zu ziehen, und ein Paar Schauspieler sehr pornotypisch Sex hatte: eiskalt, extrem übertrieben und mit klarer Betonung der männlichen Dominanz.

Sophie ist reizend, sie lächelt und ihr Blick ist unerwartet unschuldig. Sie versichert mir, ihr Leben jenseits der Kameras sei völlig konventionell, und scheint sogar rot zu werden, als ich sie frage, ob sie sich beim Drehen der Szenen körperlich oder geistig erregt fühlt. »Ups! Das kommt auf alles Mögliche an ... manche Mädels finden es toll und andere tun immer nur so«, gibt sie, jeden persönlichen Bezug auf sich selbst vermeidend, zur Antwort. Wir sprechen darüber, wie sich die Porno-Industrie mit dem Internet verändert hat, ob ihren Fans bestimmte Szenen besser gefallen als andere, und sogar über Wissenschaft. Plötzlich erzählt Sophie, sie lese gerade ein wissenschaftliches Buch mit dem Titel *El ladrón de cerebros* – ich schaue sie verblüfft an: »Aber das ist von mir!« Sophie reißt die Augen weit auf, schlägt sich überrascht die Hände vor den Mund, und wir lachen über so viel Zufall. Sie hatte meinen Namen bei den Telefonaten zur Absprache des Interviews nicht damit zusammengebracht.

Nach einer Weile habe ich genug Vertrauen gefasst, um sie zu fragen, ob herkömmliche Pornos ihrer Meinung nach Frauen herabsetzen können und ein schädliches Bild von Sex vermitteln. Sophie antwortet: »Vielleicht sieht es manchmal brutal aus, aber wir Frauen mögen das manchmal auch. Es gibt viele Arten von Porno, viele Meinungen, und jeder hat andere Werte.« Sophie hat recht, die Debatte darüber, ob Pornos Frauen herabwürdigen oder nicht, ist nicht wissenschaftlich und sollte es auch auf keinen Fall sein.

Spannender – und wichtiger – ist herauszufinden, wie Pornokonsum das sexuelle Verhalten beeinflusst, oder ob wir manche Szenen im Kopf als abstoßend empfinden, sie uns aber zugleich körperlich erregen. Das kann man messen und demzufolge auch wissenschaftlich untersuchen. »Am besten gehen wir zurück ins Bagdad und du sprichst noch mit anderen«, meint Sophie.

Im Bagdad versucht ein Darsteller mich ohne irgendwelche empirischen Daten abgesehen von seiner eingefleischten Überzeugung davon zu überzeugen, dass den meisten Frauen im Grunde harter und brutaler Porno doch gefällt. Ein anderer erzählt mir unendlich viele kuriose, morbide und sogar lustige Anekdoten von seiner Erfahrung im Pornogeschäft, und als ich ihn frage, ob sie etwas nehmen, um die Erektion aufrechtzuerhalten, antwortet er: »Das werden nur wenige zugeben, es wird aber gemacht.« Eine bildhübsche Transsexuelle, die mein Gehirn durcheinanderbringt, vertritt die These, wir Heteros seien von großen Schwänzen besessen, und ein Paar aus dem Publikum erklärt, sie kämen her, um ihre Beziehung etwas aufzupeppen, aber auch, weil es sie immer auf neue Ideen bringt. Dieser letzte Punkt wird am häufigsten von denen genannt, die den erzieherischen Wert der Pornografie vertreten.

Das Ambiente ist sehr angenehm. Die äußerst freundliche Juani, Inhaberin des Bagdad, ist zufrieden, dass die Leute einfach kommen, um eine gute Zeit zu haben, anders als der Alltag, und eine Schauspielerin sagt, die Inhalte hätten sich in den letzten zehn Jahren sehr verändert und die Leute wollten nun mehr Gewalt. Ich gebe zurück, dass eine wissenschaftliche Studie kürzlich etwas anderes ergeben habe, woraufhin sie nachdenklich schaut und meint: »Ah, ich weiß nicht.«

Für mich war es hochinteressant, Menschen aus der Pornoindustrie kennenzulernen, nicht nur im Bagdad. Fern der Kameras und der Medien, in denen diese Leute weiter ihre Rolle spielen, sind sie normaler, als wir denken. Und das sage nicht ich, sondern die Wissenschaft. Eine im November 2012 veröffentlichte Studie mit dem Titel »Characteristics of Pornography Film Actors: Self-Report versus Perceptions of College Students« fragte 399 Psychologiestudenten, wie sie sich die Persönlichkeit von Pornodarstellern und -darstellerinnen vorstellten, ihr Sexleben abseits der Kameras, Paarbeziehungen, Anzahl von Missbrauchsfällen und so weiter. Die Antworten stellte sie den Daten von 105 Pornodarstellern und 177 -darstellerinnen aus dem Großraum Los Angeles gegenüber. Die Ergebnisse zeigten, dass der von den Studenten erwartete Stereotyp ganz und gar nicht der Wirklichkeit entsprach. Die Schauspieler und Schauspielerinnen hatten sehr viel mehr Selbstwertgefühl, romantische Ideale und Angst vor Geschlechtskrankheiten, als die Studenten glaubten. Sexueller Missbrauch in der Kindheit kam ebenso häufig vor wie beim Bevölkerungsdurchschnitt, und die erste sexuelle Erfahrung hatte in höherem Alter stattgefunden als vermutet. Es gab sehr signifikante Diskrepanzen. Die Studenten glaubten zum Beispiel, die Schauspieler verdienten im Durchschnitt 224.000 und die Schauspielerinnen 250.000 Dollar im Jahr, wohingegen sich der durchschnittliche Verdienst auf 79.000 Dollar (Männer, Durchschnittsalter 35 Jahre) beziehungsweise 74.000 Dollar (Frauen, Durchschnittsalter 26 Jahre) belief. Ziemlich richtig lagen die Befragten bei der Zahl unterschiedlicher Partner, mit denen die Schauspielerinnen erotische Szenen gedreht hatten (72 real, 78 geschätzt), bei den Männern jedoch schätzten sie viel zu niedrig (97 geschätzt, 312 real). Schauspieler wie Schauspielerinnen hatten auch jenseits der Kameras mehr Sexualpartner, behaupteten, Sex sehr zu genießen, und widersprachen so der Vorstellung, ihre Arbeit »könne sie langweilen«. Im Allgemeinen sagten die Schauspielerinnen, sie hätten viel Spaß bei den Szenen und waren sehr viel zufriedener mit ihrem Beruf, als die Studenten annahmen. Tatsächlich verglichen die Forscher bezüglich dieses letzten Punktes verschiedene Persönlichkeitswerte der Schauspielerinnen mit einer äquivalenten Gruppe anderer Frauen, und obgleich sie höheren Drogenkonsum, eine größere Anzahl von Partnern und Angst vor Krankheiten beobachteten, lagen die Werte für Selbstvertrauen, sexuelle Befriedigung, persönliches Wohlergehen und ein unterstützendes Umfeld über dem Durchschnitt.

Dabei muss ich an ein gemütliches Beisammensein mit alten Porno-Legenden wie Candida Royalle, Veronica Hart oder Gloria Leonard im Museum of Sex in New York denken. Sie sind inzwischen nicht mehr aktiv, wirkten aber immer noch sehr zufrieden und stolz auf ihre Zeit beim Porno, wenn sie auch zugaben, dass es heutzutage viel schwieriger sei: Die Konkurrenz ist größer, es gibt weniger Geld und mehr Missbrauch, alles ist stärker »industrialisiert« und die jungen Schauspielerinnen können sich bei bestimmten Szenen nur schwer weigern. Candida Royalle, die wie viele andere jetzt selbst Regisseurin ist, trat für bessere Pornos ein, die auch die Vorlieben des wachsenden weiblichen Publikums berücksichtigen. Doch bei diesem Punkt – neben der Frage, ob beim Drehen Kondome zu benutzen seien oder nicht – gab es Diskrepanzen.

Bei meinem oberflächlichen Kontakt mit der Welt des Pornos habe ich fast so viele unterschiedliche Meinungen gehört, wie ich Personen befragt habe. Nachdem ich mit den herzlichen Darstellern aus dem Bagdad geredet hatte, kam ich zugegebenermaßen mit einem positiveren Eindruck heraus, als ich ihn rein als Zuschauer gehabt hätte, ich war jedoch auch verunsichert von so vielen unterschiedlichen, teils sogar widersprüchlichen Einschätzungen. Mir wurde klar, dass ich für mehr Objektivität wieder zur Wissenschaft zurück musste, vor allem, wenn ich herausfinden wollte, ob der Konsum von Pornos individuelle oder gesellschaftliche Risiken barg. Außerdem wollte ich gerne wissen, welche Art Pornos Frauen besonders gefällt.

Frauen schauen lieber lesbischen als schwulen Porno

Manche wissenschaftlichen Untersuchungen können ziemlich komisch wirken, wenn man sie aus ihrem Zusammenhang reißt. In vorangehenden Kapiteln haben wir gesehen, dass in Laboratorien für sexuelle Psychophysiologie zur Messung der genitalen und subjektiven Erregung unter bestimmten Umständen oder bei sexuellen Dysfunktionen erotische Bilder eingesetzt werden. Da die Forscher diese Bilder als ein wissenschaftliches Instrument verwenden, müssen sie ganz sicher sein, dass sie ihren Zweck erfüllen – sie haben also einen Grund, mit aller wissenschaftlichen Genauigkeit zu erforschen, welche Art von Pornos Frauen besonders mögen.

Bei Männern ist das einfacher. Verschiedene Experimente haben gezeigt, dass Videos sehr viel erregender sind als Fotografien, erotische Literatur oder Audioaufnahmen, je expliziter, desto besser, und dass 08/15 vollkommen ausreicht, um die Erregung zu steigern. Doch bei den Frauen hatten die Forscher so ihre Zweifel. Zuerst wurde festgestellt, dass Frauen – wenn auch in geringerem Grad als Männer – ebenfalls von Videos stärker erregt werden als von Lektüre oder Fotografien. Doch anschließend verlangte die methodische Sorgfalt, den Inhalt der von den verschiedenen Laboratorien verwendeten erotischen Videos zu standardisieren und ganz genau zu untersuchen, »welche Reize am besten zur Optimierung der weiblichen sexuellen Reaktion geeignet sind«, wie die Autoren der Studie »What kind of erotic film clips should we use in female sex research« formulieren.

Gewiss könnte man einen Fachmann auf diesem Gebiet befragen, aber wieder weichen die Meinungen enorm voneinander ab. Eines der interessantesten Gespräche, die ich bei der Dokumentation für dieses Buch hatte, war mit der Aktivistin und anerkannten Frauenporno-Regisseurin Tristan Taormino. Als wir uns im Finanzdistrikt von New York trafen, sagte sie mir, Frauen zögen ungezwungene Szenen vor, bei denen sie eine Verbindung zwischen den Partnern spüren und die Frau es genießt. Frauen scheinen eher auf die weibliche Darstellerin zu schauen und empathisch mit ihr zu fühlen, als auf männliche Attribute zu achten. Doch halb im Scherz gab Taormino zu: »Dazu gibt es viele Meinungen; ehrlich gesagt, bin ich mir da nicht mal selbst ganz sicher – ich fände es toll, wenn das mal wissenschaftlich erforscht werden würde.«

Das wurde es: Wissenschaftler der Wayne State University in Detroit zeigten einer großen Gruppe von Frauen 90 verschiedene Fragmente aus Pornofilmen. Die Frauen hatten in der Vergangenheit schon einmal Pornos gesehen, waren aber keine regelmäßigen Konsumentinnen. Das ist ein wichtiges Detail und bedeutet, dass die Ergebnisse der Studie nicht mit den Online-Verkäufen oder -Suchanfragen übereinstimmen müssen. Der Pornokonsum von Frauen ist, unter anderem aufgrund der Anonymität des Internets, enorm gestiegen, die Wissenschaftler zielten aber nicht darauf ab herauszufinden, was Gewohnheitskonsumentinnen am meisten erregte, sondern sie wollten die Bilder finden, die für eine so durchschnittliche Bevölkerungsschicht wie möglich am besten funktionierten; also für jede Frau, die plötzlich erotisches Kino auf dem Bildschirm hat. Deshalb trauten sie auch den Annahmen der Pornoindustrie bezüglich des weiblichen Publikums nicht völlig. Es gibt einen gewissen Konsens, dass Frauen heterosexuelle Szenen bevorzugen, die explizit, aber einvernehmlich und eher romantisch sind, und dass sie keine Großaufnahmen, Samenergüsse über Personen und auch keinen lesbischen oder Analsex mögen. Aber sie wollten das selbst untersuchen und vor allem feststellen, ob es eine Korrelation zwischen der subjektiven psychischen und der physiologischen Reaktion gab. Wissenschaftler mögen keine vorgefassten Meinungen.

Die 90 Clips waren jeweils eine Minute lang, 88 Prozent zeigten Sex zwischen Männern und Frauen und die restlichen 12 Prozent homosexuelle Beziehungen. Es gab verschiedene Stellungen, Gruppensex, Dreier, Sex zwischen Menschen unterschiedlicher ethnischer Herkunft, Fellatio, Cunnilingus, Analverkehr, Masturbation, Sadomaso oder *bondage*, und vieles anderes mehr. Die an der Studie teilnehmenden Frauen hatten mindestens die höhere Schule abgeschlossen, die Altersspanne reichte bei einem Mittel von 31 Jahren von 18 bis 57, und alle ethnischen Gruppen waren vertreten. Nach jedem Video mussten die Frauen angeben, welchen Grad physischer und mentaler Erregung sie verspürt hatten.

Die statistische Analyse der Ergebnisse brachte keine großen Überraschungen hervor. Die heterosexuellen Szenen mit vaginalem Sex gefielen mit Abstand am besten, vorgezogen wurden Stellungen, bei denen die Männer die Initiative hatten, und es gab sehr gute Reaktionen auf die Szenen, die als Außenaufnahmen gedreht worden waren. Sex zwischen Männern und Frauen wurde homosexuellem vorgezogen, wenn die Neigung in letzterem Fall auch ganz klar hin zu Szenen mit zwei Frauen und nicht mit zwei Männern ging – ein kurioser Unterschied im Vergleich zu den Männern. Letzteres passt zu der im 3. Kapitel diskutierten Hypothese, ob die Wirkung erotischer Videos darauf beruhen könnte, dass sie in unserem Gehirn Spiegelneuronen aktivieren, die mit der Imitation zusammenhängen und uns so das Gefühl geben, selbst an der Handlung beteiligt zu sein. Zum Schlimmsten gehörten für die meisten Frauen Analsex, Oralsex und als vergewaltigend angesehene Verhaltensweisen, wenngleich eine beträchtliche Anzahl Frauen diese Szenen zwar als mental nicht, physisch aber sehr wohl erregend beschrieb. Das ist eine interessante Information, die auch mit anderen übereinstimmt und zeigt, dass viele Frauen sexuelle Phantasien von Handlungen haben, die sie in Wirklichkeit nicht ausüben wollten.

Die Forscher sind sich der Grenzen ihrer Studie bewusst, insbesondere aufgrund der großen Vielfalt an Vorlieben in der Bevölkerung. Sie versichern jedoch, sie hätten Faktoren wie die Attraktivität der Protagonisten, den Gewöhnungseffekt, der bei den letzten Clips auftrat, und die Laborbedingungen berücksichtigt und seien sehr wohl auf einige allgemeine Tendenzen gestoßen. Ich bezweifle, dass die Industrie ihnen große Beachtung schenken wird, bei Pubmed findet man jedoch ihre Zahlen wie auch die anderer ähnlicher Arbeiten.

Porno verschärft manche Probleme, verursacht sie aber nicht

Ich muss sagen, allgemein kommt Porno mir wie der McDonald's des Sex vor, und mir gefällt die Rolle nicht, die den Frauen darin gewöhnlich gegeben wird. Doch hinsichtlich seiner möglichen negativen Auswirkungen geht man in den USA noch sehr viel weiter. Es gibt konservative Bücher und Bewegungen, die Pornografie als etwas quasi Apokalyptisches betrachten, das Werte, Respekt und Moral torpediert. Ein Beispiel dafür ist das Buch *The Porn Trap* (dt. Die Porno-Falle). Die Autoren argumentieren, die Pornografie sei extremer geworden und das Internet habe die Dinge noch verschlimmert, weil der Zugang immer individueller wird und soziale Isolation provoziert. Porno unterhöhle die Paarbeziehungen, weil für den Gewohnheitsnutzer die eigene Frau an Anziehung verliert und er ihr das Gefühl gibt, sie müsse in einem Wettstreit treten. Der fortwährende Konsum verursache seelische Störungen und beeinträchtige das Gehirn wie eine Droge, die Frau werde als Objekt wahrgenommen und Pornos erhöhten sowohl das Risikoverhalten wie auch die Zahl sexueller Aggressionen. Ein kleines Detail: All diese Argumente basieren auf vorgefassten Meinungen und nicht auf einer überprüften Beweislage. Aber ob Pornos beispielsweise süchtig machen oder nicht, kann man bis zu einem gewissen Grad schon erforschen.

Der Grundidee nach ist Pornoschauen eine genussvolle Handlung, die das Belohnungssystem im Gehirn aktiviert, wodurch große Mengen Dopamin aus dem ventralen Tegmentum in den Nucleus accumbens ausgeschüttet werden. Und wie andere genussvolle Aktivitäten kann es, wenn wir es im Übermaß, obsessiv und isoliert von anderen Genüssen ausführen, zu einem Suchtverhalten werden. Obgleich viele Neurobiologen lieber nicht von »Sucht«, sondern von »Abhängigkeit« oder »Zwangsverhalten« sprechen, müssen sie, wenn sie pathologisches Spielen als Sucht definieren, Selbiges auch für Online-Pornos gelten lassen. Beides ähnelt sich enorm. Tatsächlich kategorisieren manche die Porno-Sucht als Teil der »Internet-Sucht« – also der Sucht nach ständigen Neuheiten und der Erregung, die uns die Online-Welt bietet. Wir suchen zwanghaft nach Neuem, und dergestalt können wir Stunden damit zubringen, von einem Link zum nächsten durchs Internet zu surfen oder in sozialen Netzwerken zu interagieren. Der Bildschirm vereinnahmt uns. Wir gehen vielleicht auf eine Webseite und suchen nach einer Information oder einem erotischen Video: Letztendlich lesen oder sehen wir nicht eins, sondern 20. Jedes verführerische Bild, jeder Klick verheißt immer eine Neuheit und damit eine Dopamin-Entladung, die uns motiviert, auf die nächste Seite zu gehen. In dieser ersten Phase ist die »Gewohnheit«, online Pornos zu schauen, nicht viel anders als die zur Notwendigkeit werdende Angewohnheit, bei Facebook vorbeizuschauen oder ständig bestimmte Webseiten aufzurufen. Man verfällt in eine Cyber-Routine, der nur schwer zu entkommen ist. Doch beim Porno kann sich die Situation aus zwei Gründen verschlimmern. Zunächst einmal ist unser Gehirn ohnehin so programmiert, dass es Sex den politischen oder wissenschaftlichen Nachrichten vorzieht, es ist ganz normal, dass das unser limbisches System stärker gefangen nimmt. Aber wird beim Pornoschauen zusätzlich masturbiert, ist die Freisetzung von Dopamin während der sexuellen Erregung noch größer. Das Gehirn beginnt, diese Handlung mit intensiver Lust zu assoziieren, und mit jeder Wiederholung verstärkt sich diese Konditionierung. Der Dopaminspiegel wird nie so drastisch steigen wie beim Konsum von Kokain oder Heroin, es bildet sich jedoch sehr wohl eine Verhaltensabhängigkeit heraus, die bei Isolation und einem Mangel anderer Motivationen zu einer ernsthaften, das Berufs- und Privatleben beeinträchtigenden Obsession werden kann. Das geschieht nur bei einem Kontrollverlust, der sich bei Süchten durch eine geringere Aktivität in den präfrontalen Lappen des Gehirns zeigt.

Genau diese Aktivität haben die Neurowissenschaftler Donald Hilton und Clark Watts von der University of Texas erforscht, indem sie funktionelle MRTs von Personen mit verschiedenen Obsessionen und Abhängigkeiten miteinander verglichen. Sie kamen zu dem Schluss, dass zwanghafte Konsumenten von Pornografie tatsächlich Veränderungen in den Frontallappen des Gehirns aufwiesen, die denen bei jeder anderen Abhängigkeit ähnelten, und diese Handlung daher wirklich zu Kontrollverlust und Sucht führen könnte. In derselben Zeitschrift kritisieren andere Autoren diese Interpretation jedoch und sagen, tatsächlich zeige dies nicht, dass Pornografie Probleme verursache, sondern dass Personen mit bestimmten Problemen eher missbräuchlich mit Pornografie umgingen. Für sie hängt der wahllose Gebrauch von Pornografie vom Kontext ab und erfolgt als Antwort auf psychosozialen Stress. Eine Beziehung zu Problemen besteht also, die Pornografie ist aber nicht die Ursache, sondern die Konsequenz.

Hier ist keinesfalls von Sexsucht oder Hypersexualität die Rede, auf die wir später im Buch noch kommen, sondern vom routinemäßigen Betrachten von Pornos im Internet (eine Therapeutin berichtete mir, viele ihrer Patienten sähen stundenlang Videos, masturbierten aber nur punktuell), was nur bei denjenigen eine Zwangsstörung hervorbringen wird, die eine starke Prädisposition dazu und bereits bestehende pychosoziale Probleme haben.

Eine andere kuriose Wirkung, die gerade erforscht wird, ist die Frage, ob das häufige Schauen von Pornos Demotivierung und Erektionsschwierigkeiten verursachen kann. Es gibt ausreichend Berichte von Sexualforschern und Urologen über Patienten, die, nachdem sie eine Zeitlang häufig Online-Pornos konsumiert hatten, beim nächsten Versuch von Sex mit einer Partnerin feststellten, dass sie sich weniger erregt fühlten, weniger steife Erektionen hatten und sich schwerer taten, zum Orgasmus zu kommen. Hier geht man davon aus, dass diese Männer sich an einem Typ Frau und bestimmten Aktivitäten orientieren, welche die wirklichen Begegnungen weniger stimulierend erscheinen lassen. Diese Hypothese klingt zwar logisch und trifft offensichtlich in konkreten Fällen zu, dennoch habe ich zu diesem Thema noch keine wissenschaftliche Untersuchung gefunden. Italienische Forscher unter Leitung von Carlo Foresta haben eine massive Befragung durchgeführt und eine Beziehung zwischen dem missbräuchlichen Konsum von Pornografie und erektiler Dysfunktion festgestellt, doch zum Zeitpunkt, zu dem ich diese Zeilen schreibe, scheinen die Daten noch nirgendwo veröffentlicht worden zu sein.

Hat Pornografie – über den einzelnen Konsumenten hinaus – auch einen negativen Einfluss auf die Einstellung Frauen gegenüber? Der Psychologe Neil Malamuth von der University of California in Los Angeles ist weltweit eine Kapazität für die Erforschung der Auswirkungen von Pornografie. Bei unserem Gespräch zeigt er sich von Anfang an völlig überzeugt: »Bei den meisten Menschen hat Pornografie weder positive noch negative Auswirkungen, doch wenn andere Risikofaktoren vorliegen wie erlittener Missbrauch, eine Vorgeschichte mit familiärer Gewalt oder eine narzisstische Persönlichkeit ... dann sehen wir sehr wohl, dass Pornografie extremen Inhalts das Risiko von Gewalt gegen Frauen erhöht.« Dieser Satz will wohl gedeutet sein. Malamuth räumt ein, dass »Bücher wie *The Porn Trap* keinerlei wissenschaftliche Grundlage haben«, er sagt jedoch nicht, dass Pornografie völlig harmlos sei.

In einer seiner Studien wies Malamuth nach, dass Pornos bei normalen Männern das Verhalten gegenüber Frauen nicht negativ prägten, wohl aber leicht bei denen, die psychische Probleme haben und Pornos mit extremer Gewalt konsumieren. Zu ähnlichen Resultaten kam der Däne Gert Martin Hald in einer der meistzitierten Studien zu diesem Thema. Bei der Untersuchung von 688 heterosexuellen Männern und Frauen zwischen 18 und 30 Jahren fand er eine leichte, aber signifikante Beziehung zwischen dem Konsum extremer Pornografie und einer größeren Toleranz gegenüber Gewalt gegen Frauen. Die Studie enthüllte ebenfalls, dass Männer Pornografie hauptsächlich zum Masturbieren verwenden und Frauen aus Neugier oder im Liebesspiel mit Partnern. Eine von fünf Frauen sagte, sie habe noch nie Pornografie gesehen, gegenüber nur 2 Prozent bei den Männern. Von den Frauen, die angaben, sie hätten bereits Pornografie konsumiert, taten 7 Prozent dies drei oder mehr Male pro Woche, während die entsprechende Quote bei den Männern bei 39 Prozent lag. Die Wirkung, die die Konsumenten dem Porno für ihr Leben zuschrieben, wurde von den Dänen sehr viel häufiger positiv als negativ eingeschätzt.

Tatsächlich gibt es Studien, die dem Pornokonsum sogar klaren Nutzen zusprechen. Auf gesellschaftlicher Ebene wird argumentiert, dass Pornos die Zahl von Sexualverbrechen reduzierten, weil sie wie ein Ventil oder ein Ersatz funktionierten. In Japan, den USA, Dänemark und der Tschechischen Republik durchgeführte Studien haben positive Beziehungen zwischen einer leichteren Zugänglichkeit von Pornos und weniger sexuellen Übergriffen bestätigt. Auf der individuellen Ebene heißt es, bei partnerlosen und bedürftigen Personen könne die moderate Verwendung sehr hilfreich sein, und innerhalb einer Paarbeziehung können pornographische Materialien einen erzieherischen Wert haben und das Repertoire der erotischen Verhaltensweisen erweitern. Das Dilemma liegt im Grunde genau hier: Klagt jemand mit konservativer Moral, »hinterher wollen sie machen, was sie auf dem Bildschirm sehen«, erwidert ein anderer mit liberalerer Einstellung: »Wo ist das Problem, solange der gegenseitige Respekt gewahrt bleibt und es im Einvernehmen stattfindet?« Das ist das Hauptargument von Regisseurinnen wie Tristan Taormino, die mir klipp und klar sagte: »Ein Teil meiner Filme ist Sexualkundeunterricht.« Tristan hält seit vielen Jahren Vorträge über Sexualität, vor Erwachsenen und Jugendlichen, und sagt, sie sei immer wieder überrascht, wie begrenzt und verklemmt der Blick auf Sex und das Sexualverhalten vieler Personen und Paare häufig sei. Die meisten Pornos folgten immer demselben Drehbuch, das sei schon richtig, sie ziele aber mit ihren Filmen darauf ab, »die Definition von Sex zu erweitern« und »viele weitere unserer erotischen Möglichkeiten zu zeigen«. Ihr zufolge gibt es grundverschiedene Arten von Pornos – sie lässt meinen McDonald's-Vergleich gelten, ist jedoch vom erzieherischen und für Paare mit mangelnder Libido sogar therapeutischen Potential des guten erotischen Kinos überzeugt.

Ein heikles Thema, weil es unendlich viele Aspekte zu untersuchen gilt, und ich die Fälle von Personen, denen es geschadet hat, Pornografie ausgesetzt zu sein, nicht missachten möchte. Aber wenn wir uns auf kritische und selektive Art für ein besseres erotisches Kino wie das von Tristan und so vielen anderen Filmemachern öffnen, dann weist alles darauf hin, dass der Nutzen für diejenigen, die Pornos genießen wollen und können, sehr viel größer ist als die Risiken.

12
Heute Nacht gern, Schatz, ich habe Kopfschmerzen

»Ach Lucia! Heute nicht, ich habe Kopfschmerzen ...«

»Jetzt stell dich nicht so an, Manolo, es ist nur zu deinem Besten. Ich habe gelesen, dass Sex die Werte von irgendwelchen Neurotransmittern erhöht und die Migräne davon weggehen kann!«

»Hör auf, bitte, wirklich, Lucia. Ich hatte einen harten Tag auf der Arbeit und bin total gestresst.«

»Umso besser! Sex ist großartig gegen Stress. Er entspannt total. Ja! Das ist wissenschaftlich erwiesen. Ich habe ja eigentlich auch nicht wirklich Lust, ich mache mir nur Sorgen um dein emotionales und körperliches Wohlbefinden.«

»Von wegen! Und jetzt hör endlich auf. Ich habe doch gesagt, dass ich jetzt keine Lust habe.«

»Komm schon, Manolito. Ich weiß doch, dass du es magst, wenn ich dich so streichle. Und in dem Buch, das ich gelesen habe, steht, dass Körperkontakt zu Erregung führen kann, als ein Reflex, auch wenn wir im Kopf eigentlich nicht wollen. Viele Therapeuten raten, sich einfach mal mitreißen zu lassen ...«[16]

»Ah, Lucia, oh. Was bist du für eine Teufelin. Ah, oh, ah. Du kleines Luder! O.k., für die Gesundheit tue ich doch alles!«

In dem Buch, das Lucia gelesen hat, steht auch, dass Sex nicht sofort wirkt, als nähme man eine Tablette – falls jemand das einmal ausprobieren möchte. Eine schnelle Nummer funktioniert nicht. Wenn ihr bei eurem Partner die schmerzstillende Wirkung von Sex als Rechfertigung benutzt, dann müsst ihr zumindest dafür sorgen, dass er zum Orgasmus kommt.

Natürlich hat niemand Sex, als ginge er ins Fitnessstudio, nur weil er etwas Gutes für seine Gesundheit tun möchte. Aber da vielen Menschen heute bewusst ist, dass ein befriedigendes Sexualleben sowohl auf emotionaler als auch auf körperlicher Ebene positive Wirkungen hat, nehmen erwachsene Paare ihre sexuelle Gesundheit immer häufiger sehr ernst. Sie schaffen sich eine Alltagsroutine, legen Zeiten und Räume fest, um ihre Intimität zu genießen. Natürlich hat man Sex, weil man Lust und Vergnügen daran hat und seinem Partner zeigen will, dass man ihn liebt. Aber viele Studien bestätigen, dass die wohltuende Wirkung von Sex auf unseren Organismus eine zusätzliche kleine Motivation darstellen könnte.

Beginnen wir mit den so verbreiteten Kopfschmerzen. Wissenschaftler sprechen von zwei Wegen, Migräne durch Sex zu lindern. Einmal verschiebt die sexuelle Stimulierung die Schwelle des Schmerzempfindens. Wenn man bei Frauen, die sich im Labor vaginal stimulieren, mit einer Klemme langsam immer stärkeren Druck auf einen Finger ausübt, dann spüren sie den Schmerz später als Frauen, die sich nicht gerade stimulieren. In anderen Kapiteln werde ich noch erklären, dass die Übererregung bestimmter Nervenfasern Entspannung erzeugt und analgetische Wirkung hat. So eine unspezifische und vorübergehende Wirkung ist vielleicht bei Migräne nicht gut einsetzbar, der zweite Weg ist jedoch plausibler: Die Freisetzung von Endorphinen und Oxytocin nach dem Orgasmus trägt dazu bei, Schmerzen und Unbehagen zu reduzieren, vor allem kombiniert mit der darauffolgenden Entspannung. Einigen Umfragen zufolge masturbieren 10 Prozent der Frauen, um Menstruationsbeschwerden zu lindern, und viele räumen ein, dass sexuelle Erregung gegen Kopfschmerzen wirkt. Auf Lucias therapeutische Verführung kann man natürlich erwidern, dass niemand bisher bewiesen hat, dass ihre Methode besser gegen Migräne wirkt als ein herkömmliches Schmerzmittel. Sie jedoch könnte zurückgeben, dass ihre Therapie zusätzlich zur Entspannung beiträgt, das Einschlafen erleichtert und Stress abbaut.

Bei einigen Personen bewirkt ein Orgasmus übrigens genau das Gegenteil, einen heftigen und plötzlichen Kopfschmerz. Das nennt man *orgasmic thunderclap headache* (Donnerschlagkopfschmerz beim Orgasmus). Er tritt sehr selten auf, in der medizinischen Literatur werden jedoch zahlreiche Fälle von Personen beschrieben, die bei diesen plötzlichen stechenden Schmerzen vor Schreck die Notaufnahme aufsuchen. Die physiologischen Ursachen des Sexualkopfschmerzes sind nicht genau bekannt. Er betrifft meist Personen, die ohnehin eine Veranlagung zur Migräne haben, und könnte eine ähnliche Ursache haben wie die Kopfschmerzen, die nach intensiver körperlicher Betätigung aufgrund des erhöhten Blutdrucks auftreten (beim Orgasmus steigt der Blutdruck sehr schnell stark an). Lange Zeit hielt man den plötzlichen Orgasmuskopfschmerz für unbedenklich, aber seit Kurzem glauben Neurologen, er könne mit Problemen der zerebralen Durchblutung zu tun haben oder ein Hinweis auf ein reversibles zerebrales Vasokonstriktionssyndrom sein. Da lohnt sich eine genauere Untersuchung, denn die Behandlung ist einfach. Die International Headache Society (Internationale Kopfschmerzgesellschaft) klassifiziert die Sexualkopfschmerzen in drei unterschiedliche Typen: Der erste hält nur kurz an, tritt zu Beginn des Geschlechtsverkehrs auf und hängt eher mit der Muskelanspannung in Hals und Kopf zusammen. Der zweite tritt mitten beim Orgasmus heftig und plötzlich auf und dauert 15 bis 20 Minuten. Und der dritte zeigt sich etwas später und kann Stunden oder Tage anhalten.

Dass Sex das Gehirn beruhigt, ist ziemlich gut dokumentiert. Das Wort *Hysterie* geht auf das griechische *hystéra* – Uterus – zurück, und seit dem Altertum glaubte man, dass ihre Ursache bei Frauen in der mangelnden sexuellen Betätigung liege. Ich erwähnte ja bereits, dass Anfang des 20. Jahrhunderts aufgrund dieser machistischen Einschätzung die ersten Vibratoren entworfen wurden, als Instrumente, um therapeutische Orgasmen herbeizuführen und die Hysterie ohne die Notwendigkeit von Körperkontakt zu lindern. Natürlich war das nicht die Ursache für Hysterie, aber die vaginale Stimulierung half trotzdem.

Stress ist ein ganz anderes Phänomen. Es wurde umfassend bewiesen, dass das nach dem Orgasmus – oder beim Stillen – im Hypothalamus freigesetzte Oxytocin eine stark beruhigende Wirkung hat, und man braucht nicht viele Statistiken, um zu zeigen, dass Männer und Frauen beide manchmal auf Masturbation zurückgreifen, um diese Wirkung zu erzielen. Bis vor einiger Zeit glaubte man, dass diese Methode unter Männern sehr viel verbreiteter sei, und vielleicht ist das immer noch so. Befragungen von Frauen bestätigen jedoch, dass auch bei ihnen die entspannenden Wirkungen des Orgasmus zu den Hauptgründen für die Selbstbefriedigung zählen. Und nicht nur, um besser einschlafen zu können.

Aber, abgesehen von diesen positiven Effekten, ist Sex wirklich gesund für den Organismus, oder wird das mythisch verklärt? Dazu hat jeder eine Meinung oder ein Bauchgefühl, aber am schönsten ist es doch, die Wissenschaft zu konsultieren.

Sexus sanus in corpore sano

Um sichtbar zu machen, dass Sex für unseren Organismus wunderbar ist, könnten wir ganz einfach eine Studie durchführen, in der gezeigt wird, dass Menschen mit aktiverem Sexualleben sich einer besseren Gesundheit erfreuen. Aber damit würde man eventuell auch nur beweisen, dass gute Gesundheit ein erfülltes Sexualleben begünstigt, nicht umgekehrt.

Wollten wir hingegen argumentieren, dass Sex zu körperlichem Verschleiß führt und Infektionsrisiken birgt, könnten wir als Beispiel Nonnen und Mönche nennen, die länger leben, aber dabei vergessen wir, dass ihr Lebensstil auch in anderen Aspekten möglicherweise gesünder ist. Es ist nicht leicht, bei solchen epidemiologischen Studien mit der nötigen wissenschaftlichen Strenge vorzugehen.

Wenn man sich nur auf Herz und Gefäße konzentriert, kann man einerseits behaupten, dass Sex ein unglaublich gesundes Training darstellt, andererseits wurden auch Infarkte aufgrund von plötzlich angestiegenem Blutdruck beim Geschlechtsverkehr dokumentiert.

Beide Informationen sind richtig. Deshalb forschen Wissenschaftler. Sie wollen herausfinden, wie Sex objektiv auf unsere Gesundheit wirkt.

Bevor es damit weitergeht, möchte ich kurz auf die kleinen großen Unterschiede zwischen verschiedenen Arten von epidemiologischen Studien zu sprechen kommen. Mit einer retrospektiven Studie kann man zum Beispiel 50-Jährige, die täglich Obst essen, anderen 50-Jährigen gegenüberstellen, die niemals Obst essen, und ihre Cholesterinspiegel vergleichen. Wenn die Teilnehmerzahl an der Studie groß genug ist, kann uns das eine wichtige Information vermitteln. Aber so viele Variablen wie Rauchen oder sportliche Betätigung wir auch miteinbeziehen – wahrscheinlich nehmen dennoch Faktoren, die wir nicht beachten, Einfluss auf die Resultate. Es gibt auch die Möglichkeit, konkret Personen auszuwählen, die unter einer Herzkrankheit leiden, sowie gesunde Personen in vergleichbarem Alter und einer ähnlichen sozioökonomischen Position, und alle zu befragen, wie viel Obst sie in den letzten Jahren gegessen haben. Diese zweite Form der retrospektiven Studie ist besser konzipiert und liefert meist zuverlässigere Ergebnisse, ist aber trotzdem nicht ideal. Am vertrauenswürdigsten – und auch am teuersten – sind prospektive Studien: Eine Gruppe von Personen mit ähnlichen Merkmalen wird ausgewählt, man misst die anfänglichen Cholesterinwerte, und teilt sie in zwei Gruppen. Eine Gruppe soll einen Monat lang jeden Tag Obst essen, die andere Gruppe soll sich genau so ernähren wie die erste, nur kein Obst essen. Einen Monat später werden die Cholesterinspiegel erneut gemessen, und die Resultate sind zweifellos von größerem wissenschaftlichen Wert. Wenn euch in der Presse eine Schlagzeile über die Wirkung einer bestimmten Substanz oder Aktivität auffällt, dann solltet ihr auf die Anzahl der Teilnehmer und die Art der durchgeführten Studie achten.

Aber zurück zum Verhältnis von Sex und Gesundheit: Diese Ergebnisse eines wirklich kuriosen Experiments wurden 2007 von US-amerikanischen Wissenschaftlern im *American Journal of Cardiology* veröffentlicht. Die Forscher maßen die Schwankungen der Herzfrequenz und die Höhe des arteriellen Blutdrucks bei 19

Männern zwischen 47 und 63 Jahren und 13 Frauen zwischen 44 und 58, und zwar in zwei unterschiedlichen Situationen: während sie bei sich zuhause Sex hatten und im Fitnessstudio beim Training auf dem Laufband. Man kam zu dem Schluss, dass Sex wirklich als körperliches Training angesehen werden kann, aber nur als ein sehr leichtes, in etwa wie schnelles Gehen. Er kann also nicht als Ersatz für Sport dienen.

Ähnliche Resultate wurden in anderen Studien ermittelt, bei denen der Kalorienverbrauch der sexuellen Aktivität gemessen und gezeigt wurde, dass wir während des Geschlechtsverkehrs kaum mehr Kalorien verbrauchen, als wenn wir ein paar Treppen hochsteigen. Zumindest wenn wir mit unserem Partner schlafen, denn andere Studien legen wiederum nahe, dass wir bei Untreue oder einer neuen Beziehung fast das doppelte an Energie verbrauchen.

Es gibt offensichtlich eine große Vielfalt an sexuellen Praktiken, die Studien kommen jedoch alle zum gleichen Ergebnis. Wenn es darum geht, sich körperlich zu betätigen, ist es sicher besser, Sex zu haben, als auf dem Sofa zu liegen. Sex allein hilft jedoch weder, Gewicht[17] zu reduzieren, noch macht er es überflüssig, Sport zu treiben.

Und das kann man auch auf das angebliche Infarktrisiko beim Geschlechtsverkehr beziehen. Man hat natürlich einige Fälle dokumentiert, ein erst kürzlich erschienener Überblick über die medizinische Literatur zur Wirkung sexueller Aktivitäten auf Herz und Gefäße stellt jedoch fest, dass das nur Einzelfälle sind und das Risiko, es sei denn in Kombination mit Drogen oder stressigen Ausnahmesituationen, zu vernachlässigen ist. Statistisch korreliert die Anzahl der Orgasmen in unserem Leben positiv mit Langlebigkeit und weniger Schlaganfällen, und 2012 erschien in der Zeitschrift *Circulation* ein sehr ausführlicher Bericht der American Heart Association, der sich an Angehörige der Gesundheitsberufe richtete und riet, Sex eher zu empfehlen, es sei denn jemand hätte ernste kardiovaskuläre Probleme. Es gibt also definitiv mehr positive Wirkungen als Risiken, auch wenn man es nicht übertreiben sollte.

Wieder andere Informationen stellen Sex in einen Zusammenhang mit der Prävention von Krankheiten. Eine breit angelegte

Studie des US-amerikanischen Nationalen Krebsinstituts (National Cancer Institute) fand 2004 einen schwachen Zusammenhang zwischen Orgasmushäufigkeit und weniger häufigem Auftreten von Prostatakrebs bei Männern. Wie das funktioniert, ist unbekannt, es existieren jedoch Hypothesen, denen zufolge Spannungen in der Region abgebaut oder bei der Ejakulation Toxine ausgestoßen werden. Eine andere, englische Untersuchung bestätigte 2008 diesen schwachen, aber signifikanten Schutz vor Prostatakrebs durch eine Fall-Kontroll-Studie mit unter 60-Jährigen. Die Ergebnisse sind verwirrend, da sie darauf hinzuweisen scheinen, dass das Risiko bei jüngeren Männern größer ist. Wörtlich lautete die Schlussfolgerung, dass die »Masturbationshäufigkeit bei 20- und 30-Jährigen auf ein höheres Risiko deutete, dass sie das Risiko bei den 50-Jährigen jedoch reduzierte.« Es kann also positiv wirken, man sollte sich aber nicht wegen der Gesundheit zur Masturbation verpflichtet fühlen.

Es wird auch behauptet, dass häufige sexuelle Aktivität das Immunsystem stärkt. Das ist relativ leicht zu messen. In einer Studie wurden zwei homogene Gruppen von Studierenden untersucht. Eine praktizierte mindestens zwei Mal pro Woche Sex und die andere fast nie, und im Blut der Personen, die häufig Sex hatten, fand sich mehr Immunglobulin A. Die Untersuchung wurde von Psychologen mit 44 Männern und 67 Frauen durchgeführt, aber ehrlich gesagt bewiesen dieselben Autoren in einer anderen Studie, dass es den Immunglobulin-A-Spiegel auch erhöht, wenn man 15 Minuten lang einen Hund streichelt. Das lässt eine gewisse Skepsis aufkommen.

Trotzdem ist es nicht nötig, hier Ergebnisse künstlich aufzublasen. Sex ist gesund, allerdings eher auf psychischer als auf körperlicher Ebene. Er verbessert das Selbstwertgefühl, stärkt die Paarbeziehung, trägt zu unserem Wohlbefinden bei und dazu, dass wir uns energiegeladener fühlen, und bringt unsere psychische Gesundheit ins Gleichgewicht. Und all das hat auch körperliche Auswirkungen, Körper und Seele werden gestärkt. Aber eigentlich sollte unsere Motivation nicht sein, Sex für eine bessere Gesundheit zu haben, sondern gesund zu sein, um guten Sex zu haben.

Corpus sanum in sexu sano

Man geht nicht nur zum Sport, um attraktiver zu sein, sondern um seine Leistung im Bett zu verbessern. Gesund und gut in Form zu sein führt bei Männern und Frauen zu einem befriedigenderen Sexualleben.

Zahllose Studien haben Bewegungsmangel, Übergewicht und Nikotinsucht mit einem größeren Risiko sexueller Dysfunktionen in Verbindung gebracht. Das war lange bekannt, aber Forscher in Atlanta gingen noch weiter und analysierten, ob regelmäßige körperliche Betätigung die sexuelle Reaktion und die Erektionsfähigkeit bei jungen und gesunden Männern ohne sexuelle Probleme verbesserten.

Kurz gesagt kam dabei heraus, dass die Männer zwischen 18 und 40, die Sport trieben und körperlich besser in Form waren, »härtere« Erektionen hatten und erklärten, mehr Befriedigung aus ihren sexuellen Begegnungen zu ziehen. Es steigert nicht die Libido, denn das Niveau des sexuellen Verlangens war in der sportlichen und der unsportlichen Gruppe gleich. Aber es verbesserte signifikant die sexuelle Reaktion. Natürlich kann man allgemeine Tendenzen nicht einfach auf Individuen herunterbrechen, und niemand behauptet, dass ein sportlicher Typ besser im Bett ist als ein Nachtschwärmer, der jede Bar, aber nie eine Turnhalle betritt. Jeder vergleicht sich mit sich selbst, und die Information, die man aus dieser Studie ziehen kann, heißt nur, dass man seine persönliche sexuelle »Leistung« durch Sport verbessern kann. Eine andere Studie kam zu der Schlussfolgerung, dass Männer mittleren Alters, die anfangen, sich regelmäßig körperlich zu betätigen, das Risiko sexueller Dysfunktionen um 70 Prozent verringern. Das sind nun wirklich beachtliche Zahlen.

All dies gilt auch für Frauen. Es gibt unendlich viele Studien, die die sexuelle Befriedigung mit der eigenen Körperwahrnehmung in Zusammenhang stellen, aber es gibt auch rein physiologische Gründe: Sport verbessert die Durchblutung der Genitalien und erhöht die Hormonspiegel, die mit der Erregung zu tun haben.[18]

Außerdem erleichtert er die Aktivierung des sympathischen Nervensystems, das an der orgasmischen Reaktion beteiligt ist. Zahlreiche Studien setzen sportliche Betätigung bei Frauen mit verstärktem Verlangen und besserer sexueller Reaktion in Bezug, und also gibt es eine klare Schlussfolgerung: Vielleicht ist Sex gut für die Gesundheit, zweifellos ist jedoch Gesundheit gut für Sex.

Sex im Alter

Wenn Transsexuelle, lesbischer Sex oder Fetischismus in einem Film gezeigt werden, bricht das keine Tabus mehr. Das sieht man häufig. Wenn ein Regisseur wirklich provozieren und eine Wirklichkeit zeigen will, die sehr viel verbreiteter, aber auch viel verborgener ist, dann zeigt er eine erotische Szene mit über 80-Jährigen. Sex im Alter ist ein echtes Tabuthema in der Gesellschaft. Er wird nicht gezeigt, es wird nicht darüber gesprochen und er wird auch nicht erforscht, obwohl die Hälfte der Verheirateten über 70 im letzten Jahr wenigstens einmal Geschlechtsverkehr hatten, und 20 Prozent sogar mindestens einmal pro Monat. Das sagt eine 2010 veröffentlichte Umfrage des Kinsey-Instituts und der Indiana University. Außerdem wurde ermittelt, dass 42 Prozent der Männer und 21 Prozent der Frauen zwischen 60 und 69 Jahren sowie 30 und 11,5 Prozent der über 70-Jährigen im letzten Monat masturbiert haben. Bei den Männern haben 23 Prozent der 70- bis 79-Jährigen und 19 Prozent der über 80-Jährigen bei ihrer letzten sexuellen Begegnung Medikamente für die Erektion eingenommen.

Allgemeiner formuliert es eine breit angelegte Studie mit über 3000 Teilnehmern zwischen 57 und 85 Jahren, die 2007 im *New England Journal of Medicine* (*NEJM*) veröffentlicht wurde: Sexuell aktiv sind 26 Prozent der Menschen zwischen 75 und 85 Jahren, 53 Prozent der Menschen zwischen 65 und 74 Jahren und 73 Prozent der Menschen zwischen 57 und 64 Jahren. Unter »sexuell aktiv« verstand man in dieser Studie, wenigstens einmal in den letzten zwölf Monaten Geschlechtsverkehr gehabt zu haben. Das ist ein sehr lockeres Kriterium, aber auch unter den über 75-Jährigen antworteten noch 14 Prozent, zwei- oder dreimal monatlich Sex mit einem Partner zu haben, und 6 Prozent sogar mindestens einmal die Woche. Man ging davon aus, dass einer von sieben US-Amerikanern über 57 Viagra oder ein ähnliches Produkt einnimmt.

Sex im Alter ist ein Thema mit wachsender Bedeutung. Im März 2012 veröffentlichte John DeLamater, Soziologe an der University of Wisconsin-Madison, einen Überblicksartikel über die bis dato erschienene wissenschaftliche Literatur zu Sexualität und Altern, und er kam zu folgendem Schluss: Viele gesunde 70- oder 80-Jährige sind sexuell immer noch aktiv, und die Häufigkeit der sexuellen Aktivität hängt mit dem Grad der körperlichen und seelischen Gesundheit zusammen. In seiner ausführlichen Arbeit zitiert DeLamater Umfragen, denen zufolge 59 Prozent der Männer und 35 Prozent der Frauen über 45 mit dem Satz einverstanden waren, »sexuelle Aktivität ist wichtig für meine Lebensqualität«, und nur 3 Prozent der Männer und 20 Prozent der Frauen angaben, »ich wäre genau so glücklich, wenn ich nie wieder im Leben Sex hätte«. 39 Prozent der Männer und 37 Prozent der Frauen stimmten dem Satz »Sex wird weniger wichtig, wenn man alt wird« zu, und nur 2 bzw. 5 Prozent erklärten sich einverstanden mit: »Sex ist etwas für junge Leute.«

Es ist schwer zu erraten, wie sich diese Daten in den letzten Jahrzehnten entwickelt haben. Paradoxerweise wurden Menschen über 60 erst vor kurzem für die großen britischen und US-amerikanischen Umfragen über Sexualverhalten mit einbezogen. Sex im Alter ist selbst für die Wissenschaft ein Tabu. Lediglich in Schweden gibt es schon Daten über die letzten Dekaden, und zwar aus den Umfragen zur Sexualität, die regelmäßig seit 1971 durchgeführt wurden. 2008 wurde im *British Medical Journal* (*BMJ*) ein auf diese Zahlen gestützter Artikel veröffentlicht, in dem festgestellt wird, dass der Prozentsatz von verheirateten Männern über 70, die im letzten Jahr mindestens einmal Geschlechtsverkehr hatten, von 52 Prozent im Jahr 1971 auf 68 Prozent im Jahr 2001 anstieg, bei Frauen von 38 Prozent auf 56 Prozent. Bei unverheirateten Männern über 70 stieg er von 30 auf 54 Prozent und, aufgepasst, bei unverheirateten Frauen von 0,8 auf 12 Prozent. Diese letzte Zahl ist vielleicht am signifikantesten. Unter den sexuell Aktiven über 70 hatten in Schweden 1971 10 Prozent der Männer und 9 Prozent der Frauen wöchentlich Sex, gegenüber 31 Prozent der Männer und 26 Prozent der Frauen im Jahre 2001.

Es ist ein bisschen viel mit den Zahlen, aber selbst wenn wir berücksichtigen, dass Krankheiten und Behinderungen die hauptsächlichen Ursachen für sexuelle Einschränkungen sind, spiegeln diese Zahlen zweifellos wider, dass es immer mehr gesunde Menschen gibt, die ihr ganzes Leben lang Sex genießen können und wollen. Aus diesem Grund, und auch wegen der positiven Wirkungen und der möglichen – vor allem verletzungsbedingten – Risiken, die die sexuelle Praxis mit sich bringt, ist es unerhört, dass die medizinische Forschung den sexuellen Verhaltensweisen und Funktionen im Alter nicht mehr Aufmerksamkeit schenkt.

Ich habe zwei Jahre in den US-amerikanischen National Institutes of Health (NIH) in Bethesda, einem kleinen Ort in der Umgebung von Washington DC, gearbeitet, wahrscheinlich einem der größten biomedizinischen Forschungszentren der Welt. Die NIH, auf deren Campus 6000 Wissenschaftler arbeiten, beherbergen 27 Institute zu den Bereichen Krebs, psychische Gesundheit, Allergien und Infektionen, Augenheilkunde, Humangenetik und, wie sollte es anders sein, dem Alterungsprozess. Ende 2011 führte ich ein Gespräch mit Dr. Richard Hodes, dem Direktor des National Institute of Aging (NIA), das ich hier wiedergebe:

Pere: Im NIA untersuchen Sie alles, was mit Gesundheit und Altern zu tun hat, stimmt's?

Dr. Hodes: Sicher, ja. Und nicht nur Krankheiten, sondern auch, wie man im Alter die Lebensqualität erhält, Prävention, Gesundheitsempfehlungen ...

P: Zum Beispiel zu sportlicher Betätigung mit weniger Verletzungsgefahr?

Dr. H: Ja, zum Beispiel.

P: Und Sexualverhalten und sexuelle Funktion?

Dr. H: ... (es vergehen vier Sekunden).

P: Ich meine, wenn Sie Themen wie die Nierenfunktion, Muskelschwund, kardiovaskuläre Gesundheit, kognitive Beeinträchtigungen, Probleme mit der Sehkraft erforschen ... also alle Organe und Vitalfunktionen, dann untersuchen Sie doch sicher auch die Beeinträchtigung der Sexualfunktion und wie man im Alter damit umgeht, oder?

Dr. H: Nun ... es gibt natürlich Studien, die bestätigen, dass es zur Gesundheit beiträgt, aber wir ... Schicken Sie uns eine Mail und wir senden Ihnen Informationsmaterial zu.

Ebenfalls anwesend war die Pressesprecherin des NIA. Ein paar Monate später schickte ich ihr eine E-Mail und bat sie um Information und einen Tipp, mit wem ich sprechen könnte. Ihre Antwort war: »Bei uns sind keine Experten für Sexualität angestellt«, und sie schickte mir die Kontaktdaten von Leuten an der University of Chicago, die vom NIA finanzierte Projekte durchführten. Ich fragte noch einmal nach, ob es wirklich im gesamten National Institute of Aging der National Institutes of Health niemanden gab, der zu Sexualität im Alter forschte, und sie antwortete: »Soweit ich weiß, ist kein Wissenschaftler hier auf dieses Gebiet spezialisiert.« Ich konnte das eigentlich nicht glauben und suchte nach wissenschaftlichen Publikationen, bis ich auf ein Dokument mit dem Titel *Living Long and Well in the 21st Century: Strategic Directions for Research on Aging* stieß. Es enthielt im Jahr 2007 vom NIA herausgegebene Forschungsrichtlinien zu den Themen Altern und Lebensqualität und gab tatsächlich keinen einzigen Hinweis auf Sexualmedizin. Absurd. Es ist wirklich beeindruckend, dass die Regierung der Vereinigten Staaten solche Angst vor Sex hat, selbst auf wissenschaftlicher und medizinischer Ebene. Ich kontaktierte auch das für Rückenmarksverletzungen zuständige Institut des NIH und fragte, ob sie bei ihrer Forschung die sexuelle Reaktion von Behinderten berücksichtigten, und sie antworteten nicht einmal. Als ich den Direktor des National Institute of Mental Health, Thomas Insel, persönlich fragte, ob sie zu Pädophilie forschen, entschuldigte er sich mit der Ausrede, »wir bekommen keine wissenschaftlichen Anträge zu diesem Thema«. Die menschliche Sexualität wird in der öffentlichen Stelle für biomedizinische Forschung der Vereinigten Staaten für Amerika zensiert, und in geringerem Maße in der Wissenschaft überhaupt. Es ist wirklich ein Jammer.

Aber zurück zum Altern. Das Schöne an der wissenschaftlichen Forschung ist eigentlich, dass sie verborgene Aspekte der Gesellschaft zeigt und Tendenzen vorwegnimmt, die in der Zukunft von Bedeutung sind. Im Fall der Sexualität jedoch scheint sie sich auf das falsche Klischee zu verlassen, dass Sex im Alter verschwindet, und anscheinend sieht sie nicht – oder will nicht sehen –, dass die sexuellen Beziehungen im Alter immer wichtiger werden.

Folgendes ist bekannt: Ein befriedigendes und umsichtiges Sexualleben hat im Alter körperlich und seelisch positive Auswirkungen; der Gesundheitszustand der alternden Bevölkerung verbessert sich ständig; der Wunsch, sexuell aktiv zu bleiben, wächst; und es gibt offensichtliche Beschränkungen psycho-soziologischen und körperlichen Ursprungs. Aber es gibt kaum Ärzte, die genügend Informationen über die empirischen Daten haben, um das Thema mit ihren Patienten angemessen zu besprechen.

Bei manchen Männern und Frauen nimmt zwar das sexuelle Verlangen im Alter ab, für die sexuelle Funktion muss das aber nicht unbedingt zutreffen. Offensichtlich führen kardiovaskuläre Erkrankungen oder Diabetes bei Männern zu Erektionsproblemen, und das radikale Absinken von Östrogenen in der Menopause führt bei Frauen zu Lubrikationsproblemen und mit der Zeit zu einem gewissen Muskelschwund, der die Schmerzen während des Koitus verstärken kann. Der zu Beginn dieses Abschnitts genannte Artikel in der *NEJM* nennt viele Medikamente, die sich auf die sexuelle Reaktion auswirken, worauf die Ärzte jedoch nicht hinweisen, und natürlich betreffen auch Krankheiten wie Krebs die Sexualität in vielerlei Hinsicht. Aber es gibt zu diesem Thema immer noch nicht genügend Studien und Empfehlungen.

Der Knackpunkt ist Folgendes: Es muss kein Problem sein, wenn das Verlangen nachlässt, aber wenn das Verlangen da ist, die körperliche Reaktion jedoch versagt, dann ist es eins, und die Medizin muss es erforschen und behandeln. Die Libido nimmt durch hormonelle, psychologische und gesellschaftliche Faktoren im Alter wirklich ab, aber nicht bei allen Menschen in gleicher Weise, und außerdem ist Sex ja nicht plötzlich unangenehm oder weniger emotional befriedigend. Mehrere Studien zeigen, dass ältere Frauen ihren Körper besser kennen und sogar leichter zum Orgasmus kommen als in der Jugend.

Eine detaillierte Studie über weibliche Sexualität ab dem mittleren Erwachsenenalter wurde im Januar 2012 von Wissenschaftlern der University of California veröffentlicht. Dafür wurde eine spezifische Umfrage unter mehr als 1300 Frauen zwischen 40 und 97 durchgeführt, die alle in derselben Gemeinde im Umland von San Diego lebten. Diese Frauen waren Teilnehmerinnen der »Rancho Bernardo Studie«, ihre Lebensbedingungen und gesundheitlichen Variablen wurden seit Jahren überwacht, um verschiedene epidemiologische Studien zu realisieren. In diesem Fall wurden die Frauen in vier Gruppen eingeteilt: 40- bis 55-Jährige, 55- bis 68-Jährige, 68- bis 79-Jährige und über 79-Jährige, und man verglich verschiedene Aspekte ihrer Sexualität. Die Resultate waren signifikant. Obwohl das sexuelle Verlangen und die Anzahl der sexuellen Begegnungen mit der Zeit ab- und Schwierigkeiten wie mangelnde Lubrikation zunahmen, blieb die Häufigkeit der Orgasmen beim Geschlechtsakt praktisch gleich. Und besonders signifikant: Der Grad der Befriedigung schien mit dem Alter zuzunehmen. Es gab weniger Sex und mehr Schwierigkeiten, aber er wurde reicher und befriedigender erlebt. Das bedeutet eigentlich, dass man lieber nach Befriedigung und Wohlbefinden fragen sollte und nicht nach der Häufigkeit des Geschlechtsverkehrs oder Funktionsstörungen. Die allgemeine Schlussfolgerung der Studie ist sehr wichtig: Die Anzahl der sexuellen Begegnungen nimmt ab, jedoch nicht die Qualität. Das Verlangen wird schwächer, die physische und emotionale Lust bleibt jedoch bestehen. Offensichtlich verändert sich der Geschlechtsverkehr mit dem Alter, aber nicht so sehr wie wir glauben.

Auch unter einem eher soziologischen Gesichtspunkt ist es interessant, wie sich die Praktiken mit der Zeit verändert haben. Wenn man zum Beispiel Oralsex betrachtet, dann ist auffällig, dass in DeLamaters Überblicksartikel gesagt wird, dass 51 Prozent der Frauen zwischen 50 und 59 im letzten Jahr Geschlechtsverkehr hatten und 36 Prozent Oralsex, während bei den über 70-Jährigen 21 Prozent

Vaginalsex hatten und nur 7 Prozent Oralsex. Im Alter ist Oralsex proportional weniger häufig, wo er doch eigentlich einfacher zu praktizieren wäre. Und dass ich Analsex nicht erwähne und auch nicht zwischen Heterosexualität und Homosexualität differenziere, liegt am offenkundigen Mangel an Daten.

All diese Informationen sollen keinen irgendwie gearteten Druck erzeugen. Wenn es kein Verlangen gibt, keine Lust auf Sex, nun, dann gibt es eben keinen Sex und kein Problem. Heikel ist nur, wenn Verlangen vorhanden ist, aber auch Erregungsprobleme bestehen. Die können physische Ursachen haben wie körperliche Alterungsprozesse, psychologische Ursachen wie Partnerwechsel oder den Verlust von Selbstvertrauen durch ein negatives Körperbild. Hier haben erfahrene Therapeuten, die medizinische und wissenschaftliche Daten kennen, einiges beizutragen. Sexuelle Befriedigung im Alter sollte kein Tabu mehr sein, weder für die Gesellschaft, noch für Wissenschaft und Medizin.

13
Sex aus Lust und Liebe im Rollstuhl

Quico ist ein junger, gesunder, freundlicher, lebendiger, gutaussehender und witziger Typ, und er hat großen Erfolg bei den Frauen, obwohl er seit 14 Jahren im Rollstuhl sitzt.

Am 25. Dezember 1998, nach dem Weihnachtsessen mit seiner Familie, machte sich Quico mit dem Motorrad auf den Weg nach Hause. Er fuhr in aller Ruhe durch eine Straße seiner Geburtsstadt Sant Andreu, als ihm plötzlich ein Auto die Vorfahrt nahm und gegen ihn prallte. Quico wurde vom Sitz geschleudert und schlug hart mit dem Rücken auf dem Bordstein auf. Der unterste Brustwirbel Th12, der knapp oberhalb des Bauchnabels liegt, wurde mehrere Zentimeter weit eingedrückt und quetschte und zerriss die Nervenbahnen des Rückenmarks. Im Krankenhaus wurde die Entzündung behandelt und der Wirbel wieder an seinen Platz geschoben, aber der Schaden war irreversibel. Die Verbindung zwischen Gehirn und den Nervenfasern der Lendenwirbelsäule und des Sakralbereichs war für immer verloren. Quico würde nie wieder etwas im unteren Teil seines Körpers empfinden und keinen Muskel unterhalb der Taille kontrollieren können. Weder die Beine, noch die Beckenbodenmuskeln, die für die Ausscheidungen und den Ejakulationsreflex zuständig sind.

Es war ein schwieriger Augenblick, als Quico und seine Familie sich dieser bedrohlichen Veränderung stellen mussten. Aber 14 Jahre später fühlt Quico Tur sich überhaupt nicht »behindert«. Als wir uns im August auf dem Passeig del Born in Barcelona kennenlernten, sagte Quico: »Der Rollstuhl hat mir Freiheit und viele Möglichkeiten gegeben«, und »dank ihm habe ich große Träume verwirklichen können«. Vielleicht ist der bedeutendste dieser Träume, dass er seit neun Jahren in Spanien die Nummer eins im Rollstuhltennis ist, an den Paralympics in Athen und Peking teilgenommen hat und 2012 praktisch schon auf dem Weg zu den Spielen in London war.

Quico sagt, ohne zu zögern, dass es ihm absolut nichts ausmacht, nicht gehen zu können. Er ist vollkommen autonom. Er lebt allein, reist allein, kam zu unserem Treffen in seinem eigenen, angepassten Auto und führt ein völlig unabhängiges Leben. Gehen ist seine geringste Sorge. Die fehlende Kontrolle über die Ausscheidungsfunktion sei da unangenehmer, aber sobald man die Signale seines Körpers kennt, lernt man, ihm zuvorzukommen, und gewöhnt sich daran. Ein viel größeres Interesse haben er und die meisten Menschen mit Rückenmarksverletzungen daran, die Sexualfunktion wiederzuerlangen. Das ist wichtiger als das Gehen.

Diese Aussage ist gut belegt. Kim Anderson von der University of California veröffentlichte 2004 eine oft zitierte Studie, in der 681 Personen mit Rückenmarksverletzungen befragt wurden, was für sie an erster Stelle stünde, wenn sie sich eine konkrete körperliche Funktion zurückwünschen könnten. Von den Tetraplegikern, bei denen alle vier Gliedmaßen gelähmt sind, gab beinahe die Hälfte an, Arme und Hände wieder benutzen zu können, gefolgt von der Sexualfunktion. Aber von Paraplegikern, bei denen wie bei Quico die unteren Gliedmaßen gelähmt sind, gaben 27 Prozent die Sexualfunktion an, 18 Prozent die Kontrolle über die Ausscheidungen, 16,5 Prozent Stabilität und Kraft im oberen Teils des Körpers, 16 Prozent das Gehen und 12 Prozent die Linderung der chronischen Schmerzen. Andere Körperfunktionen wurden weniger häufig genannt. Die Ergebnisse sind in vielerlei Hinsicht aufschlussreich und zwingen uns dazu, über die Bedeutung von Sex in unserem Leben nachzudenken. Als ich Quico von der Studie erzählte, war er absolut nicht überrascht.

Quico liebt die Frauen. Er flirtet viel, und sein Sexualleben ist sehr aktiv und nicht zu verachten. Aber es ist nicht das Gleiche. Wenn er mit einer Frau zusammen ist, nimmt er Viagra und kann ohne Probleme Sex haben. Mit einem kleinen Vorbehalt: Er hat keinerlei Gefühl im Penis. Meistens sagt er es nicht und täuscht seine Lust vor, damit die Frauen nicht gehemmt sind und das Zusammensein mit ihm mehr genießen. Und er genießt es auch, obwohl er nichts in den Genitalien fühlt. Er sagt, dass es ihn erregt, Lust zu schenken, und dass andere Teile seines Körpers mit der Zeit sensibler geworden sind. Er verbringt mehr Zeit mit dem Vorspiel, mit Liebkosungen und Sexspielen, und er hat Techniken gelernt, die eine Frau sehr, wirklich sehr glücklich machen. Quico hat Spaß am Sex wie jeder andere auch, aber er gibt zu, dass es auch manchmal frustrierend ist: »Es ist wie ein Vulkan, der nie ausbricht«, sagt er über das Fehlen des Orgasmus, und wiederholt überzeugt: »Die sexuellen Empfindungen sind das Einzige, was ich wirklich vermisse.«

Es hört sich merkwürdig an, aber wenn Quicos Verletzung etwas höher säße, wäre seine sexuelle Reaktion besser. Die parasympathischen Nerven im Lumbal- und Sakralbereich der Wirbelsäule wären intakt, und selbst wenn sie keine direkten Befehle vom Gehirn empfangen würden, könnten sie doch reagieren, und Quico hätte ohne Viagra eine Erektion als Reflex auf genitale Stimulierung. Und wenn die Nervenstränge des sympathischen Nervensystems, die in der Körpermitte aus der Wirbelsäule heraustreten, zum Musculus pubococcygeus, dem PC-Muskel, gelangen würden, könnte er ejakulieren und etwas Ähnliches wie einen Orgasmus spüren.

Im Krankenhaus der Université du Quebéc in Montréal fasst die Spezialistin Frédérique Courtois es perfekt zusammen: Bei sehr tief liegenden Verletzungen unterhalb des elften Brustwirbels (Th11) sind die Nerven der Lumbalregion vollkommen vom Gehirn getrennt, und es gibt weder Empfindungsfähigkeit noch eine Erektion bei körperlicher Stimulierung, noch einen Höhepunkt. In manchen Fällen gibt es durch mentale Stimulierung von Nerven, die aus höheren Bereichen der Wirbelsäule bis zum Penis reichen, einen leichten Erektionsansatz. Bei Rückenmarksverletzungen in der Körpermitte zwischen dem siebten und elften Brustwirbel (Th7 und Th11) gibt es ebenfalls keine Empfindungsfähigkeit und auch keine Reaktion durch mentale Stimulation. Trotzdem sind die Nerven des Lumbalbereichs intakt und man kann Erektion und Ejakulation als Reflex auf direkte körperliche Stimulierung erfahren. Das Problem ist, dass in diesen Fällen die Nervenstränge des sympathischen Nervensystems beschädigt sind und man den Höhepunkt nicht fühlt. Bei Verletzungen oberhalb des sechsten Brustwirbels (Th6) gibt es eine Erektion durch direkte Stimulierung, Ejakulation und eine Art »Phantomorgasmus« oder nicht-genitalen Orgasmus. Der Blutdruck steigt, das sympathische Nervensystem wird aktiviert, es entstehen Spasmen, Tachykardie, Atemnot, Hyperventilation und ein orgasmisches Gefühl, das als angenehm empfunden wird oder nicht. Frédérique Courtois zeigt mir eine Art Hochleistungsvibrator, den sie dafür benutzt, Erektionen und Ejakulationen bei körperlich Behinderten hervorzurufen. Die Männer haben kein Gefühl im Penis, sehen jedoch, dass er erigiert, und das erregt sie, sie können masturbieren oder Sex mit ihrer Partnerin haben und manchmal sogar ejakulieren. Courtois erzählt, dass sie am Morgen einem 27-jährigen Mann den ersten Orgasmus seines Lebens verschafft hat, und dass dieser ein wenig verschreckt nach Hause ging. Wenn die Patienten diese merkwürdige und unerwartete Reaktion ihres Körpers die ersten Male spüren, erkennen sie sie nicht als Orgasmus und nehmen sie als unangenehm wahr. Erst mit etwas Übung fühlt es sich angenehm an. Frédérique hat viele wissenschaftliche Artikel über die Sexualfunktion von Menschen mit Rückenmarksverletzungen und ihre Beschreibungen von Orgasmen geschrieben. Und sie sagt zwar, dass es individuell große Unterschiede gibt, betont aber, dass viele Männer und Frauen mit Rückenmarksverletzungen, obwohl sie keine Empfindung in den Genitalien haben, sexuelle Lust spüren (und auch Orgasmen, wenn die Verletzung hoch genug liegt).[19]

Einen Orgasmus zu haben oder nicht, ist gar nicht so wesentlich. Joan Vidal, verantwortlich für Rückenmarksverletzungen im Instituto Guttmann für Neurorehabilitation in Barcelona, hält es wie Frédérique Courtois für sehr wichtig, die Sexualfunktion von Körperbehinderten zu untersuchen. Joan meint, dass Sex vor allem den Jüngeren Sorgen macht. Aber nicht einmal wegen der Suche nach konventioneller körperlicher Lust an sich, die ja auch gar nicht mehr möglich ist. Es liegt an einem noch immer vorhandenen sexuellen Verlangen, manchmal am Selbstwertgefühl, dem Wunsch, den Partner zu befriedigen, und vor allem an der Sehnsucht nach emotionalem Wohlbefinden und danach, Intimität, Zärtlichkeit, Erregung und Lust mit dem Menschen zu teilen, den man begehrt. Frauen und Männer mit Rückenmarksverletzungen sind ein lebendiges Beispiel dafür, dass sexuelle Ausdrucksformen sehr viel weiter gehen können als individuelle genitale Lust, und dass es genauso erstrebenswert sein kann, Lust zu schenken, als selbst welche zu erleben. Die Psychologin Anna Gilabert weiß das ganz genau durch die Patienten, die sie im Instituto Guttmann behandelt, und durch eigene Erfahrung.

Wie Quico sitzt auch Anna seit einem Unfall mit 19 Jahren im Rollstuhl. In ihrem Fall war die erste Frage, die sie den Ärzten stellte, ob sie noch Kinder bekommen könnte, aber die Frage nach dem Sex kam gleich danach. Inzwischen ist sie 32 und seit September 2011 verheiratet, und sie versichert, dass sie ein wirklich normales Sexualleben führt. »Ich weiß nicht einmal mehr, wie es vorher war, aber jetzt ist es bestimmt viel besser«, sagt sie überzeugt. Anna erklärt, dass der Sex natürlich anders ist, und es sich am Anfang merkwürdig und nicht unbedingt angenehm anfühlt. Aber mit der Zeit werden die Brüste und andere Bereiche des Körpers viel sensibler, und viele Empfindungen und Bewegungen, Phantasien und visuelle Reize werden erotisiert. Und auch wenn die Orgasmen nicht so sind wie früher, fühlt sie manchmal eine Art Höhepunkt der Lust, der von einer nachfolgenden Entspannung begleitet ist. Anna findet sich kein bisschen weniger sinnlich als vorher, ihre Haut ist stellenweise viel sensibler und selbst die Genitalien sind wieder an einer Art Erregung beteiligt, die zwar subjektiver, aber nicht unbedingt schlechter ist. Und eigentlich ist Anna gar nicht der Meinung, der Hauptgrund für Sex sei bei Menschen mit Rückenmarksverletzungen die Befriedigung der Partner. Sie sagt, die meisten ihrer Patienten im

Institut hätten wegen der eigenen körperlichen Lust Sex, vor allem die Frauen, die leichter andere Körperzonen erotisieren können und Spiele und mentale Stimuli mehr genießen. Annas Beispiel bestätigt die Regel, dass Sex wunderbar sein kann, wenn wir ihn über Genitalien und Penetration hinaus ausweiten.

Die Geschichten von Quico und Anna berühren mich. Weil sie so persönlich sind, aber vor allem, weil mir klar wird, wie wichtig es für unser Leben ist, sexuelle Intimität zu erleben, und welches Tabu das für die Gesellschaft darstellt. Als ich mit Freunden darüber spreche, wird deutlich, dass wenige sich darüber Gedanken gemacht haben, wie sexuelle Beziehungen für Körperbehinderte aussehen. Und anscheinend tut die moralisierende Wissenschaft das auch erst seit Kurzem.

Neurochirurgie zur Wiedererlangung genitaler Sensibilität

Wissenschaft und Medizin sprechen immer noch vom »wieder gehen können«, obwohl viele Querschnittsgelähmte mit dem Leben im Rollstuhl gut zurechtkommen und viel lieber wieder Gefühl in ihren Genitalien hätten. Es gibt einen Weg, um das zu erreichen: Bypass sensibler Nervenfasern.

Joan Vidal vom Instituto Guttmann erwähnt diese Möglichkeit und meint, dass man damit versuchen würde, die Kontrolle über die Sexualfunktion und über die Ausscheidungen zu verbessern. Die Muskeln, mit denen wir Urin und Kot zurückhalten, wenn es uns drückt, werden von Nerven gesteuert, die die Wirbelsäule im Sakral- und Lumbalbereich verlassen. Bei einer Rückenmarksverletzung in diesem Bereich kommen die Befehle des Gehirns nicht mehr an und man verliert die bewusste Kontrolle über diese Muskeln. Aber was geschieht eigentlich, wenn man diese Nerven mit anderen verbindet, die aus einem anderen Teil des Körpers kommen? Stellen wir uns einmal vor, sie werden an Nerven angeschlossen, die beispielsweise dafür zuständig sind, die oberen Bauchmuskeln anzuspannen. Wenn

Neurochirurgie zur Wiedererlangung genitaler Sensibilität

das möglich wäre, müsste jemand nur die oberen Bauchmuskeln anspannen, wenn er glaubte, zur Toilette zu müssen, und vielleicht würde dabei auch die Muskulatur angespannt, die den Urin zurückhält. Das wird seit einer Weile versucht, die Ergebnisse sind jedoch nicht sehr befriedigend, da nach einer Rückenmarksverletzung auch der Muskeltonus abnimmt und sich die Muskeln zurückbilden.

Der Muskel verschwindet also mit der Zeit, und es ist kompliziert, die Bewegungsfähigkeit wieder herzustellen. Die Nervenfasern sind jedoch immer noch intakt, und die Sensibilität mittels eines Nerven-Bypass wieder herzustellen, müsste sehr viel einfacher sein. Und wirklich hat der niederländische Chirurg Max Overgoor erreicht, dass Männer mit Rückenmarksverletzungen ihren Penis wieder fühlen können, und erforscht jetzt Möglichkeiten für die Klitoris. Das Gespräch mit ihm gehört zu den beeindruckendsten, die ich für dieses Buch geführt habe.

2006 veröffentlichte Max Overgoor erste Resultate über drei Patienten mit Spina bifida. Die drei jungen Männer waren 17, 18 und 21 Jahre alt, hatten Interesse an Sex und sexuelle Phantasien. Ihre Testosteronspiegel waren normal, sie waren fähig zu mentaler Erregung und konnten mit Viagra eine Erektion haben. Aufgrund ihrer Verletzung hatten sie jedoch kein Gefühl im Penis. Sie spürten jedoch durchaus Berührungen und Liebkosungen in der Leiste, denn die entsprechenden sensiblen Nerven stammen aus einem Bereich der Wirbelsäule oberhalb ihrer Läsion. Das Verfahren war herrlich einfach: Die Chirurgen machten einen Schnitt seitlich des Schambeins, identifizierten das Ende des ilioinguinalen Gefühlsnervs, der von der Wirbelsäule zur Leiste führt, und verbanden ihn mikroneurochirurgisch mit dem Nervus dorsalis penis (Penisrückennerv). Wenige Monate nach der Operation und nach ausgiebigem Rehabilitationstraining bemerkten sie ein sonderbares Gefühl am Glied. Wenn jemand ihre Eichel massierte, kam es ihnen zu Beginn so vor, als würden sie an der Leiste berührt, aber mit der Zeit und etwas Übung ordnete das Gehirn das Körperbild neu und die drei jungen Männer konnten schließlich Berührungen auf einer Seite der Eichel fühlen (der übrige Penis blieb unempfindlich). Einer von ihnen hatte eine Freundin und im Artikel wird beschrieben, dass er zwölf Monate nach der Operation nicht nur mehr Gefühl in der Eichel hatte, sondern dass er dies auch als erogen wahrnahm. Die sexuelle Aktivität mit der Partnerin hatte beträchtlich zugenommen (von einmal zu fünfmal im Monat), er fühlte sich stärker erregt, die morgendlichen Erektionen hatten sich verfünffacht und seine sexuelle und allgemeine Befriedigung verbesserten sich hochgradig. Die anderen beiden Männer bekamen ebenfalls die Sensibilität in der Eichel zurück und bewerteten das positiv, da sie keine Partnerinnen hatten, war das subjektive Gefühl der Verbesserung jedoch viel geringer.

Das Thema ist faszinierend. Bei unserem Gespräch erzählte Max mir von neuen Ergebnissen, die inzwischen, Anfang 2013, veröffentlicht wurden. Mit einer ähnlichen Methode und 30 Patienten mit Spina bifida oder einer Rückenmarksverletzung erzielte er einen beispiellosen Erfolg: Nach einer Operation und mehreren Monaten Rehabilitation haben 24 Patienten (80 Prozent) die Sensibilität in der Eichel wiedererlangt. Elf spürten die Berührung wirklich am Penis, für 13 blieb das Gefühl der Leiste zugeordnet, aber für alle bedeutete es erotisch eine enorme Verbesserung, und es gab mehr Erektionen als Reaktion auf direkten Kontakt. Die psychologische Untersuchung zeigte einen höheren Grad an sexueller Befriedigung, und drei der Patienten, die vor dem mikrochirurgischen Eingriff nie zum Orgasmus gekommen waren, konnten das hinterher. Patienten, die vor ihren Unfällen Geschlechtsverkehr hatten, sagen Overgoor zufolge, dass ihre Orgasmen anders wären, von geringerer Intensität und mit einem eher subjektiven Gefühl. Aber alle erklärten, dass sich Motivation und sexuelles Erleben im Vergleich zu vor der Operation durch das Wiedererlangen des Gefühls im Penis verbessert haben. Außerdem gab es keine unangenehmen Gefühle oder postoperative Probleme.

Im Moment ist die Methode auf sehr weit unten liegende Läsionen beschränkt (unterhalb des ersten Lendenwirbels L1), bei denen der Nervus ilioinguinalis mit dem Penisrückennerv verbunden werden kann. Max denkt jedoch darüber nach, bei höher liegenden Läsionen einen Beinnerv zu extrahieren und zu transplantieren, um die sensiblen Nerven des Penis mit Nerven verbinden zu können, die oberhalb der Läsion aus der Wirbelsäule austreten. Ihm ist klar, dass diese Operation sehr viel komplizierter ist, und er ist sich nicht sicher, ob er gleich am Anfang positive Ergebnisse erzielen kann. Trotzdem glaubt er, dass man es versuchen und weitere Strategien ausprobieren muss, um die Sexualfunktion von Menschen mit Rückenmarksverletzungen zu verbessern. Er beginnt auch gerade ein Projekt mit Frauen, bei denen er die Sensibilität der Klitoris wiederherstellen will. Er gibt zu, dass der Eingriff schwieriger ist, zeigt sich jedoch optimistisch. Während er mir all das erklärt, wundere ich mich, warum man so etwas nicht schon früher erforscht hat. Ich frage ihn, ob er neue, vor Jahren noch nicht verfügbare Instrumente benutzt. Er verneint. Seit zehn Jahren arbeite er auf diesem Gebiet und der beschriebene neurochirurgische Eingriff sei relativ einfach, zu Anfang sei es jedoch absolut nicht einfach gewesen, die Genehmigung der Ethikkommissionen für diese Projekte zu bekommen. Ich bin verblüfft. Was könnte unethisch daran sein, die Sexualfunktion und Lebensqualität von Körperbehinderten zu verbessern, noch dazu, wenn sie es sich wünschen? Die Wissenschaft prahlt mit revolutionären Ideen, und dass sie kulturellen Veränderungen voraus wäre, aber was Sex angeht, ist sie so ängstlich wie der Rest der Gesellschaft. Oder sogar noch mehr. Max ist nicht der einzige Wissenschaftler, dem ich die Befürchtung anmerkte, seine Kollegen könnten seine Forschungen über Sex anstößig finden. Wenn diese Eingriffe irgendwann Normalität sind, und jemand wie Quico den Wunsch erfüllt bekommt, seine Genitalien wieder zu spüren, dann werden sie noch merken, wie veraltet ihre Ansichten sind.

Denn es ist wirklich, wirklich wichtig. Natürlich möchte Quico genitale Lust spüren, denn er möchte seine Sexualität voll ausleben, wenn er mit einer Frau zusammen ist, die er mag. Sex ist nicht nur ein Akt körperlicher Befriedigung, sondern auch ein Akt der Liebe und des Austauschs, der zwei Menschen chemisch und emotional verbindet. Sex ist so wundervoll, dass man nicht begreift, warum er in unserer Gesellschaft noch immer ein so großes Tabu ist. Und falls jemand Quicos Wunsch unanständig findet und rot wird oder der

Meinung ist, dass er sich in seiner Lage zusammenreißen sollte, dann kann er das immer noch ausbügeln und das beklagenswerte Schamgefühl überwinden, das ihm von klein auf eingetrichtert wurde. Quicos Geschichte ist in vielerlei Hinsicht beispielhaft. Wegen seines Optimismus, seines Kampfgeists und dem, was er erreicht hat. Und für dieses Buch, weil er zeigt, wie wichtig ein gesundes Sexualleben für das Wohlbefinden der Menschen ist, und wie die Wissenschaft dazu beitragen kann.

14
Die Wissenschaft der sexuellen Orientierung

Zum Einstieg ein wörtlicher Auszug aus einem wissenschaftlichen Artikel über Therapien zur Korrektur sexuell abweichenden Verhaltens, der 1968 in der renommierten englischen Zeitschrift *Proceedings of the Royal Society of Medicine* erschienen ist. Ich hatte nach älteren Texten gesucht, um zu untersuchen, wie Homosexualität früher von der Wissenschaft gesehen wurde. Stellt euch vor, wie überrascht ich war, als ich das hier entdeckte:

> Einigen Studien zufolge kann man Homosexuelle mit einer Psychotherapie umorientieren, die Behandlung ist jedoch zeitaufwändig und die Erfolgsquote niedrig. [...] man muss unbedingt untersuchen, inwieweit behavioristische Methoden wie Aversionstherapie dabei funktionieren. Die Aversionstherapie versucht, unangenehme Reize mit einem Aspekt des abweichenden Verhaltens oder der Einstellung zu verbinden. Früher wurden chemische Mittel wie Apomorphin eingesetzt, um Übelkeit und Erbrechen hervorzurufen. Mit dieser Methode behandelte Morgenstern (et al. 1965) dreizehn Transvestiten. Sieben zeigten enorme Besserung, fünf nur leichte. In letzter Zeit wurden die chemischen Aversionsmittel weitgehend durch elektrische Reize ersetzt, da sie sicherer, leichter zu kontrollieren, präziser anwendbar und weniger unangenehm sind. [...] Die Autoren dieses Artikels haben elektrische Aversionsreize bei vierzig männlichen Patienten angewendet. Sechzehn Homosexuelle, drei Pädophile, vierzehn

Transvestiten und Transsexuelle, drei Fetischisten und vier Sadomasochisten. Dieser Artikel ist ein vorläufiger Bericht über die bisherigen Ergebnisse.

Vielleicht schockiert euch diese Einführung – ich konnte kaum glauben, was ich da lese –, aber es kommt noch dicker. Im methodologischen Teil wird erklärt, dass die Elektroschocks auf die Arme der Patienten gegeben werden und dass sie »mit drei Aspekten der sexuellen Abweichung verknüpft werden: 1. Mit der Handlung selbst, z.B. erhält der Transvestit einen Stromschlag, während er Frauenkleider anzieht. 2. Mit abweichenden Phantasien, z.B. erhält der Masochist einen Stromschlag, sobald er angibt, eine masochistische Phantasie zu haben. 3. Bei Erektionsreaktion auf abweichende Reize, z.B. erhält der Homosexuelle einen Stromschlag, sobald er beim Betrachten des Fotos eines attraktiven Mannes eine Erektion hat.«

Genug von diesen schockierenden Dingen. Den Ergebnissen zufolge zeigten »nach einem Jahr Behandlung 23 der 40 Fälle eine Besserung von der sexuellen Devianz, obwohl nur sechs davon (15 Prozent) wirklich zufriedenstellend gesundeten. Transvestiten, Fetischisten und Sadomasochisten genasen am deutlichsten. Bei Homosexuellen waren die Ergebnisse weniger zufriedenstellend, und bei Transsexuellen hat es nicht funktioniert.«[20]

Der Artikel hieß »Electric Aversion Therapy of Sexual Deviations« und wurde von John Bancroft und Isaac Marks in einer der seriösesten wissenschaftlichen Zeitschriften der damaligen Zeit veröffentlicht. Wahnsinn. Vor allem, weil es sich nicht um einen Einzelfall handelte. Bei meiner bibliografischen Recherche fand ich eine Unmenge von Titeln wie »Change in Homosexual Orientation« (1973), »A Case of Homosexuality Treated by in Vivo Desensitization and Assertive Training« (1977) oder »Alternative Behavioral Approaches to the Treatment of Homosexuality« (1976). Zum Schluss las ich einen Überblicksartikel mit dem Titel »Toward a New Model of Treatment of Homosexuality« (1978), der in seiner Zusammenfassung den Beginn einer Veränderung markiert: »Eine Revision der Studien zu psychoanalytischen oder verhaltenstherapeutischen Behandlungen von Homosexualität zeigt auf, dass es bei den Versuchen einer Wandlung zur Heterosexualität kaum zu positiven Ergebnissen kommt. In jüngster Zeit mehrten sich die empirischen Daten, die die Definition von Homosexualität als Krankheit infrage stellen. Aus diesem Grund gibt es ein neues Modell, das Homosexuelle dabei unterstützen soll, ihre sexuelle Identität anzuerkennen, zu akzeptieren und zu schätzen, und ihnen dabei zu helfen, sich diese Identität in einer vorrangig heterosexuellen Gesellschaft zu bewahren. Leider untersuchen bisher nur wenige Studien die Ergebnisse dieser neuen Herangehensweise.«

Es ist irritierend, dass ein solcher Text noch vor so kurzer Zeit erschienen ist, aber vergessen wir nicht, dass Homosexualität erst 1973 aus dem *Diagnostischen und Statistischen Handbuch Psychischer Störungen* (DSM) gestrichen wurde und bis zur dritten Version von 1987 die Diagnose »Ichdystone Homosexualität« (*ego-dystonic homosexuality*) erhalten blieb, die einen »Mangel an heterosexuellem Interesse und beständiges Unbehagen durch ein unerwünschtes Muster homosexueller Erregung« bezeichnete. Bis dahin glaubten die Wissenschaftler, genügend Argumente zu haben, um Artikel mit so kränkenden Titeln wie »Aversion Therapy of Homosexuality« (1969) zu schreiben, letzterer ebenfalls von John Bancroft.

Einen Moment ... John Bancroft? Ihr könnt euch vorstellen, wie vollkommen verblüfft ich war, als mir klar wurde, dass diese Studien vom bezaubernden John Bancroft durchgeführt worden waren. John Bancroft, früherer Direktor des Kinsey-Instituts, der mit über 200 publizierten Artikeln einer der renommiertesten Sexologen der Welt ist und mit dem ich im Juli 2012 im portugiesischen Estoril auf der Tagung der International Academy of Sex Research gesprochen habe. Ich rief ihn an und unterhielt mich noch einmal mit ihm.

Bevor ich seine Bemerkungen hier wiedergebe, ist es nur fair zu erwähnen, dass John Bancroft explizit schriftlich geäußert hat, dass ihn diese Experimente vom Beginn seiner Karriere schon bald in einen moralischen Zwiespalt brachten, und dass er früh davon überzeugt war, dass »es absolut keine Grundlage dafür gibt, eine homosexuelle Orientierung als Krankheit zu betrachten und nicht als eine Variante des menschlichen Sexualverhaltens, weshalb es beruflich unethisch und meinem Wertesystem zufolge unmoralisch ist, eine Behandlung anzubieten.«

Als ich Bancroft von Neuem auf das Thema anspreche, nennt er es sofort den »unangenehmsten Teil meiner Karriere« und erkennt an, dass die Kritik, der er deswegen ausgesetzt war, vollkommen gerechtfertigt ist. Aber er argumentiert ebenfalls, dass die Zeiten anders waren, sowohl in der Gesellschaft, als auch in der Psychologie. Für uns ist Letzteres interessant.

John Bancroft erklärt, dass er seine berufliche Praxis in der Psychiatrie damit begonnen hat, Methoden zur Behandlung von Pädophilie auszuwerten. Eines der damals gebräuchlichen Instrumente, um sexuelle Präferenzen zu ändern, war die Elektroschocktherapie. Dem Patienten wurden unangemessene Bilder oder andere Stimuli gezeigt, während man die Reaktion des Penis maß, und beim Beginn einer Erektion versetzte man dem Patienten einen Elektroschock, damit er den Reiz mit einer negativen Reaktion verband. Diese Methode beruhte auf der Annahme, dass unser Sexualverhalten leicht konditionierbar wäre. Man versuchte, Pawlows Theorie der konditionierten Reflexe anzuwenden, und glaubte, dass es ebenso einfach wäre, Menschen Angst einzuflößen oder ihr Verhalten zu verändern, wie bei Tieren. »Ich weiß nicht einmal mehr genau, wie das alles angefangen hat«, sagt Bancroft, aber zu irgendeinem Zeitpunkt wollte man die Methoden der Pädophiliebehandlung auf Homosexuelle anwenden, die sich stigmatisiert fühlten und ihre sexuelle Orientierung ändern wollten. »Das hört sich heute lächerlich an, und in der Therapie geht es darum, sich selbst zu akzeptieren und nicht, sich zu korrigieren«, gibt John zu. »Aber damals kamen zwei Umstände zusammen: Viele Schwule wollten sich verändern, weil Homosexualität gesellschaftlich nicht akzeptiert war, und wissenschaftlich ging man davon aus, dass das Sexualverhalten leicht zu modifizieren wäre. Heute hat sich beides radikal verändert, aber damals sah man es mit anderen Augen.« Und wirklich hat John eine Reihe wissenschaftlicher Studien durchgeführt, um zwei Therapieformen zu vergleichen: die Aversionstherapie, bei der Elektroschocks mit homosexuellen Reizen verknüpft wurden, und die systematische Desensibilisierung, die man bei Phobien und Ängsten anwandte. »Damals war man der Meinung, dass Homosexualität bei manchen Personen auf einer Phobie vor Heterosexualität oder auf der Angst vor intimen Kontakten mit Frauen beruhte«, meint John und erklärt, dass die Desensibilisierungstherapie darin bestand, den Schwulen nach und nach verschiedene heterosexuelle Reize anzubieten, damit sie die Angst vor dem weiblichen Geschlecht verlören und ihre Homosexualität »geheilt« würde. Beide Therapieformen, so John, hatten einige leichte Verhaltensänderungen zur Folge, die im Rückblick jedoch oberflächlich und vorübergehend waren und die sexuelle Orientierung nicht wirklich veränderten. Bancroft räumt ein, dass unser Verhalten zum Teil konditionierbar sei, die sexuelle Orientierung jedoch sei viel feststehender, als man bis in die 1970er Jahre annahm. Deshalb, und aufgrund der seitdem vollzogenen gesellschaftlichen Veränderung, so Bancroft, seien die »Konversions- oder Reorientierungstherapien« sinnlos geworden. Zu seiner Verteidigung betont er noch einmal, dass er Homosexualität niemals für eine Krankheit gehalten habe und nur Menschen helfen wollte, die den Wunsch hatten, ihre Neigungen zu verändern. Allerdings begriff er bald, dass diese Einstellung, so unschuldig sie auch war, homophobe Tendenzen hatte und das Stigma verstärkte, dem die homosexuelle Bevölkerung ausgesetzt war. Er hörte sofort auf, diese »Therapien« durchzuführen, und verurteilte sie sogar öffentlich.

Das Thema ist umstritten und sensibel, es ist aber auch sehr spannend. Einerseits ist bekannt, dass die sexuelle Orientierung ein Kontinuum ist, in dem die Etiketten Homo, Bi oder Hetero keine klar voneinander getrennten Kategorien sind. Zwischen Schwarz und Weiß gibt es eine ganze Palette an Grautönen, ob wir das Verhalten, die Hormonspiegel oder die Hirnstrukturen betrachten. Alfred Kinsey ließ das in seiner Kinsey-Skala einfließen, auf der die 0 hundertprozentiger Homosexualität und die 6 hundertprozentiger Heterosexualität entspricht, und auf der viele Befragte eine 5, eine 2 oder eine andere Zahl dazwischen angaben. In neueren Umfragen zu diesen drei sexuellen Orientierungen definieren sich zum Beispiel 3-4 Prozent der Männer und 1-2 Prozent der Frauen als homosexuell und 1-2 Prozent der Männer und 2-5 Prozent der Frauen als bisexuell.[21] Wenn außer diesen drei Optionen auch die Kategorien »fast immer homosexuell« oder »fast immer heterosexuell« in die Fragebögen aufgenommen werden, zählt sich eine beachtliche Anzahl Personen – mehr Frauen als Männer – dazu. Diese Menschen sind weder bisexuell noch steigen sie zur jeweils anderen Kategorie um, sondern sie fühlen sich homo- oder heterosexuell, haben aber irgendwann einmal von Sex mit Personen des normalerweise nicht bevorzugten Geschlechts phantasiert oder sogar welchen gehabt. Die sexuelle Orientierung ist ein Kontinuum, und Exklusivität kann auch manchmal das Ergebnis der Sozialisierung sein.

Andererseits ist ebenfalls offensichtlich, dass es innerhalb der Gesamtheit von Schwulen und Lesben eine enorme Vielfalt gibt, die in den meisten wissenschaftlichen Studien nicht berücksichtigt wird. Wenn Wissenschaftler psychosoziale oder biologische Gesichtspunkte bei Homo- und Heterosexuellen vergleichen wollen, trennen sie die beiden Gruppen nach ihrer sexuellen Orientierung, als wären sie in sich homogen, ohne zum Beispiel zwischen denjenigen zu unterscheiden, die sich schon immer homosexuell und seit der Kindheit von Personen des eigenen Geschlechts angezogen gefühlt haben, und denjenigen, die ihre Homosexualität erst im Erwachsenenalter entdeckt haben. Dabei bilden sie zweifellos Untergruppen mit voneinander abweichenden Merkmalen, die in den Studien oft nicht auftauchen.

Den Ursprung der Homosexualität zu untersuchen ist in der Praxis völlig irrelevant, aber wenn wir einfach unserer Neugier nachgeben, ist die Diskussion mit Bancroft ein gutes Beispiel für die ewige wissenschaftliche und philosophische Debatte, wie viel Gewicht jeweils den biologischen Determinanten und der gesellschaftlichen Sozialisation bei der Entwicklung menschlichen Verhaltens zukommt. Denn wenn wir die Vorurteile einfach mal beiseitelassen, verbirgt der Fall Bancroft die alte Frage, ob der/die Homosexuelle geboren oder gemacht wird, und unter welchen Bedingungen die Biologie mit der

Umwelt interagiert, um die – sobald sie einmal besteht – so unveränderlich scheinende sexuelle Orientierung zu definieren.

Homosexuelle Flexibilität:
Verhalten ist nicht das Gleiche wie Orientierung

Bei meinem Besuch im Kinsey-Institut war ich mit dem Evolutionsbiologen Justin Garcia und dem französischen Soziologen Georges-Claude Guibert, Gastprofessor am Fachbereich Gender Studies der Indiana University Bloomington, ein Bier trinken. Irgendwann während des angeregten Gesprächs sagte ich etwas von »Testosteron im Mutterleib«, und Georges-Claude rief lachend: »Sieh einer an! Noch so ein Biologe, der glaubt, dass die sexuelle Identität von Chromosomen bestimmt wird!« Als ich erwiderte, dass ich das zu einem großen Teil (Identität, nicht Orientierung) wirklich dächte, und ihn fragte, wie sich das Gefühl von Männlichkeit oder Weiblichkeit denn seiner Meinung nach ausbilden würde, zuckte er immer noch lächelnd mit den Achseln und sagte: »In den Gender Studies gehen wir davon aus, dass wir nicht biologisch konditioniert werden und alles ausschließlich auf Sozialisierung und den Rollen beruht, die durch Erziehung, Familie und Gesellschaft vermittelt werden.« »Ausschließlich?«, fragte ich überrascht. Jetzt lachte Justin und meinte: »Gib dir keine Mühe, ich habe schon tausend Mal mit ihm darüber diskutiert. Es ist unmöglich, ihn umzustimmen.«

Ich erwähne diese Anekdote, um zu zeigen, dass die extremsten akademischen Ansichten, denen ich während der Recherchen für dieses Buch begegnet bin, von einer Gruppe von Soziologen vertreten werden, die dogmatisch jeden biologischen Einfluss bei der Entwicklung der Sexualität abstreiten. Für sie ist alles nur das Ergebnis der sozialen Konditionierung. Bei den Biologen hingegen sind es nur wenige, die den Einfluss soziokultureller Faktoren leugnen oder die sexuellen Präferenzen allein mit Hormonen oder Genen erklären wollen. Natürlich gibt es reduktionistische und deterministische Wissenschaftler, aber es sind sehr viel weniger, als man denkt.

In Wirklichkeit spielt sich diese extreme Diskussion des »angeboren vs. anerzogen« (*nature vs. nurture*) nur in einigen wenigen universitären Fachbereichen ab. Davon abgesehen hat niemand ein Problem damit, dass sich Biologie und soziales Umfeld nicht gegenseitig ausschließen. Aber in dieser Dichotomie zeigen sich perfekt die beiden akademischen Ansätze zur Entwicklung der sexuellen Orientierung: der eine spricht der Sozialisierung des Individuums großen Einfluss zu, während der andere Determinanten in Genen, Hormonen oder Gehirnstrukturen sucht.

Diejenigen, die der Sozialisierung mehr Gewicht beimessen, treten dafür ein, dass wir nicht mit einer bestimmten sexuellen Orientierung geboren werden, sondern diese sich entsprechend der im Leben gesammelten Erfahrungen herausbildet, insbesondere während der Kindheit und Adoleszenz. Ganz in diesem Sinn meinte Freud, dass alle Menschen bisexuell geboren würden, und Jungen und Mädchen ihre Heterosexualität erst langsam entwickeln. Wenn diese Entwicklung durch traumatische Ereignisse oder Störungen der Elternbeziehung unterbrochen werde, könnte Homosexualität entstehen. Freud hielt Homosexualität absolut nicht für ein Problem und weigerte sich in mehreren Fällen, sie bei Patienten zu behandeln, die ihn darum baten.[22] Ich führe ihn hier zuerst an, weil homophobe Menschen seinen Ansatz absurderweise für die Behauptung missbraucht haben, dass Homosexualität durch Traumata oder Missbrauch während der kindlichen Entwicklung entstehe, und damit rechtfertigen, sie mittels einer psychoanalytischen Therapie »heilen« zu wollen. Leider existiert diese Praxis vielerorts noch immer, unter anderem in einem angeblich so fortschrittlichen Land wie den USA.

Aus einer biologistischen Perspektive wird davon ausgegangen, dass die natürliche Selektion die Existenz zweier Geschlechter begünstigt hat, die sich zwecks Fortpflanzung gegenseitig anziehen, dass dies bereits während der Embryonalentwicklung durch Gene, Hormone und Gehirnstrukturen geregelt wird und dass Homosexualität in einigen Fällen von physiologischen Faktoren determiniert sein könnte.

Aber bevor wir tiefer in diese Debatte einsteigen, müssen wir grundlegend zwischen sexueller Orientierung und Sexualverhalten differenzieren und auf eine der in den letzten Jahren am häufigsten zitierten Untersuchungen über die menschliche Sexualität zu sprechen kommen: die Studie der Wissenschaftlerin Lisa Diamond von der University of Utah über »sexuelle Fluidität« (*sexual fluidity*).

Ab Anfang der 1990er Jahre verfolgte Lisa Diamond die Entwicklung einer Gruppe von 89 Frauen, die sich zu Beginn der Studie als lesbisch oder bisexuell bezeichnet hatten oder als eine dritte Kategorie jede Definition ablehnten. Keine von ihnen bezeichnete sich als heterosexuell. Am Anfang waren die Frauen zwischen 16 und 25 Jahre alt, und Diamond wollte lediglich untersuchen, wie ihre sexuelle Orientierung bestimmte soziale Aspekte beeinflusste, auf was für Probleme sie trafen, wie sich die Menschen in ihrem Umfeld verhielten, was für Paarbeziehungen sie eingingen und wie der Übergang von der Jugend in das Erwachsenenalter verlief. Aber sie beobachtete völlig unerwartet, dass während der dreizehn ersten Jahre ihrer Studie zwei Drittel der Frauen ihre sexuelle Orientierung umdefinierten. Einige wurden von Bisexuellen zu Lesben oder lehnten später jede Definition ab, einige von Lesben zu Bisexuellen und einige wenige sogar heterosexuell. Diamond erklärt, dass ein Drittel der Frauen während der dreizehn Jahre zweimal oder häufiger ihre Selbstdefinition wechselten, und dass nur in der Gruppe, die sich zu Anfang als lesbisch definiert hatte, mehr Stabilität herrschte. Die Schlussfolgerungen der Arbeit sind unter anderem, dass das Sexualverhalten fluide, also veränderlich ist, dass Bisexualität kein Übergang zur Homosexualität ist, dass der Unterschied zwischen Bi- und Homosexualität eine Frage gradueller Abstufung ist und dass die Begriffe offener sein müssten, besonders für das weibliche Geschlecht. Diamond hat keine Daten zu Männern, meint jedoch, dass die Fluidität bei ihnen geringer sei. Auf die Frage, ob ihre Ergebnisse implizieren, die sexuelle Orientierung lasse sich leicht verändern, antwortet Diamond paradoxerweise mit nein, es änderten sich nur die Ausdrucksformen und das Verhalten.

Letzteres ist wichtig und stimmt mit Studien überein, die zeigen, dass es in Gefängnissen, Armeen und reinen Jungen- oder Mädchenschulen häufiger sexuelle Kontakte zwischen Gleichgeschlechtlichen gibt, ohne dass dies einen Schritt in Richtung Homosexualität bedeuten würde. Diese Personen haben weiterhin eine heterosexuelle Vorliebe, obwohl sie Begegnungen mit gleichgeschlechtlichen Partnern offener gegenüberstehen.[23] Die Gefängnissituation ermöglicht ein interessantes soziales Experiment. Im Rahmen der Forschung zur HIV-Ansteckung wurden in den letzten Jahren viele Studien über das Sexualverhalten der Insassen durchgeführt. Unter anderem wurde dabei beobachtet, dass es zwar Frauen und Männer gibt, die ihre ersten sexuellen Kontakte mit gleichgeschlechtlichen Personen im Gefängnis haben, sie das jedoch nicht gleich zu Homosexuellen »macht«. In der großen Mehrheit der Fälle bleibt ihre Vorliebe heterosexuell, wenn sie aus der Haft entlassen werden. Eine 2012 veröffentlichte Studie, für die über 2000 männliche Gefangene in australischen Gefängnissen befragt wurden, dokumentierte, dass sich 95,1 Prozent als heterosexuell definierten, obwohl 13,5 Prozent erklärten, schon einmal Sex mit einem Mann gehabt zu haben. Von diesen Letzteren hatte lediglich einer von fünf nur im Gefängnis homosexuellen Sex gehabt. Viele dieser Begegnungen beinhalteten keinen Analverkehr, sondern andere Formen der Befriedigung. Neben der Feststellung, dass intime Begegnungen in Gefängnissen sehr viel weniger häufig vorkommen, als allgemein angenommen wird, meinen die Autoren, die sexuelle Orientierung im Erwachsenenalter sei kaum flexibel, die Ausdrucksform oder das Verhalten angesichts besonderer Umstände jedoch schon, genau wie auch in Diamonds Arbeit dargelegt wurde.

Ist das bei Heranwachsenden anders? Reine Jungen- oder Mädchenschulen und -internate sind hinsichtlich des Zusammenlebens mit Gleichgeschlechtlichen einem Gefängnis nicht unähnlich. Gibt es mehr Lesben und Schwule unter denen, die als Kinder nicht auf gemischten Schulen oder Internaten waren?

Merkwürdigerweise hat niemand eine weitreichende Studie finanziert, die sich mit dieser Frage beschäftigt, obwohl es einfach zu

Homosexuelle Flexibilität 351

realisieren wäre. Eine einzige Studie in englischen Schulen und verschiedene Experteneinschätzungen stimmen überein, dass es durchaus mehr homosexuelle Spiele und Kontakte in geschlechtergetrennten Schulen und Internaten gibt, dies jedoch keinen Einfluss auf eine spätere Homo- oder Heterosexualität hat. Es gäbe genauso viele Schwule und Heteros innerhalb der Gruppe, die Kindheit und Adoleszenz in Gesellschaft von Angehörigen desselben Geschlechts verbracht haben, wie innerhalb der Gruppe, die in gemischten Umgebungen aufgewachsen sind. Das stärkt auch die Hypothese, dass die sexuelle Orientierung zwar ein psychodynamischer Prozess ist, die Disposition dafür jedoch größtenteils in früheren Phasen angelegt wird.

Beginnen wir mit der Kindheit. Ende der 1960er realisierte der Sexologe Richard Green von der University of California eine berühmte Studie, die als Grundlage für unterschiedliche Erklärungen diente. Green verfolgte 15 Jahre lang die Entwicklung von 66 Jungen zwischen vier und zehn, die sich sehr effeminiert verhielten (er nannte sie *sissy boys*) und von denen einige sogar angaben, lieber Mädchen zu sein. Und er folgte ebenfalls 56 Jungen mit typisch männlichem Verhalten, die in ähnlichen familiären Umfeldern lebten wie die effeminierten Jungen. 15 Jahre später waren die 56 Jungen der Kontrollgruppe bis auf eine einzige Ausnahme heterosexuell, während sich von den effeminierten Jungen etwa zwei Drittel als homo- oder bisexuell definierten. Das Geschlecht verändern wollte keiner von ihnen. Wie schon so oft gesagt: Die Daten zeigen nur, was sie zeigen. Viele Schwule haben sich in ihrer Kindheit nie effeminiert verhalten, und man darf nicht vergessen, dass ein Drittel der *sissy boys* als Erwachsene heterosexuell waren. Aber die Studie zeigt, dass die sexuelle Orientierung in einigen Fällen schon in der Kindheit deutlich ausgeprägt war.

Und hier setzt die Biologie an, die – ohne die zahlreichen Fälle von Männern und Frauen in Abrede zu stellen, deren Homosexualität sich erst im Erwachsenenalter gezeigt hat – behauptet, dass die sexuelle Orientierung oft schon in den allerersten Lebensphasen und sogar vor der Geburt biologisch konditioniert wird. Demzufolge wäre unsere Gehirnstruktur schon so angelegt, dass uns eher Männer oder eher Frauen anziehen, und das könnte auch erklären, warum die sexuelle Orientierung so unglaublich stabil ist. Sie ändern zu wollen wäre nicht nur Unsinn, sondern auch eine fast unmögliche Aufgabe, die nur zu großem Leid führt.

Der Fall des Kanadiers Bruce Reimer wird häufig angeführt, um zu veranschaulichen, dass die hormonelle Umgebung vor der Geburt entscheidender ist als die spätere Sozialisierung (hier geht es aber nicht um die sexuelle Orientierung, sondern um die Geschlechtsidentität). Bruce wurde 1965 als Junge geboren, mit sieben Monaten wurde jedoch bei einer Phimoseoperation sein Penis irreparabel beschädigt. Nach der ersten Unsicherheit riet der anerkannte Sexologe John Money von der John Hopkins Medical School den Eltern, Bruce komplett zu feminisieren. Sie sollten seinen Namen ändern, ihn wie ein Mädchen erziehen und mit zwei Jahren eine komplett neue Geschlechtszuweisung durchführen lassen. Bruce wurde von nun an Brenda genannt. Ihm wurden die Hoden entfernt, eine Vagina konstruiert und in der Pubertät erhielt er Östrogene. Money war davon überzeugt, dass die Geschlechtsidentität sozial bedingt war, und ein Kind sich entsprechend der Erziehung als Mädchen oder als Junge entwickelte. Viele Jahre lang benutzte Money den Fall Brenda, um seinen Standpunkt der Formbarkeit des Geschlechts zu untermauern, mit dem Argument, dass sie sich wie jedes andere normale Mädchen entwickelte. Aber das wurde anders, als Brenda in die Pubertät kam und sich als Mann fühlte. Sie fühlte sich zu Frauen hingezogen, trug Männerkleidung und änderte ihren Namen nach kurzer Zeit in David. David begann eine Testosteronbehandlung, ließ sich die Brüste entfernen und einen Penis konstruieren. Sein Gehirn war immer männlich gewesen. David heiratete eine Frau, nahm sich jedoch 2004 mit 38 Jahren aus unbekannten Gründen das Leben. Sein tragischer Fall zeigt, dass die biologische Determinierung stärker ist als der gesellschaftliche Einfluss.

Ja, man kann schwul geboren werden

Nicht nur bei Bonobos, Delfinen, Ziegen oder Giraffen – homosexuelles (oder mindestens bisexuelles) Verhalten wurde bei mehr als 1500 Arten beobachtet. Auch wenn das in Wirklichkeit ein trügerischer Hinweis ist, da die tierische Homosexualität sich von der menschlichen vor allem in Bezug auf ihre Ausschließlichkeit unterscheidet. Männliche Wale reiben ihre Genitalien aneinander, einige Weibchen der Koalabären lehnen in Gefangenschaft die grobschlächtigen Männchen ab und tun sich mit Freundinnen zusammen, um sich behutsamer Lust zu schenken, und selbst die monogamen Pinguine haben Seitensprünge mit Individuen des gleichen Geschlechts. Diese Beispiele zeigen deutlich, dass homosexuelles Verhalten in der Natur nicht fremd oder »unnatürlich« ist, wie viel zu oft behauptet wird. Aber man kann das nicht mit der menschlichen Homosexualität vergleichen, und wir erfahren dadurch auch nichts über sie, denn meist sind das Spiele und keine ausschließliche Vorliebe.

Da ist es schon interessanter, dass sich 8 Prozent der Widder lieber mit anderen Männchen paaren, obwohl brunftige Weibchen in der Nähe sind, und dass eine Untersuchung der University of Oregon Unterschiede in einigen Gehirnregionen dieser Gruppe gefunden hat, die den in vorangegangenen Studien beschriebenen Unterschieden bei Menschen ähneln, wobei solche Analogieschlüsse immer stark kritisiert worden sind. Und Wissenschaftler haben zwar erreicht, dass männliche Fruchtfliegen Balztänze vor anderen Männchen aufführten, indem sie ein Gen veränderten, das für den Glutamattransport im Gehirn zuständig ist, oder ihnen ein Medikament verabreichen, das eben diese Nervenbahnen beeinflusst. Ihre Schlussfolgerung ist jedoch falsch, denn die Fliegen werden nicht schwul, sondern nehmen die anderen Männchen als Weibchen wahr.[24]

Die Parallelen zwischen tierischer und menschlicher Homosexualität sind unzutreffend und wurden falsch interpretiert. Die wahre Lektion, die wir von der Natur lernen können, ist, dass sexuelle

Kontakte zwischen Angehörigen des gleichen Geschlechts nicht ungewöhnlich sind, dass es eine große Vielfalt gibt und innerhalb dieser Vielfalt biologische Faktoren, die einige Individuen zu anderen Vorlieben bewegen. Aufgrund dieser Annahme und vor allem auch der Tatsache, dass die sexuelle Orientierung in unserer Spezies so stabil ist (vor allem bei Männern), hat die Wissenschaft in den letzten Dekaden nach Genen, Hormonen und Gehirnstrukturen gesucht, die etwas mit der menschlichen Homosexualität zu tun haben könnten. Und obwohl bisher nichts Konkretes bewiesen wurde, gibt es keine Anzeichen, dass die Suche oder die Diskussion abgeschlossen wären.

Die erste Revolution auf diesem Gebiet ereignete sich Anfang der 1990er durch die Veröffentlichung mehrerer polemischer Arbeiten. Für eine von ihnen führte der holländische Neurowissenschaftler Dick Swaab Autopsien an hetero- und homosexuellen Männern und Frauen durch und beschrieb, dass der suprachiasmatische Nucleus des Hypothalamus (ein Gehirnbereich, der bei Männern und Frauen unterschiedlich ist) bei Homosexuellen doppelt so groß ist wie bei Heterosexuellen. Auch Simon LeVay führte Autopsien durch und beschrieb 1991, dass eine weitere Region des Hypothalamus (INAH-3 oder 3. interstitieller Kern des anterioren Hypothalamus) bei homosexuellen Männern zwei- bis dreimal kleiner ist als bei heterosexuellen und damit in der Größe eher der bei Frauen ähnelt. Im selben Jahr machte Michael Bailey eine Zwillingsstudie mit folgendem Ergebnis: Wenn ein eineiiger Zwilling (DNA also vollkommen identisch) homosexuell war, war der andere Zwilling das in 52 Prozent der Fälle auch. Bei zweieiigen Zwillingen (nur die Hälfte der DNA identisch) traf das nur noch für 22 Prozent der Fälle zu, was also auf eine genetische Komponente bei der sexuellen Orientierung hindeutete. Diese Resultate haben großes Aufsehen erregt und wurden benutzt, um die biologische Veranlagung zur Homosexualität zu vertreten, sie erhielten jedoch auch fundierte Kritik. Bezüglich der Unterschiede bei Gehirnstrukturen wurde argumentiert, dass sie eine Folge und nicht die Ursache von Homosexualität sein könnten, und was die Zwillingsstudien betrifft, hieß es – einmal abgesehen von der geringen Anzahl von Probanden –, die Gene könnten gar nicht so ausschlaggebend sein, wenn trotz identischer Gene nur bei der Hälfte der Zwillingspaare beide homosexuell wären.

Die Forschungen wurden weitergeführt und inzwischen hat man weitere Dimorphismen, d.h. spezifische Unterschiede, in den Gehirnen von Homo- und Heterosexellen entdeckt. Der INAH-3-Region misst man dafür jetzt weniger Bedeutung zu. Auf dem Gebiet der Genetik gab es eine Studie, die anregte, dass eine Variante der Region Xq28 auf dem X-Chromosom mit Homosexualität verknüpft sein könnte, spätere Untersuchungen konnten die Hypothese jedoch nicht bestätigen. Bis heute hat niemand auch nur die geringste Spur eines Gens gefunden, das für die sexuelle Orientierung zuständig ist, auch wenn gerade eine vom Psychiater Alan Sanders geleitete große Studie mit über 400 schwulen Brüderpaaren zu Ende geht, die erneut Schlagzeilen machen könnte. Außerdem spekuliert man – sehr viel logischer, aber noch ohne Belege –, dass epigenetische Regulierungen (Steuerung der Wirksamkeit der Gene) beteiligt sein könnten, was sehr gut möglich, bisher aber noch nicht belegt ist. In einer Metaanalyse der gesamten wissenschaftlichen Literatur über sexuelle Orientierung und Händigkeit, in der insgesamt 6987 Homosexuelle und über 16.000 Heterosexuelle verglichen wurden, wurde zum Beispiel festgestellt, dass es unter Homosexuellen 39 Prozent mehr Links- oder Beidhänder gibt als unter Heterosexuellen, was noch zu deuten wäre. Mutmaßlich könnte dies auf Unterschiede der Gehirnorganisation hinweisen, die schon auf die embryonale Entwicklung zurückgehen. Ebenfalls interessant war, dass die Gehirne von Homosexuellen anders auf Androstadienon, ein typisches in Männerschweiß enthaltenes Pheromon, reagierten als die von Heterosexuellen. Auch hier kann man allerdings nicht mit Sicherheit sagen, ob der Unterschied angeboren oder erlernt ist.

Es ist ein Forschungsgebiet von zweifelhaftem Interesse, das auf der Grundlage von ziemlich anekdotischen Ergebnissen voranschreitet. Mit der Zeit haben jedoch zwei Hypothesen zur biologischen Konditionierung von Homosexualität an Bedeutung gewonnen. Die erste behauptet, dass die Hormonspiegel während der Schwangerschaft die Geschlechtsdifferenzierung des Gehirns und daher auch die sexuelle Orientierung beeinflussen können. Die zweite, von Ray Blanchard, nimmt an, dass das Immunsystem der Mutter nach mehreren Schwangerschaften mit Jungen eine partielle Feminisierung des Gehirns der nachfolgenden Kinder auslöst. Beginnen wir mit der ersten Hypothese.

Testosteronspiegel während der Schwangerschaft und sexuelle Orientierung

Wir erinnern uns, dass sich das befruchtete Ei nach der Empfängnis noch ohne Geschlechtsdefinition teilt, und, falls ein Y-Chromosom vorhanden ist, sich erst in der sechsten Schwangerschaftswoche die Hoden ausbilden. Diese sondern ab der achten Woche Testosteron ab, der Höchststand wird zwischen der zwölften und vierzehnten Schwangerschaftswoche erreicht. Genau zu diesem Zeitpunkt setzt die Entwicklung des Gehirns ein, das sich bei einem hohen Androgenspiegel im Blut maskulinisiert. Viele Studien haben bestätigt, dass bestimmte Areale des Gehirns schon ab diesem Moment der embryonalen Entwicklung bei Männern und Frauen dimorph sind. Die Hypothesen, denen zufolge Homosexualität bei einigen Menschen schon von Geburt an besteht, besagen also, dass Veränderungen dieses Testosteronspiegels zu einer mehr oder weniger männlichen Entwicklung von Gehirnstrukturen wie dem Hypothalamus führen und dadurch eine künftige hetero- oder homosexuelle Prädisposition bedingen könnten.

Die Testosteronspiegel in menschlichen Föten können nicht direkt gemessen werden, es gibt aber einen ungewöhnlichen indirekten Hinweis: Merkwürdigerweise hängt das Fingerlängenverhältnis zwischen dem Ring- und dem Zeigefinger (2D:4D) mit dem Testosteronspiegel zusammen, dem wir während der Schwangerschaft ausgesetzt waren. Je mehr Testosteron im fötalen Zustand durch unseren Körper floss, desto länger ist der Ringfinger im Vergleich zum Zeigefinger. Die 2D:4D-Ratio von Männern ist deutlich höher als die von Frauen, und auch wenn die Ergebnisse manchmal widersprüchlich sind, hat man auch bei Hetero- und Homosexuellen ein unterschiedliches Fingerlängenverhältnis festgestellt. Die zuletzt veröffentlichte Metaanalyse legt nahe, dass die Unterschiede zwischen lesbischen und heterosexuellen Frauen wirklich deutlich sind (die lesbischen Frauen haben längere Ringfinger als die Heterosexuellen, was auf einen höheren fötalen Testosteronspiegel hinweist), bei den Männern sind die Ergebnisse jedoch weniger eindeutig.

Studien mit Labortieren zeigen ebenfalls, dass die pränatalen Androgenspiegel eine wichtige Rolle beim Verhalten der ausgewachsenen Tiere spielen. Wir haben zwar betont, dass man keine Analogieschlüsse ziehen kann, wenn man aber bei männlichen oder weiblichen Rattenföten die Hormonspiegel verändert, denen sie üblicherweise während der Gestation ausgesetzt sind, werden Männchen und Weibchen geboren, die später das Sexualverhalten des jeweils anderen Geschlechts zeigen, wie Männchen mit Lordosis-Verhalten oder Weibchen, die andere Weibchen bespringen wollen. Hier muss hervorgehoben werden, dass »homosexuelle« Verhaltensweisen bei Ratten auch nach der Geburt induziert werden können. Der Mexikaner Genaro Coria-Avila hat mehrere männliche und jungfräuliche Ratten in einen Käfig getan und einigen von ihnen eine Substanz namens Quinpirole injiziert, die als Dopaminagonist die D2-Rezeptoren stimuliert. Diese Rezeptoren sind an der Entstehung sexuellen Verlangens und der Bildung von Paarbindungen beteiligt. Genaro Coria beobachtete, dass männliche Ratten, denen Quinpirole injiziert wurde, nach einiger Zeit gegenüber anderen Männchen Erektionen hatten, mehr mit ihnen spielten, typisches feminines präkopulatorisches Verhalten wie kurze Wettrennen zeigten und manchmal versuchten, andere Männchen zu besteigen. Bei einem Telefongespräch beharrte Genaro darauf, dass das Sexualverhalten ein Kontinuum ist und dass Ratten – und vielleicht auch Menschen – Homosexualität erlernen können. Wenn man mit Personen des gleichen Geschlechts zusammenlebt und Aktivitäten nachgeht, die große Mengen an Dopamin freisetzen, wie Sex, Spielen oder Drogenkonsum, dann kann sich ihm zufolge eine konditionierte Vorliebe für gleichgeschlechtliche Partner entwickeln. Bei ähnlichen Studien hat man weiblichen, miteinander lebenden Ratten Oxytocin injiziert, und mit der Zeit »lesbische« Verhaltensweisen bei ihnen beobachtet. Genaro zufolge sind die Reize, die mit den ersten sexuellen Erfahrungen verbunden werden, entscheidend, und die Plastizität des Gehirns erlaubt, dass die sexuelle Orientierung sich durch Lernprozesse verändert.

Bevor wir den Abschnitt über pränatale Hormone und die sexuelle Differenzierung abschließen noch Folgendes: Wie ich im Kapitel über Intersexualität noch erklären werde, gibt es Personen mit XY-Chromosomen, die normale Androgenspiegel freisetzen, deren Zellen aufgrund einer genetischen Mutation jedoch keine Testosteronrezeptoren besitzen, und die den Körper, das Gehirn und die sexuelle Orientierung einer Frau entwickeln. Es gibt auch XX-Frauen mit adrenogenitalem Syndrom, die sehr viel mehr Testosteron freisetzen und sich als Erwachsene verhältnismäßig mehr zu Personen des gleichen Geschlechts hingezogen fühlen. Wenn wir all diese Daten am Ende zusammenzählen, scheinen die Androgenspiegel während der Schwangerschaft durchaus Fälle von Homosexualität erklären zu können.

Je mehr ältere Brüder, desto schwuler

Die zweite Hypothese über die biologische Konditionierung von Homosexualität hört sich ziemlich unglaublich an. Ich führe sie jedoch an, weil mir mehrere unabhängige Forscher versichert haben, dass sie fundiert ist und gleichzeitig eine interessante Frage birgt. 1996 bewiesen die Psychologen Ray Blanchard und Tony Bogaert, dass schwule Männer im Durchschnitt deutlich mehr ältere Brüder haben als Heterosexuelle. Dieser *fraternal birth order effect* wurde in verschiedenen Kulturen beobachtet und ist statistisch gut belegt. Blanchard und Bogaert haben kalkuliert, dass die Wahrscheinlichkeit, schwul zu werden, mit jedem älteren Bruder um 33 Prozent ansteigt. Blanchard ist ein anerkannter Sexologe, der im Laufe seiner Karriere zu verschiedenen Aspekten der menschlichen Sexualität geforscht hat. Am Tag seines 67. Geburtstags fragte ich ihn, ob die vernünftigste Deutung der *fraternal birth order* nicht wäre, dass sich die homosexuelle Vorliebe durch das Zusammenleben mit älteren Brüdern entwickelte. Aber er sagte:

> Wir haben von Anfang an geahnt, dass es irgendeinen biologischen Einfluss geben musste. Durch meine Erfahrung wusste ich, dass die sexuelle Orientierung bei Männern schon in sehr jungem Alter definiert wird und die Interaktion mit den Brüdern eher sekundär sein musste. Und das wurde dann in einer späteren Studie von Tony (Bogaert) bewiesen.

Die Studie, die Blanchard meint, wurde im Juli 2006 von Anthony Bogaert in den *Proceedings of the National Academy of Sciences* veröffentlicht. Beim Vergleich von insgesamt 994 Homosexuellen, die mit älteren Brüdern zusammenlebten und bei denen zwischen adoptierten und biologischen Brüdern unterschieden wurde, ergab sich, dass es nur dann einen Zusammenhang zwischen Homosexualität und einer größeren Brüderzahl gab, wenn die Brüder von der gleichen Mutter stammten. Und es galt sogar, wenn ein biologischer älterer Bruder gestorben war oder nicht bei der Familie lebte. Ich habe auch mit Bogaert gesprochen, der noch einmal betonte, dass die »Existenz von älteren biologischen Brüdern und nicht das Zusammenleben mit Jungs die Wahrscheinlichkeit von Homosexualität erhöhte«.

Diese Ergebnisse sind überprüft worden und dienen als Grundlage für Blanchards und Bogaerts *maternal immune hypothesis*: Während der Schwangerschaft ist es relativ üblich, dass einige Zellen des Fötus in der mütterlichen Blutbahn landen. Wenn diese Zellen von einem männlichen Fötus stammen, enthalten sie wahrscheinlich für männliche Zellen charakteristische Moleküle, gegen die das Immunsystem der Mutter Antikörper bilden könnte. In einer zweiten Schwangerschaft mit einem männlichen Fötus könnten diese Antikörper dessen Entwicklung beeinträchtigen, möglicherweise verhindern, dass sich Gehirnareale maskulinisieren, und so die sexuelle Orientierung beeinflussen. Dieser Hypothese zufolge wird die Immunreaktion stärker, je mehr Söhne die Frau bekommt, und also steigt auch die Wahrscheinlichkeit von Homosexualität. Blanchard gibt zu, dass dieser Mechanismus bisher noch nicht experimentell bewiesen wurde, die Wissenschaftler nehmen jedoch Blutproben von Müttern mit schwulen Söhnen, um die Antikörper zu analysieren und die Hypothese zu überprüfen. Als ich ihn fragte, wie die mütterlichen Antikörper auf die Entwicklung des Gehirns einwirken, räumt Blanchard ein, dass sie das noch nicht so genau wissen, jedoch beobachtet wurde, dass die Mütter spezifische Antigene gegen Proteine auf dem Y-Chromosom entwickeln. Die *maternal immune hypothesis* von Blanchard und Bogaert ist noch lange nicht bewiesen, und vielen Kritiken ausgesetzt. Trotzdem ist sie ein wichtiger Ansatz für die wissenschaftliche Untersuchung von Homosexualität.

Biologische Veranlagung ist nicht gleich Determinismus, und wenn es um die Prägung unseres Verhaltens geht, würde jeder Naturalist immer die Rolle der Umgebung und der Sozialisierung mit in Betracht ziehen. Es ist bekannt, dass wir ein unglaublich plastisches, also formbares Gehirn haben, mit dem wir lernen und uns an die unterschiedlichen Erfordernisse des Umfelds anpassen können. Die gelebte Erfahrung bestimmt viele Aspekte unserer Persönlichkeit. Aber die Beständigkeit der sexuellen Orientierung bei Erwachsenen weist darauf hin, dass diese schon sehr früh festgelegt wird. Das zu verleugnen, birgt eine grundsätzliche Gefahr: Homophobe Gruppen behaupten, Homosexualität beruhe ausschließlich auf Erfahrungen nach der Geburt, denn so können sie Therapien entwerfen, die diese angelernte Neigung umkehren sollen. Solche Praktiken sind schädlich und werden von psychiatrischen Vereinigungen abgelehnt. Aber abgesehen von der Tatsache, dass es uns unsinnig vorkommt, bleibt die Frage: Kann man die sexuelle Orientierung verändern?

Die Beständigkeit der sexuellen Orientierung

Jahrzehntelang hat man mit Elektroschocktherapien, medikamentösen Behandlungen, konditionierter Masturbation, dem Einsatz von Prostituierten und Psychoanalyse versucht, Homosexualität umzukehren. Und auch wenn die Therapeuten versichern, erfolgreich zu sein, und einige »Patienten« behaupten, sich verändert zu haben, ist nie durch eingehende Prüfung wissenschaftlich bestätigt worden, dass es diese Veränderungen wirklich gibt. Man hat durchaus Verhaltensänderungen beobachtet und sogar eine gewisse Anziehung Frauen gegenüber, aber sobald man die Erregungsmuster detailliert analysierte, wurde jedes Mal deutlich, dass sich die »Patienten« weiterhin zu Männern hingezogen fühlten. Man einigte sich also, dass man das Verhalten umkehren konnte, nicht jedoch die sexuelle Orientierung. Bis 2003 ein umstrittener Artikel in den *Archives of Sexual Behavior* erschien, in dem der Psychiater Robert Spitzer von der Columbia University versichert, es »gibt Beweise, dass es bei einigen homosexuellen Männern und Frauen nach Reparativtherapien durchaus zu einer Veränderung der sexuellen Orientierung gekommen ist.« Der Artikel erregte enormes Aufsehen, denn Spitzer war gar kein Verfechter der Reparativtherapien, sondern ein renommierter Psychiater mit breiter Erfahrung im Studium der sexuellen Orientierung. Zudem war er 1973 mit dafür verantwortlich gewesen, Homosexualität aus dem *Handbuch für Psychische Störungen* (DSM) zu streichen. Es wurde eine sehr repräsentative Teilnehmerzahl (200 Personen) befragt, und die Ergebnisse waren signifikant. Spitzer hatte 143 Männer und 57 Frauen ausgewählt, die sich freiwillig Reparativtherapien unterzogen hatten und behaupteten, ihre sexuelle Orientierung verändert zu haben. Spitzer führte strukturierte Befragungen durch, um diese Veränderungen zu messen, und kam zu dem Schluss, dass eine komplette Reorientierung zwar nicht sehr häufig auftrat, dass die Probanden aber in den meisten Fällen – bei Frauen zu noch höherem Anteil – von »vorwiegend oder ausschließlich homosexuell« zu »vorwiegend oder ausschließlich heterosexuell« gewechselt waren. Spitzer glaubte nicht, dass die Teilnehmer logen oder sich selbst etwas vormachten (wie in vorangegangenen Studien berichtet worden war), sondern dass sie wirklich ihre sexuelle Orientierung verändert hatten.

Religiöse und homophobe Communitys reagierten mit Befriedigung auf die Studie, Homosexuellenverbände waren empört, aber sie erntete auch in der wissenschaftlichen Gemeinschaft harsche Kritik. Mehrere Autoren missbilligten in eben den *Archives of Sexual Behavior* die angewandte Methode, vor allem die Tatsache, dass die Teilnehmer der Studie unter Männern und Frauen ausgewählt wurden, die die Behandlung aus religiösen Gründen angestrebt hatten und sich selbst als Beweis dafür präsentierten, dass eine Veränderung möglich und für andere erstrebenswert sei (93 Prozent erklärten, Religion sei für sie sehr wichtig, und 78 Prozent hatten öffentliche Vorträge gehalten, um diese Art der Therapie zu befürworten). Das implizierte schon einmal eine starke Verfälschung der Studie. Außerdem zog Spitzer für seine Arbeit nur die eigenen Aussagen der Patienten über ihr Verhalten und ihre Phantasien vor und nach der Behandlung heran, um den Grad der Veränderung zu definieren. Es war also unmöglich zu kontrollieren, ob sie die Erfolge übertrieben, um diese Praxis zu fördern. John Bancroft verfasste eine scharfe Kritik, der zufolge es zwar Grund für die Annahme gäbe, dass die sexuelle Orientierung nicht immer beständig und unveränderlich wäre, die Ergebnisse von Spitzer jedoch nicht repräsentativ seien und in keinster Weise eine Reparativtherapie rechtfertigen würden, welche Homophobie und die gesellschaftliche Stigmatisierung von Homosexuellen verstärke und Personen, die sich einer solchen Therapie unterzögen, enorme psychische Probleme bereite.

Die Studie erhielt in den Vereinigten Staaten große Beachtung und wurde von antischwulen Gruppen dafür gebraucht, Reorientierungstherapien zu rechtfertigen, bis im April 2012 die lauteste Kritik von allen kam – der Widerruf von Spitzer selbst. Spitzer schickte Ken Zucker, dem Herausgeber von *Archives of Sexual Behavior*, einen Brief, in dem er erklärte, die Kritik an seiner Studie geprüft zu haben:

Ich räume ein, dass ich die meisten Kritiken zu meiner Studie inzwischen für korrekt halte [...], und teile hier meine neuesten Überlegungen mit: Die Art, wie die Studie angelegt war, macht es unmöglich zu beantworten, ob die Reparativtherapie einem Individuum ermöglicht, die homosexuelle Orientierung in eine heterosexuelle zu ändern [...] Der fatale Irrtum der Studie besteht darin, dass die Glaubwürdigkeit des Subjekts, das erklärt, die sexuelle Orientierung geändert zu haben, nicht überprüfbar ist. Ich habe ein paar (nicht sehr überzeugende) Gründe angegeben, weshalb ich es für vernünftig hielt, von Glaubwürdigkeit auszugehen, aber eigentlich gibt es keine Möglichkeit festzustellen, ob die Antworten stimmen [...] Ich schulde der schwulen Community eine Entschuldigung, da ich unbewiesene Behauptungen über die Reparativtherapie aufgestellt habe, und ich bitte jeden Homosexuellen um Verzeihung, der Zeit und Energie verschwendet hat, weil er glaubte, ich hätte bewiesen, dass die Reparativtherapie bei einigen hochmotivierten Personen funktioniert.

Spitzer streitet nicht ab, dass es einen gewissen Grad an Flexibilität geben kann, aber er gibt zu, dass wissenschaftlich gesehen der eigentliche Schaden darin liegt, Homosexualität nicht zu akzeptieren.

Homophobie ist schädlich, nicht Homosexualität

Bisher ging es meist um die Ursachen der sexuellen Orientierung und die Möglichkeit, sie zu ändern – dabei sind die meisten Wissenschaftler dieses Fachgebiets genau daran am allerwenigsten interessiert. Ron Stall zum Beispiel, Leiter des *Center for LGBT Health Research* (Zentrum für Gesundheitsforschung von LGBT – *Lesbian, Gay, Bisexual and Trans*) der University of Pittsburgh, versichert: »Mir ist es egal, ob die älteren Brüder, das familiäre Umfeld oder das Testosteron vor oder nach der Schwangerschaft die Ursache für Homosexualität sind.« Ihn interessiert das Risikoverhalten im Zusammenhang mit Drogenkonsum, wie man die Ansteckung mit HIV minimieren kann, die Rolle der humanen Papillomviren bei der zunehmenden Zahl von Analkarzinomen, die konkreten Gründe für Depressionen in der Adoleszenz und viele andere Faktoren, die die Lebensqualität und das Wohlbefinden der LGBT-Community verbessern könnten.

Ron Stall hat die bisher größte Studie über das Gesundheitsgefälle zwischen der heterosexuellen und homosexuellen Bevölkerung durchgeführt. Ron hat sorgfältig die medizinischen Daten von 2881 Homosexuellen unterschiedlichen Alters aus verschiedenen Bezirken von Chicago, New York und San Francisco analysiert und stellte fest, dass es »in der homosexuellen Bevölkerung eine höhere Depressionsrate gibt, mehr Fälle von Selbstmordversuchen, sexuellem Missbrauch, Drogenkonsum und HIV-Infektionen«. Ron erklärt, dass diese Zahlen in kleineren Studien bereits separat dokumentiert wurden, er möchte jedoch seine Theorie einer Syndemie unterstreichen, der zufolge all diese schon für sich allein epidemieartigen Risikofaktoren miteinander verbunden sind, sich gegenseitig verstärken und möglicherweise von gemeinsamen Ursachen hervorgerufen wurden. Sie müssen also vom öffentlichen Gesundheitswesen zusammenhängend betrachtet werden. Ron Stall zitiert einige in seinem Zentrum durchgeführte Studien über Jugendliche, denen zufolge »die anfängliche Hauptursache des Anstiegs syndemischer und sich gegenseitig verstärkender Probleme die fehlende Akzeptanz von Homosexualität im familiären oder schulischen Umfeld ist«. Bei jugendlichen Homosexuellen, die in der Schule gemobbt und in der Familie abgelehnt werden, sind Selbstmordversuche, Depressionen und Drogenkonsum häufiger, und auch das Infektionsrisiko ist höher als bei denen, die ihre sexuelle Orientierung innerlich und äußerlich akzeptiert haben. Für Ron gibt es nur eine wichtige Botschaft an die Gesellschaft und die Familien: »Wenn du wirklich das Beste für deinen Sohn oder deine Tochter willst, dann versuche nicht, ihre sexuelle Neigung zu ändern, denn erstens wirst du es nicht schaffen, und zweitens kannst du viel Schaden anrichten. Was korrigiert werden muss, ist Homophobie, nicht Homosexualität.«

Gibt es männliche Bisexualität?

Ich trinke mit Anne ein Glas in einer Bar in Boston, und sie gesteht mir, dass sie »hundertprozentig bisexuell« ist. Sie erzählt, dass sie mit Männern und Frauen Sex und Liebesbeziehungen hatte und sagt: »Ich verliebe mich in die Person, unabhängig von ihrem Geschlecht, und für mich ist das absolut normal.« Anne, eine 32-jährige Deutsche, glaubt, dass sie bisexuell ist, weil sie ihre ganze Kindheit und Jugend mit ihrer lesbischen Mutter und deren Freundin zusammengelebt hat. Sie versichert mir, dass sie sich von Stereotypen befreit hat und dass ein Paar Augen oder Lippen für sie genau gleich attraktiv sein können, ob sie nun zu einem Männer- oder einem Frauenkörper gehören. Meistens beginnt bei ihr alles mit einer Freundschaft, und wenn sie an jemandem hängt und sich ihm nahe fühlt, kann der Wunsch nach körperlicher Intimität auftauchen. Anne hat sowohl mit Männern als auch mit Frauen stabile und exklusive Beziehungen geführt, und während sie mit einer Person eines Geschlechts zusammen war, spürte sie nicht das Bedürfnis nach Abenteuern mit dem anderen Geschlecht. Sie sagt, dass ihre sexuellen Beziehungen mit Männern absolut »normal« waren und kein Mann jemals etwas Ungewöhnliches bemerkt hätte. Als wir unser Gespräch führten, war sie gerade nach jemandem auf der Suche, mit dem sie auf lange Sicht planen und eine Familie gründen könnte, ob mit einem Mann oder einer Frau war ihr absolut egal.

Anne könnte man als hundertprozentig bisexuell definieren, aber ihr Fall ist nicht ganz repräsentativ. Vielen Studien zufolge haben die meisten der Männer und Frauen, die sich als bisexuell bezeichnen, doch eine Vorliebe für ein Geschlecht.

Eigentlich geht es dabei um Definitionen. Bei Umfragen sind es 1-2 Prozent der Männer und 2-3 Prozent der Frauen, die sich als bisexuell einordnen. Wenn wir unter bisexuell verstehen, dass eine Person sich zu beiden Geschlechtern, jedoch in einem durchaus sehr unterschiedlichen Grad, hingezogen fühlt, sind die Zahlen höher. Bei einem engeren Begriff von Bisexualität, bei dem der Grad der Anziehung zu Frauen und Männern ähnlich sein soll, sind die Zahlen viel niedriger, besonders bei Männern. Genau aus diesem Grund halten viele Akademiker Bisexualität für einen uneindeutigen Begriff, und glauben, dass absolute Bisexualität sehr selten ist.

2005 veröffentlichte Professor Michael Bailey von der Northwestern University in Illinois eine Studie, die in der bisexuellen Gemeinschaft zu Kontroversen geführt hat. Bailey wählte 38 Männer aus, die sich als homosexuell definierten, 30 Heterosexuelle und 33 Bisexuelle, setzte sie einen nach dem anderen ins Labor, brachte einen Plethysmographen auf ihrem Penis an, um auch geringe Volumenänderungen messen zu können, und zeigte ihnen erotische Filme, in denen nur Männer oder nur Frauen zu sehen waren. Seinen Resultaten nach zeigten die Homosexuellen ein eindeutiges Erregungsmuster bei den Bildern von Männern und die Heterosexuellen bei den Bildern von Frauen. Bei den Bisexuellen jedoch hatten drei Viertel ein den Homosexuellen entsprechendes Erregungsmuster, ein Viertel reagierte wie die Heterosexuellen. Bailey meinte, kein weiteres, für Bisexuelle charakteristisches Muster beobachtet zu haben, und schloss daraus, dass es immer eine Vorliebe für ein bestimmtes Geschlecht gebe und strenge Bisexualität bei Männern sehr ungewöhnlich sei, auch wenn viele Männer sich als bisexuell definierten. In seinem Artikel zitierte Bailey auch andere Untersuchungen, denen zufolge es bei jungen Männern eine Übergangsphase von der Bisexualität zur Homosexualität gibt.

Baileys Arbeit hat viel Kritik ausgelöst, weil er anhand einer so kleinen Anzahl von Testpersonen so provozierende Schlüsse zog, und dabei nicht einmal die Ebene der Gefühle betrachtete. In der bisexuellen Community gibt es Personen, die sich emotional mehr zu einem Geschlecht hingezogen fühlen, physisch zu einem anderen, was in der Studie nicht berücksichtigt wurde.

Als Reaktion auf die Kritik beschloss Bailey, den Versuch zu wiederholen und für die Auswahl der bisexuellen Probanden strengere Kriterien anzulegen. Er nahm nur Bisexuelle, die sich nicht nur als solche bezeichneten, sondern mindestens je zwei sexuelle Begegnungen mit Männern und Frauen sowie je eine mindestens drei Monate lange Liebesbeziehung mit beiden Geschlechtern vorzuweisen hatten. Im methodischen Teil fügte er auch erotische Videos von Männern hinzu, die gleichzeitig mit Männern und Frauen Sex hatten. Die Ergebnisse wurden 2011 publiziert, und diesmal zeigte sich, dass die Erregungsmuster der Bisexuellen genau in der Mitte zwischen Homosexuellen und Heterosexuellen lagen und dass deutlich eine andere sexuelle Orientierung identifiziert werden konnte. Man schloss daraus, dass maskuline Bisexualität existiert, auch wenn eine solche Studie das in geringerem Maße zeigt als eine Umfrage zur sexuellen Orientierung.

Diese Studie und einige der vorher erwähnten über die Ursachen der Homosexualität rufen eine berechtigte Frage auf den Plan: Sind sie zu irgendetwas gut? Wie in früheren Kapiteln deutlich wurde, sollten wir uns von der Kultur leiten lassen, nicht von der Natur, und in Fällen wie diesem steht eine gesellschaftliche Entscheidung immer über einer Information zur Funktionsweise unseres Körpers. Die biologischen Ursachen für Homosexualität zu kennen, ist in vielerlei Hinsicht irrelevant. Aber die Wissenschaftler, die zur sexuellen Orientierung forschen, sind der Ansicht, dass sie uns mit ihren Studien lediglich Informationen zur Verfügung stellen, damit wir uns als Spezies und als Individuen besser kennenlernen. Und das rechtfertigt ihre Arbeit. Wissen an sich ist niemals schlecht. Außerdem argumentieren sie, dass die Wissenschaft zu gegebener Zeit zu der Erkenntnis beitrug, dass Schwule und Lesben nicht aus Lust und Laune homosexuell sind, sondern weil ihre sexuelle Orientierung ein wesenhafter Teil ihrer Natur ist und als solcher anerkannt werden muss. Und inzwischen gibt es noch eine andere Gemeinschaft, die das wissenschaftliche Interesse einfordert, damit sie nicht länger auf Unverständnis stößt. Sie fordern, dass ihre Neigung neben homo, hetero und bi als neue sexuelle Orientierung betrachtet wird: die Asexuellen.

Von Asexuellen lernen

Rebecca war die dritte Asexuelle, die ich kennenlernte. Sie war etwa 25, unglaublich sympathisch und so zugewandt, dass ich mich traute, ihr zu gestehen, wie sonderbar es mir vorkam, sich niemals von irgendwem sexuell angezogen zu fühlen. Rebecca drehte sich um und sagte: »Siehst du den älteren Herrn dort im weißen Hemd?« »Ja.« »Fühlst du dich sexuell von ihm angezogen?« »Nein ...«, antwortete ich verwirrt. »Würdest du mit ihm ins Bett gehen?« »Natürlich nicht!« »Siehst du, ich fühle allen Menschen gegenüber das Gleiche. Ich treffe einfach nie jemanden, mit dem ich Lust hätte, ins Bett zu gehen.«

Einfach und klar. Endlich verstand ich, wie eine asexuelle Person sich fühlte. Aber Rebecca fuhr fort: »Und genau jetzt gerade, in diesem Augenblick, fühlst du da sexuelles Verlangen?« »Nein ...« »Spürst du nicht so eine spontane Erregung, die dir Lust auf Sex macht?« »Manchmal schon, aber im Augenblick nicht.« »Und bei mir ist es immer so. Ich spüre niemals spontanes sexuelles Verlangen.« Wieder sehr erhellend. Das sind die Gemeinsamkeiten der sonst sehr unterschiedlichen Gemeinschaft der Asexuellen – der Menschen, die weder sexuelles Verlangen verspüren, noch sich jemals von irgendwem sexuell angezogen fühlen und die damit sehr glücklich sein können.

Dieser letzte Punkt ist wichtig: Asexuelle bestehen darauf, kein Problem zu haben. Unwohl fühlten sich nur Personen, die Sex haben wollten und nicht könnten; ein Leben ohne sexuelles Verlangen – nicht ohne Sex – zu führen, riefe hingegen nicht notwendigerweise Stress hervor. Was sie aber wirklich stören würde, sei das Unverständnis großer Teile der Gesellschaft.

Die meisten Asexuellen haben durchaus romantische Gefühle, und sie geben zu, dass das Fehlen von Verlangen eine ernsthafte Herausforderung für eine Paarbeziehung darstellt. Aber sonst fühlen sie sich absolut normal, und viele fordern, dass man Asexualität als eine weitere sexuelle Orientierung anerkennen solle. Sie argumentieren, einige Menschen fühlten sich von Personen des gleichen Geschlechts angezogen, andere von Personen des entgegengesetzten Geschlechts, wieder andere von Personen beider Geschlechter, und sie selbst fühlten sich eben von niemandem angezogen. Und sind trotzdem zufrieden. Einige wenige Asexuelle verspüren Sex gegenüber eine gewisse Abneigung, die meisten sind jedoch einfach indifferent. Sie haben sogar, falls das so abgesprochen wird, gelegentlich Sex mit ihren Partnern, oder masturbieren regelmäßig, wenn sie glauben, dass es für ihre Gesundheit gut ist. Die genitale Erregung funktioniert in der Regel einwandfrei.

Anthony Bogaert von der Brock University in Kanada ist einer der weltgrößten Experten für Asexualität. In einer 2004 veröffentlichten Studie mit 18.000 Briten stellte er fest, dass 1 Prozent sich als asexuell definierte. Daraufhin begann Bogaert, dieses Merkmal, das er nicht als Störung, sondern als sexuelle Orientierung betrachtet, empirisch zu untersuchen. Seitdem hat er Hunderte von Asexuellen kennengelernt und analysiert, und auch wenn er während unseres Gesprächs immer wieder auf ihre unglaubliche Vielfalt hinweist, versichert er mir, dass die meisten asexuellen Personen Erektionen haben bzw. die Lubrikation genauso problemlos vonstatten geht wie beim Rest der Bevölkerung. Es wurden keine Unterschiede der Androgenwerte gefunden, viele masturbieren häufig und die Mehrheit hat weder eine Sex-Phobie, noch fühlen sie sich irgendwie gehemmt. Es ist vielmehr so ähnlich wie bei mir: Selbst wenn ich wahnsinnig erregt wäre, würde ich niemals mit dem Herrn im weißen Hemd ins Bett gehen und lieber masturbieren, als den geringsten Körperkontakt mit einer Person einzugehen, die mich ekelt. Asexuelle fühlen eben dieses Unbehagen, wenn sie sich vorstellen, nackt zu sein, oder mit einer anderen Person Sex zu haben.

Bogaert erklärt: »Es ist eine sehr heterogene Gruppe, und ich schließe nicht aus, dass Asexualität in einigen Fällen auf psychosozialen Faktoren beruht. Aber wir sind nur sehr selten auf Traumata oder religiöse Gründe gestoßen, stattdessen auf körperliche Merkmale, wie eine geringe Körpergröße, keine gute Gesundheit und einen hohen Anteil an Links- oder Beidhändern. Ich glaube, dass es biologische Ursachen gibt, und daher betrachte ich es als eine weitere sexuelle Orientierung.« Als Bogaert mir erzählt, dass viele Asexuelle Liebesbeziehungen eingehen, frage ich ihn, ob sie mit der Zeit und der Beziehung langsam sexuell werden. »Vielleicht einige«, antwortet er, »aber es ist nicht sehr üblich. Genau wie andere sexuelle Orientierungen ist Asexualität sehr beständig. Wir untersuchen gerade, ob es bei Asexuellen, die das wünschen, möglich wäre, ihr sexuelles Verlangen durch das Anheben ihres Testosteronspiegels zu steigern, aber wir glauben noch nicht wirklich, dass es funktioniert.« Bogaert räumt ein, dass der Begriff »asexuell« schwammig ist und leicht auch auf Personen angewandt wird, die unter einer extremen Störung des sexuellen Verlangens leiden. Bogaert zufolge kann man das ganz einfach voneinander unterscheiden, da die Asexuellen nicht das geringste Problem mit ihrem nichtvorhandenen sexuellen Verlangen haben und es auch nicht korrigieren wollen. Sie fühlen sich nicht von anderen Personen angezogen, das hindert sie jedoch nicht daran, einen positiven Blick auf Sex zu haben und neugierig zu sein, verschiedene sexuelle Ausdrucksformen auszuprobieren.

Nachdem ich mich eine halbe Stunde mit Johanna, einer asexuellen Frau, unterhalten habe, kann ich mich nicht mehr zurückhalten: »Also, tut mir leid, aber du kommst mir in Wirklichkeit total sexuell vor.« »Aber so was von!«, antwortet Johanna lachend. Ich kann es nicht richtig glauben, als Johanna erzählt, dass sie überhaupt keine körperliche Anziehung spürt. Um sich zu entspannen, masturbiere sie manchmal, als sie aber versucht habe, mit jemandem Sex zu haben, hätte sie es sehr unbefriedigend gefunden. Sie hat es mit Sadomasochismus und Bondage versucht, weil sie das irgendwie faszinierte, und wenn sie an einem Sexshop vorbeikäme, ginge sie immer hinein, um ein bisschen zu stöbern. Da musste ich natürlich nachfragen: »Und wenn du einen Vibrator siehst, hast du dann keine Lust, ihn auszuprobieren?« »Nun, ich habe schon mal einen benutzt.« Es klingt natürlich absurd, aber ich fragte weiter, ob sie manchmal Pornos im Internet ansieht. Aber das verneint sie: »Niemals! Ich kann mir aus Neugierde welche ansehen, aber es erregt mich nicht, ich fühle mich einfach nicht von anderen Personen sexuell angezogen.« Das ist der Knackpunkt. Asexuelle sind nicht antisexuell. Sie spüren einfach kein Verlangen. Und rein wissenschaftlich wäre es wirklich interessant, dieses Geheimnis zu verstehen.

Lori Brotto von der University of British Columbia wollte die Eigenschaften von Asexuellen mittels detaillierter Studien erforschen. Sie nahm eine Gruppe von 54 asexuellen Männern und 133 asexuellen Frauen und bekam folgende Ergebnisse: 32 Prozent der Frauen hatten über sieben Jahre dauernde feste Beziehungen geführt, gegenüber 0 Prozent der Männer. 7 Prozent der Männer masturbierten nie, mehr als 50 Prozent taten es aber mindestens einmal pro Woche. Bei den Frauen masturbierten 42,7 Prozent nie, 23 Prozent ein- bis viermal pro Monat, und 6,8 Prozent mehrmals die Woche. Trotzdem, wenn man sie fragte, wie oft sie idealerweise gern Geschlechtsverkehr hätten, antworteten 86 Prozent der Männer und 94 Prozent der Frauen mit nie bis maximal zweimal jährlich. Was die Häufigkeit von Küssen oder intimen Kontakten mit ihren Partnern angeht, antworteten 84 Prozent der Männer und 75 Prozent der Frauen, dass es die nicht gäbe.

Bei den Teilnehmern an der Studie, die ein gewisses Maß an sexueller Aktivität angaben, wurde beobachtet, dass der Grad des sexuellen Verlangens deutlich geringer war als bei der Allgemeinbevölkerung, dass aber die Erektionsfähigkeit bei Männern sowie Lubrikation und Vorkommen von Vaginalschmerz bei Frauen ähnlich verteilt waren. Bei Frauen lag die Orgasmusfähigkeit und die Befriedigung ähnlich wie bei Frauen mit einer Verlangensstörung, bzw. *Hypoactive Sexual Desire Disorder* (HSDD).

Anthony Bogaert zufolge ist das Thema der Masturbation sehr wichtig. »Es gibt natürlich Asexuelle, die nie masturbieren«, sagt er, »aber andere tun es durchaus. Einige einfach nur, um Spannung abzubauen, und weil sie es für gesund halten, aber andere haben sexuelle Phantasien. Das Interessante an diesen Phantasien ist, dass sie selbst nie darin vorkommen, das heißt, es gibt ein ganz anderes Muster, das wir gerade untersuchen.« Bogaert ist davon überzeugt, dass die Erforschung der Asexualität einen neuen Blick auf die konventionelle Sexualität mit sich bringt. Für ihn zum Beispiel sind Asexuelle ein Beweis dafür, dass romantische Liebe existiert und man sie erhalten kann, ohne notwendigerweise sexuelles Verlangen zu fühlen.

Das Thema wird in der Sexologie heiß diskutiert, und Lori Brotto zufolge hat es enorme Auswirkungen. Lori war Mitglied der Arbeitsgruppe, die die sexuellen Störungen für das nächste DSM (Version 5) definierte, und wollte sicher bestätigt haben, ob sie das ständige Fehlen von Lust und Erregung bei Asexuellen als schwere Verlangensstörung betrachten sollte, ob es eine psychische Störung impliziert oder ob man Asexualität als ein Extrem im Rahmen der Normalität sehen kann. Diese Frage ist von großem Belang, denn je nach Antwort ist es eine Krankheit, die behandelt werden muss, oder nicht.

Brotto ist sich der Herausforderung bewusst, die durch die Unklarheit des Begriffs und die enorme Heterogenität innerhalb der sich als »asexuell« definierenden Gruppe entsteht, aber sie möchte das Phänomen der Asexualität tiefgehender untersuchen, als es in der Wissenschaft bisher getan wurde. In einer bisher nicht veröffentlichten Studie vergleicht sie biologische und verhaltensbezogene Faktoren bei einer Gruppe von 403 Asexuellen, einer Gruppe von 131 Kontrollpersonen und 130 Personen, die unter Verlust oder Mangel des sexuellen Verlangens bzw. HSDD leiden. Zum Zeitpunkt unseres Gesprächs zeigten die ersten Ergebnisse, dass es zwar Fälle gibt, die sich überschneiden, generell unterschied sich die Asexualität jedoch qualitativ von HSDD. Der größte Unterschied liegt darin, dass es bei Asexuellen viel weniger Unbehagen aufgrund ihres Zustands gibt. Auch gibt es signifikante Unterschiede bei der Form der sexuellen Phantasien. In der Kontrollgruppe und bei Menschen mit einer Störung des Verlangens sind meist andere Personen in die Phantasien involviert, bei Asexuellen sind Phantasien insgesamt weniger häufig und im Allgemeinen mit Gegenständen und Situationen verknüpft. Asexuelle, die masturbieren, tun das mit einer ähnlichen Häufigkeit wie Menschen mit HSDD, aber sie haben sehr viel seltener Sex mit einem Partner. Und schließlich definieren sich Personen mit Verlangensstörungen nicht als asexuell.

Lori Brotto glaubt nicht, dass man Asexualität als psychische Störung behandeln sollte, denn die Depressionsrate und auch die Raten von anderen Störungen sind niedrig, und Alexithymie (Unfähigkeit, eigene Gefühle zu erkennen) tritt nur ganz leicht häufiger auf als in der Kontrollgruppe und seltener als in der Gruppe der Personen mit HSDD.

In einer auf biologische Unterschiede ausgerichteten Studie analysierte Lori drei biologische Marker, die bei Heterosexuellen, Homosexuellen und Bisexuellen unterschiedlich sind: die Anzahl der älteren Brüder, das Längenverhältnis zwischen dem Zeige- und dem Ringfinger und die proportionale Häufigkeit von Links- und Beidhändern. In den Ergebnissen fand man keine Differenzen beim Fingerlängenverhältnis. Was die Anzahl der Brüder angeht, scheinen asexuelle Männer mehr ältere Brüder zu haben als heterosexuelle, bei den Frauen findet man keinen Unterschied. Die wichtigste Information ist die Häufigkeit von Nicht-Rechtshändern. Es steht fest, dass es unter Schwulen und Lesben mehr Links- und Beidhänder gibt, was einigen Forschern zufolge durch die Hormonspiegel während der Schwangerschaft und die Entwicklung des Gehirns verursacht werden kann. Bei Asexuellen, sowohl bei Männern als auch bei Frauen, gibt es im Verhältnis mehr als doppelt so viel Nicht-Rechtshänder wie bei Heterosexuellen. Lori sagt, dass noch mehr Probanden untersucht werden müssen, aber alles scheint kohärent darauf hinzudeuten, dass die Asexuellen recht haben, wenn sie von einer sexuellen Orientierung sprechen – es also kein Problem bei der Sozialisierung, sondern Teil ihrer Natur ist. Es ist eine relativ neue Thematik, aber mit der Zeit wird Asexualität vielleicht wirklich als weitere sexuelle Orientierung betrachtet. Irgendwann kommt es uns genauso absurd vor, dass man Asexuelle argwöhnisch ansieht oder therapieren will, wie dass man früher Homosexualität für unnormal hielt. Ohne Sex zu leben ist nur dann ein Unglück, wenn es von Verlangen und Frustration begleitet wird. Keine Lust auf Sex zu haben muss dagegen kein Problem sein.

15
Kenntnisse erweitern in Sadomaso-Clubs

Drei Dinge fand ich bei meinen Besuchen in Sadomaso-Clubs in New York und auf Treffen mit Mitgliedern der TES[25] für Fortbildung in BDSM (*Bondage & Discipline, Dominance & Submission, Sadism & Masochism*) sehr anregend: 1.) Die hervorragende Kommunikation über Grenzen und sexuelle Vorlieben unter denjenigen, die Sadomasochismus praktizieren, die sehr viel besser funktioniert als bei den meisten konventionellen Paaren. 2.) Die ganz klar markierten Rollen von Domination und Unterwerfung (Dominance and Submission). Dort wird es bis zum Extrem geführt, es kann aber auch im Liebesspiel von Paaren, die nicht Sadomaso sind, erregend sein. 3.) Der physische Schmerz als Auslöser für Erregung. Einige Praktiken haben mich erschreckt, aber, noch einmal: Innerhalb der persönlichen Grenzen kann es ein sehr interessanter Bestandteil sein. Zudem gibt dieser letzte Punkt wissenschaftlich einiges her. Dass unser Gehirn denselben Reiz manchmal als schmerzhaft und dann wieder als lustvoll deutet, birgt im Grunde den tiefen Unterschied zwischen körperlicher Wahrnehmung und Gefühl.

Die Verabredung mit den Mitgliedern der TES war an einem Samstagabend um halb zehn in einem Restaurant im Stadtteil Chelsea in Manhattan. Ich hatte bereits an ein paar der wöchentlichen Diskussionen über verschiedene Aspekte des BDSM teilgenommen und war eingeladen worden, mit der Gruppe zusammen auszugehen, das organisierten sie für verschiedene Fetisch- und SM-Clubs in New York. Zuerst würden wir uns in einem Séparée des Restaurants in Chelsea zum Abendessen treffen, diejenigen kennenlernen, die bei diesem Mal dabei sein würden, uns in Ruhe unterhalten und anschließend gemeinsam in den versteckten Paddles Club gehen.

Ich kam ein paar Minuten zu spät, um nicht zu den Ersten zu gehören. Ich war ein bisschen nervös und unentschlossen, hatte absolut niemandem erzählt, was ich an diesem Samstagabend vorhatte. Als ich eintraf, waren schon etwa 30 Personen da. Bo – eine der Seelen von TES, er leitete an diesem Abend das Treffen – lächelte mir zu, und seine Sklavin lud mich ein, mich an ein Ende der u-förmig zusammengestellten Tische zu setzen. Ich begrüßte den etwa 50-jährigen Mann mit schwarzem Hemd, Lederhosen und Tätowierungen an Hals und Arm, der neben mir saß, und die lächelnde farbige Frau ihm gegenüber, die etwas fülliger war, mittleren Alters und mit tiefem Ausschnitt. Sie unterhielten sich sofort weiter, und ich schaute mir erst einmal die Anwesenden an und nickte ihnen freundlich zu. Die Altersspanne reichte von 20 bis etwa in die 50er. Außer einigen, die nach konventionellen Standards etwas »seltsam« wirkten, sahen die meisten völlig normal aus, trugen Straßenkleidung und zeigten sich in extrovertierter Feierstimmung. Aus der Ferne könnte die Veranstaltung als ein Essen irgendeines Unternehmens durchgehen, bei dem sich Menschen unterschiedlicher Altersgruppen, Hautfarben, Stile, Verhaltensweisen und sozioökonomischer Bedingungen mischen. Und auch wenn sich viele später im Club umzogen und manche wie verwandelt schienen, kam mir das Ambiente erstmal sehr natürlich vor.

Ich habe keinesfalls vor, ausgehend von meinen wenigen Begegnungen mit Sadomasochisten Rückschlüsse auf ihre Persönlichkeit zu ziehen. Weder durch das, was ich mit eigenen Augen gesehen habe, noch durch das, was mir andere aus der Gruppe erzählten, die gut unter einem kognitiven Bias leiden und die Realität ihrer eigenen Subkultur unbewusst verzerren könnten. Für diese mutmaßliche Neutralität und Objektivität ist die Wissenschaft da.

Eine umfassende australische Studie führte Umfragen über verschiedene Bereiche des Sexualverhaltens mit fast 20.000 Personen durch. Dabei gaben 2,2 Prozent der Männer und 1,3 Prozent der Frauen an, im letzten Jahr sadomasochistische Praktiken ausgeübt zu haben. Bei Homo- oder Bisexuellen kam es häufiger vor als bei Heteros. Die Forscher analysierten die BDSM-Praktizierenden im Detail und stellten eine höhere Prävalenz für Oral- und Analverkehr, die Verwendung von Pornografie und eine höhere Anzahl an Sexualpartnern fest, doch es fanden sich keine signifikanten Unterschiede, was die persönliche Wahrnehmung von Unzufriedenheit, Angst oder mit Sexualität zusammenhängenden Problemen anbelangt und kurioserweise auch nicht beim Interesse für Sex. Eine signifikante Angabe war, dass sadomasochistische Männer geringfügig weniger psychischen Stress verspürten als der Rest. Die Forscher kamen zu dem Schluss, dass BDSM eine weitere kulturelle Praxis ist und nicht mit irgendeinem Krankheitssymptom, Missbrauch in der Vergangenheit oder sexuellen Schwierigkeiten zusammenhängt. Das ist umstritten, weil andere Studien darauf hindeuten, dass Erregungsschwierigkeiten, Persönlichkeitsstörungen oder Probleme beim Aufbau konventioneller Beziehungen häufiger bei Masochisten auftreten. Aufgrund meiner Erfahrung und den tiefgehenden Gesprächen mit Männern und Frauen aus der SM-Szene weiß ich, dass es diese Probleme gibt, ich würde jedoch nicht zu behaupten wagen, dass es in höherem Maße der Fall ist als bei der Allgemeinbevölkerung, und auch nicht, dass die SM-Praxis sie verstärkt oder verringert. Meinem Eindruck nach wenden sich einige Menschen aus Unzufriedenheit und innerer Unruhe BDSM zu, das heißt jedoch nicht, dass BDSM diese Zustände unbedingt hervorbringt.

Dazu noch ein paar wichtige Details. Erstens: Sadismus als unkontrollierte sexuelle Aggression wird tatsächlich im Handbuch psychischer Störungen (DSM-5) als paraphile Störung beschrieben. Doch das ist nicht, was Dominante und Unterwürfige in vollem gegenseitigem Einverständnis und mit vorher von beiden festgesetzten Grenzen praktizieren. Eine sadistische Störung, die mit Psychopathie, antisozialem Verhalten und Persönlichkeitsveränderung zusammenhängt, ist nicht dasselbe wie der einvernehmliche sexuelle Sadismus im Rahmen von BDSM, der die Praktizierenden auf keine

Weise schädigt. Unter diesen Umständen sollte er nicht als zu behandelnde Störung betrachtet werden. Zweitens: In mehreren Studien wurde beobachtet, dass manche Praktiken, darunter auch Sadomasochismus, bei Personen mit psychologischen Problemen zu einer Obsession werden und die bestehenden Probleme verschlimmern können. Ich habe Fälle der Unterwerfung gesehen, die mir wirklich nach Zwangshandlungen und schwerwiegendem emotionalen Ungleichgewicht aussahen. Doch umgekehrt tritt dies nicht auf: BDSM wird schwerlich bei gesunden Menschen Probleme hervorrufen, die damit einfach nur ihr Sexualleben erweitern wollen. So wie Sioux.

Sioux und Anais kamen zusammen und setzten sich mir gegenüber. Sie sahen völlig normal aus, und ich fragte, ob sie neu dabei wären. Anais sagte mir, sie mache schon seit fünf Jahren BDSM und definiere sich als 24/7 (der englische Begriff *twenty-four seven* bedeutet 24 Stunden am Tag, sieben Tage die Woche und drückt aus, dass etwas ein integraler Bestandteil der Persönlichkeit ist). Sioux hatte BDSM erst vier Mal und nur sehr sporadisch praktiziert. Sie hatte einen Freund, der es aber nicht mochte, deshalb ging sie gelegentlich mit Freundinnen. »Ist das so was wie ein Hobby?«, fragte ich sie. Anais schaltete sich sofort ein und sagte mit beleidigter Miene: »Für mich und viele andere ist es ein Lebensstil.« Sioux lächelte über meine Taktlosigkeit und gab zurück: »Naja ... in meinem Fall könnte man das schon so nennen.«

Sioux war groß, schlank und den soziokulturellen Standards nach attraktiv. Offen gestanden eine der wenigen, die beim Essen und später im Club mit dabei waren. Vielen Männern sah man an, dass sie regelmäßig ins Fitnessstudio gingen, und die Frauen trugen aufreizende Klamotten, doch im Allgemeinen waren die Leute nicht gerade glamourös. Die Praktizierenden selbst geben zu, dass es unter Sadomasochisten – besonders bei den Frauen – einen hohen Prozentsatz an Übergewichtigen gibt. Natürlich kann man abgesehen von der – wirklich sehr charakteristischen – Lederkleidung unmöglich Stereotype aufstellen, doch einen Christian Grey – die emblematische Hauptfigur aus dem Bestseller *Shades of Grey* über die Dominanz-

und Unterwerfungsbeziehung zwischen ihm und zu der jungen Anastasia Steele – konnte ich wirklich nirgends entdecken. Haddass erinnerte mich hingegen durchaus an die Figur der Anastasia.

Haddass erschien mit einem Lächeln im Gesicht und grüßte nervös. Sie war 21 und ein bisschen pummelig, sah wie eine Studentin aus, mit großen Augen und sympathischen Pausbäckchen, ihr Ausdruck schwankte zwischen angespannt und hoffnungsvoll. Sie setzte sich neben mich und sagte mir sofort, das sei ihr erstes Mal. Ich glaube, mein »Meins auch« beruhigte sie. Sie erzählte, schon von klein an eine große Neugier zu verspüren und mit einem Freund habe sie »so was« auch schon ausprobiert. Sie habe sich im Internet viel Information besorgt und schließlich beschlossen, es mit einer wirklichen Session zu versuchen. Ich fragte sie, ob sie Dom oder Sub war, und sie antwortete mit einem völlig überzeugten »Sub«. Ich fragte weiter, ob sie sich an etwas erinnere, das ihr Interesse für BDSM geweckt haben könnte, was sie nach einigen Sekunden des Nachdenkens verneinte. Seit ihren ersten sexuellen Erfahrungen habe sie es immer gemocht, sich dominiert zu fühlen, sei dabei aber nie sehr weit gegangen, und jetzt wolle sie etwas Heftigeres ausprobieren. Ich dachte sofort, dass ich ihre Entwicklung von Nahem verfolgen wollte.

Bevor ich weitererzähle, möchte ich erklären, dass der Sadomasochismus über den Schmerz hinaus von den Rollen Dominance und Submission (D/s) bestimmt wird. Der oder die Dominante (»Dom«) hat die völlige Kontrolle, und der oder die Unterwürfige (»Sub«) gibt sie vollkommen ab. Im Allgemeinen ist der Dominante der *Top*, der dem *Bottom* (dem Unterwürfigen) Schmerz zufügt, ihn peitscht und erniedrigt, aber ein Dominanter kann vom Unterwürfigen auch fordern, dass er ihn tritt, schlägt oder mit ihm macht, was immer er verlangt. Manche Praktizierende haben immer feste Rollen von Dom oder Sub, doch teilweise – normalerweise Paare, die BDSM als eine weitere sexuelle Variante praktizieren – nennen sie sich *Switch* und wechseln die Rollen untereinander. Auf den Einvernehmlichkeitslisten, mit denen *Tops* und *Bottoms* ihre Grenzen und Vorlieben abstimmen, stehen aberdutzende von Praktiken, von Genitalfolter bis zu verbalen Beschimpfungen oder der Forderung, jedweder Laune zu gehorchen. Wenn jemand nur eine Light-Version von BDSM praktiziert und nur sporadisch, wird das (nicht abwertend) Vanillasex genannt. Ausgehend von diesen Grundbegriffen gibt es viele Variationen, zum Beispiel Herren oder Sklaven, je nachdem, ob man einen Vertrag mit jemandem geschlossen hat, oder Schwestern, bzw. unter Schutz gestellte Beziehungen, wenn jemand eingeführt wird. Doch dann wird es schon komplizierter. Mehr Informationen und Praktizierende könnt ihr auf fetlife.com finden, der weltweit größten BDSM-Online-Community.

Nach dem Essen, einer Vorstellungsrunde und den Ratschlägen von Bo, was uns im Club erwartete und wie wir uns dort zu verhalten hatten, liefen wir mit der ganzen Gruppe die 7th Avenue bis zur 26th Street hinauf und bogen links ab, bis wir zu einer Tür kamen, die wie der Notausgang irgendeines Ladens aussah. Kein Schild. Bo klingelte, die Tür ging auf und entpuppte sich wirklich als ein Notausgang, wir gingen durch einen langen Gang, stiegen eine enge Treppe hinunter, zahlten an der Kasse 25 Dollar und betraten das Paddles. Manche von uns waren normal gekleidet (unbedingt in dunklen Farben), andere trugen Leder, das mehr oder weniger viel Haut sehen ließ. Die Gruppe zerstreute sich sofort. Einige gingen sich umziehen. Der Club bestand aus verschachtelten Gängen und vielen Zwischenwänden, die dunkle Nischen bildeten, einem Gemeinschaftsbereich mit Bar, wo jedoch kein Alkohol ausgeschenkt wurde, und mehreren Räumen mit verschiedenen Geräten. Stühle, auf denen man den Gespielen oder die Gespielin bewegungsunfähig machen konnte, Bänke, auf die man sich legte, während jemand anders einem den Hintern versohlte, Balken, um jemanden zum Auspeitschen festzubinden, und Liegen, auf denen verschiedene Aktivitäten ausgeübt wurden.

Zuerst blieb ich bei einer Liege stehen, auf der eine nackte junge Frau mit auf den Rücken gebundenen Händen lag. Ein Mann fügte ihr am ganzen Körper kleine Verbrennungen zu. Die Frau sah ängstlich aus, als graute ihr davor, er könne ihr zu nah kommen und ihr eine wirklich schmerzhafte Verbrennung zufügen. Als der Mann die

Flamme ihren Achseln näherte, wand sie sich verängstigt, doch als die Flamme nah an ihren Brustwarzen vorbeiglitt, schien sie das zu erregen. Und die sanften Schläge auf ihr depiliertes Geschlecht schienen eine Spannung aufzubauen, die, wie sie mir eine halbe Stunde später erklärte, ein Gefühl tiefer Erregung hinterließ, wenn sie nach der Session losgebunden wurde.

In einer dunklen Ecke schossen zwei Frauen mit einem Blasrohr Pfeile ab, die sich in den Hintern eines auf allen Vieren knienden jungen Mannes bohrten, andere Frauen saßen bei Männern und leckten ihnen die Schuhe, und sehr viele Leute schlugen sich mit Paddles, feinen halbflexiblen Leisten, Peitschen aus Lederbändern, oder praktizierten *spanking*, schlugen sich also mit der bloßen Hand. Ich beobachtete gerade, wie ein stämmiger Mann scharfe Messer über den gefesselten Körper einer Frau gleiten ließ, da hörte ich hinter mir einen Schrei.

Es war Sioux. Sie stand mit dem Rücken zur Wand, die Arme über sich festgebunden, trug nur einen Tanga und empfing Peitschenhiebe von ihrer Gefährtin Anais. Wenn ich ehrlich bin, sah es nicht so aus, als ob sie wahnsinnig viel Spaß hätte.

Ich sprach viel mit Bo, einer wahren Enzyklopädie des BDSM. Irgendwann standen wir vor einer dicken Frau, die auf allen Vieren auf einer schmalen Bank hockte, während ein junger Mann sie mit einem Paddle so heftig schlug, dass ich eine Gänsehaut bekam. Die Frau schluchzte und stieß nach einem besonders brutalen Schlag einen ohrenzerreißenden Schrei aus, bei dem ich schmerzhaft das Gesicht verzog. »Das muss wehtun!«, sagte ich zu Bo. »Und genau darum geht es«, antwortete er und erklärte mir noch einmal, dass niemand dort etwas täte, was er nicht wollte. Die Grenzen und Signale waren abgesprochen, und die Beteiligten konnten in jedem Augenblick ein Zeichen (»Safeword«) geben, woraufhin die Handlung sofort abgebrochen würde. Ich konnte mir die Frage nicht verkneifen, ob das wirklich irgendwen sexuell erregte. Er gab zurück, dass Sadomasochismus nicht immer mit Sex zu tun hatte. Häufig war das so, doch manchmal ging es nur darum, durch den Schmerz diesen veränderten Bewusstseinszustand zu erlangen, der hinterher von einem Gefühl der Katharsis, tiefem Wohlbefinden und einer starken Verbindung mit dem Partner begleitet wurde.

Auch wenn es seltsam klingt, die Wissenschaft bestätigt Bos Worte. In einer der wenigen mit Sadomasochisten durchgeführten Studie maßen US-amerikanische Forscher die Testosteron- und Cortisolspiegel von 58 Doms und Subs vor Beginn einer Session, direkt im Anschluss und 40 Minuten danach. Die Sessions dauerten im Durchschnitt 57 Minuten und beinhalteten Dominanz und Demütigung, das Zufügen von Schmerz und Einschränkung der Sinne. Es nahmen Männer und Frauen teil, und zusätzlich zur Messung der Hormonwerte im Speichel erhielten alle nach der Session einen Fragebogen. Die Ergebnisse waren ziemlich signifikant. Testosteron ist das Hormon, das mit Aggressivität, Kampf und sexuellem Verlangen zu tun hat, und wie zu erwarten stieg dieser Wert nach der Session leicht bei dominanten Männern und Frauen und sank ein wenig bei den unterwürfigen Männern. Doch das am wenigsten erwartete Ergebnis war ein deutlicher Anstieg bei den unterwürfigen Frauen. In der Diskussion des Artikels wagen die Autoren keine Erklärung dieses Tatbestands, sagen jedoch, er könne eine Verbesserung der emotionalen Befindlichkeit während der Session und einen Zuwachs sexuellen Verlangens anzeigen. Eine besondere Offenbarung kam jedoch bei der Auswertung der Werte des Cortisols, des Stress-Hormons. Bei den Doms variierte dieser Wert während der sadomasochistischen Betätigung quasi nicht, doch bei den Subs, die Schmerz oder Demütigung erfuhren, stiegen die Cortisol-Werte während der Session signifikant – und fielen 40 Minuten später bei denen, die die Erfahrung als befriedigend einschätzten, wieder radikal ab. In dieser Untergruppe sanken die Cortisol-Werte sogar weit unter den Wert, den sie vor der Session hatten, und das entsprach dem Gefühl, sich stärker mit dem Partner verbunden zu fühlen.

Eine wichtige Beobachtung bei dieser Studie ist, dass das Cortisol sich bei denen stärker reduzierte, die vor der Session sehr hohe Werte hatten. Wir könnten also daraus schließen, dass Masochismus uns bei physischem oder psychischem Stress Erleichterung verschaffen kann, dass dieser Effekt bei normalem Stresslevel jedoch zu vernachlässigen ist; jedenfalls passt das zu der Aussage, dass Masochisten sich körperlich entspannt fühlen, nachdem sie Schmerz und Demütigung erlitten haben (von der emotionalen Seite sprechen wir ein paar Abschnitte später). Als das Paar, das Bo und ich beobachtet hatten, mit dem Peitschen fertig war, weinte die Frau einige Minuten lang in den Armen ihres Herrn, und eine Weile später sah ich sie aneinandergekuschelt und halb eingeschlafen auf einem Sofa liegen.

Wir wollen uns noch ein paar Studien über den Zusammenhang zwischen Lust und Schmerz anschauen, aber zuvor muss ich noch sagen, dass ich enttäuscht war, nicht mehr ernsthafte Untersuchungen über Sadomasochisten zu finden. Ich erinnere mich an ein fabelhaftes Gespräch über die Physiologie des Schmerzes mit Fernando Cervero, einem spanischen Neurowissenschaftler, der seit über 30 Jahren in Kanada lebt und einer der weltgrößten Experten für Schmerzforschung ist. Als ich ihn im Sommer 2012 in seinem Labor an der McGill University besuchte, erzählte er mir von den Ursachen für Hypersensibilität, von Anfang des 20. Jahrhunderts durchgeführten Lobotomien bei Personen mit chronischem Schmerz, bei denen der Schmerz nicht verschwand, aber nicht mehr wichtig war, von Phantomschmerzen, Fibromyalgie, von Personen, die ohne Schmerzempfinden zur Welt kommen und gewöhnlich sehr schnell sterben, von spezifischen Nervenrezeptoren für Schmerz, vom Unterschied zwischen dem peripheren Schmerz eines Sonnenbrands und dem inneren eines Reizdarms, von den unterschiedlichen Schmerzgrenzen und vor allem von der Bedeutung des psychologischen Faktors und wie Schmerz je nach Kontext stärker oder schwächer werden kann. Ich fragte ihn, ob jemand Untersuchungen mit Sadomasochisten durchgeführt habe, und er sagte, darüber wisse er nichts. Überraschend, und ein weiteres Beispiel für die große Reserviertheit, die die Wissenschaft gegenüber Sex an den Tag legt. So interessant es auch sein könnte, den physiologischen und psychologischen Anteil des Schmerzes im Sadomasochismus zu untersuchen und, falls es sie gibt, die Unterschiede zu Nicht-Sadomasos zu analysieren – nur wenige Wissenschaftler wagen sich aus ihrer akademischen Blase und beantragen für so etwas Finanzierung.

Wenn der Schmerz Lust bereitet und anderen Schmerz nimmt

Zu meiner Überraschung hat die wissenschaftliche Forschung Schmerz und Lust unabhängig voneinander untersucht, dabei haben sie so viel gemeinsam. Das Signal einer zarten Liebkosung im Nacken reist auch dann noch auf denselben Nervenbahnen zum Gehirn, wenn es zu einem heftigen Kratzen wird. Allerdings werden nicht dieselben Gehirnbereiche aktiviert. Inselrinde, Thalamus und spezielle Zonen der Großhirnrinde wie auch Transmitterwerte reagieren unterschiedlich je nach der eingehenden sensorischen Information, aber auch je nachdem, wie wir den Reiz interpretieren. Hochspannend: Ein und dasselbe Kratzen kann Schmerz verursachen, wenn es zufällig und überraschend kommt, oder Lust, wenn es während des Liebesakts geschieht. Doch die Beziehung zwischen Lust und Schmerz ist noch sehr viel tiefer und komplexer. In einem vorangehenden Kapitel haben wir bereits eine Studie des Kroaten Sasha Štulhofer gesehen, in der er Frauen beschrieb, die Analsex praktizieren, obwohl er ihnen Schmerzen bereitet – sie erotisieren den Schmerz. Was heißt das aber genau, den Schmerz erotisieren? Wo verläuft die Empfindungsgrenze, die ein Kneifen der Brustwarze von sinnlich zu schmerzhaft werden lässt? Und warum verschiebt sich diese Grenze mit der sexuellen Erregung nach oben?

Die norwegische Wissenschaftlerin Siri Leknes erforscht genau das: Welche Kontexte konditionieren ein und dieselbe Erfahrung, so dass sie mehr oder weniger lust- oder schmerzvoll ist? Einmal ist das einfach unsere Erwartung. Stellt euch vor, ihr nehmt an einer Fernsehlotterie teil und schaut gerade zu, wie sich das Glücksrad dreht und darüber entscheidet, ob ihr 1000, 2000 oder 5000 Euro gewinnt. Falls 1000 rauskommt, seid ihr trauriger, als wenn ihr dieselbe Summe gewonnen hättet und die Möglichkeiten bei 100, 500 oder 1000 Euro gelegen hätten. Nach demselben Prozedere misst Leknes die Leitfähigkeit der Haut und die Gehirnaktivität von Menschen, denen per Laser eine leichte Verbrennung zugefügt wird. Die Probanden bekommen gesagt, die Intensität des Lasers betrage x, der

Wert wird ihnen fortlaufend auf einem Bildschirm angezeigt. Wenn die Teilnehmer der Studie merken, dass die Intensität des Lasers niedriger ist, als ihnen angekündigt wurde, erlebt ihr Körper physiologisch weniger Schmerz, als wenn der Wert höher liegt als erwartet. Allein dadurch, dass man den Wert x verändert, ändert sich auch die Schwelle des vom jeweiligen Probanden tolerierten Schmerzes.

Siri Leknes ist eine der renommiertesten Forscherinnen auf dem Gebiet der Beziehung zwischen Schmerz und Lust. Ich frage sie, ob sie schon einmal mit Sadomasochisten gearbeitet habe, und sie verneint. Mich überrascht das, und sie gibt zu, dass man ihr ein paar Mal die Finanzierung verweigert habe. Ich bleibe hartnäckig und argumentiere, es ginge ja nicht darum, Sadomasochisten an sich zu verstehen. Die Wissenschaft verwende doch solche Fälle, um Mechanismen besser zu verstehen und dann auf andere Störungen anzuwenden, woraufhin sie erwidert: »Ich bin ganz Ihrer Meinung, aber es gibt auch für die Wissenschaft gewisse Tabuthemen.« Dennoch, erklärt Siri, gebe es verschiedene Hypothesen über den Zusammenhang zwischen Lust und – sowohl körperlichem wie psychischem – Schmerz bei Masochisten und Nicht-Masochisten. Ein erstes Ergebnis: Masochisten scheinen keine anders geartete Sensibilität zu haben.

Das war einer der Punkte, die mich beschäftigt hatten: Haben Masochisten ein geringeres Schmerzempfinden? Gewöhnen sie sich an den Schmerz? Leknes zitiert andere Studien und sagt, dem sei nicht so. Erstens, weil der Schmerz sich nicht dadurch verringert, dass man ihm fortlaufend ausgesetzt ist: Niemand gewöhnt sich so sehr an Rückenschmerzen, dass sie verschwinden. Vielleicht können wir uns daran gewöhnen, den Schmerz zu spüren, aber er verschwindet nicht, da er im Sinne der Evolution ein lebenswichtiges Signal ist. Und zweitens aufgrund der Aussagen von Masochisten selbst. Sie glauben nicht, Schmerz gegenüber eine höhere Toleranz zu haben. Ich erinnere mich, Niki im Club Paddles danach gefragt zu haben. Ihre Antwort war: »Wenn ich mir den Fuß unabsichtlich an einem Tisch stoße, tut mir das genauso weh wie jedem anderen auch.« Alles scheint vom Kontext abzuhängen.

Eine kleine, 2010 veröffentlichte Studie vergleicht die Schmerzwahrnehmung von Sadomasochisten, einer Kontrollgruppe und Fibromyalgiekranken. Sie kommt zu dem Ergebnis, dass der somatosensorische Kortex bei Fibromyalgiekranken sehr viel intensiver auf die ersten Schmerzreize reagiert, während Masochisten genauso wie die Kontrollpersonen reagieren, bei Wiederholung der Reize bei den Masochisten jedoch eine gewisse Abmilderung auftritt. Jedenfalls wurden noch keine physiologischen Unterschiede zwischen regelmäßig BDSM-Praktizierenden und konventionellen Personen entdeckt, gehen wir also weiter zur Erotisierung des Schmerzes in Momenten der Erregung. Das passiert uns allen: Bei einem sexuellen Zusammentreffen wird Schmerz zu Lust. Warum?

Ein erster Schritt zum Verständnis ist die Annahme, dass Lust und Schmerz ein Kontinuum sind. Um das grob zu verdeutlichen: Der Anblick eines kalorienreichen Essens kann Appetit in uns hervorrufen, wenn wir Hunger haben – und Übelkeit, wenn wir satt sind. Die Signale für Anziehung und Abscheu wären also gewissermaßen dazu da, die Wiederherstellung des homöostatischen Gleichgewichts im Körper zu erzwingen. Kommen wir im Winter durchgefroren nach Hause und stellen uns unter die Dusche, finden wir das heiße Wasser sehr viel angenehmer als dieselbe Temperatur im Sommer. Der Körper strebt danach, dass wir sein inneres Gleichgewicht so schnell wie möglich wiederherstellen, und in diesem Sinne produziert es Lust, wenn wir einen Schmerz oder ein unbehagliches Gefühl beseitigen. Allein die Tatsache, dass der Schmerz sich verringert, steigert die Lust – doch wie wird das im Gehirn gedeutet? Teilweise erklärt es sich aus der neurochemischen Beziehung zwischen dem an der Schmerzempfindung beteiligten Opioidsystem und dem dopaminergen der Lust. Eine Wirkung ist dabei ganz klar: Sexuelle Lust erhöht den Dopaminspiegel, was wiederum für eine Freisetzung von Opioiden sorgt und so eine analgesische Wirkung auslöst, die Linderung bringt und die Schmerzschwelle heraufsetzt.

Ich hatte bereits erwähnt, dass Barry Komisaruk mit einem Laser auf das Bein mehrerer Rattenweibchen zielte und die Intensität so lange erhöhte, bis sie ihn wegzogen. Stimulierte man zugleich ihre

Klitoris, dauerte es sehr viel länger, bis die Ratten den Schmerz spürten und das Bein wegzogen. Etwas Ähnliches stellte Komisaruk bei Frauen fest. Wenn er bei ihnen graduell den Druck einer Klemme am Finger erhöhte, stellte er fest, dass sie sich bei zeitgleichem Masturbieren erst viel später beschwerten. Aber damit erzähle ich nichts Neues, wir wissen alle, dass beim Sex das Schmerzempfinden nachlässt. Das wahre Rätsel liegt darin, warum Schmerz Lust erzeugen kann.

Dazu gibt es mehrere Theorien. Einerseits kann intensiver Schmerz zur Ausschüttung lindernder Endorphine führen, die sofort, wenn der Schmerz nachlässt, für ein Glücksempfinden sorgen. Das könnte den Zustand seelischer Entspannung erklären, von dem einige Sadomasochisten nach der Session berichten. Andererseits spekuliert Siri Leknes, der Schmerz selbst könne, da er dieselben Nervenbahnen verwendet, auch Teile des dopaminergen Systems (Neutrotransmitter für Begehren und Antrieb) aktivieren und das sexuelle Verlangen intensivieren. Das wäre nicht wirklich eine Steigerung der Lust, Siri zufolge könnte es aber erklären, warum kontrollierte Schmerzreize eine erregende Wirkung haben. Im Grunde macht es viel Sinn, vorausgesetzt der Körper weiß, dass sexuelle Lust durch die zuvor beschriebenen Mechanismen Schmerz lindern kann. Tatsächlich suchten die Rattenweibchen, die gepiekst wurden, schneller nach neuen Paarungspartnern. Das Gegenteil von Liebe, sagt man, sei nicht Hass, sondern Gleichgültigkeit. Das Gegenteil von Lust ist also vielleicht nicht Schmerz, sondern Empfindungslosigkeit.

Siri Leknes nennt weitere Möglichkeiten, wie Schmerz die Lust steigern könnte, und nimmt als Analogie scharfes Essen. Die Schärfe verletzt das Mundinnere und sollte uns eigentlich nicht gefallen: Pflanzen erzeugen sie auch eigentlich, damit sie nicht gegessen werden. Doch Schärfe hat die Nebenwirkung, Mund, Lippen und Körper auch für andere Reize empfindsamer zu machen, andere Nervenenden werden angeregt, und das gefällt uns. Solcherart könnte der Schmerz uns empfänglicher für sexuelle Berührungen machen. Es ist gut belegt, dass Menschen mit Schwierigkeiten bei der sexuellen Erregung – wie einige der masochistischen Männer und Frauen, mit denen ich gesprochen habe – den Schmerz nutzen, um ihre Empfindungsfähigkeit zu steigern. Dieser Logik folgend meint Leknes, dass Angst und Schmerz in Extremsituationen auch das sympathische Nervensystem anregen und somit die sexuelle Reaktion fördern und sogar den Orgasmusreflex auslösen können. Während meiner begrenzten Erfahrung mit der SM-Community wurde mir wirklich erzählt, dass nicht selten jemand nur durch physischen oder psychischen Schmerz zum Orgasmus komme.

Als wir jetzt über die psychischen Wirkungen sprechen, macht Siri mich auf die Arbeit des Australiers Brock Bastian und eine sehr bedeutende Idee aufmerksam: Ein Schmerz kann einen anderen Schmerz auslöschen. Sowohl körperlich wie emotional. Auf der körperlichen Ebene ist das Jucken ein einfaches Beispiel. Bei einem Ekzem oder intensivem Juckreiz nutzen einige Therapien Schmerz, um das Jucken zu unterdrücken. Der Schmerz verschafft uns Erleichterung, das kennen wir wirklich alle, wenn wir heftig an einem unangenehmen Insektenstich herumkratzen. Das Wichtige ist jedoch, dass es nicht nur eine lokale Desensibilisierung ist, sondern in geringerem Maße auch wirken würde, wenn wir uns kräftig an irgendeiner anderen Hautstelle kratzten. Dem Grundprinzip nach ist die Schmerzempfindung so wichtig, dass sie alle anderen zweitrangigen Funktionen und Beschwerden ausschaltet. Schmerz verlangt Konzentration vom Körper, er sagt ihm: Hier ist etwas sehr Schwerwiegendes im Gange, und du musst dich darauf konzentrieren. Wer unter chronischen Schmerzen leidet, die ihn daran hindern, sich auf bestimmte Aufgaben zu konzentrieren, kann ein Lied davon singen.

Übertragen auf andere Gebiete hat Brock Bastian festgestellt, dass selbstzugefügter Schmerz auch durch Schuldgefühl hervorgerufenes Unbehagen mindert. Das ist nichts Neues; Brock sagt selbst, frühere Studien hätten nachgewiesen, dass Selbstverletzung den psychischen Schmerz bei von Schuldgefühlen geplagten Menschen lindern könne, und bei vielen religiösen Ritualen werden körperliche Schmerzen und Leiden als Erlösung von Kummer durch Schuldgefühle gesucht. Wieder ist die Idee, dass ein Schmerz den anderen lindern kann, nicht nur in genau dem Augenblick, sondern auch für eine gewisse Zeit danach. In einer 2003 veröffentlichten Studie zeigte sich, dass beim Empfinden von Traurigkeit die Ausschüttung von μ-Opioiden in mehreren Gehirnbereichen reduziert ist, körperlicher Schmerz jedoch genau diese μ-Opioidschaltkreise aktiviert. Wir wollen nicht alles auf Neurotransmitter reduzieren, aber es ist gut dokumentiert, dass physischer Schmerz Erleichterung von seelischen Schmerzen bringt, und je intensiver ein Schmerz ist, desto größer ist das Wohlgefühl, wenn er nachlässt. Es ist zwar sehr umstritten, doch Brock Bastian hält es für möglich, dass manche Menschen Masochismus ausprobieren oder praktizieren, um eine innere Spannung zu lösen. Ich möchte eigentlich ungern individuelle Fälle heranziehen, weil sie oft nicht die Norm widerspiegeln und zu fehlerhaften Deutungen führen, aber ich muss einfach den Fall einer *Domina* anführen, die mir erzählte, sie habe einen Klienten mit einem Mikropenis, der sie bat, ihn zu demütigen, über seinen Penis zu spotten, ihn zu schlagen und zu beschimpfen. Sie selbst brachte den Vergleich, es sei, als kratze man sich zur Linderung eines Juckreizes heftig an dieser Stelle.

Das Spannendste an Brocks Arbeit ist, dass er diese Beziehung zwischen Schmerz und Schuldgefühl in alltäglichen Situationen ohne Beschwerden untersucht. Seine beiden Hypothesen, die noch experimentell nachgewiesen werden müssen, lauten: a.) an Tagen, an denen wir uns schuldig fühlen, haben wir eine größere Bereitschaft, uns selbst auf irgendeine Weise Leiden zuzufügen, und b.) die Empfindung von Schmerz mindert unser Schuldgefühl.

In einem 2011 veröffentlichten Artikel mit dem Titel »Cleansing the Soul by Hurting the Flesh« teilte Brock Bastian 62 Studierende in drei Gruppen ein. Eine Gruppe bat er, eine Viertelstunde lang über Situationen zu schreiben, in denen ihr Verhalten in der Vergangenheit unmoralisch gewesen war, die zweite über Momente, in denen sie sich korrekt verhalten hatten, und die dritte über irgendetwas, was sie am Tag zuvor getan hatten. Anschließend bat er jeden einzeln, die Hand so lange wie irgend möglich in einen Eimer mit

Eiswasser von einer Temperatur um 0°C zu stecken. Nach dem Abtrocknen bat er sie, auf einer Skala von 1 bis 5 anzugeben, wie schmerzhaft diese Erfahrung gewesen war. Wie erwartet hielten diejenigen, die über unmoralische Handlungen geschrieben hatten, die Hand am längsten ins Eis, und ihrer Aussage nach war die Erfahrung besonders schmerzhaft. Von einer solchen Studie ausgehend zu verallgemeinern hat seine Tücken, Brock folgerte jedoch, dass Menschen, die sich schuldig fühlen, im Allgemeinen eher bereit sind zu leiden und den Schmerz zu akzeptieren. Brock Bastian wollte feststellen, ob diese Beziehung auch in umgekehrter Richtung galt, ob also ein Schmerzerleben dafür sorgt, dass wir uns weniger schuldig fühlen. In einer weiteren Studie von 2013 mit dem Titel »Physical Pain and Guilty Pleasures« führte Brock Bastian mit anderen 58 Studierenden ein ähnliches Experiment durch. Er provozierte in einigen von ihnen ein gewisses Schuldgefühl, bei anderen nicht. Die Hälfte bat er, die Hand in Eiswasser zu halten und die übrigen in Wasser mit einer Temperatur von 37°C. Anschließend sagte er ihnen, er müsse ein paar Unterlagen holen gehen, bot ihnen eine Pralinenschachtel an und sagte, sie dürften davon essen. Diejenigen, die ohne sich schuldig zu fühlen die Hand in Eiswasser gehalten hatten, nahmen mehr Pralinen als der Rest. Methodisch zweifelhaft folgert Bastian, eine schmerzhafte Erfahrung befreie uns bei späteren Genüssen von Schuldgefühl.

Vielleicht ist der unbewusste Einsatz von Schmerz und Leiden als Strategie zur Linderung anderer physischer und emotionaler Leiden sehr viel weiter verbreitet, als wir denken. Und vielleicht auch im sexuellen Kontext: Physischer Schmerz kann uns durch die Ausschüttung von Opioiden und Dopamin erregen, wie auch durch das Glücksgefühl der Endorphine, nachdem man ihn überwunden hat. Auch indem er die durch Cortisol hervorgebrachten Stresswerte reduziert, das für die Orgasmusreaktion zuständige sympathische Nervensystem aktiviert und weil er unseren Körper empfindsamer für Berührung macht. Oder einfach, indem er uns sexuell stimuliert, wenn uns eine Szene oder Handlung anmacht. Bei all diesen Punkten könnte das Etikett »sadomasochistisch« – ausgenommen in pathologischen Fällen – im Vergleich mit anderen Personen nur eine Frage der Graduierung sein. Die ebenfalls ihre Rollen oder Fetischismen haben, nur vielleicht mehr im Verborgenen – sogar vor sich selbst.

Fast am Ende meines Abends im Paddles traf ich Haddass in Unterwäsche, wie sie sehr behutsam von einem anderen TES-Mitglied mit der Peitsche geschlagen wurde. Sie hatte sich wirklich entschlossen, es auszuprobieren. Nach ihrer Session erklärte sie mir aufgeregt, sie wisse jetzt, dass sie Peitschenschläge auf den Hintern toll fände und es sie entgegen ihrer Erwartung total erregte, wenn andere Leute ihr zusahen. Andere Dinge, von denen sie gedacht hatte, sie würde sie mögen, hätten sie dagegen kaltgelassen oder missfielen ihr sogar. Im Großen und Ganzen war sie begeistert und sehr zufrieden mit dem großen Schritt, den sie getan hatte, um ihre Sexualität besser kennenzulernen.

Ich gebe zu, einige Szenen im Paddles machten mich sprachlos, und natürlich war ich nicht in Versuchung mitzumachen. Es reizte mich absolut nicht, jemanden zu schlagen, wie lustvoll das für ihn oder sie auch wäre, und erst recht nicht, dass irgendwer mich erniedrigte oder mir Schmerz zufügte. Allerdings beobachtete ich einige *kinky*-Praktiken und eher *vanilla*-mäßige (softe) Rollenspiele, von denen ich mir vorstellen konnte, dass sie je nach Kontext erregend sein könnten. Es ist wirklich eine äußerst merkwürdige Welt, die im Allgemeinen zu Unrecht von der Gesellschaft pauschalisiert wird. Natürlich aus rein wissenschaftlichem Interesse wiederholte ich die Erfahrung noch einige Male in verschiedenen Clubs und auf BDSM-Parties in New York und sprach mit vielen weiteren Mitgliedern dieser Gruppen und Subkulturen. Dabei war ich immer als Beobachter unterwegs, ich erinnere mich aber an den sagenhaften Moment, als Yearofye – tagsüber Beraterin und nachts Fetischistin – sich in ihrem enggeschnürten Korsett vor mich stellte und fragte: »Und du, was bist du eigentlich: Top oder Bottom?« Offenbar schaute ich ziemlich dumm aus der Wäsche und stammelte ein hochehrliches »ich weiß nicht recht, hab noch nicht drüber nachgedacht … vielleicht eher das Erste … aber darf es auch gar nichts sein?« – »Nicht, bis du es nicht probiert hast!«, hauchte Yearofye mit einem aufreizenden Lächeln. Ehrlich, versucht gar nicht erst, euch vorzustellen, wie ihr in solch einer emotional neuen Situation reagieren würdet, denn ihr wisst es einfach nicht. Und obwohl ich wirklich Fälle gesehen habe, die mir krank vorkamen, bin ich der Ansicht, wir sollten nicht zu viele Mutmaßungen anstellen und keine voreiligen Schlüsse ziehen, wenn Menschen Schmerz und Spiele von Dominanz und Unterwerfung genießen.

Die sexuellen Ausdrucksformen sind enorm vielfältig, und am deutlichsten zeigt sich das vielleicht nicht in der Beziehung zwischen Schmerz und Lust, sondern bei den Fetischismen: jenen Gegenständen, Verhaltensweisen oder Situationen, die uns aus welchem pawlowschen Grund auch immer sehr viel mehr erregen als alles andere.

Fetischisten von Kopf bis Fuß

John ist Rechtsanwalt, verheiratet und hat zwei Töchter – und es fasziniert ihn über die Maßen, an Frauenschuhen zu lecken. Ich lernte ihn auf einer vom fetlife.com-Portal organisierten Party kennen. Er erklärte mir, seine Frau trage gewöhnlich High Heels, wenn sie miteinander schliefen, und sie hätten vereinbart, dass er gelegentlich zu Fetischisten-Veranstaltungen gehen dürfe und dafür bezahlen, sich mit Füßen und allen Arten von Frauenschuhwerk zu vergnügen. John sagt, Schuhe hätten ihn schon immer fasziniert, und erinnert sich, er habe sich als kleiner Junge sehr von einer Lehrerin angezogen gefühlt, die immer kurze Röcke und Absatz trug. Er empfindet seinen Fetischismus nicht als Obsession, sondern einfach nur als Vorliebe. Füße und Schuhe helfen ihm tatsächlich sehr dabei, sich zu erregen, sind aber nicht unerlässlich; er kann auch ohne irgendeinen Bezug dazu Sex haben.

John ist Fetischist, vereint aber nicht alle Merkmale der fetischistischen Paraphilie im Sinne einer psychischen Störung auf sich. Dem Handbuch Psychischer Störungen (DSM-5) zufolge muss zur Diagnose einer fetischistischen Störung mindestens sechs Monate lang ein fortwährendes übermäßiges sexuelles Verlangen nach unbelebten Gegenständen oder nicht-genitalen Körperregionen vorliegen, dazu ein Kontrollverlust, der Probleme bereitet, und eine Beeinträchtigung des eigenen Wohlergehens oder dem anderer Menschen. In anderen Worten: Sofern es kein Unbehagen mit sich bringt und niemandem schadet, ist Fetischismus keine Störung, die behandelt werden müsste. Tatsächlich ist es mit jeder anderen Liebhaberei vergleichbar, die erst problematisch wird, wenn sie zu einer obsessiven Sucht wird.

Tamaras Einschätzung ist weniger entgegenkommend. Sie kam aus Osteuropa nach New York und arbeitete zunächst in einem Schuhgeschäft. Eines Tages schlug eine Stammkundin ihr vor, als Model auf Fetischisten-Parties zu jobben. Warum nicht?, dachte sie sich. Bei einem Bier in einer Bar in der Lower East Side erzählt Tamara, in dem Club habe sie sich gemütlich in Schuhen und Minirock hingesetzt, die Männer seien zu ihr gekommen und zahlten, falls sie von ihr die Erlaubnis bekamen, 20 Dollar pro zehn Minuten, die sie ihre Schuhe lecken, ihre nackten Füße liebkosen oder mit diesen – in Grenzen – das Gesicht oder andere Körperteile berühren durften. Trotz der opulenten Angebote weigerte sie sich weiterzugehen, sowohl in diesem Club als auch in einem anderen, wo sie eine Saison lang als Stripperin arbeitete.

Ihre Tätigkeit in dem Fetischisten-Club war für sie eine leichte Art, ein gutes zusätzliches Gehalt zu verdienen. Trotzdem gab sie es auf, denn am Ende habe es sie ziemlich angeekelt. Sie räumt zwar ein, dass es für manche Kunden nur eine Liebhaberei sein mag, versichert aber, dass viele krankhafte Verhaltensweisen an den Tag gelegt und ein Heidengeld für ihre unkontrollierte Obsession ausgegeben hätten. Die Grenze zwischen normalem und gestörtem Sexualverhalten ist sehr verschwommen. Faszination für Füße und ihre symbolische Verehrung gehört zu den häufigsten Fetischismen und trat im Lauf der Geschichte in zahlreichen Kulturen auf. Im *Kamasutra* und auf vielen künstlerischen Darstellungen aus der Antike sind bereits sexuelle Akte zu sehen, bei denen Füße eine Rolle spielen. Die Griechen hielten es für ein Zeichen von Männlichkeit, wenn der zweite Zeh länger war als der große, in China wurden den Mädchen die Füße abgebunden, damit sie klein und verformt blieben, und seit dem Mittelalter sind Frauenschuhe ein Symbol der Erotik. Akademiker bieten verschiedene Deutungen: manche könnten die Kurven des Fußes sinnlich finden; da sie ein derart beanspruchtes Körperteil sind, seien weiche und wohlgepflegte Füße ein Zeichen für Jugend und hohen gesellschaftlichen Status; bei Personen, die sich ihres Körpers oder ihrer Geschlechtsorgane unsicher seien, könne die erotische Aufmerksamkeit unbewusst zu den Füßen absinken; und die Empfindsamkeit der Fußsohlen könne sie ganz einfach zu einer sehr erogenen Zone machen. In seinem Artikel »Erotic and sadomasochistic foot and shoe« beschreibt der Franzose P.H. Benamou den Fall einer New Yorkerin, die ihre Füße in Essen tunkte, damit ihre beiden Hündchen schön lange daran leckten und zu ihrer sexuellen Erregung beitrugen. Er erklärt, schon im alten Ägypten haben verschiedene Herrscherinnen und Kurtisanen Diener gehabt, die ihnen die Füße liebkosten und sie aufreizend kitzelten. All dies deutet darauf hin, dass es ganz und gar nicht »unnormal«[26] ist, die Füße als erogene Zone zu betrachten. Die große Frage ist, warum dies bei einigen Menschen zur Obsession wird.

John erinnert sich, in Gedanken an die Lehrerin mit den Stöckelschuhen masturbiert zu haben, und meint, das könne zu seinem Fetischismus beigetragen haben. Er weiß jedoch von Bekannten, deren Obsessionen erst im Erwachsenenalter aufgetreten sind. Die Fetischisten sind eine Community, die ständig ausprobiert und experimentiert, und es wäre absurd, zur Erklärung ihrer Vorlieben lediglich auf Erlebnisse aus ihrer Kindheit und Jugend zurückzugreifen. Allerdings gibt es eine Menge wissenschaftlicher Literatur, die nahelegt, die ersten Erfahrungen sexueller Lust könnten großen Einfluss auf die weitere Entwicklung der Sexualität haben, und die klassische Pawlowsche Konditionierung kann dazu beitragen, das, was wir für erotisch halten, zu verstärken. Und das gilt für alle, nicht nur für Fetischisten.

Wir sind alle ein bisschen fetischistisch

Anfang des 20. Jahrhunderts klingelte der Russe Iwan Pawlow mit einem Glöckchen, direkt bevor er Hunden Futter gab. Er wiederholte diesen Vorgang so oft, bis die Hunde beide Reize miteinander verbanden und unbewusst lernten, dass nach dem Glöckchen das Futter kam. Nach einiger Zeit begannen die Hunde bereits zu speicheln, wenn sie nur den Klang des Glöckchens hörten. Es waren die ersten Studien, die die klassische Konditionierung im Verhalten von Tieren nachwiesen.

Etwas Ähnliches machte Jim Pfaus' Gruppe an der Concordia University in Kanada. Wie ich bereits im ersten Kapitel erklärt habe, teilten die Forscher jungfräuliche Rattenböcke in zwei Gruppen ein und ließen einen Teil ihre ersten sexuellen Erfahrungen mit Weibchen machen, die Lederjacken trugen, die übrigen mit »nackten« Weibchen. Nach mehreren Sitzungen erlaubten sie, dass alle sich einige Male mit Weibchen ohne Jacke paarten. Die Forscher ließen etwas Zeit verstreichen und setzten denselben Rattenböcken dann Weibchen mit und ohne Jacke vor – sie beobachteten, dass diejenigen, die ihren ersten Sex mit nackten Weibchen gehabt hatten, keinerlei Vorliebe für Rättinnen mit oder ohne Jacke zeigten, wohingegen die »fetischistischen« Männchen eine klare Neigung zu den Weibchen mit Jacke aufwiesen. Das ging so weit, dass einzelne Rattenböcke, wenn sie sich nur mit Weibchen ohne Jacke paaren konnten, viel länger zögerten, bis sie den Koitus begannen und häufigeres Eindringen bis zur Ejakulation brauchten. Manchen gelang es erst gar nicht. Jim Pfaus zufolge hatten die Männchen die Jacke mit sexueller Belohnung assoziiert, und ohne sie fehlte ihnen Erregung, und die Aktivierung des für die Ejakulation erforderlichen sympathischen Nervensystems versagte.

Ähnliche Experimente wurden mit neutralen Reizen wie Lichtschattierungen oder Mandelessenz wiederholt. Jim wollte jedoch feststellen, ob selbst abstoßende Dinge wie Cadaverin – eine übelriechende Substanz, die bei der Verwesung von Fleisch entsteht – erregend werden konnten. Seine Experimente zeigten, dass jungfräuliche Rattenböcke, die keine andere Wahl haben, als sich mit nach Cadaverin stinkenden Weibchen zu paaren, sich als ausgewachsene Tiere von dieser Substanz nicht mehr abgestoßen fühlen. Sogar ein schädlicher Reiz kann also erotisiert werden. Ratten reagieren nicht immer wie Menschen, und erst recht nicht bei dem so stark kulturell geprägten sexuellen Ausdruck. Der Gedanke ist jedoch nicht aus der Luft gegriffen, dass sexuelle Erfahrungen mit großer Wirkung – sei es, weil es die allerersten oder besonders intensive waren – unbewusst bestimmte Vorlieben im Erwachsenenalter bedingen können. Das ist beim Menschen empirisch nur äußerst schwer zu untersuchen, und es können nur indirekte Untersuchungen angestellt werden, wie eine aus dem Jahr 2010, die eine Beziehung zwischen dem Muster der Körperbehaarung des Vaters und der Anziehung herstellt, die die Töchter für mehr oder weniger stark behaarte Männer empfinden.

Zweifellos ist der initiale konditionierende Reiz in sexueller Hinsicht wichtig, mehr noch gilt dies jedoch für die pawlowsche Konditionierung durch Wiederholung. Sehr viele Studien belegen, dass es prägend für das ganze Leben sein kann, wenn man lernt, sich auf eine bestimmte Weise selbst zu befriedigen, und dass die ersten sexuellen Praktiken und Erfahrungen eine Spur hinterlassen, die nicht unbedingt alles entscheidend, wohl aber einflussreich ist. Besonders spannend ist jedoch, sich anzusehen, wie die konditionierten Reize für Lust stets gegenwärtig sind.

In einer Reihe klassischer Experimente in den 1970er Jahren bat Kantorowitz mehrere Freiwillige zu masturbieren, während er ihnen zu verschiedenen Zeitpunkten des Akts drei neutrale Fotos zeigte: das erste Bild zu Beginn der Masturbation, das zweite in der Phase vor dem Orgasmus und das dritte in der Refraktärphase. Nach mehrmaliger Wiederholung des Experiments rief das neutrale Bild, das direkt vor dem Orgasmus gezeigt worden war, schon eine teilweise Erektion hervor, das zu Beginn gezeigte hatte keinerlei Wirkung und das aus der Refraktärphase minderte die Erregung.

In einem ganz ähnlichen Experiment baten kalifornische Forscher 18 Universitätsstudenten zwischen 18 und 23 Jahren, (für 25 Dollar) in acht Sitzungen mit gewissem zeitlichem Abstand zu masturbieren. Bei jeder Sitzung wurden ihnen mehrere Sekunden lang Fotos von einem Typ Frauenkörper gezeigt, bevor die Erregung einsetzte, von einem anderen Typ Körper bei fortgeschrittener Erregung während der Masturbation und einem dritten in der Refraktärphase nach der Ejakulation. Als man ihnen drei Monate später unter denselben experimentellen Bedingungen ähnliche Bilder vorlegte und diesmal die Reaktion des Penis maß, empfanden sie immer noch mehr Erregung bei dem Typ Frauenkörper, der ihnen während der Masturbation gezeigt worden war, und am wenigsten bei dem, den sie zum Schluss gesehen hatten.

Es ist interessant, dass diese Konditionierungen nicht nur beeinflussen, was wir mehr oder minder attraktiv finden – sie wirken sich auch auf bestimmte Verhaltensmuster aus. 1974 veröffentlichten Silberberg und Adler in *Science* ein weiteres sehr kurioses Experiment: Eine Kontrollgruppe von Ratten durfte mit empfänglichen Weibchen 30 Minuten lang frei kopulieren. Einer anderen Gruppe erlaubte man ebenfalls, mit der Paarung zu beginnen, nach der siebten Penetration nahm man aber das Weibchen aus dem Käfig (ihr müsst wissen, dass bei den Ratten der Bock das Weibchen verfolgt, es penetriert, doch das Weibchen läuft wieder weg, und so mehrmals hintereinander, bis er bei einer dieser Penetrationen ejakuliert). Einer dritten Gruppe wurde das Weibchen zur selben Zeit weggenommen, jedoch ohne die Zahl der Penetrationen zu berücksichtigen. Nach mehreren Wiederholungen lernte die zweite Gruppe, vor dem siebten Eindringen zu ejakulieren, und die dritte paarte sich schneller und dringlicher. Vorsicht also, wenn ihr euch schnell und heimlich selbst befriedigt!

Seit Pawlow und B.F. Skinners übertriebenem radikalen Behaviorismus sind konditionierte Verstärker und die Verknüpfung neutraler Reize mit verschiedenen Gemütszuständen der Lust oder Abneigung bei Menschen wie Tieren bestens dokumentiert, und zweifelsohne sollte etwas so Grundlegendes wie die sexuelle Entwicklung eben diesen Parametern folgen. Man hat sogar neurochemische Mechanismen erforscht: Spritzt man einem Rattenmännchen nach einer Paarung, bei der ein bestimmter Reiz zugegen ist, Morphin oder Oxytocin, erfolgt eine Verknüpfung, was zeigt, dass die Rezeptoren für Opiode und Oxytocin daran beteiligt sind. Und wiederholt man das Experiment, blockiert jedoch eben diese Rezeptoren durch Naloxon, entsteht keine Konditionierung.

Unser Verhalten unter nicht-pathologischen Bedingungen ist unendlich viel flexibler als das einer Ratte. Doch es kristallisiert sich immer mehr heraus, dass es in der Entwicklung des Sexualverhaltens eine kritische Phase gibt, die mit den ersten Arten des Begehrens, der Masturbation, den ersten Orgasmen oder sexuellen Handlungen mit einem Partner zusammenhängt und die Vorlieben für Gewohnheiten oder körperliche Merkmale künftiger Partner konditionieren kann. Ob dies mehr oder weniger flexibel ist und eventuell hinter bestimmten Fetischismen steckt, hat bis dato noch keine wissenschaftliche Studie über Spekulationen und anekdotische Fälle hinaus festgestellt.

Vielleicht spielen bei unserer Spezies die angeborenen Ursachen eine grundlegende Rolle für unsere sexuellen Vorlieben, später werden diese jedoch von den Erfahrungen ausgeformt, und das Konzept des Fetischismus ist sehr weit gefasst und bis zu einem gewissen Punkt eine Frage von Nuancen. Manche sind der Meinung, etwas so Verbreitetes wie die männliche Vorliebe für große Brüste sei im Grunde ein von der westlichen Kultur geschaffener und sozial akzeptierter Fetischismus, bei manchen vielleicht durch individuelle Masturbationspraktik noch verschärft. Die Logik dahinter ist jedoch, dass eine unbewusste Präferenz geschaffen werden kann, indem wir uns etwas oder jemandem aussetzen, das oder der uns großes Verlangen oder Lust schenkt, warum auch immer. Jedenfalls wollen wir das dann immer wieder erleben, und wenn es uns bei jedem neuen Kontakt mehr Lust schenkt, dann bleibt es in einigen Fällen vielleicht bei einer simplen Vorliebe – in anderen wird es zu einem gesunden oder obsessiven Fetischismus.

Sexuelle Phantasien: Sünden im Denken zu unterdrücken, erzeugt mehr in Worten und Werken

Stellt euch vor, ihr habt eine sexuelle Phantasie, die ihr für unangebracht haltet, die euch Angst macht und die ihr aus euren zügellosen Gedanken auslöschen wollt. Das kann ein homosexuelles Verlangen sein, Anziehung zu einem Familienmitglied oder extrem masochistische Bilder, die eurem Wertesystem nach falsch sind. Wenn ihr euch heftig anstrengt, besagte Phantasie zu unterdrücken – bleibt sie dann in eurem Kopf und wird noch verstärkt durch den Reboundeffekt? Das ist die tiefsinnige und hochinteressante Frage, die Laura Sánchez Sánchez, Sexualwissenschaftlerin und Forscherin an der spanischen Universität von Almería, experimentell untersucht.

Sexuelle Phantasien sind ein faszinierender Forschungsgegenstand. Manchmal kontrolliert, manchmal unvermittelt, einige erlaubt und andere so schändlich, dass man sie niemandem erzählen kann – durch rätselhafte innere Vorgänge unserer Psyche tauchen sexuelle Gedanken auf, die plötzliche Erregung auslösen und in einigen Fällen verstörend sind.

Die Sexualforscher betrachten dies als einen natürlichen und gesunden Prozess, der mit einer besseren sexuellen Befriedigung in Zusammenhang steht. Manche Phantasien sind sehr häufig, wie der Drang, mit eurem Partner oder eurer Partnerin zu schlafen, sich die Praktiken auszumalen, die ihr am liebsten habt, oder nach zwei Minuten dazu überzugehen, mit einem Arbeitskollegen fremdzugehen. Doch in der unendlichen Vielfalt der sexuellen Phantasien haben wir auch Sex mit jemandem desselben Geschlechts, werden sexuell dominiert oder unterworfen, nehmen an einer Orgie teil, stellen uns vor, wie unser Gegenüber in der U-Bahn wohl im Bett ist, sehen Fremden zu oder werden von ihnen beobachtet, haben Sex im Krankenschwesterkostüm, als Clown, als Teenie oder mit irgendeinem anderen uns erregenden Fetisch, und erleben die normalsten und absurdesten Sexabenteuer.

Sexuelle Phantasien wissenschaftlich zu untersuchen ist mühselig und kompliziert, aber die Fachleute sind der Ansicht, sie seien ein ausschlaggebender Faktor bei der Entwicklung der Sexualität und sie zu kennen sei grundlegend, um uns selbst besser zu verstehen sowohl auf individueller Ebene als auch um biopsychologische und kulturelle Einflüsse zu erkennen. Einer der interessantesten Aspekte ist, dass Männer zwar immer noch eine größere Anzahl Phantasien haben als Frauen, sich dieser Geschlechterunterschied aber wohl gegenwärtig verringert. 1984 führten Wissenschaftler der Columbia University eine umfassende Studie durch, um die Häufigkeit und die Art der Phantasien von Studierenden zu untersuchen, und 1994 wurde sie wiederholt, um die Daten zu aktualisieren und zu vergleichen. Zwei der wichtigsten Schlussfolgerungen waren, dass die Häufigkeit sexueller Phantasien bei jungen Frauen zugenommen hatte und dass diese mehr mit ihren Erfahrungen übereinstimmten. Letzteres passt zu anderen Studien, die zeigen, dass – innerhalb der immensen individuellen Vielfalt – Phantasien von Frauen allgemein romantischeren Inhalts sind und die der Männer mehr zum Experimentieren neigen. Die Studie von Mitte der 1990er Jahre zeigte, dass es bei den üblichsten Phantasien, wie Berührungen und Liebkosungen am nackten Körper, Sex mit Unbekannten, oder dem Ausprobieren neuer Positionen zwischen Männern und Frauen keine wichtigen Unterschiede gab. Die jungen Männer hatten jedoch mehr visuelle Phantasien, zum Beispiel zuzuschauen, wie ihre Partnerin sich auszog, sich selbst beim Sex zu beobachten, mit mehr als einer Frau auf einmal zu schlafen, Analsex oder Sex mit sehr viel älteren oder jüngeren Personen zu haben. Die jungen Frauen masturbierten meist lieber ihren Partner, als selbst masturbiert zu werden. Der größte Unterschied zwischen Männern und Frauen war die Phantasie, mit jemandem Sex zu haben, der noch jungfräulich war. Das kam bei fast der Hälfte der Männer vor und bei weniger als 10 Prozent der Frauen. Die Frauen übertrafen die Männer nur bei den gleichgeschlechtlichen Phantasien, beim Sex vor anderen Personen und darin, sexuell genötigt zu werden.

Allgemeine Umfragen sind nützlich, um Muster aufzudecken, Kulturen miteinander zu vergleichen oder Tendenzen zu untersuchen. Aber wenn das einmal klar ist, ist es spannend, spezifische Aspekte zu analysieren. Eine 2012 veröffentlichte Studie folgte beispielsweise 30 Tage lang den Phantasien von 27 Single-Frauen zwischen 20 und 30 Jahren. Beobachtet wurde, dass sie rund um den Eisprung signifikant mehr Phantasien hatten und in der fruchtbaren Zeit proportional mehr Phantasien auftraten, in denen Männer vorkamen.

Eine andere Studie legte nahe, die Phantasien von Schwulen und Heterosexuellen würden sich gar nicht so sehr voneinander unterscheiden, und eine weitere, dass es auch keine größeren Unterschiede zwischen Singles und Verheirateten gebe. Bei dieser letzten, von Hicks und Leitenberg durchgeführten Studie ging es speziell um sexuelle Phantasien und Paarbeziehungen. 98 Prozent der befragten Männer und 80 Prozent der Frauen zwischen 18 und 70 Jahren (Mittel 33 Jahre) gaben zu, in den vergangenen beiden Monaten Phantasien mit jemandem außerhalb ihrer Beziehung gehabt zu haben. Besonders kurios an der Studie war vielleicht, dass die Zahl der Sexualpartner in der Vergangenheit sowie frühere Untreue die Anzahl der außerehelichen Phantasien der Männern keinesfalls erhöhte, die der Frauen aber durchaus.

Spezifische Studien mit Sexualverbrechern haben gezeigt, dass ihre Handlungen oder Aggressionen in deutlichem Zusammenhang mit ihren Phantasien stehen, es gibt jedoch eine enorme Anzahl »gestörter« Phantasien, die nicht in die Tat umgesetzt werden. Bezüglich Pädophilie wurde beispielsweise beobachtet, dass 15-20 Prozent der männlichen Studenten zugeben, Phantasien mit unter 17-Jährigen gehabt zu haben, 3-5 Prozent mit unter Zwölfjährigen, die Mehrzahl würde sie jedoch selbst dann nicht in die Tat umsetzen, wenn sie ganz sicher wären, nicht entdeckt zu werden. Die Zahlen weichen je nach Studie voneinander ab, abhängig davon, wie die Auswahl der Befragten getroffen wurde, denn viele Menschen halten in solchen Umfragen mit der Wahrheit hinter dem Berg. Es herrscht jedoch Übereinstimmung darüber, dass das Auftreten einer Phantasie nicht notwendigerweise bedeuten muss, dass man willens oder bereit ist, sie auch auszuleben.

In der größten Revision wissenschaftlicher Literatur bis dato – 1995 veröffentlicht von Leitenberg und Henning – kamen die Autoren zu dem Schluss, dass 95 Prozent der Männer und Frauen sexuelle Phantasien gehabt haben, dass Männer sie häufiger beim Masturbieren haben als Frauen, nicht jedoch beim Geschlechtsverkehr, dass mit dem Alter die Zahl der Phantasien abnimmt, dass sie entgegen Freuds Behauptung keine Folge mangelnder sexueller Aktivität sind, da die Personen mit den meisten Phantasien auch diejenigen sind, die am meisten Sex haben, dass Szenen von Dominanz und Unterwerfung tatsächlich sehr häufig vorkommen, dass die Handlungen, die man beim Masturbieren ausgeübt oder gesehen hat, durch die deutlich konditionierende Wirkung verstärkt werden, und dass rund 25 Prozent der Menschen irgendeine ihrer Phantasien unangenehm ist.

In diesem Sinne führen die beiden Forscher Nieves Moyano und Juan Carlos Sierra von der Psychologischen Fakultät der Universität von Granada eine hochinteressante Arbeit über die Auswirkungen negativer Phantasien durch. Juan Carlos erklärt, generell würden sexuelle Phantasien für positiv gehalten und ihr Auftreten spräche für gute Werte von Gesundheit und sexueller Befriedigung. Dies gelte im Allgemeinen auch weiterhin, man habe jedoch den negativen Auswirkungen von Phantasien, die als emotional beunruhigend erlebt werden, nicht genügend Aufmerksamkeit geschenkt. Nieves und Juan Carlos untersuchten schon seit Längerem sexuelle Phantasien, um internationale Daten mit denen der spanischen Bevölkerung zu vergleichen, und stießen darauf, dass eine bestimmte Art von Phantasien das sexuelle Verlangen zu mindern scheint. Sie suchten nach wissenschaftlicher Literatur über widrige Wirkungen von Phantasien und fanden nur eine kanadische Arbeit aus den 1990er Jahren, weshalb sie selbst eine umfassende Studie mit über 2000 Personen zwischen 18 und 80 Jahren über Natur und Auswirkungen negativer sexueller Phantasien durchführten. Nieves Moyano zeigte mir im August 2012 auf dem Treffen der International Academy of Sex Research vorläufige Ergebnisse. Sie erklärte mir, dass Männer besonders häufig homosexuelle Phantasien als negativ erleben, während Frauen sich schlecht und schuldig fühlen, wenn es in ihren Phantasien um Unterwerfung und Sex gegen ihren Willen geht.

Natürlich hängt es von individuellen und kulturellen Faktoren ab, eine Phantasie als »negativ« einzuordnen, aber darüber hinaus kommen Nieves und Juan Carlos zu einem interessanten Schluss: Tatsächlich üben bestimmte »unerwünschte« Phantasien eine nachteilige Wirkung auf die sexuelle Funktion aus, sorgen für eine Blockade und den Verlust des Verlangens. In ihrer sehr umfassenden Arbeit untersuchen Nieves und Juan Carlos auch, welche soziokulturellen und Persönlichkeitsvariablen die Wahrnehmung der Phantasien beeinflussen, und vor allem, was die beste Therapie wäre, um die Ängste auszuräumen. Am logischsten scheint der Versuch, die Phantasie zu ersetzen oder umzustrukturieren, doch genau an dieser Stelle passen perfekt die Untersuchungen von Laura Sánchez Sánchez von der Universität Almería – und warnen uns, dass dies kontraproduktiv sein könnte.

Versucht mal, euch keine schmutzigen Gedanken über einen weißen Bär zu machen

Lauras Ausgangspunkt sind Daniel Wegners Arbeiten über das Unterdrücken von Gedanken. In seinen wegweisenden Studien bat Wegner eine Gruppe Freiwilliger, fünf Minuten lang alles laut auszusprechen, was ihnen durch den Kopf ging, jedoch auf keinen Fall an einen weißen Bären zu denken. Anschließend bat er sie, wieder fünf Minuten lang jeden Gedanken laut zu sagen, diesmal sollten sie speziell an den weißen Bären denken. Bei beiden Runden sollten sie jedes Mal, wenn sie den weißen Bären nannten oder an ihn dachten, eine Glocke läuten. Wegner wiederholte denselben Vorgang mit einer identischen Gruppe von Studierenden, veränderte jedoch die Reihenfolge der Anweisungen: in den ersten fünf Minuten sollten sie alles sagen, was sie wollten, inklusive des weißen Bären, und bei den zweiten fünf Minuten sollten sie ihn meiden.

Beim Vergleich der Ergebnisse machte Wegner eine sehr auffällige Beobachtung: Bei den Studenten, die sich zuerst angestrengt hatten, jeden Gedanken an den weißen Bären zu unterdrücken, tauchte der weiße Bär später, als sie frei an alles Beliebige denken konnten, sehr viel häufiger auf, als es in der zweiten Gruppe vor der Vermeidung der Fall gewesen war. Die Schlussfolgerung lag auf der Hand: Versucht man, einen Gedanken zu unterdrücken, taucht er mit nur noch größerer Kraft auf. Wollen wir also aufhören, an etwas zu denken, das uns missfällt, Sorgen oder Unbehagen bereitet, erzeugt der Versuch, diesen Gedanken zu unterbinden, einen Schneeballeffekt und er wird nur immer noch hartnäckiger. Wegners Experiment wurde mehrfach in verschiedenen Kontexten wiederholt, und manche glauben, dies könne einer der an der Entstehung von Obsessionen beteiligten Mechanismen sein.

Wäre das bei sexuellen Phantasien genauso? Bei einer ersten Studie mit 80 Freiwilligen bat Laura die Hälfte von ihnen, ein Wort zu wählen, das sie mit einer sexuellen Praxis assoziierten, die sie »akzeptabel« fanden (das kommt auf jeden Einzelnen an, »Geschlechtsverkehr« oder »Kuss« könnten Beispiele dafür sein), und die andere Hälfte mit »inakzeptablen« Begriffen (wie »Orgie« oder »Exhibitionismus«). Anschließend bat sie alle, ausgehend von diesem Wort eine sexuelle Phantasie zu kreieren und einige Minuten lang daran zu denken. Nach Ablauf der Zeit gab sie ihnen eine ablenkende Aufgabe, sie mussten zum Beispiel Figuren paarweise in der Art Löwe-Dompteur gruppieren. Dann erhielt die eine Hälfte jeder Gruppe die Anweisung, alle Gedanken an diese sexuelle Phantasie zu unterdrücken, während die andere sich genau darauf konzentrieren sollte. Im Anschluss führte Laura einen Wortassoziationstest durch, um festzustellen, wie präsent die Phantasie im Geist der Probanden noch war. Als ich Laura Sánchez 2012 auf dem Europäischen Kongress für Sexualforschung in Madrid kennenlernte, bestand sie nachdrücklich auf der Methode der Wortassoziation. Laura erklärte, bei Umfragen über Sexualität würden die Befragten oft lügen – erst recht bei Fragen nach inakzeptablen sexuellen Phantasien –, weshalb sie es für methodisch unzureichend hielt, auf den Wahrheitsgehalt der Antworten der Freiwilligen zu vertrauen. Tests, bei denen die Antwortzeit, die Haltung und Wortassoziationen berücksichtigt werden, sind ihr zufolge sehr viel aussagekräftiger.

Und Lauras Ergebnisse zeigen wirklich, dass dieser »Reboundeffekt« unter allen Bedingungen auftrat. Der Versuch, eine Phantasie zu unterdrücken, führte dazu, dass sie anschließend häufiger auftrat. Außerdem verglich Laura noch die Wirkung sexueller und nichtsexueller Wörter (z.B. »reisen«, »streiten«, »lachen« oder »gewinnen«) und stellte fest, dass der Reboundeffekt bei sexuellen Wörtern signifikant höher war. Versuchen wir also, ein sexuelles Verlangen zu unterdrücken, ruft das eine stärkere Obsession hervor als die Bemühung, andere Gelüste, wie ein bestimmtes Nahrungsmittel, zu meiden. Bei dieser ersten Studie wurden keine wesentlichen Unterschiede zwischen den Phantasien beobachtet, die als »akzeptabel« oder »inakzeptabel« eingeschätzt wurden, Laura Sánchez sagte mir jedoch, umfassendere Ergebnisse, die bald veröffentlicht werden sollen, zeigten sehr wohl, dass der Versuch, inakzeptable Phantasien zu unterdrücken, einen stärkeren Reboundeffekt hervorbringe als bei akzeptablen. Sie unterstreicht, dass die Begriffe für jeden Einzelnen immer relativ sind – »anal«, »Masochismus« oder »Voyeurismus« können für manche akzeptabel und für andere inakzeptabel sein. Laura verwendete sogar ein fMRT, um die Aktivität in Gehirnbereichen zu untersuchen, die an der Unterdrückung von Phantasien beteiligt sind. Das bestätigte ihre experimentellen Ergebnisse erneut: Auch wenn es paradox scheint – wenn wir uns fünf Minuten lang anstrengen, eine sexuelle Phantasie zu unterdrücken, wird sie anschließend häufiger in unseren Gedanken auftauchen, als wenn wir uns fünf Minuten lang ausschließlich auf sie konzentrieren. Und Laura zufolge »erst recht bei Gedanken, die uns erregen, in unserer Gesellschaft aber keinen guten Ruf genießen«.

Lauras Ergebnisse können sich auf vielen Ebenen erheblich auswirken. Der alltäglichste Aspekt legt uns nahe, dass es, wenn wir uns etwas aus dem Kopf schlagen wollen, die beste Strategie ist, diesen Gedanken einfach auftauchen und wieder verschwinden zu lassen, ohne ihn unterdrücken zu wollen. Im wissenschaftlichen Bereich könnten sie enorm nützlich sein, um die Entstehung von sexuellen Fetischismen, Vorlieben, Angewohnheiten und Obsessionen zu verstehen. Sie stärken auch die Annahme, dass etwas Sexuelles in unserem Unbewussten mehr Kraft hat als etwas Neutrales und etwas »Unkorrektes« mehr als etwas »Korrektes«, vor allem jedoch wirken sie sich auf die Therapien bei Paraphilien und Sexualstraftätern aus, die gewöhnlich darauf abzielen, die Häufigkeit von Phantasien zu reduzieren, was in manchen Fällen kontraproduktiv sein könnte.

Zweifellos ein hochspannendes Thema. Es zwingt uns einzusehen, dass es sehr viel schwieriger ist, unseren Geist zu kontrollieren als unsere Handlungen, und wir nachsichtiger bezüglich des jüdisch-christlichen »du sollst nicht sündigen in Gedanken, Worten, Werken und Unterlassungen« sein sollten. Was Ersteres anbelangt, können wir uns gleich geschlagen geben – und tun wir das nicht, laufen wir Risiko, die beiden nächsten noch zu verstärken.

Phantasien über sexuelle Nötigung

Ich kann dieses Kapitel nicht abschließen, ohne das Beispiel zu nennen, das den Unterschied zwischen Vorstellung und wirklichem Wollen am klarsten hervorhebt. So überraschend es auch sein mag: Einem 2008 von Joseph Critelli und Jenny Bivona von der University of Texas veröffentlichten Überblicksartikel zu den 20 wichtigsten wissenschaftlichen Studien über Vergewaltigungsphantasien zufolge, haben 31-57 Prozent der Frauen irgendwann einmal Phantasien gehabt, in denen sie zum Sex gezwungen wurden. Für 9-10 Prozent ist das die Hauptphantasie. Dieselben Autoren publizierten 2009 eine weitere Studie mit 355 Studentinnen. Heraus kam, dass 62 Prozent einmal diese Art von Phantasien gehabt hatten, durchschnittlich vier Mal pro Jahr. 45 Prozent der jungen Frauen mit Vergewaltigungsphantasien beschrieben die Erfahrung als erotisch, 46 Prozent als erotisch und abstoßend und 9 Prozent nur als abstoßend. Auch wenn es auf den ersten Blick keinen Sinn ergibt, dass es eine Frau danach verlangt, zu etwas gezwungen zu werden, was sie nicht will – und dies im wirklichen Leben traumatisch wäre –, stellt es für die Autoren kein Paradox dar.

Die Interpretationen sind spekulativ, in ihrem bibliografischen Überblick beschreiben Critelli und Bivona jedoch verschiedene von Psychologen und Forschern über die Vergewaltigungsphantasie veröffentlichte empirische Daten und Erklärungen.

Die erste Hypothese kam 1944 von Helene Deutsch und stellte einen Zusammenhang zu masochistischem Verlangen her, das bei Frauen aufgrund ihrer größeren körperlichen Schwäche und der unbewussten Suche nach der männlichen Kraft häufiger auftrete als bei Männern. Critelli und Bivona zufolge widerlegen die empirischen Daten diese Hypothese als zu verallgemeinernd. Nur in wenigen Fällen könnte Masochismus eine wichtige Rolle spielen.

Die am häufigsten zitierte Erklärung besagt, manche Frauen sehnten sich nach Sex, fühlten sich aber aufgrund religiöser, kultureller oder ehelicher Gründe gehemmt oder wollten es einfach nur vermeiden, als promiskuitiv angesehen zu werden. In ihrer Phantasie werden sie zum Sex gezwungen, weil ihnen das erlaubt, sexuelle Beziehungen zu erleben, ohne sich dafür schuldig oder verantwortlich zu fühlen. Daten aus dem Überblicksartikel von Critelli und Bivona zeigen, dass Frauen, die in einem Umfeld mit stark unterdrückter Sexualität aufgewachsen sind, häufiger Vergewaltigungsphantasien haben. Sie nuancieren jedoch, die Theorie, sexuelles Schuldgefühl zu vermeiden, könne für bestimmte Frauengruppen gelten, erklären jedoch nicht das typische Verhalten der meisten jungen Frauen, die sagen, diese Phantasien zusätzlich zu Sex in gegenseitigem Einvernehmen zu haben.

Eine weitere Hypothese besagt, es sei einfach eine Folge der offeneren Haltung dem Sex gegenüber. Frauen mit vielfältigeren Erfahrungen und Sexualpartnern haben gewöhnlich auch vielfältigere Phantasien, darunter auch die, zum Sex gezwungen zu werden. Die Autoren der Studie halten diese Argumentation zwar für logisch, sie erklärt jedoch nicht, warum Gewalt als Element der Lust eingeführt wird.

Manche Forscher schlagen auch vor, das Verlangen, sexuell genötigt zu werden, könne für den Wunsch stehen, intensiv begehrt zu werden und sexuell so attraktiv zu sein, dass es den Mann die Kontrolle verlieren lässt. Diese Hypothese ist noch nicht bewiesen, passt jedoch dazu, dass »sich begehrt fühlen« einer der Faktoren ist, den Frauen am häufigsten als erregend nennen. Es gibt auch Anthropologen, die es für eine Folge der Macho-Rolle in der heutigen Gesellschaft halten, und Evolutionsbiologen, die meinen, in der Natur gebe es Vergewaltigung, sie werde von der natürlichen Selektion befördert, und daher könnten wir instinktiv eine gewisse Akzeptanz dafür geerbt haben. Die letzte von der Studie nahegelegte Hypothese ist, dass Angst und Wut, die durch die Vergewaltigung hervorgerufen werden, das sympathische Nervensystem aktivieren und das sexuelle Verlangen steigern könnten, und Frauen, die bei hartem Sex ihre größte Lust erlebt haben, vielleicht mit noch extremeren Situationen phantasieren.

Offensichtlich kann keine dieser Theorien das spannende Phänomen der Vergewaltigungsphantasien vollständig erklären. Wieder einmal zeigt sich jedoch die enorme und faszinierende Komplexität unserer Psyche, und wie schwierig es ist, sie allein durch die Untersuchung unseres Verhaltens zu verstehen.

16
Störungen durch Obsession, Impulsivität und mangelnde Selbstkontrolle

In Melissas Freizeit dreht sich alles um Sex. Sie ist 45 Jahre alt, hat keine Kinder und mehrere gescheiterte Beziehungen hinter sich, und sagt, dass sie jetzt erst einmal nicht mehr nach einem festen Partner suche. Lieber befriedigt sie ihr intensives sexuelles Verlangen mit einer Reihe von Liebhabern, die sie penibel verwaltet. Die meisten lernt sie im Internet kennen. Sie verlangt Fotos und immer die wirklichen Namen und Links zu den Webseiten ihrer Firmen, Linkedin oder Facebook. Sie selbst hingegen gibt nie gleich zu Anfang ihre persönlichen Daten heraus und schickt nur Fotos, auf denen ihr Gesicht kaum zu erkennen ist. Wenn einer die Bedingungen nicht akzeptiert, ist das kein Problem, denn sie hat immer genug Kandidaten. Wenn eine Frau in New York Sex will, kann sie so viel davon kriegen, wie sie möchte.

Normalerweise findet das erste Date mit einem potentiellen Liebhaber in einer Bar nicht weit von Melissas Wohnung statt. Per E-Mail hat sie mit dem Partner bereits die Bedingungen und explizite Details besprochen, und wenn nichts Unvorhergesehenes geschieht, werden die beiden bald in ihre Wohnung hinaufgehen und ungefähr anderthalb Stunden lang Sex haben. Wenn der Mann geht, zückt Melissa ihr Notizbuch und schreibt sich Namen, Telefonnummer und Eindrücke von der Begegnung auf. Das hilft ihr, an jedem Tag den passenden Liebhaber anzurufen, je nachdem, wonach ihr gerade ist. Manche sind mehr liebevoll, andere pervers, es gibt Junge, Ältere, körperlich sind sie unterschiedlich fit, mit manchen kann sie sich gut unterhalten und andere kommen gleich zur Sache und verschwinden ohne großes Getue. Natürlich bestehen nicht viele den Test, doch wenn einer ihr gefallen hat, ruft Melissa ihn normalerweise regelmäßig wieder an, bis einer von beiden nicht mehr will. Manche halten nur drei oder vier Treffen, andere mehrere Monate, und mit dem Langlebigsten sieht sie sich schon seit über drei Jahren. Da er verheiratet ist, funktioniert das gut.

Melissa verbietet den Männern, selbst mit ihr Kontakt aufzunehmen, und verlangt eine sofortige Reaktion auf ihre Nachrichten. Brauchen sie länger als eine Viertelstunde, um zu antworten, hat sie schon dem Nächsten ein Date vorgeschlagen. Sie verabredet sich nicht jeden Tag, gibt aber zu, dass sie in manchen irrsinnigen Wochen mit bis zu zehn verschiedenen Männern geschlafen habe. Hat sie nach einem Treffen Lust auf mehr, ruft sie einen der Liebhaber ihres Vertrauens an, von denen sie weiß, dass sie ins Taxi springen und in 20 Minuten bei ihr sind. Gelegentlich geht sie auf private Partys in Clubs, wo Gruppensex praktiziert wird. Das liebt sie. Sie mag auch Dreier oder Sex mit anderen Frauen, und probiert jede neue Sexualpraktik aus, die ihr spannend vorkommt. Es ist eine Mischung aus Neugierde und Erregung. Auf Reisen findet sie es höchst erregend, mit Einheimischen Sex zu haben und es heimlich an öffentlichen Orten zu tun. Sie hatte auch schon Affären an ihrem Arbeitsplatz, versucht das aber wegen der daraus entstehenden Unannehmlichkeiten zu vermeiden. Ihr ist klar, dass sie fast täglich Sex braucht, und nur wenn sie krank ist, sind mehrere Tage vergangen, an denen sie sich nur durch Masturbation selbst befriedigt hat.

Einige ihrer Freundinnen meinen, sie habe ein Problem. Das streitet sie ab. Die Freundinnen sagen, zu ihrem eigenen Besten solle sie mal etwas langsam machen, sie sei sexsüchtig. Doch ist sie das wirklich? Der Psychiater Richard Krueger und die Sexualtherapeutin Meg Kaplan, beide Experten für Hypersexualität und Paraphilien sowie Forscher an der Columbia University, verneinen das. Solange Melissa nicht die Kontrolle verliert, solange ihre sexuelle Hyperaktivität ihr keine emotionalen, beruflichen oder ökonomischen Probleme bereitet und sie nicht das Verlangen spürt, ihren Lebensstil zu ändern, ist ihre Situation nicht pathologisch. Im Unterschied zu Drogen, Essen oder Glücksspiel ist bei der Sexsucht nicht die Menge ausschlaggebend. Sehr viel Alkohol zu konsumieren bringt offensichtliche körperliche und soziale Probleme mit sich, viel Sex jedoch nicht unbedingt. Es geht nicht darum, was die Gesellschaft als »normal« betrachtet, sondern wann Kontrollverlust und ernsthafte Probleme im Alltag auftreten. Melissa gibt zu, dass der Sex natürlich ihre Freizeit beeinträchtigt, jedoch weder ihre Arbeit noch ihren Freundeskreis. Für sie ist es eher ein Hobby, das vielleicht eines Tages ganz von allein weggeht. Sie ist nicht davon besessen.

Hypersexualität ist keine Sucht

Den Leitlinien zufolge, an deren Erarbeitung Dr. Richard Krueger beteiligt war, um die »Störung durch Hypersexualität« möglicherweise in die fünfte Ausgabe des Handbuchs Psychischer Störungen DSM-5 aufzunehmen – was letztendlich dann nicht geschah –, könnte als hypersexuell diagnostiziert werden, wer die folgenden Bedingungen erfüllt: sechs Monate oder länger intensive und wiederkehrende sexuelle Phantasien und Impulse oder Verhaltensweisen im Zusammenhang mit drei oder mehr der folgenden fünf Kriterien: a) Beeinträchtigung wichtiger anderer Aktivitäten, Ziele oder Verpflichtungen, b) Auftauchen des sexuellen Bedürfnisses als Reaktion auf emotionale Zustände wie Angst, Depression oder Reizbarkeit, c) Auftauchen des sexuellen Bedürfnisses als Reaktion auf Stresssituationen, d) fehlende Impulskontrolle trotz Versuchs und e) Beibehaltung sexueller Verhaltensweisen ohne Berücksichtigung des physischen und emotionalen Risikos für sich selbst und andere.

Dr. Krueger sagt, die pseudoakademische Debatte darüber, welchen Namen man der medienwirksamen »Sexsucht« denn nun geben solle, sei ihm egal. Er bevorzugt die Bezeichnungen »Hypersexualität« oder »zwanghaftes Sexualverhalten«, weil sie weiter gefasst seien und weniger Beigeschmack hätten; den Begriff »Sucht« findet er weniger geeignet, da er einige seiner Patienten ausschließen würde, deren unkontrolliertes Verlangen nicht von einer erlernten Konditionierung, sondern von Krankheiten oder Hirnverletzungen herrührt. Er nimmt an, dass der Begriff der Sucht für die Allgemeinheit wohl leichter verständlich ist, doch zugleich ärgert ihn die Banalisierung in den Medien und dass viele Personen als sexsüchtig oder hypersexuell bezeichnet werden, die das gar nicht sind. Seiner Meinung nach schafft das sozialen Druck und übermäßige Besorgnis bei Patienten, die dann mit unbegründeten Ängsten in seine Praxis kommen. Ein anderer Psychiater, der lieber ungenannt bleiben möchte, sagte mir, in den USA sei die Behandlung von Sexsucht zu einem lukrativen Geschäft geworden.

Joe erfüllt alle Kriterien, um als Sexsüchtiger durchzugehen. Als er in Kaplans und Kruegers Praxis kam, war er durch die Besuche bei Prostituierten fast ruiniert und hatte vom vielen Masturbieren ein kaputtes Handgelenk. Als sie meine überraschte Miene sieht, bestätigt Meg, es sei gar nicht so selten, dass Männer sich zwanghaft über zehn Mal pro Tag selbst befriedigen. Joe ist nie befriedigt. Er ist bei einer Prostituierten fertig und schon eine halbe Stunde später wieder auf der Suche nach Sex. Er schaut stundenlang Pornos im Internet und versucht online Frauen zu finden, mit denen er Sex haben kann. Das ist jedoch fast unmöglich, denn Joe ist nicht attraktiv und hat auch keine große soziale Kompetenz. Wenn es für ihn so leicht wäre, Sex zu bekommen, wie für Melissa, hätte er dann dieselben Schwierigkeiten? »Das ist eine ungeklärte Frage«, meint Dr. Krueger ausweichend, führt jedoch einige Studien an, die darauf hinweisen, dass unbefriedigtes Verlangen wirklich Angstzustände auslösen und zur Obsession werden kann.

Er fügt hinzu: »Offensichtlich steigt die Zahl der Sexsüchtigen, aber im Grunde gibt es keine verlässlichen Statistiken über die gegenwärtige Situation und erst recht nicht über die vor einigen Jahrzehnten.« Er führt weiter aus, dass es verschiedene Untertypen hypersexuellen Verhaltens gibt, je nach Vorherrschen verschiedener

Praktiken wie zwanghaftem Masturbieren, Cybersex, Anrufen bei Erotiklines, Pornografiekonsum, regelmäßigen Besuchen in Strip-Clubs, Prostitution oder einvernehmlichem Sex zwischen Erwachsenen; letzteres kommt besonders häufig bei Homosexuellen und den sehr wenigen Frauen mit pathologischer Hypersexualität vor.

In den 30 Jahren, die Megan Kaplan als Forscherin und Therapeutin tätig ist, hat sie viele hypersexuelle Frauen behandelt, sie meint jedoch, diese seien eindeutig die Ausnahme. »Es gibt natürlich Frauen mit ständig gesteigertem Verlangen und gleichzeitigem Kontrollverlust, doch bei den meisten ist das eine Folge neurologischer Probleme wie einer bipolaren Störung, psychologischer Störungen oder Medikamentenkonsum«, versichert Dr. Kaplan und ergänzt: »Liegt der Ursprung der Abhängigkeit eher im Verhalten, geschieht dies für gewöhnlich im Rahmen einer konkreten Beziehung und ist nicht eine zügellose Suche nach Promiskuität, wie bei Männern.« Megan erzählt von Frauen, die viel Pornografie konsumieren, sich vor einer Webcam zur Schau stellen oder großes sexuelles Verlangen haben und in das klassische Konzept der »Nymphomanin« passen könnten – doch sie bleibt dabei, solche Extremfälle sind selten. Die meisten sollten nicht als problematisch interpretiert werden, meist seien es vorübergehende Phasen und nur im Einzelfall gebe es »sexsüchtige Frauen«.

An dieser Stelle muss ich erklären, dass manche Fälle von Hypersexualität rein durch neurophysiologische Störungen verursacht werden, die das Gleichgewicht zwischen Verlangen und Hemmung durcheinanderbringen. Beispielsweise wurden in einigen Fällen von Epilepsie oder Unfällen, bei denen Bereiche des präfrontalen Kortex verletzt wurden, oder bei früher durchgeführten Lobotomien Schäden in den Hirnmechanismen für Hemmung beobachtet, die zu Hypersexualität führten. Der sexuelle Antrieb entsteht dann nicht durch eine übermäßige Steigerung des Verlangens, sondern durch mangelnde Dämpfung. Auf der anderen Seite erhöhen manche Parkinson-Medikamente den Dopaminspiegel, und auch bei Patienten mit Tourette-Syndrom, die einen zu hohen endogenen Dopaminspiegel haben, oder bei Methamphetamin-Süchtigen, bei denen der

Drogenkonsum mit Sex zusammenhängt, entsteht die Hypersexualität direkt aus der neurochemischen Steigerung des Verlangens.

Offensichtlich kann Sexsucht, wie jede andere Zwangsstörung oder verhaltensbezogene Abhängigkeit, auch durch wiederholtes, Lust produzierendes Verhalten und die Gewöhnung daran entstehen, es ist jedoch wichtig zu unterstreichen, dass es dafür noch weitere erschwerende Umstände braucht.

Sex allein macht nicht süchtig

Das neurowissenschaftliche Grundmodell der Sucht sieht so aus: Alkohol, Kokain oder Tabak zu konsumieren, erhöht auf verschiedenen Wegen die Dopaminmenge im Nucleus Accumbens, dem im limbischen System des Gehirns angesiedelten Zentrum für Lust und Belohnung. Dieses Dopamin erzeugt Euphorie, Wohlbefinden und Motivation. Wiederholt man die Einnahme häufig, »gewöhnen« sich jedoch die Neuronen des Nucleus Accumbens an diese ungewöhnlich hohen Dopaminwerte und die Rezeptoren im Synapsenbereich bilden sich zurück. Dadurch sind die normalen Dopaminwerte, die Essen, Sport und Sex uns liefern, nicht mehr so befriedigend, und es entsteht ein Zustand des Unbehagens, in dem nur noch die Substanz, von der man abhängig geworden ist, neues neurochemisches Wohlbefinden schenken kann. Außerdem haben die Neurowissenschaftler herausgefunden, dass kontinuierlicher Drogenkonsum die Aktivität in den Bereichen des präfrontalen Kortex verringert, die für Hemmung zuständig sind. Das ist wichtig und bedeutet, dass Süchtige aufgrund von Veränderungen im limbischen System süchtig sind, die das Verlangen nach der Substanz steigern, jedoch auch, weil Schädigungen im präfrontalen Kortex die Fähigkeit zur Selbstkontrolle mindern.

So viel zur Sucht nach Substanzen. Seit einigen Jahren haben Neurowissenschaftler außerdem festgestellt, dass bei Süchten nach bestimmten Verhaltensweisen ähnliche Veränderungen im Gehirn auftreten. Dabei gibt es jedoch einen wichtigen Unterschied: Sex oder Glücksspiel werden niemals so viel Dopamin freisetzen wie beispielsweise Kokain oder Heroin und nur schwerlich Läsionen in den präfrontalen Lappen hervorbringen. Dem Sex zu frönen, shoppen zu gehen oder sich in einem Fitnessstudio abzurackern wird für sich allein genommen also nie zu einer Sucht führen. Man kann sich daran gewöhnen, es kann zu einer Angewohnheit und vielleicht sogar zu einer Obsession werden, es mündet jedoch kaum in einer physischen Abhängigkeit oder Sucht. Das geschieht nur bei Personen, die schon zuvor Schäden in den hemmenden Bereichen des präfrontalen Kortex oder eine Zwangsstörung haben, oder wenn der Sex von Drogen begleitet wird, die den Dopaminspiegel dann doch erhöhen, und das Gehirn beide Reize assoziiert. Doch im Allgemeinen führt viel Sex, sofern keine vorherigen physischen, mentalen oder psychosozialen Probleme vorliegen, nicht zur Sucht. Und gibt es solche bestehenden Probleme, die eine obsessiv-zwanghafte Sucht nach Belohnung hervorrufen, ist Sex für gewöhnlich die Folge und nicht die Ursache. Tatsächlich findet man in der wissenschaftlichen Literatur Fälle von Sexsüchtigen, die außerdem kauf- oder spielsüchtig sind oder Zwangsstörungen haben, sich zum Beispiel ständig die Hände waschen müssen.

An dieser Stelle verdient der Pornokonsum im Internet eine besondere Erwähnung. Den Experten zufolge ist dieses Problem besonders heikel, weil man durch die leichte Zugänglichkeit und die zunehmende soziale Isolation sehr schnell in eine Abwärtsspirale gerät. Verschiedene Studien zeigen eine drastisch zunehmende Zahl von Fällen, wo der Online-Pornokonsum von einer Gewohnheit zur Zwangshandlung wird. Wenigstens versichern die Experten auch, mit einer kognitiven Verhaltenstherapie sei es normalerweise nicht schwer, diesen Kreislauf zu durchbrechen und Aktivitäten zu finden, die dieses Suchtverhalten ersetzen. Nur in sehr wenigen Fällen muss auf medikamentöse Behandlung zurückgegriffen werden, um das Verlangen zu unterdrücken. Wirklich ernste Probleme treten erst dann auf, wenn eine zur Sucht neigende Persönlichkeitsstruktur oder psychologische Störungen vorliegen.

Außerdem sind viele Fachleute der Meinung, es gebe eigentlich gar nicht so viele wirklich sexsüchtige Männer, wie manche Statistiken glauben machen, und sie kritisieren die Medien, die Fälle wie Michael Douglas oder Tiger Woods mit Sucht titulieren. Für diese Experten ist die Selbstetikettierung als »Süchtiger« eine Möglichkeit, sich für den Mangel an Kontrolle bezüglich einer gesellschaftlich als unangebracht angesehenen Verhaltensweise zu rechtfertigen und den eigenen Besserungswillen durch das Aufsuchen einer Reha-Klinik unter Beweis zu stellen. Der angesehene Sexualforscher Stephen Levine veröffentlichte im Jahr 2010 eine in dieser Hinsicht sehr aufschlussreiche Studie. Levine untersuchte die Fälle von 30 verheirateten Männern, die in ein Reha-Zentrum gekommen waren und sich selbst als sexsüchtig bezeichneten. Von diesen 30 Patienten hatten zwei Männer nichts weiter getan, als sich gelegentlich zu Pornos selbst zu befriedigen, womit sie die von ihren restriktiven Ehefrauen auferlegten Regeln gebrochen hatten. Fünf kamen in die Klinik, nachdem ihre Frauen sexuelle Geheimnisse aus der Vergangenheit entdeckt hatten, wie ehemalige Geliebte oder Bordellbesuche. Vier litten darunter, dass sie erotische Videochats besuchten und sich damit ihren Frauen gegenüber untreu vorkamen. Sieben hatten einfach nur unkonventionelle sexuelle Phantasien, was eher der Definition für Paraphilie denn für Sucht entsprach, und fünf wurden der Hypersexualität beschuldigt, weil sie häufig mit Freunden in Strip-Clubs gingen. Am Telefon sagte Levine mir: »Keine dieser Kategorien sollte als Sexsucht klassifiziert werden, und nur bei sieben der 30 Patienten war eine Abwärtsspirale sowie Abhängigkeit von Pornografie und illegalem Sex zu beobachten.«

Ich möchte das Problem der Sex-Besessenheit nicht herunterspielen, es existiert zweifellos und hat in der Form der Abhängigkeit von Online-Pornografie enorme Zuwachsraten, ich möchte jedoch betonen, dass Hypersexualität nicht am Ausmaß des Verlangens gemessen werden sollte, sondern an der fehlenden Kontrolle – der große Unterschied zwischen Melissa und Joe –, und vor allem daran, ob das Verhalten negative Folgen für den Betroffenen oder die Menschen in seiner Umgebung nach sich zieht. Wirklich schwerwiegend ist Hypersexualität, wenn sie in Verbindung mit einer Paraphilie auftritt. Darauf und auf die Therapieformen zur Behandlung von Obsessionen werde ich noch zu sprechen kommen. Doch zuvor lohnt es sich, noch einen vertiefenden Blick auf die Neurowissenschaft des Gleichgewichts zwischen Verlangen und Kontrolle, Erregung und Hemmung zu werfen, denn dieses Gleichgewicht definiert schließlich unsere Impulsivität und unsere Entscheidungsfindung. Und das nicht nur im Bereich der Sexualität.

Die Neurowissenschaft der Impulsivität und des Kontrollverlusts

Impulsivität und Selbstkontrolle werden von unterschiedlichen wissenschaftlichen Disziplinen erforscht, die zum Beispiel zu erklären versuchen, warum Marcos auf Diät ist und sich trotzdem nicht zurückhalten kann, warum Silvia nach ein paar Gläsern Wein jemanden küsst, der nicht ihr Mann ist, oder warum ein Fußballspieler in einem angespannten Moment die Selbstbeherrschung verliert und einen Gegner angreift. Ich habe alltägliche Beispiele genannt, aber die zugrundeliegenden Verhaltensmechanismen sind im Grunde nicht viel anders als die, die in sehr viel heikleren Situationen greifen wie beispielsweise bei einem Süchtigen, der nicht vom Kokain loskommt, einem Vater, der sein Kind missbraucht, oder einer gewalttätigen Person, die in einem Wutanfall ein Verbrechen begeht.

Selbstkontrolle ist von grundlegender Bedeutung für unser Leben, und die Wissenschaft möchte gern verstehen, warum wir uns angesichts eines Impulses oder einer unmittelbar bevorstehenden Belohnung nicht zurückhalten können, obwohl wir die negativen Folgen kennen und wissen, dass uns dadurch noch größere Belohnungen in der Zukunft entgehen. Die Wissenschaft geht davon aus, dass unser Verhalten sich aus dem Gleichgewicht von Verlangen und Hemmung ergibt, und wird einer dieser Faktoren gestört, kann das zu schlimmen, unerwünschten Handlungen führen. Wir haben bereits mögliche Ursachen für ein gesteigertes Verlangen betrachtet – doch wovon hängt es in unserem Alltag ab, ob wir uns angesichts einer Süßigkeit, einer Provokation oder eines Kusses zurückhalten können oder nicht?

In den letzten Jahren haben verschiedene Studien bestätigt, dass der linke präfrontale Kortex (*dorsolateral prefrontal cortex* oder DL-PFC) klar an der Impulskontrolle beteiligt ist. Eine Studie mit Ex-Rauchern, die seit drei Wochen nicht mehr geraucht hatten, zeigte, dass diejenigen von ihnen, die mehr Aktivität im DLPFC hatten, weniger Rückfälle erlitten. Bei einer anderen, 2010 von *Nature Neuroscience* veröffentlichten Studie wurde durch transkranielle Magnetstimulation die Aktivität des linken präfrontalen Kortex mehrerer gesunder Freiwilliger blockiert. Beobachtet wurde, dass sie sehr viel riskantere und impulsivere Entscheidungen trafen. Eine interessante Untersuchung von 2012 verglich auch die Aktivität im anterioren cingulären Kortex (ACC). Dieser Bereich verbindet das limbische System mit dem präfrontalen Kortex und ist dafür zuständig zu erkennen, dass etwas nicht richtig ist. Man stellte fest, dass sich die Aktivität im ACC bei Kontrollverlust nicht veränderte. Das weist darauf hin, dass die Handlung weiterhin als negativ wahrgenommen wird, sich jedoch die Hemmung im DLPFC verringert. Offensichtlich liegt die Kontrollfähigkeit in unserem Gehirn – doch was blockiert sie?

Einerseits haben wir bereits gesehen, dass psychische Krankheiten, Hirnverletzungen oder Drogenkonsum direkt die mit Selbstkontrolle zusammenhängenden Strukturen schädigen können, und es ist auch bekannt, dass die Aktivität des präfrontalen Kortex bei übermäßigem Alkoholkonsum ziemlich beeinträchtigt ist. Zudem wurde beobachtet, dass Stress, körperliche Erregung, Depression, Schlafmangel und selbst Müdigkeit diese Aktivität ebenfalls einschränken. Sind wir erschöpft oder in einer stressigen Situation, schwindet eindeutig unsere Hemmung.

Andererseits gibt es Auslöser eher psychischer Natur, wie sich einfach nicht gut zu fühlen. Erwiesenermaßen sorgt Wut oder eine andere negative Empfindung dafür, dass wir nachsichtiger mit uns selbst und eher dazu geneigt sind, bei anderen Dingen, die nichts mit dem Grund für unser Unwohlsein zu tun haben, Grenzen zu überschreiten. Wir machen uns wegen einer Sache Sorgen und reagieren uns unkontrolliert an einer anderen ab. Das kann man auf zweierlei Arten interpretieren: a) das negative Gefühl erfordert eine große mentale Anstrengung und konkurriert mit den Erfordernissen der Hemmung, b) bei schlechten Gefühlen ist die Neigung, schnelle Alternativen zur Wiederherstellung des Wohlbefindens zu suchen, größer. Ein anderer Wirkmechanismus ist der *abstinent violation effect,* also der Effekt, wenn man die Abstinenz aufgibt. Demnach ist es befreiend, eine Hemmung abzulegen, ein Rückfall wird dadurch jedoch leichter.

Noch einmal: Kontrollverlust kann durch einen extremen Anstieg des Verlangens oder durch eine Verringerung der Hemmung entstehen. Das passiert uns im Alltag, ist jedoch auch bei Paraphilien relevant. Im 3. Kapitel haben wir zum Beispiel gesehen, dass viele Männer pädophile Neigungen haben (und sich physisch von vorpubertären Jungen oder Mädchen angezogen fühlen), doch nur wenige von ihnen werden straffällig (und sexuell übergriffig gegen Minderjährige). Hier ist zweifellos ein hemmender Mechanismus am Werk, den die meisten Erwachsenen problemlos kontrollieren können. Doch in Anbetracht des zuvor Gesagten vermutet man, dass bei Pädophilen, die regelmäßig Kinder missbrauchen, neben einer anormalen paraphilen Orientierung Läsionen vorliegen, die eine geringere Aktivität im präfrontalen Kortex und damit eine begrenzte Fähigkeit zur Selbstkontrolle verursachen. Nicht straffällig werdende Pädophile sollten darauf achten, sich keinen Stresssituationen und auch keinem starken Alkoholeinfluss oder sonstigen Umständen auszusetzen, die auf ihr Gehirn wirken und dem Verlangen die Oberhand über die Hemmung geben könnten. Dieses Thema wird zur Zeit noch erforscht, und man weiß erst wenig – was generell für die seltsame Welt der Paraphilien gilt.

Paraphilien: wenn wissenschaftliche Artikel merkwürdiger als Fiktion sind

Als ich durch die Posterpräsentation auf dem Kongress der International Academy of Sex Research schlenderte, stieß ich auf das der Brasilianerin Janaina Reis: »Formicophilia: A case report and literature review«. Das Poster beschrieb einen 53-jährigen Junggesellen aus einer ländlichen Gegend in Brasilien, der mit 14 Jahren ein mit krabbelnden Ameisen bedecktes Eis auf dem Boden fand und neugierig war, wie sich dieses Tiergekribbel wohl auf seinem Penis anfühlen würde. Er probierte es aus, es gefiel ihm und er machte es häufiger, bis es ihn irgendwann so sehr erregte, dass er sogar ein paar Mal zum Orgasmus kam. Wäre das bloß wenige Male geschehen, würde der Mann nach der Definition für Paraphilie im Handbuch psychischer Störungen (»sexuell zwanghafte Bedürfnisse und Verhaltensweisen in Reaktion auf unübliche oder gesellschaftlich nicht akzeptierte Reize [...] die beim Betroffenen oder anderen Leiden und Beeinträchtigung verursachen«) die Kriterien für Zoophilie nicht erfüllen. Aber er ging weiter.

Dem Poster zufolge war der Betroffene Rentner, katholisch, half im Sekretariat der Gemeinde und hatte gute Sozial- und Familienbeziehungen – doch über lange Zeit hatte er Sex mit Hunden und Ziegen, gab zu, von einem Hund geleckt und penetriert worden zu sein, und setzte sich häufig Ameisen auf die Spitze des Penis. Inzwischen verwendet er Feuerameisen (*Solenopsis*), deren Bisse schmerzhafter sind. Die Forscher behandelten ihn mit Psychotherapie und 20 mg Paroxetin täglich und berichteten, dass die Symptome der Zoophilie zurückgingen.

Paroxetin ist einer der pharmazeutischen Wirkstoffe, die zur Dämpfung des Sexualtriebs bei Pädophilen, Vergewaltigern oder in extremen Fällen der Hypersexualität eingesetzt werden. Darauf kommen wir später noch.

Das DSM-5 unterteilt die paraphilen Störungen in: Exhibitionismus, Fetischismus, Frotteurismus (jemanden ohne dessen Einwilligung berühren oder sich an ihn pressen), Pädophilie, sexueller Masochismus, sexueller Sadismus, Transvestitismus, Voyeurismus und nicht anders spezifizierte Paraphilien, worunter obszöne Telefonanrufe, Nekrophilie, Zoophilie, autoerotische Atemkontrolle, Body worship (sexuelle Obsession für einen bestimmten Körperteil) fallen und alle möglichen Unterarten, die ihr euch nur vorstellen könnt. Im Internet gibt es Listen mit Hunderten der unwahrscheinlichsten Paraphilien, und in der medizinischen Literatur finden sich Beschreibungen wie die des brasilianischen Formicophilen, das Röntgenbild eines Beckens mit einem in den Unterleib gestopften Stierhorn oder ein wissenschaftlicher Artikel mit dem Farbfoto eines Deutschen, der nackt in der Badewanne sitzt und Tiereingeweide um den Hals hängen hat. Die Autoren der Studie erklären, dass dieser Nekrophile (jemand, der sich von Leichen sexuell angezogen fühlt), ein 40-jähriger verheirateter Bauingenieur mit zwei Kindern, gute Sozialbeziehungen und scheinbar eine normale Persönlichkeit hat. Neben dem Badewannenfoto ging er so weit, die Leiche einer gerade bei einem Verkehrsunfall ums Leben gekommenen 20-Jährigen auszugraben, ihr die Brüste abzuschneiden und mit nach Hause zu nehmen, und ich wage nicht, hier wiederzugeben, was er mit der geraubten Leiche einer ebenfalls frisch verstorbenen 14-Jährigen machte. Ich möchte niemanden mit Geschichten von extremer Sexualität schockieren, doch glaubt mir, in der wissenschaftlichen Literatur sind jede Menge Fälle sexueller Obsessionen – fast alle von Männern – beschrieben, die weit über alles hinausgehen, was wir uns vorstellen oder verstehen können.

Von den gängigsten Paraphilien werden Pädophilie, Exhibitionismus oder Frotteurismus immer als psychische Störungen bewertet, während Sadismus, Fetischismus oder Tranvestitismus nur als Krankheit eingeordnet werden, wenn sie zwanghaft auftreten oder Schwierigkeiten verursachen. Kriterium ist dabei nicht, wie »normal« sie vielleicht vom biologischen Standpunkt aus sein mögen (manche Akademiker ergehen sich in Diskussionen darüber, ob das sexuelle Verlangen nach 14- oder 15-jährigen Jugendlichen wirklich als Paraphilie angesehen werden sollte), sondern ob sie gegen die Gesetze und Normen der Gesellschaft verstoßen oder nicht. Deshalb gibt es sexuelle Aktivitäten, die in einer Kultur als Paraphilie eingeordnet werden und in der anderen nicht. Um nur ein Beispiel zu nennen: Das DSM strich Homosexualität 1973 aus seiner Liste der Paraphilien, doch in einigen Ländern ist sie noch immer verboten.

Pathologische Paraphilien betreffen sehr viel häufiger Männer als Frauen und beginnen sich gewöhnlich schon in sehr frühem Alter zu äußern. Megan Kaplans Daten zufolge sagen 58 Prozent der Pädophilen, ihre Phantasien mit vorpubertären Kindern hätten schon im Jugendalter angefangen. Megan leitet ein spezielles Zentrum für Jugendliche an der Columbia University, darunter viele Täter in Fällen von Inzest oder sexuellen Übergriffen auf Erwachsene und Kinder. Oft haben Paraphile mehr als eine Paraphilie, wenig soziale Kompetenz, Probleme mit Unzufriedenheit, Depressionen und psychischen Störungen, die sie glauben lassen, ihre Opfer würden genießen, was sie mit ihnen machen. Eine Therapeutin erzählte mir, ein exhibitionistischer Patient habe sich einmal vor ihr ausgezogen und masturbiert. Er sei vollkommen davon überzeugt gewesen, dass sie sich das wünsche.

Manchmal ist eine Paraphilie ein Ersatz oder ein Ausprobieren, zum Beispiel in Form sexueller Kontakte mit Tieren, die häufig in der Jugend auftreten und sich später auswachsen, oder bei manchen Erwachsenen, die diese Praktiken mangels anderer Möglichkeiten ausüben. Doch oftmals sagen Zoophile aus, sie zögen Tiere wirklich den Menschen vor, genau wie der paraphile Vergewaltiger seine Lust daraus gewinnt, jemanden zum Sex zu zwingen, oder Pädophile stärker von Kindern als von Erwachsenen erregt werden. Das ist wichtig und man muss es bei der Behandlung berücksichtigen, denn fasst man Paraphilien als eine besondere sexuelle Orientierung auf, wird es genauso schwer werden, die Vorliebe einer Person psychotherapeutisch zu ändern, die sich von Kindern oder Gegenständen erregt fühlt, wie eine homo- oder heterosexuelle Präferenz. Bei diesen Patienten kann man am Verhalten arbeiten und versuchen, es zu kontrollieren, nicht jedoch am Verlangen an sich.

Die Ursachen für Paraphilien sind noch immer ein Rätsel. Auf der biologischen Ebene ist von Hirnschäden, Problemen der Entwicklung und sogar familiärer Veranlagung die Rede. Außerdem wurde festgestellt, dass in der Kindheit erlittener sexueller Missbrauch das Risiko für Paraphilien erhöht, besonders für Pädophilie und sexuelle Übergriffe. In einem ist man sich relativ einig: Der auslösende Faktor ist die Verknüpfung eines konkreten Reizes mit Erregung und sexueller Lust in den ausschlaggebenden Entwicklungsphasen, und die Wiederholung, die diese Verbindung mit der Zeit festigt. Es ist schwierig, dazu methodisch strenge Studien durchzuführen, doch viele Paraphile erinnern sich an einschlägige Erlebnisse aus ihrer Kindheit und Jugend, was darauf hinweist, dass ihre Präferenzen das Ergebnis erlernter Prozesse sind. Wir haben bereits darüber gesprochen, dass manchen Fetischismen und sexuellen Vorlieben die klassischen Pawlowschen Konditionierungen zugrunde liegen. Wenn man in eine Spirale gerät und Lust immer wieder mit einem bestimmten Objekt oder Verhalten verknüpft, verschärft sich die Abhängigkeit möglicherweise bis zur Obsession, und zusammen mit psychosozialen Schwierigkeiten, Zwangsstörungen, Hypersexualität, Drogenkonsum oder Impulsivität entsteht schließlich eine paraphile Störung.

Megan Kaplan gestand mir gegenüber, dass sie noch ziemlich im Dunkeln tappen, denn nur wenige Paraphile suchen ärztliche Behandlung und es gibt kaum wissenschaftliche Forschung zu Hypersexualität und Paraphilie (Megan und Richard Krueger gehörten der Arbeitsgruppe an, die die Formulierungen für paraphile Störungen für das DSM-5 vom Mai 2013 ausarbeiteten). Megan erzählt, dass die Therapie bei jedem neuen Patienten immer mit der psychologischen Komponente beginnt und im Rahmen eines akzeptablen Risikos versucht wird, bezüglich einer Verhaltensänderung geduldig zu sein. Ihrer bibliografischen Übersicht zufolge haben repressive oder rekonditionierende Therapien keine guten Ergebnisse gebracht, und in manchen Fällen hält sie eine pharmazeutische Behandlung für notwendig. Das schon erwähnte Paroxetin ist ein Antidepressivum. Der Wirkstoff ist ein Serotonin-Wiederaufnahmehemmer mit der starken Nebenwirkung einer Libido-Reduktion, was die Psychotherapie gut unterstützen kann. Richard Krueger ist allerdings der

Meinung, in schweren Fällen sei eine »chemische Kastration« am effektivsten, bei der der Testosteronspiegel radikal gesenkt wird. Das erreicht man durch Injektionen synthetischen Progesterons, mit Wirkstoffen wie Cyproteronacetat, die die Zellrezeptoren für Androgene blockieren, oder mit GnRH-Analoga, die die Funktion der Hypophyse hemmen und so die Testosteronausschüttung drastisch reduzieren. Mehrere Studien haben bestätigt, dass dadurch das sexuelle Verlangen und die Häufigkeit der Phantasien gemindert wird, und bessere Kontrolle möglich ist. Dr. Krueger zitiert wissenschaftliche Literatur, die belegt, dass die Ergebnisse einer reinen Psychotherapie bei wirklich kranken Personen sehr fraglich sind, und das bei gefährlichen Paraphilen in der Regel nicht ausreicht. Einige Pädophile – wie Brian DeVries aus Kalifornien – haben sogar einer Kastration zugestimmt, um den Impuls zu einem Verbrechen zu vermeiden, das sie selbst abscheulich finden, aus eigener Kraft aber nicht verhindern können. Paraphile können wirklich bis an unsägliche Grenzen gehen und sogar den eigenen Tod verursachen.

Autoerotisches Erstickungsspiel: Sterben auf der Suche nach Lust

Die Zahlen sind unklar, da sie auf Schätzungen beruhen und davon abhängen, ob die Todesfälle als Selbstmord oder Unfall gemeldet werden, doch in den USA sterben jedes Jahr schätzungsweise 500 bis 1000 Menschen bei autoerotischen Praktiken. In der medizinischen Literatur wurden Todesfälle durch Stromschläge, durch Blutungen nach dem Einführen von Fremdkörpern in Genitalien und Anus, oder Ersticken nach Einwickeln des gesamten Körpers in Plastik dokumentiert, und man findet detaillierte Beschreibungen wie die eines 29-jährigen Mannes, der bei der Selbstbefriedigung an einer in der Kehle steckengebliebenen Gurke erstickte.

Die wissenschaftliche Literatur nimmt kein Blatt vor den Mund, und es ist keine Seltenheit, mitten in einem Artikel auf das Foto der Leiche eines Mannes zu stoßen, der beim Masturbieren einem Herzinfarkt erlag und das Staubsaugerrohr noch auf dem Penis stecken hat. Oder auf die Polizeiaufnahme eines reglosen Körpers, der umgeben von pornografischen Darstellungen auf Boden und Computerbildschirm nackt in seinem Zimmer hängt. Letzteres ist die häufigste Ursache für autoerotische Todesfälle: Strangulation und Ersticken an Plastiktüten bei der Masturbation. Ursache dafür ist die Obsession, zur Steigerung der sexuellen Lust einen Sauerstoffmangel (Anoxie) im Körper zu provozieren.

Abgesehen von dem einen oder anderen bekannten Fall, wie dem des Schauspielers David Carradine, wird diese gefährliche Praktik von einer unbestimmten Anzahl von Personen – mehr, als wir glauben – heimlich ausgeübt. Sie führen gewaltsam einen Sauerstoffmangel herbei, um ihre körperliche Erregung zu steigern. Wie die kanadische Forensikerin Anny Sauvageau in mehreren ihrer Übersichtsartikel und Schriften erklärt, werden die Opfer normalerweise in ihren Zimmern oder Bädern auf dem Boden liegend aufgefunden, den Kopf in einer Plastiktüte oder Stricke oder Gürtel um den Hals. Um sie verstreut liegen Erotika, sie haben hohe Alkohol- und Drogenwerte im Blut und eventuell erstickend wirkende Substanzen wie Butan- oder Lachgas inhaliert. Manchmal tragen sie Damenunterwäsche oder man entdeckt sadomasochistische Gerätschaften oder andere klare Anzeichen dafür, dass es sich nicht um Selbstmord, sondern einen Unfall bei der Ausübung eines autoerotischen Erstickungsspiels handelt. 90 Prozent dieser Todesfälle sind Männer. Bei autoerotischen Todesfällen aus atypischen Gründen steigt der Frauenanteil auf 22 Prozent.

Die erste Frage, die einem durch den Kopf gehen könnte, ist, warum Atemnot die sexuelle Lust steigert. Dafür gibt es verschiedene Ursachen. Zum einen kann sie die Erregung als Teil eines extremen masochistischen *bondage*-Rituals intensivieren; zum anderen verursacht der Sauerstoffmangel in der Großhirnrinde eine Bewusstseinstrübung und Sinnestäuschungen, die den Wirkungen mancher Drogen gleichkommen und das Lustempfinden steigern können. In jedem Fall versichern Praktizierende, die körperliche Erregung sei deutlich stärker, was zu dem scheinbar unlogischen Prinzip passt, dass Angst das Verlangen und die Intensität des sexuellen Empfindens steigert.

Der Körper weiß nicht, dass sein Besitzer dies absichtlich herbeiführt – aber sobald er spürt, dass der Sauerstoffgehalt im Blut deutlich zurückgeht, erlebt er eine extreme Stressreaktion. Das sympathische Nervensystem wird aktiviert, der gesamte Organismus gerät in Aufruhr und das Gehirn denkt nur noch an Flucht. Die Retikulärformation im Hirnstamm schickt Signale in sämtliche Gehirnbereiche, die Amygdala aktiviert sich und alle fünf Sinne werden geschärft. In Situationen von Angst, Stress und Anspannung kann man das leiseste Geräusch hören und spürt den geringsten Hautkontakt, und diese extreme Empfindsamkeit vermag zusammen mit der sexuellen Erregung die Intensität der Lust zu steigern.

Wie schon in den ersten Kapiteln beschrieben, können eine Überaktivierung des sympathischen Nervensystems und Stress im Gehirn die Erregung steigern und für einen stärkeren Orgasmus sorgen. Die Reaktion des Körpers auf Angst und psychischen oder physischen Stress ist überwältigend. Daher können manche Paraphilien wie sexuelle Gewalt, Sex in der Öffentlichkeit oder verbotene Praktiken die genitale Erregung verstärken. Tatsächlich kommen manche Menschen nur zum Orgasmus, wenn in ihnen dieser Stress ausgelöst wird und zur Aktivierung des sympathischen Nervensystems beiträgt. Und das steht im Zusammenhang mit einer der besonders paradoxen und traumatischen Begebenheiten der – zuweilen verwirrenden – menschlichen Sexualität: Frauen, die bei einer Vergewaltigung unwillentlich spontane Orgasmen erleben.

Unwillentliche Orgasmen während einer Vergewaltigung

Ende der 1990er Jahre erhielt Roy Levin einen Anruf von der Polizei. Als einer der größten Experten Großbritanniens für die Funktionsweise der Sexualität wurde er gebeten in einem Prozess wegen sexuellen Missbrauchs an einem 15-jährigen Jungen auszusagen. Speziell an dem Fall war, dass der Junge während des Missbrauchs eine Erektion gehabt und ejakuliert hatte, woraufhin der Anwalt der

Verteidigung argumentierte, dies komme einer Einwilligung gleich. Der Junge stritt das entschieden ab und versicherte, er habe die Kontrolle über seinen Körper verloren, keinerlei Verlangen oder Lust empfunden und sich in jedem Moment gegen die Vergewaltigung gewehrt. Roy Levin hatte mehrere wissenschaftliche Artikel über die Nicht-Übereinstimmung von physischer und mentaler Erregung veröffentlicht, sowie über die verschiedenen Mechanismen, die die periphere und zentrale Kontrolle (Genitalien gegenüber Gehirn) regulieren. Seine wissenschaftliche Position war eindeutig: Man kann durchaus physische Erregung spüren und einen reflexartigen Orgasmus haben, ohne dass dies eigenen Willen oder Lust implizieren würde.

Bei einem gemeinsamen Mittagessen im Juli 2012 während des Weltkongresses der International Academy of Sex Research (IASR) in Estoril erzählte Roy mir, er wisse nicht, wie der Fall ausgegangen sei. »Das sind schwierige Situationen, in denen sicher viele andere Beweise und Bedingungen berücksichtigt werden müssen. Ich wollte nur klarstellen, dass eine Vergewaltigung einen spontanen Orgasmus auslösen kann, ohne dass man das irgendwie als Zustimmung deuten könnte.«

Wenige Monate später zog der Richter Roy Levin erneut hinzu, für eine Aussage im Fall einer Frau, die von einem Arbeitskollegen vergewaltigt worden war. Er hatte zu seiner Verteidigung angeführt, die Frau sei feucht geworden und habe einen Orgasmus gehabt. Roy sagte wieder dasselbe, und war diesmal noch etwas nachdrücklicher: »Bei Frauen ist die Nicht-Übereinstimmung von genitaler und mentaler Erregung sehr viel höher als bei Männern. Wir wissen zum Beispiel, dass die Lubrikation sich in der Evolution bei Frauen genau aus dem Grund als automatischer Reflex entwickelt hat, um Verletzungen und einem größeren Infektionsrisiko bei sexuellen Zwangsakten vorzubeugen.« Roy wurde noch zu einigen Gerichtsverhandlungen gerufen, bis er 2004 beschloss, zusammen mit Willy van Berlo den größten Übersichtsartikel zur wissenschaftlichen Bibliografie über sexuelle Erregung und Orgasmen bei erzwungener oder nicht einvernehmlicher Stimulierung zu veröffentlichen (»Sexual

Arousal and Orgasm in Subjects who Experience Forced or Non-consensual Sexual Stimulation. A review«).

Levin und van Berlo untersuchten zunächst, ob physische Erregung während einer Vergewaltigung wirklich häufig vorkam oder es sich eher um einen Mythos, Gerüchte, Übertreibungen oder wenig repräsentative Einzelfälle handelte. Nach der Durchsicht medizinischer Unterlagen von sexuell angegriffenen Frauen stellten sie fest, dass tatsächlich bei vielen Lubrikation auftritt, die Durchblutung in den Geschlechtsorganen zunimmt und die Frauen zugeben, entgegen ihrem Willen physische Erregung empfunden und vor Lust gestöhnt zu haben. 4-5 Prozent haben einen Orgasmus. In diesem Fall fühlen sich die meisten Opfer durch ein gewisses Gefühl von Akzeptanz oder Schuld traumatisiert – doch das sollten sie nicht, denn es ist eine absolut unwillentliche Reaktion ihres Körpers. Es mag zwar paradox scheinen, doch mehrere physiologische Mechanismen rechtfertigen die physische Erregung und den Orgasmus als Reflexhandlungen ohne bewusste Erlaubnis.

Zunächst einmal müssen wir an ein paar Vorstellungen zurückdenken, von denen schon früher im Buch die Rede war. Erstens sind die physische und die mentale Erregung unter normalen Umständen zwar eng miteinander verbunden, doch in manchen Situationen kann ein Mann oder eine Frau sich mental erregt fühlen, ohne dass es irgendeine Reaktion in den Genitalien hervorruft, und genauso kann es in anderen eine genitale Reaktion ohne das subjektive Gefühl der Erregung geben. Das ist die von Wissenschaftlerinnen wie Meredith Chivers erforschte »Nicht-Übereinstimmung«.

Die zweite Vorstellung besagt, dass sexuelle Erregung durch einen mentalen Reiz ausgelöst werden kann, aber auch durch einen rein körperlichen Vorgang. Natürlich vermögen ein erotisches Bild, aufreizende Worte oder die Erinnerung an eine Phantasie sofort eine Reaktion in den Genitalien hervorzurufen. Wir haben jedoch gesehen, dass auch eine unerwartete Liebkosung oder selbst eine Berührung in einem nicht erotisch aufgeladenen Kontext automatisch die Erregung fördern können. Diese erste spontane Erregung reagiert auf einen autonomen Mechanismus auf der subkortikalen Ebene.

Später kann unsere raffinierte Großhirnrinde dann entscheiden, sie zu hemmen oder zu intensivieren.

Nun gibt es Situationen, in denen das hemmende System möglicherweise komplett blockiert wird, beispielsweise bei Alkoholintoxikation, Drogenkonsum oder tiefen Schockzuständen wie bei einer Vergewaltigung. Das ist die einmütigste Erklärung für Lustempfinden während eines sexuellen Missbrauchs: Der körperliche Kontakt stimuliert reflexartig die Genitalien und der extreme Stress blockiert die Reaktions- bzw. Kontrollfähigkeit über unseren eigenen Körper. Wir sollten nicht vergessen, dass auch im Schlaf spontane Orgasmen auftreten, dass es publizierte Fälle von Orgasmen bei der Ausübung bestimmter gymnastischer Übungen gibt oder dass – je nach Höhe der Verletzung – Querschnittsgelähmte Erektionen und Orgasmen durch direkte genitale Stimulation haben können, ohne das irgendeine Information vom Gehirn kommt oder dorthin gelangt. Für einen Orgasmus braucht man kein Bewusstsein.

Tatsächlich gaben in einer 1999 veröffentlichten Studie mit Befragungen von 58 Vergewaltigungsopfern zwölf (21 Prozent) zu, sie hätten eine angenehme körperliche Reaktion erlebt – und ausnahmslos alle sagten, das Ereignis sei zu jedem Zeitpunkt mental als schrecklich wahrgenommen worden. Das Durchschnittsalter dieser zwölf Opfer lag bei 32 Jahren, zehn wurden vaginal penetriert, neun von jemandem, den sie kannten, acht Vergewaltiger versuchten, sie vor dem Missbrauch sexuell zu stimulieren, und sechs Frauen sagten aus, sie haben sich vor der Vergewaltigung von dem Täter angezogen gefühlt. Unabhängige Forschungen haben diese so unerwartet hohen Prozentsätze von Frauen, die bei einer Vergewaltigung Erregung spüren, bestätigt, und zahlreiche klinische Berichte belegen, dass bei einer von 20-25 Vergewaltigungen die Frau unwillentlich einen Orgasmus erleidet.

Doch auch wenn man akzeptiert, dass der Schock bei einer Vergewaltigung die willentliche Hemmung verhindert – wie kann es überhaupt erst zu Erregung kommen? Hier kommt das verräterische sympathische Nervensystem ins Spiel. Laborstudien haben bewiesen, dass Stress, Angst, Schmerz oder Abscheu die sexuelle Reaktion gewöhnlich mindern, in Ausnahmefällen jedoch das sympathische Nervensystem aktivieren und den entgegengesetzten Effekt hervorrufen: Die genitale Durchblutung und folglich die Lubrikation werden verstärkt. In diesen Fällen wäre der durch die Vergewaltigung ausgelöste Stress nicht nur kein Hindernis für eine genitale Reaktion, er könnte sogar eine entfesselte Unterstützung für eine völlig unwillentliche automatische Reaktion sein.

In den sehr viel weniger häufig beschriebenen Fällen vergewaltigter Männer kommt unwillentliche Erregung signifikant seltener vor. Levins und van Berlos Übersichtsartikel enthält aber auch Daten von Männern, die während erzwungenen Missbrauchs Lust empfanden. Vorausgeschickt werden muss wieder, dass – vor allem bei jungen Männern – eine Erektion durch eine Vielzahl von Reizen hervorgerufen werden kann, die nicht notwendigerweise sexueller Natur sein müssen, manchmal sind sogar Angst oder Ärger daran beteiligt. In einer Laborstudie wurde Freiwilligen Angst eingejagt, indem man ihnen mit Elektroschocks drohte, und herauskam, dass diese Angst beim anschließenden Betrachten erotischer Bilder die sexuelle Reaktion erhöhte.

Erwiesenermaßen kann Lubrikation bei Frauen als absolut automatische Reaktion auftreten, Stress vermag alle zentralen Mechanismen der Hemmung zu blockieren, Nicht-Übereinstimmung zwischen der subjektiven und der genitalen Erregung kommt vor, die Aktivierung des sympathischen Nervensystems kann den Orgasmus erleichtern, und definitiv kann es während einer Vergewaltigung zu einer physischen sexuellen Reaktion kommen, das darf aber keinesfalls als Einwilligung gedeutet werden und sollte auch keine Schuldgefühle hervorrufen. Roy Levin dazu: »Es gibt keine Studie, ob unsere Arbeit sich auf die Urteile ausgewirkt hat. Aufgrund der Reaktionen, die mich erreichen, scheint dies aber geschehen zu sein. Auf jeden Fall leiden nun viele Frauen, die sich wegen dieser unvorhersehbaren und unwillentlichen Reaktion ihres Körpers quälten, sehr viel weniger unter diesem Trauma.«

17
Sexuelle Identitäten jenseits von XX und XY

Martin ist groß, schlank, Mitte dreißig, hat sehr helle Haut, eine breite Stirn und eine Glatze, und erinnert mich wahnsinnig an den Sänger von R.E.M. »Höre ich öfter«, erwidert er lächelnd bei einem Treffen, das Personen mit unterschiedlichen sexuellen Neigungen und Ausdrucksformen im Großraum New York zusammenbringen soll.

Eigentlich habe ich keine Ahnung, was Martin bei diesem Treffen macht. In dem Lokal in der Lower East Side gibt es BDSM-Praktizierende, Polyamoröse, Transsexuelle, Aktivisten und Vertreter von Schwulen und Lesbischen Vereinigungen und den einen oder anderen Exhibitionist. Aussehen und Verhalten verraten bei einigen deutlich die Gemeinschaft, zu der sie gehören, und zu Beginn eines jeden Gesprächs erzählt jeder sofort und ohne ein Blatt vor den Mund zu nehmen von seinen Erfahrungen und speziellen Vorstellungen von Sexualität. Nur Martin scheint ungern über sich selbst zu sprechen und benimmt sich wie in einer ganz normalen Bar. Langsam habe ich ihn im Verdacht, ein Spion zu sein, wie ich selbst auch, und ich erzähle ihm, dass ich dort bin, weil ich ein Buch über Sex und Wissenschaft schreibe und Erfahrungsberichte suche. Martin zeigt sofort Interesse, er sagt, ihn fasziniere die Wissenschaft, und fängt an, sehr qualifiziert über Begriffe theoretischer Physik zu sprechen, lässt aber immer noch nichts über die Gründe seiner Anwesenheit bei dieser Veranstaltung verlauten. Bis ich ihn plötzlich einfach frage: »Und du, Martin, was machst du eigentlich hier?« Sein Gesichtsausdruck wird neutral, ich bemerke eine gewisse Anspannung in seinem Gesicht, fast habe ich das Gefühl, dass er schlucken muss, und dann antwortet er, als fühle er sich dazu verpflichtet: »Ich ... nun, ich ziehe gern Frauenkleider an.«

Danach wirkt Martin viel lockerer, und er erklärt mir, dass er sich nur im Privaten als Frau verkleidet, wenn niemand ihn sieht. Es sei ein Drang, den er schon als ganz kleiner Junge verspürt habe, seine Frau wisse und akzeptiere es, und er fülle die gesellschaftliche Männerrolle ohne Probleme und vollkommen konventionell aus. Martin fühlt sich in jeder Hinsicht als Mann und definiert seine sexuelle Orientierung als bisexuell. In der Vergangenheit hatte er Beziehungen zu Männern und Frauen, ist jetzt aber seiner Partnerin treu. »Natürlich fühle ich mich manchmal von einem Mann angezogen, dir könnte das auch mit einer anderen Frau passieren, aber ich vermisse nichts. Ich habe nur manchmal das Bedürfnis, eine Frauenrolle anzunehmen«, sagt er.

Martin glaubt, dass es an der Zeit ist, seinen Transvestitismus mit mehr Selbstverständlichkeit zu leben, und zieht in Betracht, in Frauenkleidung öffentliche Orte aufzusuchen. »Aber das macht mir panische Angst und ich weiß eigentlich nicht, warum ich es tun sollte«, erklärt er. Als ich ihn frage, wie er angesprochen werden will, wenn er Frauenkleidung anzieht – als Mann oder als Frau –, zögert er. »Ehrlich gesagt, habe ich mir das nie überlegt ... da ich das ja immer nur zuhause mache ... Ich glaube, als Frau, aber du weißt ja sicher, dass Transvestitismus etwas ganz anderes ist als Transsexualität, oder?« »Ich weiß, ich weiß«, antworte ich.

Transvestitismus ist ein sehr breiter Begriff, der Personen bezeichnet, die sich gelegentlich wie das andere Geschlecht kleiden und verhalten, aber ohne sich dabei notwendigerweise anders zu fühlen als ihr biologisches Geschlecht. Es sind Männer, die sich als Männer fühlen, oder Frauen, die sich als Frauen fühlen, denen es jedoch gefällt, die es entspannt oder sexuell erregt, eine gesellschaftlich mit dem anderen Geschlecht assoziierte Rolle einzunehmen oder sich entsprechend zu kleiden. Es kann einfach ein Zeitvertreib sein, ein

Fetisch oder eine Übung, die manchmal inneren Frieden oder Wohlbefinden zur Folge hat – wie in Martins Fall – und bei der es nicht die geringste Unstimmigkeit zwischen sexueller Identität und biologischem Geschlecht gibt, wie das bei Transsexuellen der Fall ist. Transsexuelle fühlen ständig, dass Körper und Geist nicht miteinander übereinstimmen, und greifen auf Hormonbehandlungen und Chirurgie zurück, um das zu korrigieren.

Martin praktiziert Transvestitismus und besteht darauf, dass er nicht transsexuell ist, aber als wir unser Gespräch vertiefen, gesteht er mir etwas: »Ich muss zugeben, dass ich mich in einigen Augenblicken meines Lebens als Frau gefühlt habe. Das ist merkwürdig, weil ich mich vollkommen mit meinem Mannsein identifiziere, aber es gibt Tage, an denen ich gefühlsmäßig merke, dass ich eine Frau bin und feminin reagiere. Nicht einmal unbedingt dann, wenn ich Frauenkleider trage, es kommt spontan von innen heraus. Ich weiß nicht, es ist verblüffend.« Ich frage nach, ob es eine Art geschlechtlicher Bi-Identität sein kann, ähnlich der Bisexualität, und Martin erwidert: »Könnte sein, aber es ist nicht *normal* unter Transvestiten.« Ich werde gleich etwas über das weitgehend unbekannte Phänomen der Bigender erzählen, Personen, die im Laufe ihres Lebens die männliche und weibliche Identität zyklisch abwechseln, aber vorher – und vor allem zum Anfang dieses Kapitels – möchte ich auf die Bedeutung des Wortes »normal« eingehen. Zu Martin sage ich: »Von einem naturalistischen Standpunkt aus fände ich es nicht normal, wenn es niemand gäbe, der so ist wie du«, und das meine ich auch genau so.

Wenn wir unter »normal« »üblich« verstehen, dann ist Martin genauso wenig normal wie ein professioneller Wettkampf-Geher. Aber wenn wir unter »normal« verstehen, dass etwas im Rahmen von Natur und Gesellschaft vorkommen kann, dann ist Martin so normal wie ein Rothaariger oder auch der oben genannte Geher. Wirklich ungewöhnlich wäre es, wenn wir zwischen den Formen, die wir als männliches und weibliches Geschlecht definieren, keine uneindeutigen Abstufungen finden würden, und zwar selbst dann, wenn wir nur die Biologie berücksichtigen.

Üblicherweise wird das Geschlecht einer Person von den Chromosomen XY oder XX definiert (genetisches Geschlecht), davon, ob sie mit Penis und Hoden oder Vagina und Eierstöcken geboren wird (genitales, bzw. gonadales Geschlecht), ob mehr Androgene oder mehr Östrogene durch ihre Blutbahn fließen (hormonelles Geschlecht), ob das Gehirn ihr von Kindheit an signalisiert, sich als Mann oder als Frau zu fühlen (Geschlechtsidentität), ob das soziale Umfeld unterstützt, dass sie sich einer männlichen oder weiblichen Rolle entsprechend verhält, definiert oder ausdrückt (Geschlechterrolle) und, parallel dazu in einer anderen Dimension, ob sie sich physisch oder emotional vom einen oder dem anderen, von beiden oder keinem Geschlecht angezogen fühlt (sexuelle Orientierung). Inzwischen weiß man, dass diese Kategorien sich nicht immer decken (das deutlichste Beispiel ist die Transsexualität, die später zur Sprache kommt) und dass es auf allen Ebenen uneindeutige oder Zwischenstadien geben kann (Bisexualität oder Intersexualität, die ebenfalls in Kürze besprochen wird).

Interessanterweise nehmen wir von all diesen Kategorien gerade diejenige als besonders fix wahr, die wir selbst erschaffen haben: die soziale Geschlechterrolle. Martins Fall gilt immer noch nicht als »normal«, weil es eben »normal« ist, Mann oder Frau zu sein. Aber ich sage es noch einmal: Martins Fall ist nicht »üblich«, da die sexuelle Identität meist gut definiert ist und selbst Transsexuelle sich voll und ganz mit ihrem mentalen Geschlecht identifizieren und selten Zweifel entwickeln, sobald Kindheit und Adoleszenz abgeschlossen sind. Aber sowohl in biologischer Hinsicht als auch bezüglich der Entwicklung ergibt es durchaus Sinn, dass die eigene sexuelle Identität gewisse Ambivalenzen aufweist.

Wir alle sind am Anfang nur ein kleiner Haufen Zellen. Diese teilen sich entsprechend ihrer genetischen Programmierung, und unter anderem entwickelt sich aus ihnen ein Gehirn mit Verbindungen und Strukturen, die neben vielen anderen Dingen Einfluss darauf nehmen, ob wir zu männlichem oder weiblichem Verhalten neigen. Aber es ist biologisch folgerichtig, dass die Ausbildung des Gehirns nicht völlig festgelegt ist und einige dieser Strukturen gemischte Veranlagungen nach sich ziehen. Dieses Kontinuum spielt bereits eine Rolle, wenn der Fötus vor der Geburt Androgenen ausgesetzt ist, denn zwischen einem hohen und einem niedrigen Androgenspiegel gibt es immer Zwischenwerte. Außerdem gilt es auch für Erfahrungen und Einflüsse aus dem Umfeld, die auf die Entwicklung der Geschlechtsidentität einwirken.

Wegen all dem zusammen und wer weiß was noch für Faktoren, die ausschlaggebend sein mögen, ist es zwar untypisch, aber doch Teil der Normalität, dass Martin sich fast immer als Mann, aber manchmal auch als Frau fühlt. Aus einer naturalistischen Perspektive mag dieser Fall nicht häufig vorkommen, er gehört jedoch zu einer vorhersehbaren und vorstellbaren Vielfalt. Ungewöhnlich wäre es, wenn es niemanden wie ihn gäbe.

Intersexualität: Wenn Chromosomen und Genitalien nicht übereinstimmen

Jen ist eine hübsche, schlanke Frau – die in jeder Zelle ihres Körpers ein Y-Chromosom trägt.

Jen wurde mit weiblichen Genitalien geboren und entwickelte sich wie jedes andere Mädchen auch, bis sie mit sieben Jahren Beschwerden im Unterleib hatte und eine medizinische Untersuchung zutage förderte, dass sie anstatt von Eierstöcken zwei kleine, innen liegende Hoden hatte, die nicht abgesunken waren. Nach einer weiterführenden Untersuchung war die Diagnose klar: Jen hatte die männlichen Chromosomen XY, litt aber unter kompletter Androgenresistenz, bzw. dem *Complete Androgene Insensitivity Syndrome*, kurz CAIS. Durch die Mutation eines Gens, das für die Zellrezeptoren für Androgene zuständig ist, war ihr gesamter Körper für Testosteron unempfänglich. Das heißt, durch Jens Blut floss durchaus Testosteron, jedoch keine ihrer Zellen hat das mitbekommen.

Als Jen ein sechswöchiger Embryo war, sorgte das SRY-Gen ihres Y-Chromosoms dafür, dass Hoden ausgebildet wurden, die Testosteron und das Anti-Müller-Hormon (AMH) produzierten. Das AMH verhinderte pflichtgemäß die Entstehung von Uterus und Ovarien, aber das Testosteron blieb ohne Wirkung, und der Rest der Genitalien, des Körpers und des Gehirns entwickelten sich, als wäre Jen eine Frau. Die winzigen Hoden senkten sich nicht und stießen weiter wirkungslose Androgene aus, bis man sie entfernte. Zusätzlich wurde Jen mit Hormonen behandelt, damit sie die Entwicklung zur Frau abschließen konnte, wurde vor allem während der Pubertät psychologisch begleitet und bekam Mittel zur Erweiterung der Vagina, um befriedigende sexuelle Beziehungen haben zu können. Jen war und ist – abgesehen von der Unmöglichkeit einer biologischen Schwangerschaft – in jeder Hinsicht eine normale Frau und wird auch immer wie eine aussehen. Außerdem ist sie ein lebendiges Beispiel dafür, dass es Hormone und nicht Gene sind, die in letzter Instanz die Entwicklung unserer Geschlechtlichkeit bestimmen.

Eine von 10.000 Personen wird mit Androgenresistenz (AIS) geboren. Eine partielle Resistenz (PAIS) ist schwieriger zu diagnostizieren, das Geschlecht kann nur unter genauer Beobachtung der Entwicklung jedes Einzelnen bestimmt werden. Aber Frauen mit kompletter Resistenz sind nicht von anderen Frauen zu unterscheiden. Einige Models und Sportlerinnen haben AIS, und manche Frauen entdecken erst mitten in der Pubertät, dass sie ein Y-Chromosom haben.

AIS ist natürlich nicht vollkommen problemlos, aber im Vergleich mit anderen Formen von Intersexualität ist sie wenig traumatisch und man kann relativ leicht mit ihr umgehen. Die meisten anderen Syndrome, die die Inkongruenz von sexuellem Genotyp und Phänotyp zur Folge haben, sind weniger eindeutig.

Die zweithäufigste Form der Intersexualität (eine von 16.000 Geburten) ist das Adrenogenitale Syndrom (AGS). Anders als beim eben genannten Fall sind die Patienten hier ihrer Chromosomkombination nach Frauen (XX). Durch einen genetischen Defekt, der ein mit der Corticosteroidsynthese zusammenhängendes Enzym schädigt, produziert die Nebennierenrinde sehr viel Androgene, was eine partielle Vermännlichung des Individuums zur Folge hat. Das AGS wird normalerweise bei der Geburt oder kurz danach durch eine vergrößerte Klitoris oder geschwollene Schamlippen bemerkt, und es werden Corticosteroide gegeben, um den Überfluss an Androgenen zu reduzieren und die Entwicklung zur Frau zu unterstützen. In der medizinischen Literatur sind Extremfälle dokumentiert, die nicht behandelt wurden, und bei denen die Virilisierung so weit ging, dass die Patienten zu XX-Männern mit uneindeutigen Genitalien heranwuchsen.

In einigen Fällen des AGS werden die vermännlichten Genitalien während der Kindheit chirurgisch korrigiert. Es gibt jedoch eine gewisse Kontroverse, was diese Praxis anbelangt, da die hohen vorgeburtlichen Testosteronspiegel auch auf Gehirnregionen Einfluss nehmen können, die mit der sexuellen Identität in Zusammenhang stehen. Es gibt Personen mit AGS, die sich als Männer fühlen.

Der deutsche Wissenschaftler Heino Meyer-Bahlburg gehört zu den weltgrößten Experten für Intersexualität. Als ich ihn in seinem Zentrum an der Columbia University besuchte, erklärte er mir, dass man sich bei uneindeutigen Fällen früher immer für eine Feminisierung entschieden habe, sich das jedoch verändert und man heute – es sei denn, es gibt körperliche Probleme – lieber abwartet. Es ist kompliziert. Einerseits meint Heino Meyer-Bahlburg, »das bei der Geburt zugewiesene Geschlecht muss so gewählt werden, dass das Risiko einer späteren Geschlechtsumwandlung minimiert wird, und die Genitalchirurgie muss warten, bis eine stabile Geschlechtsidentität beobachtet wird.« Aber andererseits »sollte eine Geschlechtsangleichung relativ zügig erfolgen, sobald die sexuelle Identität nachgewiesen ist, um spätere komplexere medizinische Behandlungen und psychologische Traumata zu vermeiden.«

Heino betont immer wieder, dass jede Form von Intersexualität anders ist, dass sich jeder Einzelne einer personalisierten Diagnostik unterziehen muss und dass gründliche wissenschaftliche Forschung sehr wichtig ist, um Informationen darüber zu haben, wie sich Patienten mit den unterschiedlichen Syndromen entwickeln. Er forscht seit einiger Zeit über das Adrenogenitale Syndrom und hat herausgefunden, dass es bei Frauen mit AGS einen höheren Anteil von Homosexualität gibt und etwa 5 Prozent unter einer Störung der

Geschlechtsidentität leiden und sich als Erwachsene als Männer fühlen. Das sind aber eigentlich keine besonders hohen Zahlen, vor allem, wenn man sie mit anderen Formen von Intersexualität, wie dem Steroid-5α-Reduktase-Mangel (SRD5-Mangel) vergleicht, bei dem sich mehr als die Hälfte der Patienten, denen das weibliche Geschlecht zugewiesen wurde, als Erwachsene einer Geschlechtsanpassungsbehandlung unterziehen.

SRD5-Mangel kommt bei Personen mit XY-Chromosom vor. Ähnlich wie bei CAIS werden Hoden entwickelt und Androgene produziert, durch eine genetische Mutation fehlt jedoch das Enzym, das Testosteron in Dihydrotestosteron (DHT) umwandelt. DHT ist ein sehr viel wirksameres Androgen als Testosteron und hat eine Schlüsselrolle bei der Entwicklung der Genitalien während der Embryonalphase. Das durch SRD5-Mangel verursachte Fehlen von DHT führt zu uneindeutigen Genitalien. Im Allgemeinen wird dies bei der Geburt bemerkt, es gibt jedoch mehrere Subtypen von SRD5-Mangel, und in einigen Fällen sind die Genitalien deutlich feminisiert.

Ein historisches und extremes Beispiel für SRD5-Mangel ereignete sich in den 1960er Jahren in der Dominikanischen Republik. Ein Arzt entdeckte, dass mehrere Mädchen aus dem Ort Las Salinas beim Einsetzen der Pubertät zu Männern wurden. Während der Kindheit hatten sie weibliche Genitalien und wiesen typisch weibliche Verhaltensweisen auf, aber sobald die Pubertät einsetzte, veränderte sich ihre Stimme, sie wurden muskulöser, bekamen Körperbehaarung und die Klitoris wuchs, bis sie ein Penis wurde. Das Phänomen wiederholte sich seit Generationen und war der lokalen Bevölkerung wohlbekannt. Als der Arzt es auch international bekannt machte, zog es sofort die Aufmerksamkeit von Wissenschaftlern aus den Vereinigten Staaten auf sich.

Nach einigen Untersuchungen veröffentlichten die Wissenschaftler einen Artikel in *Science*, in dem sie vierundzwanzig Fälle von Heranwachsenden mit XY-Chromosomen beschrieben, die durch einen schweren SDR5-Mangel mit weiblichen Genitalien geboren wurden, in ihrem Dorf als Mädchen aufgewachsen waren, sich in der Pubertät jedoch durch ein extremes Ansteigen des Testosterons virilisierten. Die Hoden wuchsen und senkten sich, und das geschah auch mit der Klitoris, die in Wirklichkeit ein kleiner, unentwickelter Penis war. Nicht alle Fälle waren eindeutig, aber die meisten der Mädchen-Jungen bekamen auch eine männliche Persönlichkeit und wurden »normale« Männer. Das war eine bemerkenswerte Sache, denn wir können einer gewöhnlichen Heranwachsenden so viel Testosteron verabreichen, wie wir wollen, wir werden ihre sexuelle Identität nicht verändern. Vielleicht wird sie etwas aggressiver im Verhalten, ihr Haarwuchs oder ihre Libido werden stärker, aber sie wird sich weiter als Frau fühlen. Die Mädchen-Jungen aus Las Salinas aber wurden zu Männern. Die Erklärung war, dass der niedrige pränatale Spiegel von Dihydrotestosteron zwar die Entwicklung der Genitalien gestört hatte, das Testosteron aber trotzdem vorhanden war und entscheidend auf die Ausformung eines zur Männlichkeit neigenden Gehirns einwirkte. Man deutete das als Beweis, wie bedeutend es für die Entwicklung des Gehirns war, vor der Geburt Androgenen ausgesetzt zu sein. Außerdem wurde durch dieses Beispiel die Notwendigkeit deutlich, bei einigen Fällen von Intersexualität mit der Geschlechtszuweisung zu warten, bis die Geschlechtsidentität wirklich sicher ist.

Heino Meyer-Bahlburg besteht in diesem Sinne darauf, dass »das Ziel der Behandlungen und chirurgischen Eingriffe nicht sein darf, die Eltern zu beruhigen, sondern die Lebensqualität, das emotionale Wohlbefinden, die geschlechtliche Entwicklung und die Sexualfunktion jedes Individuums zu optimieren.« Und dafür ist eine umfassende wissenschaftliche und medizinische Beobachtung der Lebensqualität, Sexualfunktion und Geschlechtsidentität von Intersexuellen unabdingbar. 2011 veröffentlichte Heino Meyer-Bahlburg einen ausführlichen Überblicksartikel über medizinische Literatur zu schweren Störungen der Geschlechtsidentität und Behandlungen zur Geschlechtsumwandlung bei Intersexuellen. Seinen Daten zufolge gab es unter den aufgeführten Teilnehmerinnen keine einzige XY-Frau mit kompletter Androgenresistenz, die sich im Erwachsenenalter als Mann fühlte. Bei partieller Androgenresistenz zeigte sich bei 7 Prozent der zuerst als Mädchen bestimmten Patienten eine Geschlechtsidentitätsstörung zum männlichen Geschlecht, und 14 Prozent der als Jungen bestimmten Patienten fühlten sich später als Frau. Beim Adrenogenitalen Syndrom (AGS) bei XX-Chromosom fühlten sich 5 Prozent der Patienten, denen das weibliche Geschlecht zugewiesen wurde, im Erwachsenenalter als Männer und 12 Prozent der Patienten, die als Jungen bezeichnet wurden, als Frauen. Und dieser Anteil schoss bei anderen Syndromen, wie dem SDR5-Mangel (die Mädchen aus der Dominikanischen Republik) oder dem 17β-Hydroxysteroid-Dehydrogenase III-Mangel, beide bei Individuen mit XY-Chromosom, in die Höhe. Bei beiden Syndromen entwickelten etwa 65 Prozent der Patienten, denen das weibliche Geschlecht zugeschrieben wurde, eine Geschlechtsidentitätsstörung oder begannen eine Behandlung zur Geschlechtsanpassung.

Das Thema ist sowohl in ethischer als auch in gesellschaftlicher Hinsicht umstritten. Die Anzahl von Intersexuellen, die verärgert sind, weil die Medizin ihnen zu früh ein Geschlecht zugewiesen hat, ist beachtlich. Es gibt physiopathologische Situationen, bei denen es unerlässlich ist, Kinder mit uneindeutigen Genitalien zu operieren, damit während der Entwicklung keine Probleme auftreten. Und wenn die Lage klar ist, ist es schließlich besser, das Geschlecht so früh wie möglich zuzuweisen, um künftige Traumata zu vermeiden. Das große Problem sind die Fälle, bei denen die Zuweisung nicht zutrifft, denn eine Geschlechtsanpassung ist komplizierter, wenn man entsprechend einem fälschlich zugewiesenen Geschlecht schon hormonelle oder chirurgische Behandlungen durchgeführt hat. Das ist sehr heikel, denn es hängt nicht nur von den Hormonen ab, ob man sich als Mann oder als Frau fühlt, und erst recht nicht davon, ob man einen Penis oder eine Vagina besitzt. Die Geschlechtsidentität sitzt zwischen den Ohren, nicht zwischen den Beinen.

Transsexualität: Die Psyche gibt den Ton an

Während der Vorbereitungen für dieses Buch habe ich auch eine transsexuelle Frau kennengelernt, was mich sehr, sehr gefreut hat. Sie bat mich um absolute Anonymität, daher schreibe ich nichts, was irgendwie an ihre Fallgeschichte erinnert, auch wenn sie selbst sich sofort in diesen Zeilen wiederfinden wird. Trotzdem muss ich noch einmal betonen, was für einen positiven Eindruck unsere Treffen und Gespräche und ihre große Empfindsamkeit bei mir hinterlassen haben. Ich bin wirklich froh, dass sie mir so ausführlich von ihren Erfahrungen erzählt hat, von den Schwierigkeiten, die sie noch immer bewältigen muss, damit die Gesellschaft und ihr Umfeld ihre neue Geschlechterrolle akzeptieren. Denn so soll es sein: Weder ihre Psyche noch ihr Verhalten sollen sich an ihren Körper oder die Gesellschaft anpassen, sondern umgekehrt.

Sie bat mich aus eben diesem Grund, ihre Anonymität zu wahren, denn einige Menschen aus ihrem engeren Umfeld hätten die Operation, die erst wenige Monate vor unserem Kennenlernen stattgefunden hatte, und die neue Geschlechterrolle noch nicht akzeptiert. Unverständnis tut weh, und das ist einer der großen Unterschiede im Vergleich zur Intersexualität. Natürlich kann beides furchtbar sein, jeweils in anderen Hinsichten und Situationen, aber Intersexualität hängt von klinischen Ursachen ab, die von der Gesellschaft besser akzeptiert, toleriert und verstanden werden. Intersexuelle können sich auch vor Erreichen der Volljährigkeit operieren lassen, die Krankenkassen kommen für eine erste Geschlechtszuweisung auf, und Familienangehörige und das weitere Umfeld können ein Gen, ein Enzym oder einen Zellrezeptor dafür verantwortlich machen. Transsexualität hingegen wird, auch wenn sie ebenfalls eine biologische Ursache hat, gesellschaftlich stigmatisiert, weil rückschrittliche und schlecht informierte Teile der Gesellschaft sie als einen Willensakt, eine Entscheidung oder eine Geistesstörung auffassen.

»Mein Kopf ist absolut in Ordnung«, sagt meine neue Bekannte. Und das beweisen ihr Doktortitel, ihre beeindruckende Selbstsicherheit, die intellektuell anspruchsvolle Arbeit, ihr emotionales Wohlbefinden und ihre Freude darüber, diese so schwierige Erfahrung bewältigt zu haben.

Es wäre absurd und beleidigend zu unterstellen, dass sie geistesgestört sei. Ihr Gehirn und ihre Psyche haben wirklich kein Problem. Sie sind so »normal« wie das Gehirn und die Psyche jeder anderen Frau, mit der einzigen Besonderheit, dass der Rest ihres Körpers männliche Gene und Hormone besitzt und männlich aussieht.

In der 2013 veröffentlichten, fünften Version des Handbuchs für psychische Störungen (DSM) wurde die Geschlechtsidentitätsstörung oder *Gender Identity Disorder* (GID), der medizinische, akademische Terminus für Transsexualität, aus dem Katalog gestrichen. Das ist ein Meilenstein in der Geschichte der Transsexualität. Seit Mitte 2013 ist Transsexualität keine Geisteskrankheit mehr, ein Erfolg, der mit dem Verschwinden der Homosexualität aus dem dritten DSM von 1973 vergleichbar ist.

Stattdessen wurde die Diagnose der *Gender Dysphoria* (Gender Dysphorie) aufgenommen. Transsexualität kann als geschlechtliche Entwicklungsstörung betrachtet werden, bei der eine Unstimmigkeit zwischen Körper und Psyche entsteht, die für einige kein Problem bedeutet, für andere jedoch zu der genannten Dysphorie führt und psychologische, hormonelle oder sogar chirurgische Hilfe erfordert. Transsexuelle haben, wie gesagt, kein Problem mit ihrer Psyche, viele von ihnen haben aber ein Problem mit ihrem Körper, und genau diese Unstimmigkeit zwischen phänotypischem Geschlecht und Geschlechtsidentität möchte die Wissenschaft besser begreifen.

Die Ursachen für Transsexualität verstehen

Die Ätiologie von Transsexualität ist kaum bekannt. Mehrere Studien haben bisher stets aus einer bio-psycho-sozialen Perspektive traumatische Ereignisse während der Kindheit oder bestimmte Muster familiärer Interaktion als Risikofaktoren identifiziert. Die Tatsache, dass die sexuelle Identität der meisten Transsexuellen etwa ab Mitte der Kindheit stabil ist, bringt einen auf den Gedanken, dass auch biologische Gründe daran beteiligt sind.

Fangen wir mit den Genen an. In einem bibliografischen Überblicksartikel über Zwillinge und Transsexualität, der 2012 von belgischen Wissenschaftlern veröffentlicht wurde, wird festgestellt, dass Transsexualität bei eineiigen Zwillingen häufiger bei beiden Geschwistern auftrat als bei zweieiigen Zwillingen – sowohl bei transsexuellen Männern als auch bei Frauen[27] –, es ist also anzunehmen, dass die Genetik eine gewisse Rolle spielt. Einige Umweltfaktoren sind bei eineiigen und zweieiigen Zwillingen unterschiedlich, und die Tatsache, dass die große Mehrheit der Zwillingsgeschwister von Transsexuellen nicht ebenfalls transsexuell ist, weist darauf hin, dass die Genetik wiederum kein allzu großes Gewicht hat. Aber es liegt nahe, dass mit Enzymen, Zellrezeptoren und Androgenspiegeln verknüpfte Gene an einer Disposition zur Transsexualität beteiligt sein könnten. In einer australischen Studie von 2009 hat man 112 Transfrauen mit einer Kontrollgruppe von 258 Männern verglichen und einen signifikanten Zusammenhang von Transsexualität und einem genetischen Polymorphismus im Bereich der Androgenrezeptoren entdeckt.

Hinsichtlich der Neuroanatomie des Gehirns ist der Untersuchungsansatz sehr einfach. Im Gehirn von Männern und Frauen gibt es konkrete geschlechtsspezifisch sich unterscheidende Strukturen, zum Beispiel im Hypothalamus oder in der neuronalen Konnektivität bestimmter Bereiche. Neurowissenschaftler untersuchen schon seit einiger Zeit die Gehirne von Transsexuellen und prüfen, ob die Strukturen eher ihrem genetischen Geschlecht oder ihrer Geschlechtsidentität entsprechen.

Das erste positive Ergebnis wurde 1995 von einem Team unter Leitung des Holländers Dick Swaab veröffentlicht: Das Kerngebiet der Stria Terminalis (BSTc) an der Oberfläche des Thalamus ähnelt bei weiblichen Transsexuellen eher dem von Frauen und bei männlichen Transsexuellen eher dem von Männern. Danach hat man ähnliche Entsprechungen in der Region INAH-3 des Hypothalamus gefunden, bei der neuronalen Konnektivität und auch bei kognitiven Aspekten, wobei die Interpretation Letzterer weniger eindeutig ist. Die letzte bis dato relevante Entdeckung stammt von 2011. Damals untersuchte eine spanische, von Dr. Antonio Guillamón von der Universidad Nacional de Educación a Distancia geleitete Gruppe die Mikrostruktur der aus Nervenfasern bestehenden weißen Substanz, die in bestimmten Gehirnregionen bei Männern und Frauen unterschiedlich ist. In einer umfassenden Studie stellten die Wissenschaftler fest, dass diese Gehirnregionen bei männlichen Transsexuellen virilisiert und bei weiblichen Transsexuellen feminisiert sind. In einer anderen Studie, die Guillamón 2012 veröffentlichte, wird gezeigt, dass konkrete Bereiche der rechten Seite der Großhirnrinde von Transsexuellen eher dem Geschlecht entsprechen, mit dem sie sich identifizieren, als dem biologischen Geschlecht.

Bei mit Erwachsenen durchgeführten Studien bleibt immer ein Zweifel, ob die veränderten Gehirnstrukturen bereits bei der Entwicklung der Transsexualität eine Rolle gespielt haben, oder ob sie eine Folge davon sind. Aber es gibt viele Vermutungen, dass diese Unterschiede schon seit der Embryonalphase bestehen und direkt auf einem abweichenden pränatalen Androgenspiegel beruhen.

Fluktuationen der Hormonspiegel während der Schwangerschaft, ob sie nun auf genetischen oder anderen Ursachen beruhen, sind die wichtigste biologische Erklärung für eine Veranlagung zur Transsexualität. Einige Forscher interpretieren Transsexualität in diesem Sinne als eine Art psychische Intersexualität, bei der Abweichungen des Androgenspiegels oder der Zellrezeptoren die Entwicklung des Gehirns in eine andere Richtung beeinflussen als den Rest des Körpers.

Dieser Hypothese zufolge hätte ein Frau-zu-Mann-Transsexueller mit XX-Chromosomen seine embryonale Entwicklung zur Frau begonnen und ab der sechsten Schwangerschaftswoche Eierstöcke, Eileiter, Uterus und Vagina ausgebildet. Wochen später jedoch, wenn das Gehirn sich zu entwickeln beginnt, könnte er mehr Testosteron ausgesetzt gewesen sein als üblich, und so wurde sein Gehirn teilweise virilisiert. Das könnte die neuroanatomischen Unterschiede erklären, die in den Studien von Dick Swaab oder Antonio Guillamón beobachtet wurden. Und es könnte vielleicht dazu führen, dass diese Person sich sexuell zu Frauen hingezogen fühlt oder sogar eine männliche Geschlechtsidentität hat.

Es ist wichtig, hier einen Determinismus zu vermeiden. Wahrscheinlich gibt es Hunderttausende von Frauen, die während der Schwangerschaft hohen Testosteronspiegeln ausgesetzt waren und trotzdem zu »normalen« heterosexuellen Frauen heranwachsen. Die Entwicklung des Gehirns ist ein Kontinuum, man weiß um seine enorme Neuroplastizität, besonders in den ersten Phasen des Lebens, und dass Erfahrungen und Umwelt ständig Modifizierungen nach sich ziehen. Die Androgenspiegel während der Schwangerschaft und mögliche Veränderungen der Gehirnstrukturen können eine Veranlagung schaffen, aber niemals etwas vorherbestimmen. Und genau deshalb können Transsexuelle mit einem Gehirn zur Welt kommen, das nicht vollkommen mit ihrem genetischen Geschlecht übereinstimmt, und abhängig von weiteren körperlichen und umweltbedingten Ursachen eine männliche oder weibliche Geschlechtsidentität entwickeln. Einer der größten Experten für Transsexualität, der Kanadier Kenneth Zucker, Herausgeber der Zeitschrift *Archives of Sexual Behavior*, hat viele Studien mit Kindern mit einer Geschlechtsidentitätsstörung durchgeführt, und sagt, dass die Kinder sich gegen Ende der Kindheit für ein Geschlecht entscheiden können.

Was die sexuelle Orientierung angeht, möchte ich hervorheben, dass die große Mehrheit transsexueller Männer sich zu Frauen hingezogen fühlt (wenn man das auf ihr genetisches Geschlecht bezieht, sind sie homosexuell, wenn man es auf ihre Geschlechtsidentität bezieht, sind sie heterosexuell), während transsexuelle Frauen flexibler sind, auch wenn es am häufigsten vorkommt, dass sie sich zu Männern hingezogen fühlen.

Aber kommen wir noch einmal auf die Hormone zurück. Eine Mann-zu-Frau-Transsexuelle beginnt ihre embryonale Entwicklung entsprechend der Instruktionen auf ihrem Y-Chromosom und bildet in der sechsten Schwangerschaftswoche Hoden aus, die bald Testosteron absondern. Aber wenn dieser Hormonspiegel in der dreizehnten Woche, in der das Gehirn sich zu entwickeln beginnt, aus irgendeinem Grund nicht so hoch ist oder einige Zellrezeptoren die Androgene nicht erkennen, dann kann sich das Gehirn femininer entwickeln und empfänglicher dafür sein, dass spätere Einflüsse zu einer weiblichen Geschlechtsidentität führen.

Diese biologischen Ursachen erfassen natürlich nicht die gesamte Vielfalt von Transsexualität und Transgender. Beim weitest verbreiteten Fall von Transsexualität jedoch fühlt eine Person, entgegen der gesellschaftlichen Konditionierung, schon in der Kindheit eine andere Geschlechtsidentität und entwickelt sich abweichend zu ihrem biologischen Geschlecht, bis sie eines Tages begreift, dass ihre Psyche ein anderes Geschlecht hat als ihr Körper. Und in diesem Fall scheint es logisch, dass das Gehirn aufgrund von biologischen Ursachen schon in der embryonalen Phase die Veranlagung erhielt, sich vom Rest des Körpers abweichend zu entwickeln.

In solchen Fällen unternehmen viele Transsexuelle alle nötigen Schritte, um Hormone, Genitalien und äußere Erscheinung an ihre sexuelle Identität anzugleichen. Aber einige lehnen den chirurgischen Eingriff auch ab. Sie akzeptieren ihren Körper, wie er ist, und haben kein Problem damit, sich als Mann oder Frau zu fühlen, obwohl sie Genitalien des anderen Geschlechts haben. Und inzwischen gibt es auch einige wenige – wirklich wenige, da die Geschlechtsidentität bei Erwachsenen generell sehr stabil ist –, die ambivalentere Gefühle haben und die dichotome gesellschaftliche Konstruktion von männlichem und weiblichem Geschlecht ablehnen. Sie fordern die Anerkennung eines neutralen Geschlechts, das vielleicht Bi- oder Asexualität entsprechen könnte. Das kommt häufiger bei Intersexuellen vor, aber es gibt auch Menschen mit eindeutigen primären Geschlechtsmerkmalen, die sich abwechselnd als Mann oder Frau empfinden und diese Rollen auch entsprechend leben wollen. Das ist dann keine Travestie, sondern ein Bigender-Verhalten, das extremer ist als bei Martin. Wissenschaftlich wurde es bisher kaum untersucht, es gibt aber sehr interessanten Hypothesen zu dem Thema.

Bigender: Mann und Frau zugleich

Anfang 2012 veröffentlichte der bedeutende Neurowissenschaftler Vilayanur Ramachandran in *Medical Hypotheses* die bisher wohl ausführlichste Studie zu Bigender. Darin analysierte er Körper- und Verhaltensmerkmale von 32 Bigender-Personen, die phasenweise zwischen weiblicher und männlicher Geschlechtsidentität wechselten.

Ramachandran hält diese Ambivalenz für ungewöhnlich, ordnet sie jedoch als Teil des breiten Spektrums unserer Sexualität der Kategorie Transgender zu. Aus wissenschaftlicher Perspektive stellt Bigender einen faszinierenden Zustand dar, anhand dessen man die Entwicklung der Geschlechtsidentität und die Verinnerlichung des Körperbilds untersuchen kann.

In seinem Artikel beschreibt Ramachandran, dass von den 32 Bigender-Personen elf anatomisch Frauen und 21 anatomisch Männer waren, wobei fünf der Männer Östrogene und Antiandrogene einnahmen. 23 der 32 Personen wechselten mehrmals in der Woche zwischen männlichem und weiblichem Geschlecht, 14 täglich, sechs mindestens einmal im Monat und drei ein paar Mal im Jahr. Die meisten beschreiben diese Wechsel als unfreiwillig, und zehn sagten aus, dass sie vorhersehbar seien. Ramachandran beobachtete, dass keine Wahnvorstellungen vorlagen, denn sogar wenn die Probanden im Moment eine klar definierte sexuelle Identität hatten, war ihnen trotzdem vollkommen bewusst, dass sie diese manchmal änderten. Aber er bemerkte auch ein kurioses Phänomen. Wenn sie die ihrem anatomischen Geschlecht entgegengesetzte Identität innehatten, spürten 21 der Probanden häufig entsprechend dem gewünschten Geschlecht »Phantom«-brüste oder -penisse. Ramachandran zufolge deutet das darauf hin, dass sie tatsächlich zwei unterschiedliche Körperkarten im Gehirn haben, und das unterstützt die Hypothese, dass Bigender einen neurologischen Ursprung hat. Ebenfalls merkwürdig war, dass die sexuelle Orientierung sich manchmal mit dem Identitätswechsel veränderte, manchmal jedoch nicht.

Auf neurologischem Gebiet wurde beobachtet, dass es bei Bigender-Personen mehr Links- und Beidhänder gibt als in der Allgemeinbevölkerung, was mit einer veränderten embryonalen Entwicklung des Gehirns in Zusammenhang gebracht wird. Auch fand sich eine signifikant höhere Rate von bipolaren Störungen. Dem Artikel zufolge sind diese auf Strukturen des Parietallappens zurückzuführen, die mit dem Körperbild zusammenhängen und mit der Inselrinde und dem Hypothalamus verbunden sind. All das lässt Ramachandran denken, dass Bigender eine biologische Ursache hat, weshalb er ein neues neuropsychiatrisches Syndrom mit dem Namen *alternating gender incongruity* (AGI) vorschlägt. Aufgrund der wachsenden Tendenz, die Schaffung immer neuer psychischer Störungen zu vermeiden, die die Vielfalt unseres Verhaltens pathologisieren, wird AGI sich wohl nicht einbürgern. Die neue Vorstellung allerdings, dass die Geschlechtsidentität genau wie die sexuelle Orientierung und das biologische Geschlecht nicht fix, sondern ambivalent ist, wird sicher erhalten bleiben.

Ramachandran zitiert eine Umfrage, die in San Francisco durchgeführt wurde, und bei der 3 Prozent der anatomisch männlichen und 8 Prozent der anatomisch weiblichen Transgenderpersonen sich als Bigender identifizierten, und reflektiert schlussfolgernd, ob männliche und weibliche Gehirne neurologisch als so unterschiedlich betrachtet werden sollten.

Es fehlt noch einiges, um Bigender-Personen zu begreifen, und inwiefern biologische und soziokulturelle Umstände darauf einwirken, dass die Geschlechtsidentität bei ihnen nicht so festgelegt ist wie bei den meisten anderen. Es ist ein wirklich interessantes Phänomen, das jedoch nicht dazu führen darf, Transsexualität mit dieser Ambivalenz in Verbindung zu bringen. Transsexuelle haben eine extrem stabile Geschlechtsidentität, sie stimmt einfach nur nicht mit dem Aussehen ihres Körpers überein. Und in diesen Fällen muss sich, wie schon gesagt, die Gesellschaft anpassen. Oder, wenn man möchte, der Körper.

Geschlechtsanpassungsoperationen und das wahre Phantomglied

Niemals werde ich den 14. November 2012 vergessen, als ich in der Klinik Diagonal in Barcelona bei einer Geschlechtsanpassungsoperation mit dabei sein durfte. Dr. Iván Mañero operierte eine 32-jährige transsexuelle Frau, die um zehn Uhr morgens mit absolut gewöhnlichen Hoden und einem Penis betäubt auf dem OP-Tisch lag und viereinhalb Stunden später nach der anspruchsvollen und fast künstlerischen chirurgischen Arbeit mit Vagina, Klitoris und perfekten Schamlippen aufwachte. Wie eine der anwesenden Krankenschwestern mir sagte, sind sie »nicht zu unterscheiden, sobald die Fäden gezogen und die Wunden vernarbt sind«. Das ist wirklich beeindruckend und großartig.

Dr. Mañero beginnt mit einem vertikalen Einschnitt in die Haut, direkt unterhalb der Hoden. Von dort aus entfernt er Stück für Stück innere Fasern und Gewebe mit einem elektrischen Skalpell, während er mithilfe einer Art Spekulum eine Öffnung in die Muskulatur des Schambereichs macht. Erstaunlicherweise wird der zukünftige Vaginalraum so weit und tief wie eine normale Vagina, ohne dass viel Blut dabei fließt. Sobald die Öffnung fertig ist, füllt Dr. Mañero sie mit Verbandmull.

Dann schneidet er von der Basis der Hoden bis zum Penisansatz in die Haut und löst sie langsam von den inneren Strukturen. Sobald die Haut von den Hoden abgezogen ist, löst er auch den Penis aus der Haut, der nun lose dahängt. Die Haut wird dabei intakt erhalten, denn sie wird später für die Vagina verwendet. Aus der Haut der Hoden werden die Schamlippen modelliert. Dr. Mañero erklärt mir, dass sie bei einem kleinen Penis mit zu wenig Haut ein Stück Dünndarm verwenden, um das Innere der Vagina ganz auszukleiden. Das hat den Vorteil, dass dieses Gewebe feucht werden kann, aber den Nachteil, dass es keine Nervenenden enthält und weniger sensibel ist.

Erst wenn der Genitalbereich von der Haut befreit ist, wird sichtbar, dass der gesamte Penis viel größer ist als der außen liegende Teil.

Der Penis fängt eigentlich am hinteren Ansatz des Hodensacks an und wächst dicht am Körper hoch, bis er abknickt und dann außen weiter verläuft. Der gesamte Penis hat die Form eines Bumerangs. Als Dr. Mañero das Gewebe durchtrennt, das die Basis des Penis am Unterleib festhält, fällt dieser nach unten und hängt unter den Hoden. Jetzt erinnert mich der Anblick an ein Schema des weiblichen Fortpflanzungsapparats, wo die Vagina in der Mitte liegt und die Eileiter oberhalb davon zu den beiden links und rechts liegenden Eierstöcken führen. Es ist faszinierend. Der Penis entspricht eindeutig der Vagina und der Klitoris, nur dass er auch außen verläuft und nicht hauptsächlich innen liegt, und die Hoden entsprechen den weiblichen Eierstöcken, sie sind nur größer und liegen ebenfalls außen. Ich sehe jetzt, was ich schon wusste. Die weiblichen und männlichen Genitalien haben den gleichen Ursprung und die gleiche Struktur. Nur in Größe, Form und Lage unterscheiden sie sich.

Die Operation dauert schon anderthalb Stunden, und ich überspringe einige Schritte, die notwendig sind, um Gewebe und Nervenfasern zu schützen und Wunden zu verschließen. Es ist eine präzise handwerkliche Arbeit, ein komplexes Zusammenspiel von Klemmen, Schnitten und Stichen, und schließlich ist es so weit: Die Hoden werden abgenommen und landen auf dem Tischchen mit den chirurgischen Instrumenten. Auch das macht wieder ziemlichen Eindruck, in jeder Hinsicht.

Jetzt kommt der Penis an die Reihe, und diese Arbeit ist noch viel schwieriger. Die Harnröhre, durch die vorher ein gelbes Plastikröhrchen geschoben wurde, darf nicht beschädigt werden, und außerdem muss der Harnröhrenschwellkörper (Corpus spongiosum), der in den Eichelschwellkörper übergeht und mit der Eichel verbunden ist, erhalten bleiben. Die Eichel wird zur weiblichen Klitoris. Mit extremer Präzision, um die Nervenenden nicht zu beschädigen und so viel Sensibilität wie möglich zu erhalten, wird auf der Oberseite des Penis ein Schnitt gemacht, durch den vorsichtig die beiden Penisschwellkörper entfernt werden. Diese füllen sich für die Erektion mit Blut und werden für die weibliche Physiologie nicht gebraucht. Nachdem sie entfernt wurden, ist der Penis kaum noch als solcher zu erkennen, und weniger noch, sobald die Harnröhre vom Harnröhrenschwellkörper und der Eichel getrennt wird. Beides sind jetzt zwei einzelne Organe, die Dr. Mañero erst einmal auf eine Seite der Vaginalöffnung legt, um die Haut des Penis an der anderen Seite festzunähen. Dann stülpt er die Haut um und schiebt sie in die Vaginalöffnung. Im Moment nimmt er nur Maß. Mit einer teils schon festgenähten Seite und der im Inneren der Vagina platzierten Haut, markiert Dr. Mañero mit einem Stift die beiden Punkte, an denen er jeweils einen Schnitt für den Austritt der Harnröhre und der Klitoris-Eichel macht.

Durch den unteren der beiden Einschnitte schiebt er die Harnröhre mit dem gelben Schlauch, die, da sie aus dem Penis stammt, natürlich viel zu lang ist. Er schneidet den Überschuss ab und vernäht die Harnröhre an der Haut. Den Harnausgang der weiblichen Genitalien hat er damit schon hergestellt. Durch den oberen Einschnitt zieht er jetzt den Schwellkörper und die Klitoris-Eichel. Beide liegen direkt oberhalb der Vaginalhöhle, ein Teil des Schwellkörpers bleibt innerhalb des Körpers, die Eichel außerhalb, und jetzt beginnt der eindrucksvollste Teil der Arbeit. Der Operateur setzt Stiche, legt Falten und macht noch mehr Stiche, bis das Gewebe die unverwechselbare Form einer Klitoris mit Vorhaut und Eichel angenommen hat, genau dort, wo später die kleinen Schamlippen zusammenlaufen.

Sobald die Klitoris geformt ist, wird die Haut des früheren Penis am Ende zugenäht und in die Vaginalhöhle eingepasst. Die gesamte Haut des Skrotums steht an beiden Seiten heraus und wird zurechtgeschnitten und genäht, bis die großen und kleinen Schamlippen daraus geformt sind. Nach Ruhezeit und Vernarbung sind diese Teil eines absolut funktionalen weiblichen Genitals. Dr. Mañero tritt zurück, und ich muss mich zurückhalten, um nicht zu applaudieren.

Viele Studien haben die Geschlechtsanpassung bei Transsexuellen verfolgt, sowohl in Hinsicht auf die seelische Zufriedenheit als auch auf die sexuelle Funktionalität. Im Fall von transsexuellen Frauen, deren maskuline zu femininen Geschlechtsorganen angepasst werden, gibt es während der Hormonbehandlung einen enormen Abfall der Libido, aber nach der Operation und einer Zeit der Erholung ist die genitale Sensibilität sehr gut, und die meisten können durch Stimulation der Klitoris – der früheren Eichel – einen Orgasmus haben. Außerdem hat man durch die Vagina Zugang zur Prostata, d.h. auch die Penetration ist angenehm. Es gibt Probleme mit Schmerzen und Vaginismus, aber im Allgemeinen wird die Operation positiv bewertet, vor allem wenn man das gute Gefühl mitrechnet, den Körper in Einklang mit der Psyche zu sehen.

Bei Transmännern ist es etwas schwieriger. »Der Schritt von weiblichen zu männlichen Genitalen ist komplizierter, man kann jedoch auch eine gute Funktionalität erreichen«, sagt Dr. Iván Mañero, als wir später in der Cafeteria sitzen.

Der Konstruktion eines Penis habe ich nicht beiwohnen können, aber auf dem Kongress der European Federation of Sexology in Madrid im September 2012 sah ich eine sehr detaillierte Präsentation über Phalloplastik von dem englischen Chirurgen David Ralph. Mit wirklich sehr eindeutigen Bildern ging Dr. Ralph die verschiedenen Optionen durch und erklärte, dass man den Penis früher mit Epithel- und Fettgewebe des Unterleibs gebildet habe, dass man heute aber lieber einen Teil des Unterarms benutze, der sensibler sei und deshalb bessere Ergebnisse brächte. Das Loch im Unterarm bedecke man mit Gewebe von der Unterseite der Hinterbacken des Patienten. Die Hoden sind einfach nur zwei Silikonstückchen, die in die Schamlippen eingeführt werden, die Harnröhre reicht manchmal nur bis zur Hälfte des neuen Penis, die Erektion erreicht man mit einem Implantat, das man auch bei Männern mit einer ständigen Erektionsstörung einsetzt, und das Gewebe der Klitoris verteilt man üblicherweise am Penisansatz. Das ist der schwierigste Teil, da man die Sensibilität erhalten will, und Dr. Ralph zeigte Bilder von Patienten, die die Klitoris lieber oberhalb der Hoden intakt lassen und den Penis darüber konstruieren, so dass die Klitoris während der Penetration stimuliert wird.

Die Empfindungsfähigkeit in den Genitalien ist jedoch immer unterschiedlich. Die meisten Patienten spüren den Kontakt am Penis, aber nur wenige verbinden das mit einer erotischen Reaktion.

Im Gegensatz zu transsexuellen Frauen erhöht die Gabe von Androgenen bei transsexuellen Männern allerdings meist die Libido, und wenn die Nervenenden der Klitoris intakt geblieben sind, kann die sexuelle Reaktion sogar besser sein als vor der Operation. In der einzigen wissenschaftlichen Studie, bei der transsexuelle Männer beobachtet wurden, zeigte ein holländisches Team Folgendes: Einige Jahre nach der Geschlechtsanpassung gelangten 93 Prozent der 49 Transsexuellen, die an der Studie teilnahmen, durch Masturbation zu einem Orgasmus, und fast 80 Prozent sogar während des Geschlechtsverkehrs mit ihren Partnern (allerdings nicht jedes Mal). Interessanterweise erklärten 65 Prozent, ihre Orgasmen hätten sich nach Operation und Hormonbehandlung verändert und seien kürzer und intensiver, und die allermeisten berichteten von gestiegener Erregung und sexueller Aktivität. Obwohl die Geschlechtsanpassung von Frau zu Mann problematischer ist, erklärten sich 92 Prozent als sehr zufrieden, 4 Prozent als zufrieden und 4 Prozent als neutral. Unzufrieden war niemand.

»In meiner ganzen Laufbahn hat bisher niemand die Operation hinterher bereut«, sagt Dr. Iván Mañero. Ihm zufolge geht es nicht nur um die genitale Empfindungsfähigkeit, sondern vor allem um die persönliche Zufriedenheit. Er verfügt über viel Erfahrung und ist wirklich davon überzeugt, dass die Patienten, die sich zu einer OP entschließen, eine stabile Geschlechtsidentität haben, und zwar seit Anbeginn der Kindheit. Das ist ein komplizierter Punkt. Iván erklärt mir, dass es viele Kinder und Jugendliche gibt, die eine deutliche Störung der Geschlechtsidentität haben. Sie fühlen sich absolut als Mädchen, es liegt auf der Hand, dass sie auch als Erwachsene transsexuell sein werden, aber die derzeitige Gesetzgebung schreibt vor, dass sie sich erst mit 18 operieren lassen dürfen. Das mag logisch erscheinen, auch da es Fälle gibt, bei denen die Geschlechtsidentität sich noch verändert. Aber wenn jemand sich dermaßen sicher ist, würde eine Operation vor der Pubertät zum Beispiel Veränderungen der Stimme und der körperlichen Konstitution verhindern, sowie die gesamte testosteronbedingte Virilisierung während der Pubertät. Eine nachträgliche Geschlechtsanpassung ist problematischer und weniger effektiv. »Normalerweise wird die Pubertät in diesen Fällen durch Hormongaben hinausgezögert, bis die Volljährigkeit erreicht wird und der Patient völlig von der Umwandlung überzeugt ist«, sagt Iván Mañero.

Das soll sich aber nicht wie eine Ode an die Chirurgie zur Geschlechtsanpassung anhören. Es gibt transsexuelle Aktivisten, die dafür eintreten, ihre Körper so zu akzeptieren, wie sie sind, die fehlende Übereinstimmung zwischen Körper und Psyche anzunehmen und sich trotz Penis oder Vagina als Frau oder als Mann zu fühlen. Für sie ist die Operation unnötig, und sie fordern, trotzdem als Transsexuelle anerkannt zu werden. Ihr Geschlecht sitzt in der Psyche, nicht in den Genitalien, wie eine kuriose Tatsache der Geschlechtsanpassungsoperationen widerspiegelt: Phantom-Penisse gibt es nur sehr selten.

Das ist wirklich mal ein Phantomglied

Phantomglieder gehören zu den erstaunlichsten Phänomenen der Medizin. 60 bis 80 Prozent der Personen, denen ein Arm oder ein Bein amputiert wurde, haben danach das körperliche Gefühl, das Körperteil sei noch vorhanden. Sie spüren, dass sie es bewegen können, dass es juckt, dass es kalt oder warm ist, und das meistverbreitete Phänomen: Sie fühlen Schmerz in einer Extremität, die sie nicht mehr haben.

1871 wurde das zum ersten Mal beschrieben. Lange Zeit war die wissenschaftliche Erklärung für dieses Syndrom, dass die Nervenenden im Gebiet der Amputation intakt blieben und bei Aktivierung Informationen ans Gehirn schickten. Die Hypothese erschien zunächst logisch, wurde aber verworfen, nachdem man Eingriffe vornahm, die die Empfindungsfähigkeit im Gebiet der Amputation vermindern sollten, und diese keinerlei Besserung brachten. Später kam die Theorie auf, dass die Region des somatosensorischen Kortex, auf dem im Gehirn der verlorene Arm oder das verlorene Bein repräsentiert wurde, noch funktionierte, sich zeitweilig aktivierte und die charakteristischen Empfindungen von Phantomgliedern erzeugte. Diesem Ansatz folgend setzen einige Therapien virtuelle Realität ein, um die visuelle Illusion zu erzeugen, das Körperteil existiere wirklich noch, und so kann der Betroffene es in eine schmerzfreie Position bewegen. Diese Therapieform vermag die Empfindung des Phantomglieds wirksam zu reduzieren oder sogar zu eliminieren, und das unterstützt die Hypothese, dass Arme oder Beine noch immer gefühlt werden, da die Gehirnregion, die ihren Input verarbeitet, eine Weile braucht, um sich anzupassen.

Vielleicht weil es weniger häufig vorkommt oder aufgrund der Scham, die die Wissenschaft bei sexuellen Angelegenheiten an den Tag legt, ist einer der sonderbarsten Fälle von – nie passender so bezeichneten – Phantomgliedern ziemlich unbekannt: Einige Transsexuelle spüren ihren Penis noch nach der Operation.

Im Artikel »Phantom Erectile Penis after Sex Reassignment Surgery« beschreiben japanische Chirurgen eine Reihe von Fällen zwischen 2001 und 2007, bei denen Transsexuelle nach der Amputation manchmal den Eindruck hatten, dass ihr Penis noch existierte. Das gab sich nach wenigen Wochen wieder, es gab nur einen Patienten, bei dem es über sechs Monate anhielt.

Der Neurowissenschaftler Vilayanur Ramachandran von der University of California, San Diego, ist wahrscheinlich der weltgrößte Experte für Phantomglieder im Allgemeinen. Er hat als erster Spiegeltherapien entworfen, mit denen man den somatosensorischen Kortex täuschen konnte, um Phantomschmerzen zu lindern. Erst diese führten zu Therapien mit virtueller Realität. In einem Artikel über Phantomgenitalien stellt Ramachandran eine interessante Hypothese auf, die bisher jedoch nicht experimentell bewiesen ist: Wenn das Gehirn eines Transsexuellen mit männlichem Körper eine weibliche Identität hat, dann dürfte ein Phantompenis seltener auftreten als bei Personen, denen der Penis aufgrund von Unfällen, Krebs oder einer anderen Krankheit amputiert wurde. Und das Gleiche gilt für Personen mit weiblichen Körpern und männlicher Geschlechtsidentität, denen die Brüste entfernt werden, im Vergleich zu Amputationen bei Brustkrebs. Die Hypothese beruht darauf, dass die unerwünschten Körperteile, also Brüste oder Penis von Transsexuellen, im Gehirn weniger repräsentiert sind. Ramachandran behauptet, provisorische Ergebnisse zu haben, die diese Hypothese stützen, denn nur etwa die Hälfte der von ihm befragten Mann-zu-Frau-Transsexuellen gibt an, irgendwann nach der Operation das körperliche Gefühl verspürt zu haben, noch einen Penis zu besitzen. Bei Männern, denen der Penis aus Gründen entfernt wurde, die nichts mit Transsexualität zu tun haben, kommt dieses Phänomen in 70 bis 80 Prozent der Fälle vor, und das Gefühl des Phantompenis ist auch intensiver. Sollten diese Ergebnisse bestätigt werden, ist es ein stichhaltiger Beweis dafür, dass das Gehirn von Geburt an ein Körperbild enthält, das bei Transsexuellen nicht mit dem genitalen Geschlecht übereinstimmt.

Warum fühlen Männer sich zu Transsexuellen hingezogen?

Es gibt so viele Kuriosa, und eines davon ist die Faszination, die Transsexuelle auf manche heterosexuelle Männer ausüben.

Während der Vorbereitungen für dieses Buch habe ich eine Transsexuelle kennengelernt, die früher einmal als Prostituierte gearbeitet hatte und ihren Körper noch immer bei erotischen Darbietungen zur Schau stellte. Sie ist eine wirklich aufsehenerregende Frau, die jeden Mann, der nichts von der Existenz ihres Penis wusste, um den Finger wickeln konnte. Aber einmal sagte sie etwas, das mich sehr nachdenklich machte: »Ich lasse mich nicht operieren, so läuft es viel besser für mich.« Als Prostituierte und auch jetzt bei den Darbietungen habe sie angeblich dank ihres Penis sehr viel mehr Kunden, als wenn sie operiert wäre. Dabei waren alle ihre Kunden Heteros – Schwule stehen auf Männer, nicht auf Frauen. Und trotzdem bezahlten sie, als sie die Wahl hatten, lieber eine Frau mit Penis, als eine andere, ebenso attraktive, ohne. Warum? Eigentlich scheint das nicht logisch zu sein, weder aus evolutionsbiologischer Perspektive noch wenn man den Einfluss der Medien betrachtet, schließlich fördert die Gesellschaft dieses Verhalten nicht gerade. Aber wenn es so häufig vorkommt, wie mir erzählt wurde, muss es auch einen Grund dafür geben.

Ich erinnere mich an ein Gespräch mit Ogi Ogas, dem Coautor von *Klick! Mich! An! Der große Online-Sex-Report*, in dem er den Inhalt von Millionen von Suchanfragen auf den meistbesuchten erotischen Webseiten analysierte. Er hatte mir erzählt, dass Pornovideos von Frauen mit Schwanz im Netz ganz massiv gesucht werden. Ogi meint, dass Männer Penisse irgendwie toll fänden, und dass sie ziemliches Interesse an Transsexuellen hätten. Seine Arbeit ist allerdings umstritten, da sie nicht in akademischen Zeitschriften veröffentlicht wurde. Das Interesse könnte auch an der wachsenden Neugier gewohnheitsmäßiger Pornokonsumenten liegen, und es ist nicht das Gleiche, etwas anzusehen oder eine Phantasie zu haben, und es tatsächlich zu tun. Aber in Ogis Arbeit über die Welt im Netz spiegelten sich die Beobachtungen der transsexuellen Frauen in der Wirklichkeit: Viele heterosexuelle Männer fühlen sich von Transfrauen angezogen. Ist das eine wirkliche Präferenz und ist sie beständig, oder kommt es nur gelegentlich vor? Liegt es wirklich am Penis? Steckt leichte Bisexualität oder verdrängte Homosexualität dahinter? Viele Leute haben mir mit persönlichen Meinungen und Erfahrungen darauf geantwortet. Aber das hat in diesem Buch nichts zu suchen. Irgendjemand wird doch wohl eine systematische Studie zu diesem Thema durchgeführt haben? Bingo!

2010 veröffentlichen die Soziologen Martin Weinberg und Colin Williams eine detaillierte Arbeit, in der sie die gesamte akademische Bibliografie über eine Präferenz von Heterosexuellen für Transsexuelle zusammentrugen. Außerdem stützten sie die Ergebnisse dieser Untersuchung, indem sie zwei Monate lang Transsexuellenbars besuchten und sowohl die Transfrauen befragten als auch die Männer, die sich für sie interessierten.

Weinberg und Williams erklären, keine Männer in die Studie mit aufgenommen zu haben, die eine feste Liebesbeziehung mit einer transsexuellen Frau führten, da dabei unterschiedliche Faktoren wichtig wären, sie aber nur Männer analysieren wollten, die sexuelles Verlangen verspürten und Gelegenheitssex vorzugsweise mit Transsexuellen suchten. Konkret wollten sie herausfinden, was genau die Männer anzog, und ob diese Art der Beziehung irgendeinen Hinweis auf ihre sexuelle Orientierung gab.

Die von Transsexuellen besuchte Bar befand sich in einer Arbeitervorstadt, einem Gebiet mit vielen Motels in einer US-amerikanischen Stadt, die im Artikel nicht genannt wird. Die Studie beruht auf einer einige Wochen andauernden Beobachtung und anschließend einem Fragebogen mit 25 Fragen, die Männern gestellt wurden, die in dieses Lokal gingen, um Beziehungen mit Transsexuellen zu haben. Von allen Befragten wählten die Soziologen eine Untergruppe aus, die sich wirklich damit identifizierte, sich sexuell zu Transsexuellen hingezogen zu fühlen. Davon definierten sich 50 Prozent als heterosexuell und die anderen 50 Prozent als bisexuell. 68 Prozent hatten ein Universitätsstudium und 31 Prozent eine feste Beziehung zu einer Frau. Von den Bisexuellen kamen 46 Prozent häufiger als einmal pro Woche in die Bar, gegenüber 14 Prozent der Heterosexuellen. Von denen, die Sex mit den Transsexuellen hatten, zahlten 54 Prozent dafür. Die häufigste sexuelle Aktivität, mit 62 Prozent vertreten, war oral befriedigt zu werden, 38 Prozent praktizierten Analsex, 31 Prozent wurden masturbiert und 7 Prozent masturbierten den Transsexuellen. Gefragt nach ihren allgemeinen Vorlieben, antworteten 82 Prozent der Befragten, dass ihre erste Präferenz »normale« Frauen wären, nur 16 Prozent war das egal. Das überraschte die Forscher, da sie eine explizitere Vorliebe für die Transfrauen erwartet hatten. Als sie auf die Gründe eingingen, warum die Männer diese Bar besuchten, antworteten viele, dass die Transsexuellen aufmerksam, zärtlich, sexy und sympathisch wären, und dass es so lustig und einfach sei, mit ihnen zu interagieren. Die Autoren interpretierten, dass diese Männern die »Art der sexuellen Geselligkeit« und den Charakter der Transsexuellen lieber mochten als bei anderen als Prostituierte arbeitenden Frauen.

Andere Begründungen bezogen sich auf die übertriebene Weiblichkeit in Verhalten, Ausdruck, Kleidung und Sinnlichkeit der Transsexuellen, die viele als besonders erregend und im Allgemeinen den »normalen« Frauen überlegen darstellten. Einige waren auch der Meinung, dass die Transfrauen gut im Bett wären und sich Mühe gäben.

Als es um die Bedeutung des Penis ging, gab es große Unterschiede zwischen den Männern, die sich als heterosexuell, und denen, die sich als bisexuell definierten. Letztere fühlten sich deutlich angezogen von einem Körper, der gleichzeitig Brüste und einen Penis hatte, während die Heteros den Penis nicht erwähnten und ihn normalerweise sogar ausblendeten. Tatsächlich gab es einige Bisexuelle, die die Transsexuellen oral befriedigten, von den Heterosexuellen tat das niemand. Die Heteros schienen eine gewisse kognitive Dissonanz bezüglich des Penis zu entwickeln. Sie taten so, als wären sie mit einer spektakulären, aufreizenden, sinnlichen und zärtlichen Frau zusammen, die zufällig einen Penis hatte, der sie weder besonders lockte noch störte. Einige gaben zu, dass sie vermieden, an ihn zu denken, dem Kontakt mit ihm aus dem Weg gingen und Fellatio auch nur empfingen. Nur 23 Prozent der Heterosexuellen gaben an, Interesse an Analverkehr zu haben, gegenüber 62 Prozent bei den Bisexuellen.

Die Autoren schlossen daraus, dass es ein deutlich definiertes Muster bei Männern mit einer leichten Bisexualität gab, die speziell von der Möglichkeit erregt waren, mit einer Frau mit einem Penis zusammen zu sein. Andere Stammkunden sahen die Transfrauen einfach als unglaublich attraktive, herzliche, amüsante, aufreizende und sehr weibliche Frauen, mit denen sie Spaß hatten. Sie wurden nicht von der Tatsache angezogen, dass diese einen Penis hatten, sondern blendeten ihn sogar aus.

Die Autoren sehen die Grenzen ihrer Studie, angefangen mit der geringen Anzahl der Teilnehmer bis zur ausschließlichen Untersuchung eines konkreten Umfelds. Sie geben zu, dass man ausgehend von ihren Ergebnissen keine Verallgemeinerungen vornehmen könne, weisen jedoch darauf hin, dass ähnliche Prozentzahlen von bisexuellen und heterosexuellen Kunden bei Studien gefunden wurden, die im Jahr 2000 in Holland und 2005 in San Francisco realisiert wurden. Natürlich ist das noch lange kein allgemeines Muster, es spiegelt jedoch die Tatsache wider, dass viele Männer eine Transsexuelle eindeutig als Frau wahrnehmen und sich vorbehaltlos zu ihr hingezogen fühlen, wenn sie attraktiv, sinnlich oder herzlich ist. Einer der wenigen Fälle, bei denen die Wahrnehmung uns nicht täuscht.

18
Soziale Monogamie und sexuelle Abwechslung in Swinger-Clubs

Ich sitze mit Maria auf einem roten Sofa in einem der angeblich exklusivsten Swinger-Clubs von New York. Als wir hereinkamen und sagten, dass wir beide neu seien, erklärte man uns, am wichtigsten sei der Respekt und wir sollten ganz beruhigt sein, niemand werde uns zu irgendetwas drängen. Hierher kämen Paare zum sexuellen Partnertausch oder um miteinander, jedoch umgeben von anderen Leuten, Sex zu haben, um Unbekannte zu berühren oder sich von ihnen liebkosen zu lassen, oder einfach nur zum Schauen. Wir könnten machen, was wir wollten. Jeder *Swinger* stellt seine eigenen Grenzen auf und respektiert diszipliniert die der anderen. In dem Club gab es einen Gemeinschaftsraum mit Tanzfläche, Sofas und zwei Tresen. Alkohol wurde nicht ausgeschenkt, aber man durfte seine eigene Flasche mitbringen. In diesem Bereich konnten wir angezogen bleiben, uns entspannt mit den anderen Besuchern unterhalten und sogar zu Abend essen, sollten wir Hunger bekommen. An diesem Abend gab es ein Buffet mit Lachs, einer Art Schmorbraten, Salaten und Gemüse. Alles war in den 120 Dollar Eintritt pro Paar inbegriffen. Es war Samstag und Männer ohne Begleitung hatten keinen Zutritt, während Frauen allein für 20 Dollar in den Club konnten.

Es gab auch Privatzimmer, falls man Lust auf einen Moment der Zweisamkeit hatte. Und wenn wir uns trauten, konnten wir durch einen langen Gang in die verschiedenen Bereiche für Gruppensex gehen. Einzige Bedingung war, dass wir nichts weiter als ein Handtuch um die Hüfte tragen durften – oder nicht einmal das. Am Ende des Ganges rechts waren Umkleiden und Duschen.

Wie ich in diesem Buch bereits erwähnt habe, bestätigen Psychologen, die die Rolle der Emotionen für unser Verhalten erforschen, immer wieder, wie schlecht wir vorhersagen können, wie wir in künftigen, emotional sehr intensiven Situationen reagieren werden. Stellen wir uns die Zukunft vor, so tun wir das ausgehend von unserer gegenwärtigen emotionalen Verfassung, und gewöhnlich liegen wir dabei falsch. Weder Maria noch ich hätten jemals gedacht, dass wir 20 Minuten nach unserer Ankunft im Swinger-Club nackt bis auf ein Handtuch auf einer riesigen Matratze inmitten von Paaren sitzen würden, die auf alle nur vorstellbare Arten Sex hatten. Wirklich, vertraut nicht zu sehr darauf, was ihr glaubt, in einer solchen Situation tun oder nicht tun zu können. Probiert es lieber aus, wenn es euch genügend interessiert.

Es spielt keine Rolle, was Maria oder ich schließlich gemacht oder nicht gemacht haben, zusammen oder einzeln, in dem einen oder dem anderen Raum. Und auch nicht, was wir an jenem Abend gesehen haben, so drastisch es uns auch vorkam. Im Gespräch mit den *Swingern* erfuhren wir, dass jeder Club seine eigene Atmosphäre habe und manche Abende wilder seien als andere. »Samstags ist normalerweise mehr Party«, erzählte mir der Türsteher, »es kommen mehr neugierige Paare zum ersten Mal, viele, die auf Urlaub in New York sind und es mal ausprobieren wollen, und Gruppen, die nur zum Beobachten kommen und kaum mitmachen. Aber wenn so viel los ist, sind die Leute irgendwie heißer drauf, so wie heute, da geht es besonders ab.«

Joe musste etwa 55 Jahre alt sein und sah aus wie ... naja, er war eben nackt. Doch anhand einiger aufgeschnappter Details schloss ich, dass er einen hohen kulturellen und sozioökonomischen Status hatte und sich mit seiner Frau blendend verstand. Er verteidigte Gruppensex als »die natürlichste Sache der Welt«, unsere Spezies sei nun mal nicht monogam und die gesellschaftlichen Beschränkungen brächten nur Unglück und Betrug hervor. Wie er versicherte, entspräche sein Verhalten vollkommen der natürlichen Selektion und unsere Vorfahren seien alle Swinger gewesen. »Mag sein«, gab ich zurück, »doch bei allem Respekt, die natürliche Selektion müsste dich eigentlich auch dazu bringen, diesem Typ, der da gerade deine Frau anfasst, eine zu verpassen ...« »Eifersucht ist schlecht und gehört korrigiert!«, fauchte Joe.

Ich möchte Joes Argumente einmal etwas genauer beleuchten, denn das Thema Eifersucht ist – ganz abgesehen von den evolutionsgeschichtlichen Rechtfertigungen oder Vorwänden – hochinteressant. Der Evolutionspsychologe David Buss vertritt die These, dass Eifersucht zwischen Partnern eine sexuelle Spannung erzeugt, die sie sogar noch stärker zusammenschweißt. Als setze sie uns instinktiv in Alarmbereitschaft und zwänge uns, mehr Energie in die Beziehung zu stecken und mit dem Männchen oder Weibchen in Wettstreit zu treten, das uns herausfordert, indem es die Aufmerksamkeit oder das Interesse unseres Partners oder unserer Partnerin gefangen nimmt. Passend zu dieser Hypothese veröffentlichte die Neuroendokrinologin Sari van Anders, die an der University of Michigan untersucht, wie die Hormonspiegel je nach sozialem Kontext schwanken, im Jahr 2007 eine Studie, in der sie beobachtete, dass die Testosteronspiegel bei männlichen und auch weiblichen Swingern und Polyamorösen signifikant höher waren als bei Verheirateten oder Singles, und diese physiologische Reaktion den instinktiven Ruf nach Wettstreit widerspiegelte.

Um genau zu sein, stiegen die Testosteronwerte vor allem radikal bei Frauen, die Polyamorie praktizierten (mehrere romantische Liebesbeziehungen gleichzeitig in vollem Einverständnis aller Beteiligten), bei den Swingern nicht ganz so stark (normalerweise nur ein romantischer Beziehungspartner, jedoch zwischendrin von der Liebesbeziehung unabhängiger Gruppensex oder Partnertausch). Bei Männern war bereits gut dokumentiert, dass Verheiratete gewöhnlich weniger Testosteron als Singles haben, aber sowohl Swinger als auch Polyamoröse hatten sogar signifikant höhere Werte als Singles. Das könnte man als eine Prädisposition deuten, doch van Anders stellt es in Zusammenhang mit einem Mehr an Anspannung und sexuellem Verlangen, das aus mehreren parallelen Beziehungen resultiert.

Swinger sind mit dieser Betrachtungsweise gewöhnlich einverstanden. Einer der vielen, mit denen ich sprach, erzählte mir, es sei für ihn äußerst erregend, seiner Frau beim Sex mit einem anderen zuzuschauen. Er versicherte mir, das intensiviere sein Verlangen deutlich und in den Tagen darauf sei ihre Beziehung feuriger und inniger. Tatsächlich sagten alle, es sei normal, nach einem Abend Gruppensex nach Hause zu kommen und sich dann noch einmal leidenschaftlich im Privaten zu lieben. Wirklich viele wissenschaftliche Studien haben belegt, dass der Verdacht von Untreue das sexuelle Begehren für den eigenen Partner steigern kann.[28] Im konkreten Fall der Swinger lieferte eine britische Studie mit dem Titel »Management of Jealousy in Heterosexual Swinging Couples« Daten, die bestätigen, dass viele dieser Paare den Partnertausch nutzen, um die Leidenschaft untereinander anzufachen.

Swinger sind sich absolut sicher, dass ihre Aktivität das Paar stärkt und nicht schwächt. Doch dazu gibt es kaum Information. Eine der ersten empirischen Studien führte 1988 der Soziologe Richard Jenks durch, der auf einem riesigen Swingertreffen in den USA eine große Menge Daten und Meinungen sammelte. Auf den ersten Blick ergab sich, dass die allermeisten Swinger vollkommen zufrieden mit ihrem Lebensstil waren. Doch bei genauerer Untersuchung zeigten sich problematische Aspekte. Jenks überwachte vor allem Paare, die gerade eine schwierige Phase durchmachten, und beobachtete zwar, dass bei 14 Prozent dieser Paare das Swingen tatsächlich die Harmonie in der Beziehung zu stärken schien, bei 16 Prozent der Fälle gaben die Beteiligten jedoch selbst zu, der Partnertausch habe zur Trennung beigetragen.

Richard Jenks untersuchte den Swinger-Lifestyle weiter, und in einem Überblicksartikel zu allen bis 1998 veröffentlichten Studien kam er zu dem Schluss, Partnertausch sei durchaus eine Herausforderung für eine Beziehung, besonders für solche mit ungelösten Konflikten. Meist sei er jedoch bereichernd. Jenks beobachtete auch, dass das typische Profil von Swingern – im Gegensatz zu den Vorstellungen weiter Teile der Gesellschaft – nicht das eines unglücklichen oder krisengeschüttelten Paars ist, in dem den Partnern etwas fehlt, was der andere ihnen nicht bieten kann, sondern dass es sich beim Swingen um eine klare Rebellion gegen Konventionen und die Suche nach neuen Empfindungen innerhalb des Rahmens der Paarbeziehung handelt. Dieses »innerhalb des Rahmens der Paarbeziehung« ist dabei sehr wichtig.

Ein anderer Anthropologe, auf den wir bald noch kommen werden, William Jankowiak von der University of Nevada, hat ebenfalls Studien mit Swinger-Communities durchgeführt. Darin hat er untersucht, ob diese Aktivität eine Reaktion auf Unzufriedenheit mit der eigenen Paarbeziehung ist, und das Ergebnis lautet: Nein. Das Zufriedenheitsniveau ist nicht anders als bei konventionellen Paaren, und die Praxis entspricht weder »einer fünfstündigen Pause, um Sex mit anderen zu haben« noch »einer offenen Beziehung, in der sporadische Seitensprünge erlaubt sind«, vielmehr geht es darum, die Beziehung und den Sex in Gruppen zusammen und nicht einzeln anzugehen. Der vielleicht heikelste Punkt am Swingen ist die Ansteckung mit sexuell übertragbaren Krankheiten. Trotz der strengen Hygienemaßnahmen, die für gewöhnlich propagiert werden, kommt dies unter den Mitgliedern dieser Szene doch erwiesenermaßen proportional häufiger vor.

Doch zurück zu den evolutionsgeschichtlichen Argumenten. Von Swingern wie von Polyamorösen habe ich oft gehört, dass sie ihr Verhalten als »natürlicher« verteidigen. Mir ist es sehr wichtig, dieses Argument kritisch zu beleuchten. Zunächst einmal, weil es nur teilweise stimmt, vor allem jedoch, weil sie, ohne es zu merken, einem groben naturalistischen Fehlschluss aufsitzen. Philosophisch ausgedrückt liegt dieser Fehlschluss darin, das »Natürliche« nur dann »gut« und »entschuldbar« zu nennen, wenn es einem in den Kram passt. In den Diskussionen über Sex wird Missbrauch damit betrieben, und Joe ist ein klares Beispiel dafür. Er beschließt, dass die von der Gesellschaft konstruierte sexuelle Monogamie korrigiert werden müsse, weil sie völlig unnatürlich sei. Natürlich sei hingegen, eine feste Partnerin zu haben, mit der man sich um die Aufzucht der Jungen kümmert, sporadischer Sex mit anderen jedoch inbegriffen. Ihm zufolge ist das der Instinkt, den unsere Spezies aus ihrer evolutionären Vergangenheit geerbt hat – und vielleicht hat er damit recht. Doch zugleich glaubt Joe, man müsse Eifersucht und besitzergreifendes Verhalten überwinden, um der Partnerin oder dem Partner Freiheit zuzugestehen und Respekt entgegenzubringen – dabei sind diese beiden vermeintlich negativen Verhaltensweisen ebenso natürlich. Joe und viele Autoren, die Natürlichkeit zur Rechtfertigung der Vielliebereí anführen, geraten in denselben Widerspruch wie ein Geistlicher, der das Zölibat verteidigt, die vermeintliche Unnatürlichkeit von Homosexualität jedoch anprangert. Das naturalistische Argument ist ein wirklicher Fehlschluss, philosophisch von keiner Seite zu halten, und ich reite so sehr darauf herum, weil es in unserer Gesellschaft so weit verbreitet ist.

Impliziert wird dadurch merkwürdigerweise, das »Natürliche« sei moralisch eher erlaubt oder entschuldbar. Falsch. Die moralischen Normen, die wir aufstellen, müssen notwendigerweise über allen evolutionsbedingten Urgründen stehen, andernfalls näherten wir uns gefährlich einer Rechtfertigung von Fremdenhass, sexistischem Rollenverständnis oder akademischen Positionen, die vertreten, dass Pädophilie nicht als psychische Störung klassifiziert werden solle.

Die genetischen Anlagen zu kennen, mit denen wir geboren werden, ist sehr gut. Aber nicht, um sie als ein moralisches Kriterium heranzuziehen, sondern damit unser kulturelles Wachstum uns erlaubt, manche davon auszubauen und andere zu bekämpfen. Im Ernst, benutzt bitte nie wieder die Evolutionstheorie oder naturalistische Fehlschlüsse als Argument. Das gilt nicht. Außerdem kann das, wie im Fall der Befürworter der Polyamorie, jeden Sinn verlieren.

Polyamorös, aber emotional monogam

Das Konzept der Polyamorie ist umfassender als das des Swingens. Polyamoröse (auch »Polyamore« genannt) haben nicht nur sexuelle Kontakte mit Personen außerhalb ihrer Paarbeziehung, sie vertreten sogar, dass man in mehr als einen Menschen gleichzeitig verliebt sein und zeitgleich romantische Liebesbeziehungen mit ihnen haben kann, in völliger Offenheit und mit dem Einverständnis aller Beteiligten. Einige argumentieren auch, ihre Lebensweise sei stimmiger, und zweifellos gelingt vielen dieses Gleichgewicht und sie sind sehr glücklich damit. Doch die Daten scheinen dieser angeblichen Natürlichkeit der Polyamorie zu widersprechen: So üblich ist es nicht, gleicheitig in zwei Menschen leidenschaftlich verliebt zu sein, und auch nicht, über lange Zeit glücklich mit diesem Modell zu sein und hinzunehmen, dass der oder die Geliebte mehr lustvolle und intime Zeit mit dem anderen Partner verbringt. Noch einmal: es ist sehr wohl natürlich, sexuelles Verlangen und ehrliche Liebe für mehrere Personen gleichzeitig zu empfinden, und wer schon einmal eine Geliebte oder einen Geliebten gehabt hat, kann ein Lied davon singen. Aber zu akzeptieren, dass die geliebten Menschen auch so für andere empfinden, gehört nicht zur inneren Logik unseres Gehirns. Und letztendlich führt diese Situation – so schwer es den Polyamorösen auch fällt, das zuzugeben – häufig zum Unglücklichsein.

Der Anthropologe William Jankowiak forscht seit Jahren über polygame Mormonen in Utah, polygame Gemeinschaften in der Mongolei und Merkmale des Sexualverhaltens und der Prostitution in China. Das Gespräch mit ihm war äußerst aufschlussreich. In seinen Arbeiten über die polygamen Mormonen in Utah beobachtete er ein kurioses Phänomen: Fragte er den Ehemann und seine Frauen direkt, antwortete der Mann immer, er habe keine Vorliebe für eine der Frauen, und die Frauen versicherten allesamt, sie akzeptierten das Beziehungsmodell und seien vollkommen glücklich damit. Doch wenn Jankowiak ihr Verhalten mehrere Tage lang beobachtete und Nachbarn oder Bekannte der Ehepartner befragte, waren sich alle einig, dass eine Frau die Lieblingsfrau war und einige andere absolut nicht glücklich damit. Die Gleichheit war unecht, es gab differenzierte Rollen. Jankowiak beobachtete deutlich, dass die Beziehung zu einigen Frauen leidenschaftlicher war –, und bei anderen ging es um Gesellschaft oder Komfort; einige der Frauen waren deutlich deprimiert. Identische Muster wurden in anderen polygamen Kulturen beobachtet, und selbst in den Beziehungen, die verheiratete Männer in manchen Regionen Chinas üblicherweise mit Prostituierten und Bordellbesitzerinnen eingehen. Jankowiak zufolge empfinden diese Männer brüderliche Liebe für ihre Ehefrauen, leidenschaftliche Liebe für die Prostituierten und verlieben sich häufig romantisch in die Bordellbesitzerinnen. In allen Milieus polygamer Beziehungen, die er untersucht hat, kommt normalerweise eine Komplementarität zum Vorschein – soll heißen: »Man kann mehrere Personen gleichzeitig lieben, aber schwerlich auf dieselbe Art und Weise. Oder wenigstens nicht beständig, denn manchmal wechseln die Rollen«, sagte Jankowiak in unserem hochinteressanten Gespräch.

Mit einer ähnlichen Methode hat Jankowiak begonnen, polyamoröse Gemeinschaften zu untersuchen, und beobachtet einige vergleichbare Muster, abgesehen natürlich von der enormen Distanz zu dem für polygyne Beziehungen typischen Sexismus. Sagen die meisten Polyamorösen auch normalerweise bei einer persönlichen Befragung, sie seien vollkommen glücklich und liebten alle ihre Partner gleichermaßen, berichten die Menschen aus dem Umfeld doch von klaren Präferenzen, differenzierten Rollen und von Unglück und Sorge bei denjenigen, die glauben, nur unzureichende Aufmerksamkeit zu erhalten. Der Lieblingsmann oder die Lieblingsfrau eines polyamorösen Partners ist für gewöhnlich zufrieden, doch wer sich als zweite oder dritte Wahl sieht, verliert mittelfristig eindeutig an Zuversicht.

Jankowiak räumt ein, noch nicht ausreichend Daten zu haben, um die Tendenzen zu bestätigen, weist aber auf etwas sehr Interessantes hin: Die wenigen empirischen Studien über Polyamorie wurden alle von Akademikern durchgeführt, die selbst dieser Gemeinschaft angehören, was ihnen Jankowiak zufolge Objektivität nimmt. Und das konnte ich auch selbst auf dem Treffen der International Academy of Sex Research im Juni 2012 in Portugal feststellen. Dort befasste sich eine ganze Sitzung ausschließlich mit Polyamorie, und theoretisch wurden die neuesten Daten zum Thema vorgestellt. Neben Sari Van Anders, die vertiefende Erkenntnisse bezüglich der unterschiedlichen Testosteronwerte bei polyamorösen Männern und Frauen im Vergleich mit konventionellen Paaren vortrug, kamen alle anderen Präsentationen von Anhängern der Polyamorie, die mehr Definitionen als empirische Daten lieferten und die Vorteile dieses Lebensstils anpriesen. Als ich nach der Sitzung mit der Wissenschaftlerin Alex Iantaffi, einer von ihnen, sprach, bestätigte sie mir, dass es bei vielen polyamorösen Paaren tatsächlich den Effekt der Komplementarität gebe. Selbst eine glühende Anhängerin der Polyamorie wie die Filmemacherin Tristan Taormino argumentierte bei unserem Gespräch in New York schließlich, viele kämen zur Polyamorie, um etwas zu ergänzen, was ihnen an ihren Partnern fehle, und es sei enorm schwierig, dauerhafte Beziehungen aufrechtzuerhalten.

In ihrem Buch *Warum wir lieben. Die Chemie der Leidenschaft* vertritt die Anthropologin Helen Fisher die Ansicht, dass es selbst auf neurochemischer Ebene verschiedene Arten der Liebe gibt. Geschwisterliche Liebe erhöht die Oxyitocinwerte und ist leichter zu teilen, leidenschaftliche Liebe jedoch senkt das Serotonin und erhöht das Dopamin und bringt so diese ungesunde, auf eine einzige Person gerichtete Obsession hervor, die wir Verliebtheit nennen. Viele von euch waren vielleicht zeitweise schon einmal romantisch in zwei Personen zugleich verliebt, aber das hält nur kurze Zeit und endet normalerweise in einem Drama. Denn im Grunde sind wir emotional monogam.

Wie wir im 8. Kapitel gesehen haben, gibt es verschiedene Ebenen der Monogamie. Natürlich ist die sexuelle Treue ein gesellschaftliches Konstrukt ohne irgendeinen evolutionären Sinn, instinktiv empfinden sowohl Männer als auch Frauen Verlangen für viele Personen gleichzeitig, und unser Gehirn ist nicht dafür programmiert, sexuell monogam zu handeln. Die soziale Monogamie – ein nur aus zwei Einzelpersonen bestehender Familienkern – wird von unserer Spezies wohl favorisiert, doch wenn wir uns unsere Vorfahren anschauen, scheinen vor allem Männer Liebe und familiäre Verpflichtung für mehrere Personen gleichzeitig empfinden zu können. Emotional betrachtet sind wir hingegen monogam und verlieben uns leidenschaftlich und mit Suchtcharakter nur in eine Person, und diesem Partner gegenüber erleben wir Gefühle des Besitzanspruchs. Eifersucht gehört zu unserer innersten Natur. Eigentlich sind wir untreu und misstrauisch, wirklich natürlich wäre es also, mehrere Beziehungen haben zu wollen – die sollen aber bitteschön treu sein. Und hier liegt das zu lösende Paradox. Die Polyamorösen begegnen ihm, indem sie gegen die Eifersucht ankämpfen; konventionelle Paare mit dem Abkommen der sozialen Monogamie, das ihnen zunächst entspricht; und die Swinger eröffnen die Möglichkeit für Gelegenheitssex, was streng genommen unserer Primatennatur nach das Logischste ist.[29]

Paarkonflikte bei schwindendem Verlangen

Eine geradezu philosophische Frage bringt einige unserer alltäglichen Sorgen oder Unzufriedenheiten besonders treffend auf den Punkt: Können wir etwas begehren, das wir bereits haben? Denkt einmal gut darüber nach. Mich beschäftigt diese Frage sehr.

Ganz offensichtlich können wir wertschätzen, bewundern, genießen, uns kümmern, sehnen, schützen, uns erfreuen, vorziehen, mögen, lieben ... aber mit aller Kraft etwas begehren, das wir schon sicher haben, ohne jedes Risiko, es zu verlieren? Natürlich *können* wir das. Es ist jedoch schwieriger, weil der neurologische Schaltkreis für Antrieb und Motivation nicht aktiviert wird, kein Dopamin und Serotonin zwischen verschiedenen Teilen unseres Gehirns hin und her fließt und dabei emotionale Entladungen von Angst, Belohnung und Befriedigung freisetzt.

Die Dichotomie zwischen »wollen« und »haben« lässt sich natürlich nicht gleichermaßen auf alle Reize, Gewohnheiten und individuelle Persönlichkeiten anwenden, doch wenn es um Sex geht, versichern alle von mir befragten Sexualtherapeuten, das in ihren Praxen am häufigsten behandelte Problem sei der Verlust von Verlangen und sexuellem Interesse in einer Paarbeziehung. Den Umgang mit Untreue unterstützend zu begleiten nimmt auch viel ihrer

Zeit ein, definitiv jedoch bereitet der Sex in der Ehe mehr Sorgen als der außereheliche. Und es geht nicht nur darum, ob eine Beziehung in der Krise ist. Viele der Paare lieben sich, ja beten sich an, doch die Leidenschaft, die Anziehung füreinander oder die sexuelle Chemie haben sie verloren.

Hier möchte ich noch einmal etwas Grundlegendes betonen: Keinen Sex zu haben muss kein Problem sein, und dabei gelten keine allgemeingültigen Zahlen, Bezugspunkte oder äußerer Druck. Worauf es ankommt, ist die Zufriedenheit. Für unzählige Paare ist die Sexualität in den Hintergrund getreten, sie sind vollkommen glücklich damit, andere Dimensionen des Lebens zu genießen, und keiner von beiden hat das Gefühl, dass es ihm persönlich oder der Beziehung an irgendetwas mangeln würde. Doch es gibt auch viele andere, die früher ein fabelhaftes Sexleben genossen, sich immer noch fit fühlen und weiter Phantasien haben, bei denen jedoch der Verlust des Verlangens zwischen den Partnern Spannungen und Stagnation hervorbringt und die Beziehung darunter leidet.

Unglücklicherweise ist dieses Thema ebenso häufig und für das persönliche Wohlergehen bedeutsam wie wissenschaftlich schwer zu erfassen. In diesem Buch haben wir von Anziehung, von Verliebtheit, von den bio-psycho-soziologischen Codes des Verlangens, der Physiologie der weiblichen und männlichen sexuellen Reaktion, den diversen Dysfunktionen beider Geschlechter, von erlernten sexuellen Verhaltensweisen, von genetischen Ursachen und der enormen Vielfalt der menschlichen Sexualität gesprochen. Ergänzen wir diese individuelle Dimension noch um weitere tausend familiäre, berufliche und eheliche Faktoren, dann ist die therapeutische Diagnose für ein Paar, dem die Lust abhandengekommen ist, zur Zeit eher eine Kunst als eine Wissenschaft.

Ich erinnere mich, dieses Thema mit der anerkannten Sexualforscherin Julia Heiman diskutiert zu haben, die damals Leiterin des Kinsey-Instituts war. Wir schauten uns noch einmal die Modelle von Masters und Johnson an, Helen Kaplans Ansatz, die überwältigende Vielfalt der aktuell angebotenen Techniken, Bücher und Sexualtherapien, und Julia Heiman meinte: »Es gibt zu viele Therapeuten, die einfach irgendwelche Lösungen für sexuelle Probleme vorschlagen. Manche davon sind gut, andere mehr oder weniger passend für den Einzelfall, aber manche schlichtweg aberwitzig. Wir brauchen Profis mit einer solideren Ausbildung und besserer wissenschaftlicher Kenntnis über die Wirksamkeit der verschiedenen therapeutischen Herangehensweisen.«

Heiman ist der Ansicht, sexuelle Probleme von Paaren sollten weiterhin gründlich individuell untersucht werden, jedoch von Psychologen und speziell ausgebildeten Therapeuten, die wissenschaftliche Gesichtspunkte berücksichtigen. Sie nennt beispielsweise eine Therapie, bei der zum Lachen angeregt wird, um Spannungen zu lösen und die sexuelle Bereitschaft zu steigern. Sie sagt: »Das ist erst einmal logisch, und sicher kann es für ein normales Paar anregend sein. Aber ich weiß nicht, ob die Anbieter ausreichend ausgebildet sind, um verborgene Probleme zu erkennen, bei denen das überhaupt nichts nützt oder vielleicht sogar kontraproduktiv ist, weil es die Leute davon abhält, zu Fachleuten zu gehen.« Vor ihrem ausgedehnten Erfahrungshintergrund kann Julia Heiman sagen, dass sich die Methoden der Behandlung von fehlendem Verlangen bei Paaren entwickelt und mit der Zeit vervielfältigt haben, jedoch nur wenig wissenschaftliche Aufmerksamkeit darauf verwendet wurde, zu prüfen, welche Modelle besonders wirksam sind.

Wenn wir die medizinischen Probleme – die immer berücksichtigt werden müssen – einmal beiseitelassen und uns nur auf die kognitiven und verhaltenstherapeutischen Verfahren konzentrieren, dann weisen manche der Psychotherapie mehr Gewicht zu, die bewusste oder unbewusste Konflikte erforscht, den Ursprung für das fehlende Verlangen aufspürt oder emotionale Reaktionen nach Möglichkeit zu kontrollieren versucht, während andere sich eher von der Verhaltensseite nähern und an Veränderungen in der Einstellung des Paares arbeiten.

Dafür sind unter dem Sammelbegriff *sensate focus* (sinnliches Fokussieren) bekannte sexuelle Übungen für Paare sehr verbreitet. Masters und Johnson entwickelten sie mit dem Ziel, den eigenen Körper und den des Partners zu berühren, zu spüren und zu erkunden und so allmählich die erotischen Reaktionen besser kennenzulernen und die Erregung zu steigern. Es gibt unzählige Bücher mit Sexübungen zum *Sensate Focusing*, wie auch Therapeuten, die individuelle Programme zusammenstellen und die Paare in regelmäßigen Sitzungen anleiten. Im Grunde geht es darum, den Sex ein bisschen herbeizuzwingen und dann zu sehen, ob sich auch Verlangen einstellt. Aus der enormen Vielfalt kann man Tantra- oder Meditationstechniken wählen, Erotikspielzeug und Pornofilme einbinden oder auch spezielle sexuelle Aktivitäten planen, an die sich ein Paar vielleicht noch nie herangetraut hat. Tatsächlich ist einer der häufigsten Kommentare der von mir befragten Sexologen, wie überraschend normal es sei, dass Paare ungern miteinander über Phantasien und sexuelle Vorlieben sprechen. Es ist ein weit verbreitetes Bedürfnis, die offene und explizite Kommunikation zu verbessern.

Seit Masters und Johnson haben die auf Übungen und direkter Kommunikation basierenden Therapien zugenommen, es gibt jedoch auch eine wachsende Tendenz, mehr an Erotik und Sinnlichkeit zu arbeiten als an der Funktionalität und Sexualpraktik an sich. Sex aus Verlangen ist viel besser als nur aufgrund von körperlicher Erregung. Marta Meana, Sexologin und Forscherin an der University of Nevada, brachte es mit einem Satz perfekt zum Ausdruck: »Es ist nicht das Problem in der Therapie, ein Paar dazu zu bringen, mehr Sex zu haben, sondern, dass sie das auch wollen.« Marta Meana lernte ich ebenfalls auf dem Weltkongress für Sexualmedizin in Chicago kennen, wo sie über ihre Studien sprach und zeigte, dass die meisten sexuellen Probleme bei Paaren nicht von funktionalen oder physiologischen Aspekten herrühren, sondern vom Verlust des Verlangens, und dass Erotik und Befriedigung mehr Aufmerksamkeit verdienen als die reine Funktionalität. Meana betont, die Erwartungen müssten sich dem Alter des jeweiligen Paares anpassen und eine multidisziplinäre Sicht sei unerlässlich. Sie verweist jedoch auch auf das Risiko, dass die zunehmende Zersplitterung in nicht verbürgte Therapien dazu führen könnte, dass das Ansehen der Sexualtherapie leidet.

Ein interessantes Beispiel für die Kontroverse darüber, wie man dem Verlust der Leidenschaft in der Ehe am besten begegnet, dreht sich genau um die Frage: »Kann man begehren, was man bereits hat?« Manche Therapeuten sind der Meinung, Vertrauen, Nähe und sich der Liebe des Partners sicher zu sein, könnten mittelfristig mit dem Hauch Abenteuer, Geheimnis und Neuheit, die notwendig sind, damit sexuelles Verlangen auftritt, in Konflikt geraten. Daher wirkt es sich positiv aus, die Distanz zwischen den Partnern zu vergrößern und individuelle Aktivitäten zu fördern, weil so Langeweile vermieden und der Unsicherheitsfaktor erhöht wird – und das weckt das Verlangen. Andere Therapeuten vertreten hingegen genau das Gegenteil, empfehlen eine Stärkung der Verbindung und gemeinsame Unternehmungen. Das ist ein Paradebeispiel für eine Situation, in der keine empirischen Daten vorliegen, um festzustellen, welche Strategie unter welchen Umständen besser funktioniert; jeder Therapeut hat sein Lieblingsstrickmuster, an das er sich kräftig festklammert.

In der Psychologie wird schon seit Jahren geforscht und die Effektivität verschiedener Behandlungsmethoden verglichen. Ein kurioses Ergebnis der Studien ist, dass die Einstellung des Patienten und die Beziehung zum Therapeuten gewöhnlich mehr Wirkung zeigen als die konkrete angewandte Methode. Zum Verlust des Verlangens habe ich keine spezifischen Studien gefunden, aber es ist sehr wahrscheinlich, dass das Gleiche auch bei Sex gilt. Es verspricht also gute Ergebnisse, wenn man etwas bereitwillig und überzeugt tut und der Person, die einen anleitet, vertraut. Auf jeden Fall ist das besser, als das Problem zu ignorieren und bis zu einem Trauma heranwachsen zu lassen. Aufgeben ist das Schlimmste.

Ich möchte nicht den Eindruck erwecken, es gäbe keine Forschungen und wissenschaftliche Studien über Paarbeziehungen. Natürlich gibt es die (über den konkreten Aspekt der Sexualität allerdings nur wenige), und als paradigmatisches Beispiel könnten wir die Arbeit des Psychologen John Gottman nennen. Nachdem er die Interaktion von Paaren mittleren Alters untersucht hatte, entwickelte er verschiedene Modelle, mit deren Hilfe er prognostizieren konnte, welche Ehen Bestand haben und welche innerhalb von vier bis sechs Jahren auseinandergehen würden. Mit seinen in den 1990ern in verschiedenen wissenschaftlichen Aufsätzen veröffentlichten Erkenntnissen erzielte er eine Trefferquote von über 80 Prozent. Natürlich kamen viele Faktoren zusammen und nie gab es nur einen, der allein den Ausschlag gab, doch abgesehen von Anzeichen für Konflikte, Langeweile oder der individuellen Persönlichkeit stellte Gottman vier für die Prognose einer Scheidung besonders wichtigen Faktoren auf: ständige Kritik, immer in einer Verteidigungshaltung verharren, das Zeigen von Verachtung und systematische Verweigerung der Kommunikation.

In einer mehr neurobiologisch ausgerichteten Variante, die an Gottmans Arbeit erinnert, veröffentlichten Forscher von der Stony Brook University in New York im September 2012 eine kuriose Studie, bei der sie unterschiedliche Muster von Gehirnaktivität bei Paaren feststellten, die zusammenblieben oder sich später trennten. Mitarbeiter des Fachbereichs für Psychologie untersuchen an dieser Hochschule schon seit langem mit funktionellen MRTs die verschiedenen Phasen der romantischen Liebe. Zu diesen Forschern gehören Arthur Aron, Lucy Brown und Bianca Acevedo, und ich lernte sie zusammen mit Helen Fisher im Jahr 2008 kennen, als sie sich an die Spitze der Erforschung von Liebe mittels neurologischer bildgebender Verfahren setzten. Das Besondere ihrer Arbeit von 2012 ist, dass sie mehrere Hirnscans ihrer ersten Untersuchungen mit verliebten Paaren zusammenstellten und nach dreieinhalb Jahren wieder Kontakt mit den Probanden aufnahmen und fragten, ob sie noch immer zusammen seien oder sich getrennt hätten. Sie analysierten die Aktivität, die schon Jahre zuvor in den Gehirnen stattgefunden hatte, und es gab bereits leichte Unterschiede zwischen denen, die sich trennen würden, und denen, die zusammenblieben, konkret in Bereichen des orbitofrontalen Kortex und den rechten Seiten des Nucleus Accumbens und des cingulären Kortex, die an langfristiger Liebe und Zufriedenheit in einer Beziehung beteiligt sind. Wir alle sind uns der Grenzen eines fMRTs bei der Interpretation unseres Verhaltens bewusst, dennoch sind die Forscher der Meinung, durch die Beobachtung der Gehirnaktivität könne man eine gewisse Stabilität der Paarbeziehung voraussagen. Die Autoren wollen das nicht in einer Therapie verwenden, wohingegen John Gottman durchaus

Methoden der Ehetherapie entwickelt hat, die er als wissenschaftlich bezeichnet.

Irgendwo dazwischen liegen Arbeiten wie die von Brent Atkinson über »Emotional Intelligence in Couples Therapy«. Die Grundidee ist, dass wir durch Kenntnis der Neurobiologie des Gehirns unsere Reaktionen besser voraussehen und eine emotionale Intelligenz von großem therapeutischen Wert entwickeln können. Bei einem Experiment wurde zum Beispiel beobachtet, dass verliebte Freiwillige, die Bilder von ihren Partnern in angespanntem oder gestresstem Zustand sahen, sich ebenfalls plötzlich gestresst fühlten. Das belegt die intime Verbindung und Empathie zwischen Liebespartnern, ist aber auch eine Erklärung für den paradoxen »Mangel an Geduld«, der bei einigen Menschen auftritt, wenn der Partner oder die Partnerin aufgrund irgendeines Problems gestresst ist – leider genau in einem Moment, wenn Unterstützung statt kritischer Widerworte gefragt wäre. Atkinson argumentiert, angesichts der Unvollkommenheiten unseres Gehirns sollten wir nicht unbedingt versuchen, nie ausfällig zu werden – wichtiger ist es, besonnen zu antworten, wenn unser Partner einmal ungerecht oder unüberlegt ist. Wir sollten unseren Geist einsetzen, um Muskeltonus, Herzschlag und das Zusammenziehen des Magens zu kontrollieren und Stress und Aggressivität zu zügeln. Genau wie wir es schon bei den unerlaubten sexuellen Phantasien gesehen haben: Besser man lässt sie zu und sieht sie als natürlich an, als sie zu unterdrücken, denn dadurch entsteht ein kontraproduktiver Rebound-Effekt, der sie nur verstärkt. Aus der guten Kenntnis unseres emotionalen Gehirns ergibt sich, dass man gegen Emotionen nicht ankämpfen, sondern sie annehmen und wieder in ruhige Bahnen führen sollte.

Viele halten noch immer nichts von der Idee, die Ehetherapie auf wissenschaftliche Weise anzugehen. Ich erinnere mich vor allem an ein Gespräch über sexuelle Krisen in der Partnerschaft mit Stephen B. Levine, dem höchst renommierten Sexualforscher, Autor von Lehrbüchern über Sexualität und erfahrenen Therapeuten, und wie er völlig überzeugt zu mir sagte: »Also, wenn ich Sprechstunde habe und ein Paar kommt wegen mangelndem Verlangen, dann habe ich im Grunde nicht einen Fall, sondern drei. Ich muss den einen analysieren, den anderen und die Beziehung zwischen beiden. Es ist schon schwer genug, einen Einzelnen zu behandeln, aber stell dir die Kombination all dieser Faktoren vor. Jeder Versuch, das naturwissenschaftlich zu begreifen, ist vergeblich.« Levine ist da ganz klar: »Hier in den USA gibt es Paare, die aus finanziellen Gründen zusammenbleiben. Sie sind sich untreu, machen sich gegenseitig herunter und lieben sich nicht im Geringsten, aber aus Angst oder Vernunftgründen bleiben sie zusammen. Kommen sie dann in die Therapie, erzählen sie einem irgendwelche Geschichten, als wollten sie der Wahrheit nicht ins Auge sehen. Man weiß nicht, ob sie einem was vorlügen oder sich selbst betrügen. Oft ist es das Zweite. Und sie klagen über das fehlende Verlangen zwischen ihnen, als wäre das das Problem ... glaubst du, irgendein Modell könnte das beschreiben?«

Stephen Levine ist überzeugend und weist darauf hin, dass die Wissenschaft schwerlich die Vielzahl an Faktoren berücksichtigen kann, die in jede Paarbeziehung hineinspielen. Doch das ist kein Grund, warum die Forschung aufhören sollte, häppchenweise Informationen zu liefern. Levine hat zum Beispiel viel über Untreue geschrieben und ist einer der vielen Therapeuten, die deren Bedeutung relativieren und der Meinung sind, wir nähmen sie zu wichtig. Ihrer Ansicht nach kann das Schuldgefühl zuweilen positiv sein, wenn die große Gefahr auch zugegebenermaßen darin liegt, dass ein zweiter Seitensprung sehr viel leichter fallen könnte. Und es kommt auf jeden Einzelfall an, denn es gibt äußere Einflüsse und Menschen, die stärker zur Untreue neigen. Genau an diesem Punkt hat die Naturwissenschaft etwas beizutragen.

Gene rechtfertigen keine Untreue

Im Verlauf dieses Buchs haben wir gesehen, dass über 90 Prozent der Männer und 80 Prozent der Frauen sexuelle Phantasien mit jemandem haben, der nicht ihr Partner ist, dass es in der Natur sozial, aber nicht sexuell monogame Arten gibt, und dass es definitiv völlig natürlich ist, außereheliche Versuchungen zu erleben. Doch gilt das für die einen mehr als für andere? Zweifellos tragen die Distanz oder der Zusammenhalt zwischen den Partnern, frühere Erfahrungen und das Bedürfnis nach Bestätigung, das Umfeld, die konkreten Angebote und unzählige weitere Faktoren dazu bei, ob man mehr oder weniger soziokulturell unzulässige Gedanken hat. Aber gibt es Persönlichkeiten, die stärker als andere zur Untreue neigen? Die Antwort scheint ein eindeutiges Ja zu sein, und im Zusammenhang damit wurden sogar spezielle Gene identifiziert.

Es sind nicht wirkliche »Untreue-Gene«, sondern vielmehr genetische Varianten, von denen einige mit fehlender Zuneigung und andere mit einem rastlosen Charakter zusammenhängen und eine größere Neigung zur Untreue mit sich bringen können.

Bezüglich der geringeren Zuneigung gehen die Untersuchungen auf die bereits berühmte Gattung der Präriewühlmaus (*Microtus ochrogaster*) zurück, die monogame Paare und dauerhafte Familienbande bildet – anders als quasi identische Mäusearten, die wie die meisten anderen Nager promiskuitiv sind und nie feste Paare bilden. Neugierig aufgrund dieses so deutlichen Unterschieds suchten die Wissenschaftler im Gehirn der Mäuse, bis sie entdeckten, dass die monogamen Mäuse in ihrem limbischen System sehr viel mehr Rezeptoren für Oxytocin hatten und ihr Vasopressin-Gen im Vergleich mit den übrigen Nagern mehrere wiederholte Sequenzen aufwies.

Man wusste schon, dass die Hormone Oxytocin und Vasopressin am Gefühl der Bindung zwischen Müttern und Kindern beteiligt sind, und mehrere Forschungen bestätigten, dass dies auch für Zuneigung und Verbundenheitsgefühl bei Paaren gilt. Tatsächlich konnte man durch das Spritzen oder Hemmen dieser Hormone im Gehirn von Hausratten monogame Arten zu polygamen machen und umgekehrt. Daraufhin wurde Oxytocin als Liebeshormon bezeichnet, und man vermutete, dass es beim Menschen dieselbe Funktion hatte. Das bestätigte sich auch, doch zudem zeigten mehrere Studien, dass es auch Personen gibt, die einen Polymorphismus (Genvariante) des Vasopressin-Gens tragen. Schwedische Forscher kamen durch eine ausführliche Studie zu dem Schluss, dass Männer mit Wiederholungen im Allel R2 des AVPR1A-Gens (für Vasopressin-Rezeptoren im Gehirn zuständig) sich gewöhnlich in ihren Beziehungen weniger zufrieden fühlen, Verbindlichkeit weniger schätzen und folglich stärker zur Untreue neigen.

Was den rastlosen Charakter angeht, orientieren die Forschungen sich am Dopaminstoffwechsel (dieses Hormon ist an Motivation und Lust beteiligt). Unterschiede bei den Werten und der Anzahl neuronaler Rezeptoren wurden mit zwanghaften Persönlichkeitstypen und dem *novelty seeking* (»Suche nach Neuem«) in Zusammenhang gebracht, das neben anderen Charakterzügen auch eine größere Wahrscheinlichkeit der Untreue mit sich bringt.

Konkret veröffentliche Justin Garcia vom Kinsey-Institut – ich erwähnte ihn bereits im 9. Kapitel – 2010 einen Artikel über die Beziehung zwischen Untreue und Polymorphismen im Dopamin D4-Rezeptor-Gen. Von den 181 Personen, die Justin untersuchte, wiesen diejenigen mit 7-Repeats-Allel (7R+) eine 50 Prozent höhere Wahrscheinlichkeit zur Untreue auf als die ohne. Dieser genetische Polymorphismus war bereits mit der Suche nach Empfindungen und Impulsivität in Verbindung gebracht worden, und ist häufiger bei Immigranten, Innovateuren und Menschen anzutreffen, die Abenteuersportarten nachgehen, aber auch bei solchen, die an einer Aufmerksamkeitsdefizit-/Hyperaktivitätsstörung oder Drogen- oder Alkoholsucht leiden. Mit anderen Worten ruft dieses Gen eine ständige Suche nach neuen Empfindungen und mehr Dopamin hervor. Der Dopaminstoffwechsel ist wirklich ein Schlüsselfaktor, und auch eine geringere Anzahl von Dopamin D2-Rezeptoren im Striatum im Großhirn – der das Belohungszentrum mit der Hirnrinde verbindet – ist mit Drogensucht und der Übertretung sozialer Normen wie Treue in Beziehung gesetzt worden.

Es gibt noch eine Unmenge nicht so bedeutsamer Studien über untreues Verhalten. Beobachtet wurde, dass Frauen mit höheren Estradiolwerten und Männer mit mehr Testosteron untreuer sind, dass die Wahrscheinlichkeit des Fremdgehens steigt, je höher man in der Hierarchie eines Unternehmens steht, dass Frauen tiefe Stimmen als weniger treu wahrnehmen oder dass Männer, die wirtschaftlich von ihren Frauen abhängen, eher Seitensprünge begehen, während es bei den Frauen genau andersherum ist. Wer weiß. Eine seriöse, 2011 in den *Archives of Sexual Behavior* veröffentlichte Studie kam zu dem Schluss, die Persönlichkeit habe einen stärkeren Einfluss auf das Treueverhalten als demographische Daten wie Bildung oder die sozioökonomische Position. Die Studie untermauerte auch die stereotype Vorstellung, wonach Untreue bei Männern mit sexueller Unruhe oder Erregbarkeit zusammenhängt, und bei Frauen mit Unglücklichsein und dem Zustand der Beziehung.

In einem gut arbeitenden Gehirn wird das Verhalten natürlich nicht nur vom Verlangen gesteuert, sondern auch durch die Selbstkontrolle, allerdings sind wir so verkabelt, dass wir den Ruf der Untreue vernehmen – und das tritt in klaren Konflikt mit dem von der westlichen Gesellschaft errichteten Beziehungsmodell. Deshalb gibt es so hohe Quoten von Betrug und Frustration, und andere Modelle wie das Swingen oder die Polyamorie, die den machtvollen, aber sporadischen Trieb zu sexuellen Abenteuern mit dem wunderbaren, beständigen und nicht weniger kraftvollen Impuls zur romantischen Liebe harmonisch zu vereinen versuchen.

Süchtig nach Liebe

Besser allein als in schlechter Gesellschaft, klar. Aber alle Studien weisen darauf hin, dass man den Zustand höchsten Glücks, emotionalen Wohlbefindens und körperlicher Gesundheit genau dann erreicht, wenn man sich in einer befriedigenden Liebesbeziehung befindet. Natürlich gibt es Ausnahmen und Höhen und Tiefen, doch die Tendenz ist eindeutig: Einsamkeit macht irgendwann freudlos, und unser Drang zur romantischen Liebe entspricht eher einer instinktiven Notwendigkeit als einem uns tröstenden Gefühl oder Empfinden. Wir streben nicht danach, weil die Liebe uns ein gutes Gefühl gibt, sondern weil wir sie brauchen. Und finden wir sie, so werden wir süchtig nach genau dieser konkreten Liebe. Und zwar sehr viel mehr als nach Sex.

Alles nimmt seinen Anfang im Lustzentrum des Gehirns, auch Belohnungssystem genannt. Es liegt im limbischen System, dem Sitz der Emotionen, und belohnt uns mit dem angenehmen Dopamin, wenn wir unserem Körper etwas Gutes tun. Wenn wir essen, Sex haben, Sport treiben oder eine Herausforderung bestehen, belohnt uns das ventrale Tegmentum mit einem großen Schwall von Dopamin, das durch die Kanäle des mesolimbischen Systems den Nucleus Accumbens erreicht und ein so wundervolles Gefühl des euphorischen Wohlergehens hervorruft, dass wir es so bald wie möglich wieder verspüren wollen. Die Abhängigkeit ist derart, dass es zur Sucht werden kann, wenn eine Droge die Dopaminwerte im Belohnungssystem ständig und weit in die Höhe treibt.

Studien mit Bildern des Gehirns haben nun Folgendes erwiesen: Wenn man es mit der geliebten Person schön hat, wird das Lustzentrum aktiviert und das trügerische Dopamin ausgeschüttet. Doch nicht nur das. Es werden auch andere Gehirnbereiche aktiviert, die mit Wahrnehmung, Erinnerung und Lernen zusammenhängen. Wir lernen, dass es genau diese und keine andere Person ist, die uns Lust oder Freude verschafft, und jedes Mal, wenn wir eine gute Zeit mit ihr verbringen, festigt sich diese neurochemische Verbindung noch mehr. Das ist ein Schlüssel zur Liebe. Wir sind süchtig nach Essen, aber nicht nach einem bestimmten Gericht. In der Phase der Verliebtheit ist es hingegen eine einzige Person, die unser Belohnungssystem aktiviert und die Verbindung zu unserem frontalen Kortex intensiviert. Ist zudem noch der Sex überwältigend, sind die Dopaminwerte noch höher und die Verbindung, wenn das überhaupt möglich ist, noch stabiler.

Das Band zu dieser Person, die uns wochen- oder monatelang alle möglichen Freuden geboten hat, ist so stark, dass die Anziehung sich nicht mehr nur deshalb zeigt, weil es uns wahnsinnig macht, mit ihr zusammen zu sein, sondern wir nur an sie denken, ein Foto betrachten, eine Nachricht erhalten oder uns die Zukunft ausmalen müssen, damit die dopaminergen Kanäle aktiviert werden, uns Wohlgefühl schenken und das Suchsystem anschalten, das unser Verlangen nach dieser Person noch stärker macht. Die Information zwischen dem Lustzentrum und äußeren Schichten des Gehirns reist nun schon in beide Richtungen, wie bei Heroin- oder Tabaksüchtigen, bei denen jeder Anreiz Verlangen und Abstinenzsymptome hervorruft. Wir sind dieser und nur dieser Person allein verfallen, weil es nur ihr gelingt, dass wir rein aufgrund unserer Erinnerung und Vorstellung Dopamin ausschütten. Und wie jeder Süchtige vermissen wir sie nicht einfach nur, wenn sie nicht an unserer Seite ist, wir brauchen sie. Das ist die Person, mit der wir Lust, Verlangen und Zukunft assoziieren, und unter diesen Umständen ist die Befriedigung, die uns Sex mit einem Unbekannten geben könnte, lachhaft. Schon die bloße Vorstellung der geliebten Person löst mehr Erregung und Dopamin aus als jeder andere Reiz.

Wir wollen das liebevolle Oxytocin einmal beiseitelassen, das uns nach dem Orgasmus Wohlbefinden und Anhänglichkeit vermittelt. Es entspannt und schenkt uns ein zärtliches Gefühl, macht uns jedoch nicht verliebt. Es beruhigt, weckt aber keine Lust. Oxytocin ist das Hormon der langweiligen Liebe, nicht jedoch das der süchtig machenden Verliebtheit, die allein dadurch, dass wir uns das Wiedersehen mit der geliebten Person vorstellen, den Dopamin-Schaltkreis der Motivation auslöst. Wenn wir sie endlich treffen und die Suche befriedigt wird, sinkt der Cortisolwert mit jeder Umarmung, der Stress verraucht. Wir begehren nun nichts mehr und fühlen uns ruhig und entspannt. Bald darauf schenkt uns das vertraute Oxytocin ein Gefühl der Verbundenheit mit dieser Person und regt uns zu Liebesbezeugungen an. Doch Vorsicht mit dem *marital boredom*, der ehelichen Langeweile, die so viele Paare betrifft, die sich lieben, aber nicht begehren. Bemüht euch immer, die mit dieser Person verknüpften Dopaminwerte schön hoch zu halten, sei es mit Sex oder anderen Vergnügungen. Feiert gemeinsam eure Erfolge oder sucht zusammen nach Neuem. Euer Gehirn sollte immer eine starke Verbindung zwischen dieser Person und Lust oder Freude bewahren, denn falls es sie mit anderen Aktivitäten oder Reizen zusammenbringen sollte, droht die eheliche Langeweile.

Konflikte zu vermeiden reicht allein nicht aus. Tatsächlich ist es besser, ihnen mit Streit oder Sex zu begegnen, als sie zu verstecken und in einen Zustand mittelmäßiger Ruhe zu verfallen. Ohne Emotion hat die romantische Liebe keinen Bestand, es bleibt nur geschwisterliche oder freundschaftliche Zuneigung.

Kämpft mit all eurer emotionalen Intelligenz und der Kraft eurer Frontallappen dagegen an! Lernt, wie euer Gehirn funktioniert, und achtet darauf, dass ihr nicht zu spät begreift, was eine Liebesbeziehung braucht, um lebendig zu bleiben. Liebe ist die beste aller Süchte. Nährt sie gut durch gegenseitige und gemeinsame Lust und Freude – dann schüttet euer irrationales Gehirn Dopamin aus, und zwar allein beim Gedanken an die so leidenschaftlich geliebte Person, die schon immer und für alle Zeiten euren Hormonspiegel durcheinanderbringt.

Epilog
Sex und Wissenschaft hören beim Orgasmus nicht auf

Ich erinnere mich noch gut an den Abend, als mir der ehemalige Profiradsportler Peio Ruiz Cabestany vorgestellt wurde. Es war Sommer und ich versuchte in dem andalusischen Küstenort Zahara de los Atunes für ein paar Tage Abstand von diesem Buch zu bekommen. Doch keine Chance, ich musste – rein akademisch natürlich – ständig an Sex denken und erzählte Peio fast sofort begeistert von einer wissenschaftlichen Studie über Frauen, die beim Sport Orgasmen hatten, was anscheinend besonders häufig beim Radfahren vorkam. Peio war verblüfft über meine unerwartete Bemerkung, und ich sagte mir, dass ich mich mit meinen sexualwissenschaftlichen Ausführungen wohl etwas zurückhalten sollte, da antwortete er plötzlich leise: »Ehrlich gesagt ist mir das auch ein paar Mal passiert, vor allem bergauf.«

Wir sind am Ende des Buchs, und ich habe das Gefühl, dass da noch unglaublich viele kuriose Dinge sind, die ich euch gern über diese eigenartige Schnittstelle zwischen Wissenschaft und Sex erklären würde. Ich kann doch unmöglich die durch Sport herbeigeführten Orgasmen auslassen! Die Studie, von der ich Peio erzählte, hatte Debby Herbenick von der University of Indiana, mit der ich während meines Besuchs beim Kinsey-Institut gesprochen hatte, Ende 2011 veröffentlicht. Sie hatte 246 Frauen befragt, die gelegentlich beim Sport intensive sexuelle Erregung empfanden, und weitere 124, die sogar einen Orgasmus hatten. Debby sagte: »Es scheinen nicht nur Einzelfälle zu sein, denn als wir nach Frauen für die Studie suchten, hatten wir innerhalb weniger Wochen sehr viele gefunden.« Darüber hinaus waren die Wissenschaftler zunächst davon ausgegangen, dass es ein fast ausschließlich weibliches Phänomen sei, aber: »Als wir die Studie veröffentlicht hatten, kontaktierten uns Männer und berichteten, dass ihnen das auch passiere – und genau das untersuchen wir momentan«, erklärte Debby und nannte als Beispiel ein Mitglied des Leichtathletikteams der Universität, der sein Bauchmuskeltraining immer zuhause machte, weil ihn ab und zu eine peinliche Ejakulation überraschte.

Tatsächlich waren Bauchmuskelübungen die am häufigsten genannte körperliche Betätigung, bei der Frauen spontane Orgasmen hatten, gefolgt vom Klettern, Gewichtheben und Fahrradfahren. Die meisten Frauen versicherten, sie hätten keine erotischen Phantasien gehabt oder spontanes Begehren gefühlt, als die genitale Erregung auftrat. Sie hatten einfach nur das Gefühl, dass sie bei weiteren Wiederholungen der gerade ausgeführten Übung zum Orgasmus kommen würden. Sie sagten, es könne peinlich sein, wenn andere Leute dabei wären, sei ansonsten aber angenehm gewesen. Das Durchschnittsalter beim ersten »Orgasmus durch Sport« lag bei 19 Jahren, vielen Frauen passierte es nur einige wenige Male, doch bei fast der Hälfte hatte es sich über zehn Mal wiederholt. Manche beteuerten sogar, sie könnten es herbeiführen, wenn sie wollten. Für Debby ist das ein hochinteressantes Phänomen, denn es liefert ein neues Beispiel für einen spontanen, reflexartigen und von Verlangen und sexuellen Handlungen unabhängigen Orgasmus, wie zum Beispiel auch Orgasmen, die durch elektrische Stimulation bestimmter Punkte an der Wirbelsäule ausgelöst werden, solche, die im Schlaf auftreten oder durch die Einnahme bestimmter Medikamente und Drogen herbeigeführt werden. Das Team von der University of Indiana erforscht gerade, welche physiologischen Mechanismen daran beteiligt sein könnten. Am logischsten scheint zwar, dass die Muskelanspannung im Beckenbereich Druck auf den inneren Teil der Klitoris ausübt und die Erregung hervorruft, allerdings meint Debby, die Aktivierung des sympathischen Nervensystems durch den körperlichen Stress könne ebenfalls ein Auslöser sein.

Letzteres passt zu Peios Erfahrung. Er erklärte mir, Erektionen seien beim Radfahren relativ häufig, zum Orgasmus käme es jedoch nur »in Grenzsituationen, die man fast nicht mehr aushält«. Mit einem Witz darüber, wie geil Radfahren doch sei, sagte der irre sympathische Peio zu mir: »Ich erinnere mich konkret an einen ziemlich intensiven Orgasmus am Berg in Lasarte Richtung San Sebastián, als ich mich richtig anstrengen musste, um mich überhaupt auf dem Rad zu halten.«

Die Untersuchung von durch Sport ausgelöste Orgasmen klingt vielleicht etwas anekdotisch, aber Debby gibt einen sehr interessanten Punkt zu bedenken: Sollte sich bestätigen, dass die beteiligten Muskelmechanismen mit den typischen Beckenbewegungen beim Geschlechtsverkehr übereinstimmen, könnte das ein Hinweis darauf sein, dass neben der Stimulierung der Klitoris für manche Frauen das ruckartige, fast krampfhafte Auf und Ab die Erregung steigert und zum Erreichen des Höhepunkts notwendig sein kann. »Und daraus«, sagt Debby, »ließen sich neue Übungen zur Verbesserung der Orgasmusfähigkeit ableiten, zusätzlich zum Beckenbodentraining.«

Nachdem ich noch mehrere andere Personen zu diesem Thema befragt hatte, begriff ich, dass genitale Erregung bei intensiver körperlicher Betätigung – vor allem bei Frauen – relativ normal ist. Wie auch im Schlaf, auch wenn wir das oft gar nicht mitbekommen. Eine andere Studie, von der ich auf jeden Fall noch erzählen muss, bevor ich Abschied nehme, ist ein faszinierender Überblicksartikel zu wissenschaftlicher Literatur über atypische sexuelle Verhaltensweisen im Schlaf, 2007 von Fachleuten für Schlafstörungen veröffentlicht. Unter den zahlreichen diskutierten Fällen ist der einer 27-jährigen Frau, die mehrmals pro Woche 15-20 Minuten nach dem Einschlafen vor Lust zu stöhnen begann, der einer 26-Jährigen, die sich mitten in der Nacht auszog, masturbierte und wild schrie, ohne sich dessen bewusst zu sein, und der einer jungen Frau, die gelegentlich ihren Freund am Geschlecht anfasste und liebkoste, und wenn er dann weitermachte und sie davon aufwachte, beschuldigte sie ihn, sie im Schlaf zu bedrängen.

In dem Artikel sind wirklich unzählige Fälle sexueller Aktivität im schlafwandelnden Zustand dokumentiert: Männer, die im Schlaf die Brüste oder den Hintern ihrer Partnerinnen berühren, andere, die stöhnen und Beckenbewegungen ausführen, und wieder andere, die sich aggressiv auf ihre Partnerin wälzen und versuchen in sie einzudringen. Es gibt merkwürdige Aussagen, wie die einer Frau, die erzählt, ihr Mann sei im Schlaf viel liebevoller und zärtlicher als im Wachzustand. Ein anderer Mann vermied Sex mit seiner Frau, wenn sie ihre Tage hatte, im Schlaf schien ihm dies aber nichts auszumachen, und eine Frau versicherte sogar, ihr Mann schnarche beim Sex.

Auch unangenehme Situationen wurden dokumentiert, wie Gewaltakte, Frauen, die Obszönitäten schrien, die sie im Wachzustand nie auszusprechen wagen würden, oder rechtlich problematische Fälle von Männern, die nachts versuchten, die jugendlichen Töchter ihrer Partnerinnen zu missbrauchen. Anscheinend gibt es einen absoluten Kontrollverlust, wie dieser Fall eines 27-jährigen Mannes zeigt: Er brach sich die Finger, als er im Schlaf versuchte, sich aus den Fesseln zu befreien, die er selbst sich angelegt hatte, um das Masturbieren und die Ejakulation zu unterbinden, die ihn in den letzten fünf Jahren fast jede Nacht aufgeweckt hatten.

Die wissenschaftliche Information über Sexualität ist unerschöpflich, und ich könnte über die bereits im Buch zitierten Studien hinaus immer noch mehr nennen. Wir könnten einen wissenschaftlichen Artikel diskutieren, der eine Frau beschreibt, die über 100 Orgasmen pro Liebesakt erleben konnte, wenn sie wollte, oder Berichte über Personen, die nach einer sexuellen Begegnung mit Gedächtnisverlust ins Krankenhaus kommen. Das kommt häufiger vor, als man sich vorstellt, und wirklich haben im Jahr 2006 Ärzte aus Zamora und Salamanca in der *Revista de Neurología* den Fall einer 57-jährigen Frau beschrieben, die von ihrem Mann in die Notaufnahme gebracht wurde, nachdem sie nach dem Geschlechtsverkehr anderthalb Stunden lang verwirrt war und sich an nichts erinnern konnte. Die Frau wusste nur noch, dass sie mit dem Liebesakt angefangen hatte, aber nicht, ob sie sich danach gewaschen hatte oder wie sie ins Krankenhaus gekommen war. Episoden vorübergehender

Amnesie können nach intensiver körperlicher Anstrengung, emotionalen Stresssituationen, Stoffwechselstörungen und Einnahme toxischer Substanzen auftreten, aber gelegentlich auch direkt nach dem Sex. Normalerweise vergeht das nach wenigen Stunden, und für eine mögliche Ursache hält man kleine Ischämien im Thalamus oder Hippocampus, wie sie bei einem plötzlichen Anstieg des Blutdrucks beim Orgasmus oder extremer körperlicher Betätigung entstehen können. Wer weiß, vielleicht liegt es nicht nur am Alkohol oder einem uns alles vergessen machenden Schutzmechanismus, wenn wir eines Morgens in einem fremden Bett aufwachen und uns an nichts mehr erinnern können, aber das ist wohl etwas aus der Luft gegriffen.

In der medizinischen Literatur finden sich noch dramatischere klinische Fälle mit intensivem Schmerz oder depressiven Zuständen nach dem Orgasmus (postkoitale Störung), oder allergische Reaktionen auf den Samen. Es gibt Bilder von Männern mit zwei Penissen und Frauen mit zwei Vaginen bis hin zur Atrophie der Klitoris oder Jungen mit Aphallie (zwei Hoden ohne Penis). Ich will euch nicht mit Andeutungen merkwürdiger Fälle überschütten, sondern vermitteln, dass die Wissenschaft eine unerschöpfliche Quelle neuartiger, interessanter, einzigartiger und nachdenklich machender Informationen zu allen Wissensgebieten ist, auch der menschlichen Sexualität. Im Grunde genommen ist das Geheimnis der Wissenschaftler – neben den Methoden – etwas ganz Einfaches, das ich euch nur sehr ans Herz legen kann: sich mehr für das Unbekannte zu interessieren als für das, was man kennt. Dann hält man Fragen für interessanter als Gewissheiten, wird intellektuell von neuem Wissen angeregt, freut sich, immer weiter zu lernen, und lässt zu, dass Vorstellungen sich entwickeln, anstatt stillzustehen.

Und wo ich gerade von der fortwährenden Erneuerung bereits bekannter Ideen spreche, muss ich noch etwas zu einer letzten, von Forschern der University of Texas durchgeführten Studie sagen, deren Versuchsanordnung wirklich faszinierend ist. Die Wissenschaftler baten eine große Anzahl Studenten und Studentinnen, dieselbe erotische Erzählung zu lesen. Die Erzählung umfasste 60 Zeilen und beschrieb ein heterosexuelles Erlebnis, das mit einem romantischen Abendessen begann, mit den Formeln der Verführung weiterging und schließlich mit verschiedenen Sexualpraktiken und Geschlechtsverkehr endete. Der Text steckte voller Details über das Essen, das Gespräch zwischen den beiden, ihren Gedanken sowie expliziten Beschreibungen ihrer Körper und den intimen Berührungen. Nach dem Lesen führten die Studierenden 30 Minuten lang eine ablenkende Aufgabe durch, und anschließend bekamen sie einen sehr spezifischen Fragebogen, mit dem ermittelt werden sollte, an welche Art von Informationen aus dem Text sie sich erinnerten. Wie vorherzusehen war – und daher ist die Studie nicht besonders wertvoll –, erinnerten die Männer sich im Allgemeinen viel besser an die Beschreibungen der weiblichen Anatomie und explizite erotische Details, und die Frauen an Information über Gefühle, die Persönlichkeit der Figuren und die Interaktion in der Verführungsphase.

Ich nenne diese Studie, weil sie so ungewöhnlich ist, aber auch um sie einer anderen gegenüberzustellen und eine der Botschaften dieses Buchs zu unterstreichen: In Wirklichkeit sind Männer und Frauen gar nicht so unterschiedlich voneinander, wie wir glauben, und häufig tappen wir nur in die »Falle« von Ausdrücken wie »im Allgemeinen« oder »üblicherweise«. Die andere Studie sah so aus: Wieder fast 300 Studierende – billige Versuchskaninchen für die Forscher, aber wenig repräsentativ (und ja, das ist eine Kritik) – wurden gebeten, eine Woche lang jedes Mal zu notieren, wenn sie an Sex, Essen und Schlafen dachten. Die Studie hat methodologisch ihre Grenzen, lieferte aber ein sehr interessantes Ergebnis: Die Unterschiede in der Häufigkeit waren überwältigend. Die Studentinnen dachten durchschnittlich 18 Mal pro Tag an Sex und die Studenten 34 Mal, die Bandbreite der Antworten ging bei den Frauen jedoch von eins bis 140 und bei den Männern von eins bis 388. Die Wissenschaftler verglichen die relative Häufigkeit der sexuellen Gedanken mit denen an Essen und Schlaf, und diskutierten die Resultate im Hinblick auf die Erotophilie und den Begehrenskult in der Gesellschaft. Zwei sehr offensichtliche Rückschlüsse ließen sich jedoch ziehen: Erstens denken junge Männer wirklich häufiger an Sex als junge Frauen (aber jetzt auch nicht total häufig), und zweitens sind die Unterschiede innerhalb der Gruppe der Männer beziehungsweise Frauen sehr viel höher als zwischen den Geschlechtern. Darin zeigt sich die verzerrte Wahrnehmung, die manche Wissenschaftler und Medien unterstützen, wenn sie von allgemeinen Unterschieden zwischen Männern und Frauen sprechen. Wie wir in diesem Buch an einigen Stellen gesehen haben, sind wir in Wirklichkeit gar nicht so verschieden voneinander, wie uns immer gesagt wird. Natürlich spielen bei der Entwicklung unseres Sexualverhaltens primäre biologische und später soziokulturelle Bedingungen eine Rolle, doch die Unterschiede sind so generisch und Teil einer so großen Vielfalt, dass wir diesen Diskurs verändern sollten und strenger und genauer sein, wenn wir von den Dingen sprechen, die wirklich zum männlichen oder weiblichen Geschlecht gehören.

Viel interessanter ist im Grunde, das sexuelle und romantische Verhalten von Homo- und Heterosexuellen zu vergleichen; und an diesem Punkt gebe ich zu, dass ich Aspekte wie die Sexualität von Minderheiten, Charakteristika der verschiedenen sexuellen Orientierungen, interkulturelle Vergleiche, die aktuellen Auswirkungen des Internets oder die Entwicklung der Sexualität im Kindesalter gern aufgenommen oder entsprechend weiter vertieft hätte. Wenn ich das nicht getan habe, dann liegt das teils daran, dass es zu einigen Themen kaum empirische Studien gibt. Sex ist auch für die Wissenschaft ein Tabu, und mehrere Forscher haben eingeräumt, dass es schwierig sei, beispielsweise für Untersuchungen über das Sexualverhalten präadoleszenter Kinder Finanzierung aufzutreiben. Die Scham betrifft selbst die wissenschaftliche Community, und es ist keine Demagogie zu sagen, es sei einfacher, das Sexualverhalten von Tieren als das von Menschen zu erforschen. Als Beispiel: Anfang 2013 veröffentlichte eine spanische Zeitung eine Liste der zehn wichtigsten Nachrichten über Sexualität aus dem Jahr 2012, und sieben davon bezogen sich auf Studien mit Tieren (Tintenfische, Fliegen, Frösche, Widder und homosexuelle Fische), einmal ging es um Neandertaler und nur zweimal um menschliche Sexualität. Signifikant und schade, denn Sexualmedizin, -psychologie und -soziologie sind eine Goldgrube für hochinteressante Forschungen, die von der Wissenschaft noch nicht ausreichend ausgebeutet wird.

Natürlich hätte ich gern auch noch mehr über Sex in der Natur und unsere evolutionsgeschichtliche Vergangenheit gesprochen, aber mir schien es bereits übertrieben viele Bücher über »Wissenschaft und Sex« zu geben, die sich aus Gründen der Vereinfachung in die logischen, aber experimentell nicht nachvollziehbaren Geschichten der Evolutionspsychologie flüchten. Das ist gewöhnlich ein sehr begrenzter Blickpunkt: wissenschaftlich, aber simplifizierend, nicht multidisziplinär und außerdem methodisch ungenau, sofern die während unserer sexuellen Entwicklung durch Erfahrung, Lernen und soziokulturelles Umfeld konditionierten Verstärker nicht berücksichtigt werden. Die Evolution durch natürliche Selektion stellt zweifellos einen unerlässlichen konzeptuellen Rahmen dar, ist jedoch völlig unzureichend, um die Komplexität der menschlichen Sexualität zu erfassen. Eine der bevorstehenden Veränderungen ist eine umfassendere und bessere wissenschaftliche Forschung über Sex.

Es ist immer verlockend, zum Ende eines Buchs über die Zukunft zu sprechen, erst recht wenn man das Gefühl hat, dass die Welt des Internets ganz unterschiedliche Aspekte unserer Sexualität beeinflussen könnte. Da gibt es einmal die gedankliche Tendenz, das Internet werde alles verändern und wir stünden gerade am Anfang einer neuen sexuellen Revolution. Und eine andere behauptet, unser Gehirn und die Instinkte seien weiterhin dieselben wie eh und je und im Grunde werde sich kein so gewaltiger Wandel vollziehen. In den meisten Punkten der Debatte neige ich mehr zu der zweiten Ansicht, vor allem, nachdem ich die folgende Übung durchgeführt habe ... mit der ich mich weiter dem Abschied widersetze!

Eins der Bücher, die ich bei meinen Recherchen herangezogen habe, ist *Sex and Human Loving* (dt. *Liebe und Sexualität*), im englischen Original 1985 von William Masters und Virginia Johnson veröffentlicht. Zu dieser Zeit hatten Masters und Johnson ihr Modell der sexuellen Reaktion bereits beschrieben und seit Ende der 1950er Jahre enorme therapeutische und wissenschaftliche Erfahrung gesammelt. Sie waren zur Hauptreferenz für die wissenschaftliche Untersuchung der menschlichen Sexualität geworden. Und als solche wagten sie sich im letzten Kapitel ihres Buchs an eine Prognose, inwiefern sich unsere Sexualität in den nächsten 25 Jahren, also bis 2010, verändern werde. Ich wollte überprüfen, ob sie richtig lagen.

Masters und Johnson begannen das Kapitel mit einer Übersicht über die bis dato spürbaren Auswirkungen der sexuellen Revolution der 1960er und 70er, die Befreiung der Frau, die Fortschritte in der reproduktiven Medizin und das neue Phänomen der Leihmütter. Dann heißt es wörtlich: »Es könnte sich möglicherweise eine beachtliche Zahl von Frauen für ein Kind entscheiden, ohne die Schwangerschaft selbst zu erleben.« Sie meinten die Möglichkeit, die eigenen Eizellen mit dem Samen des Partners zu befruchten und eine Leihmutter damit zu beauftragen, das Kind auszutragen. Masters und Johnson meinten sogar, mit der Entwicklung künstlicher Plazentas sei »es gut möglich, dass innerhalb der kommenden zehn Jahre die ›Leihmutter‹ umgangen werden kann, wenn erst einmal der künstliche Uterus entwickelt ist«, und ihren Erhebungen zufolge hätten 40 Prozent der zwischen 20- und 30-Jährigen nichts dagegen, Kinder auf diese Weise zu bekommen. Diese so falsche Voraussage ist ein klares Beispiel dafür, wie wir die Macht und Schnelligkeit des technologischen und kulturellen Wandels zu über- und die Beständigkeit der grundlegenden menschlichen Natur zu unterschätzen pflegen – die sagt uns in diesem Fall, dass der Instinkt, Mutter werden zu wollen, sehr viel mächtiger ist als sämtliche Krampfadern, Schmerzen, Beeinträchtigungen und Risiken, die man durch den Einsatz eines Leihbauchs vermeiden könnte. Aus demselben Grund könnten alle futuristischen Projektionen über Cybersex, die auf von den bisherigen Konventionen völlig unterschiedliche Szenerien hindeuten, völlig danebenliegen. Manche Dinge lassen sich nur schwer ändern.

Ähnlich falsch lagen Masters und Johnson mit ihrer Prognose, in nur zehn Jahren wäre es ganz normal, das Geschlecht des Kindes selbst auszuwählen, 75 Prozent der Erstgeborenen eines Paars wären

Jungen und 60-65 Prozent der Zweitgeborenen Mädchen. Sie sagten auch voraus, es gäbe nahezu perfekte Verhütungsmittel für beide Geschlechter und die Abtreibungen würden folglich um die Hälfte zurückgehen. Mit dem Ersten irrten sie, hatten jedoch mit dem Zweiten recht, denn den Daten des Centers for Disease Control and Prevention (CDC) in den USA zufolge wurden in den Jahren 1984-1985 24 Schwangerschaftsabbrüche pro 1000 Frauen vorgenommen, 1986 waren es 23, 1995 20 und 2009 15. Masters und Johnson erahnten richtig, »dass sich der bestehende Trend bei jungen Erwachsenen fortsetzen und verstärken wird, eine Ehebeziehung auf einen späteren Zeitpunkt zu verschieben, so dass um das Jahr 2010 das Durchschnittsalter bei Erst-Ehen näher bei 25 als bei 21 Jahren liegen wird.« Mit den Zahlen gingen sie jedoch noch nicht weit genug, denn aktuell liegt das Heiratsalter in den USA bei Männern bei 29 und bei Frauen bei 27, und in Spanien bei 32 und 30 Jahren. In Deutschland war 2009 der Wert für Männer bei 33 und für Frauen bei 30.

Ähnlich war es mit ihrer Vorhersage, Sex unter Heranwachsenden würde sich nicht grundlegend verändern und 2010 hätte die Hälfte der Jugendlichen mit 16 Jahren die Jungfräulichkeit verloren und 75 Prozent mit 18 Jahren. Nach Daten von 2005 hatten 37 Prozent der US-amerikanischen Jungen und 40 Prozent der Mädchen ihren ersten Sex mit unter 16 Jahren, und 62 bzw. 70 Prozent mit unter 18 Jahren. Kurioserweise prognostizierten Masters und Johnson nach der Phase der sexuellen Befreiung eine Art Backlash, demnach würden die Werte der Monogamie und der Liebe wieder Gewicht gewinnen und weniger »Sex um jeden Preis« praktiziert werden. Zugleich würden jedoch neue Beziehungsformen entstehen und – besonders in den höheren Gesellschaftsschichten – gäbe es mehr Toleranz für außerehelichen Sex. Es sind recht offen formulierte Sätze, die man je nach Interpretation als erfüllt betrachten kann.

Aids war gerade erst entdeckt worden, und die Dimension, die diese Krankheit annehmen würde, war noch unbekannt. Sie sagten die Entwicklung von Impfstoffen für einige sexuell übertragbare Krankheiten und das Auftreten neuer sexuell übertragbarer Krankheiten voraus, wie es durch manche Stämme des humanen Papillomvirus hervorgerufene Krebsarten sein könnten. Mit dem »wachsenden Toleranzgefühl gegenüber der Homosexualität« hatten sie recht, der Zugang zu eindeutig sexuellem Material wird wirklich nicht mehr reguliert und bis zu einem gewissen Punkt auch »die Sexualität zwischen Senioren stärker toleriert«. Tatsächlich fallen allmählich Klischees, wie dass der Mann als ein Eroberer aufzutreten hat, um dadurch seine Männlichkeit zu beweisen, und die Frau sehr viel weniger sexuelles Verlangen hat. Heutzutage machen wir uns schon über Machos lustig und sind manchmal von der weiblichen sexuellen Leistungsfähigkeit überfordert.

Es gibt noch weitere Aspekte in ihrer Analyse, hier ein bedeutsamer: »Im Verlauf des nächsten Vierteljahrhunderts setzt sich die Erkenntnis schrittweise, aber eindeutig durch, dass Sexualerziehung für Kinder wichtig ist. Dies könnte zur Einführung einer lehrplanmäßigen Sexualaufklärung an öffentlichen erzieherischen Einrichtungen von den frühsten Stufen an führen (...) und könnte eine Verringerung der Sexualprobleme bei Erwachsenen mit sich bringen, deren Ursachen in sexuellen Fehlinformationen zu suchen sind.« Das Bildungssystem ist längst nicht so weit vorangekommen, wie sie glauben, doch andererseits ermöglicht das Internet, dass im Westen qualitativ hochwertige Informationen wirklich jedem zugänglich sind, der sie haben möchte.

Wenn eins nach der Lektüre von Masters' und Johnsons Abschlusskapitel klar ist, dann, dass wir Prognosen nicht allzu viel Bedeutung beimessen sollten. Und dass wir für unsere eigenen – da wir vermutlich sowieso falsch liegen werden – nicht nur den Kopf, sondern auch das Herz befragen sollten. Ich glaube unbedingt, dass sich die Unterschiede der sexuellen Muster von Männern und Frauen noch weiter verringern werden, dass Homosexualität mit dem Generationswechsel völlig anerkannt werden wird, dass mehr über Sex gesprochen werden wird, er jedoch weiterhin Teil unserer Intimsphäre bleibt, dass Pornografie sicher nicht verschwindet, aber viele sinnlichere und anregendere erotische Alternativen aufkommen werden, dass weder die virtuelle Subkultur noch traurige Sexpuppen den herkömmlichen Sex auf befriedigende Weise ersetzen werden, dass die Frauen sich weiter befreien und Gelegenheitssex sehr viel häufiger vorkommen wird, dass Erwachsene fortgeschrittenen Alters der Bevölkerungssektor sein wird, der am meisten von den Online-Partnersuchportalen profitiert, dass die sexuelle Monogamie eine wachsende Herausforderung für Paare sein wird, dass die Sexualmedizin sich als Disziplin in der klinischen Praxis konsolidieren wird, dass die Sexologen ihre Fälle weiterhin individuell behandeln werden, jedoch verstärkt auf der Grundlage seriöser wissenschaftlicher Information, und dass Therapien nicht nur darauf abzielen werden, Störungen zu beheben, sondern auch die sexuelle Funktion und Freude am Sex zu verbessern. Die Medien werden seriöser über Sex berichten, wir werden die Scheu verlieren, Ärzte und Therapeuten zu Rate zu ziehen, und ich möchte gern glauben, dass die Wissenschaft diese bio-psycho-soziologische Sicht auf Sex weiter vertiefen und zum Verbindungspunkt alles multidisziplinären Wissens über Sexualität wird.

Es gäbe noch viel mehr zu erzählen – über eins bin ich mir jedenfalls völlig sicher: Es ist ein spannendes Thema. Beim Schreiben dieses Buchs habe ich von Akademikern gelernt, aber auch von Asexuellen, Polyamorösen, Transsexuellen, Tantrikern, Behinderten, Sadomasochisten und so vielen anderen, die ihre persönlichen Erfahrungen mit mir geteilt haben, dass mir klar wurde, wie groß die Bandbreite der sexuellen Ausdrucksformen ist und wie eng meine eigene Vorstellung von der Sexualität war. Einer der komischsten Momente war, als ich auf einer meiner ersten Konferenzen minutenlang verwirrt war, weil ich mich fragte, warum auf den Postern von Artifizieller Intelligenz und Polyvinylchlorid die Rede war, bis ich kapierte, dass AI für *Anal Intercourse* und PVC für *Penile-Vaginal Coitus* stand. Ich war ehrlich durcheinander, und deutete das als ein Zeichen dafür, wie ein konditioniertes Hirn sich der Veränderung widersetzt und ausgehend von seiner Vergangenheit sieht, denkt und glaubt, und lieber alte Kenntnisse bestätigen als in neue eintauchen möchte. Das Abenteuer dieses Buchs hat mir ein sehr viel umfassenderes Verständnis von der Untersuchung der Natur und des menschlichen Verhaltens geschenkt, es war intellektuell und persönlich bereichernd, und ich wage sogar zu sagen, dass ich mich selbst ein bisschen besser kennengelernt habe. Ich hoffe, es war anregend für euch und dass ihr jetzt mehr Fragen und Wissensdrang habt als zu Beginn. Es hat seinen ganz eigenen Zauber, zu erfahren, was man noch nicht weiß. Wir haben das Glück, in einer faszinierenden Zeit zu leben, in der die Wissenschaft revolutionäre Erkenntnisse zur Ideengeschichte der Menschheit beiträgt. Wie ich schon am Ende meines Buchs *El ladrón de cerebros* sagte: Machen wir uns das zunutze. Genießen wir die Wissenschaft, wie wir Kunst, Musik, Literatur (oder Sex) genießen. Lasst uns die wissenschaftliche Brille aufbehalten, weiter da kratzen, wo es nicht juckt, und im faszinierenden Ozean der Wissenschaft nach neuen Zielen suchen!

Danksagung

Im akademischen Bereich geht mein besonderer Dank an Jim Pfaus und Barry Komisaruk, die mir nicht nur die Tore zu ihren Laboratorien, sondern auch die zu ihrer Freundschaft geöffnet haben.

Viele andere Wissenschaftler erlaubten, dass ich ihnen ihre Zeit und ihr Hirn raubte. Ich erinnere mich sehr gern an die Begegnungen mit Roy Levin, Mayte Parada, Julia Heiman, Jennifer Bass, Justin Garcia, Lori Brotto, Helen Fisher, Irv Binik, Meredith Chivers, Iván Mañero, Gonzalo Giribet, Laura Sánchez, Francisco Cabello, Joan Vidal, Pedro Nobre, Debbie Herbenick, Meg Kaplan, Richard Krueger, John Bancroft, Irwin Goldstein, Heino Meyer-Bahlburg, Anke Ehrhardt, Sasha Štulhofer, Carlos Beyer, Frédérique Courtois, Fernando Bianco, Emmanuele Jannini, Erwin Haeberle, Janniko Georgiadis, Raymond Rosen, Erick Janssen, und die ausgedehnten Gespräche mit Beverly Whipple, Genaro Coria, Stephen Levine, Ray Blanchard, Juan Carlos Sierra, Siri Lekness und William Jankowiak. Mein Dank an sie alle.

Von den alltäglichsten Erfahrungen bis hin zu den Berichten von Asexuellen, Sadomasochisten, Tantrikern oder Polyamorösen wurde dieses Buch durch die Beiträge unzähliger Personen bereichert, die bereit waren, ihre sexuellen Welten mit mir zu teilen. Ihre Namen sind in den jeweiligen Kapiteln genannt. Und all jene, die lieber namenlos bleiben wollten, sollen sich trotzdem erkennen, wenn auch nur durch ihre Initialen: C.A., A.S., P.C., E., E.H., C.S., M.P., M.S., M.B., A.D., N.J., C.L., N., R.K., J.V., D.M., B.S., B.A., A.C.. Großen Dank für eure Bekenntnisse und die Inspiration.

Ein ganz spezielles Danke an Mikel Urmeneta für die Gestaltung des Covers der spanischen Originalausgabe, und weil er bei Abenteuern im New Yorker Dschungel ein großartiger Gefährte ist.

Dank an die Verleger Miguel Aguilar und Xisca Mas, für ihr Vertrauen in dieses Projekt, obwohl ich hartnäckig darauf bestand, Wissenschaft sei spannender als Sex, und für ihre wertvollen Beiträge zur Endfassung des Textes.

Dank an die Leser meines letzten Buchs *El ladrón de cerebros*, die mir in den letzten beiden Jahren ihre Liebe und ihr Interesse für die Wissenschaft gezeigt haben. Ohne es zu wissen, haben sie dieses Buch täglich mit angeschoben.

Dank an die Träume, denn in den wichtigen Momenten entscheiden sie.

Und auch wenn ich immer noch nicht mit ihnen über Sex reden könnte – mein letzter und innigster Dank gilt immer der ständigen Unterstützung und Zuneigung meiner fabelhaften Eltern. Euch allen einen Kuss und alles Liebe.

Bibliografie

Als der Autor das vorliegende Buch verfasste, trafen sich bereits die Arbeitsgruppen für die Neubearbeitung des Diagnostic and Statistical Manual of Mental Disorders (DSM), dem Diagnosehandbuch der US-Amerikanischen Psychiatrischen Vereinigung. Einige der damals geführten Diskussionen sind in das Buch aufgenommen worden und inzwischen durch die Neuausgabe des DSM-5 im Mai 2013 entschieden, inhaltlich jedoch immer noch interessant. Die Übersetzerinnen des vorliegenden Buches haben die deutsche Ausgabe in Absprache mit dem Autor entsprechend angepasst, die Zitate aus dem DSM stammen aus der neuen fünften Ausgabe. Zudem wurde die Bibliografie um die Angaben der vorher noch nicht vorliegenden Studien ergänzt.

1. Sex in den Zellen

Bancroft, J., Graham, C.A., Janssen, E., Sanders, S.A. (2009): »The dual control model: Current status and future directions«, in: *Journal of Sex Research*, 46(2-3), S. 121-142.
Brody, S., Krüger, T.H.C. (2006): »The post-orgasmic prolactin increase following intercourse is greater than following masturbation and suggests greater satiety«, in: *Biological Psychology*, 71, S. 312-315.
Georgiadis, J.R., Kringelbach, M.L., Pfaus, J.G. (2012): »Sex for fun: A synthesis of human and animal neurobiology«, in: *Nature Reviews Urology*, 9(9), S. 486-498.
Hyde, J.S. (2005): »The gender similarities hypothesis«, in: *American Psychologist*, 60(6), S. 581-592.
Komisaruk, B.R., Beyer-Flores, C., Whipple, B. (2006): *The Science of Orgasm*, Baltimore: Johns Hopkins University Press.
Komisaruk, B.R., Beyer-Flores, C., Nasserzadeh, S., Whipple, B. (2012): *Orgasmus. Was Sie schon immer wissen wollten*, Bern: Huber.
Parada, M., Chamas, L., Censi, S., Coria-Ávila, G., Pfaus, J. G. (2010): »Clitoral stimulation induces conditioned place preference and Fos activation in the rat«, in: *Hormones and Behavior*, 57(2), S. 112-118.
Parada, M., Vargas, E.B., Kyres, M., Burnside, K., Pfaus, J. G. (2012): »The role of ovarian hormones in sexual reward states of the female rat«, in: *Hormones and Behavior*, 62(4), S. 442-447.

Petersen, J.L., Hyde, J.S. (2010): »A meta-analytic review of research on gender differences in sexuality, 1993-2007«, in: *Psychological Bulletin*, 136(1), S. 21-38.
— (2011): »Gender differences in sexual attitudes and behaviors: A review of meta-analytic results and large datasets«, in: *Journal of Sex Research*, 48(2-3), S. 149-165.
Pfaff, D.W. (1999): *Drive: Neurobiological and molecular mechanisms of sexual motivation*, Cambridge (Massachusetts): MIT Press.
— (2010): *Man and Woman: An inside story*, New York: Oxford University Press.
Pfaus, J.G. (2009): »Pathways of sexual desire«, in: *Journal of Sexual Medicine*, 6, S. 1506-1533.
Pfaus, J.G., Kippin, T.E., Coria-Ávila, G.A. (2003): »What can animal models tell us about human sexual response?«, in: *Annual Review of Sex Research*, 14, S. 1-63.
Pfaus, J.G., Kippin, T.E., Coria-Ávila, G.A., Gelez, H., Afonso, V.M., Ismail, N., Parada, M. (2012): »Who, what, where, when (and maybe even why)? How the experience of sexual reward connects sexual desire, preference, and performance«, in: *Archives of Sexual Behavior*, 41(1), S. 31-62.
Salonia, A., Giraldi, A., Chivers, M.L., Georgiadis, J.R., Levin, R., Maravilla, K.R., McCarthy, M.M. (2010): »Physiology of women's sexual function: Basic knowledge and new findings«, in: *Journal of Sexual Medicine*, 7(8), S. 2637-2660.
Stone, C.P. (1939): »Copulatory Activity in Adult Male Rats Following Castration and Injections of Testosterone Propionate«, in: *Endocrinology*, 24, S. 165-174.

2. Sex in den Genitalien

Bancroft, J., Graham, C.A. (2011): »The varied nature of women's sexuality: Unresolved issues and a theoretical approach«, in: *Hormones and Behavior*, 59(5), S. 717-729.
Buisson, O., Foldes, P., Jannini, E., Mimoun, S. (2010): »Coitus as revealed by ultrasound in one volunteer couple«, in: *Journal of Sexual Medicine*, 7(8), S. 2750-2754.
Burri, A.V., Cherkas, L.M., Spector, T.D. (2009): »The genetics and epidemiology of female sexual dysfunction (FSD): A review«, in: *Journal of Sexual Medicine*, 6(3), S. 646-657.
Dunn, K.M., Cherkas, L.F., Spector, T.D. (2005): »Genetic on variation in female orgasmic function: A twin study«, in: *Biology Letters*, 22, 1(3), S. 260-263.
Foldes, P., Buisson, O. (2009): »The clitoral complex: A dynamic sonographic study«, in: *Journal of Sexual Medicine*, 6(5), S. 1223-1231.
Friedman, D.M. (2001): *A mind of its own: A cultural history of the penis*, New York: Free Press.
Herbenick, D., Schick, V. (2011): *Read my lips: A complete guide to the vagina and vulva*, Lanhan: Rowman and Littlefield.
Jannini, E.A., Whipple, B., Kingsberg, S.A., Buisson, O., Foldès, P., Vardi, Y. (2010): »Who's afraid of the G-spot?«, in: *Journal of Sexual Medicine*, 7(1,1), S. 25-34.

Janssen, E. (2011): »Sexual arousal in men: A review and conceptual analysis«, in: *Hormones and Behavior*, 59, S. 708-716.
Laumann, E.O., Paik, A., Rosen, R.C. (1999): »Sexual dysfunction in the United States prevalence and predictors«, in: *The Journal of the American Medical Association*, 281(6), S. 537-544.
Lloyd, E. (2005): *The case of the female orgasm bias in science of evolution*, Cambridge/ Massachusetts: Harvard University Press.
Meston, C.M., Levin, R.J., Sipski, M.L., Hull, E.M., Heiman, J.R. (2004): »Women's orgasm«, in: *Annual Review of Sex Research*, 15, S. 173-257.
Narjani, A. (1924): »Considerations sur les causes anatomiques de frigidité chez la femme«, in: *Bruxelles Médical*, 42(27), S. 768-778.
Shifren, J.L., Monz, B.U., Russo, P.A., Segreti, A., Johannes, C. (2008): »Sexual Problems and Distress in United States Women: Prevalence and Correlates«, in: *Obstetrics and Gynecology*, 112(5), S. 970-978.
Wallen, K., Lloyd, E.A. (2011): »Female sexual arousal: Genital anatomy and orgasm in intercourse«, in: *Hormones and Behavior*, 59(5), S. 780-792.
Yang, C.C., Jiang, X. (2009): »Clinical autonomic neurophysiology and the male sexual response: An overview«, in: *Journal of Sexual Medicine*, 6 supl. 3, S. 221-228.

3. Sex im Gehirn

Berglund, H., Lindstrom, P., Savic, I. (2006): »Brain response to putative pheromones in lesbian women«, in: *Proceedings of the National Academy of Sciences of the United States of America*, 103, S. 8269-8274.
Childress, A.R., Ehrman, R.N., Wang, Z., Li, Y., Sciortino, N., Hakun, J., Jens, W., Suh, J., Listerud, J., Marquez, K., Franklin, T., Langleben, D., Detre, J., O'Brien, C.P. (2008): »Prelude to passion: Limbic activation by unseen drug and sexual cues«, in: *PLoS One*, 3, e1506.
Georgiadis, J.R., Kringelbach, M.L. (2012): »The human sexual response cycle: Brain imaging evidence linking sex to other pleasures«, in: *Progress in Neurobiology*, 98(1), S. 49-81.
Jiang, Y., Costello, P., Fang, F., Huang, M., He, S. (2006): »A gender- and sexual orientation-dependent spatial attentional effect of invisible images«, in: *Proceedings of the National Academy of Sciences of the United States of America*, 103, S. 17048-17052.
Komisaruk, B.R. (2012): »A scientist's dilemma: Follow my hypothesis or my findings?«, in: *Behavioral Brain Research*, 231(2), S. 262-265.
Komisaruk, B.R., Beyer-Flores, C., Whipple, B. (2006): *The Science of Orgasm*, Baltimore: Johns Hopkins University Press.
Komisaruk, B.R., Whipple, B. (2005): »Functional MRI of the brain during orgasm in women«, in: *Annual Review of Sex Research*, 16, S. 62-86.
Komisaruk, B.R., Whipple, B., Crawford, A., Liu, W.C., Kalnin, A., Mosier, K. (2004): »Brain activation during vaginocervical self-stimulation and orgasm in wo-

men with complete spinal cord injury: fMRI evidence of mediation by the vagus nerves«, in: *Brain Research*, 1024(1-2), S. 77-88.
Komisaruk, B.R., Wise, N., Frangos, E., Liu, W.C., Allen, K., Brody, S. (2011): »Women's clitoris, vagina, and cervix mapped on the sensory cortex: fMRI evidence«, in: *Journal of Sexual Medicine*, 8(10), S. 2822-2830.
Loken, L.S., Wessberg, J., Morrison, I., McGlone, F., Olausson, H. (2009): »Coding of pleasant touch by unmyelinated afferents in humans«, in: *Nature Neuroscience*, 12, S. 547-548.
Ponseti, J., Bosinski, H.A., Wolff, S., Peller, M., Jansen, O., Mehdorn, H.M., Büchel, C., Siebner, H.R. (2006): »A functional endophenotype for sexual orientation in humans«, in: *Neuroimage*, 15, 33(3), S. 825-833.
Zhou, W., Chen, D. (2008): »Encoding human sexual chemosensory cues in the orbito-frontal and fusiform cortices«, in: *The Journal of Neuroscience*, 28, S. 14416-14421.

4. Sex in der Psyche

Basson, R. (2000): »The female sexual response: A different model«, in: *Journal of Sex and Marital Therapy*, 26, S. 51-65.
Chivers, M.L., Rieger, G., Latty, E., Bailey, J.M. (2004): »A sex difference in the specificity of sexual arousal«, in: *Psychological Science*, 15, S. 736-744.
Chivers, M.L., Seto, M.C., Blanchard, R. (2007): »Gender and sexual orientation differences in sexual response to the sexual activities versus the gender of actors in sexual films«, in: *Journal of Personality and Social Psychology*, 93, S. 1108-1121.
Goldey, K.L., Van Anders, S.M. (2011): »Sexy thoughts: Effects of sexual cognitions on testosterone, cortisol, and arousal in women«, in: *Hormones and Behavior*, 59(5), S. 754-764.
Haeberle, E.J.: Online Archive for Sexology. <http://www.sexarchive.info<
Janus, S., Janus, C. (1993): *The Janus Report on Sexual Behavior*, New York: John Wiley & Sons.
Kaplan, H. (1974): *The New Sex Therapy*, New York: Brunner Mazel.
Kinsey, A.C., Pomeroy, W.B., Martin, C.E., Gebhard, P.H. (1953): *Das sexuelle Verhalten der Frau*, Berlin: G.B. Fischer (dt. von M. Baacke, W. Hasenclever).
— (1964), *Das sexuelle Verhalten des Mannes*, Frankfurt/Main: S. Fischer (deutsch von Marianne von Eckardt-Jaffé, M. Baacke u. W. Seemann).
Laumann, E.O., Nicolosi, A., Glasser, D.B., Paik, A., Gingell, C., Moreira, E., et al. (2005): »Sexual problems among women and men aged 40 to 80 years: Prevalence and correlates identified in the Global Study of Sexual Attitudes and Behaviors«, in: *International Journal of Impotence Research*, 17, S. 39-57.
Laumann, E., Gagnon, J.H., Michael, R.T., Michaels, S. (1994): *The social organization of sexuality: Sexual practices in the United States*, Chicago: University of Chicago Press.

Masters, W.H., Johnson, V.E. (1973): *Impotenz und Anorgasmie. Zur Therapie funktioneller Sexualstörungen*, Frankfurt/Main: Goverts-Krüger-Stahlberg (dt. von G. Supplitt).
— (1970), *Die sexuelle Reaktion*, Reinbek bei Hamburg: Rowohlt (dt. von V. Sigusch und D.J. Wilson).
Mosher, W.D., Chandra, A., Jones, J. (2004): »Sexual behavior and selected health measures: Men and women 15-44 years of age, United States, 2002«, Advance Data from Vital and Health Statistics, n.º 362, S. 1-55.
National Survey of Sexual Health and Behavior (NSSHB) (2010): »Findings from the National Survey of Sexual Health and Behavior, Centre for Sexual Health Promotion, Indiana University«, in: *Journal of Sexual Medicine*, vol. 7, supl. 5.
Ponseti, J., Granert, O., Jansen, O., Wolff, S., Beier, K., Neutze, J., Deuschl, G., Mehdorn, H., Siebner, H., Bosinski, H. (2012): »Assessment of Pedophilia Using Hemodynamic Brain Response to Sexual Stimuli«, in: *Archive of General Psychiatry*, 69 (2), S. 187-194.
Richters, J., Grulich, A.E., De Visser, R.O., Smith, A.M., Rissel, C.E. (2003): »Sex in Australia: Attitudes towards sex in a representative sample of adults«, in: *Australia and New Zealand Journal of Public Health*, 27(2), S. 118-123.
Štulhofer, A., Soh, D., Jelaska, N., Bacak, V., Landripet, I. (2011): »Religiosity and sexual risk behavior among Croatian college students, 1998-2008«, in: *Journal of Sex Research*, 48(4), S. 360-371.
Suschinsky, K.D., Lalumière, M.L. (2012): »Is Sexual Concordance Related to Awareness of Physiological States?«, in: *Archives of Sexual Behavior*, 41, S. 199-208.
The Kinsey Institute – Fakten und Statistiken: <http://www.kinseyinstitute.org/resources/>

5. Sex im Bett

Abrams Arava, D., Chia, M. (1997): *Öfter, länger, besser: Sextipps für jeden Mann*, München: Droemer Knaur (dt. von Stephan Gebauer).
Addiego, F., Belzer, E.G., Comolli, J., Moger, W., Perry, J. D., Whipple, B. (1981): »Female ejaculation: A case study«, in: *Journal of Sex Research*, 17(1), S. 13-21.
Balayssac, S., Gilard, V., Zedde, C., Martino, R., Malet-Martino, M. (2012): »Analysis of herbal dietary supplements for sexual performance enhancement: First characterization of propoxyphenyl-thiohydroxyhomosildenafil and identification of sildenafil, thiosildenafil, phentolamine and tetrahydropalmatine as adulterants«, in: *Journal of Pharmaceutical and Biomedical Analysis*, 63, S. 135-150.
Bogaert, A. F., Hershberger, S. (1999): »The relation between sexual orientation and penile size«, in: *Archives of Sexual Behavior*, 28(3), S. 213-221.
Brody, S. (2010): »The relative health benefits of different sexual activities«, in: *Journal of Sexual Medicine*, 7(4,1), S. 1336-1361.
Brody, S., Costa, R.M. (2011): »Vaginal orgasm is more prevalent among women with a prominent tubercle of the upper lip«, in: *Journal of Sexual Medicine*, 8(10), S. 2793-2799.

Brody, S., Krüger, T.H.C. (2006): »The postorgasmic prolactin increase following intercourse is greater than following masturbation and suggests greater satiety«, in: *Biological Psychology*, 71 (3), S. 312-315.

Burleson, M.H., Trevathan, W.R., Gregory, W.L. (2002): »Sexual behavior in lesbian and heterosexual women: Relations with menstrual cycle phase and partner availability«, in: *Psychoneuroendocrinology*, 27(4), S. 489-503.

Burri, A.V., Cherkas, L.M., Spector, T.D.(2009): »Emotional intelligence and its association with orgasmic frequency in women«, in: *Journal of Sexual Medicine*, 6(7), S. 1930-1937.

Costa, R.M., Brody, S. (2012): »Greater resting heart rate variability is associated with orgasms through penile-vaginal intercourse, but not with orgasms from other sources«, in: *Journal of Sexual Medicine*, 9(1), S. 188-197.

Darling, C.A., Davidson, J.K. Sr., Conway-Welch, C. (1990): »Female ejaculation: Perceived origins, the Grafenberg spot/area, and sexual responsiveness«, in: *Archives of Sexual Behavior*, 19(1), S. 29-47.

Dillon, B.E., Chama, N.B., Honig, S.C. (2008): »Penile Size and Penile Enlargement Surgery. A Review«, in: *International Journal of Impotence Research*, 20(6), S. 519-529.

Dunn, K.M., Cherkas, L.F., Spector, T.D. (2005): »Genetic influences on variation in female orgasmic function: a twin study«, in: *Biology Letters*, 1(3), S. 260-263.

Eisenman, R. (2001): »Penis size: Survey of female perceptions of sexual satisfaction«, in: *BMC Womens Health*, 1(1), S. 1.

Ellison, C.R. (2000): *Women's Sexualities*, Oakland, CA: New Harbinger.

Fiorino, D.F., Coury, A., Phillips, A.G. (1997): »Dynamic changes in nucleus accumbens dopamine efflux during the Coolidge effect in male rats«, in: *Journal of Neuroscience*, 17(12), S. 4849-4855.

Fisher, D.G., Reynolds, G.L., Ware, M.R., Napper, L.E. (2011): »Methamphetamine and Viagra use: Relationship to sexual risk behaviors«, in: *Archives of Sexual Behavior*, 40(2), S. 273-279.

Francken, A.B., Van de Wiel, H.B., Van Driel, M.F., Weijmar Schultz, W.C. (2002): »What importance do women attribute to the size of the penis?«, in: *European Urology*, 42(5), S. 426-431.

Friedman, D.M. (2001): *A mind of its own: A cultural history of the penis*, New York: The Free Press.

Fugl-Meyer, K.S., Oberg, K., Lundberg, P.O., Lewin, B., Fugl-Meyer, A. (2006): »On orgasm, sexual techniques, and erotic perceptions in 18- to 74-year-old Swedish women«, in: *Journal of Sexual Medicine*, 3(1), S. 56-68.

George, W.H., Davis, K.C., Norris, J., Heiman, J.R., Schacht, R.L., Stoner, S.A., Kajumulo, K. F. (2006): »Alcohol and erectile response: The effects of high dosage in the context of demands to maximize sexual arousal«, in: *Experimental and Clinical Psychopharmacology*, 14(4), S. 461-470.

George, W.H., Davis, K., Heiman, J., Norris, J.R., Stoner, S.A., Schacht, R.L., Hendershot, C.S., Kajumulo, K.F. (2011): »Women's sexual arousal: Effects of high alcohol dosages and self-control instructions«, in: *Hormones and Behavior*, 59(5), S. 730-738.

Gerressu, M., Mercer, C.H., Graham, C.A., Wellings, K., Johnson, A.M. (2008): »Prevalence of masturbation and associated factors from a British national probability survey«, in: *Archives of Sexual Behavior*, 37(2), S. 266-278.

Goodman, M.P. (2011): »Female genital cosmetic and plastic surgery: A review«, in: *Journal of Sexual Medicine*, 8(6), S. 1813-1825.

Gräfenberg, E. (1950): »The role of the urethra in female orgasm«, in: *International Journal of Sexology*, 3(3), S. 145-148.

Gravina, G.L., Brandetti, F., Martini, P., Carosa, E., Di Stasi, S.M., Morano, S., Lenzi, A., Jannini, E.A. (2008): »Measurement of the thickness of the urethrovaginal space in women with or without vaginal orgasm«, in: *Journal of Sexual Medicine*, 5(3), S. 610-618.

Halsey, L.G., Huber, J.W., Bufton, R.D., Little, A.C. (2010): »An explanation for enhanced perceptions of attractiveness after alcohol consumption«, in: *Alcohol*, 44(4), S. 307-313.

Harris, J.M., Cherkas, L.F., Kato, B.S., Heiman, J.R., Spector, T.D. (2008): »Normal variations in personality are associated with coital orgasmic infrequency in heterosexual women: A population-based study«, in: *Journal of Sexual Medicine*, 5(5), S. 1177-1183.

Herbenick, D., Reece, M., Hensel, D., Sanders, S., Jozkowski, K., Fortenberry, J.D. (2011): »Association of lubricant use with women's sexual pleasure, sexual satisfaction, and genital symptoms: A prospective daily diary study«, in: *Journal of Sexual Medicine*, 8(1), S. 202-212.

Herbenick, D., Reece, M., Sanders, S., Dodge, B., Ghassemi, A., Fortenberry, J.D. (2009): »Prevalence and characteristics of vibrator use by women in the United States: Results from a nationally representative study«, in: *Journal of Sexual Medicine*, 6(7), S. 1857-1866.

Herbenick, D., Schick, V., Reece, M., Sanders, S., Fortenberry, J.D. (2010): »Pubic hair removal among women in the United States, prevalence, methods, and characteristics«, in: *Journal of Sexual Medicine*, 7(10), S. 3322-3330.

Hines, T. (2001): »The G-Spot: A modern gynecologic myth«, in: *American Journal of Obstetrics and Gynecology*, 185(2), S. 359-362.

Humphries, A.K., Cioe, J. (2009): »Reconsidering the refractory period: An exploratory study of women's post-orgasmic experiences«, in: *Canadian Journal of Human Sexuality*, 18(3), S. 127-134.

Janet, L., Peplau, L.A., Frederick, D.A. (2006): »Does Size Matter? Men's and Women's Views on Penis Size Across the Lifespan«, in: *Psychology of Men and Masculinity*, 7(3), S. 129-143.

Jannini, E.A., Whipple, B., Kingsberg, S.A., Buisson, O., Foldès, P., Vardi,Y. (2010): »Who's afraid of the G-spot?«, in: *Journal of Sexual Medicine*, 7(1,1), S. 25-34.

Jern, P., Westberg, L., Johansson, A., Gunst, A., Eriksson, E., Sandnabba, K., Santtila P. (2012): »A study of possible associations between single nucleotide polymorphisms in the serotonin receptor 1A, 1B, and 2C genes and self-reported ejaculation latency time«, in: *Journal of Sexual Medicine*, 9(3), S. 866-872.

Kamel, I., Gadalla, A., Ghanem, H., Oraby, M. (2009): »Comparing penile measurements in normal and erectile dysfunction subjects«, in: *Journal of Sexual Medicine*, 6(8), S. 2305-2310.

Kilchevsky, A., Vardi, Y., Lowenstein, L., Gruenwald, I. (2012), »Is the female G-spot truly a distinct anatomic entity?«, in: *Journal of Sexual Medicine*, 9(3), S. 719-726.

Krüger, T.H., Haake, P., Hartmann, U., Schedlowski, M., Exton, M.S. (2002): »Orgasm-induced prolactin secretion: Feedback control of sexual drive?«, in: *Neuroscience & Biobehavioral Reviews*, 26(1), S. 31-44.

Levin, R.J. (2009): »Revisiting post-ejaculation refractory time-what we know and what we do not know in males and in females«, in: *Journal of Sexual Medicine*, 6(9), S. 2376-2389.

Levin, R., Meston, C. (2006): »Nipple/breast stimulation and sexual arousal in young men and women«, in: *Journal of Sexual Medicine*, 3(3), S. 450-454.

Levitas, E., Lunenfeld, E., Weiss, N., Friger, M., Har-Vardi, I., Koifman, A., Potashnik, G. (2005): »Relationship between the duration of sexual abstinence and semen quality: Analysis of 9489 semen samples«, in: *Fertility and Sterility*, 83(6), S. 1680-1686.

Lloyd, J., Crouch, N.S., Minto, C.L., Liao, L.M., Creighton, S.M. (2005): »Female genital appearance: ›Normality‹ unfolds«, in: *BJOG: An International Journal of Obstetrics & Gynaecology*, 112(5), S. 643-646.

McBride, K.R., Fortenberry, J.D. (2010): »Heterosexual anal sexuality and anal sex behaviors: A review«, in: *Journal of Sex Research*, 47(2-3), S. 123-136.

Meston, C.M., Rellini, A.H., Telch, M.J. (2008): »Short- and long-term effects of ginkgo biloba extract on sexual dysfunction in women«, in: *Archives of Sexual Behavior*, 37(4), S. 530-547.

Meston, C.M., Worcel, M. (2002): »The effects of yohimbine plus L-arginine glutamate on sexual arousal in postmenopausal women with sexual arousal disorder«, in: *Archives of Sexual Behavior*, 31 (4), S. 323-332.

Mondaini, N., Ponchietti, R., Gontero, P., Muir, G.H., Natali, A., Caldarera, E., Biscioni, S., Rizzo, M. (2002): »Penile length is normal in most men seeking penile lengthening procedures«, in: *International Journal of Impotence Research*, 14(4), S. 283-286.

Nicholas, A., Brody, S., De Sutter, P., De Carufel, F. (2008): »A woman's history of vaginal orgasm is discernible from her walk«, in: *Journal of Sexual Medicine*, 5(9), S. 2119-2124.

Parker, L.L., Penton-Voak, I.S., Attwood, A.S., Munafò, M.R. (2008): »Effects of acute alcohol consumption on ratings of attractiveness of facial stimuli: Evidence of long-term encoding«, in: *Alcohol*, 43(6), S. 636-640.

Patel, D.K., Kumar, R., Prasad, S.K., Hemalatha, S. (2011): »Pharmacologically screened aphrodisiac plant: A review of current scientific literature«, in: *Asian Pacific Journal of Tropical Biomedicine*, S. 131-138.

Petersen, J.L., Hyde, J.S. (2010): »Meta-analytic review of research on gender differences in sexuality, 1993-2007«, in: *Psychological Bulletin*, 136(1), S. 21-38.

Ponchietti, R., Mondaini, N., Bonafè, M., Di Loro, F., Biscioni, S., Masieri, L., Da Ros, C. (2001): »Penile length and circumference: A study on 3.300 young Italian males«, in: *European Urology*, 39(2), S. 183-186.
Promodu, K., Shanmughadas, K.V., Bhat, S., Nair, K.R. (2007): »Penile length and circumference: An Indian study«, in: *International Journal of Impotence Research*, 19(6), S. 558-563.
Rubio-Casillas, A., Jannini, E.A. (2011): »New insights from one case of female ejaculation«, in: *Journal of Sexual Medicine*, 8(12), S. 3500-3504.
Shah, J., Christopher, N. (2002): »Can shoe size predict penile length?«, in: *BJU International*, 90(6), S. 586-587.
Söylemez, H., Atar, M., Sancaktutar, A.A., Penbegül, N., Bozkurt, Y., Onem, K. (2012): »Relationship between penile size and somatometric parameters in 2276 healthy young men«, in: *International Journal of Impotence Research*, 24(3), S. 126-129.
Spyropoulos, E., Borousas, D., Mavrikos, S., Dellis, A., Bourounis, M., Athanasiadis, S. (2002): »Size of external genital organs and somatometric parameters among physically normal men younger than 40 years old«, in: *Urology*, 60(3), S. 485-489, Diskussion auf S. 490-491.
Štulhofer, A. (2013): »A mixed methods exploration of women's experiences of anal intercourse: meanings related to pain and pleasure«, in: *Archives of Sexual Behavior*, 42(6), S. 1053-1062.
Štulhofer, A., Ajduković, D. (2011): »Should we take anodyspareunia seriously? A descriptive analysis of pain during receptive anal intercourse in young heterosexual women«, in: *Journal of Sex and Marital Therapy*, 37(5), S. 346-358.
Wallen, K., Lloyd, E.A. (2011): »Female sexual arousal: Genital anatomy and orgasm in intercourse«, in: *Hormones and Behavior*, 59(5), S. 780-792.
Waterman, J.M. (2010): »The adaptive function of masturbation in a promiscuous African ground squirrel«, in: *PLoS One*, 5(9), e13060.
Wylie, K.R., Eardley, I. (2007): »Penile size and the »small penis syndrome««, in: *BJU International*, 99(6), S. 1449-1455.
Yang, M.L., Fullwood, E., Goldstein, J., Mink, J.W. (2005): »Masturbation in infancy and early childhood presenting as a movement disorder. 12 cases and a review of the literature«, in: *Pediatrics*, 116(6), S. 1427-1432.
Zietsch, B.P., Miller, G.F., Bailey, J.M., Martin, N.G. (2011): »Female orgasm rates are largely independent of other traits: Implications for »female orgasmic disorder« and evolutionary theories of orgasm«, in: *Journal of Sexual Medicine*, 8(8), S. 2305-2316.

6. Sex in der Arztpraxis

Basson, R. (2000): »The female sexual response: A different model«, in: *Journal of Sex and Marital Therapy*, 26(1), S. 51-65.
Ben-Zion, I., Rothschild S., Chudakov B., Aloni R. (2007): »Surrogate versus couple therapy in vaginismus«, in: *Journal of Sexual Medicine*, 4(3), S. 728-733.

Both, S., Laan, E., Schultz, W.W. (2010): »Disorders in sexual desire and sexual arousal in women, a 2010 state of the art«, in: *Journal of Psychosomatic Obstetrics and Gynecology*, 31(4), S. 207-218.

Brindley, G.S. (1983): »Cavernosal alpha-blockade: A new technique for investigating and treating erectile impotence«, in: *The British Journal of Psychiatry*, 143(4), S. 332-337.

Burrows, L.J., Basha, M., Goldstein, A.T. (2012): »The effects of hormonal contraceptives on female sexuality: A review«, in: *Journal of Sexual Medicine*, 9(9), S. 2213-2223.

Davis, S.R., Moreau, M., Kroll, R., Bouchard, C., Panay, N., Gass, M., Braunstein, G.D., Hirschberg, A.L., Rodenberg, C., Pack, S., Koch, H., Moufarege, A., Studd, J. (2008): »Testosterone for low libido in postmenopausal women not taking estrogen«, in: *New England Journal of Medicine*, 359(19), S. 2005-2017.

Gajer, P., Brotman, R.M., Bai, G., Sakamoto, J., Schütte, U.M.E., Zhong, X., Koenig, S.S.K., Fu, L., Ma, Z., Zhou, X. Abdo, Z., Forney, L.J., Ravel, J. (2012): »Temporal Dynamics of the Human Vaginal Microbiota«, in: *Science Translational Medicine*, 4(132), S. 132ra52.

Haake, P., Exton, M.S., Haverkamp, J., Krämer, M., Leygraf, N., Hartmann, U., Schedlowski, M., Krüeger, T.H. (2002): »Absence of orgasm-induced prolactin secretion in a healthy multi-orgasmic male subject«, in: *International Journal of Impotence Research*, 14(2), S. 133-135.

Kaschak, E., Tiefer, E. (Hrsg.) (2002): *A new view of women's sexual problems*, New York: Haworth Press.

Klotz, L. (2005): »How (not) to communicate new scientific information: A memoir of the famous Brindley lecture«, in: *BJU International*, 96(7), S. 956-957.

Laumann, E.O., Paik, A., Rosen, R.C. (1999): »Sexual dysfunction in the United States: Prevalence and predictors«, in: *JAMA: The Journal of the American Medical Association*, 281(6), S. 537-544.

Montorsi, F., Adaikan, G., Becher, E., Giuliano, F., Khoury, S., Lue, T.F., Sharlip, I., Althof, S.E., Andersson, K.E., Brock, G., Broderick, G., Burnett, A., Buvat, J., Dean, J., Donatucci, C., Eardley, I., Fugl-Meyer, K.S., Goldstein, I., Hackett, G., Hatzichristou, D., Hellstrom, W., Incrocci, L., Jackson, G., Kadioglu, A., Levine, L., Lewis, R.W., Maggi, M., McCabe, M., McMahon, C.G., Montague, D., Montorsi, P., Mulhall, J., Pfaus, J., Porst, H., Ralph, D., Rosen, R., Rowland, D., Sadeghi-Nejad, H., Shabsigh, R., Stief, C., Vardi, Y., Wallen, K., Wasserman, M. (2010): »Summary of the recommendations on sexual dysfunctions in men«, in: *Journal of Sexual Medicine*, 7(11), S. 3572-3588.

Price, L.B., Liu, C.M., Johnson, K.E., Aziz, M., Lau, M.K., et al. (2010): »The effects of circumcision on the penis microbiome«, in: *PLoS One*, 5(1), S. e8422.

Salonia, A., Giraldi, A., Chivers, M.L., Georgiadis, J.R., Levin, R., Maravilla, K.R., McCarthy, M.M. (2010): »Physiology of women's sexual function: Basic knowledge and new findings«, in: *Journal of Sexual Medicine*, 7(8), S. 2637-2660.

Sand, M., Fisher, W.A. (2007): »Women's endorsement of models of female sexual response: The nurses' sexuality study«, in: *Journal of Sexual Medicine*, 4(3), S. 708-719.

7. Sex in der Natur

Brennan, P.L., Clark, C.J., Prum, R.O. (2010): »Explosive eversion and functional morphology of the duck penis supports sexual conflict in waterfowl genitalia«, in: *Proceedings of The Royal Society B: Biological Sciences*, 277(1686), S. 1309-1314.

Brennan, P.L., Prum, R.O., McCracken, K.G., Sorenson, M.D., Wilson, R.E., Birkhead, T.R. (2007): »Coevolution of male and female genital morphology in waterfowl«, in: *PLoS One*, 2(5), e418.

Judson, O. (2003): *Die raffinierten Sexpraktiken der Tiere. Fundierte Antworten auf die brennendsten Fragen*, München: Heyne (dt. von Hainer Kober).

Pillsworth, E.G., Haselton, M.G., Buss, D.M. (2004): »Ovulatory shifts in female sexual desire«, in: *Journal of Sex Research*, 41(1), S. 55-65.

Tan, M., Jones, G., Zhu, G., Ye, J., Hong, T., et al. (2009): »Fellatio by Fruit Bats Prolongs Copulation Time«, in: *PLoS One* 4(10), e7595.

8. Sex in der Evolution

Durrleman, S., Pennec, X., Trouvé, A., Ayache, N., Braga, J. (2012): »Comparison of the endocranial ontogenies between chimpanzees and bonobos via temporal regression and spatiotemporal registration«, in: *Journal of Human Evolution*, 62(1), S. 74-88.

Haun, D.B., Nawroth, C., Call, J. (2011): »Great apes' risk-taking strategies in a decision making task«, in: *PLoS One*, 6(12), e28801.

Herrmann, E., Hare, B., Cissewski, J., Tomasello, M. (2011): »A comparison of temperament in nonhuman apes and human infants«, in: *Developmental Science*, 14(6), S. 1393-1405.

Ridley, M. (2003): *The Red Queen: Sex and the evolution of human nature*, New York: Harper.

Rilling, J.K., Scholz, J., Preuss, T.M., Glasser, M.F., Errangi, B.K., Behrens, T.E. (2012): »Differences between chimpanzees and bonobos in neural systems supporting social cognition«, in: *Social and Cognitive Affective Neuroscience*, 7(4), S. 369-379.

Schaller, F., Fernandes, A.M., Hodler, C., Münch, C., Pasantes, J.J. et al. (2010): »Y chromosomal variation tracks the evolution of mating systems in chimpanzee and bonobo«, in: *PLoS One* 5(9), e12482.

Wobber, V., Hare, B., Maboto, J., Lipson, S., Wrangham, R., Ellison, P.T. (2010): »Differential changes in steroid hormones before competition in bonobos and chimpanzees«, in: *Proceedings of the National Academy of Science*, 107(28), S. 12457-12462.

Woods, V., Hare, B. (2011): »Bonobo but not chimpanzee infants use socio-sexual contact with peers«, in: *Primates*, 52(2), S. 111-116.

9. Sex in Bars

Barrett, D., Greenwood, J.G., McCullagh, J.F. (2006): »Kissing laterality and handedness«, in: *Laterality*, 11(6), S. 573-579.

Clark, R.D., Hatfield, E. (1989): »Gender differences in receptivity to sexual offers«, in: *Journal of Psychology and Human Sexuality*, 2, S. 39-55.

Coetzee, V., Re, D., Perrett, D.I., Tiddeman, B.P., Xiao, D. (2011): »Judging the health and attractiveness of female faces: Is the most attractive level of facial adiposity also considered the healthiest?«, in: *Body Image*, 8(2), S. 190-193.

DeBruine, L.M., Jones, B.C., Watkins, C.D., Roberts, S.C., Little, A.C., Smith, F.G., Quist, M.C. (2011): »Opposite-sex siblings decrease attraction, but not prosocial attributions, to self-resembling opposite-sex faces«, in: *Proceedings of the National Academy of Sciences*, 108(28), S. 11710-11714.

Derti, A., Cenik, C., Kraft, P., Roth, F.P. (2010): »Absence of evidence for MHC-dependent mate selection within HapMap populations«, in: *PLoS Genetics*, 6(4, April).

Finkel, E.J., Eastwick, P.W., Karney, B.R., Reis, H.T., Sprecher, S. (2012): »Online dating: A critical analysis from the perspective of psychological science«, in: *Psychological Science in the Public Interest*, 13(1), S. 3-66.

Fisak, B. Jr, Tantleff-Dunn, S., Peterson, R.D. (2007): »Personality information: Does it influence attractiveness ratings of various body sizes?«, in: *Body Image*, 4(2), S. 213-217.

Fisher, H.E. (2011): »Serial monogamy and clandestine adultery: Evolution and consequences of the dual human reproductive strategy«, in: S. C. Roberts (Hrsg.): *Applied Evolutionary Psychology*, New York: Oxford University Press.

Fisher, M.L., Worth, K., Garcia, J.R., Meredith, T. (2012): »Feelings of regret following uncommitted sexual encounters in Canadian university students«, in: *Culture, Health and Sexuality*, 14(1), S. 45-57.

Gaddam, S., Ogas, O. (2012): *Klick! Mich! An! Der große Online-Sex-Report*, München: Blanvalet (dt. von Bettina Spangler).

Garcia, J.R., Reiber, C. (2008): »Hook-up behavior: A biopsychosocial perspective«, in: *The Journal of Social, Evolutionary, and Cultural Psychology*, 2(4), S. 192-208.

Garcia, J.R., Reiber, C., Massey, S.G., Merriwether, A.M. (2012): »Sexual hookup culture: A review«, in: *Review of General Psychology*, 16(2), S. 161-176.

Givens, D.B. (1978): »The nonverbal basis of attraction: Flirtation, courtship, and seduction«, in: *Psychiatry: Journal for the Study of Interpersonal Processes*, 41(4), S. 346-359.

Glassenberg, A.N., Feinberg, D.R., Jones, B.C., Little, A.C., Debruine, L.M. (2010): »Sex-dimorphic face shape preference in heterosexual and homosexual men and women«, in: *Archives of Sexual Behavior*, 39(6), S. 1289-1296.

Guéguen, N. (2007): »Women's bust size and men's courtship solicitation«, in: *Body Image*, 4(4), S. 386-390.

— (2008): »The effect of a woman's smile on men's courtship behavior«, in: *Social Behavior and Personality*, 36, S. 1233-1236.

— (2011): »The effect of women's suggestive clothing on men's behavior and judgment: A field study«, in: *Psychological Reports*, 109(2), S. 635-638.

Havlicek, J., Roberts, S.C. (2009): »MHC-correlated mate choice in humans: A review«, in: *Psychoneuroendocrinology*, 34(4), S. 497-512.

Hill, S.E., Buss, D.M. (2008): »The mere presence of opposite-sex others on judgments of sexual and romantic desirability: Opposite effects for men and women«, in: *Personality and Social Psychology Bulletin*, 34(5), S. 635-647.

Hughes, S.M., Kruger, D.J. (2011): »Sex differences in post-coital behaviors in long- and short-term mating: An evolutionary perspective«, in: *Journal of Sex Research*, 48(5), S. 496-505.

Kim, J.L., Ward, L.M. (2012): »Striving for pleasure without fear: Short-term effects of reading a women's magazine on women's sexual attitudes«, in: *Psychology of Women Quarterly*, 36(3), S. 326-336.

Kirshenbaum, S. (2011): *The Science of kissing*, New York: Hachette.

Law Smith, M.J., Deady, D.K., Moore, F.R., Jones, B.C., Cornwell, R.E., Stirrat, M., Lawson, J.F., Feinberg, D.R., Perrett, D.I. (2012): »Maternal tendencies in women are associated with estrogen levels and facial femininity«, in: *Hormones and Behavior*, 61(1), S. 12-16.

Lee, L., Loewenstein, G., Ariely, D., Hong, J., Young, J. (2008): »If I'm not hot, are you hot or not? Physical-attractiveness evaluations and dating preferences as a function of one's own attractiveness«, in: *Psychological Science*, 19(7), S. 669-677.

Moore, F.R., Al Dujaili, E.A., Cornwell, R.E., Smith, M.J., Lawson, J.F., Sharp, M., Perrett, D.I. (2011): »Cues to sex- and stress-hormones in the human male face: Functions of glucocorticoids in the immuno-competence handicap hypothesis«, in: *Hormones and Behavior*, 60(3), S. 269-274.

— (1985): »Nonverbal courtship patterns in women: Context and consequences«, in: *Ethology and Sociobiology*, 6, S. 237-247.

— (1998): »Nonverbal courtship patterns in women: Rejection signaling. An empirical investigation«, in: *Semiotica*, 3, S. 205-215.

Moore, M.M. (2010): »Human nonverbal courtship behavior. A brief historical review«, in: *Journal of Sex Research*, 47(2-3), S. 171-180.

Owen, J., Fincham, F.D. (2011): »Young adults' emotional reactions after hooking up encounters«, in: *Archives of Sexual Behavior*, 40(2), S. 321-330.

Paul, E.L., Hayes, K.A. (2002): »The casualties of »casual« sex: A qualitative exploration of the phenomenology of college students' hook-ups«, in: *Journal of Social and Personal Relationships*, 19, S. 639-661.

Paul, E.L., McManus, B., Hayes, A. (2000): »Hook-ups«: Characteristics and correlates of college students' spontaneous and anonymous sexual experiences«, in: *Journal of Sex Research*, 37(1), S. 76-88.

Perrett, D. (2010): *In your face: The new science of human attraction*, New York: Palgrave Macmillan.

Re, D.E., Whitehead, R.D., Xiao, D., Perrett, D.I. (2011): »Oxygenated-blood colour change thresholds for perceived facial redness, health, and attractiveness«, in: *PLoS One*, 6(3), e17859.

Swami, V. (2009): »An examination of the love-is-blind bias among gay men and lesbians«, in: *Body Image*, 6(2), S. 149-151.
Swami, V. et al. (2010): »The attractive female body weight and female body dissatisfaction in 26 countries across 10 world regions: Results of the International Body Project I«, in: *Personality and Social Psychology Bulletin*, 36(3), S. 309-325.
Swami, V., Allum, L. (2012): »Perceptions of the physical attractiveness of the self, current romantic partners, and former partners«, in: *Scandinavian Journal of Psychology*, 53(1), S. 89-95.
Swami, V., Barrett, S. (2011): »British men's hair color preferences: An assessment of courtship solicitation and stimulus ratings«, in: *Scandinavian Journal of Psychology*, 52(6), S. 595-600.
Swami, V., Furnham, A. (2007): *The psychology of physical attraction*, New York: Routledge.
Swami, V., Furnham, A., Chamorro-Premuzic, T., Akbar, K., Gordon, N., Harris, T., Finch, J., Tovée, M.J. (2010): »More than just skin deep? Personality information influences men's ratings of the attractiveness of women's body sizes«, in: *Journal of Social Psychology*, 150(6), S. 628-647.
Swami, V., Tovée, M.J. (2006): »Does hunger influence judgments of female physical attractiveness?«, in: *British Journal of Psychology*, 97(4), S. 353-363.
— (2012): »The impact of psychological stress on men's judgments of female body size«, in: *PLoS One* 7(8), e42593.
Wedekind, C., Seebeck, T., Bettens, F., Paepke, A. J. (1995): »MHC-dependent mate preferences in humans«, in: *Proceedings of the Royal Society B: Biological Sciences*, 260(1359), S. 245-249.
Whitehead, R.D., Re, D., Xiao, D., Ozakinci, G., Perrett, D. I. (2012): »You are what you eat: Within-subject increases in fruit and vegetable consumption confer beneficial skin-color changes«, in: *PLoS One*, 7(3), e32988.
Willis, F., Briggs, L. (1992): »Relationship and touch in public settings«, in: *Journal of Nonverbal Behavior*, 16(1), S. 55-63.

10. Kraft der Gedanken zum Orgasmus

Beck, J.G., Baldwin, L.E. (1994): »Instructional control of female sexual responding«, in: *Archives of Sexual Behavior*, 23(6), S. 665-684.
Bradford, A., Meston, C.M. (2006): »The impact of anxiety on sexual arousal in women«, in: *Behaviour Research and Therapy*, 44(8), S. 1067-1077.
— (2011): »Behavior and symptom change among women treated with placebo for sexual dysfunction«, in: *Journal of Sexual Medicine*, 8(1), S. 191-201.
Brotto, L.A., Klein, C., Gorzalka, B.B. (2009): »Laboratory-induced hyperventilation differentiates female sexual arousal disorder subtypes«, in: *Archives of Sexual Behavior*, 38(4), S. 463-475.
Brotto, L.A., Basson, R., Luria, M. (2008): »A mindfulness-based group psychoeducational intervention targeting sexual arousal disorder in women«, in: *Journal of Sexual Medicine*, 5(7), S. 1646-1659.

Brotto, L.A., Erskine, Y., Carey, M., Ehlen, T., Finlayson, S., Heywood, M., Kwon, J., McAlpine, J., Stuart, G., Thomson, S., Miller, D. (2012): »A brief mindfulness-based cognitive behavioral intervention improves sexual functioning versus wait-list control in women treated for gynecologic cancer«, in: *Gynecologic Oncology*, 125(2), S.320-325.

Brotto, L.A., Klein, C., Gorzalka, B.B. (2002): »Genital and subjective sexual arousal in postmenopausal women: Influence of laboratory-induced hyperventilation«, in: *Journal of Sex and Marital Therapy*, 28(s), S. 39-53.

Brotto, L.A., Krychman, M., Jacobson, P. (2008): »Eastern approaches for enhancing women's sexuality: Mindfulness, acupuncture, and yoga (CME)«, in: *Journal of Sexual Medicine*, 5(12), S. 2741-2748.

Brotto, L.A., Seal, B.N., Rellini, A. (2012): »Pilot study of a brief cognitive behavioral versus mindfulness-based intervention for women with sexual distress and a history of childhood sexual abuse«, in: *Journal of Sex and Marital Therapy*, 38(1), S. 1-27.

Dhikav, V., Karmarkar, G., Gupta, R., Verma, M., Gupta, R., Gupta, S., Anand, K. S. (2010): »Yoga in female sexual functions«, in: *Journal of Sexual Medicine*, 7(2,2), S. 964-970.

Dhikav, V., Karmarkar, G., Verma, M., Gupta, R., Gupta, S., Mittal, D., Anand, K. (2010): »Yoga in male sexual functioning: A noncomparative pilot study«, in: *Journal of Sexual Medicine*, 7(10), S. 3460-3466.

George, W.H., et al. (2011): »Women's sexual arousal: Effects of high alcohol dosages and self-control instructions«, in: *Hormones and Behavior*, 59(5), S. 730-738.

11. Pornografie: Vom Zerrbild zur Bildung

Chivers, M.L., et al. (2010): »Agreement of self-reported and genital measures of sexual arousal in men and women: A meta-analysis«, in: *Archives of Sexual Behavior*, 39(1), S. 5-56.

Diamond, M., Jozifkova, E., Weiss, P. (2010): »Pornography and sex crimes in the Czech Republic«, in: *Archives of Sexual Behavior*, 40(5), S. 1037-1043.

Griffith, J.D., Hayworth, M., Adams, L.T., Mitchell, S., Hart, C. (2013): »Characteristics of pornography film actors: Self-report versus perceptions of college students«, in: *Archives of Sexual Behavior*, 42(4), S. 637-647.

Griffith, J.D., Mitchell, S., Hart, C.L., Adams, L.T., Gu, L.L. (2013): »Pornography actresses: An assessment of the damaged goods hypothesis«, in: *Journal of Sex Research*, 50(7), S. 621-32.

Hald, G.M. (2006): »Gender differences in pornography consumption among young heterosexual Danish adults«, in: *Archives of Sexual Behavior*, 35(5), S. 577-585.

Hald, G.M., Malamuth, N.M. (2008): »Self-perceived effects of pornography consumption«, in: *Archives of Sexual Behavior*, 37(4), S. 614-625.

Hald, G.M., Malamuth, N.M., Yuen, C. (2010): »Pornography and attitudes supporting violence against women: Revisiting the relationship in nonexperimental studies«, in: *Aggressive Behavior*, 36(1), S. 14-20.

Hamann, S., Herman, R.A., Nolan, C.L., Wallen, K. (2004): »Men and women differ in amygdala response to visual sexual stimuli«, in: *Nature Neuroscience*, 7(4), S. 411-416.

Hilton, D.L. Jr., Watts, C. (2011): »Pornography addiction: A neuroscience perspective«, in: *Surgical Neurology International*, 2, S. 19.

Peter, J., Valkenburg, P.M. (2011): »The influence of sexually explicit Internet material and peers on stereotypical beliefs about women's sexual roles: Similarities and differences between adolescents and adults«, in: *Cyberpsychology, Behavior, and Social Networking*, 14(9), S. 511-517.

Reid, R.C., Carpenter, B.N., Fong, T.W. (2011): »Neuroscience research fails to support claims that excessive pornography consumption causes brain damage«, in: *Surgical Neurology International*, 2, S. 64.

Short, M.B., Black, L., Smith, A.H., Wetterneck, C.T., Wells, D.E. (2012): »A review of internet pornography use research: Methodology and content from the past 10 years«, in: *Cyberpsychology, Behavior, and Social Networking*, 15(1), S. 13-23.

Sinković, M., Štulhofer, A., Božić, J. (2013): »Revisiting the association between pornography use and risky sexual behaviors: The role of early exposure to pornography and sexual sensation seeking«, in: *Journal of Sex Research*, 50(7), S. 633-41.

Wright, P.J. (2013): »U.S. males and pornography, 1973-2010: Consumption, predictors, correlates«, in: *Journal of Sex Research*, 50(1), S. 60-71.

12. Heute Nacht gern, Schatz, ich habe Kopfschmerzen

Levine, G.N., Steinke, E.E., Bakaeen, F.G., Bozkurt, B., Cheitlin, M.D., Conti, J.B., Foster, E., Jaarsma, T., Kloner, R.A., Lange, R.A., Lindau, S.T., Maron, B.J., Moser, D.K., Ohman, E.M., Seftel, A.D., Stewart, W.J. (2012): »Sexual activity and cardiovascular disease: A scientific statement from the American Heart Association«, in: *Circulation*, 125(8), S. 1058-1072.

Anand, K.S., Dhikav, V. (2009): »Primary headache associated with sexual activity«, in: *Singapore Medical Journal*, 50(5), e176-177.

Beckman, N., Waern, M., Gustafson, D., Skoog, I. (2008): »Secular trends in self reported sexual activity and satisfaction in Swedish 70 year olds: Cross sectional survey of four populations, 1971-2001«, in: *British Medical Journal*, 337(7662), a279.

Brody, S. (2006): »Blood pressure reactivity to stress is better for people who recently had penile-vaginal intercourse than for people who had other or no sexual activity«, in: *Biological Psychology*, 71(2), S. 214- 222.

Charnetski, C.J., Brennan, F.X. (2004): »Sexual frequency and salivary immunoglobulin A (IgA)«, in: *Psychological Reports*, 94(3), S. 839- 844.

Chen, X., Zhang, Q., Tan, X. (2009): »Cardiovascular effects of sexual activity«, in: *Indian Journal of Medical Research*, 130(6), Dez., S. 681- 688.

Costa, R.M., Brody, S. (2012): »Greater resting heart rate variability is associated with orgasms through penile-vaginal intercourse, but not with orgasms from other sources«, in: *Journal of Sexual Medicine*, 9(1), S. 188-197.

DeLamater, J. (2012): »Sexual expression in later life: A review and synthesis«, in: *Journal of Sex Research*, 49(2-3), S. 125-141.
DeLamater, J., Hyde, J.S., Fong, M.C. (2008): »Sexual satisfaction in the seventh decade of life«, in: *Journal of Sex and Marital Therapy*, 34(5), S. 439-454.
Derby, C.A., Mohr, B.A., Goldstein, I., Feldman, H.A., Johannes, C.B., McKinlay, J.B. (2000): »Modifiable risk factors and erectile dysfunction: Can lifestyle changes modify risk?«, in: *Urology*, 56(2), S. 302-306.
Hamilton, L.D., Fogle, E.A., Meston, C.M. (2008): »The roles of testosterone and alpha-amylase in exercise-induced sexual arousal in women«, in: *Journal of Sexual Medicine*, 5(4), S. 845-853.
Hsiao, W., Shrewsberry, A.B.,Moses, K.A., Johnson, T.V., Cai, A.W., Stuhldreher, P., Dusseault, B., Ritenour, C.W.M. (2012): »Exercise is associated with better erectile function in men under 40 as evaluated by the international index of erectile function«, in: *Journal of Sexual Medicine*, 9(2), S. 524-530.
Hu, C.M., Lin, Y.J., Fan, Y.K., Chen, S.P., Lai, T.H. (2010): »Isolated thunderclap headache during sex: Orgasmic headache or reversible cerebral vasoconstriction syndrome?«, in: *Journal of Clinical Neuroscience*, 17(10), S. 1349-1351.
Hyde, Z., Flicker, L., Hankey, G.J., Almeida, O.P., McCaul, K. A., Chubb, S.A., Yeap, B.B. (2012): »Prevalence and predictors of sexual problems in men aged 75-95 years: A population-based study«, in: *Journal of Sexual Medicine*, 9(2), S. 442-453.
Lamina, S., Okoye, C.G., Dagogo, T.T. (2009): »Therapeutic effect of an interval exercise training program in the management of erectile dysfunction in hypertensive patients«, in: *The Journal of Clinical Hypertension*, 11(3), S. 125-129.
Leitzmann, M.F., Platz, E.A., Stampfer, M.J., Willett, W.C., Giovannucci, E. (2004): »Ejaculation frequency and subsequent risk of prostate cancer«, in: *JAMA: Journal of the American Medical Association*, 291(13), S. 1578-1586.
Maines, R.P. (1999): *The Technology of Orgasm: »Hysteria«, Vibrators and Women's Sexual Satisfaction*, Baltimore: Johns Hopkins University Press.
Menezes, R.G., Shetty, A.J., Lobo, S.W., Kanchan, T., Suresh Kumar Shetty, B., Sreeramareddy, C.T., Chauhan, A. (2008): »Does increased sexual activity increase body weight gain?«, in: *Medical Hypotheses*, 71(4), S. 601-602.
Meston, C.M. (2000): »Sympathetic nervous system activity and female sexual arousal«, in: *American Journal of Cardiology*, 86(2) Suppl.1, S. 30-34.
Palmeri, S.T., Kostis, J.B., Casazza, L., Sleeper, L.A., Lu, M., Nezgoda, J., Rosen, R.S. (2007): »Heart rate and blood pressure response in adult men and women during exercise and sexual activity«, in: *American Journal of Cardiology*, 100(12), S. 1795-1801.
Pascual, J., González-Mandly, A., Martín, R., Oterino, A. (2008): »Headaches precipitated by cough, prolonged exercise or sexual activity: A prospective etiological and clinical study«, in: *The Journal of Headache and Pain*, 9(5), S. 259-266.
Poryazova, R., Khatami, R., Werth, E., Claudio, L., Bassetti, M. (2009): »Weak with sex: Sexual intercourse as a trigger for cataplexy«, in: *Journal of Sexual Medicine*, 6(8), S. 2271-2277.
Smith, L.J., Mulhall, J.P., Deveci, S., Monaghan, N., Reid, M. C. (2007): »Sex after

seventy: A pilot study of sexual function in older persons«, in: *Journal of Sexual Medicine*, 4(5), S. 1247-1253.
Lindau, S.T, Schumm, L.P., Laumann, E.O., Levinson, W., O'Muircheartaigh, C.A., Waite, L.J. (2007): »A study of sexuality and health among older adults in the United States«, in: *New England Journal of Medicine*, 357(8), S. 762-774.
Trompeter, S.E., Bettencourt, R., Barrett-Connor, E. (2012): »Sexual activity and satisfaction in healthy community-dwelling older women«, in: *The American Journal of Medicine*, 125(1), S. 37.
Valença, M.M., Valença, L.P., Bordini, C.A., Da Silva, W.F., Leite, J.P., Antunes-Rodrigues, J., Speciali, J.G. (2004): »Cerebral vasospasm and headache during sexual intercourse and masturbatory orgasms«, in: *Headache: The Journal of Head and Face Pain*, 44(3), S. 244-248.
Weaver, A.D., Byers, E.S. (2006): »The relationships among body image, body mass index, exercise, and sexual functioning in heterosexual women«, in: *Psychology of Women Quarterly*, 30(4), S. 333-339.
Xue-Rui, T., Ying, L., Da-Zhong, Y., Xiao-Jun, C. (2008): »Changes of blood pressure and heart rate during sexual activity in healthy adults«, in: *Blood Pressure Monitoring*, 13(4), S. 211-217.

13. Sex aus Lust und Liebe im Rollstuhl

Anderson, K.D. (2004): »Targeting recovery: Priorities of the spinal cord-injured population«, in: *Journal of Neurotrauma*, 21(10), S. 1371-1383.
Courtois, F., Charvier, K., Leriche, A., Vézina, J.-G., Côté, I., Raymond, D., Jacquemin, G., Fournier, C., Bélanger, M. (2008): »Perceived physiological and orgasmic sensations at ejaculation in spinal cord injured men«, in: *Journal of Sexual Medicine*, 5(10), S. 2419-2430.
Courtois, F., Charvier, K., Vézina, J.-G., Journel, N.M., Carrier, S., Jacquemin, G., Côté, I. (2011): »Assessing and conceptualizing orgasm after a spinal cord injury«, in: *BJU International*, 108(10), S. 1624-1633.
Everaert, K. et al. (2010): »Neuroanatomy and neurophysiology related to sexual dysfunction in male neurogenic patients with lesions to the spinal cord or peripheral nerves«, in: *Spinal Cord*, 48(3), S. 182-191.
Overgoor, M.L., de Jong, T.P., Cohen-Kettenis, P.T., Edens, M.A., Kon, M. (2013): »Increased sexual health after restored genital sensation in male patients with spina bifida or a spinal cord injury: The TOMAX procedure«, in: *The Journal of Urology*, 189(2), S. 626-632.
Overgoor, M.L., Kon, M., Cohen-Kettenis, P.T., Strijbos, S.A., De Boer, N., De Jong, T.P. (2006): »Neurological bypass for sensory innervation of the penis in patients with spina bifida«, in: *The Journal of Urology*, 176(3), S. 1086-1090.
Sønksen, J., Ohl, D.A. (2002): »Penile vibratory stimulation and electroejaculation in the treatment of ejaculatory dysfunction«, in: *International Journal of Andrology*, 25(6), S. 324-332.

14. Die Wissenschaft der sexuellen Orientierung

Allen, L.S., Gorski, R.A. (1992): »Sexual orientation and the size of the anterior commissure in the human brain«, in: *Proceedings of the National Academy of Sciences*, 89(15), S. 7199-7202.

Bagemihl, B. (1999): *Biological exuberance: Animal homosexuality and natural diversity*, New York: St. Martin's Press.

Bancroft, J. (2003): »Can sexual orientation change? A long-running saga«, in: *Archives of Sexual Behavior*, 32(5), 419.

Bancroft, J., Marks, I. (1968): »Electric aversion therapy of sexual deviations«, in: *Proceedings of the Royal Society of Medicine*, 61(8), S. 796-799.

Blanchard, R. (2007): »Older-sibling and younger-sibling sex ratios in Frisch and Hviid's (2006) National Cohort Study of two million Danes«, in: *Archives of Sexual Behavior*, 36(6), S. 860-863.

Blanchard, R., Cantor, J.M., Bogaert, A.F., Breedlove, S.M., Ellis, L. (2006): »Interaction of fraternal birth order and handedness in the development of male homosexuality«, in: *Hormones and Behavior*, 49(3), S. 405-414.

Blanchard, R., Lippa, R.A. (2007): »Birth order, sibling ratio, handedness and sexual orientation of male and female participants in a BBC internet research project«, in: *Archives of Sexual Behavior*, 36(2), S. 163-176.

Bogaert, A.F. (2004): »Asexuality: Prevalence and associated factors in a national probability sample«, in: *Journal of Sex Research*, 41(3), S. 279-287.

— (2006): »Biological versus nonbiological older brothers and men's sexual orientation«, in: *Proceedings of the National Academy of Sciences*, 103(28), S. 10771-10774.

Brotto, L.A., Yule, M.A. (2011): »Physiological and subjective sexual arousal in self-identified asexual women«, in: *Archives of Sexual Behavior*, 40(4), S. 699-712.

Brotto, L.A., Knudson, G., Inskip, J., Rhodes, K., Erskine, Y. (2010): »Asexuality: A mixed-methods approach«, in: *Archives of Sexual Behavior*, 39(3), S. 599-618.

Diamond, L.M. (2008): »Female bisexuality from adolescence to adulthood: Results from a 10-year longitudinal study«, in: *Developmental Psychology*, 44(1), S. 5-14.

Diamond, L.M. (2008): *Sexual fluidity: Understanding women's love and desire*, Cambridge: Harvard University Press.

Green, R. (1987): *The sissy boy syndrome and the development of homosexuality*, New Haven: Yale University Press.

Kallmann, F.J. (1952): »Twin and sibship study of overt male homosexuality«, in: *The American Journal of Human Genetics*, 4, S. 136-146.

Lalumière, M.L., Blanchard, R., Zucker, K.J. (2000): »Sexual orientation and handedness in men and women: A meta-analysis«, in: *Psychological Bulletin*, 126(4), S. 575-592.

LeVay, S. (1991): »A difference in hypothalamic structure between heterosexual and homosexual men«, in: *Science*, 253, S. 1034-1037.

LeVay, S. (2010): *Gay, straight, and the reason why: The science of sexual orientation*, New York: Oxford University Press.

Marshal, M.P., Dietz, L.J., Friedman, M.S., Stall, R., Smith, H.A., McGinley, J., Thoma, B.C., Murray, P.J., D'Augelli, A. R., Brent, D.A. (2011): »Suicidality and depression disparities between sexual minority and heterosexual youth: A meta-analytic review«, in: *Journal of Adolescent Health*, 49(2), S. 115-123.

Paul, J.P. et al. (2002): »Suicide attempts among gay and bisexual men: Lifetime prevalence and antecedents«, in: *American Journal of Public Health*, 92(8), S. 1338-1345.

Ponseti, J., Granert, O., Jansen, O., Wolff, S., Mehdorn, H., Bosinski, H., Siebner, H. (2009): »Assessment of sexual orientation using the hemodynamic brain response to visual sexual stimuli«, in: *Journal of Sexual Medicine*, 6(6), S. 1628-1634.

Richters, J., Butler, T., Schneider, K., Yap, L., Kirkwood, K., Grant, L., Richards, A., Smith, A.M., Donovan, B. (2012): »Consensual sex between men and sexual violence in Australian prisons«, in: *Archives of Sexual Behavior*, 41(2), S. 517-524.

Rieger, G., Chivers, M.L., Bailey, J. M. (2005): »Sexual arousal patterns of bisexual men«, in: *Psychological Science*, 16(8), S. 579-584.

Rosenthal, A.M., Sylva, D., Safron, A., Bailey, J.M. (2012): »The male bisexuality debate revisited: Some bisexual men have bisexual arousal patterns«, in: *Archives of Sexual Behavior*, 41(1), S. 135-147.

Savic, I., Berglund, H., Lindstrom, P. (2005): »Brain response to putative pheromones in homosexual men«, in: *Proceedings of the National Academy of Sciences*, 102(20), S. 7356-7361.

Swaab, D.F., Hofman, M.A. (1990): »An enlarged suprachiasmatic nucleus in homosexual men«, in: *Brain Research*, 537(1-2), S. 141-148.

Vrangalova, Z., Savin-Williams, R.C. (2012): »Mostly heterosexual and mostly gay/lesbian: Evidence for new sexual orientation identities«, in: *Archives of Sexual Behavior*, 41(1), S. 85-101

Yule, M.A., Brotto, L.A., Gorzalka, B.B. (2014): »Biological markers of asexuality: Handedness, Birth Order, and Finger Length Ratios in Self-identified Asexual Men and Women«, in: *Archives of Sexual Behavior*, 43(2), S. 299-310

15. Kenntnisse erweitern in Sadomaso-Clubs

Bastian, B., Jetten, J., Stewart, E. (2013): »Physical pain and guilty pleasures«, in: *Social Psychological and Personality Science*, 4(2), S.215-219.

Bastian, B., Jetten, J., Fasoli, F. (2011): »Cleansing the soul by hurting the flesh: The guilt reducing effect of pain«, in: *Psychological Science*, 22(3), S. 334-335.

Benamou, P.H. (2006): »Erotic and sadomasochistic foot and shoe«, in: *Médicine et Chirurgie du Pied*, 22(2), S. 43-64.

Berridge, K. (2007): »The debate over dopamine's role in reward: The case for incentive salience«, in: *Psychopharmacology*, 191(3), S. 391-431.

Bhugra, D., Popelyuk, D., McMullen, I. (2010): »Paraphilias across cultures: Contexts and controversies«, in: *Journal of Sex Research*, 47(2-3), S. 242-256.

Bivona, J., Critelli, J. (2009): »The nature of women's rape fantasies: An analysis of prevalence, frequency, and contents«, in: *Journal of Sex Research*, 46(1), S. 33-45.

Byers, E.S., Purdon, C. und Clark, D.A. (1998): »Sexual intrusive thoughts of college students«, in: *Journal of Sex Research*, 35(4), S. 359-369.

Coria-Ávila G.A., Ouimet, A.J., Pacheco, P., Manzo, J., Pfaus, J.G. (2005): »Olfactory conditioned partner preference in the female rat«, in: *Behavioral Neuroscience*, 119(3), S. 716-725.

Critelli, J.W., Bivona, J.M. (2008): »Women's erotic rape fantasies: An evaluation of theory and research«, in: *Journal of Sex Research*, 45(1), S. 57-70.

Dawson, S.J., Suschinsky, K.D., Lalumière, M.L. (2012): »Sexual fantasies and viewing times across the menstrual cycle: A diary study«, in: *Archives of Sexual Behavior*, 41(1), S. 173-183.

Franklin J.C., Hessel, E.T., Aaron, R.V., Arthur, M.S., Heilbron, N., Prinstein, M.J. (2010): »The functions of nonsuicidal self-injury: Support for cognitive-affective regulation and opponent processes from a novel psychophysiological paradigm«, in: *Journal of Abnormal Psychology*, 119(4), S. 850-862.

Holtzman, D., Kulish, N. (2012): »Female exhibitionism: Identification, competition and camaraderie«, in: *International Journal of Psychoanalysis*, 93(2), S. 271-292.

Hsu, B., Kling, A., Kessler, C., Knapke, K., Diefenbach, P., Elias, J.E. (1994): »Gender differences in sexual fantasy and behavior in a college population: A ten-year replication«, in: *Journal of Sex and Marital Therapy*, 20(2), S. 103-118.

Kafka, M.P. (2010): »The DSM diagnostic criteria for fetishism«, in: *Archives of Sexual Behavior*, 39(2), S. 357-362.

— »The DSM diagnostic criteria for paraphilia not otherwise specified«, in: *Archives of Sexual Behavior*, 39(2), S. 373-376.

Kantorowitz, D.A. (1978): »An experimental investigation of preorgasmic reconditioning and postorgasmic deconditioning«, in: *Journal of Applied Behavioral Analysis*, 11(1), S. 23-34.

Kirsch, L.G., Becker, J.V. (2007): »Emotional deficits in psychopathy and sexual sadism: Implications for violent and sadistic behavior«, in: *Clinical Psychology Review*, 27(8), S. 904-922.

Komisaruk, B.R., Whipple, B. (1986): »Vaginal stimulation-produced analgesia in rats and women«, in: *Annals of New York Academy of Sciences*, 467, S. 30-39.

Korner, A., Gerull, F., Stevenson, J., Meares, R. (2007): »Harm avoidance, self-harm, psychic pain, and the borderline personality: life in a »haunted house««, in: *Comprehensive Psychiatry*, 48(3), S. 303-308.

Långström, N. (2010): »The DSM diagnostic criteria for exhibitionism, voyeurism, and frotteurism«, in: *Archives of Sexual Behavior*, 39(2), S. 317-324.

Leitenberg, H., Henning, K. (1995): »Sexual fantasy«, in: *Psychological Bulletin*, 117(3), S. 469-496.

Leknes, S.G., Bantick, S., Willis, C.M., Wilkinson, J.D., Wise, R.G., Tracey, I. (2007): »Itch and motivation to scratch: An investigation of the central and peripheral correlates of allergen – and histamine – induced itch in humans«, in: *Journal of Neurophysiology*, 97(1), S. 415-422.

Leknes, S.G., Brooks, J.C.W., Wiech, K., Tracey, I. (2008): »Pain relief as an oppo-

nent process: A psychophysical investigation«, in: *European Journal of Neuroscience*, 28(4), S. 794-801.
Leknes, S.G., Tracey, I. (2008): »A common neurobiology for pain and pleasure«, in: *National Review of Neuroscience*, 9(4), S. 314-320.
Moyano, N., Sierra, J.C. (2012): »Adaptación y validación de la versión española del Sexual Cognitions Checklist (SCC)«, in: *Anales de Psicología*, 28(3), S. 904-914.
Nichols, M. (2006): »Psychotherapeutic issues with ›kinky‹ clients: Clinical problems, yours and theirs«, in: *Journal of Homosexuality*, 50(2-3), S. 281-300.
Person, E.S., Terestman, N., Myers, W.A., Goldberg, E.L., Salvadori, C. (1989): »Gender differences in sexual behaviors and fantasies in a college population«, in: *Journal of Sex and Marital Therapy*, 15(3), S. 187-198.
Pfaus, J.G., Kippin, T.E., Centeno, S. (2001): »Conditioning and sexual behavior: A review«, in: *Hormones and Behavior*, 40(2), S. 291-321.
Pfaus, J.G., Kippin, T.E., Coria-Ávila, G.A., Gelez, H., Afonso, V.M., Ismail, N., Parada, M. (2012): »Who, what, where, when (and maybe even why)? How the experience of sexual reward connects sexual desire, preference, and performance«, in: *Archives of Sexual Behavior*, 41(1), S. 31-62.
Pollok, B., Krause, V., Legrain, V., Ploner, M., Freynhagen, R., Melchior, I., Schnitzler, A. (2010): »Differential effects of painful and non-painful stimulation on tactile processing in fi bromyalgia syndrome and subjects with masochistic behaviour«, in: *PLoS One*, 5(12), e15804.
Rantala, M.J., Pölkki, M., Rantala, L. M. (2010): »Preference for human male body hair changes across the menstrual cycle and menopause«, in: *Behavioral Ecology*, 21(2), S. 419-423.
Richters, J., de Visser, R.O., Rissel, C.E., Grulich, A.E., Smith, A.M. (2008): »Demographic and psychosocial features of participants in bondage and discipline, ›sadomasochism‹ or dominance and submission (BDSM): Data from a national survey«, in: *Journal of Sexual Medicine*, 5(7), S. 1660-1668.
Sagarin, B.J., Cutler, B., Cutler, N., Lawler-Sagarin, K.A., Matuszewich, L.(2009): »Hormonal changes and couple bonding in consensual sadomasochistic activity«, in: *Archives of Sexual Behavior*, 38(2), S. 186-200.
Sánchez Sánchez, L.C., Luciano Soriano, C., Barnes-Holmes, D. (2009): »The formation of sexual fantasies by means of the rebound effect of suppressed thoughts«, in: *Sexología Integral*, 6(2).
Sierra, J.C., Ortega, V., Zubeidat, I. (2006): »Confirmatory factor analysis of a Spanish version of the sex fantasy questionnaire: Assessing gender differences«, in: *Journal of Sex and Marital Therapy*, 32(2), S. 137-159.
Silberberg, A., Adler, N. (1974): »Modulation of the copulatory sequence of the male rat by a schedule of reinforcement«, in: *Science*, 185(4148), S. 374-376.
Štulhofer, A., Ajduković, D. (2011): »Should we take anodyspareunia seriously? A descriptive analysis of pain during receptive anal intercourse in young heterosexual women«, in: *Journal of Sex and Marital Therapy*, 37(5), S. 346-358.
Wegner, D.M. (1992): *Die Spirale im Kopf: von der Hartnäckigkeit unerwünschter Ge-*

danken – die Psychologie der mentalen Kontrolle, Hamburg: Kabel (dt. von Michael Benthack).
Wegner, D.M., Schneider, D.J., Carter, S., White, T. (1987): »Paradoxical effects of thought suppression«, in: *Journal of Personality and Social Psychology*, 53(1), S. 5-13.
Whipple, B., Komisaruk, B.R. (1985): »Elevation of pain threshold by vaginal stimulation in women«, in: *Pain*, 21(4), S. 357-367.
Wright, S. (2010): »Depathologizing consensual sexual sadism, sexual masochism, transvestic fetishism, and fetishism«, in: *Archives of Sexual Behavior*, 39(6), S. 1229-1230.
Zubieta, J.K., Ketter, T.A., Bueller, J.A., Xu, Y., Kilbourn, M.R., Young, E.A., Koeppe R.A. (2003): »Regulation of human affective responses by anterior cingulate and limbic muopioid neurotransmission«, in: *Archives of General Psychiatry*, 60(11), S. 1145-1153.

16. Störungen durch Obsession, Impulsivität und mangelnde Selbstkontrolle

Aggarwal, G., Satsangi, B., Raikwar, R., Shukla, S., Mathur, R. (2011): »Unusual rectal foreign body presenting as intestinal obstruction: A case report«, in: *Ulusal Travma ve Acil Cerrahi Dergisi* (Turkish Journal of Trauma and Emergency Surgery), 17(4), S. 374-376.
Barlow, D.H., Sakheim, D.K., Beck, J.H. (1983): »Anxiety increases sexual arousal«, in: *Journal of Abnormal Psychology*, 92(1), S. 49-54.
Bhugra, D., Popelyuk, D., McMullen, I. (2010): »Paraphilias across cultures: Contexts and controversies«, in: *Journal of Sex Research*, 47(2-3), S. 242-256.
Boureghda, S.S., Retz, W., Philipp-Wiegmann, F., Rösler, M. (2011): »A case report of necrophilia a psychopathological view«, in: *Journal of Forensic and Legal Medicine*, 18(6), S. 280-284.
Brass, M., Haggard, P. (2007): »To do or not to do: The neural signature of self-control«, in: *The Journal of Neuroscience*, 27(34), S. 9141-9145.
Chivers, M.L., Rieger, G., Latty, E., Bailey, J.M. (2004): »A sex difference in the specificity of sexual arousal«, in: *Psychological Science*, 15(11), S. 736-744.
Chivers, M.L., Seto, M.C., Blanchard, R. (2007): »Gender and sexual orientation differences in sexual response to the sexual activities versus the gender of actors in sexual films«, in: *Journal of Personality and Social Psychology*, 93(1), S. 1108-1121.
Davis, J.F., Loos, M., Di Sebastiano, A.R., Brown, J.L., Lehman, M.N., Coolen, L.M. (2010): »Lesions of the medial prefrontal cortex cause maladaptive sexual behavior in male rats«, in: *Biological Psychiatry*, 67(12), S. 1199-1204.
Janssen, E. (2011): »Sexual arousal in men: A review and conceptual analysis«, in: *Hormones and Behavior*, 59(5), S. 708-716.
Figner, B., et al. (2010): »Lateral prefrontal cortex and self-control in intertemporal choice«, in: *Nature Neuroscience*, 13(5), S. 538-539.

Goldberg, J.E., Steele, S.R. (2010): »Rectal foreign bodies«, in: *Surgical Clinic of North America*, 90(1), S. 173-184.

Harris, G.T., Lalumière, M.L., Seto, M.C., Rice, M.E., Chaplin, T.C. (2012): »Explaining the erectile responses of rapists to rape stories: The contributions of sexual activity, non-consent, and violence with injury«, in: *Archives of Sexual Behavior*, 41(1), S. 221-229.

Heatherton, T.F., Wagner, D.D. (2011): »Cognitive neuroscience of self-regulation failure. Review«, in: *Trends in Cognitive Sciences*, 15(3), S. 132-139.

Hedgcock, W.M., Vohs, K.D., Rao, A.R. (2012): »Reducing self-control depletion effects through enhanced sensitivity to implementation: Evidence from fMRI and behavioral studies«, in: *Journal of Consumer Psychology*, 22(4), S. 486-495.

Kaplan, M.S., Krueger, R.B. (2010): »Diagnosis, assessment, and treatment of hypersexuality«, in: *Journal of Sex Research*, 47(2), S. 181-198.

Krueger, R.B., Kaplan, M.S. (2002): »Behavioral and psychopharmacological treatment of the paraphilic and hypersexual disorders«, in: *Journal of Psychiatric Practice*, 8(1), S. 21-32.

Krueger, R.B., Kaplan, M.S. (2006): »Chemical castration. Treatment for pedophilia«, in: *DSM-IV-TR Casebook*, Bd. 2, S. 309-334.

Levin, R.J., Van Berlo, W. (2004): »Sexual arousal and orgasm in subjects who experience forced or non-consensual sexual stimulation. A review«, in: *Journal of Clinical and Forensic Medicine*, 11(2), S. 82-88.

Levine, S. B. (2010): »What is sexual addiction?«, in: *Journal of Sex and Marital Therapy*, 36(3), S. 261-275.

Mahoney, S., Zarate, C. (2007): »Persistent sexual arousal syndrome: A case report and review of the literature«, in: *Journal of Sex and Marital Therapy*, 33(1), S. 65-71.

Pfaus, J.G., Kippin, T.E., Coria-Ávila, G.A., Gelez, H., Afonso, V.M., Ismail, N., Parada, M. (2012): »Who, what, where, when (and maybe even why)? How the experience of sexual reward connects sexual desire, preference, and performance«, in: *Archives of Sexual Behavior*, 41(1), S. 31-62.

Rantala, M.J., Polkki, M., Rantala, L. M. (2010): »Preference for human male body hair changes across the menstrual cycle and menopause«, in: *Behavioral Ecology*, 21(2), S. 419-423.

Schott, J.C., Davis, G.J., Hunsaker, J.C. 3rd. (2003): »Accidental electrocution during autoeroticism: A shocking case«, in: *American Journal of Forensic Medicine and Pathology*, 24(1), S. 92-95.

Suschinsky, K.D., Lalumière, M.L. (2012): »Is sexual concordance related to awareness of physiological states?«, in: *Archives of Sexual Behavior*, 41(1), S. 199-208.

Von Krafft-Ebing, R. (1892): *Psychopathia Sexualis*, 7. Auflage, Stuttgart: Enke.

17. Sexuelle Identitäten jenseits von XX und XY

Case, L.K., Ramachandran, V.S. (2012): »Alternating gender incongruity: A new neuropsychiatric syndrome providing insight into the dynamic plasticity of brain-sex«, in: *Medical Hypotheses*, 78(5), S. 626-631.

Crone-Münzebrock, A. (1951): »Zur Kenntnis des Phantomerlebnisses nach Penisamputationen«, in: *Zeitschrift für Urologie*, 44(12), S. 819-822.

Hare, L., Bernard, P., Sánchez, F.J., Baird, P.N., Vilain, E., Kennedy, T., Harley, V.R. (2009): »Androgen receptor repeat length polymorphism associated with male-to-female transsexualism«, in: *Biological Psychiatry*, 65(1), S. 93-96.

Heylens, G., De Cuypere, G., Zucker, K.J., Schelfaut, C., Elaut, E., Vanden Bossche, H., De Baere, E., T'Sjoen, G. (2012): »Gender identity disorder in twins: A review of the case report literature«, in: *Journal of Sexual Medicine*, 9(3), S. 751-757.

Hughes, I.A., Houk, C., Ahmed, S.F. et al. (2006): »Consensus statement on management of intersex disorders«, in: *Archives of Disease in Childhood*, 91(7), S. 554-563.

Imperato-McGinley, J., Guerrero, L., Gautier, T., Peterson, R. E. (1974): »Steroid 5alpha-reductase deficiency in man: An inherited form of male pseudohermaphroditism«, in: *Science*, 186 (4170), S. 1213-1215.

Meyer-Bahlburg, H.F.L. (2011): »Gender monitoring and gender reassignment of children and adolescents with a somatic disorder of sex development«, in: *Child and Adolescent Psychiatric Clinics of North America*, 20(4), S. 639-649.

Meyer-Bahlburg, H.F.L., Dolezal, C., Baker, S.W. et al. (2004): »Prenatal androgenization affects gender-related behavior but not gender identity in 5-12-year-old girls with congenital adrenal hyperplasia«, in: *Archives of Sexual Behavior*, 33(2), S. 97-104.

Meyer-Bahlburg, H.F.L., Dolezal, C., Baker, S.W., New, M.I. (2008): »Sexual orientation in women with classical or non-classical congenital adrenal hyperplasia as a function of degree of prenatal androgen excess«, in: *Archives of Sexual Behavior*, 37(1), S. 85-99.

Mitchell, S.W. (1871): »Phantom limbs«, in: *Lippincott's Magazine of Popular Literature and Science*, 8, S. 563-569.

Ramachandran, V.S., McGeoch, P.D. (2007): »Occurrence of phantom genitalia after gender reassignment surgery«, in: *Medical Hypotheses*, 69(5), S. 1001-1003.

Ramachandran, V.S., Rogers-Ramachandran, D. (1996): »Synaesthesia in phantom limbs induced with mirrors«, in: *Proceedings of The Royal Society B. Biological Sciences*, 263(1369), S. 377-386.

Rametti, G., Carrillo, B., Gómez-Gil, E., Junque, C., Zubiarre-Elorza, L., Segovia, S., Gomez, Á., Guillamon, A. (2011): »The microstructure of white matter in male to female transsexuals before cross-sex hormonal treatment. A DTI study«, in: *Journal of Psychiatric Research*, 45(7), S. 949-954.

Weinberg, M.S., Williams, C.J. (2010): »Men sexually interested in transwomen (MSTW): Gendered embodiment and the construction of sexual desire«, in: *Journal of Sex Research*, 47(4), S. 374-383.

Wierckx, K., Van Caenegem, E., Elaut, E., Dedecker, D., Van de Peer, F., Toye, K., Weyers, S., Hoebeke, P., Monstrey, S., De Cuypere, G., T'Sjoen, G. (2011): »Quality of life and sexual health after sex reassignment surgery in transsexual men«, in: *Journal of Sexual Medicine*, 8(12), S. 3379-3388.

Zhou, J.N., Hofman, M.A., Gooren, L.J.G., Swaab, D.F. (1995): »A sex difference in the human brain and its relation to transsexuality«, in: *Nature*, 378(6552), S. 68-70.

Zubiaurre-Elorza, L., Junque, C., Gómez-Gil, E., Segovia, S., Carrillo, B., Rametti, G., Guillamon, A. (2013): »Cortical thickness in untreated transsexuals«, in: *Cerebral Cortex*, 23(12), S. 2855-2862.

18. Soziale Monogamie und sexuelle Abwechslung in Swinger-Clubs

»High rates of sexually transmitted infections among older swingers« (2010), in: *British Medical Journal*, 28. Juni.

Acevedo, B.P., Aron, A., Fisher, H.E., Brown, L.L. (2012): »Neural correlates of long-term intense romantic love«, in: *Social Cognitive and Affective Neuroscience*, 7(2), S. 145.

Bancroft, J., Loftus, J., Long, J.S. (2003): »Distress about sex: A national survey of women in heterosexual relationships«, in: *Archives of Sexual Behavior*, 32(2), S. 193-208.

Buss, D.M. (2001): »*Wo warst Du?«: vom richtigen und vom falschen Umgang mit der Eifersucht*, München: Hugendubel (dt. von Zoe Wellerck).

De Visser, R., McDonald, D. (2007): »Swings and roundabouts: Management of jealousy in heterosexual swinging couples«, in: *British Journal of Social Psychology*, 46(Part 2), S. 459-476.

Durante, K.M., Li, N.P. (2009): »Oestradiol level and opportunistic mating in women«, in: *Biology Letters*, 23. April, 5(2), S. 179-182.

Fisher, H. (2005): *Warum wir lieben. Die Chemie der Leidenschaft*, Düsseldorf/Zürich: Walter (dt. von Maren Klostermann).

Fisher, H.E., Aron, A., Mashek, D., Li, H., Brown, L.L. (2002): »Defining the brain systems of lust, romantic attraction, and attachment«, in: *Archives of Sexual Behavior*, 31, S. 413-419.

Garcia, J.R., MacKillop, J., Aller, E.L., Merriwether, A.M., Wilson, D.S., Lum, J.K. (2010): »Associations between dopamine D4 receptor gene variation with both infidelity and sexual promiscuity«, in: *PLoS One*, 5(11).

Jankowiak, W. (2003): »Gender and Sexuality in Mormon Polygamous Society«, in: Ember, C. und M. (Hrsg.): *Encyclopedia of Sex and Gender*, Springer, S. 433-442.

— (2008): »Co-wives, desires and conflicts in a USA polygamous community«, in: *Ethnology*, 52(3), S. 163-180.

— (2011): »One vision: The making, unmaking and remaking of an american polygamous community«, in: Cardell K. Jacobson, Lara Burton (Hrsg.): *Modern poly-*

gamy in the United States: Historical, cultural, and legal issues, Oxford: Oxford University Press, S. 41-76.

Jankowiak, W., Gerth, H. (2012): »Anthropologica. Can you love more than one person at the same time? A research report«, in: *Anthropologica*, 54, S. 95-105.

Kazdin, A.E. (2008): »Evidence-based treatment and practice: New opportunities to bridge clinical research and practice, enhance the knowledge base, and improve patient care«, in: *American Psychologist*, 63(3), S. 146-159.

Leavitt, E. (1988): »Alternative lifestyle and marital satisfaction: A brief report«, in: *Annals of Sex Research*, 1(3), S. 455-461.

Levine, S.B. (2006): *Demystifying Love: Plain Talk For The Mental Health Professional*, New York: Routledge.

Mark, K.P., Janssen, E., Milhausen, R.R. (2011): »Infidelity in heterosexual couples: Demographic, interpersonal, and personality-related predictors of extradyadic sex«, in: *Archives of Sexual Behavior*, 40(5), S. 971-982.

Meana, M., Jones, S. (2011): »Developments and trends in sex therapy«, in: *Advanced Psychosomatic Medicine*, 31, S. 57-71.

Moyano, N., Sierra, J.C. (2013): »Relationships between personality traits and positive/negative sexual cognitions«, in: *International Journal of Clinical and Health Psychology*, 13, S. 189-196

O'Connor, J.J.M., Re, D.E., Feinberg, D.R. (2011): »Voice pitch influences perceptions of sexual infidelity«, in: *Evolutionary Psychology*, 9(1), S. 64-78.

Sternberg, R.J., Weis, K. (Hrsg.)(2008): *The new psychology of love*, New Haven: Yale University Press.

Van Anders, S.M., Hamilton, L.D., Watson, N.V. (2007): »Multiple partners are associated with higher testosterone in North American men and women«, in: *Hormones and Behavior*, 51(3), S. 454-459.

Walum, H., Westberg, L., Henningsson, S., Neiderhiser, J.M., Reiss, D., Igl, W., Ganiban, J.M., Spotts, E.L., Pedersen, N.L., Eriksson E., Lichtenstein, P. (2008): »Genetic variation in the vasopressin receptor 1a gene (AVPR1A) associates with pair-bonding behavior in humans«, in: *PNAS*, 105(37), S. 14153-14156.

Winslow, J.T., Hastings, N., Carter, C.S., Harbaugh, C.R., Insel, T.R. (1993): »A role for central vasopressin in pair bonding in monogamous prairie voles«, in: *Nature*, 365, S. 545-548.

Xu, X., Brown, L., Aron, A., Cao, G., Feng, T., Acevedo, B., Weng. X. (2012): »Regional brain activity during early-stage intense romantic love predicted relationship outcomes after 40 months: An fMRI assessment«, in: *Neuroscience Letter*, 526(1), S. 33-38.

Xu, X., Wang, J., Aron, A., Lei, W., Westmaas, J. L., Weng, X. (2012): »Intense passionate love attenuates cigarette cue-reactivity in nicotine-deprived smokers: An fMRI study«, in: *PLoS One*, 7(7), e42235.

Young, L.J., Wang, Z. (2004): »The neurobiology of pair-bonding«, in: *Nature Neuroscience*, 7, S. 1048-1054.

Epilog: Sex und Wissenschaft hören beim Orgasmus nicht auf

»Diez cosas que los científicos nos enseñaron sobre el sexo en 2012«, ABC.es, 2. Januar 2013.

Alonso-Navarro, H., Jiménez-Jiménez, F.J. (2006): »Transient global amnesia during sexual intercourse«, in: *Revista de Neurología*, 42(6), S. 382-383.

Amsterdam, A., Krychman, M. (2009): »Clitoral atrophy: A case series«, in: *Journal of Sexual Medicine*, 6(2), S. 584-587.

Bancroft, J., Carnes, L., Janssen, E., Goodrich, D., Long, J. S. (2005): »Erectile and ejaculatory problems in gay and heterosexual men«, in: *Archives of Sexual Behavior*, 34(3), S. 285-297.

Bohlen, J.G., Held, J.P., Sanderson, M.O., Ahlgren, A. (1982): »The female orgasm: Pelvic contractions«, in: *Archives of Sexual Behavior*, 11(5), S. 367-386.

Fisher, T.D., Moore, Z.T., Pittenger, M.J. (2012): »Sex on the brain: An examination of frequency of sexual cognitions as a function of gender, erotophilia, and social desirability«, in: *Journal of Sex Research*, 49(1), S. 69-77.

Herbenick, D., Fortenberry, J. D. (2011): »Exercise-induced orgasm and pleasure among women«, in: *Sexual and Relationship Therapy*, 26(4), S. 373.

Hernandez, B. C., Schwenke, N. J., Wilson, C. M. (2011): »Spouses in mixed-orientation marriage: A 20-year review of empirical studies«, in: *Journal of Marital and Family Therapy*, 37(3), S. 307-318.

Masters, W.H., Johnson, V.E., Kolodny, R.C. (1985): *Masters and Johnson on sex and human loving*, Boston: Little, Brown and Company.

McCall, K.M., Rellini, A.H., Seal, B.N., Meston, C.M. (2007): »Sex differences in memory for sexually-relevant information«, in: *Archives of Sexual Behavior*, 36(4), S. 508-517.

Rattan, K.N., Kajal, P., Pathak, M., Kadian, Y.S., Gupta, R. (2010): »Aphallia: Experience with 3 cases«, in: *Journal of Pediatric Surgery*, 45(1), E13-6.

Schenck, C.H., Arnulf, I., Mahowald, M.W., et al. (2007): »Sleep and sex: What can go wrong? A review of the literature on sleep related disorders and abnormal sexual behaviors and experiences«, in: *Sleep*, 30(6), S. 683-702.

Shtarkshall, R. A., Feldman, B. S. (2008): »A woman with a high capacity for multi-orgasms: A non-clinical case-report study«, in: *Sexual and Relationship Therapy*, 23(3), S. 259-269.

Truitt, W.A., Coolen, L.M. (2002): »Identification of a potential ejaculation generator in the spinal cord«, in: *Science*, 297(5586), S. 1566-1569.

Anmerkungen

1 Der Sexualtrieb ist so stark, dass ein kräftiger junger Rattenbock sich, obwohl er es abstoßend findet, mit nach Cadaverin riechenden Weibchen paart, sofern das die einzige Möglichkeit ist.
2 Weiter hinten werden wir uns mit Fällen von Intersexualität und Transsexualität befassen, wo das genetische Geschlecht nicht der Geschlechtsidentität entspricht.
3 Zum Erhalt von Samenproben von Tieren wird die Elektroejakulation eingesetzt. Dazu wird im Inneren des Anus nahe der Prostata eine elektrische Entladung verabreicht, die den PC-Muskel (Musculus pubococcygeus) aktiviert und reflexartig die Ejakulation auslöst.
4 Die Wissenschaftler sind sich noch nicht ganz im Klaren über die an der mentalen Stimulierung beteiligten neurophysiologischen Faktoren. Bekannt ist, dass der Hypothalamus bei sensorischen Stimulationen oder Phantasien Oxytocin ausschütten und ein Signal durch das Rückenmark schicken kann, das ausreicht, um den Beckennerv und den Nervus hypogastricus (Unterbauchnerv) zu aktivieren. Aktiviert man durch elektrische Stimulierung einen konkreten Bereich des Gehirns einer Maus, kann man bei männlichen Tieren unverzüglich eine Erektion hervorrufen. Doch wie wir später im Buch noch sehen werden, gibt es Reaktionen unseres Körpers, die auch erfahrene Physiologen erstaunen und für die sie keine Erklärung haben.
5 Bei nächtlichen Erektionen ist es genau umgekehrt. Sie treten gewöhnlich in der REM-Phase parallel zur nachlassenden Aktivität in einer bestimmten Region im Hirnstamm auf, wodurch das sympathische System radikal inaktiviert wird und sich das Gleichgewicht zugunsten des Parasympathikus verschiebt – und das führt zur Erektion.
6 Die Beziehung zwischen sympathischem System und Orgasmus ist so eindeutig, dass wir misstrauisch werden sollten, wenn unser Partner oder unsere Partnerin zwar stöhnt und sich in spektakulärer Weise windet, die Pupillen sich jedoch nicht weiten, der Puls nicht schneller wird und durch den erhöhten Blutdruck nicht ein paar Blutgefäße platzen und sich Wangen oder der obere Brustbereich röten.
7 Es gibt auch ganz natürliche Produkte und Nahrungsergänzungsmittel, die bei Erektionsstörungen sehr gute Wirkungen zeigen. Kurioserweise ergab eine von Pfizer durchgeführte Studie, dass die Hersteller bei vielen dieser als alternativ verkauften Produkte den Wirkstoff von Viagra in kleiner Dosis beigefügt hatten. Ebenso kurios ist, dass Sildenafil zunächst für die Behandlung von arteriellem Bluthoch-

druck erforscht wurde und die Wissenschaftler dann bei den klinischen Studien mit Patienten einen interessanten Nebeneffekt bemerkten: Der Wirkstoff löste Erektionen aus. Die Zielgruppe wurde verändert und Pfizer machte ein Milliardengeschäft.

8 Evolutionspsychologen stellen gern Hypothesen auf, die im Rahmen der natürlichen Selektion konsistent sind, überprüfen diese anschließend aber nur selten experimentell. Eine dieser Thesen, die bei der Interpretation der Logik des weiblichen Orgasmus viel Anklang fand, war die *up-suck theory* (Einsaugtheorie), derzufolge die Muskelkontraktionen während des Orgasmus den Samen bis zum Gebärmutterhals bringen und die Wahrscheinlichkeit einer Schwangerschaft erhöhen. Erfuhr die *up-suck theory* anfangs auch viel Verbreitung, weil es logisch klang und das typische »Ah ja, klar« hervorbrachte, widerlegten spätere Experimente sie dennoch. Einen Orgasmus zu haben verbessert die Chancen für eine Befruchtung nicht signifikant, und viele Evolutionsforscher denken weiterhin, der weibliche Orgasmus habe keine evolutionäre Funktion, sondern existiere lediglich, weil die Physiologie der weiblichen Geschlechtsorgane der der männlichen gleiche.

9 Das Kinsey-Institut an der Indiana University wurde 1947 von Alfred Kinsey (auf den wir im 4. Kapitel noch ausführlich zu sprechen kommen) gegründet und ist das vielleicht emblematischste Forschungszentrum weltweit, das sich ausschließlich und multidisziplinär mit der Erforschung der menschlichen Sexualität beschäftigt. Gegenwärtig wird es von Stephanie Sanders geleitet, und zum Team gehören Biologen, Psychologen, Anthropologen, Soziologen, Historiker und Experten für Sexualverhalten. Die Institutsbibliothek enthält eine der weltgrößten Sammlungen von gedrucktem und audiovisuellem Material über Sex und ist ein Referenzpunkt für jeden Sexualforscher.

10 Diese Sicht der Masturbation als eine Praxis mit negativen Auswirkungen auf die Gesundheit geht ursprünglich auf das Jahr 1758 zurück, als der Schweizer Arzt Simon Auguste David Tissot (1728-1779) *Die Onanie oder Abhandlung über die Krankheiten, die von der Selbstbefleckung entstehen* veröffentlichte. Viele Jugendliche wuchsen aufgrund der vermeintlichen und nie wissenschaftlich bestätigten negativen Auswirkungen der Masturbation unter großem Druck, meist religiösen Ursprungs, auf.

11 Die Inder schrieben dem Verzehr von Hoden schon vor 2000 Jahren eine Wirkung gegen Impotenz zu. Im Mittelalter zeigte schon allein die Beobachtung der Eunuchen deutlich, dass die Hoden beim sexuellen Verlangen und den männlichen Eigenschaften eine Rolle spielten. Mitte des 19. Jahrhunderts transplantierte der Deutsche Arnold Adolph Berthold Hoden bei Tieren, bis er zu der Annahme kam, dass irgendeine Substanz zur männlichen Entwicklung beitrug, und Ende desselben Jahrhunderts spritzte sich der Franzose Charle-Édouard Brown-Séquard tierischen Hodenextrakt und dokumentierte, dass ihm dies das sexuelle Verlangen wiedergab. In den 1930er Jahren wurde Testosteron als Hauptandrogen identifiziert, und dann kam die ganze aktuelle Forschung über seine Einflüsse in der Embryonalentwicklung, seine Rolle bei sexuellen Störungen, den Rückgang in der Andropause, die Bedeutung für das weibliche sexuelle Verlangen oder die Beeinträchtigung seiner Produktion durch die Antibabypille.

12 Beverly Whipple ist auch so eine Wissenschaftlerin, die über Sexualität zu forschen anfing, als sie merkte, dass es kaum medizinisches Wissen dazu gab. Einer ihrer

Studenten hatte sie in den 1970er Jahren gefragt, was er einem Patienten mit einer Herz- und Gefäßkrankheit in Bezug auf Sex empfehlen sollte. Whipple wusste nicht, was sie darauf antworten sollte, konsultierte vergeblich ihre Medizinerkollegen und suchte nach Literatur. Als ihr klar wurde, dass sich – so unglaublich es auch schien – bisher niemand die Mühe gemacht hatte, genau zu untersuchen, ob der Geschlechtsakt für Herzkranke gut, gefährlich oder neutral ist, beschloss sie, Sexologin zu werden.

13 Man weiß nicht genau warum, aber die Menge des Testosterons, der man während der Schwangerschaft ausgesetzt ist, hat einen Einfluss auf das Fingerlängenverhältnis. Je mehr Testosteron, desto länger ist der Ringfinger im Vergleich mit dem Zeigefinger. Seit dieses Verhältnis entdeckt wurde, benutzen Wissenschaftler es als Index für den pränatalen Androgenspiegel, mit dem viele Körper- und Verhaltensmerkmale im Zusammenhang stehen könnten. Es gibt Unstimmigkeiten über die Gültigkeit dieser Zuschreibungen.

14 Ein Eukaryot trägt seine DNA in einem deutlich abgegrenzten Zellkern, und nicht, wie im Fall der Bakterien, überall in sich verteilt.

15 Chemosensation heißt die Fähigkeit, chemische Substanzen in der Umwelt wahrzunehmen, die in unserem Körper eine automatische Reaktion hervorrufen. Dies kommt bei allen möglichen lebenden Organismen vor, sogar bei Bakterien. Bei Säugetieren hat das olfaktorische Neuroepithel spezifische Bereiche für die chemosensorische Funktion ausgebildet, wie das vomeronasale oder Jacobson-Organ, das für die Wahrnehmung von Pheromonen zuständig ist. Es handelt sich hier nicht um »bewusste« Gerüche, die einem mehr oder weniger angenehm sind, sondern um chemische Substanzen, die über die Nase wahrgenommen werden und zum Beispiel die sexuelle Begierde steigern oder, in einer der bekanntesten Fälle, die Menstruation von zusammenlebenden Frauen koordinieren.

16 Lucia hört sich ja irgendwie furchtbar an, aber sie hat nicht unrecht. Der Körper interpretiert Kopfschmerzen als Krankheit und folgert, es sei kein guter Augenblick, um sich fortzupflanzen. Aber wie in diesem Buch bereits gezeigt wurde, entsteht sexuelles Verlangen nicht nur aufgrund von psychischer Bereitschaft. Gezielte Liebkosungen können unsere Libido wecken und viele Therapeuten empfehlen denjenigen, die ihre Sexualfunktion verbessern wollen – natürlich mit offensichtlichen Einschränkungen –, sich etwas mitreißen zu lassen und auf intime Kontakte einzugehen, obwohl sie sich anfangs nicht erregt fühlen.

17 Einer behauptet sogar, dass wir durch Sex an Gewicht zulegen. Der indische Professor Ritesh Menezes veröffentlichte einen »Letter« (einen kurzen Artikel) in der Zeitschrift *Medical Hypotheses* und argumentiert, sexuelle Aktivität und Orgasmus erhöhten den Prolaktinspiegel im Blut (nach Geschlechtsverkehr um das Vierfache als nach Masturbation) und Prolaktin habe mit Gewichtszunahme zu tun (beobachtet bei Labortieren, aber auch bei Menschen mit Hyperprolaktinämie). In dieser Logik könnte Sex zur Gewichtszunahme führen. Lustig. Ob der Kalorienverbrauch das wohl kompensiert?

18 Zum Thema Hormone gibt es eine wichtige Abstufung. Es heißt oft, dass Sport den Testosteronspiegel erhöht und dadurch das sexuelle Verlangen gesteigert wird. So eindeutig ist das nicht. Cindy Meston veröffentlichte 2010 einen Artikel, in dem eine Gruppe Frauen 20 Minuten lang einen Fragebogen ausfüllen musste, während

eine zweite Gruppe auf einem Laufband trainierte. Danach wurden allen erotische Bilder gezeigt und ihre genitale Erregung gemessen. Außerdem wurden im Speichel der Testosteronspiegel und der Wert von Alpha-Amylase gemessen, einem Indikator für die Aktivität des sympathischen Nervensystems. Die Untersuchungen ergaben, dass die Testosteronspiegel nicht erhöht waren, der Alpha-Amylase-Wert aber durchaus. Das signalisierte die Aktivität des sympathischen Nervensystems während des Sports, und die Frauen, die sich körperlich betätigt hatten, zeigten auch eine stärkere genitale Reaktion. Die bereits breit akzeptierte Vorstellung, dass die Aktivität des sympathischen Nervensystems die Erregung erleichtert, wurde durch diese Studie bestätigt, auch wenn es nach wie vor Zweifel am Zusammenhang von Sport, Testosteron und Erregung gibt.

19 Im 3. Kapitel wurde erklärt, dass das Gefühl in Penis und Klitoris vom Schamnerv abhängt, das der Vagina vom Beckennerv. Diese Nerven des parasympathischen Systems stammen aus dem Lumbal- und Sakralbereich der Wirbelsäule, daher machen Rückenmarksverletzungen die genitale Empfindung unmöglich. Wenn die Läsion nicht sehr hoch liegt, können einige Frauen bei einer tiefen Penetration im inneren Bereich der Vagina etwas fühlen, denn dort kommen einige Fasern des Unterbauchnervs an, die in der Körpermitte aus der Wirbelsäule austreten. Eine echte Überraschung war es, als Barry Komisaruk entdeckte, dass manche Frauen mit weiter oben liegenden Verletzungen und eigentlich vollkommener Empfindungslosigkeit bei einer sehr tiefen Stimulation im Gebärmutterhals Erregung verspürten und sogar zum Orgasmus kamen. Das war nie zuvor beschrieben worden, und nach weiteren Experimenten stellte Barry fest, dass der Vagusnerv (der nicht im Rückenmark, sondern vom Gehirn aus durch den ganzen Körper verläuft und über den Status der Organe informiert) bis an die Gebärmutter reicht und sexuelle Reize übertragen kann.

20 Auch wenn das Unfug ist, passen die Ergebnisse zu dem, was wir heute über die relative Flexibilität des Sexualverhaltens wissen. Die sexuelle Identität (sich als Mann oder Frau zu fühlen) wird nicht gewählt, sondern ist von der Embryonalentwicklung und den ersten Etappen des Lebens an festgelegt. Ein Transsexueller sucht sich das nicht aus, er ist von Kindheit an nicht mit seinem Körper einverstanden. Die sexuelle Orientierung (sich zu Männern, Frauen oder beiden hingezogen zu fühlen) ist bei Frauen fließender, bei Männern jedoch sehr stabil, sobald sie einmal definiert ist. Viele Reize hingegen, die sexuelle Begierde entfachen oder verstärken, werden während verschiedener Schlüsseletappen der sexuellen Entwicklung mittels Erfahrungen gelernt und können leichter intensiviert, gedämpft oder durch andere Praktiken ersetzt werden.

21 Daten aus Chandra A., Mosher, W.D. und Copen, C. (2011): »Sexual Behavior, Sexual Attraction, and Sexual Identity in the United States: Data from the 2006-2008 National Survey of Family Growth«, in *National Health Statistics Reports*, Nr. 36, Hyattsville, MD: National Center for Health Statistics. Je nachdem, wie die Umfragen durchgeführt werden und was gefragt wird, kommen manchmal etwas höhere Prozentzahlen heraus. Zum Beispiel ist der Anteil von Personen, die sich als heterosexuell definieren, jedoch Sex mit Personen desselben Geschlechts hatten, signifikant höher und abhängig von sozioökonomischen, religiösen, kulturellen und bildungstechnischen Variablen.

22 1935 schickte Freud seinen berühmten Brief an eine wegen der Homosexualität ihres Sohnes besorgte Mutter. Darin stand: »Homosexualität ist sicher kein Vorteil, aber sie ist nichts, dessen man sich schämen müsste, kein Fehler, keine Entartung; sie kann nicht als Erkrankung eingeordnet werden; wir nehmen an, dass sie eine Variation der sexuellen Funktion ist, erzeugt durch einen gewissen Stillstand der sexuellen Entwicklung. Viele hoch respektable Persönlichkeiten vergangener Zeiten und der Gegenwart waren homosexuell, darunter einige der größten Männer (Plato, Michelangelo, Leonardo da Vinci, etc.). Es ist ein großes Unrecht, Homosexualität als Verbrechen zu verfolgen – und höchst grausam noch dazu. [...] Wenn er unglücklich, neurotisch, konfliktbeladen und gesellschaftlich gehemmt sein sollte, könnte ihm eine Therapie Harmonie, inneren Frieden und volle gesellschaftliche Funktionsfähigkeit zurückgeben, egal ob er homosexuell bleibt oder nicht.«
23 Ich fand es schon immer merkwürdig, dass viele einen Mann, der sich traut, Sex mit einem anderen Mann auszuprobieren, sofort als schwul bezeichnen, während eine heterosexuelle Frau, die gelegentliche Beziehungen zu anderen Frauen hat, nicht gleich als lesbisch gilt. Möglicherweise zeigt das eine historisch größere Intoleranz gegenüber männlicher Homosexualität, die wahrscheinlich auch dafür verantwortlich ist, dass mehr zu homosexuellen Männern als Frauen geforscht wurde.
24 Viel zu häufig deuten wir tierisches Verhalten zu anthropomorph. Edward O. Wilson hat ein wunderbares Beispiel: Er beobachtete in verschiedenen Ameisengesellschaften, dass tote Ameisen eingesammelt und auf den Ameisenfriedhof gebracht werden. Eigentlich tun sie das, damit der Körper nicht im Inneren des Baus verwest, aber einige Biologen deuteten diese Handlung anders und legten nahe, dass Ameisen, auch wenn sie uns wie unbedeutende Insekten vorkommen, ein Bewusstsein haben und zwischen Leben und Tod unterscheiden können. Wenn man nun eine lebende Ameise mit der chemischen Substanz imprägniert, die nach dem Tod von ihrer Haut abgegeben wird, und mitten in den Bau legt, dann, so Wilson, wird sie eingesammelt und auf den Friedhof gebracht, auch wenn sie noch so sehr zappelt.
25 TES (The Eulenspiegel Society) ist eine 1971 in New York gegründete Organisation, die es sich zur Aufgabe gemacht hat, Fortbildung und Unterstützung für Mitglieder der BDSM-Kultur anzubieten. Der Begriff BDSM umfasst Sadomasochisten, Fetischisten, Praktizierende von Bondage und verschiedenen anderen Praktiken und sexuellen Ausdrucksformen, bei denen physischer Schmerz oder Demütigungen zugefügt oder empfangen werden. TES organisiert wöchentliche Workshops und Diskussionen für die Mitglieder im Verbandssitz in der 36th Street. Die meisten Treffen sind für Interessierte geöffnet. Ich war mehrfach dort und fand es sehr bereichernd.
26 Der Begriff von Normalität fällt unterschiedlich aus, je nachdem, ob wir es mit soziokulturellem oder darwinistischem Blick betrachten. Mehrere Autoren interpretieren beispielsweise den weiblichen Exhibitionismus als einen natürlichen Trieb, die Genitalien in fruchtbaren Momenten zum Zwecke der Fortpflanzung zu zeigen oder auch bei wettstreitenden oder freundschaftlichen Beziehungen mit anderen Weibchen. Wenn unmäßiger Exhibitionismus auch vom darwinistischen Standpunkt her nicht als unnormal gelten sollte, ist er sehr wohl eine Paraphilie, sofern er Probleme für Dritte oder einen selbst mit sich bringt. Der feine Unter-

schied liegt also im Kontrollverlust, im zwanghaften Verlangen und dessen negativen Auswirkungen.

27 Wenn ich von transsexuellen Frauen spreche, meine ich Transsexuelle, die mit männlichen Genitalien geboren wurden, sich jedoch als Frau fühlen und ihr Geschlecht umwandeln. Und wenn ich von transsexuellen Männern spreche, meine ich Personen mit weiblichem Körper und männlicher Geschlechtsidentität. Ich werde den Begriff Transgender vermeiden, der nicht nur Transsexuelle meint, die sich hormonellen oder chirurgischen Behandlungen unterziehen, um ihr körperliches Geschlecht anzupassen, sondern jede Person, die zeitweilig oder ständig eine Diskrepanz zwischen biologischem Geschlecht und sozialer Rolle empfindet. Der Begriff Transgender ist im Englischen üblich, er ist jedoch so allgemein und meint so viele unterschiedliche Identitäten, dass er verwirrend sein kann. Transsexuelle sind eine Untergruppe innerhalb von Transgender.

28 Auch wenn es nur ein Einzelfall ist, ich muss einfach von der komischen Situation berichten, die mir ein Freund beichtete. Auf einer langen Autofahrt mit seiner Freundin, mit der er nach anderthalb Jahren Trennung wieder zusammengekommen war, nutzten sie die Zeit, um sich in aller Ruhe von den verschiedenen Abenteuern und Beziehungen zu erzählen, die sie in der Zwischenzeit gehabt hatten. Ich erinnere mich noch genau, wie mein Freund mit überraschter Miene meinte: »Keine Ahnung, was mit mir los war. Ich saß am Steuer, und jedes Mal, wenn sie mir von einer Affäre mit einem anderen Kerl erzählte, bekam ich eine leichte Erektion.« Ganz übereinstimmend mit den Studien, die Eifersucht in Beziehung zu steigendem sexuellen Verlangen setzen.

29 Dieser Text soll nicht als Kritik an der Polyamorie gelesen werden, ganz im Gegenteil. Ich habe viele Polyamoröse kennengelernt und bewundere ihren lobenswerten Versuch, die positiven Gefühle der Liebe mehreren Personen gegenüber gleichzeitig zu empfinden. Ihre Einstellung, Aufrichtigkeit und Kommunikationsfähigkeit sind beeindruckend, und viele von ihnen führen ein absolut erfülltes Leben. Doch die Psychologie stimmt in einigen Punkten nicht mit ihrer Vision überein, nämlich dass Polyamorie ein natürlicherer Zustand sei als soziale Monogamie, und auch nicht, dass man leidenschaftlich in zwei Menschen zugleich verliebt sein kann oder Eifersucht in einer Paarbeziehung als etwas Negatives vermieden werden sollte. Viele von uns würden es nicht ertragen, mit jemandem zusammen zu sein, der nicht eifersüchtig wegen uns wäre.

Register

5α-Dihydrotestosteron 44, 438 f.

Acevedo, Bianca 475, 529 f.
Adrenalin 43, 48 f., 53 ff., 158, 278
Adrenarche 164
Adrenogenitales Syndrom 436
Afferente Nervenfasern 55
AIS siehe Androgenresistenz
Alexithymie 373
Alkohol 49, 62 ff., 174 ff., 200, 285 ff., 297, 414, 418 f., 429
Amerikanische Psychiatrische Vereinigung 69, 205, 501
Amygdala 41 f., 83, 91 ff., 160, 251, 426
Analsex 123 ff., 169 f., 180 ff., 222, 308 f., 377, 384 ff., 400, 458 f.
Anaxagoras 33
Androgene 44 ff.
Androgenresistenz 36, 435 ff.
Andropause 45, 136, 203
Anorgasmie 89, 124, 133, 202 ff.
Antibabypille 46, 186, 210 f.
Anti-Müller-Hormon 34, 435
Aphallie 489
Aphrodisiakum 173 ff.
Ariely, Dan 262, 514
Aristoteles 33, 125 f.
Aron, Arthur 475, 529 f.
Arousal Deficit Disorder siehe Erregungsstörung
Ärztliche Gesellschaft für Sexualwissenschaft und Eugenik 128
Asexualität 368 ff.
Ästhetische Vorlieben 256

Atkinson, Brent 476
Attraktivität 187, 242, 256 ff.
Ausrichtung siehe Sexuelle Orientierung
Autoerotische Atemkontrolle 421, 424 ff.
Averageness 258, 261
Aversionstherapie 341, 345

Bailey, Michael 354, 366
Bakterien 216, 222 ff.
Bancroft, John 97, 342 ff., 362, 501 f., 521, 529, 531
Barebacking 181
Basson, Rosemary 206, 212, 302, 504, 510, 516
BDSM 375
Becher, Edgardo 136, 511
Beckennerv 55 ff., 62, 66, 80 ff.
Behaviourismus 397
Benamou, P.H. 394, 523
Benjamin, Harry 129
Berührungsrezeptoren 100
Beziehungsprobleme 199, 204 ff.
Bigender 447 ff.
Binik, Irvin 112
Bipolare Störung 413, 448
Bisexualität 118, 349, 365 ff., 433 ff., 457 ff.
Bivona, Jenny 406, 523
Blanchard, Ray 356 ff., 504, 521 f., 526
Bloch, Iwan 128
Blutpenis 189
Body Worship 421
Bogaert, Anthony 358 ff., 369 ff., 521
Bonaparte, Marie 72 ff., 147

Bondage 375, 425
Bonobos 187, 229, 248 ff.
Booty Calls 283
Brindley, Giles 197 f., 511
Brock, Bastian 388 ff.
Brody, Stuart 167 ff., 501, 504, 506, 509, 518
Brotto, Lori 296 ff., 371 ff., 516, 521 f.
Brown, Lucy 475, 529 f.
Buisson, Odile 76, 140, 502 f., 508
Buss, David 262, 463, 512, 514, 528

Cabello, Francisco 210 f.
Cabestany, Peio Ruiz 485
CAIS siehe Androgenresistenz
cAMP siehe Cyclisches Adenosinmonophosphat
Carrellas, Barbara 291 ff.
Center for LGBT Health Research 363 f.
Cervero, Fernando 383
cGMP siehe Cyclisches Guanosinmonophosphat
Chakras 293 f., 298
Chivers, Meredith 114 ff., 428, 502, 504, 512, 517, 522, 526
Cialis 66, 68, 200
Clark, Russell 280 f., 513
Concordia University 25, 395
Conditionated Place Preference 30
Conti, Giuseppe 130
Coolidge-Effekt 20, 156 ff.
Coria-Ávila, Genaro 357, 511 f., 523 f., 527
Cortisol 44, 48 ff., 251, 259, 277, 298, 382 ff., 482
Courtois, Frédérique 333 f., 520
Cowper 126
Critelli, Joseph 406, 523
Cyclisches Adenosinmonophosphat 59, 66
Cyclisches Guanosinmonophosphat 59, 66
Cyproteron 45, 424

Dating 266 ff.

Dating-Portale 266 ff.
Dauererregung 213 f.
DeLamater, John 324, 328, 518
Deutsch, Helene 407
Diagnostic and Statistical Manual of Mental Disorders 69, 205 f., 343, 361, 372, 377, 392, 411, 420, 422 f., 442, 501
Diagnostisches und Statistisches Handbuch Psychischer Störungen siehe Diagnostic and Statistical Manual of Mental Disorders
Diamond, Lisa 349 ff., 521
DNA 232
Dom 379
Dominanz 117, 303, 379 ff.
Domination 375
Donnerschlagkopfschmerz beim Orgasmus 317
Dopamin 47
Dopaminstoffwechsel 479
DSM-5 siehe Diagnostic and Statistical Manual of Mental Disorders
Duales Kontrollmodell 64, 97
Dunn, Kate 148, 503, 507
Dysfunktionen bei Frauen 204 ff.
Dysfunktionen bei Männern 198 ff.
Dyspareunie 173, 180, 183, 214 f.

Efferente Nervenfasern 55
Ehrhardt, Anke 109
Eierstöcke 29, 34 ff., 45, 78, 210, 434, 450
Eifersucht 243 f., 463 ff.
Eileiter 35, 126, 230, 444, 450
Eisprung 27 ff., 164, 241 ff., 258, 401
Elektroschocktherapie 342 ff., 361
Ellis, Henry Havelock 129
Embryonale Entwicklung der Genitalien 33 ff., 192, 230, 257, 348, 355 ff., 438, 444 ff.
Endokrines System 43, 49
Endorphine 48
Entwicklungsgeschichte 240 ff.
Erektile Dysfunktion 68, 195 ff.

Erektionsstörung 65, 94, 125, 174, 191 ff.
Erregung
fehlende 299
Klitoris und Penis 56 ff.
mentale Kontrolle 178, 201, 297
Messung 65, 110
Orgasmus 74
Probleme 68, 157, 179, 199 ff., 312, 327
Schmerz als Auslöser 375
spontaner 486
und Alkohol 175 ff.
und Nervensystem 55 ff.
und Schmerzempfindung 78 ff.
unwillentlicher 426 ff.
Wahrnehmung 113 ff., 177 f., 296
Erregungsphase 133
Erregungsstörung 32, 67 ff., 174, 205 ff., 212 ff., 296 f., 302
siehe auch Erektionsstörung
Estradiol 44 ff.
Ethikkommission 280, 339
Eulenberg, Albert 128
European Federation of Sexology 84, 452
Exhibitionismus 421

Falloppio 126
FDA (Food and Drug Administration) 66, 69, 209
Female Sexual Arousal Disorder 69, 205 f., 302
Fetischismus 127, 392 ff., 420 f.
Fisher, Helen 269, 271, 469, 507, 513, 529
Fleischpenis 189
Flibanserin 69, 208
Flirtbereitschaft 44, 48
Flirten 270 ff.
fMRT siehe Funktionelle Magnetresonanztomographie
Follikelstimulierendes Hormon 47
Fortpflanzung, ungeschlechtliche 227
Frauenschuhe 392 ff.

Freud, Sigmund 75, 128 f., 138, 348, 402, 537
Friends with Benefits 283
Frigidität 129
Frotteurismus 420
FSAD siehe Female Sexual Arousal Disorder
FSH siehe Follikelstimulierendes Hormon
Fuck Buddy 283
Funktionelle Magnetresonanztomographie 81, 85 ff., 141, 160, 218, 300, 311, 475

Garcia, Justin 119, 282 ff., 347, 479, 513 f., 529
Gedankenunterdrückung 403
Gehirnaktivität
bei Erregung und Orgasmus 85
bei fehlender Lubrikation 82 f.
bei Pädophilie 95 ff.
Beobachtung im fMRT 83
und Alkohol 176
Gehirnschema 43
Gelegenheitssex 280 ff.
Genetischer Determinismus 247, 360, 445
Genitalchirurgie 186, 437
Georgiadis, Janniko 84, 98, 501 f., 504, 512
Geruchsbildung, vaginale 221
Geruchssignale 23 ff., 100
Geruchssinn 100, 278 ff.
Geschlechtsanpassung 437 ff., 449 ff.
Geschlechtschromosomen 33 ff.
siehe auch X-Chromosom, Y-Chromosom
Geschlechtsdifferenzierung 33 ff., 356 ff.
Geschlechtsdimorphismus 236 f.
Geschlechtsidentität 18, 352 ff., 435 ff.
Geschlechtsidentitätsstörung 442 ff.
Geschlechtsorgane, Vergleich 39
Geschlechtsumwandlung 235, 437 ff., 449 ff.
Gesichtssinn 101
Gestagene 44

Gilabert, Anna 335
Gleitmittel 71, 151, 171 ff., 173 f., 184, 203, 212
Goldstein, Andrew 210, 511
Goldstein, Irwin 68, 168, 196, 511, 518
Gonaden 34 f.
Gonadoliberin 47
Gonorrhoe 223
Gorillas 187, 251
Gorzalka, Boris 296 f., 516, 522
Gottmann, John 474 f.
G-Punkt 36, 75, 121, 136 ff., 172
Gräfenberg, Ernst 129, 138, 507
Großhirnrinde 43
Guibert, Georges-Claude 347
Guillamón, Antonio 444, 528 f.

Haeberle, Erwin 201, 505
Hald, Gert Martin 313, 517
Hart, Veronica 306
Hatfield, Elaine 280 f., 513
Heiman, Julia 108 ff., 119, 471 f., 503, 507 f.
Herbenick, Debbie 120, 173, 485, 503, 508, 531
Herpes 225
Hirschfeld, Magnus 128
HIV 109, 167, 181, 184, 219, 221, 225, 284, 350, 363 f., 494
Hoden 34 ff.
Hodes, Richard 325
Homogamie 267
Homophobie 247, 345, 363 f.
Homosexualität 127 ff., 133, 422, 437, 466, 495
  bei Tieren 353
  Desensibilisierung 202, 345, 388
  Entwicklung 348 ff.
  fraternal birth order 358
  hormonelle Einflüsse 356 ff.
  maternal immune hypothesis 359
  Reorientierung 345
  Reparativtherapie 361 ff.
  Risikofaktoren 363
  Stigmatisierung, gesellschaftliche 344, 362, 441
  und gleichgeschlechtliche Kontakte 350 f.
  Zwillingsstudien 355
Hook-up-Kultur 280 ff.
Hormone 27 ff.
HPV siehe Humane Papillomviren
HSDD siehe Hypoactive Sexual Desire Disorder
Human Microbiome Project 216
Humane Papillomviren 181 ff., 225, 363
Hyde, Janet 42, 501 f., 509, 518
Hypersexualität 28, 167, 198, 211, 312, 410 ff.
Hyperventilation 295 ff., 334
Hypoactive Sexual Desire Disorder 69, 205 ff., 371 ff.
Hypophyse 47
Hypothalamus 41 ff., 78, 83, 92 ff., 278, 318, 354 ff., 443, 448
Hysterie 171 f., 317

Identität, sexuelle siehe Geschlechtsidentität
Infektionen 199, 204, 214, 221 ff., 287
Insel, Thomas 326
Instituto Guttmann 334
International Society for Sexual Medicine 68, 135 f., 196
Intersexualität 435 ff.
Irrationalität 105 ff.
ISSM siehe International Society for Sexual Medicine
Jacobson-Organ 100

Jankowiak, William 465, 529 f.
Jannini, Emmanuele 141, 145, 502 f., 507 f., 510
Janssen, Erick 97, 113, 119, 501, 503, 526, 530 f.
Janus Report 123, 505
Johnson, Virginia siehe Masters und Johnson
Jost, Alfred 36
Jungfernzeugung 233
Jungfräulichkeit 182, 494

Kahn Ladas, Alice 138
Kantorowitz, D.A. 396, 524
Kaplan, Megan 410 ff., 422 f., 527
Kastration 44, 128, 424
Kindheitserfahrungen 129, 150, 165 f., 257, 305, 346 ff., 394, 423, 434 ff., 442, 446, 453
Kindliche Sexualität 164
Kinsey, Alfred Charles 19, 120 ff., 130 ff., 162, 189, 345, 505
Kinsey-Institut 110 ff., 119 ff., 181, 187, 323, 506, 534
Kinsey-Skala 132, 345
Klischees 256, 327, 495
Klitoris
  Abbildung 76
  Durchblutung 71, 115, 205
  Abstand zur Vagina 71
  Orgasmus 73
  Stimulation 75
  Größe 185 f.
Kloake 34 ff., 230
Kokain 47, 49, 311, 414 ff.
Komisaruk, Barry 13, 77 ff., 160, 213, 386 f., 502, 504, 524 f.
Konditionierung 26, 31, 247, 311, 347, 355, 358, 394 ff., 412, 423, 446
Kondom 105 ff., 119 ff., 168 f., 184, 199, 218 ff., 284 ff.
Konjugation 232
Kontinuum, Sexualverhalten 40, 132, 345 ff., 357, 435, 445
Kontrollverlust 311 f., 392, 411 ff., 417 ff.
Krafft-Ebing, Richard 127, 527
Krankheiten, sexuell übertragbare 222 ff.
Krause-Endkolben 58
Krueger, Richard 167, 410 ff., 423 ff., 511, 527
Krüger, Tillmann 158, 501, 506, 509
Küssen 277 ff.

Landis, Carney 73 f.
Laumann, Edward O. 124, 197, 207, 503, 505, 511
Leknes, Siri 385 ff., 524
Leonard, Veronica 306

Leonardo da Vinci 126
LeVay, Simon 354, 522
Levin, Roy 94, 160 f., 426 ff., 477, 502, 509, 511, 527
Levine, Stephen 416, 476, 527, 530
LH siehe Luteinisierendes Hormon
Libidomangel 203
Liebkosung 99 f., 142, 152, 172, 212,
Lloyd, Elisabeth 74, 503, 510
Lobotomie 383, 413
Loeb, Heinrich 189
Lordosisverhalten 24, 32, 38, 46, 78, 357
Low Desire siehe Verlangensstörung
Lubrikation 45, 143 f., 184, 427 ff.
Lubrikationsprobleme 71, 175, 212 ff., 327
Lust
  Hilfsmittel zur Steigerung 170 ff.
  Hormone 29 ff.
  Intensitätssteigerung durch Stress 425 f.
  und Schmerz 60, 80, 92, 383 ff.
Luteinisierendes Hormon (LH) 27, 47

Macapagal, Kathryn 105, 110
Malamuth, Neil 313, 317
Mañero, Iván 449 ff.
Mantegazza, Paolo 126
Marcs, Isaac 342
Marcus, Bat S. 69
Masters und Johnson 71, 75 f., 133 f., 138 ff., 165, 189, 206, 471 ff., 492 ff., 505, 531
Masters, William siehe Masters und Johnson
Masturbation 73, 126, 128 ff., 150 ff., 318 ff., 361, 371, 396 f., 425, 453
Masturbation vs. Geschlechtsverkehr 163
McBride, Kim 182, 509
Meana, Marta 473, 530
Meditation 74, 116, 146, 291 ff., 298 ff., 473
Menopause 28, 45, 71, 185, 212, 296, 327
Menstruationszyklus 27 ff., 45, 258
Meston, Cindy 174, 296, 302, 503, 516, 519, 531

Methamphetamin 47, 49, 414
Meyer Bahlburg, Heino 437 ff., 528
Mikroorganismen, genitale 216 ff.
Mikropenis 159, 191 ff., 204, 389
Money, John 130, 352
Monogamie
soziale 239, 245 ff.
Monogamie, soziale 246, 461 ff., 494 ff.
Moore, Monica 271 ff., 515
Moyano, Nieves 402, 524, 530
Multiple Orgasmen 130, 146 ff., 152 ff.
Mutationen 36, 257, 358, 435, 438

National Institute of Aging 325
National Institutes of Health 14, 97, 192, 325 f.
National Survey of Sexual Health and Behaviour 121 f.
Natürliche Selektion 27, 73, 157, 240 ff., 258, 287, 348, 492
Nebennierenrinde 44, 436
Nekrophilie 421
Nervensystem 55 ff.
Nervensystemläsionen 202, 333 ff.
Nervosität 64, 199
Nervus pelvicus 55
siehe auch Beckennerv
Nervus pudendus 55
siehe auch Schamnerv
Neurochirurgie 336 ff.
Neurofeedback 83
Neurotransmitter 47 ff., 58, 94, 389
Neurowissenschaften 29, 94 f., 103, 106, 218, 417, 443
New Viewing Campaign 208
Nicht myelinisierte Nervenfasern 100
Nichtübereinstimmung zwischen Kopf und Genitalien 114 ff.
Nonverbale Verführungssignale 270 ff.
Noradrenalin 47 f.
NSSHB siehe National Survey of Sexual Health and Behaviour
Nucleus accumbens 83, 91 f., 310, 354, 414, 475, 481

Obsession 96, 167, 378, 392 ff., 404 f., 409 ff., 421 ff.
Ogas, Ogi 261, 475, 515
Online-Dating 119, 267 ff., 288
Oralsex 120 ff., 220, 229, 249, 285, 309, 328 f.
Orgasmus
bei Rückenmarksverletzungen 57, 74, 80 f., 142
Häufigkeit 149 ff.
klitoraler 36, 75 ff., 127 ff., 168 ff.
Kopfschmerzen 317
multipler 130, 146 ff., 152 ff.
Schmerzlinderung 316 ff.
spontaner 429 ff., 486 ff.
und Gehirnaktivität 81 ff.
unwillentlicher 426 ff.
vaginaler 36, 75 f., 138 ff., 168 ff., 429
Orgasmusphase 133
Östrogen 45 f.
Östrogenersatz 209 ff.,
Overgoor, Max 337 f., 520
Oxytocin 48

Paarübungen 472 ff.
Pädophilie 45, 95 ff., 127, 326, 344, 401, 420 ff., 466
PAIS siehe Androgenresistenz
Papaverin 68, 189, 195 f.
Parada, Mayte 29 f., 501 f., 524, 527
Paraphilie 420 ff.
Paraplegie 332
Parasympathikus 55 ff.
Parasympathisches Nervensystem 54 ff., 333
Parietallappen 42, 448
Parthenogenese siehe Jungfernzeugung
Partnervermittlung 265
Paul, Bryant 120
Pawlow, Iwan 344, 394 ff.
Pawlow'sche Konditionierung 344, 396, 423
PC-Muskel 61, 152
PDE-5-Hemmer 66
Penetrationsphobie 214
Penisfechten 227

Penisgröße 185 ff.
Penisimplantat 68, 70, 136, 195, 200, 452
Penispumpe 53, 68, 70, 200
Penisumfang 187 ff.
Performance Anxiety 65, 199
Peripheres Nervensystem 55 ff.
Perret, David 255, 513
Perry, John 137 f., 506
Persistent Genital Arousal Disorder 213
Peyronie-Krankheit 204
Pfaus, Jim 25 ff., 395, 501 f., 511, 523 f., 527
PGAD siehe Sexuelle Dauererregung 213
Phantombrüste 447
Phantompenis 447, 454 ff.
Pharmaindustrie 66 f., 69, 206 ff., 301
Pheromone 99 ff., 278
Phosphodiesterase-V-Hemmer 66
Photoplethysmograph 110 ff., 177, 179, 296, 366
Pilzinfektion 224
Placeboeffekt 174, 302
Plateauphase 133
Polyamorie 466 ff.
Polyamoröse 463 ff.
Polygamie 245 f., 467 ff., 478
Polymorphismus 45, 443, 478 f.
Ponseti, Jorge 95 ff., 102, 504 f., 522
Pornodarsteller 305
Pornografie 102, 303 ff., 314, 377, 413 ff., 425, 495
Pornosucht 310
Präfrontaler Kortex 42, 83, 91, 107, 247, 311, 413 ff.
Pränataler Hormonspiegel 357, 439, 444
Priapismus 204
Progesteron 46
Prolaktin 47
Promiskuität 157, 166, 245 f., 407, 413
Psychische Faktoren 105 ff.
Psychische Gesundheit 169, 321, 324 f.

Ralph, David 452
Ramachandran, Vilayanur 447 f., 455, 527 f.

Rattenexperimente 23 ff., 78 ff., 156 ff., 357 ff., 395 ff.
Ravel, Jaques 218 ff., 511
Refraktärphase 47, 94, 156 ff., 201, 396 f.
Reimer, Bruce 352
Relationshopping 267
Riechschleimhaut 100
RigiScan 65
Risikoverhalten 109, 120, 181, 297, 310, 363
Rockefeller-Stiftung 131, 133
Rosen, Raymond 207, 511
Royalle, Candida 306
Rubio, A. 145, 510
Rückenmarksverletzungen 57, 74, 80, 142, 331 ff.
Rückbildungsphase 133

Sadismus 421
Sadomasochismus 375
Safeword 379
Sánchez Sánchez, Laura 399, 403 ff., 525 f.
Sanders, Alan 355
Schamlippen 35, 37, 82, 132, 186, 437, 449 ff.
Schamnerv 55 ff., 76, 80, 82, 87 ff., 185, 213
Scheidenspülung 220, 224
Scheinschwangerschaft 76 ff.
Schmerzen
  aufgrund von Muskelschwund 327
  beim Analverkehr 180 ff.
  beim Geschlechtsverkehr 71, 173, 204, 214
  beim Urinieren 223
  Orgasmuskopfschmerz 317
  Phantomschmerzen 455
  Sex zur Schmerzlinderung 315 ff.
  und Lust 60, 80, 92, 383 ff.
  und Schuldgefühl 389 f.
Schmerzgrenzen erforschen 383 ff.
Schmerzhafte Dauererektion 204
Schmerzhafte Peniskrümmung 204
Schönheitsideal 256 ff.

Schubach, Gary 144
Schwellkörper 35, 56 ff., 141, 450 f.
Semans, James 130
Sensate Focusing 472
Serotonin 48
Serotonin-Wiederaufnahmehemmer 48, 202, 423
Sex bei Rückenmarksverletzungen 331 ff.
Sex im Alter 323
Sex und Gesundheit 318 ff.
Sex und Tabus 74, 97, 324, 336, 339, 383, 436
Sex zur Schmerzlinderung 316 ff.
Sexualerziehung 69, 109, 495
Sexualkannibalismus 237
Sexualmedizin 126, 168, 180, 196 ff., 211, 214, 299 f., 326, 496
Sexualtherapie 215 f., 301, 473
Sexuelle Dauererregung 213
Sexuelle Fluidität 349
Sexuelle Orientierung 38, 344 ff., 422, 432, 445 ff.
Sexuelle Phantasien 83, 309, 370 ff., 399 ff., 411, 416, 422 ff., 476
Sexuelle Reaktion, Modelle 98, 206, 212, 302
Sexuelle Übereinstimmung 115
Sexueller Missbrauch 97 f., 287, 300, 305 f., 313, 348, 364, 423, 426 ff.
siehe auch Pädophilie, Vergewaltigung
Sierra, Juan Carlos 402, 524 f., 530
Sildenafil 66, 174, 200
Singer Kaplan, Helen 97, 134, 206, 471, 505
Sinnlichkeit 118, 136, 292, 458, 473
Skinner, Burrhus Frederic 397
Soziale Monogamie 244, 461 ff.
Sozialisierung 28, 346 ff., 373
Soziokulturelle Faktoren 125, 149, 198, 204, 215, 287, 448, 478, 491 f.
Spanking 379
Spector, Tim 148, 503, 507
Spiegelneuronen 102 f., 309
Spina bifida 337
Spitzer, Robert 361 ff.

Sport und Orgasmus 486
Squirting 142 f.
SRD5-Mangel 438
SRY-Gen 34, 435
SSRI siehe Serotonin-Wiederaufnahmehemmer
Stall, Ron 363, 522
Statistiken zum Sexualverhalten 119 ff.
Stone, Calvin 44, 502
Streicheleinheiten 99 ff.
Stress 47 ff., 51, 54, 62 ff., 74, 149, 199, 257, 296, 312, 316, 376 f., 382, 418, 426 ff., 486
Štulhofer, Sasha 120, 183, 384, 505, 510, 518, 525
Sub 379
Sucht
 siehe auch Obsession
 Fetischischmus 393
 Hypersexualität 411 ff.
 Internetsucht 310
 nach Liebe 480 ff.
 Pornografie 310
 Sex 414 ff.
Swaab, Dick 354, 443 f., 522
Swami, Viren 255 ff., 515
Swinger 461 ff.
Switch 379
Symonds, J.A. 129
Sympathikus 51, 55 ff.
Sympathisches Nervensystem 53 ff., 62 ff., 176, 295 f., 334, 388 ff., 408, 426, 429 f.
Syphilis 223

Tantra 74, 152 ff., 473
Tantrischer Sex 291 ff.
Taormino, Tristan 143, 307, 314, 469
Tastsinn 99
Testosteron 44 f.
Testosteronersatz 21, 68, 136, 203 ff.
Tiefer, Leonore 208, 511
Tiere, Geschlechtsleben 227 ff.
 Affen 245 f., 248 ff.
 Amöben 232
 Bonobos

Register

Delfine 27
Eidechsen 233
Eisprung 240
Enten 229 ff.
Fische 234, 236, 246
Flughunde 229
Hühner 229 ff.
Jungfernzeugung 233
Kindsmord 243
Krokodile 236
Paviane 241
Plattwürmer 227
Schildkröten 235
Schnecken 235
Seeteufel 236
Skorpione 234
Spinnen 237
Vögel 244, 246
Tissot, Simon Auguste David 167
Transsexualität 38, 129, 432 f., 441 ff., 448
Transsexuelle und heterosexuelle Männer 458
Transvestitismus 421, 432 ff.
Traumatische Erfahrungen 54, 65, 129, 199 ff., 300 f., 348, 426 ff., 442

Umfagen zu Sexualverhalten 119 ff.
Unterbewusstsein 262, 270
Unterwerfung 375
Untreue 108, 243 ff., 464, 477 ff.
Unverbindlicher Sex 282 ff.

Vagina 75 ff.
Vaginalflora 216 ff.
Vaginalverkehr 75
Vaginismus 214 ff., 452
Vaginose 225
Van Berlo, Willy 426 ff., 527
Vanillasex 380
Vasektomie 129
Vergewaltigung 408, 420, 426 ff.
Vergewaltigungsphantasien 406 ff.
Verlangen
  Mangel an 368 ff.

soziokulturelle Faktoren 125, 204 ff.
Wahrnehmung 296 ff.
Verlangen vs. Erregung 205 ff.
Verlangensstörung 28, 32, 67 ff., 205 ff., 370 ff.
Versagensangst 65, 199
Viagra 65 ff., 174, 206 ff., 324, 333
Vibrator 71 f., 133, 170 ff., 317
Vidal, Joan 334, 336
Virusinfektion 224
  siehe auch HIV
Vorzeitige Ejakulation 48, 62 ff., 89, 125, 130, 201 ff.
Voyeurismus 421

Wahrnehmung 99 ff., 107 ff.
Wallen Kim 74, 147, 503, 510 f., 517
Wanting-Liking-Learning-Modell 98
Wedekind, Claus 279, 516
Wegner, Daniel 403, 525
Weibliche Ejakulation 142 ff., 162
Weibliche Erregungsstörung 205 ff., 212 f.
Weinberg, Martin 457, 528
Whipple, Beverly 137 f., 501, 503 f., 506, 508, 524 f., 535
Williams, Colin 457, 528
Wissenschaftliche Forschung, Überblick 125 ff.
Wobber, Victoria 250 ff., 513
Worte, Bos 382

X-Chromosom 38, 355
XX-Chromosom 440 ff.
XY-Chromosom 438 ff.

Y-Chromosom 35 ff., 235, 252, 356, 435 ff.
Yoga 152, 298 ff.
Yohimbim 174 f.

Zentrales Nervensystem 38, 55 ff.
Zerebrale Konnektivität 94
Zoophilie 421
Zwangsstörungen 409 ff.
Zwillingsstudien 147 f., 164, 354 f., 443
Zwitter 228, 235